VON DER SPÄTANTIKE ZUM FRÜHEN MITTELALTER

Aktuelle Probleme in historischer und archäologischer Sicht

VORTRÄGE UND FORSCHUNGEN

Herausgegeben vom Konstanzer
Arbeitskreis für mittelalterliche Geschichte

Band XXV

JAN THORBECKE VERLAG SIGMARINGEN
1979

VON DER SPÄTANTIKE ZUM FRÜHEN MITTELALTER

Aktuelle Probleme in historischer und archäologischer Sicht

Herausgegeben von
Joachim Werner und Eugen Ewig

JAN THORBECKE VERLAG SIGMARINGEN
1979

CIP-Kurztitelaufnahme der Deutschen Bibliothek

Von der Spätantike zum frühen Mittelalter: aktuelle Probleme in histor. u. archäolog. Sicht / hrsg. von Joachim Werner u. Eugen Ewig. – Sigmaringen: Thorbecke, 1979.
(Vorträge und Forschungen / Konstanzer Arbeitskreis für mittelalterliche Geschichte; Bd. 25)
ISBN 3-7995-6625-2

NE: Werner, Joachim [Hrsg.]

GEDRUCKT MIT UNTERSTÜTZUNG DER DEUTSCHEN FORSCHUNGSGEMEINSCHAFT

Gesamtherstellung: M. Liehners Hofbuchdruckerei KG, Sigmaringen
Printed in Germany - ISBN 3-7995-6625-2

INHALTSÜBERSICHT

Helmut Beumann
Vorwort 7

Joachim Werner
Einführung 9

I. Noricum und Raetia I

Friedrich Lotter
Die historischen Daten zur Endphase römischer Präsenz in Ufernorikum . . 27

Rainer Christlein
Das spätrömische Kastell Boiotro zu Passau-Innstadt. Formen der Kontinuität am Donaulimes im raetisch-norischen Grenzbereich 91

Jaroslav Šašel
Antiqui Barbari. Zur Besiedlungsgeschichte Ostnoricums und Pannoniens im 5. und 6. Jahrhundert nach den Schriftquellen 125

Thilo Ulbert
Zur Siedlungskontinuität im südöstlichen Alpenraum (vom 2. bis 6. Jahrhundert n. Chr.). Dargestellt am Beispiel von Vranje (ehem. Untersteiermark) 141

Otto P. Clavadetscher
Churrätien im Übergang von der Spätantike zum Mittelalter nach den Schriftquellen 159

Gudrun Schneider-Schnekenburger
Raetia I vom 4. bis 8. Jahrhundert auf Grund der Grabfunde 179

Hans Rudolf Sennhauser
Spätantike und frühmittelalterliche Kirchen Churrätiens 193

Stefan Sonderegger
Die Siedlungsverhältnisse Churrätiens im Lichte der Namenforschung . . 219

Erich Zöllner
Zusammenfassung: Noricum und Raetia I 255

II. Germania I (Neuwieder Becken und Moselmündung).
Maxima Sequanorum (Oberrhein und Nordburgund)

Eugen Ewig
Der Raum zwischen Selz und Andernach vom 5. bis zum 7. Jahrhundert . . 271

Franz-Josef Heyen
Das Gebiet des nördlichen Mittelrheins als Teil der Germania prima in spätrömischer und frühmittelalterlicher Zeit 297

Hans Eiden
Die Ergebnisse der Ausgrabungen im spätrömischen Kastell Bodobrica (= Boppard) und im Vicus Cardena (= Karden) 317

Hermann Ament
Mayen und Andernach im Übergang von der Spätantike zum frühen Mittelalter 347

Beiträge zur Frühgeschichte von Kobern-Gondorf an der Mosel

Hans Eiden
Zur Topographie und Fundstatistik von Kobern-Gondorf (Kr. Mayen-Koblenz) 357

Joachim Werner
Reliquiarschnalle, Schrankenplatten, frühchristliche Grabsteine aus Gondorf 364

Egon Felder
Gondorf – ein merowingischer Münzort 369

Eugen Ewig
Zur Geschichte von Contrua – Gondorf 371

Gerhard Fingerlin
Kastellorte und Römerstraßen im frühmittelalterlichen Siedlungsbild des Kaiserstuhls. Archäologische Aspekte fränkischer Herrschaftssicherung im südlichen Oberrheintal 379

Max Martin
Die spätrömisch-frühmittelalterliche Besiedlung am Hochrhein und im schweizerischen Jura und Mittelland 411

Joachim Werner
Die romanische Trachtprovinz Nordburgund im 6. und 7. Jahrhundert . . 447

Gérard Moyse
La Bourgogne Septentrionale et particulièrement le Diocèse Besançon de la fin du monde antique au seuil de l'âge carolingien (Ve–VIIIe siècles) . . . 467

Vladimir Milojčić
Zusammenfassung: Germania I und Maxima Sequanorum 489

Vorwort

Im Herbst 1976 und Frühjahr 1977 wurde auf der Reichenau nach einjähriger Unterbrechung das 1974/75 eingeleitete Gespräch von Historikern und Archäologen (vgl. VuF 22: Geschichtswissenschaft und Archäologie, hg. v. H. Jankuhn und R. Wenskus, 1979) fortgesetzt. Waren bei der ersten Doppeltagung Verfahrensweisen der Archäologie zur Diskussion gestellt worden, so sollten nun zu begrenzten Einzelproblemen der spätantik-frühmittelalterlichen Kontinuität im Bereich der Römerprovinzen an Donau und Rhein jeweils der Historiker und der Archäologe das Wort erhalten, um an konkreten Gegenständen auszuloten, ob und in welcher Weise ein solches Zusammenwirken zur Klärung aktueller Fragen der Forschung beizutragen vermag.

Die Vorbereitung lag in den Händen von Joachim Werner, der Rahmenthema und Programm vorgeschlagen hat, sowie zunächst von Walter Schlesinger, mit dem beides eingehend beraten worden ist. Während der Vorbereitungsphase sprang für Herrn Schlesinger, der inzwischen erkrankt war, Eugen Ewig als Partner von seiten der Geschichtswissenschaft ein und stellte sich auch als Mitherausgeber zur Verfügung. In den Dank, den der Arbeitskreis dafür schuldet, sind auch all jene einzuschließen, die am gemeinsamen Vorhaben mitgewirkt haben. V. Milojčić ist es nicht mehr vergönnt gewesen, das Erscheinen des Bandes zu erleben. Den Arbeitskreis traf der unerwartete Verlust um so schmerzlicher, als er in V. Milojčić, der anläßlich dieses historisch-archäologischen Programms zu uns gestoßen war und an beiden Doppeltagungen aktiv mitgewirkt hat, einen neuen Partner gewonnen hatte und auf die Fortsetzung der fruchtbaren Zusammenarbeit glaubte hoffen zu dürfen.

Die Veröffentlichung dieses Bandes ist durch eine Druckbeihilfe der Deutschen Forschungsgemeinschaft gefördert worden. Die Redaktion lag in den Händen der Kommission zur archäologischen Erforschung des spätrömischen Raetien der Bayerischen Akademie der Wissenschaften, deren Vorsitzender Joachim Werner und deren wissenschaftliche Mitarbeiter Helmut Bender und Ludwig Pauli die Korrekturen von Fahnen und Umbruch besorgt haben.

Marburg a. d. Lahn, im Mai 1979 *Helmut Beumann*

Einführung

VON JOACHIM WERNER

Die Thematik und das Programm dieser und der nächsten Tagung des Konstanzer Arbeitskreises waren mit Walter Schlesinger verabredet. Er sollte mit mir zusammen die beiden Tagungen durchführen, und ich empfinde es mit Ihnen allen als ein großes Unglück, daß er wegen seiner schweren Erkrankung nicht unter uns weilen kann. Herr Ewig fand sich bereit, als mediävistischer Partner an Stelle Herrn Schlesingers einzuspringen, wofür ich ihm sehr herzlich danke. Seine Mithilfe liegt sicher ganz im Sinne Schlesingers. Aber Herr Schlesinger selbst wird uns eben doch sehr fehlen. Er ist unter den deutschen mittelalterlichen Historikern derjenige, der die Zusammenarbeit mit der Archäologie zur Erweiterung und Vertiefung des Geschichtsbildes für besonders notwendig hält. Er praktiziert diese Zusammenarbeit seit langen Jahren. Wir Archäologen sind ihm für das Verständnis, das er unserem Fach entgegenbringt, zu großem Dank verpflichtet.

»Gemeinsame Forschungsprobleme der Archäologie und der Geschichtswissenschaft in archäologischer Sicht« hieß das Thema zweier Tagungen des Konstanzer Arbeitskreises, die Walter Schlesinger und Herbert Jahnkuhn im Herbst 1974 und im Frühjahr 1975 auf der Reichenau durchführten und auf denen bestimmte Aspekte der Archäologie und ihrer naturwissenschaftlichen Hilfswissenschaften behandelt wurden. Über die Vorträge und Diskussionen berichten die beiden Protokolle, die hier als bekannt vorausgesetzt werden [1]. Die Vorträge galten überwiegend allgemeinen Themen und lösten eine umfangreiche Theorie-Diskussion aus, in der Berechtigung und Grenzen naturwissenschaftlicher Methoden genauso angesprochen wurden wie die Aussagemöglichkeiten der Archäologie zur Erkenntnis von Wirtschaftsweise und Sozialstruktur. Im Hinblick auf das gegenseitige Verhältnis von Geschichtsforschung und Archäologie möchte ich an dieser Stelle die folgenden Bemerkungen Walter Schlesingers aus den damaligen Schluß-Diskussionen wiederholen, weil sie auch für unsere Tagungen methodisch als Richtschnur dienen können: »Es ist immer das Selbstverständnis der Archäologie gewesen, daß sie

1) Konstanzer Arbeitskreis für mittelalterliche Geschichte, Protokoll über die Arbeitstagung vom 8.–11. 10. 1974 (Nr. 191 vom 21. 1. 1975) und Protokoll über die Arbeitstagung vom 18.–21. 3. 1975 (Nr. 196 vom 5. 11. 1975). [Als Band 22 der Vorträge und Forschungen im Druck 1979.]

sich als eine Teildisziplin der umfassenden Geschichtswissenschaft betrachtet hat« [2] ... »Wenn wir Sachüberreste und Schriftüberreste unterscheiden, so ist offensichtlich, daß beide mit Hilfe verschiedener Methoden interpretiert werden müssen. Sie (d. h. die Methoden) werden von der Sache selbst, von den Quellen bestimmt. Die Aufbereitung der Quellen muß jeweils nach den eigenen Methoden der Historie und der Archäologie erfolgen.« [3] Daher hat Schlesinger immer wieder das Postulat aufgestellt: »getrennt marschieren, vereint schlagen«, um so »gemischte Argumentationen« und Zirkelschlüsse zu vermeiden.

Wie ich schon sagte, verfolgten die beiden Tagungen von 1974/1975 das Ziel, *in archäologischer Sicht* gemeinsame Probleme der Archäologie und der Geschichtswissenschaft zu behandeln. Es waren Präsentationen der Archäologie und ihrer naturwissenschaftlichen Hilfsdisziplinen unter vielfältigen Gesichtspunkten, getragen von dem durch H. Jankuhn ausgesprochenen Wunsch, daß »wir (d. h. wir Archäologen) den Historikern auf diese Weise helfen können, in Gebiete einzudringen, die sich ihnen doch weitgehend verschließen« [4].

Wenn nun – um eine Formulierung H. Beumanns aufzugreifen – die Geschichtswissenschaft die Wissenschaft von der vergangenen Wirklichkeit ist [5], dann sollte es Problemkomplexe jener vergangenen Wirklichkeit geben, die durch Historiker und Archäologen von ihren Teildisziplinen her *gemeinsam* untersucht werden können und wegen der zu erwartenden Erkenntnisvermehrung auch *gemeinsam* untersucht werden sollten. Es ginge dabei nicht um Zulieferdienste der einen Disziplin an die andere, etwa um Umsetzung archäologischer Daten in historische, insbesondere sozialgeschichtliche Aussagen zum Gebrauch für den Historiker oder um historische Interpretationshilfen für einzelne archäologische Befunde, so erwünscht und notwendig diese Formen gegenseitiger Hilfe sind. Vielmehr handelt es sich um die gemeinsame Fragestellung beim Untersuchen bestimmter geschichtlicher Phänomene, in echter und gleichmäßig verteilter Kooperation, wobei Schlesingers Forderung nach dem getrennten Marschieren und dem vereinten Schlagen strikt beachtet werden müßte. Um wiederum eine bildhafte Metapher Walter Schlesingers aus der Schluß-Diskussion vom März 1975 anzuführen: [6] »Der unmittelbare Einblick in die vergangene Wirklichkeit ist dem Historiker ebenso versagt wie dem Archäologen; beide gewinnen Einblick nur durch das Medium der Quellen. Um ein Bild zu gebrauchen: Es handelt sich bei den Quellen gleichsam um einen Spiegel, in dem sich die vergangene Wirklichkeit spiegelt. – Dieser Spiegel aber ist zerbrochen, nur einige Scherben sind uns erhalten geblieben. Diese Scherben müssen wir versuchen, wieder zusammenzufügen. Das gewonnene Bild bleibt in jedem Fall bruchstückhaft. Je nach-

2) Protokoll Nr. 191 S. 94.
3) Protokoll Nr. 196 S. 96.
4) Protokoll Nr. 196 S. 107.
5) Protokoll Nr. 196 S. 95.
6) Protokoll Nr. 196 S. 95.

dem, wie wir einen solchen Spiegelscherben halten, wird sich jeweils etwas anderes spiegeln. Es ergeben sich verschiedene Bilder, je nach der Fragestellung.«

Ein Problemkreis par excellence, der sich für gemeinsame Fragestellung und Zusammenschau anbietet und für dessen Erforschung Geschichtswissenschaft und Archäologie unmittelbar aufeinander angewiesen sind, ist, wie jeder weiß, das *Kontinuitätsproblem* im Frühmittelalter, das weite Feld von Kontinuität und Diskontinuität in den verschiedensten Regionen und Lebensbereichen.

Einige Beiträge in dem von P. E. Hübinger 1968 herausgegebenen Sammelband »Kulturbruch oder Kulturkontinuität von der Antike zum Mittelalter« (Wege der Forschung 201) belegen das ebenso wie die neueste Bibliographie in der 10. Auflage des Dahlmann-Waitz.

Bei dem eminent historischen Interesse an allen mit dem Kontinuitätsproblem zusammenhängenden Fragen ist Zusammenarbeit immer wieder geübt worden, wenn es die Überlieferungslage gestattete. Schwierigkeiten ergaben sich dabei sowohl aus der Verschiedenartigkeit der Quellen wie aus dem oft sehr differierenden Forschungsstand beider Wissenschaften. Nur selten gelang es, den Spiegelscherben des Historikers und den des Archäologen mit annähernd gleicher Schärfe auf denselben Gegenstand zu richten. Solche Fälle sind auf sehr begrenzte Themen beschränkt, zu denen dann aber Historiker und Archäologe nach dem jüngsten Forschungsstande in der Tat gemeinsam Neues aussagen können. Eine Auswahl solcher Fälle nach landschaftsbezogenen Kriterien verspricht m. E. am ehesten nützliche Resultate für beide Partner und damit für die umfassende Geschichtswissenschaft.

Ich habe daher im Jahre 1973 den Herren Schlesinger und Beumann als Rahmenthema für eine Doppeltagung des Konstanzer Arbeitskreises vorgeschlagen: »Von der Spätantike zum frühen Mittelalter. Aktuelle Probleme in historischer und archäologischer Sicht«, beschränkt auf vier regional begrenzte Versuchsfelder: die Territorien der ehemaligen römischen Provinzen Noricum und Raetia I, bestimmte Teilausschnitte der Germania I und eine räumlich erweiterte Maxima Sequanorum. Die getroffene Auswahl werde ich später zu begründen versuchen. Ich habe dem Konstanzer Arbeitskreis zu danken, daß er seinerzeit meinen keineswegs risikofreien Vorschlag akzeptiert hat.

Mit den vier Versuchsfeldern bewegen wir uns im geographischen Rahmen jener ersten großen Synthese über die Zusammenhänge zwischen Altertum und Mittelalter, die Alphons Dopsch in seinen »Wirtschaftlichen und sozialen Grundlagen der europäischen Kulturentwicklung aus der Zeit von Caesar bis auf Karl den Großen« (Wien 1920/1923) gegeben hat. In dieser heute von einem einzelnen Gelehrten gar nicht mehr nachvollziehbaren zweibändigen Darstellung, die bezeichnenderweise den deutschen Altertums- und Geschichtsvereinen gewidmet ist, hat sich Dopsch in seinem Bestreben, gegen die Katastrophentheorie zunächst auf regionaler Basis Argumente für Kontinuität zu gewinnen, in starkem Maße der Archäologie bedient. Diese befand sich 1920 noch im Pionierstadium, und es wäre heute eine forschungsgeschichtlich reizvolle Aufgabe, die archäologischen Beweismittel von Dopsch im Lichte moderner archäologischer Forschung zu überprüfen. Nur für einen Teilausschnitt, für Bayern südlich der Donau, hat dies Hans Zeiss bereits 1933 getan, mit einem für die Thesen von Dopsch nicht gerade günstigen Ergebnis [7]. Methodisch auch für unsere Tagung vorbildlich scheint mir hingegen das regionale Vorgehen im Werk von Dopsch zu sein. Im Vorwort zur ersten Auflage schrieb er 1918 (S. XII): »Es soll hier nicht eine neue Theorie an die Stelle der alten gesetzt, sondern induktiv einmal festgestellt werden, wie sich von Land zu Land und von Stadt zu Stadt im einzelnen der große Übergang vom Altertum zum Mittelalter tatsächlich vollzogen hat. Nur so können wir einen festen Boden mit konkreten Ausgangspunkten gewinnen. Den älteren Theorien blieb ein solches Vorgehen versagt, weil damals ›die Wissenschaft vom Spaten‹ [d. h. die Archäologie] und die ganze große landeskundliche Einzelforschung noch nicht so entwickelt war.« Wenn Dopsch dann im Vorwort (S. XV) zur 2. Auflage (1922) feststellte, das viel umstrittene Problem der älteren Markgenossenschaft sei durch die allerneuesten archäologischen Untersuchungen (von Karl Schumacher, damals Direktor des Römisch-Germanischen Zentralmuseums in Mainz) auf eine sichere Basis gestellt worden, so kennzeichnet das für uns nicht nur einen veralteten Forschungsstand, sondern eine 1922 verständliche, heute nicht mehr vertretbare Vermischung von Begriffen *einer* Wissenschaft mit unadäquaten Argumenten einer anderen. Nach den Erschütterungen der letzten Jahrzehnte wird unsere Generation auch jene optimistische Grundhaltung nicht mehr teilen können, welche Dopsch die Kraft zu seinem imponierenden Werk gab. Er schrieb Pfingsten 1918 (S. XI): »Als ein über alle großen Völkerbewegungen erhabenes Grundgesetz der Historie tritt mit dem Nachweis der Kontinuität der Kulturentwicklung seit prähistorischen Zeiten her die innere Beständigkeit und internationale Zusammensetzung dieser deutlich zutage. Es läßt an Stelle trostlosen Verzweifelns an dem Kulturvermögen der einzelnen Völker frohe Zuversicht ins Ganze und gesicherten Zukunftsglauben an die Fortentwicklung reifen.« Dieser Zukunftsglaube ist uns allen wohl gründlich verlorengegangen.

Die Kriterien, die an den »Nachweis der Kontinuität der Kulturentwicklung« angelegt werden sollten, hat Hans Zeiss in seinem gegen Dopsch gerichteten Aufsatz über das Kontinuitätsproblem im rätischen Flachland von 1933 auch heute noch gültig und allgemein verbindlich formuliert: [8] »Der Nachweis des Kulturzusammenhangs ist in doppelter Richtung zu führen. Einerseits bleibt darzutun, daß zur Zeit der germanischen Landnahme die römische Zivilisation des betreffenden Gebietes noch so weit intakt war, daß die Einwanderer von ihr beeinflußt werden konnten; andererseits ist zu zeigen, daß die Durchführung der Landnahme unter Schonung der bestehenden Verhältnisse erfolgt ist. Dies schließt auch den Nachweis der von Hermann Aubin genannten Voraussetzungen für ›Kulturzusammenhang‹ ein: Bildungsfähigkeit der Einwanderer, Zurückbleiben

7) H. ZEISS, Das Kontinuationsproblem im rätischen Flachland. Bayer. Vorgeschichtsbl. 11, 1933, 41–54.

8) A. a. O. 41.

wenigstens eines Teils der älteren Bevölkerung, relative Annäherung des beiderseitigen Kulturzustandes.« Ausmaß und Bedeutung von Kulturzusammenhängen werden also letzten Endes vom Grad der Bevölkerungskontinuität, vom Kulturzustand landnehmender Einwanderer und von der Intensität demographischer Vorgänge abhängig gemacht. Die Kompetenz der Archäologie, an der Klärung dieser Fragen maßgeblich mitzuarbeiten und aus ihren Quellen entscheidende Argumente zu gewinnen, hat Zeiss stets nachdrücklich betont. Seine Kritik an Dopsch galt in erster Linie der undifferenzierten Verwendung archäologischen Materials, besonders von Ergebnissen vorwissenschaftlicher oder unkritischer Laienforschung durch den Historiker.

Als wenige Jahre später (1937) Franz Petri in seinem Werk über das germanische Volkserbe in Wallonien und Nordfrankreich das Ausmaß fränkischer Landnahme, also wiederum eines demographischen Vorganges, und die Entstehung der romanisch-germanischen Sprachgrenze, also eines sprachlichen Abgrenzungsprozesses, weiträumig untersuchte, bildete »die umfassende Neuaufnahme des namenkundlichen und archäologischen Materials« [9] und die daraus zu gewinnende Summe der Belege das Fundament der ganzen Arbeit. Petri hätte es vorgezogen, »daß die westeuropäischen Frankenfunde von zünftiger archäologischer Seite eine umfassende Darstellung erhalten hätten.« Da dies nicht möglich war und er nicht einfach auf die archäologischen Erkenntnisquellen verzichten wollte, blieb ihm, wie er schrieb, nichts übrig, als sich selbst »in dem für uns nötigen Rahmen an die Arbeit zu machen und auch ein Stück archäologischer Kleinarbeit dabei nicht zu scheuen.« [10] Rückblickend muß man sagen, daß dieser letzte, groß angelegte Versuch eines deutschen Historikers, die archäologischen Quellen als eine der Hauptstützen seiner Beweisführung zu nutzen, gescheitert ist, weil er verfrüht erfolgte. Der Stand der merowingischen Archäologie in den dreißiger Jahren erlaubte eine verbindliche Interpretation der Quellen im Sinne Petris nicht. Die Diskrepanz zwischen der Fragestellung des Historikers und dem methodischen Rüstzeug der Nachbarwissenschaft, um seine Fragen zu beantworten, war unüberbrückbar. Der ethnische Aussagewert des Fundstoffs aus den Reihengräberfeldern Walloniens und Nordfrankreichs war damals mangels geeigneter archäologischer Vorarbeiten nicht klar zu beurteilen, sicher Germanisch-Fränkisches ließ sich von indifferent Merowingischem noch nicht deutlich absetzen, vor allem blieb das chronologische Gerüst zu weitmaschig und zu unsicher. Die pauschale Gleichsetzung aller Reihengräberfelder in der heutigen Romania mit germanisch-fränkischer Hinterlassenschaft mußte sich als Irrweg erweisen. Wie stark hier zu modifizieren ist, hat Petri selbst 1973 in der Einführung zu dem Sammelband über »Siedlung, Sprache und Bevölkerungsstruktur im Frankenreich« (Wege der Forschung Band 49) gezeigt. Aber die Zeit ist auch heute offenbar noch nicht reif, den Ansatz Petris von 1937 wieder aufzunehmen. Die Archäologie verfügt jetzt über schärfere Kriterien als vor vierzig Jahren, um zunächst für kleinere Räume der Romania den ethnischen

9) F. Petri, Germanisches Volkserbe in Wallonien und Nordfrankreich (1937) 47.
10) A. a. O. 771.

Aussagewert der Reihengräberfunde im positiven Sinne zu überprüfen. Erste, erfolgreiche Versuche liegen vor, etwa Patrick Périns Nachweis der fränkischen Landnahme z. Zt. Chlodwigs Maas aufwärts im Département Ardennes, auf dem Boden des ehemaligen Syagrius-Reiches (Bonner Franken-Kolloquium vom Oktober 1969) [11] oder Max Martins Bemerkungen über die Ansiedlung fränkischer Gruppen im Elsaß während des 6. Jahrhunderts im Anschluß an das fränkische Gräberfeld von Basel-Bernerring (Monographie von 1976) [12]. Wie nützlich jetzt eine archäologische Paralleluntersuchung zu Reinhold Kaisers »Geschichte der Civitas und Diözese Soissons in römischer und merowingischer Zeit« (1973) sein könnte, wenn ihr die Dokumentation über die umfangreichen Grabungen F. Moreaus und anderer aus dem vorigen Jahrhundert im Museum St. Germain zur Verfügung stände, bedarf keines Hinweises. Aber im Westen sind ethnographische Fragen – Fragen nach dem Volkstum, hätte man mit Petri 1937 gesagt –, zwar in der Tagespolitik brisant (man denke nur an die Gegensätze Wallonen-Flamen, Bretonen-Franzosen, Jurassier und Deutsch-Schweizer), in der Frühmittelalterforschung werden sie kaum mehr behandelt.

Die ethnographische Aufteilung Europas, d. h. die Aufgliederung der Siedlungsräume der europäischen Völker, war im 10. Jahrhundert im wesentlichen abgeschlossen, sieht man von den Veränderungen durch die deutsche Ostsiedlung einmal ab. Nicht nur im Westen, an der romanisch-flämisch-deutschen Volksgrenze, erhielt sich diese Aufgliederung in kaum veränderter Form bis tief in die Neuzeit hinein. Das Problem der Kontinuität, speziell der Siedlungs- und Bevölkerungskontinuität, in den davor liegenden Jahrhunderten ist daher bei allen europäischen Nationen Gegenstand der Forschung. Je dürftiger jeweils die schriftliche Überlieferung ist, desto wichtiger wird die Sachüberlieferung bzw. die Interpretation der archäologischen Quellen für die Rekonstruktion des nationalen Geschichtsbildes. Ob es sich um Ostslawen und Kiewer Rus, Polen, Tschechen, Albanesen oder um die ehemals slawischen Gebiete östlich von Elbe und Saale handelt, überall gibt es ein Kontinuitätsproblem. In den ehemals römischen, dann slawisierten Räumen Südosteuropas südlich der Donau, von Slowenien bis Bulgarien und Griechenland, stellt es sich nicht anders als in den westlichen, ehemals römischen, von Franken, Alamannen und Bajuwaren besiedelten Landstrichen an Rhein und oberer Donau. In den Ländern Ost- und Südosteuropas hat nach dem zweiten Weltkrieg die Diskussion über Bevölkerungskontinuität oder Diskontinuität im frühen Mittelalter stark zugenommen. Ob die Černjachov-Kultur des 3.–4. Jahrhunderts in der Ukraine bereits slawisch war oder die Ukraine erst im 5.–6. Jahrhundert slawisch besiedelt wurde, folglich die Heimat der Ostslawen in der Waldzone nördlich Kiew lag, ist derzeit Ge-

11) Rhein. Vierteljahrsbl. 35, 1971, 9–25, bes. 24 f. – DERS., Bull. de la Soc. archéol. champenoise 65, 1972, 3–70, und Revue hist. ardennaise 10, 1975 (1), 1–47.

12) M. MARTIN, Das fränkische Gräberfeld von Basel-Bernerring (Basler Beitr. z. Ur- u. Frühgesch. 1, 1976) Kap. 9: Das Gräberfeld von Basel-Bernerring und die frühmittelalterliche Besiedlung des Oberrheintales S. 181–193.

genstand heftiger Auseinandersetzungen in der sowjetischen Forschung, primär der Archäologen, aber auch der Linguisten. In Polen entspricht dem die Kontroverse zwischen Autochthonisten (die kaiserzeitliche Przeworsk-Kultur sei bereits slawisch) und den Verfechtern einer slawischen Einwanderung im 5. und 6. Jahrhundert, eine Frage, die für Böhmen, Mähren und Ostdeutschland bereits im Sinne eines Bevölkerungswechsels im Zuge der slawischen Expansion entschieden ist. In Rumänien geht es um die dakoromanische Vergangenheit des rumänischen Volkes, bei den slawischen Völkern südlich der Donau um Zeitpunkt und Intensität ihrer Ausbreitung auf ehemals römisch-byzantinischem Territorium, in Ungarn um die Herkunft der Magyaren und den Nachweis und die Bedeutung der vormagyarischen Substrate. Überall steht die ethnische Interpretation des archäologischen Fundstoffs aus dem Frühmittelalter zur Debatte, ohne jegliches Kossinna-Trauma, das R. Wenskus der deutschen Archäologie der Nachkriegszeit attestierte [13] und das wohl auch eine der Ursachen für die Abstinenz ist, ethnographische Fragestellungen im Sinne Petris in der westlichen Romania weiterzuverfolgen. Der Bezug zum nationalen Selbstverständnis, selbst die Abhängigkeit vom Nationalismus unserer Tage, ist häufig nicht zu übersehen. So, wenn es für sowjetische Archäologen bis vor nicht langer Zeit unmöglich war, die ukrainische Černjachov-Kultur mit den Goten des Ermanarich-Reiches in Verbindung zu bringen, weil eben populärwissenschaftlich Goten mit deutschen Faschisten gleichgesetzt wurden, oder wenn es in bestimmten nichtslawischen Ländern wie Griechenland, Ungarn, Rumänien oder Albanien keine slawische Hinterlassenschaft, in Polen hingegen *nur* eine solche gegeben haben darf. Diesen nationalistischen Auswüchsen gegenüber muß man jedoch feststellen, daß sich zahlreiche Archäologen in Ost- und Südosteuropa ehrlich und sachlich um eine ethnische Interpretation des Fundstoffs bemühen, um in Hinblick auf die fehlende oder sehr dürftige schriftliche Überlieferung mit Hilfe der Archäologie jene Siedlungsvorgänge und Bevölkerungsbewegungen aufzuklären, die seit dem Hunnensturm, dem Großreich Attilas, der slawischen Wanderung und der Errichtung des ersten awarischen Kaganats im mittleren Donaubecken die ethnographische Landkarte weiter Teile Europas grundlegend verändert haben. Bei diesen immer erfolgreicheren Versuchen, vergangene Wirklichkeit zu rekonstruieren, geht es um das Geschichtsbild unserer östlichen Nachbarn [14]. Es scheint mir wichtig, gerade die Historiker unter Ihnen auf diese Entwicklung aufmerksam zu machen und auf die große Rolle, welche die Archäologie dabei spielt. Zur Debatte stehen nicht archäologische Beiträge zur Sozial- und Wirtschaftsgeschichte, sondern der ethnische Aussagewert archäologischen Fundstoffs, den man auch beim Anlegen strengster Kriterien prinzipiell nicht in Abrede stellen kann. Das starke, in diese Richtung zielende Forschungsinteresse und das in den letzten Jahren an gesicherten Erkenntnissen Zugewonnene sind eine Realität, die von der auf andere Fragestellungen fixierten

13) Protokoll Nr. 196 S. 87.

14) Von bibliographischen Hinweisen muß hier abgesehen werden. Ein kritischer Forschungsbericht bleibt dringendes Desiderat und kann nicht in einer Anmerkung gegeben werden.

Geschichtswissenschaft des Westens bisher nicht ausreichend zur Kenntnis genommen wurde. Ich will natürlich nicht in Abrede stellen, daß die Archäologie z. B. auch zum Dossier in einer der letzten Nummern der viel bewunderten Pariser Zeitschrift »Annales« über die Geschichte des Lebensmittelverbrauches (histoire de la consommation alimentaire) [15] für das Frühmittelalter interessante Ergänzungen beisteuern könnte, dank ihrer Hilfsdisziplinen Paläobotanik und Paläozoologie – für das uns hier tangierende Kontinuitätsproblem sind andere, derzeit nicht gerade im Vordergrund des Interesses stehende Aussagemöglichkeiten der Archäologie, die sich auf die Bevölkerungsgeschichte beziehen, wesentlich wichtiger. Diskontinuität in der Bevölkerungsgeschichte wird, wie auch diese Tagung zeigen kann, leichter nachzuweisen sein als das Gegenteil. Schon Hans Zeiss erinnerte 1933 daran [16], daß man von einer Kontinuität der Besiedlung nicht sprechen sollte, wenn es sich tatsächlich um die Konstanz günstiger Siedlungs*bedingungen* im gleichen Raum, d. h. in den nicht verwaldeten Ackerbaugebieten handelt. Wenn etwa die römischen Villen grundsätzlich an anderen Stellen der Gemarkung angetroffen werden als die mittelalterlichen Ortschaften, ist bei gleichbleibendem Siedlungsraum zunächst einmal Diskontinuität der Bevölkerung ins Auge zu fassen. Die Kriterien für die ethnische Kontinuität oder Diskontinuität in den ländlichen Gebieten werden uns daher primär interessieren, wie andererseits die Frage der Bevölkerungskonstanz in den Städten, die wir vor allem an der Belegung der Friedhöfe und der Baugeschichte der Kirchen ablesen können.

Aus der oben skizzierten europäischen Diskussion zur Bevölkerungsgeschichte des Frühmittelalters, die im Westen seit dem verfrühten und deshalb unbefriedigenden Entwurf Petris von 1937 stagniert, die im Osten hingegen desto intensiver geführt wird, sollen auf dieser Doppeltagung gewisse Teilbereiche herausgegriffen werden. Bei den ausgewählten Versuchsfeldern steht unter anderem die romanische Bevölkerungskontinuität in der Raetia I und in Nordburgund zur Debatte, ebenso die völlig anders gelagerte Situation in den Ostalpen, in der ehemaligen römischen Provinz Noricum. Hier konstatiert der Historiker in nachrömischer Zeit zwei Landnahmevorgänge, deren Auswirkungen so intensiv waren, daß auf dem alten Provinzterritorium zwei neue Sprach- und Volksräume aneinander grenzen. Nach Binnen-Noricum, d. h. südlich der Tauern bis jenseits der Karawanken, drangen um 600 n. Chr. Slawen (Slowenen) vor, als südwestlichster Ausläufer der slawischen Expansion in die ehemaligen römischen Donauprovinzen. Im Norden, zwischen Alpenrand und Donau, von Passau bis Linz, erfolgte, wie im Ostteil der angrenzenden Raetia II, die Landnahme germanischer Gruppen, die in den schriftlichen Quellen seit der ersten Hälfte des 6. Jahrhunderts als Bajuwaren bezeichnet werden. Bajuwarische und slawische Landnahme haben von Grund auf neue sprachliche und demographische Verhältnisse in diesem Raum geschaffen. Wie steht es diesseits und jenseits

15) Annales 30, 1975, Doppelheft 2–3 mit Dossier »Histoire de la consommation«.
16) A. a. O. (Anm. 7) 46 f.

der Tauern mit Bevölkerungskontinuität, Siedlungskontinuität und Kulturkontinuität zwischen Spätantike und Mittelalter? Das Problem wird uns auf dieser Tagung beschäftigen, insofern als Historiker und Archäologen zumindest die Voraussetzungen für Kontinuität nach ihren jeweiligen Quellen festlegen können. So einfach war der Übergang von der römischen Provinz zum bayerischen Stammesgebiet jedenfalls nicht, wie es in der 1971 erschienenen »Bayerischen Geschichte« eines führenden deutschen Historikers dargestellt wurde: [17] »Der Ausdruck Boier = Baier kann nur das Mischvolk in den heutigen Süddonaulanden meinen; ihr Ursubstrat und Kern waren die Keltoromanen = Boier, die sich mit Römern und Germanen bereits assimiliert hatten oder schon länger zusammen siedelten. Ihre Sprache kann nur romanisch-römisch gewesen sein. Daß die Baioarii aber zum Althochdeutsch sprechenden Stamm wurden, ist die Folge der Überlagerung durch die Franken, die eine Art führenden Kern bildeten, der seine Sprache den Untertanen aufzwang. Dieser Umwandlungsprozeß vom keltisch-bestimmten Mischvolk zum Stamm der Bayern wird sachgerecht in der Vita des hl. Columban von Jonas von Bobbio um 624 mit dem Ausdruck wiedergegeben: *Boiae, qui nunc Baioarii vocantur* = die Boier, die jetzt Bayern genannt werden.«

Ganz abgesehen davon, daß die keltischen Boier bis ins 1. Jahrhundert v. Chr. stets in Böhmen und niemals in Bayern südlich der Donau gewohnt haben – dort wohnten Vindeliker und Noriker –, müßte sich das Kontinuitätsproblem in diesem Raum der Forschung doch wohl differenzierter darstellen, anders im Hinterland von Salzburg als im bayerischen Alpenvorland und wieder anders in der Donauebene als in der Stadt Regensburg. Das Autochthonie-Klischee aus Bayern gewinnt auch dadurch nicht an Überzeugungskraft, daß es heutzutage gewisse osteuropäische Analogien besitzt. Es zeigt vielmehr, wie notwendig Tagungen sind, die von Strukturgeschichte und Sozialgeschichte einmal absehen und sich bemühen, Kontinuität und *Bevölkerungsgeschichte* in Relation zu einander zu bringen, wie dies bereits 1933 Hans Zeiss in seiner Kritik an Dopsch verlangte.

Herr Schlesinger und ich beabsichtigten, mit dem Programm beider Tagungen zumindest auf Teilgebieten zu differenzierteren Einsichten zu gelangen. Es war ferner unser Ziel, mit neuen Aspekten und möglichst mit neuen Forschungsergebnissen aufzuwarten, was von archäologischer Seite leichter zu bewerkstelligen ist als von historischer. Wir mußten uns auch danach richten, wer aus unseren und den benachbarten Fächern im Rahmen der Problemstellung und auf Grund eigener Arbeitsvorhaben für einen Vortrag gewonnen werden konnte. Aus diesen Absichten und Möglichkeiten ergab sich für beide Tagungen ein Programm, das ich nun kurz vorzustellen habe. Ich führe dabei auch auf, was alles ausgeklammert wurde, weil der heutige Stand der Forschung eine Behandlung nicht sinnvoll erscheinen ließ, als Rechtfertigung für die getroffene Auswahl der Themen.

17) K. Bosl, Bayerische Geschichte (1971) 24.

Für die Herbsttagung 1976 war es zweckmäßig, zwei ehemalige römische Provinzen des Alpenraumes, in denen heute Deutsche und Slawen bzw. Deutsche und Romanen wohnen, als Untersuchungsräume zu wählen. Die Raetia I mit Chur und dem Alpenrheintal, ein ideales romanisches Retentionsgebiet, nur im Norden von schwacher alamannischer Infiltration erreicht, und Noricum, dessen Nord- und Südhälfte, wie schon gesagt, ab etwa 600 so unterschiedliche Schicksale hatten.

Eine Einbeziehung der Raetia II, also des bayerischen Alpenvorlandes, erschien uns nicht ratsam, da weder von historischer noch von archäologischer Seite neue Untersuchungen oder neue ausreichend publizierte Quellen vorliegen, die auch nur eine fruchtbare Diskussion in Aussicht gestellt hätten. Das zeigt auch der 1973 in Hoops Reallexikon unter dem Stichwort »Bajuwaren« veröffentlichte Überblick [18]. Aus Regensburg außer Niedermünster (um 700) [19] nichts Neues, das große römische Gräberfeld von Regensburg [20] liegt so wenig publiziert vor wie das große Reihengräberfeld von Erding-Klettham [21] oder der Komplex Aschheim [22]. Moderne Ortsnamenuntersuchungen sind nicht zu vermelden, neu ergrabene spätrömische Siedlungskomplexe und Gräberfelder sind ebenfalls noch unveröffentlicht [23]. Die besondere Situation in der alten Provinzhauptstadt Augsburg wird durch die 1977 erscheinende Publikation über St. Ulrich und Afra zur Diskussion gestellt [24].

So blieb es also im Osten bei Noricum und im Westen bei der Raetia I. Der von Dopsch eingeschlagene Weg einer Peregrinatio von Ort zu Ort verbietet sich wegen des außerordentlich uneinheitlichen lokalen Forschungsstandes. Präsentation exemplarischer Fälle, und zwar auf Grund moderner Untersuchungen und mit Aussicht auf neue Erkenntnisse, schien bei der augenblicklichen Forschungslage der einzig gangbare Weg. Bei den Historikern ist die Diskussion um den Quellenwert von Eugipps Vita Sancti Severini in allerletzter Zeit neu aufgelebt. Nach Rudolf Nolls Wiener Akademie-Vortrag

18) Reallex. d. German. Altertumskunde 1^2 (1973) 601–627 (Philologisches: H. Beck, Historisches: S. Hamann, Archäologisches: H. Roth).

19) K. Schwarz, Das spätmerowingerzeitliche Grab des heiligen Bischofs Erhard im Niedermünster zu Regensburg. Ausgrabungen in Deutschland (Monographien des RGZM 1,2, 1975) 129–164.

20) Inzwischen erschienen: S. v. Schnurbein, Das römische Gräberfeld von Regensburg (Materialhefte z. bayer. Vorgesch. 31, 1977).

21) Vorberichte von W. Sage in Ber. Röm.-German. Komm. 54, 1973 (1974), 212–289, und in Ausgrabungen in Deutschland 1,2 (1975) 254–277.

22) Kurzer Vorbericht von H. Dannheimer in Ausgrabungen in Deutschland 1,2 (1975) 233–237.

23) Vgl. H. Bender, B. Overbeck, H. Treml, Bayer. Vorgeschichtsbl. 43, 1978, 115–146 (Weßling).

24) J. Werner (Hrsg.), Die Ausgrabungen in St. Ulrich und Afra in Augsburg 1961–1968 (Münchner Beiträge zur Vor- und Frühgeschichte 23, 1977).

von 1975 [25] erschien in diesem Jahr (1976) die umfangreiche Monographie von Friedrich Lotter [26] und kurz zuvor István Bónas Untersuchung »Severiana« [27]. Im Hinblick auf das Kontinuitätsproblem war es erwünscht, einen Vortrag über den Wahrheitsgehalt von Eugipps Angaben zur Topographie und zu den Siedlungs-, Bevölkerungs- und Kulturverhältnissen am Donauabschnitt zwischen Künzing/Passau und Mautern/Krems in der zweiten Hälfte des 5. Jahrhunderts zu erhalten, gewissermaßen eine modernisierte Neuauflage des Aufsatzes von Hans Zeiss über »Die Donaugermanen und ihr Verhältnis zur römischen Kultur nach der Vita Severini« von 1928 [28]. Herr Noll, der diesen Vortrag zunächst übernommen hatte, mußte aus Krankheitsgründen absagen, ebenso Herr Géza Alföldy (Heidelberg), mit dem ich Kontakt aufgenommen hatte. Wir sind Herrn Lotter sehr dankbar, daß er auf Vorschlag der Herren Ewig und Beumann für dieses wichtige Thema eingesprungen ist. Die Entdeckung und Ausgrabung des in der Vita genannten Kastells Boiotro in Passau-Innstadt durch Rainer Christlein und seine Forschungen in Quintanis/Künzing werden den neuen *archäologischen* Beitrag zur Severinsforschung darstellen. Während diese beiden Vorträge die Verhältnisse im Donauabschnitt des nordwestlichen Ufer-Noricum behandeln, führen die Vorträge der Herren Jaro Šašel und Thilo Ulbert in den äußersten Südwestzipfel der ehemaligen Provinz, in das Gebiet jenseits der Karawanken. Hier ergeben sich über das benachbarte Emona besonders enge Beziehungen zu Ostoberitalien. Das Gebiet spielte im 6. Jahrhundert unter Ostgoten und Langobarden eine besondere Rolle, ehe es von der slawischen Landnahme erreicht wurde. Wie mit Passau-Innstadt an der Donau, so wird hier mit Vranje bei Sevnica an der Save eine modern ergrabene Befestigung des 5.–6. Jahrhunderts vorgestellt. Es war nicht unsere Absicht, das heutige Österreich, dessen Territorium ganz überwiegend auf dem Gebiet des ehemaligen Noricum liegt, auszuklammern und uns allein mit den Randgebieten in Bayern und Slowenien zu befassen. Aber neue Untersuchungen liegen weder für den Donauabschnitt von Pöchlarn bis Wien vor, die etwa im Zusammenhang mit der Vita Severini wichtig wären, noch für Kärnten oder das Land Salzburg. Was von historischer Seite zu *Salzburg* zu sagen war, ist von Herbert Klein, Friedrich Prinz, Herwig Wolfram und Heinrich Koller gesagt worden und wurde neuerdings in dem Colloquium »Salzburg im 8. Jahrhundert« zusammengefaßt [29]. Das Gräberfeld um den Salzburger Dom ist bisher noch unveröffentlicht. Die Meinung des Archäologen Fritz Moosleitner zum frühmittelalterlichen Salzburg – wonach das »castrum superius« an

25) R. Noll, Die Vita Sancti Severini des Eugippius im Lichte der neueren Forschung. Anzeiger der phil.-hist. Kl. d. Österr. Akad. d. Wiss. 112, 1975, 61–75.

26) F. Lotter, Severinus von Noricum, Legende und historische Wirklichkeit (Monographien zur Gesch. d. Mittelalt. 12, 1976).

27) I. Bóna, Severiana. Acta Antiqua Acad. Scient. Hung. 21, 1973, 281–338.

28) H. Zeiss, Die Donaugermanen und ihr Verhältnis zur römischen Kultur nach der Vita Severini. Die ostbayerischen Grenzmarken 17, 1928, 9–13.

29) Mitt. d. Ges. f. Salzburger Landeskunde 115, 1975, 3–254.

der Stelle des spätantiken Kastells auf der Höhe des Festungsberges lag und das Stadtgebiet des antiken Juvarum weitgehend verödet war [30] – bedarf noch der Absicherung durch weitere Grabungen. Für den *Donauabschnitt von der Wachau bis Wien* hat 1975 Herma Stiglitz anläßlich der Veröffentlichung des Kastells Zwentendorf [31] sehr einleuchtende neue Ortsidentifikationen vorgeschlagen, welche für die Vita Severini interessant sind. Die von ihr in Mautern-*Favianis* ausgegrabenen Bauten – man spricht von einem Kloster und einer Kirche der Severinzeit – können, da bisher unpubliziert [32], hier leider nicht berücksichtigt werden. Auch der Befund von Zwentendorf, von Frau Stiglitz vermutungsweise mit *Asturis* der Vita identifiziert, ist so lange nicht zu beurteilen, als die Kleinfunde (Keramik), auf denen die Datierung (nach Mitscha-Märheim vor 470) [33] beruht, nicht ediert sind. Archäologisches zur Rugierfrage nördlich der Donau (Stein, Krems und Hinterland) bleibt nach wie vor unbekannt. Die Silberprägung rugischer Könige, die Friedrich Stefan nachgewiesen zu haben glaubte [34], ist von der internationalen Numismatik mit Schweigen übergangen worden.

In *Kärnten* ist seit den Grabungen von R. Egger und H. Dolenz nichts Neues hinzugekommen [35]. Nach wie vor bleibt offen, in welchem Siedlungsverband die spätantike Kirche von Laubendorf bei Millstatt [36] lag. Über die Vorkriegsgrabung G. Bersus und R. Eggers auf dem Duel bei Feistritz an der Drau existiert nur ein kurzer Vorbericht [37]. Die Interpretation der Kirchenanlage auf dem Hügel von Lavant, dem spätantiken *Aguntum* in Osttirol, bleibt kontrovers [38]. Von einem Überdauern ins 7. und 8. Jahrhundert kann bei dieser Anlage keine Rede sein. Die Chronologie der Kirchenanlagen des 5. und 6. Jahrhunderts in diesem Gebiet ist kürzlich von Thilo Ulbert in der Vranje-Publikation zusammenfassend untersucht worden [39]. Neu ist allein ein Gräberfeld, das G. Piccottini in den letzten Jahren am Osthang des Hügels von *Teurnia,* der Metropole

30) F. Moosleitner, Mitt. d. Ges. f. Salzburger Landeskunde 115, 1975, 356.

31) H. Stiglitz, Das römische Donaukastell Zwentendorf in Niederösterreich (Der röm. Limes in Österreich 26, 1975) 87–93.

32) Vgl. H. Vetters, Gymnasium 76, 1969, 495 (mit Lit.).

33) H. Stiglitz a. a. O. 93 mit Anm. 95.

34) F. Stefan, Münzen der Rugenkönige aus dem ehemaligen Rugilande Österreichs. Actes Congrès internat. de Numismatique Paris 6.–11. 7. 1953 (Paris 1957) 443–457. – Ders., Das Joanneum (Graz) 6, 1943, 111 zu Taf. 6,2.

35) Einen vorzüglichen Überblick über die frühchristlichen Kirchenanlagen aus älteren Grabungen vermittelt R. Noll, Frühes Christentum in Österreich (1954).

36) H. Dolenz, Die frühchristliche Kirche von Laubendorf am Millstätter See. Festschr. H. Moro (Beigabe zu Carinthia I 152, 1962) 38–64.

37) R. Egger, Jahresh. d. Österr. Arch. Inst. 25, 1929, Beibl. Sp. 189 ff. Zur Kirche: R. Noll a. a. O. 100–102.

38) R. Noll a. a. O. 92–95. – W. Alzinger, Aguntum und Lavant ^{3} (1974) 44–51.

39) P. Petru u. T. Ulbert, Vranje bei Sevnica (Catalogi et Monographiae Mus. Ljubljana 12, 1975) 56–72.

Binnen-Noricums, untersuchen konnte [40]. Im Gegensatz zu ersten Berichten, daß es sich dabei um bajuwarische Reihengräber handelte, die auf eine bayerische Besiedlung dieses Raumes vor oder in der Zeit Ruperts von Salzburg deuten [41], handelt es sich um einen Friedhof der einheimisch-romanischen Bevölkerung von *Teurnia* aus der Mitte und zweiten Hälfte des 6. Jahrhunderts, vergleichbar den Friedhöfen von Rifnik [42] und Bled [43] in Slowenien. Nichts deutet auf ein Hineinreichen der Belegung ins 7. Jahrhundert hin. Bei diesem Stand der Dinge schien es vertretbar, die Vorträge, welche Noricum betreffen, auf die nordwestlichen und südwestlichen Peripherien der Provinz zu beschränken und die möglichen Feststellungen über das zentrale Noricum der Diskussion auf der Tagung zu überlassen, in der Hoffnung, daß sich die kompetenten österreichischen Kollegen dazu äußern werden. Was leider für den ganzen Raum entfallen muß, ist eine Behandlung des Siedlungsbildes für das 7. und 8. Jahrhundert. In dem von der slawischen Landnahme erreichten Teil der ehemaligen Provinz wird zwar die Zerstörung der spätantiken Siedlungen um 600 in jeder Grabung deutlich, wie die Vorträge zeigen werden. Slawische Besiedlung, durch Orts- und Flurnamen reich belegt, aber mit Hilfe dieser Quellengattung nicht schärfer datierbar, ist für den Archäologen in den Gräberfeldern des Köttlach-Karantanischen Kreises nicht vor dem 9. Jahrhundert im Zeichen beginnender Christianisierung zu fassen [44]. Siedlungen und Grabfunde der Landnahmephase, d. h. des 7. Jahrhunderts, gibt es bisher nicht. Hier besteht eine echte Fundlücke, sowohl in der Steiermark wie in Kärnten und Slowenien, ein beredtes Zeugnis für die derzeitigen Grenzen der Archäologie, das ich ebenfalls zur Diskussion stelle. Dieser Befund in Steiermark/Kärnten und Slowenien kontrastiert stark mit jenen positiven Ergebnissen, die für denselben Zeitraum Jiři Zeman über die älteste slawische Besiedlung Böhmens gewinnen konnte, in einer vorzüglichen kritischen Arbeit von 1976 [45], die die Kontinuität des Siedlungsraumes bei Diskontinuität der Bevölkerung nachweist (abwandernde Germanen *vor* und einwandernde Slawen *nach* der Mitte des 6. Jahrhunderts).

Im Raum der bajuwarischen Landnahme ist, auch soweit es sich um Noricum handelt, die Quellenlage erheblich günstiger. Nur sind die merowingerzeitlichen Grabfunde

40) G. Piccottini, Das spätantike Gräberfeld Teurnia St. Peter in Holz (Archiv f. Vaterländ. Gesch. u. Topographie Klagenfurt 66, 1976).

41) So noch H. Wolfram in Anz. d. phil.-hist. Kl. d. Österr. Akad. d. Wiss. 112, 1975, 106.

42) L. Bolta, Nécropole du Bas-Empire à Rifnik près de Šentjur (Inventaria Archaeol. Jugoslavija Fasz. 12, 1969). Ders., Arheol. Vestnik (Ljubljana) 18, 1967, 397–408 u. 21/22, 1970/1971, 127–140.

43) Vgl. J. Werner, Die Langobarden in Pannonien (Abh. Bayer. Akad. d. Wiss. Phil.-Hist. Kl. N. F. 55, 1962) 127–129.

44) J. Giesler, Die »Köttlacher Kultur«. Archäologie der karolingisch-ottonischen Zeit im Ostalpenraum (8.–10. Jahrhundert). Diss. München 1978.

45) J. Zeman, Nejstarší slovanské osídlení Čech. Památky archeol. 67, 1976, 115–235 (deutsches Résumé: Die älteste slawische Besiedlung Böhmens).

der österreichischen Bundesländer Salzburg [46] und Oberösterreich [47] noch nicht aufgearbeitet. Es ist zu diesem Zweck augenblicklich von München aus eine Dissertation im Gange. Erst nach der Edition des Fundstoffs wird man sehen, ob regionale Unterschiede in der Ausstattung der Gräber vorliegen, die im 7. Jahrhundert das ortsnamenkundlich und in der schriftlichen Überlieferung bezeugte romanische Element im Hinterland von Salzburg von den Bajuwaren an Inn und Donau absetzen. Die Verhältnisse in und um die alten städtischen Zentren *Ovilava* (Wels), *Lentia* (Linz) und *Lauriacum* (Enns) wären in diesem Zusammenhang besonders zu untersuchen.

Nun zur Raetia I. Schon die vier Vortragsthemen zeigen, wie anders die Forschungssituation in diesem Raum kontinuierenden Romanentums ist. Hier sind zum gegenseitigen Vergleich herausfordernde Querschnitte möglich, die das ganze Territorium betreffen, historisch durch Herrn Clavadetscher, den intimen Kenner Graubündner Geschichte, ortsnamenkundlich durch Herrn Sonderegger, archäologisch-gräberkundlich durch Frau Schneider-Schnekenburger, und auf dem Gebiet der Kirchenarchäologie durch Herrn Sennhauser. Die nicht aufeinander abgestimmten Vorträge werden in der Diskussion erlauben, die verschiedenen Aspekte von Kontinuität zu erörtern, im Hinblick auf Siedlung, Sprache, kirchliche Organisation usw. Die vergangene Wirklichkeit, um nochmals die Formulierung H. Beumanns zu gebrauchen, wird sich in der Raetia I sehr viel lebensvoller und facettenreicher darbieten als in Noricum. Beim Vergleich beider alpiner Gebiete werden die Kriterien für Kontinuität und Diskontinuität recht deutlich werden.

Auch das Programm der Frühjahrstagung 1977 wird das Kontinuitätsproblem auf dem Territorium spätrömischer Pronvinzen behandeln und nur am Oberrhein auf die rechtsrheinische Alamannia übergreifen. In noch stärkerem Maße als in diesem Jahr werden am ersten Tag, bei der Germania I, Kleinsträume und Einzelobjekte analysiert und am zweiten Tag, bei der Maxima Sequanorum und über deren Grenzen vor allem nach Süden hinausgreifend, breiter angelegte Querschnitte gegeben. Moselmündung und Neuwieder Becken wurden aus zwei Gründen ausgewählt: einmal gibt es neue archäologische Erkenntnisse durch die Grabungen Herrn Eidens in Karden und Boppard, es gibt die Befunde von Gondorf an der Mosel und die moderne Bearbeitung des Gebietes von Mayen mit Andernach durch Herrn Ament, zum anderen kann man jetzt die merowingischen *Castra* an Mosel und Rhein zur Zeit des Venantius Fortunatus (zweite Hälfte 6. Jahrhundert) den gleichartigen *Oppida* bzw. *Castella* der Vita Severini an der Donau (zweite Hälfte 5. Jahrhundert) gegenüberstellen. Die getroffene Auswahl bedeutet Beschränkung auf Kleinsträume und Einzelobjekte. Weder von Mainz noch von Worms

46) Eine skizzenhafte Übersicht nach den Forschungen M. Hells gibt A. Lippert, Mitt. d. Ges. f. Salzburger Landeskunde 115, 1975, 5–18.

47) Erste Zusammenstellung von E. Beninger und A. Kloiber, Oberösterreichs Bodenfunde aus baierischer und frühdeutscher Zeit. Jahrb. d. Oberösterr. Musealvereins 107, 1962, 125–250.

oder Straßburg wird die Rede sein, auch nicht vom fränkischen Kernland Rheinhessen. Wir können darauf mit guten Gründen verzichten, denn im November 1974 fand in Mainz aus Anlaß des 60. Geburtstags von K. Böhner ein von der Deutschen Forschungsgemeinschaft veranstaltetes Colloquium statt, das dem Stand archäologisch-historischer Forschung zum Kontinuitätsproblem in der Germania und Belgica vom 4.–8. Jahrhundert gewidmet war [48]. Die Referate, die die Kontinuität bzw. Diskontinuität ländlicher und städtischer spätrömischer Siedlungen in der Pfalz, in Rheinhessen usw. behandelten, werden in absehbarer Zeit wohl gedruckt vorliegen.

Die Verhältnisse am Oberrhein werden auf der Frühjahrstagung 1977 jedoch ausführlich in zwei archäologischen Referaten besprochen werden, mit Einschluß von Basel und Augst. Hier wird vor allem die alamannische Komponente zur Geltung kommen, soweit es sich um die ländlichen Gebiete handelt. Für die alten Römerstädte Basel und Augst und ihre unmittelbare Umgebung ist die Frage nach der Persistenz des Romanentums gestellt, die weiter südlich, in Nordburgund, so evident ist wie in der Raetia I. Bei den Vorträgen zu diesen Themen wird der Historiker wie der Archäologe Gelegenheit haben, den unterschiedlichen Charakter seiner Quellen in den einzelnen Räumen der Romania festzustellen, etwa in den Aussagen zur Tracht oder in der durch Inschriften bezeugten Latinität des 6. Jahrhunderts. Graubünden und Nordburgund können vergleichend betrachtet werden.

So sollen, wenn ich resümieren darf, beide Tagungen neue Ansätze und Anregungen für die Forschung anbieten, anhand von ausgewählten Einzelthemen, zu denen Historiker und Archäologen zu Worte kommen. Wird das Zusammenwirken bei getrenntem Marschieren zu vereintem Schlagen führen? Werden wir alle etwas hinzulernen?

Am Beginn unserer Tagung bin ich so optimistisch zu hoffen, daß die Erwartungen, die wohl ein jeder von uns auf diesen Versuch begrenzter Kooperation setzt, auch der Kooperation mit Vertretern benachbarter Fächer wie der Architekturgeschichte und der Sprachwissenschaft, daß diese Erwartungen nicht enttäuscht werden. Wir haben die Chance, neue Informationen zu den Sachen *selbst,* d. h. zu den Quellen zu erhalten. Wir sollten uns daher nicht durch Theorie-Diskussionen ablenken lassen, auch nicht durch solche über die allgemeinen Aspekte des vielschichtigen Kontinuitätsproblems. Ich meine, daß dies der Tradition des Konstanzer Arbeitskreises entspricht, dem ich nochmals für die Aufnahme der Doppeltagung in sein Programm danke.

48) Colloquium vom 26.–28. 11. 1974 im Römisch-Germanischen Zentralmuseum in Mainz: »Der Stand archäologisch-historischer Forschung zum Kontinuitätsproblem in der Germania und Belgica vom 4.–8. Jahrhundert«.

I.

NORICUM UND RAETIA I

Die historischen Daten zur Endphase römischer Präsenz in Ufernorikum

VON FRIEDRICH LOTTER

Übersicht:

I.	Die Quellen und das Problem der Rektifizierung ihrer Aussagen	S. 27
II.	Die Severinforschung in der Nachkriegszeit	S. 36
III.	Die Schauplätze des Geschehens	S. 52
IV.	Die Bevölkerung Ufernorikums und die germanischen Stämme im Umkreis	S. 63
V.	Militärorganisation und Zivilverwaltung	S. 76

I. *Die Quellen und das Problem der Rektifizierung ihrer Aussagen*

Die näheren Umstände des Auslaufens der römischen Herrschaft in den Provinzen des Westreichs lassen sich nirgendwo auch nur annähernd so deutlich erfassen wie im Ostalpen-Donau-Gebiet. Während uns für die Vorgänge in den gallischen Provinzen in der 2. Hälfte des 5. Jahrhunderts fast nur die spärlichen Angaben der römischen Konsularfasten und ihrer Benutzer [1] sowie die Briefe und panegyrischen Gedichte des Apollinaris Sidonius [2] zur Verfügung stehen, treten im Bereich der pannonischen Diözese neben die Aussagen dieser Quellen die ausführliche Darstellung der Vita Severini des Eugippius [3],

1) Chronica Minora saec. IV–VII, Bd. I–III, ed. Th. Mommsen, MG AA, Bd. 9; 11, 13, 1892–1898; insb. Fasti Vindobon. pr., Chr. Min. I, AA 9, S. 274–336; Prosperi Auct. Havn., ebd., S. 307–339; Anonymus Valesianus post., ebd., S. 314 f.; Hydatius Lemici cont. Chron. Hieronymi, AA 11, S. 12–36; ferner Anon. Vales. = Excerpta Vales., ed. J. Moreau, Leipzig 1968.

2) G. Solii Apollinaris Sidonii Epist. et Carm., ed. Chr. Lüttjohann, MG AA 8, 1887; Sidoine Apollinaire, T. I Poèmes, T. II, Lettres, texte ét. et trad. par A. Loyen, Collection Búde, Paris 1960.

3) Eugippius, Vita s. Severini, rec. P. Knoell, CSEL 9, 2, 1986; rec. Th. Mommsen, SSRG 26, 1898 (Fortan = VS); s. dazu Rudolf Noll, Eugippius. Das Leben des hl. Severin. Schriften u. Quellen d. alten Welt 11, Berlin 1963; Friedrich Lotter, Severinus von Noricum. Legende und historische Wirklichkeit. Untersuchungen zur Phase des Übergangs von spätantiken zu mittelalterlichen Denk- und Lebensformen. Monographien z. Gesch. d. MA, hg. K. Bosl u. F. Prinz, Bd. 12, Stuttgart 1976; von den bisher erschienenen Besprechungen dieses Buches verdienen besondere Beachtung: B. Bachrach, Speculum XX, 1978, S. 404 f.; H. Dopsch, Mitteilungen Ges. Salzb. Landeskunde 117, 1977, S. 438–441; R. Folz, Erasmus 29, 1977, Sp. 362–366; S. Frank, Jb. Antike u. Christentum 20, 1977, S. 206–209; B. de Gaiffier, La vie de St. Séverin du

ferner eine Anzahl von Angaben der Antoniusvita des Ennodius [4], der Gotengeschichte des Jordanis [5] sowie einiger byzantinischer Autoren [6]. Trotz dieser für diesen Zeitraum unvergleichlich günstigen Quellenlage sieht sich der Fachhistoriker einigermaßen in Verlegenheit versetzt, wenn er eindeutig abgesicherte Daten zum Prozeß des Untergangs der Römerherrschaft in diesem Raum beibringen soll, lassen sich doch die Nachrichten, welche die verschiedenen Autoren uns übermitteln, nur in seltenen Fällen durch Parallelüberlieferung kontrollieren.

Hinzu kommt der Umstand, daß die Hauptquelle, die Vita Severini, die mit der Fülle ihrer Detailangaben die Anzahl der verstreuten Mitteilungen aller übrigen Autoren zusammengenommen noch übertrifft, eine hagiographische Schrift ist, die nicht eigentlich historische Überlieferung bieten will [7]. Tatsächlich müssen die Aussagen des Eugippius fast überall dort korrigiert werden, wo Möglichkeiten einer Überprüfung durch die Parallelüberlieferung, den frühgeschichtlichen Befund oder die Ergebnisse der Ortsnamenforschung und Siedlungsgeschichte bestehen.

So wird die schon in sich widersprüchliche und nur durch die typologische Stilisierung erklärbare Aussage des Eugippius in c. 4, die Limitantruppe von *Favianis* habe zwar eine zahlenmäßig überlegene Schar von Feinden in die Flucht geschlagen, dennoch aber nur aus wenigen Männern bestanden und kaum Waffen besessen, nicht nur durch seine eigenen Angaben c. 20 über die unbeeinträchtigte Wirksamkeit der Verteidigungsorganisation im Donauabschnitt zwischen *Quintanis*-Künzing und Wiener Wald bis zum Zusammenbruch des weströmischen Reiches, sondern auch durch die davon ganz unabhängige Mitteilung des Apollinaris Sidonius über Abwehrerfolge der Noriker gegen die Ost-

Norique. A propos d'un livre récent, Anal. Boll. 95, 1977, S. 13–23; F. GRAUS, Bll. Dt. Landesgesch. 115, 1979 (in Druck); G. HAENDLER, Theol. Literaturztg. 102, 1977, S. 438–441; A. KUSTERNIG, Unsere Heimat, Zs. Verein Ldkde. Niederöst. u. Wien 48, 1977, S. 438–441; J. SPEIGL, Münchener Theol. Zs. 29, 1977, S. 97–100; P. STOCKMEIER, Theol. Revue 74, 1978, Sp. 295 ff.; W. STÖRMER, Bohemia-Jb. 18, 1977, S. 409 ff.; M. VAN UYTFANGHE, Les avatars contemporains de l'»hagiologie«. A propos d'un ouvrage récent sur St. Séverin du Norique, Francia, Forschungen z. westeurop. Gesch. 5, 1977/8, S. 639–671. Zu der Besprechung von H. WOLFRAM, MIÖG 85, 1977, S. 352 ff. s. unten Anm. 82.

4) Ennodius, V. Antonii mon. Lir., rec. F. Vogel, MG AA 7, 1885, S. 185 – 1901 s. dazu FRIEDRICH LOTTER, Antonius von Lérins und der Untergang Ufernorikums, HZ 212, 1970, S. 265–315.

5) Jordanis Getica, hg. Th. Mommsen, MG AA 5, 1882, S. 53–138; s. dazu JOSEF SVENNUNG, Zu Cassiodor und Jordanes. Eranos 67, 1969, S. 71–80.

6) Johannes Antiochenus, ed. C. Müller, Fragmenta Hist. Graec. IV, 1885, S. 535–622; Malchus Philadelphus, ebd., S. 111–132; Priscus rhetor Panites, ed. C. de Boor, Excerpta de legatinobus I, Berlin 1903, S. 132–140; Procopius Caesariensis, De bello Gothico, ed. J. Haury, Leipzig 1963; Zosimus comes, Historia nova, ed. L. Mendelssohn, Hildesheim 1887, Ndr. 1963.

7) Vgl. dazu LOTTER, Severinus, insb. S. 37–89 u. passim.

goten im Jahre 467 in Frage gestellt [8]. Die Auffassung des Eugippius, c. 44, daß die Ermordung des Rugierfürsten Ferderuchus und der Krieg Odoakers gegen die Rugier im Jahre 487 eine Folge der Plünderung des Klosters nach dem Tode des Severinus gewesen sei, ist angesichts der bei Johannes Antiochenus überlieferten Nachrichten über die Initiativen des Kaisers Zenon schon seit längerem als Umdeutung der historischen Ereignisse im Sinne einer hagiologischen Kausalität verstanden worden [9]. Auch die auffallend nachdrückliche Behauptung des Eugippius, alle Provinzialen hätten im Jahre 488 Ufernorikum verlassen, wird ebenso durch den siedlungsgeschichtlichen Befund, die Ortsnamenforschung und nicht zuletzt die karolingerzeitliche Überlieferung für den Raum zwischen Inn und Enns widerlegt [10]. Die deutlich nach alttestamentarischen Mustern stilisierte Weissagung des Severinus vom Exodus der gesamten Bevölkerung in ein gelobtes Land der Freiheit läßt sich wiederum nicht mit eigenen Angaben des Eugippius vereinen, wonach dieser Exodus zwangsweise erfolgte [11], ihr widerspricht vollends eine Angabe der Antoniusvita des Ennodius, wonach Severinus den jungen Antonius als Mitarbeiter in seiner Stellung als politisches Oberhaupt der romanischen Bevölkerung vorgesehen hatte [12]. Schließlich sind der Darstellung der Persönlichkeit des Severinus selbst, dessen Autorität Eugippius allein auf seine Heiligkeit zurückführt, ohne etwas über seine Herkunft und eigentliche Funktion im Ostalpenraum verlauten zu lassen, die knappen Angaben der um 506 verfaßten Antoniusvita des Ennodius entgegenzuhalten, der Severinus einfach als *inlustrissimum virum* und damit als einen zu dieser Zeit vielerorts noch bekannten Inhaber eines der höchsten Ämter der spätantiken Militär- oder Verwaltungshierarchie einführt [13].

Diese ausgewählten und beliebig vermehrbaren Beispiele zeigen zur Genüge, daß wir heute in der Vita Severini keine »klare Quelle« historischer Überlieferung mehr sehen

8) Apollinaris Sidonius, Carm. II, 377: ... *Noricus Ostrogothum quod continet, iste timetur ...*; vgl. dazu LOTTER, Severinus, S. 121 ff.; 125; 213.
9) LOTTER, Severinus, S. 159 f. mit Anm. 262.
10) Vgl. LOTTER, Severinus, S. 170 ff.; 278 f.; DERS., Antonius v. Lérins, S. 269 ff.
11) LOTTER, Severinus, S. 117 ff.; 163 ff.; 176 f.; MARC VAN UYTFANGHE: La bible dans la ›Vie de saint Séverin‹ d'Eugippius. Latomus, Revue d'études Latines 33, 1974, S. 325; 329 f.; 345 f.
12) Ennodius, V. Antonii, c. 9; S. 186; ... *Ille hunc sibi futurum participem pia ubique voce praedicabat ...*; vgl. LOTTER, Severinus, S. 177; 234 ff.; DERS., Antonius v. Lérins, S. 298.
13) Ennodius, V. Antonii, c. 9, S. 186: ... *mox tamen ad inlustrissimum virum Severinum ... evolavit, qui ... futura in puero bona quasi transacta relegebat. Fuit enim, cuius meritis nihil erat absconditum ...*; vgl. dazu LOTTER, Severinus, S. 234–240. Zu den Einwänden von FRIEDRICH PRINZ: Zur Vita Severini, DA 25, 1969, S. 531–536, s. wiederum FRIEDRICH LOTTER, Inlustrissimus vir Severinus, DA 26, 1970, S. 200–207. Mit dieser Entgegnung erledigen sich für den aufmerksamen Leser auch die neuerlichen Einwände von ISTVÁN BÓNA, Severiana. Acta Antiqua Academiae Scientiarum Hungaricae XXI, 1973, S. 337 f., vgl. dazu aber wiederum unten S. 50 ff. Zu unterscheiden bleibt freilich das nach Ausweis des Sprachgebrauchs gesicherte Rangprädikat des *vir illustris* von der nur hypothetischen Identifizierung des Heiligen mit dem Konsul des Jahres 461 und dem *magister militum* des Maiorian aus dem Jahre 458.

können [14]. Obwohl die Forschung nach wie vor genötigt ist, die Vita Severini wegen ihres wertvollen Nachrichtenmaterials zur Grundlage jeder Darstellung der Endphase römischer Präsenz im Ostalpenraum zu machen, wird kein der unbestechlichen Wahrheitsfindung verpflichteter Wissenschaftler vor den Schwierigkeiten und Risiken, mit denen ihn die Auswertung dieser Schrift als Quelle historischer Erkenntnis konfrontiert, die Augen verschließen können.

In der Tat ist nicht zu bezweifeln, daß die Aussagen des Eugippius zur Ereignisgeschichte ganz dem Zweck des Heiligkeitsnachweises und der Kultpropaganda untergeordnet sind, daß sie nur den äußeren Rahmen der Taten des Heiligen bilden und vielfach nur die Glaubwürdigkeit der auch von Zeitgenossen bezweifelten Wunder untermauern sollen und daß sie auf dem Wege vom historischen Ereignis zu dem von Eugippius fixierten Bericht einen langjährigen Prozeß der Umformung und Stilisierung nach biblischen und hagiographischen Mustern im Munde der Berichterstatter durchlaufen haben [15]. Bei den Berichten über Severinus handelt es sich, wie der Verfasser selbst bestätigt [16], fast durchweg, ja vermutlich ausnahmslos um Überlieferung aus zweiter Hand, die erst 30–50 Jahre nach den geschilderten Ereignissen und weit entfernt von der Bühne des Geschehens in Neapel niedergeschrieben wurde.

Allerdings bleibt festzuhalten, daß der Verfasser, Eugippius, den ihm übermittelten Stoff zwar literarisch-künstlerisch gestaltet hat [17], ihn jedoch im wesentlichen in der durch die langjährige mündliche Überlieferung innerhalb der Mönchsgemeinde geprägten Form von in sich abgeschlossenen Episodenerzählungen inhaltlich kaum verändert – mit allen ihm anhaftenden Widersprüchen – festgehalten hat [18]. Dem Autor ist somit ein hohes Maß an subjektiver Glaubwürdigkeit zuzusprechen. Daher gestatten uns der Vergleich mit anderer hagiographischer Überlieferung derselben Epoche [19], der Nachweis des Auftretens einer Anzahl hagiographischer Dubletten [20] und die Feststellung, daß etwa bei den durch nachträgliche Synchronisierung erst zu Wundern stilisierten Berichten die logische Motivation vielfach durch einen hagiologischen Kausalnexus ersetzt

14) So u. a. FRITZ KAPHAN: Zwischen Antike und Mittelalter. Das Donau-Alpenland im Zeitalter St. Severins, München o. J. (1947), S. 96; RUDOLF NOLL: Eugippius, Das Leben des heiligen Severin, Berlin 1963, S. 15: »Wird man sonach mit Paschasius der *Vita Severini* hinsichtlich ihres Charakters das Prädikat ›wahrheitsgetreu‹ zubilligen ...«; vgl. S. 26, s. dazu unten S. 46 ff.

15) LOTTER, Severinus, S. 77–177; VAN UYTFANGHE, La bible, passim; DERS., Éléments évangéliques dans la structure et la composition de la ›Vie de saint Séverin‹ d'Eugippius. Sacris erudiri, Jaarboek voor Godsdienstwetenschappen 21, Brugge 1972/3, S. 147–159.

16) Eugippius, Ep. ad. Paschasium, 2: ... *ego* ... *commemoratorium* ... *ex notissima nobis et cotidiana maiorum relatione composui* ... Zur möglichen Augenzeugenschaft des Eugippius s. LOTTER, Severinus, S. 23–32.

17) S. dazu unten S. 37 ff.

18) LOTTER, Severinus, S. 90–177.

19) LOTTER, Severinus, S. 90–110.

20) LOTTER, Severinus, S. 141–155.

worden ist [21], den Prozeß der Umformung des Traditionsgutes in der mündlichen Überlieferung in zahlreichen Fällen noch einigermaßen aufzuhellen [22].

Die hier gewonnenen Erkenntnisse lassen den Versuch lohnend erscheinen, über die vermittelten Aussagen zu den ihnen zugrundeliegenden Ereignissen oder Vorgängen vorzustoßen. Es liegt auf der Hand, daß bei der Rekonstruktion derartiger Geschehnisse bei fehlenden Kontrollmöglichkeiten durch Quellenvergleich selten mit schlüssigen Beweisen, sondern vorwiegend mit Annäherungswerten zu rechnen ist.

Vor ein besonderes Problem stellen uns dabei die Dubletten, die in verschiedenen Versionen auftretenden Wunderepisoden, entstehen sie doch vornehmlich durch den Austausch von Detailangaben, Einfügen neuer Personen und unterschiedliche Lokalisierung des Geschehens. Dies zeigt etwa die Dublette von der wunderbaren Kerzenentzündung in c. 11 und 13 [23]. In beiden Fällen ist die mit dem Wunder verbundene symbolhafte Deutung der Entzündung einer oder mehrerer Kerzen als Erleuchtung von Gottesdienstbesuchern noch zu erkennen, die in einem Falle mit der Überführung der Glaubensfrevler eine Weiterung gezeitigt hat. Beide Wundererzählungen dürften auf einen Vorgang zurückgehen, der in der einen Version in der *ecclesia* von *Cucullis*-Kuchl, in der anderen in einer *basilica* bei *Iuvavum*-Salzburg stattgefunden haben soll.

Wie eine solche Dublette durch Vertauschung von Ortsnamen entsteht, läßt noch die zweimalige Erwähnung jener *cellula* in c. 19 und 22 erkennen, die Severinus für einige Mönche errichtet hatte [24]. Da Eugippius dieses Klösterlein einmal in Zusammenhang mit dem *oppidum Batavis* nennt, im zweiten Fall ohne Bezug auf die erste Erwähnung *in loco Boiotro* vor den Mauern des batavinischen *oppidum* lokalisiert, wurde vielfach geschlossen, daß Severinus sowohl in *Batavis* als auch in *Boiotro* eine *cellula* errichtet habe [25]. Diese Deutung berücksichtigt jedoch nicht die Struktur der Episodenerzählungen, wie unten noch zu zeigen sein wird.

21) Lotter, Severinus, S. 156–177.

22) Van Uytfanghe, Bible, S. 349; Ders., Éléments, S. 149 behauptet zwar, daß die typologische Stilisierung die Glaubwürdigkeit der Aussagen des Eugippius nicht beeinträchtige, bleibt dafür jedoch den Beweis schuldig. Dem helfen auch die zustimmenden Äußerungen von De Gaiffier, S. 20 mit Anm. 3 nicht ab. Vgl. dazu auch unten Anm. 44, 67 und 85. Auch wenn die Typisierung nicht immer in dem Ausmaß, wie dies für die Vita Severini nachgewiesen wurde, zur Umformung der historischen Wirklichkeit geführt haben dürfte, so muß doch stets damit gerechnet werden. Jedenfalls fällt die Beweislast hier dem zu, der die Auffassung vertritt, daß Stilisierung die Berichterstattung nicht beeinflußt habe.

23) Lotter, Severinus, S. 152 ff.

24) Lotter, Severinus, S. 150.

25) Vgl. Noll, Eugippius, S. 20: »Ausdrücklich und namentlich sind als Severins Gründungen Favianis (Mautern), Batavis (Passau) und Boiotro (Innstadt) bezeugt (vgl. Kap. 4,6; 19,1; 22,1)«; vgl. zuletzt auch Peter F. Barton, Die Frühzeit des Christentums in Österreich und Südostmitteleuropa bis 788. Studien u. Texte z. Kirchengeschichte und Geschichte, 1. Reihe, Bd. 1, Wien/Köln/Graz 1975, S. 128 f.

Daß der Austausch von Ortsnamen auch den Austausch von Personennamen mit sich ziehen kann, bezeugt die Dublette von der wunderbaren Auffindung der Reliquien, c. 9 und 23 [26]. Die Grundform der Erzählung gleicht sich jeweils bis in die Einzelheiten, ausgewechselt sind jeweils nur die Namen der Heiligen, von denen die Reliquien stammen, die des hl. Johannes und der Heiligen Gervasius und Protasius. Diese Vertauschung geht offenbar darauf zurück, daß die Reliquien jeweils einer von Severinus gegründeten Klosterkirche, der von *Boiotro* und der von *Batavis*, zuzuordnen sind, d. h. bei der Überlieferung entstand eine Dublette wiederum durch die unterschiedliche Lokalisierung des Wunders.

Eine weitere Dublette, bei der lediglich die Personen ausgewechselt sind, liegt in den Krankenheilungen c. 14 und 33 vor [27]. Wiederum weisen beide Versionen im einzelnen die gleichen Züge, ja weithin sogar ähnliche Formulierungen auf, nur handelt es sich einmal um eine Bäuerin aus *Iuvavum*-Salzburg, im anderen Fall um den Sohn eines rugischen Adligen aus dem Gebiet am Nordufer der Donau gegenüber von *Comagenis*.

Die angeführten Beispiele bezeugen zur Genüge, daß in den einzelnen Episodenerzählungen der Severintradition Personen- und Ortsnamen durchaus willkürlich eingesetzt oder ausgetauscht werden können, wie dies auch bei der Überlieferung von Volkssagenmotiven oder den in den frühchristlichen Gemeinden umlaufenden Erzählungen vom Leben des Jesus nachzuweisen ist [28]. Die Erkenntnis, daß in der Severinüberlieferung die Einheit von Ort, Person und Handlung nie gesichert ist, warnt uns davor, in Einzelfällen Argumentationen auf die Verbindung dieser Elemente in einer Erzählung zu stützen.

Dies gilt etwa für das angebliche Gespräch zwischen Primenius und Severinus im Begleitbrief, in dem ersterer nach der Herkunft des Severinus fragt [29]. Dieses Gespräch hat im Kontext der Vita offensichtlich die Funktion, durch Äußerungen des Helden selbst eine Begründung zu geben, weshalb der Autor nichts über die Herkunft und säkulare Tätigkeit des Severinus vor seiner *conversio* berichtet. Falls ein Gespräch dieser Art tatsächlich stattgefunden hat, ist es recht unwahrscheinlich, daß Primenius der Gesprächspartner war. Denn wenn Primenius, der ein enger Vertrauter des letzten Kaisermachers Orestes, des Vaters des Romulus Augustus, war, nach dem Sturz und der Ermordung des Orestes durch Odoaker gerade bei Severinus in Norikum Zuflucht suchte, dürfte er Severinus genau gekannt haben [30].

Darüber hinaus deuten weitere Indizien darauf hin, daß Severinus selbst enge Beziehungen gerade zu Orestes gepflegt hat. Einmal sprechen dafür schon die Verbindungen des Severinus mit Odoaker, hat doch Odoaker den Severinus vor seinem Eintritt in die Palastgarde des Anthemius um 469 aufgesucht und noch nach seiner Machtergreifung

26) LOTTER, Severinus, S. 146 ff.

27) LOTTER, Severinus, S. 149 f.

28) Vgl. LOTTER, Severinus, S. 8 mit Anm. 33; 11 f. mit Anm. 54, dort weitere Hinweise.

29) Eugippius, Ep. ad Paschasium 8, vgl. dazu LOTTER, Severinus, S. 62 ff., insb. S. 65.

30) Hierzu und zum folgenden LOTTER, Severinus, S. 36 f.; 191; 200; 248 f.; 266; BÓNA, Severiana, S. 319–325.

mit Severinus korrespondiert. Odoaker wiederum hatte schon durch seinen Vater Edeka, der mit Orestes zu den Beratern Attilas am hunnischen Hofe gehörte, Kontakte mit Orestes. Diese dürften auch in den Jahren 470–475, als beide im Dienste des Anthemius standen, eine Rolle gespielt haben, bis es zu dem Zerwürfnis kam, bei dem Severinus, wie es scheint, für Orestes und gegen Odoaker Partei nahm.

Für eine enge Verbindung des Severinus zur Familie des Orestes spricht auch der Umstand, daß die vornehme Witwe Barbaria dem Leichnam des Heiligen in ihrem Mausoleum in *Castellum Lucullanum* die letzte Ruhestatt gewährte und ebendort ein Kloster für seine Mönchsgemeinde gründete. *Castellum Lucullanum* aber ist der Ort, der dem letzten weströmischen Kaiser und Sohn des Orestes, Romulus Augustus, mit seiner Mutter als Wohnsitz von Odoaker zugewiesen war. Von dem Gatten der Barbaria erfahren wir nur, daß er als *vir illustris*, der demnach eines der höchsten Staats-, Hof- oder Militärämter bekleidete, den Severinus bestens kannte und mit ihm korrespondierte [31]. Wenn auch nicht mit Sicherheit gesagt werden kann, daß es sich dabei um niemand anders als Orestes selbst handelt, legen die angeführten Zeugnisse doch zumindest nahe, daß Severinus gerade in dem Kreis um die aus Pannonien stammende Familie des letzten weströmischen Kaisers Romulus gut bekannt war.

Diesen Umstand bestätigt letztlich auch Ennodius, der als Parteigänger des Theoderich, der Nachfolger des Odoaker und Rächer des Orestes war, am Hofe in Ravenna ein und aus ging. Wenn er um 506 zwar den Rangtitel des Severinus, nicht aber die von ihm bekleidete Amtsstellung erwähnt, setzt er offensichtlich das Wissen darum zu dieser Zeit noch bei seinen Lesern voraus [32]. Der aus dem Primeniusgespräch gezogene Schluß, innerhalb des Kreises der *laici nobiles*, der sich um Severinus scharte, habe man nichts über seine Herkunft und sein Vorleben gewußt, ist demnach mehr als fragwürdig.

Diese Beobachtungen müssen den letzten Zweifel beheben, ob auch nur irgendein Bericht des Eugippius, der nicht durch Parallelüberlieferung oder archäologisch-siedlungsgeschichtliche Befunde abzusichern ist, in seinen Einzelheiten für bare Münze genommen werden kann. Dennoch werden wir gewisse Elemente der Überlieferung, die als solche tendenzneutral sind, die während der Weitergabe innerhalb der Klostergemeinde der Überprüfung durch die lebendige Erinnerung unterlagen und bei denen Verfälschung oder gar Erfindung praktisch auszuschließen ist, auch als isolierte Aussagen akzeptieren dürfen. Dies bedeutet, daß die in der Vita erwähnten Personen und Lokalitäten innerhalb des Berichtzeitraums tatsächlich existiert haben, auch wenn ihre Kombination mit bestimmten Ereignissen im einzelnen oft zweifelhaft bleiben muß.

Das gleiche gilt auch für Einzelangaben wie etwa bestimmte Formen des Kultus, das Auftreten gewisser Germanenstämme in bestimmten deutlich abgegrenzten Räumen oder die differenzierte Charakterisierung dieser verschiedenen ethnischen Gruppen. Auch

31) Eugippius, V. Severini, c. 46: *Igitur illustris femina Barbaria beatum Severinum fama vel litteris cum suo quondam iugali optime noverat . . .*

32) S. oben Anm. 13.

werden wir in der Wiedergabe des allgemeinen Trends der Entwicklung in Ufernorikum historische Wirklichkeit sich eher widerspiegeln sehen als in den Erzählungen von bestimmten Ereignissen. Denn jenes allgemeine Geschehen war allen bekannt, von allen kontrollierbar und daher auch der unbewußten Verfälschung weit weniger ausgesetzt als die einzelnen Vorkommnisse, bei denen jeweils nur wenige – inzwischen oft verstorbene – Zeugen Mitwisser waren und deren Berichte im Munde späterer Erzähler unweigerlich dem Prozeß der hagiologischen Stilisierung unterworfen waren.

Doch wie dem auch immer sei, es unterliegt keinem Zweifel, daß die Schrift des Eugippius trotz ihres unbestrittenen Quellenwertes nur mit äußerster Vorsicht zu benutzen ist und bei der Interpretation nach Ausschöpfung aller Möglichkeiten des Vergleichs durch Parallelüberlieferung auch innere Kriterien heranzuziehen sind, die sich aus dem Standort des Autors, dem hagiographischen Charakter des Werkes und den Entstehungsbedingungen des Traditionsgutes ergeben.

Die Schwierigkeiten, mit denen der Historiker hier konfrontiert wird, werden im übrigen nicht nur durch den Umstand vermehrt, daß er zugleich als Philologe mit dem Latein der ausgehenden Antike und als Literaturwissenschaftler mit dem hagiographischen Schrifttum und insbesondere der frühchristlichen Vita vertraut sein muß, sondern daß die Vita Severini wie kaum ein anderes Werk dort ihren Standort hat, wo frühmittelalterliche Mentalität in den Raum politischer, geistiger und gesellschaftlicher Strukturen der Spätantike einbricht, wo sich also in der Regel weder der Althistoriker noch der Mediävist voll kompetent fühlen können. Diese Situation dürfte es auch erklären, daß eine Geschichtswissenschaft, die vielfach noch einem empirischen Positivismus huldigte und sich nur schwer von der Überzeugung lösen konnte, daß sichere historische Erkenntnis im Prinzip möglich und »Ungesichertes« daher grundsätzlich auszuscheiden sei, gerade der Hagiographie mit besonderem Mißtrauen begegnete und auch die Vita Severini – trotz ihres anerkannten Quellenwertes – links liegen ließ. So wurden lange Zeit nicht einmal die Möglichkeiten der Verifizierung von Fakten der reinen Ereignisgeschichte durch die herkömmlichen historisch-philologischen Methoden voll ausgeschöpft, geschweige denn umfassendere Gesamtinterpretationen des Werkes gewagt [33)].

Diese Feststellung mag angesichts der fast unübersehbaren Literatur zur Vita Severini auf den ersten Blick überraschen, doch zeigt sich bei näherem Hinsehen schnell, daß bis in das letzte Jahrzehnt hinein die Masse der Untersuchungen nicht von eigentlichen Fachhistorikern stammt [34)], sondern von Vertretern benachbarter Disziplinen, vor allem der Kirchengeschichte, der klassischen oder mittellateinischen Philologie, der Liturgiegeschichte, der Archäologie und der Frühgeschichte. Sie alle haben in der Regel nur Teil-

33) NOLL, Eugippius, S. 26 und nach ihm andere behaupten dies freilich, doch s. dazu unten S. 48 mit Anm. 85.

34) Vgl. dazu auch HANS-JOACHIM DIESNER, Severinus und Eugippius. Wissenschaftl. Zs. d. Martin-Luther-Univ. Halle-Wittenberg, Geschichts- und Sprachwissensch. R. 7, 1957/8, S. 1165 = DERS., Kirche und Staat im spätröm. Reich. Aufsätze zur Spätantike u. z. Geschichte der alten Kirche, Berlin 1964, S. 156; BÓNA, Severiana, S. 281, Anm. 1.

aspekte und Detailfragen behandelt; sofern sie dabei das Problem einer historischen Gesamtwertung überhaupt aufwarfen, wurden die methodischen Voraussetzungen einer Benutzung der Vita als historischer Quelle bestenfalls nur am Rande behandelt. Soweit diese Arbeiten ereignisgeschichtliche Vorgänge zu erfassen versuchten, begnügten sie sich in der Regel damit, die Mitteilungen des Eugippius unter Ausscheidung aller dem modernen Weltverständnis widersprechenden Züge einfach nachzuerzählen. Da sie die Angaben des Autors meist so aufnahmen, wie sie ein vordergründiges und unkritisches Textverständnis nahelegte, entgingen ihnen notwendigerweise die inneren Widersprüche der Darstellung.

Gewiß bleiben diese Untersuchungen verdienstvoll, haben sie doch trotz der Unzulänglichkeit ihres methodischen Vorgehens zahlreiche Einzelbeobachtungen getätigt und somit einigermaßen auch das Vakuum ausgefüllt, das der Mangel an historisch-kritischen Untersuchungen entstehen ließ. Andererseits ist kaum zu bestreiten, daß sie die Forschung für lange Zeit gewissermaßen in eine Sackgasse manövriert haben, denn da ihre Auffassungen immer wieder von anderen aufgenommen wurden, kaum je aber Widerspruch erfuhren, konnte sich schließlich eine Art fable convenue herausbilden, die sozusagen als communis opinio der Wissenschaft galt und vielerorts auch Eingang in die entsprechenden Abschnitte der Handbücher fand [35].

Die wichtigsten Elemente dieser fable convenue, die nichts weniger als beweisbar, in den meisten Fällen sogar unschwer widerlegbar sind, seien hier nur in wenigen Strichen umrissen: Severinus war ein »schlichter Mönch«, er kam als »völlig unbekannter Mensch« gegen oder kurz nach 460 nach Ufernorikum, er übte keine offizielle Funktion aus, Eugippius war sein Schüler und befand sich zumindest in den letzten Jahren im Umkreis des Lehrers, die Limesorganisation war nicht mehr intakt; es gab nur wenige Soldaten; diese hatten kaum noch Waffen und erhielten keinen Sold mehr; das Land wurde ständig von den Barbaren heimgesucht; seine Lage war trostlos; die Bevölkerung war ganz verarmt; zwischen 472 und 475 erfolgte die Räumung der Donauorte oberhalb von *Lauriacum*-Lorch; nach 476 gehörte ganz Noricum zum Reich Odoakers; Severinus sagte den Auszug der geplagten Bevölkerung voraus; dieser erfolgte, weil Odoaker die Romanen nicht mehr schützen konnte usw. usw.

Dieses Bild, das bis in die jüngste Zeit erbittert verteidigt wird [36], ist freilich schon

35) Vgl. zuletzt etwa HANS-JÖRG KELLNER, in: Handbuch der bayerischen Geschichte I, hg. Max Spindler, München 1967, S. 70; DERS., Die Römer in Bayern, München 1971, S. 191 ff.; Vgl. dazu die berechtigte Kritik von BÓNA, Severiana, S. 330 f.; s. auch GÉZA ALFÖLDY, Noricum, London/Boston 1974, S. 220 ff.; vorsichtiger schon BARTON, Frühzeit des Christentums, S. 119–134.

36) Vgl. RUDOLF NOLL, Sankt Severin und der Untergang der römischen Herrschaft an der norischen Donau, in: Die Römer an der Donau, Noricum und Pannonien, Katalog der Landesausstellung, Petronell 1973, S. 111–116; DERS.: Die Vita Sancti Severini des Eugippius im Lichte der neueren Forschung. Anzeiger der phil.-hist. Kl. d. Österr. Ak. d. Wiss. 112, 1975, So. 3, S. 61 ff. (fortan = Forschung), insb. 74 f.; DERS., Neuere Funde und Forschungen zum frühen

seit den fünfziger Jahren auf wachsende Kritik gestoßen. Da die Geschichtswissenschaft sich in zunehmendem Maße des Nachholbedarfs in der Severinforschung bewußt wurde, mußte die Kontroverse um so heftiger entbrennen, je grundlegender die alte Lehre durch die in immer kürzeren Abständen aufeinander folgenden Veröffentlichungen in Frage gestellt wurde. Da nun die Klärung der Frage, wie zuverlässig die Vita Severini ist, eine entscheidende Voraussetzung für die Gewinnung und Absicherung historischer Daten zur Geschichte des Alpen-Donau-Raums in der ausgehenden Spätantike darstellt, glauben wir, auf eine knappe Darstellung der Forschungssituation in den letzten Jahrzehnten nicht verzichten zu können [37].

II. *Die Severinforschung in der Nachkriegszeit*

Die große Mehrzahl der Untersuchungen zur Vita Severini konzentrierte sich zunächst auf drei Themenbereiche: Textgeschichte und -überlieferung; literarische Form und stilistische Abhängigkeit; schließlich kirchen- und liturgiegeschichtliche Aspekte der Vita. Die mit den zahlreichen Texteditionen zusammenhängenden Arbeiten zur Textgeschichte und -überlieferung gipfeln in dem ausgezeichneten textkritischen Kommentar des Wiener Altphilologen Emil Vetter, der die zweite Auflage der kommentierten Ausgabe von Rudolf Noll im Jahre 1963 bereichert [38]. Vetter wies gegen Theodor Mommsen und im Anschluß an Auffassungen, die seinerzeit schon Pius Knoell und Paul von Winterfeld [39] vertraten, überzeugend nach, daß die in den wichtigsten Handschriften vorliegende älteste Überlieferung mit den Klassen I und II zwei Fassungen bietet, die eine Anzahl voneinander unabhängiger Lesearten enthalten und daher grundsätzlich gleichberechtigt nebeneinander stehen. Während Mommsen nun die Klasse I für die ältere und damit bessere Überlieferung hielt, konnte Vetter belegen, daß sie eine redigierte Fassung darstellt, der Klasse II also die Priorität zuzusprechen sei.

Christentum in Österreich (1954–1974). Mitteilungen der österr. Arbeitsgemeinschaft für Ur- und Frühgeschichte XXV, Wien 1974/5, S. 207 ff.; s. unten S. 46 ff. mit Anm. 80–88. Auch De Gaiffier, S. 21 verhehlt nicht, daß er lieber am alten Severinbild festhalten würde und wünscht: »Il faut peut-être éviter de vouloir trop raffiner et veiller à ce qu'une érudition surabodante ne complique le problème plus qu'elle ne l'éclaire.«

37) Der Forschungsbericht von Rudolf Noll, Forschung 1975, ist praktisch unbrauchbar. Noll setzt sich nirgendwo wirklich kritisch mit der angeführten Literatur auseinander, sondern referiert lediglich, um dann einerseits ungedruckte Untersuchungen mit Vorschußlorbeeren auszustatten, andererseits alle neueren kritischen Ansätze und Analysen ohne jeden Versuch einer sachlichen Widerlegung pauschal zu verwerfen, vgl. dazu unten Anm. 72; 80; 82 f.

38) Emil Vetter, Handschriftliche Grundlage und Textgestaltung, bei: Noll, Eugippius, S. 27–35 und 39 ff.

39) S. die Literaturangaben bei Noll, Eugippius, S. 38.

Neben der textkritischen Erschließung wandten sich die Philologen bald der literarischen Untersuchung von Form und Stil der Vita zu. Nach ersten Ansätzen Paul von Winterfelds wies der Mediävist Walther Bulst dieser Forschungsrichtung 1950 den Weg [40], indem er feststellte: Da »die Möglichkeit äußerer Kritik ... nicht besteht«, habe das historische Interesse an Severinus »vor allem anderen zu fragen nach dem literarischen Charakter« der Schriftstellerei des Eugippius. In der Frage nach der literarischen Gattung entschied sich Bulst dafür, die Angaben des Eugippius im Begleitbrief ernst zu nehmen und der Schrift den Charakter der Vita abzusprechen, obwohl er selbst anschließend – wiederum richtungweisend – die bis ins letzte ausgefeilte Kunstform des Werkes in der Anwendung des rhythmischen Satzschlusses nachwies. Bulsts Arbeit ist auch insofern bahnbrechend, als er erstmals nachdrücklich auf das Problem der legendären Elemente in der Vita aufmerksam macht und sie in Gegensatz stellt zu der verbreiteten Meinung, die Vita sei eine »klare Quelle«, ebenso wie er die Stereotypie der vom Werk auf den Helden übertragenen Kennzeichnung als »schlicht« beanstandet. Wenn Bulst schließlich auch der historischen Interpretation die Aufgabe zuweist, die Wundererzählungen auf ihre geschichtliche Grundlage zurückzuführen, äußert er sich doch letztlich skeptisch über die Möglichkeiten des Gelingens eines solchen Vorhabens.

Wenige Jahre nach Bulst hat Hermann Baldermann in einer Hamburger Dissertation, die leider nur in Auszügen gedruckt wurde [41], erneut die Frage nach dem literarischen Genos aufgeworfen und in gründlichen Untersuchungen nachgewiesen, daß die chronologische Anordnung der Kapitel, die innerhalb der Kapitel anzutreffenden Verweise auf früher erwähnte Personen und Begebenheiten sowie die unverkennbaren klerikal-erzieherischen Tendenzen für eine klar durchdachte einheitliche Komposition der Vita sprechen, die »bereits in ihrer ursprünglichen Form für ein Leserpublikum berechnet war« [42]. Gegen Bulst macht Baldermann auch schon auf die starke Abhängigkeit der Vita nicht nur in Wortschatz und Syntax, sondern auch in der Typologie der Episodenerzählungen vom Vorbild der Bibel aufmerksam.

Die hier gegebenen Anregungen hat neuerdings der Belgier Marc van Uytfanghe aufgegriffen [43] und im einzelnen nachgewiesen, wie Eugippius das Leben sei-

40) Paul von Winterfeld, Die Handschriften des Eugippius und der rhythmische Satzschluß. Rhein. Museum f. Philologie, N.F. 58, 1903, S. 363–370; Walther Bulst, Eugippius und die Legende des hl. Severin, Hagiographie und Historie. Die Welt als Geschichte 10, 1950, S. 18–27.

41) Hermann Baldermann, Die Vita Severini als literarisches Genos und als historische Quelle. Diss. (Masch.) Hamburg 1955; Ders., Die Vita Severini des Eugippius. Wiener Studien 74, 1961, S. 142–155 (I = Diss., S. 1–18; 27 f.); 77, 1964, S. 162–173 (II = Diss., S. 19–26; 30–35).

42) S. insb. Baldermann II, S. 172 f. So wendet sich etwa der apologetische Passus der Vita Severini, c. 36,2 nicht an Paschasius, sondern an alle Leser, s. Baldermann, Diss., S. 62.

43) S. oben Anm. 15.

nes Helden als ein Ensemble von klar abgegrenzten biblischen Typologien darstelle. Dessen ungeachtet glaubt sich van Uytfanghe zu der durch die Ergebnisse seiner Untersuchungen keineswegs überzeugend begründete Aussage berechtigt, daß die weitgehende typologische Stilisierung nach biblischen Mustern den historischen Wert der Berichte nicht beeinträchtige. Der biblische Einfluß in der Vita überschreite nämlich bereits das Stadium der einfachen Imitation und die Wunder des Severinus höben sich deutlich ab von den Mirakeln der Evangelien und Apokryphen [44].

Ein übersteigertes Engagement des Philologen gegen die Infragestellung der objektiven Glaubwürdigkeit des Eugippius durch den Historiker konstatiert der Leser in der Analyse von Stil und Sprache der Vita Severini, die Erwin M. Ruprechtsberger kürzlich vorgelegt hat. Die fleißige Arbeit verliert nicht nur durch die schrillen Töne, mit denen Ruprechtsberger – unter offensichtlicher Überschreitung seiner Kompetenzen – glaubt in die Kontroverse eingreifen zu müssen [45], sondern auch durch deutliche Grenzen, die seinem Textverständnis gesetzt sind [46]. Wenn er in diesem

44) Van Uytfanghe, Bible, S. 349 ff.; Ders., Éléments, S. 148 f. ... Cependant, dans la biographie de Séverin, la marque de la bible dépasse largement ce stade de la simple imitation ... elle n'a pas diminué la valeur historique du récit ... Offenbar möchte Van Uytfanghe im Sinn der von Hellfried Dahlmann, Römertum und Humanismus. Studium Generale 1, 1947/8, S. 81 geprägten Begrifflichkeit zur Aufnahme antiken Bildungsguts in Eugippius einen Autor sehen, der das biblische Muster nicht mehr auf der Stufe der imitatio durch Entlehnung von formalen und inhaltlichen Elementen, sondern auf der der aemulatio in selbständiger und freier Nachschöpfung benutzt. U. übersieht dabei, daß es sich hier zunächst um rein literaturgeschichtliche Kategorien handelt, und daß ihre Übertragung auf die Historiographie bzw. Hagiographie, ob imitatio oder aemulatio, zwangsläufig zur Umformung der historischen Wirklichkeit führen muß. Vgl. dazu auch oben Anm. 22. Freilich weiß auch Van Uytfanghe, Bible, S. 325, daß die Antwort auf die Frage nach der historischen Glaubwürdigkeit des Eugippius letztlich eine gründliche Untersuchung voraussetzt, in der die Aussagen der Vita Severini denen anderer Quellen über die Geschichte des 5. Jh. im Ostalpenraum gegenübergestellt werden müssen.

45) Erwin M. Ruprechtsberger, Beobachtungen zum Stil und zur Sprache des Eugippius. Römisches Österreich, Jahresschrift der österr. Ges. f. Archäologie 4, 1976, S. 227–299. Geradezu peinlich wirkt das übersteigerte Lob des Severinkommentars von Noll: »... ein grundlegendes Werk, ... in dem alles wesentliche erörtert wurde«, mit dem er seinem Lehrer keinen guten Dienst erwiesen hat.

46) Als Beispiel sei nur R.s Interpretation des Primeniusgespräches Eugippius, Ep. ad Paschasium, 8 f. herangezogen. *Cuius nationis esset vir* mißversteht R. S. 243 – Noll folgend – als Frage nach dem »Volk«, obwohl hier schon eindeutig die Herkunft durch Geburt gemeint ist. Gegen die Interpretation von *significatio loci vel generis* als »Nennung von Stand (gesellschaftlichem Rang) und Familie« bei Lotter, Severinus, S. 62 f. polemisiert R., S. 292, Anm. 55 mit der Behauptung, der (soziale) Rang eines Mannes werde erst »im Laufe eines Lebens erreicht«. Im folgenden läßt er den Leser im unklaren, ob er unter *locus* tatsächlich »Ort« oder nicht doch die »(gesellschaftliche) Herkunft« versteht. Glaubt er doch Anm. 57 selbst die eindeutige Stelle aus Caesar, B. G. VII, 77 gegen Lotter ins Feld führen zu können: *Hic summo in Arvernis ortus loco ...*, übergeht freilich in seiner Übersetzung den entscheidenden Passus durch Punktierung: »dort ... geboren«. Sollte es nach R. etwa heißen: »Auf höchstem Bergesgipfel«?

Zusammenhang etwa die Existenz von Dubletten mit dem Argument bestreitet, daß der syntaktische Zusammenhang dies ausschließe, übersieht er, daß die Dubletten als solche vom Autor gar nicht erkannt worden sind, sondern bereits zu dem ihm vorliegenden mündlichen Überlieferungsgut gehören [47].

Auch die neuerliche Arbeit Antonio Quacquarellis über die Methode der Charakterdarstellung [48] in der Vita Severini würde mehr überzeugen, wenn der Autor nicht zugleich einen Anspruch als historischer Kritiker erhöbe, gegen eine »gewisse deutsche Kritik«, welche die wahren Motive des Autors übersehe, polemisierte und zuletzt den Schluß zöge, daß Eugippius »die Dinge als kristallklarer Schriftsteller beobachte« und beschreibe [49]. Diese – übrigens von De Gaiffier wieder aufgegriffene – Folgerung ergibt sich nämlich keineswegs aus der Untersuchung selbst, die an keiner Stelle das Problem des Verhältnisses von Charakterzeichnung und historischer Wirklichkeit auch nur berührt.

Gewiß stellen Quacquarellis Beobachtungen – insbesondere die über die Technik der indirekten Charakterisierung durch Sentenzen, die als komprimierte Äußerungen von Charakter, Denkweise und Glaubensüberzeugung dem Helden in den Mund gelegt sind – eine Bereicherung unserer Erkenntnis dar. Um so mehr ist zu bedauern, daß Quacquarelli – vermutlich wegen mangelnder Sprachkenntnisse – nicht nur die gesamte Severinforschung im deutschsprachigen Bereich, darunter auch die in seine Richtung weisenden Untersuchungen von Baldermann, sondern auch für eine rhetorische Analyse so unentbehrliche Arbeiten wie etwa die von Ivo Bruns [50], E. Norden, E. R. Curtius, L. Arbusow, E. Auerbach oder H. Dahlmann [51] nicht zu kennen scheint und daher vielfach – etwa bei der Frage der Verwendung des Cursus – nur schon Bekanntes wiederholt oder gar hinter dem bereits erreichten Stand der Wissenschaft zurückbleibt.

47) Ruprechtsberger, S. 253 f.

48) Antonio Quacquarelli, La ›Vita sancti Severini‹ di Eugippio: etopeia e sentenze. Vetera Christianorum 13, 1976, S. 229–254.

49) Quacquarelli, S. 229 führt die Vita zunächst als »documento storico di vasta portata« ein, bemerkt S. 232 im Zusammenhang mit dem Lebensideal des Severinus, welches »fa rivivere nell'uomo ... il Vecchio e Nuovo Testamento«: »Voler prescindere da questo ideale, come ha voluto certa critica tedesca, significa non cogliere i veri motivi della vita di S. Severino« und schließt S. 253 mit der scheinbaren Folgerung: »Eugippio è uno scrittore terso e cristallino che osserva con chiarezza le cose, le vive e le soffre.« Die Polemik wirkt um so schemenhafter, als bei ihm nirgends wirkliche Kenntnis der deutschsprachigen Literatur sichtbar wird, auch nicht dort, wo er als einzige deutschsprachige Autoren Noll und Winter zitiert.

50) Ivo Bruns, Das literarische Porträt der Griechen im 5. u. 4. Jahrhundert v. Chr. Geb., 1896; Ders. Die Persönlichkeit in der Geschichtsschreibung der Alten. Untersuchungen zur Technik der antiken Historiographie, 1898, beide Ndr. Darmstadt 1961.

51) Hellfried Dahlmann, Römertum und Humanismus, Studium Generale 1, 1947/8, dazu die Arbeit des Dahlmann-Schülers Arno Reiff, Interpretatio, imitatio, aemulatio. Diss. Köln 1959. Ein Zitieren der bekannten Arbeiten von Norden, Curtius, Arbusow und Auerbach erübrigt sich.

Eine dritte Gruppe von Untersuchungen wertet die Vita Severini als Quelle zu Fragen der kirchlichen Organisation, der Kult- und Glaubensgeschichte der Epoche des Severinus aus. Es handelt sich dabei vorwiegend um Arbeiten von Religions-, Kirchen- oder Liturgiegeschichtlern, die im Prinzip bereits auf die herkömmlichen Methoden der historischen Quellenkritik angewiesen sind. Da diese Studien jedoch vorwiegend Aussagen der Rahmenhandlungen von Wunderepisoden oder Zustandsbeschreibungen auswerten, die der hagiologischen Verfremdung weniger ausgesetzt sind als die Wiedergabe von Ereignissen selbst, d. h. relativ unverdächtiges Material benutzen, erzielen sie auch ohne die Klärung aller methodischen Voraussetzungen einer Textanalyse in der Regel brauchbare Ergebnisse. Zunächst wäre hier Emerich Schaffran zu nennen, der 1955 versucht, die Kirchengeschichte des Ostalpenraums in Spätantike und Frühmittelalter unter fast ausschließlicher Benutzung von Sekundärliteratur, vor allem archäologischer Untersuchungen, zusammenfassend darzustellen [52]. Die etwas unübersichtliche Arbeit, die insbesondere in der Frage des Bestehens von Bistümern in der Spätantike wenig Vorsicht walten läßt, ist durch die besser gelungenen Studien von Peter Stockmeier und Kurt Reindel, beide 1964, heute überholt [53].

Während in Reindels Abhandlung, deren Schwergewicht auf der frühmittelalterlichen Entwicklung ruht, die Angaben der Vita Severini nur eine untergeordnete Rolle spielen, stellt sie der Kirchengeschichtler Stockmeier in den Mittelpunkt seiner Untersuchung und konfrontiert ihre Aussagen zur Frage der kirchlichen Organisation mit dem archäologischen Befund, nicht ohne zugleich auch die kanonischen Grundlagen der spätantiken Kirchenordnung zu berücksichtigen. Seine sorgfältige und kritische Arbeit, die sich vor allem den spätantiken Kirchenburgen beiderseits des Kamms der Ostalpen widmet, läßt hier auch vom archäologischen Befund her den offensichtlichen Zusammenhang zwischen kirchlicher Organisation und Landesverteidigung im Zeitalter des Severinus hervortreten. Zum Problem der Stellung des Constantius als möglichem Metropoliten Ufernorikums und der Existenz weiterer Bistümer etwa in *Favianis* gibt Stockmeier ebenso vorsichtige Urteile ab wie bei der Auswertung weiterer Aussagen des Eugippius.

Nach den Formen der Ausübung des Kultes im spätantiken Norikum fragt 1960 der Prämonstratenserpater Ambros J. Pfiffig [54]. Indem er die von den abendländischen Gewohnheiten teilweise abweichenden religiösen Bräuche, wie sie Eugippius schildert, insbesondere mit Aussagen frühchristlich-monastischer Quellen vergleicht, gelangte er zu nicht unwichtigen Erkenntnissen über kirchliche Organisation, Lebensweise der Mönchsgemeinde, Caritaswerk und Liturgie der Epoche. Weitere Aufschlüsse über

52) EMERICH SCHAFFRAN, Frühchristentum und Völkerwanderung in den Ostalpen. AKG 37, 1955, S. 16–43.

53) PETER STOCKMEIER, Jb. f. altbayerische Kirchengesch. 1963, S. 40–76; KURT REINDEL, Die Bistumsorganisation im Alpen-Donau-Raum in der Spätantike und im Frühmittelalter. MIÖG 72, 1964, S. 277–310.

54) AMBROS J. PFIFFIG, Christliches Leben im norischen Österreich zur Zeit des hl. Severin. Unsere Heimat 31, 1960, S. 99–112.

das gottesdienstliche Leben vermittelt 1970 die Abhandlung Klaus Gambers [55], der die Angaben des Eugippius zu diesem Thema mit den Aussagen spezifisch liturgiegeschichtlicher Quellen und archäologischen Befunden vergleicht und – etwa in der Gewohnheit der abendlichen Meßfeier – auf gewisse Parallelen hinweist, die nur in Ägypten, Äthiopien und Rom zu belegen sind.

Während diese Untersuchungen, die unter den verschiedensten Aspekten und Fragestellungen sich mit der Vita Severini befaßten, von ihrem Standpunkt aus durchaus Ergebnisse und Fortschritte erzielten, trugen sie dennoch – bedingt durch die jeweils spezifischen Fragestellungen – kaum dazu bei, die grundsätzlichen Fragen einer der Quelle angemessenen Methode der Interpretation einer Lösung näherzubringen, ja sie konnten naturgemäß auch die Möglichkeiten nicht ausschöpfen, durch umfassenden Quellenvergleich die in der Vita geschilderten Vorgänge in den Rahmen des historischen Geschehens insgesamt einzuordnen. Dies kann freilich kein Vorwurf sein, da auch Abhandlungen, die unter rein historischer Fragestellung die Person des Eugippius, die Aussagen der Vita und vor allem die Gestalt des Severinus selbst zu erhellen suchten, diese Aufgabe vielfach vernachlässigten.

So entstand nach frühen bemerkenswerten Ansätzen in den Untersuchungen Max Büdingers zur Person des Eugippius, Theo Sommerlads zu den kulturhistorischen Aussagen der Vita und André Baudrillarts zum eigentlichen Wirken des Severinus [56] ein gewisses Vakuum, das neben Archäologen und Frühgeschichtlern vornehmlich auch andere Gelehrte, die nicht eigentlich als Fachhistoriker gelten können, ermutigte, sich an der Lösung der schwierigen Probleme einer umfassenden historischen Severininterpretation zu versuchen. Die Unbefangenheit, mit der diese Wissenschaftler sich für die Quelle engagierten, hat einerseits zwar nicht wenige neue Erkenntnisse zutage gefördert, andererseits aber auch dazu geführt, daß im Vertrauen auf die durch Verdienste in andern Wissenschaftsbereichen zu Recht erworbene Autorität zuweilen Kompetenzen überschritten und Ansprüche erhoben wurden, die auf die Dauer nicht zu halten waren [57].

Der Auftrieb, den die Severinforschung nach dem 2. Weltkrieg nahm, wurde durch die Monographie Fritz Kaphans eingeleitet, die – fast ausschließlich auf die Vita Severini und die dazu vorliegende Sekundärliteratur sich stützend – versuchte,

55) Klaus Gamber, Die Severin-Vita als Quelle für das gottesdienstliche Leben in Norikum während des 5. Jahrhunderts. Röm. Quartalsschr. f. christl. Altertumskunde u. Kirchengesch. 65, 1970, S. 145–157.

56) Max Büdinger, Eugippius, eine Untersuchung. SB Ak. d. W. Wien phil.-hist. Cl. 91, 1878, S. 793–814; Theo Sommerlad, Die Lebensbeschreibung Severins als kulturgeschichtliche Quelle. Wirtschaftsgeschichtliche Untersuchungen II., Leipzig 1905; André Baudrillart, Saint Séverin, apôtre du Norique. Les saints 62, Paris 1908.

57) Immerhin bleibt festzuhalten, daß wir eine der wenigen umfassenden historisch-kritischen Interpretationen der Vita, die das Bild des Severinus einer entscheidenden Korrektur unterwirft, einem Frühgeschichtler, dem Ungarn István Bóna verdanken.

eine umfassende Darstellung der Epoche des Severinus zu geben. Das Buch war mit der von Kaphan vertretenen Theorie einer »Verkrankung« der spätantiken Welt schon im Ansatz verfehlt und konnte bei der mangelnden Breite der Quellenbasis und der Masse der Vermutungen und Spekulationen dem strengen Anspruch historischer Wissenschaft nicht genügen, obwohl es durchaus auch brauchbare Ansätze enthält. So erkennt Kaphan in der Vita den chronologischen Aufbau, sieht die Unterschiede in der Haltung des Severinus und des Eugippius gegenüber Germanen und Arianern und macht die Beobachtung, daß die Tätigkeit des Severinus in Ufernorikum und das von Eugippius ihm zugeschriebene angebliche Wissen um die Vergeblichkeit dieses Tuns sich widerspreche. Im übrigen sieht Kaphan wohl als erster in Severinus den »Vertreter bzw. tatsächlichen Inhaber der römischen Provinzialgewalt« [58].

Dem Werk Kaphans folgte nach der umfassenden Bestandsaufnahme der bisherigen Severinforschung durch Rudolf Noll in der ersten Auflage seiner kommentierten Ausgabe von 1947 und seinem Forschungsbericht von 1951 die aufsehenerregende Entdeckung eines vielleicht schon in der Spätantike geleerten Grabes unter der Jakobskirche in Heiligenstadt bei Wien, die eine bis heute noch nicht beendete erbitterte Kontroverse um die Lokalisierung von *Favianis,* dem Hauptstützpunkt des Severinus, auslöste. Aus der umfangreichen Literatur zu diesem Streit, der wohl zugunsten der alten Lokalisierung von *Favianis* in Mautern entschieden sein dürfte, durchbrechen zwei umfangreichere Arbeiten den engen Rahmen der Lokalisierungsfrage.

In einem voluminösen zweibändigen Werk [59] legt zunächst der Pfarrer von Heiligenstadt Klemens Kramert einen Ausgrabungsbericht sowie Text, Übersetzung, Kommentar und einen leidlich brauchbaren Index der Vita Severini vor [60], während auf den übrigen Seiten Ernst K. Winter den historischen Severin, seine Tätigkeit, vor allem aber seine Wirkung und sein Nachleben im donauländischen Raum »in zusammenfassender Darstellung aus allen verfügbaren Quellenelementen zu neuem Leben (erwecken)« möchte. Nicht nur die Verkündung eines österreichischen, ja abendländisch-byzantinischen Severinmythos, sondern auch die von unverhülltem Ressentiment getragene bittere Polemik gegen die Wissenschaft schlechthin ließ seine Ausführungen pauschaler Ablehnung anheimfallen. Dennoch hat auch Winter als gut geschulter Philologe mitunter Beobachtungen getätigt, die nicht in den Wind geschlagen werden können, wie etwa der Hinweis auf die Bedeutung der Variante *nobis/nostris* in Kapitel 43, welche gegen die Anwesenheit des Eugippius beim Tode des Severinus spricht [61].

58) Kaphan, wie oben Anm. 14, insb. S. 113–116 mit Anm. S. 146, 1.

59) Klemens Kramert und Ernst Karl Winter; St. Severin, der Heilige zwischen Ost und West. 2. Bde, Klosterneuburg 1958/9, S. 235 u. 457.

60) Kramert/Winter, St. Severin I, S. 13–142.

61) Winter, St. Severin II, S. 17.

Unvergleichlich substantieller ist die Untersuchung von Albrecht Aign[62], eines Passauer Gymnasialprofessors, der sich mit den Thesen Winters im einzelnen auseinandersetzt und sie, gestützt auf eine breite Quellenbasis und gute Kenntnis der Lokalitäten, weithin zu widerlegen vermag. Ohne methodisch neue Wege zu beschreiten, sichert Aign in sorgfältigen Detailuntersuchungen hier im wesentlichen den bisherigen Kenntnisstand ab.

Neben diesen Untersuchungen haben sich Historiker zu dieser Zeit mit der Vita Severini nur im Zusammenhang mit spezifischen Fragestellungen befaßt; es sind die Arbeiten von Heinrich Koller, Friedrich Prinz und Kurt Reindel zu nennen, die unter historischen Aspekten die Severinforschung in Detailfragen vorangetrieben haben[63].

In noch weit größerem Umfang bezieht der italienische Althistoriker Giovanni Capovilla die Vita Severini in seine Abhandlung über Norikum ein[64]. Unter der auf die Entwicklung der Provinz Norikum zielenden Perspektive behandelt er auch die Spätzeit und stellt die Aussage der Vita in den Mittelpunkt einer umfassenden Wertung des breitgestreuten Quellenmaterials und der sich daraus ergebenden Deutung des historischen Geschehens. Capovilla hat u. W. auch die wichtige Stelle aus dem Panegyrikus des Apollinaris Sidonius auf den Kaiser Anthemius zum Jahresende 467 als erfolgreiche Abwehr der Ostgoten durch die Noriker erstmals richtig verstanden und in den Zusammenhang der auch durch die Vita Severini bezeugten erfolgreichen Verteidigung des Donaulimes eingeordnet[65].

Während hier der Blick auf das gesamte Geschehen und die Fülle der Quellen gerichtet ist, beschränkt sich Michele Pellegrino wenig später wieder weitgehend auf die Schrift des Eugippius selbst, bringt jedoch in seine gründliche Analyse sein Wis-

62) Albrecht Aign, Favianis und der heilige Severin. Ostbairische Grenzmarken, Passauer Jb. f. Geschichte, Kunst u. Volkskunde 3, 1959, S. 168–200 (I); 6, 1962/3, S. 5–77 (II); 7 1964/5, S. 9–70 (III); vgl. auch unten Anm. 121.

63) Heinrich Koller, Der Donauraum zwischen Linz und Wien im Frühmittelalter. Hist. Jb. d. Stadt Linz, 1960, S. 11–53; Friedrich Prinz, Frühes Mönchtum im Frankenreich. Kultur u. Gesellschaft in Gallien, den Rheinlanden und Bayern ..., München-Wien 1965, insb. S. 318–329; 473 ff. Kurt Reindel, Staat und Herrschaft in Raetien und Noricum im 5. und 6. Jahrhundert. Verhandlungen d. hist. Vereins f. Oberpfalz und Regensburg 106, 1966, S. 23–41.

64) Giovanni Capovilla, Studi sul Noricum. Ricerche storiche e etno-linguistiche. Miscellanea G. Galbiati I, 1951, hier insb. S. 375–411.

65) Apollinaris Sidonius, Carmina II, 377: *Noricus Ostrogothum, quod continet, iste timetur* = Daß der Noriker den Ostgoten abwehrt, (liegt daran:) Jener (Ricimer) wird gefürchtet; vgl. Capovilla, Noricum, S. 400: »In realtà il Norico restò tagliato fuori delle comunicazioni con l'Italia dal 468 al 472 e fece da baluardo, come si rileva dall' affermazione di Sidonio Apollinare ...«; vgl. zur Stelle Lotter, Severinus, S. 213 f.; 216 f. mit Anm. 135. Auch Péter Váczy, Eugippiana. Annales univ. scient. Budapest de R. Eötvös nominatae, Sect. hist. 3, 1961, S. 52 mit Anm. 66 übersetzt die Stelle richtig, mißdeutet sie jedoch ebenfalls in dem Sinne, die Goten befänden sich in Norikum. Ähnlich auch Aign II, S. 33; 68 mit Anm. 149.

sen um die Formen der frühchristlichen Vita ein [66]. Gleichwohl glaubt er bei der erneut aufgeworfenen Frage nach der literarischen Gattung die Topik hagiographischer Exordien nicht berücksichtigen und daher die Kennzeichnung der Vita als *»Commemoratorium«* ernst nehmen zu dürfen, doch vermittelt er im ganzen eine Anzahl wichtiger Aufschlüsse über die Struktur des Werkes sowie Standort und Intention des Autors.

Bei der selbstauferlegten Beschränkung auf die isolierte Betrachtung der Vita ist hier ein methodischer Durchbruch nicht zu erwarten. Dennoch ist sich Pellegrino der Problematik der Wundererzählungen sowie der Unterscheidung zwischen den historischen Fakten und ihrer durch die Sicht des Autors veränderten Wiedergabe in der Quelle wohl bewußt, wenn er auch andererseits die unrichtige Behauptung Nolls von der durch Quellenvergleich erwiesenen Glaubwürdigkeit der Vita übernimmt [67].

Die von Pellegrino ausgesprochene Reserve gegenüber der Zuverlässigkeit der Severinüberlieferung, die wenig später Heinrich Koller noch schärfer artikuliert [68], vertieft der Althistoriker Hans Joachim Diesner in seiner Skizze vom Jahre 1958 mit der Feststellung, daß historische Gesamtinterpretationen noch immer fehlen [69]. Diesner will bewußt keine abschließende Untersuchung vorlegen, sondern neue Anstöße geben, um in kritischer Auseinandersetzung mit den bisher praktizierten und ganz unzulänglichen Methoden einer isolierten Betrachtung der Vita zu einer umfassenden Deutung der Aussagen des Eugippus und ihrer Einordnung in den Kontext des hi-

66) Michele Pellegrino, Il commemoratorium vitae S. Severini. Rivista di storia d. chiesa in Italia 12, 1958, S. 1–26.

67) Pellegrino, Commemoratorium, S. 22: »... poche volte ci è possibile giudicare dell'attendibilità dei suoi dati confrontandoli con altre fonti; ma dove ciò si può fare troviamo sempre la sostanziale concordanza ...« (s. Noll, Eugippius, S. 48). Vgl. demgegenüber wieder richtig Pellegrino, Commemoratorium, S. 23 ff.: »... Nè è da escludersi che il tempo trascorso sia stato sufficiente al raccogliersi di elementi leggendari intorno a una figura ch'era oggetto di tanta venerazione ... Qui bisognerà distinguere la relazione dei fatti dall'interpretazione che ne dà lo scrittore ... Toccerà allo storico giudicare se tale intento abbia indotto lo scrittore ad alterare la verità, sceverando ciò que corrisponde alla realtà dei fatti da ciò che può essere dovuto alle simpatie o alle avversioni del biografo.«

68) Koller, Donauraum, S. 16 ff.; 37. Erhebliche Vorbehalte gegenüber der Zuverlässigkeit der Vita Severini erhob schon seinerzeit – wiederum unter Berufung auf noch ältere Interpreten – Alfons Dopsch, Wirtschaftliche und soziale Grundlagen der europäischen Kulturentwicklung aus der Zeit von Caesar bis auf Karl den Großen, I, Wien² 1923, S. 134 f.; vgl. auch Hans Zeiss, Die Donaugermanen und ihr Verhältnis zur römischen Kultur nach der Vita Severini. Die ostbairischen Grenzmarken 17, 1928, S. 9, mit freilich etwas widersprüchlichen Urteilen.

69) Diesner, Severinus, S. 1165 = 156: »... Es fehlen allerdings wohl Bemühungen, Severin unter Berücksichtigung der biographisch-methodologischen Gegebenheiten in die soziale Umwelt seiner Zeit hineinzustellen ... selbst die neuesten Arbeiten ... haben in dieser Beziehung kaum Ansätze aufzuweisen ... Der Versuch ..., die Biographie Severins und die Geschichte seiner Zeit enger zu verknüpfen, (hat) ... vor allem eine ›Entmythologisierung‹ der Gedächtnisschrift des Eugippius zur Voraussetzung ..., deren mannigfaltige Widersprüche bisher nicht hinreichend aufgedeckt zu sein scheinen ...«

storischen und sozialen Geschehens seiner Epoche zu gelangen. Da sich die »mehr heilsgeschichtliche als historisch-biographische Wahrheit durch die ganze Vita hindurch« ziehe, fordert Diesner die »Entmythologisierung« der Schrift, die »auf gewissenhafter Kritik an Inhalt und Form, Gesamtkonzeption und Einzelschilderung« beruhen müsse, aber die »realistische Einfügung Severins in die gesellschaftliche Umwelt überhaupt erst möglich« mache [70].

Bald nach den wegweisenden Anregungen Diesners hat der ungarische Mittelalterhistoriker Péter Váczy einen Aufsatz verfaßt [71], der mit aller Deutlichkeit offenbart, wie sehr auch Untersuchungen von Fachhistorikern, die sich auf eine isolierte Analyse beschränken, fehlgehen können, wenn sie den Charakter der Quelle und ihre Entstehungsbedingungen nicht berücksichtigen. Es kennzeichnet die Severinforschung, daß bisher nicht erkannt worden ist, wie weitgehend diese Untersuchung ihr Ziel verfehlt [72]. Die grundsätzliche Bedeutung der Frage einer möglichen Augenzeugenschaft des Eugippius macht es erforderlich, sich mit der Argumentation Váczys etwas eingehender zu befassen.

Ausgehend von der Fehlinterpretation des nur in der Klasse II erhaltenen und in der Tat sehr wichtigen Passus *»ab ineunte aetate«* als »von frühester Jugend ...« statt »vom Beginn des Jünglingsalters an« [73] glaubt Váczy aus der angeblich auffallend detaillierten Beschreibung einzelner Ortschaften und Lokalitäten auf eigene Beobachtungen des Eugippius und damit auf seine Anwesenheit im engeren Umkreis des Severinus seit etwa dem achten Lebensjahr schließen zu dürfen.

So soll Eugippius wegen der Erwähnung einiger topographischer Einzelheiten Augenzeuge des Wasserwunders in *Quintanis* gewesen sein [74]. Doch handelt es sich gerade hier um ein typisches Erzählwunder, denn da die Wirksamkeit des Mirakels erst nach längerer Zeit sichtbar wurde, konnte es erst in späterer Erinnerung registriert werden. Auch gehört dieses Wunder mit der Totenerweckung am selben Orte sowie dem Ölvermehrungswunder von *Lauriacum* zu einer Gruppe von ausgesprochen magischen Wundern, die sich ihrem Charakter nach deutlich von anderen Wundern abheben und vermutlich auf eine bestimmte, von anderen deutlich sich abhebende Erzählquelle zurückgehen [75]. Von den verschiedenen Erzählern dürfte jeweils auch die Genauigkeit der Ortsbeschreibung abhängen, so daß es ganz unzulässig ist, von topographischen Detailkenntnissen auf Antopsie seitens des Autors zu schließen.

70) Diesner, Severinus, S. 1170 f. = 164 f.

71) Váczy, Eugippiana (wie Anm. 65), S. 41–58.

72) Noll, Forschung 1975, S. 64 referiert lediglich ohne eigene Stellungnahme. Van der Straeten, An. Boll. 83, 1965 S. 192 stimmt zu, Bóna, Severiana, S. 283 f. modifiziert zwar Váczys Auffassung, akzeptiert sie jedoch im wesentlichen.

73) Váczy, Eugippiana, S. 50; vgl. dazu Lotter, Severinus, S. 27 f. mit Anm. 22.

74) Váczy, Eugippiana, S. 45 f. Gerade dies hat seinerzeit schon Büdinger, Eugippius, S. 797 f. für unwahrscheinlich gehalten.

75) Lotter, Severinus, S. 108 ff.

Im übrigen spricht gegen die Augenzeugenschaft des Eugippius bei allen über Severinus berichteten Wunderepisoden schon der Umstand, daß Eugippius grundsätzlich seine Anwesenheit bei den späteren Vorgängen nach dem Tode des Severinus nicht verschweigt, früher jedoch davon nie die Rede ist [76]. Außerdem sagt Eugippius ausdrücklich, daß er über das Leben des Severinus nur durch die allen Brüdern sehr bekannten täglichen Erzählungen der Älteren unterrichtet sei [77]. Váczy macht nicht den geringsten Versuch, diesen Widerspruch zwischen den Aussagen des Autors und seinen Ausführungen zu erklären. Váczys gegen die bisherige Auffassung gezogener Schluß, Eugippius sei etwa 15 Jahre lang Zeuge des Lebens seines Meisters gewesen, entbehrt demnach jeder Grundlage.

Bald nach dem Aufsatz Váczys hat nun Rudolf Noll eine überarbeitete Fassung seiner kommentierten Severinausgabe vorgelegt. In weiser Selbstbescheidung hat Noll dabei die Aufgabe der Behandlung von Textgeschichte und Handschriftenverhältnis sowie die Anfertigung des kritischen Apparats dem Wiener Altphilologen Emil Vetter übertragen, dessen Beitrag der Ausgabe wissenschaftlichen Wert verleiht, wie wir oben zeigen konnten. Auch der Kommentar Nolls enthält eine Anzahl weiterführender Beobachtungen und wichtiger Hinweise etwa zur Einordnung der Wundererzählungen in größere Zusammenhänge [78].

Doch »so verschieden man über die Einführung urteilen mag«, könnte auch ihr testiert werden, daß sie den seinerzeitigen Forschungsstand verständlich und hinreichend widerspiegelt, da sie ja – auch nach Aussage des Verfassers selbst – »für ein größeres Publikum bestimmt« war und einen höheren wissenschaftlichen Anspruch nicht zu erheben schien [79].

Allerdings hat sie schon seinerzeit in verhängnisvoller Weise zur Ausbildung jener oben erwähnten fable convenue beigetragen [80], auch glaubte Noll schon damals auffällig schroff neuen wegweisenden Ansätzen einer grundlegenden methodischen Neuorien-

76) Lotter, Severinus, S. 24 f.; vgl. auch unten S. 88.

77) Eugippius, Ep. ad Paschasium 2: ... *ego ... commemoratorium ... ex notissima nobis et cottidiana maiorum relatione composui ...;* vgl. dazu Lotter, Severinus, S. 22; 24–32.

78) S. oben Anm. 14 und 38; ferner unten Anm. 148, 162 und 282.

79) S. Rudolf Noll, Neuere Literatur zur Vita Severini. MIÖG 59, 1951, S. 441 zur ersten Auflage von 1947: ... allerdings fehlen ihm, da die Ausgabe in erster Linie für ein größeres Publikum bestimmt ist, die wissenschaftlichen Nachweise. Vgl. dazu des weiteren die Rezensionen von Hans-Joachim Diesner, in: Deutsche Literaturzeitung 86, 1965, S. 198 f.; Van der Straeten, Rezension 1965, S. 191 f.: »... L'introduction, la traduction, les notes visent principalment à mettre le document à la portée du lecteur moderne ... dans ses notes, il choisit telle explication, telle prise de position sans s'attarder à la discussion d'opinions adverses ...«

80) S. oben S. 35 f. Wesentliche Elemente dieser fable convenue stellt Noll noch seinem Forschungsbericht 1975, S. 61 ff. als angebliche »Fakten« voran.

tierung der Severinforschung entgegentreten zu müssen [81]. Neuerdings hat er nun in einer überscharfen Polemik praktisch den Anspruch erhoben, mit seinen Forschungen über Severin alle Möglichkeiten der Erkenntnis schon weitgehend ausgeschöpft zu haben [82]. Da hinter Nolls Anspruch das Gewicht eines auf dem Gebiet der christlichen Archäologie zu Recht erworbenen Ansehens steht und Nolls nachdrückliche Stellungnahmen durchaus auch Wirkung zeigen [83], erscheint es unumgänglich, die von Noll in seinem Buch über die Vita Severini vertretene Position ihrerseits kritisch zu hinterfragen und auf ihre Standfestigkeit hin zu überprüfen.

Wer nach Belegen für die von Noll verfochtenen methodischen Prinzipien einer Auswertung der Vita Severini als historischer Quelle fragt, muß freilich nicht lange danach suchen. Einerseits glaubt Noll zu wissen, daß die Schrift des Eugippius nicht nur »über die Person des heiligen Severin ... die einzige Quelle«, sondern auch »das einzige Dokument für die Geschichte der Donauländer in der Völkerwanderungszeit« darstelle [84].

81) Noll, Eugippius, S. 23 f.; »... Severin, dem – von einigen gekünstelten Deutungsversuchen der letzten Zeit abgesehen – stets eine im Grundsätzlichen einhellige Beurteilung zuteil wurde ...«; S. 26: »Man darf freilich keine unbilligen Anforderungen an sein Werk stellen, und es ist daher terminologisch ein Mißgriff, die Vita Severini als ›Legende‹ zu bezeichnen, wie dies kürzlich geschah (W. Bulst) ...«

82) Noll, Forschung 1975, S. 61 ff.; insb. S. 72 ff.: »... Man will mehr wissen, als die Quelle hergibt, und da dies mit dem bisherigen Normalinventar des historischen Instrumentariums nicht gelungen ist, bedient man sich neuer Methoden ...« Zu der grotesken Übersteigerung dieses Anspruchs, alle methodischen Mittel bereits erschöpft zu haben, seitens eines Schülers von Noll s. oben Anm. 45. Diesner, Rezension, S. 198, äußerte schon seinerzeit dazu: ».... Ob er (Noll) gut daran tut, sich einer ›Entmythologisierung‹ der Vita und damit doch einer Möglichkeit, die Biographie historisch besser auszuwerten, schroff entgegenzustemmen, ist eine ... Frage, zumal er keine ›methodologischen‹ Richtlinien für ein gesichertes Vorgehen angeben kann ...«

83) Immerhin konnte Noll seinen Forschungsbericht 1975 im Anzeiger der Wiener Akademie der Wissenschaften veröffentlichen. Mit einer merkwürdig widersprüchlichen Rezension glaubt auch der Wiener Mediävist Herwig Wolfram, MIÖG 85, 1977, S. 352 ff., seinem Kollegen Noll, dem er »wissenschaftlich korrekte Bemühungen« bescheinigt, gegen Lotters Severinanalyse zu Hilfe kommen zu müssen. Dabei geht er so vor, daß er eine Anzahl von Folgerungen und Hypothesen mit ganz unterschiedlicher Indizienbasis, »um es kurz zu machen«, einfach zu »Hauptthesen« umfunktioniert, um sie dann pauschal abzutun. Wo er wirklich Kritik übt, weicht er jedoch den entscheidenden Fragen (auch der gerade von ihm erwarteten Bewertung des ›Illustris[-simus]‹-Prädikats!) aus, um sich statt dessen Nebensächlichkeiten zuzuwenden. Dabei muß er mitunter noch die Position des Vf. umdeuten, um sie als »spekulativ« abwerten zu können. So hat etwa A. Demandt (RE Suppl. XII, Sp. 696 f.) keineswegs E. Stein »schlagend widerlegt«, sondern nur eine Gegenthese aufgestellt, und Lotter keineswegs aus tolosanischen Visi-Goten thrakische Besser »gemacht«, sondern nur ihre Gleichsetzung – analog den Gothi-Getae – erwogen. Wenn W. schließlich L.'s Methode als »Zwang, die Sachen anders zu lesen, als sie überliefert werden«, definiert, bleibt zu fragen, ob sein Methodenverständnis der historischen Wissenschaft etwa eine andere Aufgabe zuweist als die, von den (subjektiven) Aussagen der Autoren die (objektiven) Aussagen der Quellen abzuheben.

84) Noll, Eugippius, S. 17 und 25.

Trotzdem eröffnet er dem verblüfften Leser kurz darauf, die »Glaubwürdigkeit (der Vita) ... ist in allen wesentlichen Punkten durch die Ergebnisse der vergleichenden Geschichtsforschung erwiesen« [85]. Aus diesen beiden nicht nur unzutreffenden, sondern sich auch gegenseitig ausschließenden Prämissen leitet Noll nun eine weitere fragwürdige Folgerung ab: » ... man wird deshalb den Angaben des Eugippius so lange Vertrauen schenken dürfen, als nicht im einzelnen Falle ein stichhaltiger Gegenbeweis erbracht ist« [86].

Vielleicht ist die Noll selbst bewußte Schwäche seiner Position der Grund, daß er schon seinerzeit gegen jeden Zweifel an der objektiven Glaubwürdigkeit des Eugippius vom Leder zog [87] und daß er sich neuerdings in ein ständiges crescendo an Polemik hineingesteigert hat, das sich ausgerechnet gegen jene Interpreten richtet, die durch umfassenden Quellenvergleich zu neuen Ergebnissen gekommen sind. Nach Noll sollen sie es sein, die »recht unbekümmert« an die Probleme herangehen, die »etwas hineingeheimnissen, was dem Charakter dieser Quelle nicht gemäß ist«, und die nicht willens sind, »wenigstens ein ›ignoramus‹, wenn schon nicht ein ›ignorabimus‹, einzubekennen« [88].

Hier spätestens muß Noll an seinen unlösbaren Widersprüchen scheitern. Gewiß würde ein strenger Positivismus bei isolierten Quellenzeugnissen sich mit einem ›non liquet‹ begnügen, eine Haltung, welche die Fachhistorie in der Tat lange Zeit und weithin der Vita Severini gegenüber eingenommen hat. Diesen Standpunkt aber teilt Noll nicht, wenn er ohne weiteres aus dieser Quelle ereignisgeschichtliche Fakten entnehmen zu können glaubt, obwohl er deren Zuverlässigkeit weder durch Vergleich mit Parallelüberlieferung noch vermittels anderer Kriterien zu erhärten vermag. Dieses Vorgehen müßte ihm aber strikt verbieten, die Haltung eines Hyperkritikers gerade gegenüber denjenigen Historikern einzunehmen, die ihre Interpretationen auf die breitestmögliche Quellenbasis stellen, zur Kontrolle in weitestgehendem Umfang auch innere Kriterien heranziehen und im übrigen nicht den Anspruch erheben, unumstößliche Fakten zu vermitteln, sondern weithin mit hier allein möglichen Annäherungswerten und Hypothesen arbeiten. Angesichts dieser Situation erweist sich die Kritik Nolls unweigerlich als Bumerang, so sehr auch bedauert werden mag, daß vielfach an die Stelle des bisher für wahr Gehaltenen die Hypothese, des affirmativen Indikativs der »mode conditionnel«, der trügeri-

85) NOLL, Eugippius, S. 23 f. und 26. Diese Behauptung übernimmt PELLEGRINO, Commemoratorium, S. 22, schon aus der ersten Severinausgabe Nolls von 1947 (s. oben Anm. 67), Pellegrino reicht sie wiederum an VAN UYTFANGHE, Éléments, S. 148, dieser seinerseits an DE GAIFFIER, S. 20, weiter; vgl. oben Anm. 44 und 22.

86) NOLL, Eugippius, S. 26; vgl. dementsprechend DERS., Forschung, S. 61 ff., wo er »wesentliche ›Fakten‹ kurz skizziert«.

87) S. oben Anm. 81.

88) NOLL, Sankt Severin (1973, wie Anm. 36), S. 116; DERS., Neuere Funde (1974/5, wie Anm. 36), S. 210 f.; DERS., Forschung (1975/6), S. 70 ff., insb. S. 74 f. Die blindwütige, jeder sachlichen Auseinandersetzung ausweichende Polemik Nolls soll uns freilich nicht hindern, auch die Verdienste Nolls um die Vita Severini gebührend zu würdigen, s. unten Anm. 148; 162; 282.

schen Glaubwürdigkeit das fast unentwirrbare Gestrüpp einer komplizierten Problematik getreten ist [89].

Die Auffassung, daß Noll in seinem Severinbuch bereits »alles wesentliche erörtert« habe, teilten allerdings schon seinerzeit die Historiker, insbesondere auch die Wiener Kollegen Nolls, keineswegs. So äußerte Mathilde Uhlirz im gleichen Jahre, als Nolls Severinbuch erschien [90]: »... doch scheint das Severinproblem zu jenen geschichtlichen Fragen zu gehören, die nach der gegenwärtigen Quellenlage noch nicht mit überzeugender Ausschließlichkeit zu beantworten sind«, und Alphons Lhotsky gab ebenfalls noch 1963 unter Bezug auf die jüngere Forschung, namentlich Bulst und Diesner, der Erwartung Ausdruck, »daß die dort gegebenen Anregungen in nächster Zeit noch weitere Untersuchungen und Beobachtungen zur Folge haben werden« [91]. Diesner selbst antwortete 1965 auf Nolls Anspruch: »Viele der noch offenstehenden Fragen aus dem sachlichen Bereich Eugippius-Severinus könnten nur im Rahmen einer größeren Monographie gelöst werden (so die Frage der historischen Rolle Severins in Norikum oder das Problem der ›theologischen‹ und menschlichen Beziehung Severin-Eugippius)« [92].

In der Tat sind nun seit dem Ende der 60er Jahre von István Bóna und Friedrich Lotter umfangreichere Untersuchungen vorgelegt worden, die durch Quellenvergleich auf breitester Basis unter Anwendung verfeinerter historisch-kritischer Methoden die Interpretation der Vita Severini auf eine grundlegend neue Basis gestellt und das bisherige Bild der Forschung in wesentlichen Punkten erschüttert haben. Dabei ist vor allem bemerkenswert, daß die verspätete gegenseitige Kenntnisnahme dazu geführt hat, daß die zwischen 1968 und 1976 veröffentlichten verschiedenen Untersuchungen völlig unabhängig voneinander entstanden sind [93].

Um so mehr verdient Beachtung, daß beide Autoren weithin und in wesentlichen Punkten zu gleichen oder ähnlichen Ergebnissen gelangt sind. So stimmen Bóna und Lotter im wesentlichen überein in der Beurteilung der Forschungssituation, in den grundlegenden Prinzipien einer Auswertung der Vita Severini als historischer Quelle, in

89) Noll, Sankt Severin, S. 112; Ders., Forschung 1975, S. 74 f.; vgl. De Gaiffier, oben Anm. 36; Wolfram, Anm. 83.

90) Mathilde Uhlirz, Handbuch der Geschichte Österreich-Ungarns, Bd. I, ²1963, S. 165; vgl. oben Anm. 45.

91) Alphons Lhotsky, Quellenkunde zur mittelalterlichen Geschichte Österreichs. MIÖG Erg. Bd. XIX, Graz-Köln 1963, S. 138.

92) Diesner, Rezension, S. 198.

93) Zuerst István Bóna, Eugippii Vita S. Severini. Antik Tanulmanyok 16, 1969, S. 265–290; Friedrich Lotter, Severinus und die Endzeit römischer Herrschaft an der oberen Donau. DA 24, 1968, S. 309–339; vgl. des weiteren oben Anm. 3; 4; 13. Erst die 1973 veröffentlichte deutsche Fassung der Untersuchung Bónas nimmt in einem Anhang Stellung zu der ersten Arbeit Lotters, während die Monographie Lotters über »Severinus von Noricum« 1976 lediglich die ungarische Fassung der Studie Bónas in den Anmerkungen berücksichtigen konnte.

der Notwendigkeit einer genetischen Betrachtungsweise der in den Episodenerzählungen zutagetretenden Entwicklung, in der Bestimmung des Standorts des Eugippius als Sympathisant der Laurentianer und der probyzantinischen Partei des stadtrömischen Adels, in der allgemeinen Beurteilung der Aussagen des Eugippius, in der Auffassung von der relativ gesicherten Lage der rätisch-norischen Restprovinz und der fortdauernden Funktionsfähigkeit der Limesorganisation bis 476, dem Einsetzen der Evakuierung der oberen Donauorte erst nach diesem Zeitpunkt, schließlich prinzipiell auch in der Frage der Beziehung zwischen Severinus und Orestes und der Einschätzung der Funktion des Severinus, der nicht Abt war, sondern »eher eine politische Rolle . . ., praktisch die des höchsten politisch-amtlichen Führers in der Provinz« spielte [94].

Auch in der Frage der chronologischen Anordnung der Kapitel sowie ihrer Zuordnung zum Geschehensablauf ist der Gegensatz zwischen den Ansichten Bónas und Lotters keineswegs grundsätzlicher Art. Beide gehen davon aus, daß der von Eugippius angegebene Zeitpunkt der Ankunft des Severinus in Ufernorikum der Wirklichkeit entsprechen dürfte, und sehen übereinstimmend eine Lücke von ca. 12 Jahren zwischen diesem Ereignis und den von c. 5 an geschilderten Vorgängen [95]. Während freilich Lotter auch die in den ersten vier Kapiteln geschilderten Ereignisse in dem Zeitraum zwischen 467 und 479 ansetzt und in dem wohl um 456 zu datierenden Erdbeben von *Comagenis* [96] lediglich Treibgut alter Severinüberlieferung sehen möchte, glaubt Bóna unter Berufung auf eben dieses Erdbeben die Berichte der ersten Kapitel insgesamt in die Jahre 456/7 datieren und die zeitliche Lücke zwischen c. 4 und 5 ansetzen zu dürfen. Eine sichere Entscheidung wird hier kaum zu fällen sein.

Schwerwiegender dürfte der Widerspruch zwischen Bóna und Lotter in der Frage der Augenzeugenschaft des Eugippius sein. Wenn Bóna auch Schwächen der Argumentation Váczys erkennt und dessen Auffassung modifiziert, folgt er ihr doch im grundsätzlichen und nimmt an, daß Eugippius wenigstens zehn Jahre in der Umgebung des Severinus geweilt habe. Auf die Unhaltbarkeit dieser Auffassung wurde oben bereits hingewiesen [97].

Des weiteren hat für Bóna auch das angebliche Zeugnis des Eugippius über die unbekannte Herkunft des Severinus noch erhebliches Gewicht, da er die Bedeutung der Nachricht des Ennodius, der um 506 (nicht 550) Severinus als einen dem Leser offenbar bekannten *inlustrissimum virum* vorstellt, noch nicht eingesehen hat [98]. Obwohl auch Bóna bezweifelt, daß Primenius den Severinus nicht gekannt hat, übernimmt er doch die aus einer mißverstandenen Aussage des Eugippius abgeleitete These, Severinus sei als »unbekannter armer Mensch« nach Norikum gekommen [99].

94) Vgl. dazu auch Bóna, Severiana, S. 281, Anm. 1; S. 327 ff.
95) Bóna, Severiana, S. 293 ff.; Lotter, Severinus, S. 201–222.
96) Bóna, Severiana, S. 310, Anm. 102; Lotter, Severinus, S. 156 f.; 214.
97) S. oben S. 44 f. mit Anm. 68.
98) Bóna, Severiana, S. 337 f.
99) Bóna, Severiana, S. 22; 326.

Wenn Bóna auch noch weitere sachliche Irrtümer unterlaufen sind [100], so dürften sie doch gering wiegen angesichts der Tatsache, daß er als Nichtfachhistoriker eine auf umfassendem Quellenvergleich beruhende Gesamtinterpretation der Vita vorgelegt hat, die das bisherige Bild in entscheidenden Punkten korrigiert. Leider hat Bóna seine weithin überzeugenden Ergebnisse dadurch zusätzlich belastet, daß er in einigen Fällen auch Spekulationen Raum gab, denen so gut wie jede Basis fehlt und die daher der Kritik allzu leicht Angriffspunkte bieten werden.

So fehlt für die von Kaphan übernommene These, Severinus habe germanisch gesprochen, jedes Indiz, denn das argumentum e silentio dürfte wohl hier kaum Gewicht haben [101]. Von Gibuldus hören wir an einer Stelle, daß er mit dem Abgesandten des Severinus durch einen *internuntius* verkehrt habe [102]. Dies läßt darauf schließen, daß die Germanenfürsten nicht weniger als die Römer um die Verständigung mit der Gegenseite Sorge trugen. Wenn Gibuldus offenbar kein Latein verstand, so ist dies immerhin doch von den Rugierfürsten anzunehmen, die seit längerem in engem Kontakt zu den Römern standen. Im übrigen ist immer eher damit zu rechnen, daß der Vertreter der unterlegenen Kultur die Sprache der ihm kulturell Überlegenen erlernt, als umgekehrt. Allerdings wissen wir von römischen Feldherren, die überwiegend germanische Truppen befehligten, daß sie die Sprache ihrer Soldaten beherrschten [103].

Wenn immerhin nicht auszuschließen ist, daß Severinus germanisch gesprochen hat, so handelt es sich bei der Vermutung Bónas, der Name Severinus sei ein Pseudonym, um eine allzu abenteuerliche These [104]. Sie muß als völlig aus der Luft gegriffen gelten, solange nicht nachgewiesen wird, daß angesehene Römer in der Spätzeit unter vergleichbaren Voraussetzungen sich derartiger Praktiken bedienten. Sie stellt jedenfalls keinen Ausweg aus dem Widerspruch dar, daß Severinus trotz seiner unübersehbaren Fähigkeiten ein ganz unbekannter Mensch gewesen sein soll.

Auch für die Vermutung, Severinus habe zusammen mit Orestes am Hofe Attilas eine Funktion ausgeübt, gibt es kein direktes Indiz, sie kann sich auf nicht mehr als die aus der Vita immerhin zu erschließenden Beziehungen zwischen Severinus und Orestes stützen [105]. Sie läßt sich aber kaum vereinbaren mit den Angaben des Eugippius, Seve-

100) So ist Lérins kein Bistum (S. 283); die Antoniusvita des Ennodius ist nicht um 550, sondern um 506 verfaßt (A. 337; s. dazu LOTTER, Severinus, S. 224 ff. mit Hinweisen); der Illustris-Titel als Funktionstitel schließt den Rangtitel des *clarissimus* ein (S. 338), s. dazu LOTTER, Inlustrissimus vir Severinus, S. 200 ff. mit Hinweisen, vgl. unten S. 83 ff.

101) KAPHAN, Zwischen Antike u. MA, S. 196 ff.; BÓNA, Severiana, S. 289 f.; vorsichtiger AIGN II, S. 64, Anm. 131.

102) Eugippius, V. Severini, c. 19, 4: ... *regis internuntius diaconem, unde esset vel quid speraret, interrogat ...*

103) Vgl. zu dieser Frage Apollinaris Sidonius, Ep. IV, 17 Arvogasti, S. 68; andererseits Ep. V, 5 Syagrio, S. 80 f.: ... *quantum stupeam sermonis te Germanici notitiam tanta facilitate rapuisse ...*

104) BÓNA, Severiana, S. 336.

105) Ebd., S. 322–326.

rinus habe auf einer unermeßlich weiten und gefahrvollen Reise einige Städte des Ostens kennengelernt und eine Zeitlang als Anachoret in einer Wüste gelebt, um von dort unmittelbar auf Gottes Geheiß nach Ufernorikum zu kommen [106]. Auch die Argumente, mit denen Bóna der Konsul-Hypothese Lotters zu begegnen sucht, weisen grundlegende Schwächen auf, auf die wir unten zurückkommen werden [107].

Doch wenn hier auch die schwachen Punkte der Position Bónas in aller Deutlichkeit herausgestellt und die Widersprüche zu den Auffassungen Lotters besonders betont worden sind, so kann dies doch die oben aufgezeigte verblüffende Übereinstimmung in ganz wesentlichen Punkten nur unterstreichen [108]. Auch ist damit zu rechnen, daß der prinzipiell richtige Ansatz im Laufe der nunmehr in Gang gekommenen Diskussion zur Überprüfung unhaltbarer Positionen und zu weiterer Annäherung führen wird. Wenn auch die von Bóna und Lotter vorgelegten Ergebnisse, auch soweit sie übereinstimmen, noch nicht ausdiskutiert sind und in gewissen Punkten vielleicht noch Korrekturen erfahren werden, so erlaubt es doch der neue Forschungsstand nicht mehr, mit dem noch von Noll praktizierten Optimismus den Aussagen des Eugippius so weitgehendes Vertrauen zu schenken und den Anspruch zu vertreten, der Vita Severini seien unumstößlich sichere ereignisgeschichtliche Fakten zu entnehmen. Immerhin dürfen wir es nunmehr im vollen Bewußtsein der Problematik dieses Quellenmaterials mit aller in der gegebenen Situation gebotenen Vorsicht wagen, Aussagen über die Person, die Ereignisse und die näheren Umstände des Lebens im Donau-Alpen-Raum der ausgehenden Spätantike aus den Angaben des Eugippius abzuleiten, Aussagen, die trotz oft mangelnder Überprüfbarkeit durch Parallelüberlieferung nunmehr doch besser abgesichert sein dürften als die Daten und »Fakten« der bislang weithin geltenden fable convenue.

III. *Die Schauplätze des Geschehens*

Die Frage einer Lokalisierung der Örtlichkeiten der Vita Severini ist von der nach ihrer Kontinuität nicht zu trennen. Wie seinerzeit schon Herma Stiglitz-Thaller festgestellt hat, sind dabei an der Donaulinie am Ostalpenrand zwei Räume zu unter-

106) Eugippius, Ep. ad Paschasium 10: ... *quem constat prius ad quandam Orientis solitudinem fervore perfectioris vitae fuisse profectum atque inde post ad Norici Ripensis oppida ... divina revelatione venisse, sicut ipse ... referre solitus erat, nonnullas Orientis urbes nominans et itineris inmensi pericula se mirabiliter transisse significans ...*

107) S. unten S. 83 ff.

108) Noll, Forschung 1975, S. 72, möchte sogar Bóna als Gewährsmann gegen Lotters Beweisführung in Anspruch nehmen. Er versucht daher, die frappierenden Übereinstimmungen in den Forschungsergebnissen von Bóna und Lotter abzuschwächen und auf »einige Punkte (zum Teil in der Chronologie)« zu reduzieren, um dafür die nur scheinbaren Gegensätze in der rein hypothetischen Deutung der säkularen Funktion des Severinus dick zu unterstreichen. Dieser hypothetische Widerspruch soll wiederum beweisen, daß »der Wurm in der Methode steckt«.

scheiden, die einer grundsätzlich unterschiedlichen Entwicklung unterlegen haben [109]. Im Gebiet oberhalb der Enns haben sich bei den größeren Siedlungen die Ortsnamen der Römerzeit weitgehend erhalten, hier bezeugen auch die frühmittelalterliche Überlieferung, die Siedlungskunde und der archäologische Befund ein Bevölkerungskontinuum, das ungebrochen von der Spätantike in das Mittelalter hineinreicht [110]. Demgegenüber treten im niederösterreichischen Gebiet des alten Ufernorikum die römerzeitlichen Ortsnamen zurück, hier müssen wir auch nach allem, was wir wissen, im frühen Mittelalter mit der weitgehenden Verödung der Donaukastelle, wenn auch nicht mit völliger Entvölkerung des Hinterlandes, rechnen [111].

Dieses Ergebnis einer unterschiedlichen Entwicklung kann vermutlich schon durch eine tieferdringende kritische Interpretation der Vita Severini erklärt werden. Aus den Aussagen des Eugippius und mehr noch aus seinem Schweigen läßt sich schließen, daß die etappenweise Räumung der oberhalb von Lauriacum gelegenen Donauorte durch Severinus in den Jahren 476–480 zum einen keineswegs die gesamte Bevölkerung der erwähnten Kastelle, zum anderen auch nicht die Ortschaften *Iuvavum*-Salzburg, *Cucullis*-Kuchl und *Lauriacum*-Lorch erfaßt hat [112]. Andererseits hat es den Anschein, als ob die von Odoaker befohlene gewaltsame Evakuierung der provinzialrömischen Bevölkerung in der bis dahin unter rugischem Protektorat stehenden Ostregion Ufernorikums im Jahre

109) Herma Stiglitz-Thaller, Die Städte der Vita Severini im Donauraum. In: Beiträge z. älteren europ. Kulturgeschichte. Festschr. R. Egger II, Klagenfurt 1953, S. 315–321; ferner Franz Miltner, Zur Frage der Kontinuität römischer Siedlungen in Österreich. In: Miscellanae G. Galbiati II, Fontes Ambrosiani 26, Milano 1954, S. 117–134.

110) Vgl. Lotter, Severinus, S. 167–172; 281 f.; Koller, Donauraum, passim; Hermann Vetters, Die Kontinuität von der Antike zum Mittelalter im Ostalpenraum. Vorträge und Forschungen, Bd. 10. Die Alpen in der europ. Geschichte des MA, Konstanz 1965, S. 29–48; Ders. Das Problem der Kontinuität von der Antike zum Mittelalter in Österreich. Gymnasium 76, 1969, S. 481–515. S. ferner Anm. 121.

111) Spuren einer römischen Namenüberlieferung fehlen freilich auch hier nicht ganz. So lassen sich die auf der Tabula Peutingeriana V, 1 auf der Straße von Wien nach *Lauriacum* zu findenden Ortsnamen *Citium*, *Piro Torto* und *Tragisamo* mit Zeiselmauer (im 10. Jahrhundert Zeizinmûre), den Bierbaumorten um Zwentendorf sowie Traismauer und dem Namen des Flusses Traisen in Verbindung bringen, auch wenn die Identifizierung jeweils mit den betreffenden Orten selbst nachgewiesenermaßen nicht möglich ist, vgl. dazu Herma Stiglitz-Thaller, Das römische Donaukastell Zwentendorf in Niederösterreich. Der römische Limes in Österreich XXVI, Wien 1975, S. 88 ff. Auch die antiken Flußnamen *Ar(e)lape*, *Yvesis* und *Anesis* leben als Erlauf, Ybbs und Enns noch heute fort. Der Name des Kastells *Comagenis* erhielt sich im frühen Mittelalter noch in der Bezeichnung des Wiener Waldes als Cumeoberg (Ann. qu. dic. Eih. a. 791) und Comagenus mons (Mon. Boic. 28b, 86). Auf Reste provinzialrömischer Bevölkerung deuten auch Walchennamen im Quellgebiet der kleinen Tulln, s. Stiglitz-Thaller, Städte, S. 318. Auch im östlich angrenzenden Pannonien fehlt die römische Namenüberlieferung nicht ganz, vgl. András Mócsy, Pannonia and Upper Moesia. A history of the Middle Danube Provinces of the Roman Empire, London, Boston 1974, S. 355.

112) Lotter, Severinus, insb. S. 161–176; 277 ff.

488 tatsächlich weithin ein Bevölkerungsvakuum geschaffen hat [113]. Freilich muß in Betracht gezogen werden, daß die frühmittelalterliche Verödung der Ostregion im Gegensatz zu den westlich gelegenen Gebieten auch durch die awarisch-slawische Invasion seit Ende des 6. Jahrhunderts mitverursacht worden sein kann, haben die Awaren und Slawen doch auch im Kärntner Raum südlich des Alpenkamms erst die römerzeitliche Ortsnamenüberlieferung und Bevölkerungskontinuität unterbrochen [114].

Wenn wir die topographischen Angaben der Vita Severini überprüfen, die dort erwähnten Ortschaften lokalisieren und die Frage nach der Existenz weiterer Siedlungen in der Epoche des Severinus aufwerfen wollen, stehen uns neben den reichen archäologischen Befunden an schriftlichen Quellen noch die Notitia dignitatum [115], die sogenannte Tabula Peutingeriana [116] und das Itinerarium Antonini Augusti [117] zur Verfügung. Die Notitia, ein ca. 427/8 und 437 letztmalig ergänztes Handbuch der Truppenkörper, ihrer Standorte sowie der obersten militärischen und zivilen Chargen, führt als einzige Quelle sämtliche auch in der Vita erwähnten Donaukastelle auf: *Quintanis, Batavis, Boioduro, Ioviaco, Lauriaco, Fafianae, Austuris, Comagenis* [118]. Dagegen nennt die Tabula, wohl eine bis ins 2. Jahrhundert zurückreichende, vielleicht sogar auf die Weltkarte des Agrippa zurückgehende Straßenkarte mit Angaben der Städte und Poststationen und den jeweiligen Entfernungen zwischen ihnen, eher die Orte und Stationen im Hinterland. Von den Orten der Vita Severini werden dabei – oft verstümmelt – genannt: *Castellum Bolodurum, Ivavo, Cuculle, Blaboriciaco (= Lauriacum), Comagenis* [119]. Das Itinerarium ist demgegenüber ein Straßenverzeichnis mit Listen von Stationen und Entfernungsangaben, das sich zur Kontrolle der Angaben der Tabula anbietet. Hier kehren folgende Namen wieder: *Comagenis, Lauriaco, Ioviaco, Boiodoro, Quintianis, Iovavi* [120]. Von allen hier genannten Orten sind folgende Identifizierungen unstrittig: *Quin-*

113) Vgl. VS, c. 40, 5 f.: ... *haec quippe loca nunc frequentata cultoribus in tam vastissimam solitudinem redigentur ... cuius vaticinii veritatem eventus rerum praesentium comprobavit ...*, vgl. aber oben Anm. 111.

114) Nach jüngeren Forschungen ungarischer Archäologen haben jedoch auch im Innern Pannoniens stärkere Reste der autochthonen romanischen Bevölkerung teilweise in befestigten Siedlungen die Völkerwanderungszeit und sogar den Awarensturm überlebt, s. András Mócsy, Pannonia, S. 352 ff.; K. Sági, Das Problem der pannonischen Romanisation im Spiegel der völkerwanderungszeitlichen Geschichte von Fenékpuszta. Acta Antiqua Academiae Scient. Hungaricae 18, 1970, S. 147–196.

115) *Notitia dignitatum omnium tam civilium quam militarium*, ed. O. Seeck, Berlin 1876, s. dazu Adolf Lippold, Art. Notitia dign., Kl. Pauly III, 1970, Sp. 166 ff. mit Literatur.

116) Ekkehard Weber, Tabula Peutingeriana, Cod. Vind. 324, Graz 1976, mit Literatur; K. Miller, Itineraria Romana, Römische Reisewege an der Hand der Tabula Peutingeriana, Stuttgart 1916.

117) Itineraria Romana I, ed. O. Cuntz, Leipzig 1929.

118) Notitia dign. Oc. XXXIV, 31–46, S. 197 f.; vgl. unten Anlage I, S. 89.

119) Tabula Peuting. IV,4–V,1; Miller, Sp. 189 ff.; 415–421; vgl. unten Anlage I u. II, S. 89 f.

120) Itinerarium Anton. 234 f.; 248 f.; 256 f., ed. Cuntz, S. 34 f.; 36 f.; vgl. unten Anlage I und II, S. 89 f.

tanis-Künzing, *Batavis*-Passau, *Boiotro*-Passau/Innstadt, *Iuvavum*-Salzburg, *Cucullis*-Kuchl, *Lauriacum*-Lorch, *Comagenis*-Tulln. Die Gleichsetzung von *Favianis* mit Mautern wird trotz der noch immer verfochtenen Heiligenstadtthese von der großen Mehrzahl der Forscher nicht angezweifelt. Sie wurde bereits 1880 von Friedrich Kenner mit guten Gründen vertreten und ist heute vor allem von Albrecht Aign und Herma Stiglitz-Thaller neuerlich mit historisch-philologischen und archäologischen Beweisführungen untermauert worden [121].

Umstritten bzw. noch nicht abschließend geklärt ist nach wie vor die Lage der beiden Kastelle, deren Zerstörung bemerkenswerterweise schon die Vita Severini mitteilt: *Ioviaco* im Westabschnitt und *Asturis* in der Ostregion. Immerhin bieten uns die Entfernungsangaben der Tabula, des Itinerars und der Vita Severini sowie die Reihenfolge der Orte auf der Tabula und in den Verzeichnissen der Notitia und des Itinerars gewisse Anhaltspunkte [122].

So gibt Eugippius die Entfernung von *Batavis* nach *Ioviaco* mit zwanzig und mehr Meilen an, während das Itinerarium, das eine unbekannte Station *Stanaco* zwischenschaltet, von *Boiodoro* aus 38 m. p. zählt. Letztere Zahl würde ziemlich genau die Strekke von Passau nach Aschach mit ca. 55 km auf der heutigen Bundesstraße entsprechen. Auch die Entfernung nach *Lauriacum*-Lorch, die insgesamt mit 43 m. p. angegeben ist, würde bei einer angenommenen Straßenführung über Wels mit den sich dann auf der heutigen Bundesstraße ergebenden 72 km etwa in Deckung zu bringen sein. Allerdings ergeben sich Schwierigkeiten, wenn wir die Zwischenstation *Ovilatus* mit *Ovilavis*/Wels identifizieren. In diesem Falle müßten auf der Strecke *Lauriacum-Ovilavis* X m. p. hinzugezählt, auf der Strecke *Ovilavis-Ioviaco* dagegen X m. p. abgezogen werden [123]. Die Lage *Ioviacos* westlich von *Lentia*-Linz bestätigt auch die Notitia Dignitatum. Die Lokalisierung von *Ioviaco* in Aschach wird heute mit guten Gründen auch von Lothar Eckhardt vertreten [124].

Weit vager sind die Angaben über *Asturis.* Nach der Vita Severini liegt das *parvum oppidum* in dem Grenzraum von Ufernorikum und Pannonien, der nächste offenbar etwas größere Ort war *Comagenis,* zu dem Severinus von *Asturis* aus »abbog« *(declina-*

121) AIGN, Favianis I, S. 168 ff.; II, S. 6 ff. u passim; HERMA STIGLITZ-THALLER, Pro Austria Romana 9, 1959, S. 32 ff.; VETTERS, Problem, S. 495; Zu der Heiligenstädter Ausgrabung und der Heiligenstadtthese s. heute ALFRED NEUMANN, Die Ausgrabungen in der Jakobskirche von Wien-Heiligenstadt 1952/53, Bonner Jahrbücher 162, 1962, S. 480–506; JOHANNA HABERL, Wien, Favianis und Vindobona. Eine archäologische Illustration zur Vita Severini des Eugippius, Leiden 1976.

122) Zum folgenden vgl. MILLER, Itineraria, Sp. 415–421; RUDOLF NOLL, Römische Siedlungen und Straßen im Limesgebiet zwischen Inn und Enns (Oberösterreich). Der röm. Limes in Österreich XXI, 1958, insb. S. 95 ff.

123) So schon MILLER, Itineraria, Sp. 417, NOLL, Siedlungen, S. 95 f.

124) LOTHAR ECKHARDT, Das römische Donaukastell Schlögen in Oberösterreich (Die Ausgrabungen 1957–1959). Der römische Limes in Österreich XXV, Wien 1969, S. 65–70.

vit) [125]. Von der gesicherten Identifizierung von *Comagenis* mit Tulln und dem Umstand ausgehend, daß *Asturis* in der Notitia mit dem Namen *Austuris* als Standort einer Kohorte erwähnt wird, also wohl als Donaukastell anzusehen ist, kommt praktisch nur eine Lokalisierung in den Nachbarorten Zeiselmauer oder Zwentendorf in Frage, wo jeweils Römerkastelle nachgewiesen sind. Die Notitia gibt gleichzeitig zu erkennen, daß östlich von *Austuris* ein hier allein erwähntes Kastell *Cannabiaca* ebenfalls noch in Ufernorikum Standort einer Kohorte war, demnach *Asturis* nicht unmittelbar an der pannonischen Grenze lag [126]. Dies bedeutet, daß Klosterneuburg kaum mit *Asturis* identifiziert werden kann. Wenn es möglich wäre, in Klosterneuburg das norische Grenzkastell *Cannabiaca* zu lokalisieren, könnte *Asturis* mit Zeiselmauer gleichgesetzt werden, andernfalls bleibt nur die Lösung, *Asturis* in Zwentendorf, also westlich von *Comagenis* zu suchen. Dafür tritt neuderdings mit beachtenswerten Argumenten Herma Stiglitz-Thaller ein [127]. Es liegt auf der Hand, daß in diesen Fragen der Lokalisierung den Archäologen das letzte Wort zugestanden werden muß.

Im übrigen können wir nicht voraussetzen, daß die Vita Severini sämtliche Orte nennt, die in der Epoche des Severinus noch besiedelt waren. So könnten zu den *castella* bzw. *oppida superiora* bzw. den *oppida in superiore parte Danubii,* die Eugippius mehrfach erwähnt [128], sehr wohl auch das Kastel *Lentia*-Linz und das alte *municipium Ovilavis*-Wels gehören. Wenn sich nämlich die Namen beider Orte wie die anderer Siedlungen oberhalb der Enns erhalten haben, spricht dies für eine gewisse Siedlungskontinuität. Dies wird noch dadurch unterstrichen, daß ausgerechnet in Wels die m. W. bisher einzige Münze aus der Epoche des Severinus in Ufernorikum, ein Solidus des Kaisers Anthemius aus der Zeit zwischen 467 und 473, gefunden worden ist [129].

Noch deutlicher läßt Eugippius erkennen, daß in der Ostregion Ufernorikums, die später unter rugischem Protektorat stand, noch andere *oppida* außer den beiden von ihm genannten, nämlich *Favianis* und *Comagenis,* bewohnt waren. So spricht er in c. 31 davon, daß die Flüchtlinge aus der Westregion in den Ortschaften, die ihnen Severinus zugewiesen hatte, auf Grund gütlicher Vereinbarung mit den Rugiern lebten, in c. 42 ist von den wenigen *oppida* die Rede, die am Donauufer noch übrig geblieben waren, von

125) VS, c. 1,1: ... *Severinus de partibus Orientis adveniens in vicinia Norici Ripensis et Pannoniorum parvo, quod Asturis dicitur oppido morabatur ... 3: Inde ad proximum, quod Comagenis appellabatur, oppidum declinavit.*

126) Notitia dign. Oc. XXXIV, 44 ff., S. 198.

127) Stiglitz-Thaller, Zwentendorf, S. 91 ff. Wenn *Asturis* westlich von *Comagenis* lag, mußte sich die Besatzung von *Comagenis* in der Tat von den Feinden, die *Asturis* zerstört hatten und dann nur über den Wiener Wald gekommen sein konnten, umzingelt fühlen, s. VS, c. 2,2: ... *diffugerunt aestimantes se vicinorum hostium obsidione vallatos ...*

128) VS, c. 11,1: ... *Norici Ripensis oppida superiora;* 22,2: ... *(Batavis) sicut cetera superiora castella cultore destitutum remaneat;* 28,1: ... *excidium oppidorum in superiore parte Danuvii;* 30,1: *Cives item oppidi Lauriaci et superiorum transfugae castellorum ...*

129) Otto Kaemmel, Die Anfänge deutschen Lebens in Österreich, Leipzig 1879, S. 127.

denen *Favianis* dem Bruder des Rugierkönigs, Ferderuchus, übertragen worden war [130]. Dies läßt darauf schließen, daß noch andere Kastelle unterhalb der Enns, etwa *Arlape*-Pöchlarn, *Augustianis*-Traismauer oder *Cannabiaca* (Zeiselmauer?) auch nach der Vernichtung von *Asturis* damals der Bevölkerung noch Schutz boten.

Wenn wir nach der Bedeutung und Funktion der in Ufernorikum zu dieser Zeit noch existierenden Ortschaften fragen, werden wir freilich nicht mehr die Situation des 3. Jahrhunderts zugrundelegen dürfen. Auch die Angaben der Notitia dignitatum, die schon für das erste Drittel des 5. Jahrhunderts nicht mehr uneingeschränkte Gültigkeit besaßen, waren in der zweiten Hälfte des 5. Jahrhunderts überholt. Wenn die alten *municipia Ovilavis*-Wels und *Cetium*-St. Pölten in der Vita nicht mehr erwähnt werden, läßt dies zumindest darauf schließen, daß sie ihre Funktion als städtische Zentren des Hinterlandes verloren hatten.

Lediglich *Lauriacum* in der Westregion hat offenbar seine Bedeutung auch als Verwaltungsmittelpunkt wahren können, vermutlich deshalb, weil die Bevölkerung aus der Zivilstadt sich in den sicheren Mauerring des alten Legionslagers zurückgezogen und dort Bleibe und Schutz gefunden hatte. Auch das vierte *municipium, Iuvavum,* scheint in der Spätzeit noch eine gewisse Bedeutung besessen zu haben; dies ließe sich am besten damit erklären, daß auch diese Siedlung vielleicht wie *Cucullis* auf eine befestigte Berghöhe verlegt worden war. Es könnte sich dabei bereits um jenes *castrum superius* handeln, dessen Existenz der Indiculus Arnonis ebenso wie die Breves Notitiae neben dem *oppidum* gegen Ende des 8. Jahrhunderts für die Wende des 7./8. Jahrhundert bezeugen [131]. Freilich kann kaum die Rede davon sein, diesen Ortschaften für die Epoche des Severinus noch den Municipienstatus zuzusprechen, denn Municipien im verwaltungsrechtlichen Sinn hat es, falls überhaupt, so wenigstens in den rätisch-norischen Restprovinzen der ausgehenden Römerzeit gewiß nicht mehr gegeben. Eugippius selbst bezeugt dies dadurch, daß er den Begriff *municipium* nur einmal im untechnischen Sinn für das Kastell *Quintanis*-Künzing in der Raetia Secunda heranzieht [132].

Immerhin lassen die in der Vita Severini zur Bezeichnung der Siedlung verwendeten Begriffe gewisse Schlüsse zu [133]. So werden alle Ortschaften außer *Cucullis oppidum* genannt, *Cucullis* erscheint als einziger Ort fünfmal ausschließlich als *castellum* [134]. Auch

130) VS, c. 31,1: ... *Feletheus ... veniebat ... cogitans repente detentos abducere et in oppidis sibi tributariis atque vicinis, ex quibus unum erat Favianis ... collocare ... 6 ... Igitur Romani ... de Lauriaco discedentes pacificis dispositionibus in oppidis ordinat benivola cum Rugis societate vixerunt;* 42,1: ... *Ferderuchus ... ex p a u c i s , quae super ripam Danuvii remanserant o p p i d i s , unum acceperat Favianis ...*

131) Notitia Arnonis, Hg. W. Hauthaler, Salzburger UB I, 1910, S. 4: *tradidit Theodo dux predictum oppidum simulque et castrum superiorem domno Hrodberto ...;* Breves Notitiae, hg. W. Hauthaler u. F. Martin, Salzb. UB II, 19, S. A 3: ... *dedit ... eundem locum ad episcopii sedem ... castrumque superius cum montibus ex utraque parte fluminis ...*

132) VS, c. 15,1: *Quintanis appellabatur secundarum municipium Raetiarum ...*

133) Zum folgenden vgl. Aign II, S. 19 ff.

134) VS, C.XI; XII; c. 11,2; 12,1; 5.

in Binnennorikum spricht Eugippius allgemein nur von *castella* [135]. Man könnte daher fast meinen, daß *castellum* bei Eugippius ein Bergkastell bezeichne, wenn nicht auch *Quintanis* in Rätien als einziger Ort neben *Cucullis* noch zweimal namentlich als *castellum* aufträte [136]. Ferner bezeichnet Eugippius die Ortschaften oberhalb der Enns zweimal als *superiora* bzw. *in superiore parte Danuvii* [137]. Weitere Belege, so die Wendung *oppida vel castella* und der wechselnde Gebrauch [138] lassen erkennen, daß Eugippius die Termini *oppidum* und *castellum* nicht mehr deutlich voneinander abhebt, wenn auch bei letzterem die Funktion der Befestigungsanlage noch bewußt bleibt und *oppidum* ursprünglich die nichtbefestigte Siedlung mitumfaßt.

Ganz undifferenziert wendet Eugippius demgegenüber den Begriff *locus* an, nennt er so doch ebenso eine größere Lagerfestung wie *Lauriacum* oder Kleinkastelle wie *Ioviacum* und *Boiotro* [139]. Auffällig ist nur, daß letzterer Ort ausschließlich als *locus* auftritt.

Im Gegensatz zu diesen Bezeichnungen dürfte den Begriffen *civitas* und *urbs* eine gewisse differenzierende Bedeutung zuzusprechen sein. *Civitas* wird jeweils nur eine Ortschaft in der rätischen Restprovinz (*Batavis*-Passau), in der ufernorischen Westregion oberhalb der Enns (*Lauriacum*-Lorch) und im unteren Donauabschnitt (*Favianis*-Mautern) genannt [140]. Der Terminus *civitas* bezeichnet in der Spätantike im allgemeinen den Bischofssitz. Wenn darüber hinaus *Lauriacum* als einzige Stadt zweimal auch als *urbs* erscheint, könnte dies dafür sprechen, daß *Lauriacum* für Ufernorikum – ähnlich wie *Tiburnia* für Binnennorikum – eine Art Hauptstadtfunktion zukam [141]. Möglicherweise war der in der Vita Severini ebenso wie in der Antoniusvita erwähnte Bischof Constantius von *Lauriacum* der Metropolit von Ufernorikum. Dem entspräche jedenfalls die Aussage des Ennodius, daß Constantius damals der bedeutendste Bischof in Pannonien gewesen sei und ihm nach dem Tode des Severinus der Schutz des ganzen Landes oblag [142].

135) VS, C.XXV; c. 25,2 f.: ... *antistes ... universa diocesis suae castella ... admonuit ... castella nullum sensere periculum ...*

136) VS, c. 15,1; 16,1.

137) s. oben Anm. 128.

138) VS, c. 11,1 f.: *Dum adhuc ... oppida superiora constarent et paene nullum castellum barbarorum vitaret incursus, ... eum ad se castella singula pro suis munitionibus invitarent ... In castellum quoque ... advenerat ...*; c. 17,1: ... *per universa oppida vel castella ...*

139) Lauriacum: c. 30,2; Ioviaco: C.XXIV; c. 24,1; Boiotro: c. 22,1; 36,1.

140) Batavis: c. 19,2 (gegen 6 x *oppidum*); Lauriacum: C.XXX; c. 30,3; 4 (gegen 6 x *oppidum*); Favianis: c. 3,1; 4,6 (gegen 5 x *oppidum*), allerdings nennt Eugippius Favianis C.III auch *civitatula*.

141) VS, c. 30,4; 31,2; vgl. AIGN II, S. 10. Zu Tiburnia s. VS, c. 21,2: ... *Tiburniae, quae est metropolis Norici ...*

142) Ennodius, V. Antonii Lerin., c. 10, S. 186, z. 35: ... *Constantii antistitis ea tempestate florentissimi iunctus obsequiis;* c. 14, S. 187, z. 10: ... *Constantius pontifex, ne quid in mundo haberet subsidii terra hostibus deputata, humana lege liberatus est ...*

Zwar haben wir keinen direkten Beleg dafür, daß es zur Zeit des Severinus im oberen Donauraum noch weitere Bischofssitze gegeben hat, doch finden sich wenn auch schwache Indizien, die dies für die allein noch *civitas* genannten Orte *Batavis*-Passau und insbesondere für *Favianis* als möglich erscheinen lassen. In *Batavis* gibt es ein Baptisterium, das im allgemeinen auf eine Bischofskirche hindeutet 143), ferner scheint der Presbyter Lucillus von dort zu kommen, der, wie Eugippius berichtet, Schüler des Bischofs Valentinus von Rätien gewesen sei 144). In *Favianis* ist dem Severinus während seines dortigen Aufenthaltes ein Bischofsamt angetragen worden, des weiteren ist Mamertinus, der Befehlshaber der dort vor 476 stationierten Limitantruppe, später Bischof geworden 145). Doch wie dem auch sei, die *civitates* der Vita Severini sind jedenfalls die Orte, an denen sich Severinus jeweils längere Zeit aufgehalten hat.

Einen gewissen Anhaltspunkt für die wirkliche Bedeutung, die den einzelnen in der Vita Severini erwähnten Orten in der Spätzeit zuzusprechen ist, könnte vielleicht die Häufigkeit der Erwähnungen in der Vita bieten. Von den Erzählungen der Vita Severini, die in der Regel in der Form in sich geschlossener Wunderepisoden innerhalb der Klostergemeinschaft überliefert wurden, spielen insgesamt sechzehn im Raum der Westregion Ufernorikums einschließlich des Restteils Rätiens, davon zwei in *Quintanis*-Künzing (c. 15; 16), fünf in *Batavis*-Passau sowie dem wie ein Vorort dargestellten jenseits des Inn gelegenen *Boiotro*-Passau/Innstadt (c. 19; 20; 22; 27; 36), zwei in *Iuvavum*-Salzburg (c. 13; 14); zwei in *Cucullis*-Kuchl (c. 11; 12); eine in *Ioviaco*-Aschach; schließlich vier in *Lauriacum* (c. 18; 28; 30; 31).

In der Ostregion Ufernorikums liegen demgegenüber nur drei Schauplätze der Wundertaten des Heiligen, von denen sich eine in *Asturis* (c. 1), drei in *Comagenis*-Tulln (c. 1; 2; 33) und nicht weniger als 16–19 in *Favianis*-Mautern, dem Ort des Hauptklosters des Severinus, ereignen (c. 3; 4; 5; 6; 7; 8; 9; 10; 23; 32; [34; 35; 38?] 39; 40; 41; 43; 44). Wenn diese hohe Zahl auch durch den offenbar langjährigen Aufenthalt des Heiligen in seinem Hauptkloster zu erklären ist, so hat es doch ganz den Anschein, als ob die *civitas Favianis* in der Ostregion eine Rolle spielt, die nur mit der von *Lauriacum*

143) VS, c. 22,5. Aus der Zusammenschau der §§ 2,4 und 5 ergibt sich eindeutig, daß das Baptisterium in *Batavis* zu suchen ist.

144) VS, c. 19: Offenbar sorgt der *presbyter* Lucillus von *Batavis* aus für die Rückführung der römischen Gefangenen aus dem Alemannengebiet. Nach c. 1,1 war *Valentinus episcopus quondam Raetiarum* der geistliche Vater des um 480 bereits betagten Lucillus.

145) VS, c. 9,4. Bei Zugrundelegung einer – wenn auch im einzelnen nicht zuverlässigen – chronologischen Ordnung der cc. wäre Severinus die Bischofswürde verhältnismäßig früh während seines ersten Aufenthaltes in *Favianis* angetragen worden, d. h. jedenfalls noch vor 476. Noch früher, c. 4,2 wird von dem Militärtribun Mamertinus ausgesagt, er sei später zum Bischof geweiht worden. Es könnte sich demnach um das von Severinus ausgeschlagene Amt handeln. Wenn demgegenüber die Vita c. 30,2 zu einem Zeitpunkt bald nach dem Zusammenbruch der Limesorganisation und der Räumung der oberen Donauorte in *Lauriacum* den Constantius als *eiusdem loci pontificem* kennt, sieht es eher so aus, als ob Mamertinus anderswo Bischof geworden ist.

in der Westregion verglichen werden kann. Vermutlich hat *Favianis* im Zeitalter des Severinus das alte und damals sicher bereits zerstörte *municipium Cetium* als Verwaltungszentrum der Ostregion abgelöst.

Im ganzen sprechen die Erwähnungen von Ortschaften Ufernorikums in der Vita Severini und der Vergleich mit der Situation, wie sie sich aus den hochkaiserzeitlichen und spätantiken Quellen zur Topographie Ufernorikums ableiten läßt, dafür, daß in der Epoche der auslaufenden Römerherrschaft die Orte im offenen Hinterland, auch soweit es sich um bedeutendere Städte handelte, zugunsten der befestigten Uferkastelle oder der in sicherer Berglage angelegten Burgen von der Bevölkerung weitgehend aufgegeben worden waren. Tatsächlich wissen wir heute, daß solche Bergkastelle in der Spätantike auch im rätisch-norischen Ostalpenraum angelegt wurden. Während die Vita Severini solche Bergkastelle nur in *Cucullis*-Kuchl (Georgenberg) und vielleicht auch in *Iuvavum*-Salzburg (Nonnberg? Festungsberg?) voraussetzt [146], sind heute weitere Anlagen auf dem Georgenberg im Kremstal, ferner in Nordtirol am Bergl bei Imst und auf dem Martinsbühel bei *Teriolis*-Zirl bekannt [147]. Mittelpunkt aller dieser Bergbefestigungen war eine Kirche, ein deutliches Zeichen dafür, welchen Anteil die spätantike Kirche am militärischen Schutz der Bevölkerung nahm.

Auch für die spätantike Kirchenorganisation in einem mitteleuropäischen Randgebiet des Imperiums ist die Vita Severini eine unschätzbare Quelle. Insbesondere bezeugt sie für die zweite Hälfte des 5. Jahrhunderts die Existenz von Mönchsgemeinden im Ostalpenraum. Von besonderer Bedeutung ist dabei die Nennung von Gemeinde- und Klosterkirchen. Wie Rudolf Noll beobachtet hat, verwendet Eugippius die Begriffe *ecclesia* und *basilica* in unterschiedlicher Bedeutung, nennt er doch eine Gemeindekirche stets *ecclesia*, eine Klosterkirche hingegen *basilica* [148]. In der Tat findet sich eine *ecclesia* als Gemeindekirche in *Asturis, Cucullis, Quintanis* und *Comagenis*, wobei in drei Fällen jeweils mehrere *presbyteri* als Gemeindepriester auftreten [149]. Demnach läßt die Erwähnung von *presbyteri* den Schluß zu, daß Gemeindekirchen auch in *Batavis* und *Ioviaco* be-

146) S. oben Anm. 131.

147) Hermann Vetters, Problem, S. 500 f.; Rudolf Noll, Neuere Funde und Forschungen zum frühen Christentum in Österreich. Mitteilungen d. österr. AG f. Ur- und Frühgeschichte 15, 1974/5, S. 198; 200 ff. – Zirl: Elisabeth Walde, Die Grabung in der Kirche St. Martin in Martinsbühel. Bayer. Vorgeschichtsbl. 40, 1975, S. 108–127.

148) Noll, Eugippius, S. 129 zu c. 13,1.

149) Asturis: c. 1,2: ... *ad ecclesiam processit. Tunc presbyteris, clero vel civibus requisitis* ...; Cucullis: c. 11,2 f.: ... *per presbyteros loci* ... *parietibus affixit ecclesiae* ... *Tunc* ... *presbyteros et diacones vir Dei hortatus est;* vgl. c. 12, 1–4; Quintanis: c. 16,1–6: ... *in ecclesia* ... *rogavit vir Dei presbyteros et diacones* ... *abscedere* ...; vgl. c. 15,1–4; Comagenis: c 1,4 f.: ... *ingressus ecclesiam* ... *in ecclesia* ... In c. 2,1 setzt die *sacrificii vespertini sollemnitas in Comagenis* die Anwesenheit von Priestern voraus.

standen [150]. *Basilicae* finden sich nach Eugippius in *Favianis, Boiotro, Iuvavum* und *Lauriacum*. Sie heben sich von den Gemeindekirchen schon dadurch ab, daß sie stets vor den Mauern der dazugehörigen Ortschaft liegen [151] und daß sich Severinus jeweils an diesen Orten längere Zeit aufhält [152]. Neben den *basilicae* dürfte es auch innerhalb der Städte *Favianis* und *Iuvavum* noch Gemeindekirchen gegeben haben, wie wir dies von *Batavis* aus der Vita selbst erschließen [153], von *Lauriacum* durch Ausgrabungen wissen [154].

Das Auftreten von *monachi* und die Erwähnung eines *monasterium* weist nun die *basilica* von *Favianis* wie die von *Boiotro* eindeutig als Kirchen einer geistlichen Gemeinschaft aus [155]. Das *monasterium* von *Favianis* wird zudem ausdrücklich als ältestes und größtes Kloster des Severinus beschrieben [156]. Diese Bemerkung läßt auf die Existenz noch mehrerer anderer monastischer Gemeinschaften schließen. Dafür gib es in der Tat Anhaltspunkte.

Zunächst hilft uns der Begriff *cellula* weiter, der neben einer Eremitenklause [157] auch ein Kloster bezeichnen kann und je zweimal gleichbedeutend mit dem Begriff *monasterium* für die Niederlassungen von Mönchsgemeinden in *Favianis* und *Boiotro* gebraucht wird [158]. Es erhebt sich daher die Frage, ob unter der *cellula sancti viri* in *Iuvavum*-Salzburg eine Zelle des Severinus oder ein Kloster zu verstehen ist [159]. Für letzteres spricht, daß sich auch in Salzburg nahe der Stadt eine *basilica* befindet und daß in

150) Batavis: c. 22,1; 3 u. 5. Es liegt nahe, unter den eingangs in *Boiotro* auftretenden *presbyteris* Geistliche aus *Batavis* zu sehen, da auch der in § 3 und 5 erwähnte *presbyter* dort zu suchen ist und in *Boiotro* selbst nur eine Klosterkirche = *basilica* mit einer Mönchsgemeinschaft zu existieren scheint, vgl. unten S. 62. Zu *Ioviaco* s. c. 24,2 f., hier befindet sich allerdings nur ein *presbyter*.

151) Favianis: VS, c. 9,3: ... *basilica, quam in monasterio construxerat* ...; 4,6: ... *monasterium haud procul a civitate*; 22,4: ... *monasterium suum iuxta muros civitatis* ...; Boiotro: c. 22,1: *Basilicae extra muros oppidi Batavini in loco nomine Boiotro* ... *constitutae, ubi cellulam paucis monachis ipse construxerat*; Iuvavum: c. 13,1 f.: ... *iuxta oppidum* ... *intrantes basilicam* ...; Lauriacum: c. 28,2, zur Lage s. Lothar Eckhart, Die Grabungsergebnisse in St. Laurenz zu Lorch-Enns, Jb. d. Oberösterr. Musealvereins 109, I, 1964, S. 172–184.

152) S. oben S. 59.

153) S. oben Anm. 150.

154) Rudolf Noll, Frühes Christentum in Österreich, Wien 1954, S. 83 f.

155) Favianis: c. 4,6; 9,3 (vgl. oben Anm. 151); 10,1: *basilicae monasterii aedituus*. Mönche dieses Klosters werden erwähnt c. 9,4; 26,1 f.; 35,1; 37,1; 2; 38,1; 2; 43,1; 5; 6. Boiotro c. 36,1; 4; vgl. c. 22,1; 19,1.

156) VS, c. 22,4: ... *antiquum* ... *et omnibus maius monasterium summ iuxta muros oppidi Favianis* ...

157) *cellula* = Einsiedlerzelle: c. 4,6; 7,1; 8,2; 10,2; 20,2. An den letzten drei Stellen könnte auch das Kloster von *Favianis* selbst gemeint sein.

158) Favianis: c. 39,1; 42,2; vgl. 8,2; 10,2; 20,2. Dasselbe Kloster heißt *monasterium*: c. 4,6; 6,1; 9,3; 10,1; 23,1; 25,1; 31,6; 35,2; 44,3. Boiotro: c. 19,1; 22,1, dagegen *monasterium*: c. 36,1.

159) VS, c. 14,1: ... *ante ostium cellulae sancti viri* ...

dieser *basilica* keine *presbyteri*, sondern *spiritales viri* auftreten [160]. Diese hebt Eugippius schon im Brief an Paschasius ausdrücklich von den *sacerdotes* ab [161]. Schon Noll vermutete, daß wir es hier mit Angehörigen einer religiösen Gemeinschaft zu tun haben [162]. Möglicherweise deutet die Unterdrückung des Terminus *monachi* in diesem Fall darauf hin, daß es sich um eine monastische Vereinigung handelt, die mit den Mönchen des Severinus nichts zu tun hat und nicht von ihm gegründet wurde.

Wenn der Terminus *basilica* wirklich auf eine Mönchsgemeinschaft deutet, müssen wir auch in *Lauriacum*, dem vierten Standort einer *basilica*, mit einem Kloster rechnen. Dafür spricht nun in der Tat, daß Severinus, der sich offenbar bei der *basilica*, vermutlich der Laurentiuskirche vor den Mauern der Lagerfestung, aufhält, von dort aus einen Mönch namens Valens mit einem Auftrag zum Bischof Constantius schickt, dessen Sitz wohl bei der innerhalb der Stadt festgestellten Gemeindekirche zu suchen ist und der von dort aus die Verteidigung der Stadt organisiert [163]. Wenn wir hier die Begriffe *monasterium/cellula* als Kloster und *monachi* als Mönche wiedergeben, bleibt natürlich festzuhalten, daß es sich dabei um geistliche Konvente handelt, deren Status noch nicht auf Normen etwa im Sinne der Benediktinerregel festgelegt ist.

Offen bleibt noch die Frage, ob nicht auch in *Batavis* eine monastische Gemeinschaft bestanden hat. Dies behauptet jedenfalls Noll unter Berufung auf Eugippius, der dies in c. 19 »ausdrücklich und namentlich« bezeuge [164]. Dennoch handelt es sich hier um dieselbe Gründung, von der Eugippius c. 22 sagt, sie liege vor den Mauern von *Batavis* an einem Ort namens *Boiotro*. Für die Identität der an beiden Stellen erwähnten *cellula* spricht zunächst schon der nahezu gleichlautende Wortlaut. Nach einem Hinweis auf *Batavis* heißt es jeweils: *Ubi cellulam paucis monachis fundaverat* bzw. *construxerat*. Nur an der zweiten Stelle wird näher präzisiert: *extra muros oppidi Batavini in loco nomine Boiotro* ... Daß dies im ersten Fall nicht geschieht, liegt daran, daß Eugippius in dem besagten Kapitel von Vorgängen in *Batavis* spricht und das Klösterlein jenseits des Inn nur erwähnt, um die näheren Beziehungen des Severinus zu den Bürgern von *Batavis* zu unterstreichen.

Daß die zweite Erwähnung auf die erste nicht Bezug nimmt und scheinbar eine Neuigkeit mitteilt, findet in der inneren Struktur der Vita Severini eine Erklärung. Wie bereits festgestellt, setzt sie sich weithin aus in sich geschlossenen, in der mündlichen Überlieferung bereits ausgeformten Episodenerzählungen zusammen, die nur oberflächlich

160) VS, c. 13,1 f.: ... *iuxta oppidum, quod Iuvao appellabatur* ... *quadam die intrantes basilicam* ... *in conspectu trium spiritalium, qui aderant tunc virorum* ...
161) Eugippius Ep. ad Paschasium 8: ... *multi sacerdotes et spiritales viri nec non et laici* ...
162) Noll, Eugippius, S. 129 zu c. 13,2.
163) VS, c. 30,1 ff.: ... *servus Dei* ... *Valentem nomine monachum mittens ad sanctum Constantium eiusdem loci pontificem et ad ceteros commanentes* ...
164) Noll, Eugippius, S. 20; ebenso noch Barton, Frühzeit, S. 128 f.

durch spätere Einschübe miteinander verbunden worden sind [165]. Bezüge auf früher Mitgeteiltes sind daher nicht vorauszusetzen, wo sie auftreten, stellen sie Elemente der Redaktion dar.

Im übrigen ergibt sich aus den beiden Stellen, daß Eugippius in *Boiotro* nur eine Art Vorort von *Batavis* sah und für ihn demnach die alte Provinzgrenze von Rätien und Ufernorikum ihre Bedeutung verloren hatte. Diese Beobachtung findet auch in c. 23 ihre Bestätigung, werden hier doch Vorgänge beschrieben, die sich in *Boiotro* und in *Batavis* abspielen. Während die *basilica* nebst *cellula* eindeutig in *Boiotro* zu suchen ist, scheinen die dort auftretenden *presbyteri* aus *Batavis* zu kommen. Denn es ist *Batavis,* dessen Bürger – *cives oppidi* – den Severinus um Vermittlung einer Handelslizenz bei den Rugiern ersuchen, dessen Bevölkerung die Felder außerhalb der Stadt bebaut und dessen Bewachungsmannschaft von der Schar des Hunimund niedergemetzelt wird. In *Batavis* aber ist auch das Baptisterium zu suchen, wo der *presbyter* seine Schmähreden gegen Severinus führt und wo er dann später den Tod findet [166].

IV. *Die Bevölkerung Ufernorikums und die germanischen Stämme im Umkreis*

Mit dem Begriff der *cives oppidi* wird bereits die Frage nach der rechtlichen und sozialen Struktur der Einwohnerschaft Ufernorikums und der rätischen Restprovinz in der 2. Hälfte des 5. Jahrhunderts akut. Zunächst bleibt festzuhalten, daß die Bevölkerung zu dieser Zeit durchgehend romanisiert war und zwischen eingewanderten Römern bzw. Italikern und Provinzialen keltischer oder illyrischer Herkunft kein Unterschied zu machen ist. Während der Evakuierung der Ostregion im Jahre 488 gebraucht Eugippius die Begriffe *Romani* und *provinciales* eindeutig als Synonyma [167].

Desgleichen war, soweit wir sehen, die gesamte Bevölkerung des Ostalpenraumes damals bereits christianisiert. Jeder Ort, von dem wir hören, ist von der kirchlichen Organisation erfaßt. Bei den gotteslästerlichen Riten, die ein Teil der Bevölkerung wohl *in quodam loco* bei *Cucullis* ausübte, handelt es sich offensichtlich nur um Relikte eines vorchristlichen Kultes, der bereits verboten und unterdrückt war. Die religiösen Handlungen werden nämlich ganz im geheimen vollzogen, die Teilnehmer besuchen den christlichen Gottesdienst und leugnen zunächst, erst, als sie überführt sind, gestehen sie notgedrungen ihr Vergehen, bereuen es öffentlich und tun sich in der Folge durch um so

165) LOTTER, Severinus, S. 68–77.
166) S. oben Anm. 150.
167) VS, c. 44,5 ff.: . . . *Onulfus . . . universos iussit ad Italiam migrare R o m a n o s. Tunc omnes incolae . . . educti . . . dum universi . . . compellerentur exire . . . cunctis nobiscum p r o v i n c i a l i b u s idem iter agentibus.*

bessere Taten hervor [168]. Wenn sich demnach auch in abgelegenen Gebirgsregionen des Ostalpenraumes zu dieser Zeit noch Reste heidnischer Kulte erhalten hatten, so bezeugt doch gerade dieser Bericht des Eugippius, daß sich das Christentum zur Zeit des Severinus hier überall längst durchgesetzt hatte und als einzige Religion offizielle Anerkennung forderte.

In der Vita Severini hat es den Anschein, als ob die Provinzialen so gut wie ausschließlich in den erwähnten Ortschaften lebten, von denen wir wissen, daß es sich durchweg um mauerumwehrte Festungen und Kastelle handelte. Nur an einer Stelle wird ein *vicus* in der Nähe von *Favianis* erwähnt, allerdings bezeugt gerade dieser Beleg die Gefährdung der Bevölkerung außerhalb der ummauerten Siedlungen. Die Rugierkönigin hatte nämlich einige Bewohner des besagten Dorfes über die Donau entführt, um sie für niedrige Knechtsdienste zu verwenden [169].

Auch an anderen Stellen der Vita hören wir wiederholt von Menschen, die bei Tätigkeiten außerhalb der ummauerten Ortschaften von Barbaren oder Räuberbanden verschleppt wurden. Dennoch berechtigen diese Erzählungen und entsprechende Bemerkungen des Eugippius nicht zu dem Schluß, daß die Bevölkerung in dem von der Vita erfaßten Zeitraum absoluter Unsicherheit und Wehrlosigkeit ausgesetzt war und jeder, der nur die schützenden Mauern der Städte verließ, mit Gefangennahme, Verschleppung oder Schlimmerem rechnen mußte. Vielmehr bezeugen die Berichte, in denen Menschen bei der Versorgung des Viehs oder beim Einbringen der Obsternte verschleppt wurden [170], daß die Versorgungsbasis der Einwohner sich nach wie vor auf dem offenen Land befand, das bebaut wurde und wo das Vieh weidete. Nur in Zeiten der Gefahr, wenn ein feindlicher Einfall zu erwarten war, wurde Vieh und Habe innerhalb der Mauern in Sicherheit gebracht [171]. Bei *Batavis*-Passau sehen wir einmal die gesamte Be-

168) VS, c. 12,2 ff.: *... pars plebis in quodam loco nefandis sacrificiis inhaerebat ... qui praedictis sacrilegiis infecti fuerant volentesque latere negaverant ... divino declarati examine protinus exclamantes secreta pectoris satisfactionibus prodiderunt et ... convicti propria sacrilegia testabantur ... quis credat amplius eos ... claruisse bonis operibus ...?*

169) VS, c. 8,2: *Romanos tamen duris conditionibus aggravans quosdam etiam Danuvio iubebat abduci. Nam cum quadam die in proximo a Favianis vico veniens aliquos ad se transferri Danuvio preacepisset vilissimi scilicet ministerii servitute damnandos ... vir Dei ... postulabat ...*

170) VS, c. 4,1: *... praedones barbari, quaecumque extra muros hominum pecudumque reppererant, duxere captiva;* c. 10,1: *Quidam ... monasterii ... aedituus ... saecularis cuiusdam hominis persuasu meridie ad colligenda poma in secundo a Favianis miliario egressus mox a barbaris Danuvio transvectus est cum suo persuasore captivus;* c. 30,4: *... hostes ... direpto animalium grege cuiusdam hominis, qui ... contumax sua tutare contempserant, recesserunt.*

171) VS, c. 30,1: *Cives item oppidi Lauriaci ... servus Dei ... praestruxit, ut omnem paupertatis suae sufficientiam intra muros concluderent, quatenus inimicorum feralis excursus nihil humanitatis inveniens statim fame compulsus immania crudelitatis coepta desereret,* vgl. des weiteren Anm. 170; c. 25,2 f.: *... antistes litterarum tenore praestructus universa diocesis suae castella scriptis propriis vehementer admonuit, ut ... exitio venturae cladis occurrerent. Quibus iussa complentibus ... Alamannorum copiosissima multitudo feraliter cuncta vastavit, castella vero nullum sensere periculum.*

völkerung mit dem Einbringen der Ernte beschäftigt [172], auch war diese Landschaft, die nach 476 besonders unter den Einfällen der Alemannen litt und auch zuerst auf Befehl des Severinus evakuiert wurde, noch wenige Jahre vor diesem Zeitpunkt ein agrarisches Überschußgebiet. Von hier aus wurden während einer Hungersnot zu Schiff Lebensmittel in die Ostregion Ufernorikums gesandt, und noch kurze Zeit vor der Räumung baten die Bürger den Severinus, ihnen eine Handelslizenz bei dem Rugierkönig zu verschaffen [173].

Eugippius selbst berichtet auch in c. 20 in der von jeder Tendenz freien Rahmendarstellung zu einer Wunderepisode, daß das Verteidigungssystem am norischen Limes noch funktionierte, solange das (west-)römische Reich bestand, d. h. offensichtlich bis zum Zeitpunkt der Usurpation Odoakers. Erst die Einstellung der Soldzahlungen bewirkte die Auflösung der Limesgarnisonen [174]. Tatsächlich ergibt sich aus der chronologischen Anordnung der Episodenerzählungen, daß erst nach diesem Zeitpunkt die ernsthafte Gefährdung der Provinz einsetzte, die schließlich die allmähliche Räumung der Orte oberhalb von *Lauriacum* und die Umsiedlung der Bevölkerung in die Ostregion zur Folge hatte, wo die Rugier deren Schutz übernahmen. Bis zu diesem Zeitpunkt herrschte in Ufernorikum relativer Friede, seit der Zerstörung von *Asturis* – vermutlich um 467 – war keine Siedlung mehr den Barbaren zum Opfer gefallen.

Wenn Eugippius in dieser Zeit insgesamt siebenmal von Vorfällen weiß, wo Germanen bzw. Barbaren oder Räuber Bewohner Ufernorikums ihrer Freiheit berauben oder zu berauben versuchen, müssen wir uns vergegenwärtigen, daß gerade diese Ereignisse sich der Erinnerung der Zeitgenossen einprägten. Nur außergewöhnliche Situationen boten Anlaß zu den hilfreichen Aktionen und Wundertaten des Heiligen, die als solche dann wiederum in der Überlieferung der Mönchsgemeinde festgehalten wurden. Die Aneinanderreihung von Berichten dieser Art kann ebensowenig ein zuverlässiges Bild der Gesamtsituation ergeben, wie dies etwa die Häufung von Skandalgeschichten in einem Blatt der modernen Boulevardpresse vermag. Eine nähere Betrachtung der oben erwähnten Vorfälle läßt eindeutig erkennen, daß in der Zeit vor 476 von einer existenzbedrohenden Gefahr für Ufernorikum nicht die Rede sein konnte. Eine Ausnahme bildet le-

172) VS, c. 22,4: ... *Hunumundus* ... *Batavis invasit ac paene cunctis mansoribus in messe detentis quadraginta viros* ... *interemit* ...

173) VS, c. 3,3: *Igitur non multo post rates plurimae de partibus Raetiarum mercibus onustae quam plurimis insperatae videntur in litore Danuvii, quae multis diebus crassa Aeni fluminis glacie fuerant colligatae* ... *ciborum copias fame laborantibus detulerunt:* c. 22,2: *Interea beatum virum cives oppidi memorati suppliciter adierunt, ut pergens ad Febanem, Rugorum principem, mercandi eis licentiam postularet* ...

174) VS, c. 20,1: *Per idem tempus, quo Romanum constabat imperium, multorum milites oppidorum pro custodia limitis publicis stipendiis alebantur. Qua consuetudine desinente simul militares turmae sunt deletae cum limite, Batavino utcumque numero perdurante...*

diglich der an den Anfang der Vita gestellte Bericht über die Zerstörung von *Asturis* durch Barbaren, den Eugippius mit dem Zeitpunkt der Ankunft des Severinus – vermutlich um 467 – in Verbindung bringt [175].

In vier von den fünf Fällen, wo wir über die Verschleppung von Menschen oder Vieh unterrichtet werden, gelingt es jeweils Severinus bzw. den ihn begleitenden Mannschaften – sei es durch Verhandlungen, sei es durch Rückkauf oder gewaltsame Befreiung –, den Räubern die Beute wieder abzujagen [176]. In einem weiteren Fall handelt es sich um Rugier, die offensichtlich im Rahmen von Auseinandersetzungen mit den Ostgoten in Gefangenschaft geraten waren [177]. Das letzte Ereignis fällt schon in die Zeit um oder kurz nach 476, es betrifft zwei Soldaten der Limesgarnison von *Batavis*, die auf dem Wege nach Italien im Inntal ermordet wurden [178]. Auch die Nachricht, daß kaum eines der oberen Kastelle Ufernorikums Angriffen der Barbaren entging, spricht eher für die Wirksamkeit der Limesorganisation [179]. Denn in gleichem Zusammenhang hören wir vom Ausbau der Befestigungen, nirgends jedoch von der Eroberung eines dieser Kastelle, bis in c. 24 – zu einem Zeitpunkt, der nach 476 anzusetzen ist – von dem Überfall auf *Ioviacum* und der Verschleppung seiner Einwohner die Rede ist [180]. Erst dieser Vorfall leitet die allmähliche Evakuierung der oberen Uferkastelle ein, nachdem *Quintanis*-Künzing und *Batavis* längere Zeit die wiederholten Angriffe und Belagerungen erfolgreich abgewehrt hatten [181].

Eine Beurteilung der Situation muß also zunächst davon ausgehen, daß das Jahr 476 eine entscheidende Wende darstellt und die Ereignisse vor und nach diesem Zeitpunkt sich jeweils vor einem ganz anderen Hintergrund abspielen. Des weiteren ist stets zu berücksichtigen, daß weniger das von Eugippius bewußt vor Augen gestellte Bild als vielmehr die oben herausgestellten tendenzneutralen Züge, sozusagen die zwischen den Zeilen herauszulesenden Bemerkungen Glaubwürdigkeit verdienen. Wir dürfen nicht vergessen, daß Eugippius den ganzen Ablauf der Ereignisse im Nachhinein nach biblischen Modellen stilisiert und insbesondere die von Severinus angeblich geweissagte Evakuierung der römischen Bevölkerung durch Odoaker in den Jahren 487/8 in der Perspektive des Exodus des auserwählten Volkes in das angestammte Land der Freiheit sehen

175) VS, c. 1,2 f.; 5.
176) VS, 4,1 u. 4; 8,2 u. 4, s. oben Anm. 169; 10,1 f., s. oben Anm. 170; 19,3.
177) VS, c. 5,3 f.
178) VS, c. 20,1.
179) VS, c. 11,1; s. oben Anm. 138.
180) VS, c. 24,3: *qua nocte Heruli insperate protinus irruentes oppidumque vastantes plurimos duxere captivos*, auch unten Anm. 231 f.
181) VS, c. 27,1 f.: ... *mansores oppidi Quintanensis, creberrimis Alamannorum incursionibus iam defessi, sedes proprias relinquentes in Batavis oppidum migraverunt ... Romani omnes ... spe promissae victoriae adversus Alamannos instruxerunt aciem ... qua congressione victis ac fugientibus Alamannis vir Dei ita victores alloquitur: ›Filii, ... hinc tamen nunc pariter discedamus!‹ ...*

möchte [182]. Diese Sicht muß ihn unbewußt dazu veranlassen, die Verhältnisse in Ufernorikum vor diesen Exodus dem Muster der ägyptischen Knechtschaft anzupassen. Gewiß ist auch damit zu rechnen, daß er die Zustände, wie sie in der letzten Phase nach der Auflösung der Limesorganisation herrschten, in die Zeit vor 476 zurückprojiziert.

Für die Situation dieser Epoche sind demnach nicht die gelegentlichen Übergriffe und Überfälle räuberischer Banden als symptomatisch anzusehen, sondern die Tatsache, daß die Bewohner der Kastelle das umliegende Land fleißig bebauten und abernteten, ihr Vieh auf den Wiesen weiden ließen und in dem angeblich besonders gefährdeten rätischen Voralpenland nördlich des Inn sogar noch Überschüsse erwirtschaften konnten. Bemerkenswert ist auch, daß Severinus selbst nicht nur seine Klöster in ungeschützter Lage außerhalb der ummauerten Siedlung in *Favianis, Boiotro* und vermutlich auch *Lauriacum* anlegte, sondern sich auch selbst häufig in seine Zelle *ad vineas* weitab von der Stadt *Favianis* zurückziehen konnte [183]. Dennoch ist die Situation im rätisch-norischen Grenzraum von den Erfahrungen der Bevölkerung in der ersten Jahrhunderthälfte tiefgreifend bestimmt, sie ist nicht mehr zu vergleichen mit dem relativ gesicherten Zustand des Landes im 4. Jahrhundert, gewiß auch nicht mit den Verhältnissen, wie sie zur gleichen Zeit in den weit weniger mitgenommenen Kernlandschaften des Westreiches, etwa in Italien, anzutreffen sind.

Im Zeitalter des Severinus scheint die Masse der Provinzialen in Ufernorikum und Resträtien sich aus einer kleinbäuerlich lebenden Bevölkerung zusammengesetzt zu haben, die in den befestigten Lagerfestungen und Bergkastellen saß und von dort aus im Familienbetrieb die oft in größerer Entfernung liegenden Felder bestellte. Im Bericht von der Heuschreckenplage in c. 12 hören wir von einem sehr armen Mann aus *Cucullis,* der nur einen winzigen Acker besaß, und dem der Ernteausfall von seinen Nachbarn ersetzt wurde [184]. Auch die wichtigeren in der Vita genannten Orte *Lauriacum, Batavis* und *Iuvavum* scheinen Ackerbauernstädte gewesen zu sein. Die Bürger von *Lauriacum* waren, wie die Vita berichtet, ganz auf den Ertrag ihrer Felder angewiesen und entrichteten davon den Zehnten [185]. In *Batavis* beteiligte sich, wie wir schon gesehen haben, die gesamte Bevölkerung mit Ausnahme einer Wachmannschaft am Einbringen der Ernte, offenbar in weiterer Entfernung von der Stadt selbst [186].

Besonders aufschlußreich ist eine Mitteilung des Eugippius, die er im Rahmen einer Wunderheilung bringt, die sonst ganz nach dem Vorbild einer Evangelienperikope stili-

182) LOTTER, Severinus, S. 117 f.; 164 ff.; 176 f.

183) S. oben Anm. 151; VS, c. 4,6: ... *beatus Severinus in locum remotiorem secedens, qui ad Vineas vocabatur, cellula parva contentus ...*

184) VS, c. 12,4: *quidam pauperrimus ... ad agrum propriae segetis ..., quae perparva inter aliorum sata iacebat, egressus est ... sed segetem eius exiguam ... locustarum densitas devoravit ... 7 ... vir Dei: ›iustum est‹, inquit, ›ut ... liberalitate vestra anni praesentis alimenta percipiat!‹ ...*

185) VS, c. 18,1.

186) S. oben Anm. 172.

siert ist. Danach hat eine Bäuerin aus *Iuvavum* nach der Genesung »gemäß dem Herkommen dieser Provinz mit eigenen Händen« die Feldarbeit wieder aufgenommen [187]. Es handelt sich hier gewiß nicht, wie Noll vermutet, um die Arbeit von Gebirgsbauern ohne Ackergerät [188], vielmehr kann die Nachricht nur als Hinweis auf die unterschiedliche Sozialstruktur der Grenzprovinz im Gegensatz zum Standort des Autors während der Abfassungszeit, nämlich Süditalien, verstanden werden. Eugippius sieht sich nämlich genötigt, zur Beglaubigung des Heilungswunders auf diesen seinen Lesern sonst unverständlichen Umstand hinzuweisen. Dieses Faktum kann aber nur dann einer näheren Erläuterung bedurft haben, wenn es sich bei der betreffenden Frau, offenbar einer Bäuerin, um eine Freie gehandelt hat.

Der besondere soziale Status der Masse der Bevölkerung Ufernorikums tritt in der Vita Severini ebenso in dem Fehlen jedes Hinweises auf die Existenz von unfreien Schichten wie den wiederholten Anspielungen auf die angestammte Freiheit der Provinzialen zutage. So hören wir schon in c. 9, Severinus sei aufs eifrigste bestrebt gewesen, den in der Gewalt der Barbaren Schmachtenden die ererbte Freiheit wiederzuverschaffen [189]. Zuvor hatte Eugippius schon von dem Versuch der Königin Giso berichtet, freie Bewohner eines Dorfes niedrigsten Dienstleistungen der Knechtschaft zu unterwerfen [190]. In ähnlicher Weise haben später Gebete und Anordnungen des Severinus die Freiheit der Bürger *Lauriacums* geschützt [191]. Auch der Rugierkönig selbst will verhindern, daß die Flüchtlinge aus den oberen Donauorten von den Alemannen und Thüringern ausgeraubt und versklavt werden [192]. Als Severinus diese Flüchtlinge schließlich unter dem Schutz der Rugier in den Ortschaften der Ostregion untergebracht hat, verspricht er ihnen, sie würden bald »ohne jede Einbuße der Freiheit« in eine römische Provinz auswandern [193].

Die wiederholten Hinweise des Eugippius auf den freiheitlichen Status der Einwohner Ufernorikums gewinnen im Licht der oben zitierten Bemerkung von der Bäuerin, die nach dem Herkommen der Provinz mit eigenen Händen Feldarbeit leiste, besonderes

187) VS, c. 14,3: ... *Mulier vero sanitate recepta opus agrale die tertio iuxta morem provinciae propriis coepit manibus exercere.*

188) Noll, Eugippius, S. 130 zu c. 14,3; vgl. Ders., Vita Severini (wie oben Anm. 36), S. 74, Anm. 60.

189) VS, c. 9,1: *Magna quoque famulo Dei ... in redimendis erat captivis industria. Studiosius etenim insistebat barbaorum dicione vexatos genuinae restituere libertati.*

190) VS, c. 8,5: ... *dum liberos saeva mulier subiicit servituti, servientes cogeretur reddere libertati,* vgl. oben Anm. 169.

191) VS, c. 30,5: ... *Isset nempe tunc plebs inoboediens universa captiva, nisi eam liberam viri Dei consueta servasset oratio ...*

192) VS, c. 31,4: ... *rex: ›hunc‹, inquit, ›populum ... non patiar Alamannorum ac Thoringorum saeva depraedatione vastari vel gladio trucidari aut in servitium redigi...‹*

193) VS, c. 31,6: ... *asserens universos in Romani soli provinciam absque ullo libertatis migraturos incommodo;* vgl. c. 40,4: ... *omnes cum suis facultatibus de his oppidis emigrantes ad Romanam provinciam absque ulla sui captivitate pervenient.*

Gewicht, weil sich aus der Kombination dieser beiden Beobachtungen der Schluß ergibt, daß Ufernorikum auf sozialölonomischer Ebene sich prinzipiell und grundlegend vom Binnenland des römischen Reiches unterschieden haben muß. Dort herrschte der auf dem Großgrundbesitz beruhende Kolonat, der in vielen Zügen schon die Villikationsverfassung des Mittelalters vorwegnahm [194]. Der Gegensatz in Agrarsystem und Sozialstruktur ist wohl auf die wiederholte Ansiedlung und Landausstattung von Veteranen im Rahmen des Systems der spätantiken Limitanorganisation zurückzuführen. Diese rekrutierte immer wieder die Söhne der Militärsiedler, um sie ihrerseits bei der Entlassung wiederum mit Land abzufinden [195]. Demnach ließe sich der Status eines Großteils der Grenzbevölkerung in der Praxis mit dem von Wehrbauern vergleichen. Dieser Umstand macht auch verständlich, daß nach der Auflösung der Limesorganisation an die Stelle der regulären Truppeneinheiten Bürgermilizen treten konnten, welche die Verteidigung der Kastelle – zunächst durchaus nicht ohne Erfolg – übernahmen [196]. Vielleicht erklärt die relativ gesunde Sozialstruktur des Donauuferlandes auch die Widerstandskraft und auffällige Stabilität dieser Grenzzone in der Spätzeit.

Allerdings hat es auch in Ufernorikum in der Spätantike noch Großgrundbesitz gegeben. Eugippius selbst kennt *laici nobiles*, die sich um Severinus scharten und zum Teil aus dem Land selbst stammten [197]. Bald nach der Ankunft des Severinus trat ihm in *Favianis* auch eine Witwe Procula entgegen, die von vornehmster Herkunft war und während einer Hungersnot größere Mengen von Getreide gehortet hatte, um damit Wucher zu treiben [198]. In einer Art öffentlicher Verhandlung nötigte Severinus jedoch die adlige Dame, ihr Korn unentgeltlich an die Notleidenden zu verteilen. Der Fall läßt erkennen, daß gerade die grundbesitzende Oberschicht von der Entwicklung besonders getroffen und in ihrer Existenz bedroht wurde, da die umfangreichen Ländereien unter den vorherrschenden Bedingungen kaum noch einen Ertrag abwarfen.

194) Michael Rostovzeff, Studien zur Geschichte des römischen Kolonates. Archiv f. Papyrusforschung, Beiheft 1, Leipzig 1910; Dieter Medicus, Art. Colonatus, Kl. Pauly I, 1964, Sp. 1246 f. mit neuerer Literatur.

195) Arnold H. M. Jones, The later Roman Empire. A social, economic and administrative survey, Oxford 1964, insbes. Bd. I, S. 607 ff.; Robert Grosse, Römische Militärgeschichte von Gallienus b. z. Beginn der byzantin. Themenverfassung, Berlin 1920, insbes. S. 63–82; Ramsay Mac Mullen, Soldier and civilian in the later Roman empire, Harvard hist. monogr. 52, 1963.

196) VS, c. 27,1 f., s. oben Anm. 181; c. 30,1 ff.: *Cives item oppidi Lauriaci et superiorum transfugae castellorum ad suspecta loca exploratoribus destinatis hostes quantum poterant humana sollicitudine praecavebant. Quos servus Dei ... praestruxit ... ›hac‹, inquit, ›nocte dispositis per muros ex more vigiliis districtius excubate ...‹*; vgl. oben Anm. 171 u. 191.

197) Eugipp. Ep. ad Paschas. 8: *... et l a i c i n o b i l e s atque religiosi, v e l i n d i g e n a e vel de longinquis ad eum regionibus confluentes ...*

198) VS, c. 3,2: *... Severinus ... cognovit quandam viduam nomine Proculam fruges plurimas occultasse ... ›Cur‹, inquit, ›nobilissimis orta natalibus cupiditatis te praebes ancillam ...?‹ frumenta dure negata ... coepit ... erogare pauperibus ...*

Daß diese Schicht zudem den äußeren Heimsuchungen in besonderem Maße ausgesetzt war, bezeugt auch Ennodius, denn nach ihm wurde gerade der Adel des Landes durch die täglichen Einfälle der Barbaren vernichtet [199]. Um einen Angehörigen dieser Oberschicht handelt es sich bei dem jungen Antonius, der nach dem Tod seines Oheims, des bereits erwähnten Bischofs Constantius von *Lauriacum*, von einigen seiner Sklaven nach Italien geleitet wurde [200].

Die Abwanderung der grundbesitzenden Oberschicht, die auch für die Rheinlande belegt ist [201], könnte ebenfalls eine soziale Umschichtung und die Entstehung bäuerlichen Kleinbesitzes gefördert haben. Die wiederholten Verwüstungen des Landes in der ersten Jahrhunderthälfte und die fortdauernde Gefährdung durch Raubzüge und Überfälle von Barbarenscharen dürfte die Bewirtschaftung des Landes durch abhängige Kolonen, geschweige denn durch Sklavenarbeit zunehmend unmöglich gemacht haben. Es ist vielleicht kein Zufall, wenn die einzige Anspielung auf die Sklaverei in der Vita Severini in einem hypothetischen Hinweis auf einen *fugitivus*, einen entlaufenen Sklaven, besteht [202].

Im übrigen zeigt der Fall des Bischofs Constantius, der als Oheim des Antonius gewiß der gleichen gesellschaftlichen Gruppe zuzuordnen ist, daß auch in Ufernorikum in der Endphase der Römerherrschaft die alte Oberschicht ihre Führungsfunktion zunehmend nur noch im Rahmen der kirchlichen Hierarchie ausüben konnte, wie dies Friedrich Prinz für Gallien nachgewiesen hat [203]. Diese Folgerung findet ihre Bestätigung in dem Umstand, daß der Kommandant der Limesgarnison von *Favianis*, der Tribun Mamertinus, später – wohl nach der Auflösung der Militärorganisation – Bischof geworden ist [204].

Neben diesen Resten einer provinzialrömischen Oberschicht und dem kleinbäuerlichen Mittelstand der *cives* tritt uns in der Vita Severini noch eine breite Schicht von

199) Ennodius, V. Antonii Lir., c. 12, S. 186: ... *Nam succisa radice substantiae regionis illius status in pronum deflexerat. Per incursus enim variarum gentium quotidiana gladiorum seges messem nobilitatis absciderat et fecundas humani generis terras ira populante desolabat* ...

200) Ebd., c. 14 f., S. 187: ... *Constantius pontifex* ... *humana lege liberatus est. Post cuius resolutionem Antonium nostrum famuli ad Italiae partes, quibus coelitus fuerat deputatus, Christo duce perducunt* ...

201) Hermann Aubin, Maß und Bedeutung der römisch-germanischen Kulturzusammenhänge im Rheinland. 13. Ber. d. Römisch-german. Kommission, 1921 = Kulturbruch oder Kulturkontinuität ... Wege der Forschung CCI, hg. P. E. Hübinger, 1968, S. 38 ff.; vgl. unten Anm. 203. Zur Kontinuität romanischer Unterschichten s. jetzt den knappen Überblick von Kurt Böhner, Probleme der Kontinuität zwischen Römerzeit und Mittelalter in West- und Süddeutschland, in: Ausgrabungen in Deutschland 1950–1975. Monograph. d. Röm.-Germ. Zentralmuseums Mainz 1,2, 1975, S. 53–63.

202) Eugipp. Ep. ad Paschas. 9: *Cui vir Dei faceta primum hilaritate respondit: ›Si fugitivum putas, para tibi pretium, quod pro me possis, cum fuero requisitus, offerre.‹*

203) Prinz, Mönchtum, insbes. S. 47–76.

204) VS, c. 4,2: ... *Mamertinum percontatus est, tunc tribunum, qui post episcopus ordinatus est* ...

pauperes entgegen, die sich zum Teil wohl aus Flüchtlingen und Depossedierten zusammensetzt. Der Übergang von der Kleinbauernbevölkerung zu dieser Schicht ist bei Eugippius freilich fließend, wird doch auch der Besitzer des winzigen Ackers bei *Cucullis* als *pauperrimus* bezeichnet [205]. Auch spricht Eugippius schon am Eingang der Vita von den infolge einer Hungersnot verarmten Bürgern von *Favianis* [206]. Andernorts werden die *pauperes* jedoch deutlich von der Ackerbauernbevölkerung abgehoben [207]. Gerade die Städte sind es ja, die durch das von Severinus eingeführte System der Besteuerung den Unterhalt der Armen bestreiten müssen. Diese Abgaben waren offenbar genau festgelegt und terminiert, denn in c. 18 verzögern die Bürger von *Lauriacum* trotz mehrfacher Aufforderung die Ablieferung des Zehnten an Feldfrüchten und vertrösten die Hungernden auf die bevorstehende Ernte [208]. Für die Versorgung der Notleidenden mit Bekleidung hatte vor allem Binnennorikum aufzukommen. Einmal – wohl um 472 – mußten die Einwohner von *Tiburnia* den Abzug der Goten mit den als Zehntabgabe abzuliefernden Stoffen erkaufen. Ein andermal wurde ein Transport von Textilien von dort aus mitten im Winter über die Alpen geschafft [209]. Die aufgebrachten Nahrungsmittel und Textilien wurden im Hauptkloster des Severinus, in *Favianis*, aufbewahrt, wo sie Ferderuchus nach dem Tode des Heiligen plünderte [210]. Offensichtlich waren die Fürsorgeempfänger, wie wir aus anderen Quellen wissen, als sogenannte *matricularii* in Listen eingetragen [211]. Anläßlich des Ölvermehrungswunders von *Lauriacum*, das bald nach 476 anzusetzen ist, erfahren wir, daß die Zahl der Bedürftigen größer als vorgesehen war [212].

205) VS, c. 12,4 u. 7 s. oben Anm. 184.
206) VS, c. 3,2: ... ›*subveni tibi potius quam pauperibus* ...‹ *Quibus auditis* ... *coepit servata libenter erogare pauperibus* ...; vgl. auch 30,1: ... *omnem paupertatis suae sufficientiam* ...
207) VS, c. 6,2; 17,1–4; 18,1 f.; 28,2 f.; 29,1; 42,1; 44,1.
208) VS, c. 18,1 f.: *Cives quoque ex oppido Lauriaco crebra quondam sancti Severini hortatione commoniti frugum decimas pauperibus offerre distulerant. Quibus fame constrictis iam maturitate messium flavescente vicina subsidia monstrabantur.* ... *cives ad persolvendas ex illo decimas haec promissio reddidit promptiores* ...
209) VS, c. 17,4: *Pro decimis autem, ut diximus, dandis, quibus pauperes alerentur, Norici quoque populos missis exhortabatur epistolis. Ex qua consuetudine, cum ad eum nonnullam erogandarum vestium copiam direxissent, interrogavit,* ... *si ex oppido quoque Tiburnia similis collatio mitteretur* ...; 29,1: *Per idem tempus Maximus Noricensis* ... *media hieme* ... *ad beatum Severinum* ... *contendit conductis plurimis comitibus, qui collo suo vestes captivis et pauperibus profuturas, quas Noricorum religiosa collatio profligaverat, baiularent;* vgl. c. 6,2: ... *illa* ... *vestem, qua induta fuerat, se velociter exuens egentibus dividere properabat* ...
210) VS, c. 44,1: *Ferderuchus* ... *pauper et impius* ... *vestes pauperibus deputatas et alia nonnulla credidit auferenda* ... *3.* ... *abrasis omnibus monasterii rebus parietes tantum* ... *dimisit* ...
211) S. LOTTER, Severinus, S. 197.
212) VS, c. 28,2: ... *quadam die vir Dei cunctos pauperes in una basilica statuit congregari, olium prout poscebat ratio largiturus* ... *igitur maior egenorum turba confluxit* ... *pretiosum* ... *alimentum auxit turbam numerumque poscentium* ...

Diese Stelle zeugt im übrigen dafür, daß in gewissem Rahmen in Ufernorikum zu dieser Zeit, d. h. kurz nach 476, auch noch mit Geldverkehr zu rechnen ist. Das Speiseöl war aus Italien importiert und von Severinus aufgekauft worden. Auf eine bis 476 noch funktionierende Geldwirtschaft deutet auch die Nachricht, daß nach Auflösung der Grenzgarnisonen einige Soldaten aus *Batavis* nach Italien aufbrachen, um den noch ausstehenden Sold für ihre Einheit abzuholen [213].

Das Ölvermehrungswunder von *Lauriacum* ist im übrigen der einzige Beleg für die Anwesenheit von Fernkaufleuten aus Italien im spätrömerzeitlichen Ufernorikum. Anscheinend aber vertrieben diese Kaufleute keine Luxuswaren mehr, sondern führten Lebensmittel wie Olivenöl ein, auf das die der Mittelmeerkultur verbundenen Einwohner Ufernorikums offensichtlich auch in dieser Spätzeit nicht verzichten wollten.

Neben diesem wohl beschränkten und, wie Eugippius selbst sagt, sehr erschwerten Fernhandel [214] ist in der Vita ein Nahhandel mit landwirtschaftlichen Produkten bezeugt, der nach wie vor den Schiffstransport auf der Donau bevorzugte. So führten Schiffe Lebensmittel aus dem Inntal nach *Favianis* [215]. Wiederholt hören wir von einem Markt jenseits der Donau im Rugierland. Hier versorgten sich offenbar die Rugier, die wohl wie die anderen Stämme der »verreiterten« Ostgermanen selbst kaum noch Akkerbau betrieben, mit den im römischen Gebiet noch produzierten agrarischen Überschüssen [216].

Die hier beschriebenen Verhältnisse setzen einen vertraglich geregelten Zustand voraus, der lange Zeit die Verhältnisse, vor allem in der Ostregion Ufernorikums, stabilisierte. Allerdings gibt die Vita Severini deutlich zu erkennen, wie unterschiedlich die Beziehungen zu den verschiedenen germanischen Stämmen und Stammesgruppen in der Nachbarschaft zu bewerten sind. Freilich kann auch das Verhältnis zu den germanischen Nachbarn nur unter Berücksichtigung der sich um 476 grundlegend wandelnden Situation richtig eingeschätzt werden.

Die Reorganisation der westillyrischen Diözese, die laut Apollinaris Sidonius von dem nur kurze Zeit regierenden Kaiser Avitus im Jahre 455 vorgenommen wurde [217], muß sich bereits weitgehend auf Bündnisverträge mit donaugermanischen Völkern, die

213) VS, c. 28,2: ... *oleum* ..., *quam speciem* ... *negotiatorum tantum deferebat evectio* ...; c. 20,1: ... *multorum milites oppidorum pro custodia limitis publicis stipendiis alebantur* ... *ex quo (Batavino numero) perrexerant quidam ad Italiam extremum stipendium commilitonibus allaturi* ...

214) Ebd.: ... *in illis locis difficillima negotiatorum* ... *evectio* ...; vgl auch c. 22,2: ... *quid necesse est locis mercimonia providere, ubi ultra non poterit apparere mercator?*

215) s. oben Anm. 173.

216) VS, c. 6,4: *Qui cum postea nundini frequentibus interesset, stupendum miraculum cunctis videntibus exhibebat;* 9,1: ... *cuidam praecepit transvadare Danuvum, ut hominem ignotum in nundinis quereret barbarorum;* c. 22,2: s. oben Anm. 173.

217) Apoll. Sidon. carm. VII, S. 588 ff.; *Hic tibi restituet* / ... *et cuius solum amissas post saecula multa* / *Pannonias revocavit iter, iam credere promptum est,* / *quid faciat bellis* ...; vgl. hierzu und zum folgenden Lotter, Severinus, S. 219 f.

größtenteils arianische Christen waren, gestützt haben. Entsprechendes berichtet Jordanis jedenfalls über die Wiederherstellung der oströmischen Herrschaft nach dem Zusammenbruch des Hunnenreiches im mittleren Donauraum [218]. Diese unter Kaiser Marcianus erfolgte Neuordnung erfolgte gewiß nicht ohne Absprachen mit den weströmischen Instanzen.

Über die Neuordnung der westillyrisch-pannonischen Diözese durch Westrom erfahren wir in den Quellen freilich ebensowenig ein Wort wie über die Katastrophe, welche die Hunneninvasion vom Jahre 451 für diesen Raum bedeutet haben muß. Doch wird die schnelle Stabilisierung der weströmischen Donau-Alpen-Provinzen und ein gutes Verhältnis zu den Donauvölkern nach 455 durch den Umstand bezeugt, daß der weströmische Kaiser Maiorian im Jahre 458 den wahrhaft gigantischen Versuch unternehmen konnte, mit einer ausschließlich aus Kontingenten der Donauvölker bestehenden Armee nicht nur die Herrschaft Roms in Gallien und Spanien wiederherzustellen, sondern sogar Nordafrika den Vandalen wieder zu entreißen. Dieses Heer, das Maiorian durch einen leider namentlich nicht genannten Heermeister zugeführt wurde, lernen wir wiederum durch einen Panegyricus des Apollinaris Sidonius kennen. Er erwähnt als Teilnehmer u. a. Bastarner, Sueben, Pannonier, Hunnen, Ostgoten, Alanen, Rugier und Burgunder [219].

Daß von den hier genannten Stämmen zumindest die Rugier, die Ostgoten und vielleicht zunächst auch die Donausueben nach 455 in ein weströmisches Bündnissystem eingegliedert waren, läßt sich aus der Vita Severini erschließen. Nördlich der Donau, im heutigen Weinviertel, schirmten die Rugier Ufernorikum nach Norden hin ab [220]. Nicht weit von der Grenze nach Pannonien hin, in *Comagenis,* lag vor 467 eine germanische Foederatentruppe unter römischem Kommando. Wir hören nämlich in c. 2, daß diese Barbaren die Römer zwingen müssen, ihnen die Tore zu öffnen [221]. Bei diesen Foederaten könnte es sich am ehesten um Donausueben handeln, da in diesem Gebiet gegen Ende des 4. Jahrhunderts Teile des Markomannenstammes unter der Königin Friti-

218) Jordanis, Getica 263 f.; 268.

219) Apoll. Sidon. carm. V, 470 ff.; 553 ff.; nicht nur die Völkernamen, sondern vor allem die geographischen Bezeichnungen bezeugen die Aushebung dieser Armee im Donauraum, s. dazu LOTTER, Severinus, S. 242 ff.

220) VS, c. 5,1–3: ... *cave, ne amnem transeas ...;* 31,1 (nach 476!): ... *in oppidis ... ex quibus unum erat Favianis, quae a Rugis tantummodo dirimebantur Danuvio ...;* 44,3: ... *Ferderuchus ... monasterii ... parietes tantum, quos Danuvio non potuit transferre, dimisit;* vgl. c. 6,5; 22,2; 31,6; 40,1 ff.; 42,1 ff.; s. dazu LUDWIG SCHMIDT, Geschichte der deutschen Stämme b. z. Ausgang der Völkerwanderung I. Die Ostgermanen, München ²1934, S. 119–126; REINHARD WENSKUS, Die germanischen Herrschaftsbildungen d. 5. Jh. In: Handbuch d. Europäischen Geschichte, Bd. 1 Europa im Wandel von der Antike zum MA, hg. Th. Schieffer, Stuttgart 1976, S. 213 ff. mit Literatur, ferner PETER CSENDES, König Flaccitheus und die Alpenpässe, Carinthia I, 155, 1965, S. 289–294.

221) VS, c. 2,1 f.: ... *ita sunt barbari intrinsecus habitantes exterriti, ut portas sibi Romanos cogerent aperire velociter. Exeuntes igitur conciti diffugerunt aestimantes se vicinorum hostium obsidione vallatos ...*

gil = Fridechild auf römisches Gebiet übergetreten waren und die Notitia dignitatum auch für die erste Hälfte des 5. Jahrhunderts hier einen *tribunus gentis Marcomannorum* belegt [222]. Diese Sueben waren zugleich Feinde der Ostgoten, die, wie wir wieder von Jordanis wissen, um 467 aus Unterpannonien gegen Norikum vorstießen und den Suebenfürsten Hunimund schlugen [223]. Die Ostgoten wären demnach auch die Feinde, die zu Beginn der Vita c. 1 *Asturis* zerstörten, in c. 2 *Comagenis* umzingelten und die germanische Besatzung in größte Furcht versetzten, nach deren Flucht jedoch erstaunlicherweise die Römer nicht weiter behelligten [224].

Die Auseinandersetzungen zwischen den donaugermanischen Völkern dauerten freilich an, bis in der blutigen Schlacht am Bolia um 469, wie Jordanis berichtet, die Ostgoten einer Koalition von Skiren, Sueben, Gepiden, Alanen und Teilen der Rugier Herr wurden [225]. Die Folge dieses Ereignisses war der Abmarsch der Skiren und eines Teils der Rugier unter Odoakers Führung, der sich in dem Besuch des Odoaker bei Severinus in c. 7 der Vita widerspiegelt [226].

In den gleichen Zusammenhang dürfte auch die Nachricht von c. 4 gehören, wonach der Rugierkönig Flaccitheus von den Goten die Erlaubnis zum Durchmarsch nach Italien erbeten hatte, jedoch abschlägig beschieden worden war [227]. Flaccitheus war von Todesangst ergriffen, doch konnte ihn Severinus beruhigen, da er über den baldigen Abzug der Goten bereits informiert war.

Zahlreiche Angaben in den ersten Kapiteln der Vita belegen demnach die engen Kontakte zwischen den römischen Führungsinstanzen und den Führern der ostgermanischen Stämme in der Zeit vor 476. Das gute Verhältnis, das Severinus noch um 472 insbesondere mit dem Rugierkönig Flaccitheus verband, dauerte unter dessen Sohn und Nachfolger Feletheus an, obwohl es durch die zunehmenden Herrschaftsansprüche der Rugier, gelegentliche Bekehrungsversuche zum Arianismus und das feindselige Verhalten der Königin Giso mitunter getrübt wurde [228].

222) Friedrich Lotter, Zur Rolle der Donausueben in der Völkerwanderungszeit, MIÖG 76, 1968, insb. S. 281; 284; 288–293; zur Lesart Fritigil s. ebd., Anm. 21.

223) Jordanis, Getica 272–276; dazu L. Schmidt, Ostgermanen, S. 274 ff.; Wenskus, Herrschaftsbildungen, S. 220 ff.

224) Lotter, Donausueben, S. 289 ff.

225) Jordanis, Getica 277–281; dazu L. Schmidt, Ostgermanen, S. 275.

226) VS, c. 7; vgl. L. Schmidt, Ostgermanen, S. 317 f.; Wenskus, Herrschaftsbildungen, S. 266 ff. mit Literatur, dort allerdings zu streichen F. Thoma, Severinus und Odovakar (1929), statt dessen einzufügen: Assunta Nagl, Art. Odoaker, RE Pauly-Wissowa XVII, 2, 1937, Sp. 1888–1896.

227) VS, c. 4,1: *Rugorum siquidem rex nomine Flaccitheus, in ipsis regni sui primordiis habens Gothos ex inferiore Pannonia vehementer infensos, quorum innumera multitudine terrebatur;* dazu Schmidt, Ostgermanen S. 120; Csendes, Flaccitheus, S. 289 ff.

228) VS, c. 8,1 f.: ... *coniunx feralis et noxia nomine Giso ... inter cetera iniquitatis suae contagia etiam rebaptizare quosdam est conata catholicos ... Romanos ... duris condicionibus aggravans ...*, vgl. oben Anm. 169; nach 476: c. 31,1 ff.; 40,1–4: ... *oportet ab iniusta barbarorum dominatione liberari;* 42,1 f.; vgl. 44,1 ff., s. oben Anm. 210.

Ganz anders stellt sich das Verhältnis zu den im Westen Ufernorikums auftretenden Germanen dar. Gewisse vertragsähnliche Beziehungen konnte Severinus vielleicht vorübergehend mit dem Alemannenkönig Gibuld kurz vor 476 herstellen. Damals vermochte er Gibuld dazu zu überreden, nicht nur die rätische Region um *Batavis*-Passau wieder zu räumen, sondern auch römische Gefangene wieder freizulassen [229]. Später war es nach der Aussage des Eugippius freilich vor allem der Druck der Alemannen, der Severinus zur Aufgabe der Donauorte oberhalb von *Lauriacum* nötigte [230].

Dennoch traten in diesem Raum noch andere Stämme auf, die sich durch besondere Wildheit und Grausamkeit auszeichneten. Sie unternahmen jedoch jeweils nur Raubzüge und gingen nicht, wie es bei den Alemannen der Fall gewesen zu sein scheint, auf Landerwerb aus. Es handelt sich dabei einmal um die Heruler, deren heidnisches Wüten ebenso von Ennodius wie auch von Eugippius gebrandmarkt wird [231]. Denn in dem Bericht von der Erhängung des Priesters von *Ioviaco* in der Vita Severini handelt es sich zweifellos um ein Götteropfer, wie es auch in anderen Quellen für Nordgermanen und insbesondere Heruler bezeugt ist [232]. Kaum weniger grausam waren die Thüringer, die nach der Räumung von *Batavis*-Passau, wie Eugippius mitteilt, die zurückgebliebenen Teile der Bevölkerung verschleppten oder töteten [233]. Schon früher, noch vor der Evakuierung von *Batavis*, hatte der Suebenfürst Hunimund mit seiner Gefolgschaft die Stadt überfallen und die dort zurückgebliebene Wachmannschaft ebenso wie einen Priester umgebracht [234]. Hunimund, der vor den Ostgoten bei den stammverwandten Alemannen Zuflucht gesucht hatte, übte hier vielleicht Rache an den Römern, die ihn trotz al-

229) VS, c. 19.

230) VS, c. 27,1 f.; 31,4; vgl. 25,3.

231) Ennodius, V. Anton. Lir., c. 13, S. 187: *Iam Franci, H e r u l i, Saxones multiplices crudelitatum species beluarum more peragebant. Quae nationum diversitas superstitiosis mancipata culturis, deos suos humana credebant caede mulceri ... q u o s c u m q u e tamen r e l i g i o s i t i t u l u s d e c l a r a b a t o f f i c i i, hos quasi sereniores hostias i m m o l a b a n t, aestimantes quod p i o r u m i u g u l i s divinitatis cessaret indignatio ...*; VS, c. 24,3: *... H e r u l i insperate protinus irruentes ... p r e s b y t e r u m memoratum patibulo suspendentes.* Dazu und zur Erwähnung der Franken und Sachsen in diesem Zusammenhang s. LOTTER, Severinus, S. 225 f.; 231 f.

232) S. den Thuliten-Exkurs bei Prokop, Bell. Goth. II, 15,25: ... ἱερεύονται δὲ τὸν αἰχμάλωτον οὐ θύοντες μόνον, ἀλλὰ καὶ ἀπὸ ξύλου κρεμῶντες ... οὕτω μὲν Θουλῖται βιούσιν ... παρ' οὓς δὴ 'Ερούλων τότε οἱ ἐπηλύται ἱδρύσαντο ...; vgl. des weiteren LOTTER, Severinus, S. 231 f. mit Anm. 192; KARL HELM, Altgermanische Religionsgeschichte II, Die nachrömische Zeit, 1. Die Ostgermanen, Heidelberg 1937, S. 56 f.

233) VS, c. 27,3: *Quicumque enim ibidem ... manserunt, Thoringis irruentibus ... alii quidem trucidati, alii in captivitatem deducti ...*; vgl. c. 31,4: *... ›hunc ... populum ... non patiar Alamannorum ac Thoringorum saeva depraedatione vastari vel gladio trucidari aut in servitium redigi ...‹.*

234) VS, c. 22,4 f.: *... Hunumundus paucis barbaris comitatus oppidum ... Batavis invasit ac quadraginta viros oppidi, qui ad custodiam remanserant, interemit. Presbyterum quoque ... insequentes barbari peremerunt;* vgl. dazu LOTTER, Donausueben, S. 291 ff.

ter Bündnisverpflichtungen bei den Auseinandersetzungen mit den Ostgoten nicht unterstützt hatten [235].

Gewiß muß bei diesen Berichten noch einmal in Erinnerung gerufen werden, daß die Verbindung von Ereignis und Namensnennung wie überall in legendär-sagenhafter Überlieferung nicht unbedingt authentisch sein muß. Dennoch besteht kaum Grund, die Charakterisierung der verschiedenen germanischen Gruppen in der Vita Severini grundsätzlich in Frage zu stellen [236]. Zweifellos hatte die Mönchsgemeinschaft des Severinus ganz bestimmte und deutlich differenzierende Vorstellungen von dem Auftreten und dem Verhalten dieser Stämme, von denen angesichts noch lebender Zeugen der Vorgänge nicht abgewichen werden konnte. Zu offensichtlich sind die Unterschiede in der Darstellung der bereits christianisierten und mit Rom seit längerem in Beziehung stehenden Ostgermanen, der Goten und Rugier, ferner der zeitweise ebenfalls in das Bündnissystem eingegliederten und teilweise wohl auch schon zum Christentum bekehrten Sueben und Alemannen sowie der noch heidnischen und nur auf Beute, Menschenraub und Mordbrennerei bedachten Thüringer und Heruler.

V. *Militärorganisation und Zivilverwaltung*

Die militärische und ziviladministrative Organisation des Donauuferlandes in der Epoche des Severinus läßt sich am allerwenigsten in Form der Beschreibung eines Zustandes, sondern allein in der Darstellung einer deutlich sichtbaren Entwicklung fassen. Den bereits erwähnten, bislang aber in seiner Bedeutung noch nicht annähernd erfaßten Scheitelpunkt des Geschehens stellt die an den Eingang des c. 20 der Vita Severini gestellte Nachricht dar, wonach bis zum Sturz des (west-)römischen Reiches die Truppen, die in zahlreichen Kastellen lagen und die Aufgabe des Grenzschutzes ausübten, noch von der Zentralgewalt besoldet wurden und sich die Limesorganisation erst nach diesem Zeitpunkt infolge Ausbleibens der Löhnung auflöste [237].

Diese wichtige Aussage dürfte der Kritik standhalten, da sie eine rein sachliche Mitteilung ist, die zur näheren Erläuterung der Wunderepisode von der auf dem Wege der Telepathie erfahrenen Ermordung zweier Soldaten dient und selbst in keiner Weise tendenzverdächtig im Sinne der hagiographischen Intention der Schrift ist. Sie findet auch eine Bestätigung in einem vergleichbaren Passus bei Prokop, der vom Zusammenbruch der Grenzschutzorganisation an der unteren Rhône infolge der Usurpation Odoakers spricht [238]. Sie wird weiterhin gestützt durch die Angaben der Vita selbst, die für die in den Kapiteln 1–19 beschriebenen Vorgänge vor 476 eine relative Stabilität der

235) Lotter, Donausueben, S. 291 ff.
236) So Koller, Donauraum, S. 16 ff.
237) S. oben Anm. 174; vgl. Lotter, Severinus, S. 204 ff.
238) Prokop, Bell. Goth. I, 12,20; vgl. dazu Lotter, Severinus, S. 208 ff.

Grenze bezeugen, in den Kapiteln 20–44 jedoch die zunehmende Existenzbedrohung Ufernorikums, die allmähliche Räumung der Provinz von Westen her und schließlich die Evakuierung der Ostregion durch Odoaker im Jahre 488 darstellen.

Die relative Sicherheit der Donauprovinz bis zum Jahre 476 wird auch durch den Sieg der Limitantruppe von *Favianis* über eine angeblich überlegene räuberische Streifschar in c. 4 der Vita sowie durch die Nachricht des Apollinaris Sidonius bezeugt, wonach die Noriker im Jahre 467 die Ostgoten erfolgreich abwehrten [239]. Gewiß spielt die Mitteilung des Apollinaris Sidonius nicht auf einen spektakulären Sieg an, da der Dichter ein solches Ereignis sicher weidlich herausgestrichen hätte. Immerhin macht sie deutlich, daß die Ostgoten bei ihrem neuerlichen Vorstoß aus ihren seit zwölf Jahren innegehabten Sitzen in Unterpannonien um 467 an der Grenze von Norikum nicht auf ein Vakuum stießen, sondern auf ein militärisch und verwaltungsmäßig organisiertes Gebiet, das ihrer Expansion eine Grenze setzte.

Die Verwaltungsstruktur der ostalpinen Provinzen in dieser Spätzeit dürfte nach dem übereinstimmenden Zeugnis der Vita Severini und der Antoniusvita nicht mehr auf der Munizipalordnung der lokalen Administration des 4. Jahrhunderts, sondern im wesentlichen auf der kirchlichen Organisation beruht haben, die deren Funktion übernommen hatte [240]. Nirgends finden sich auch nur Spuren einer eigentlichen Zivilverwaltung oder städtischer Magistrate, vielmehr sind es überall die örtlichen Organe der Kirche, welche die Aufgaben der lokalen Verwaltung, später auch des militärischen Schutzes wahrnehmen.

Dennoch scheint es noch immer Formen der Mitbestimmung der Bürgerschaft gegeben zu haben, ähnlich wie dies bei Bischofswahlen in dieser Epoche gefordert wurde und auch für diesen Raum belegt ist [241]. Wichtige Beschlüsse wurden offenbar von den in der Kirche versammelten Presbytern, Klerus und Bürgern gefaßt, wie wir dies von dem kleinen Ort *Asturis* schon am Anfang der Vita Severini hören [242]. Auch in *Lauriacum* haben die Einwohner neben dem Stadtherrn, dem Bischof, offenbar ein gewisses Mit-

239) VS, c. 4,1–4; s. oben S. 28 f. mit Anm. 8; Apoll. Sidon. Carm. II, 377 f.; dazu LOTTER, Severinus, S. 212 ff.

240) SERGIO MOCHI ONORY, Vescovi e città. Rivista di storia del diritto Italiano 4, 1931, S. 245–329; 555–600 (I); 5, 1932, S. 99–179, 241–312 (II); 6, 1933, S. 199–238 (III); FRIEDRICH VITTINGHOFF, Zur Verfassung der spätantiken »Stadt«. In: Studien zu den Anfängen des europäischen Städtewesens. Vorträge u. Forschungen 4, 1958, S. 11–39.

241) VS, c. 21: *Paulinus quidam presbyter ... audivit ab eo: »... dilectionem tuam populorum desideriis ut credimus obluctantem dignitas episcopatus ornabit« ... cives Tiburniae ... coegerunt praedictum virum summi sacerdotii suscipere principatum;* zur Bischofswahl in der Spätantike s. FRIEDRICH LOTTER, Designation und angebliches Kooptationsrecht bei Bischofserhebungen. Zu Ausbildung und Anwendung des Prinzips der kanonischen Wahl ... ZRG 90, K. A. 59, 1973, S. 112–150.

242) VS, c. 1,2: *... ad ecclesiam processit ex more, tunc presbyteris, clero vel civibus requisitis coepit ... praedicere;* vgl. c. 1,4: *... mox ingressus ecclesiam cunctos de salute propria desperantes ... hortabatur ...*

spracherecht, denn Severinus adressiert eine wichtige Nachricht an den Bischof und die übrigen Einwohner [243]. Auch sonst tritt die Gesamtheit der Bürger einer Stadt wiederholt als Gesprächspartner des Severinus auf [244], die führende Funktion üben jedoch stets Bischof oder *presbyter* aus.

In den meisten Orten stellt der Klerus ein vielköpfiges Gremium dar, neben eine Anzahl von *presbyteri* treten *diaconi(-es), subdiaconi,* ferner *ostiarii (ianitores, aeditui)* und *cantores* [245]. In dem kleinen Grenzkastell *Ioviaco* begegnet uns dagegen nur ein einziger *presbyter* als oberste Verwaltungsinstanz des Ortes [246]. In *Lauriacum* spielt demgegenüber wieder entsprechend der Bedeutung des Ortes der Bischof Constantius die führende Rolle, denn er gibt Anweisungen an die vorgeschobenen Beobachtungsposten und an die Bürgermiliz, welche die Mauern verteidigt. Wenn wir Ennodius folgen, nahm Constantius nach dem Tode des Severinus dessen Aufgabe als eigentliches Oberhaupt der Provinz wahr [247].

Deutlicher noch ist die Stellung des Metropoliten von Binnennorikum auszumachen, dessen Sitz sich in *Tiburnia* befindet. Nachdem Severinus den Bischof von einem bevorstehenden Einfall der Alemannen unterrichtet hatte, veranlaßte dieser alle Kastelle seiner Diözese, Vorsorge gegen das drohende Unheil der Vernichtung zu treffen. Als die Alemannen dann kamen, konnten sie nur das offene Land verwüsten, während die Kastelle der Gefahr entgingen [248]. Beide Vorgänge sind freilich in die Zeit nach 476 zu datieren, in der in diesen Räumen offensichtlich keine Instanzen der Zentralgewalt mehr fungierten und die Weisungsbefugnis über die aus der Bevölkerung selbst gebildeten Miliztruppen an die Bischöfe übergegangen war.

Wie sich die militärische Organisation vor 476 darstellt, ist in der Vita nur undeutlich auszumachen. Während Eugippius in c. 20 unzweideutig von den *multorum milites oppidorum* spricht, können wir hier und in c. 4 direkt nur die Truppenkörper von *Batavis* und *Favianis* fassen. Allerdings gehört wohl auch c. 11 mit der an c. 20 anklingenden Aussage in diesen Zusammenhang: »Solange die oberen Orte in Ufernorikum noch be-

243) VS, c. 30,2; s. oben Anm. 163; vgl. c. 12,1: ... *presbyteri ceterique mansores sanctum Severinum ... adierunt ...*

244) VS, c. 3: ... *Favianis, ... cuius habitatores unicum remedium sibi affore crediderunt, si ... hominem Dei ... invitarent;* 15,2: ... *Quintanensium itaque fide sanctus Severinus illuc fuerat invitatus ...;* 17,4: ... *Norici quoque populos missis exhortabatur epistolis ...;* 22,2: ... *beatum virum cives oppidi memorati ... adierunt ... quidam presbyter ... adiecit ...;* 24,1: *Ad habitatores praeterea oppidi, quod Ioviaco vocabatur ... destinavit ...;* 33,1: *Ab oppidaneis Comagensibus ... beatus Severinus suppliciter rogatus advenit.*

245) Cucullis: c. 11,3: ... *presbyteros et diacones;* 12,1: ... *presbyteri ceterique mansores ...;* Quintanis: c. 16,1: ... *presbyteros et diacones ... 2 ... ostiarium Maternum .... 3 ... Marci subdiaconi et Materni ianitoris ...;* Batavis: c. 19,3: ... *Amantius diaconus ...;* 22,1: ... *presbyteris;* c. 24,1: ... *Moderatum cantorem ecclesiae ...* (Batavis? Favianis?).

246) VS, c. 24,2.

247) VS, c. 30,2, s. oben Anm. 163; Ennodius, V. Anton. Lir., c. 10, s. oben Anm. 142.

248) VS, c. 25,2 f., s. oben Anm. 171.

standen und fast alle Kastelle den Angriffen der Barbaren ausgesetzt waren ...« Vermutlich handelt es sich auch hier um die noch von Limestruppen besetzten Stützpunkte, deren Befestigungen anscheinend auf Anordnung des Severinus weiter ausgebaut wurden [249]. In der Folge ist dann freilich von dem Bergkastell *Cucullis* die Rede, wo wir eher mit einer Bürgerwehr rechnen müssen, wie sie uns später auch in *Batavis* und *Lauriacum* entgegentritt.

Eine Weisungsbefugnis des Severinus über die Kommandanten der Limesorganisationen scheint auch aus der Erzählung vom Sieg der in *Favianis* garnisonierten Grenztruppe über eine angeblich überlegene Schar von Feinden hervorzugehen. Severinus gab dem Befehlshaber dieser Einheit, dem Tribun Mamertinus, die Anweisung, die Feinde anzugreifen und gefangenzunehmen.

Diese Truppenabteilungen, die Eugippius *numeri, militares turmae* oder einfach *milites* nennt [250], dürften kaum noch den Gliederungen der Notitia dignitatum entsprochen haben, trafen doch deren Angaben schon für das erste Drittel des 5. Jahrhunderts nicht mehr immer zu [251]. Vielmehr ist damit zu rechnen, daß nach der Rückgewinnung der Ostalpenprovinzen Kaiser Avitus im Jahre 455 die Limesverteidigung hier unter primitiveren Bedingungen reorganisierte, wobei die Mannschaften ausschließlich aus der Grenzbevölkerung rekrutiert wurden [252].

Nach dem Sturz des weströmischen Reiches und der Auflösung der Limesabteilungen blieb, wie Eugippius berichtet, nur der *numerus* von *Batavis* bestehen. Zu ihm dürften die vierzig Mann gehört haben, die während der Ernte die Stadt bewachten und dem Überfall der Schar des Hunimund zum Opfer fielen [253]. Dennoch war die Stadt auch in der Folge nicht von Verteidigern entblößt, denn wenig später verteidigte sie sich erfolgreich gegen die Alemannen, nachdem schon *Quintanis*-Künzig geräumt worden war. Wenn wir Eugippius hier glauben wollen, errangen die Verteidiger von *Batavis*, von Severinus ermutigt, sogar in offener Feldschlacht einen Sieg über die Belagerer [254].

Dennoch gab Severinus anschließend den Befehl, *Batavis* zu räumen, und führte die Evakuierten nach einem Zwischenaufenthalt in *Lauriacum* in die Ostregion, wo er sie auf die dortigen Uferkastelle verteilte. Diese Orte standen unter dem Schutz der Rugier,

249) VS, c. 20,1: ... *tempus, quo Romanum constabat imperium ... milites alebantur ... militares turmae sunt deletae cum limite, Batavini utcumque numero perdurante ...*; c. 4: ... *Mamertinum percontatus est tunc tribunum ... qui respondit: ›Milites quidem habeo ...‹*; 11,1: *Dum adhuc Norici Ripensis oppida superiora constarent ... eum ad se castella singula pro suis munitionibus invitarent ...*

250) s. Anm. 249.

251) S. dazu Lippold, Art. Notitia, (wie Anm. 115) mit weiterer Literatur.

252) Zum spätrömischen Heer s. oben Anm. 195.

253) VS, c. 20,1; 22,2, s. oben Anm. 249 u. 234.

254) S. oben Anm. 181.

die von ihnen dafür Tribute erhoben [255]. Dennoch entbehrte die Bevölkerung im rugischen Protektorat nicht einer gewissen Autonomie, jedenfalls fungierte Severinus weiterhin als Fürsprecher der Provinzialen bei den rugischen Herrschern [256].

Auch über Binnennorikum scheint Severinus noch in dieser späten Phase eine gewissen Weisungsbefugnis ausgeübt zu haben, ließ er doch nach wie vor hier Textilien sammeln, die zur Ausstattung der Flüchtlinge und Bedürftigen in Ufernorikum dienten [257]. Der eigentliche Kopf der Verwaltung Binnennorikums war zwar, wie wir sahen, der Metropolit Paulinus von *Tiburnia,* aber auch er hatte sich zuvor in der Umgebung des Severinus, dem *consortium Sancti viri,* aufgehalten und nahm auch später noch Anweisungen von Severinus entgegen [258].

Unklar bleibt demgegenüber die Stellung des Bischofs Constantius von *Lauriacum,* der nach der Antoniusvita den Severinus überlebte [259]. Da wir in der Vita Severini nichts von einer Räumung *Lauriacums* und der Orte am nördlichen Alpensaum, *Iuvavum* und *Cucullis,* hören und zweifellos große Teile der autochthonen Bevölkerung hier verblieben sind, andererseits dieser Raum seit dem Abzug der Flüchtlinge unter Führung des Severinus außerhalb des Gesichtskreises der Berichterstattung des Eugippius lag, ist damit zu rechnen, daß die Westregion unter der Leitung des Constantius noch eine Zeitlang ein Eigenleben führte [260]. Da dieses Gebiet auch außerhalb des Machtbereichs der Rugier lag, wurde es auch nicht von dem Krieg zwischen Odoaker und den Rugiern um 487/88 betroffen.

Dieser Krieg, der die letzten Reste römischer Administration zumindest in der Ostregion beseitigte, ist nur im Zusammenhang mit den Spannungen zwischen Odoaker und Byzanz zu verstehen. Offensichtlich gehörte Norikum, zumindest Ufernorikum, nicht zum Reiche Odoakers, denn ähnlich wie zuvor bereits Nordgallien unter Syagrius und Dalmatien unter Julius Nepos dürften nach dem Sturz des Romulus sich auch die Ostalpengebiete von der Zentralgewalt in Italien losgesagt haben [261]. Dafür sprechen nicht nur die Einstellung der Soldzahlungen und die Auflösung der Limesgarnisonen an der Do-

255) VS, c. 31,1 u. 4: *Feletheus, Rugorum rex, ... veniebat ... cogitans repente detentos abducere et in oppidis sibi tributariis atque vicinis ... collocare ... sint nobis vicina et tributaria oppida ...;* 42,1: ... *Ferderuchus ... ex paucis ... oppidis unum acceperat Favianis ...*

256) VS, c. 31,2–6; 40,1 ff.; 42,1 ff.

257) VS, c. 29,1; vgl. 17,4; s. dazu oben Anm. 209.

258) VS, c. 21,1: *Paulinus quidam presbyter ... in consortio beati viri diebus aliquot remoratus ...;* vgl. oben Anm. 241; 25,1 f.; s. oben Anm. 171; vgl. auch 29,1.

259) Ennodius, V. Anton., c. 10, S. 186: ... *Sed postquam beatus vir (Severinus) humanis rebus exemptus est, Constantii antistitis ea tempestate florentissimi iunctus obsequiis;* vgl. oben Anm. 142; VS, c. 30,1 ff.; s. oben Anm. 163; 171.

260) Friedrich Lotter, Antonius von Lérins und der Untergang Ufernorikums. HZ 212, 1971, insb. S. 282 ff.; Ders., Severinus, S. 171 ff.

261) Lotter, Severinus, S. 261 ff.; 276 ff.; 280 f.; vgl. hierzu und zum folgenden auch Ernest Stein, Histoire du Bas-Empire II, Paris 1949, S. 49 ff.

naugrenze, sondern vor allem auch der Umstand, daß Anhänger des Orestes, des letzten wirklichen Machthabers im Westreich, bei Severinus Zuflucht suchten und von ihm unterstützt wurden [262]. Darüber hinaus schließt das rugische Protektorat über die Ostregion Ufernorikums und die Feindschaft zwischen dem Rugierkönig Feletheus und Odoaker es aus, daß der König Italiens in Ufernorikum noch irgendwelche Ansprüche durchzusetzen vermochte.

Das sich zunehmend verschlechternde Verhältnis zu Byzanz nötigte Odoaker freilich dazu, sich auch im Vorfeld gegen einen möglichen Angriff abzusichern. Dieser drohte schon Ende der siebziger Jahre zunächst von Dalmatien her, wo sich Nepos nach wie vor als weströmischer Kaiser betrachtete und offenbar erwog, mit byzantinischer Rükkendeckung und direkter Unterstützung durch den Ostgotenkönig Theoderich den Odoaker zu stürzen [263]. Nach der Ermordung des Nepos um 480 eroberte Odoaker daher Dalmatien. Die Festigung der Herrschaft Odoakers führte vorübergehend eine Entspannung mit Ostrom herbei, die in der Anerkennung der weströmischen Konsuln bis zum Jahre 485 ihren Ausdruck fand [264].

Dann kam es erneut zum Bruch. Die Gegensätze zwischen Byzanz und Odoaker spiegeln sich in Norikum und bei den Rugiern wider. Die Vita Severini läßt erkennen, daß es sowohl bei den Rugiern als auch bei den römischen Führungskräften um Severinus Anhänger Odoakers gab [265]. Die Parteigänger Odoakers unter den Rugiern, die vielleicht in Beziehung zu jenen Rugiern standen, die seinerzeit mit Odoaker nach Italien gezogen waren, dürften mit der Ermordung des Ferderuchus durch seinen Neffen Friderich ihr Haupt verloren haben. Der Rugierkönig Feletheus, dessen Vater noch mit den Ostgoten verfeindet war, hatte inzwischen offenbar Anlehnung an Theoderich gesucht, sie vielleicht auch durch eine Heiratsverbindung besiegelt [266].

Odoaker mußte demnach in den Rugiern des Donauraumes wie auch in ihrer Verbindung mit den römischen Anhängern des von ihm gestürzten Heermeisters Orestes eine potentielle Gefahr für den Bestand seiner Herrschaft sehen. Als die Gefahr eines An-

262) Eugipp. Ep. ad Paschas. 8: ... *et laici nobiles atque religiosi vel indigenae vel de longinquis ad eum regionibus confluentes ... tandem Primenius quidam, presbyter Italiae nobilis et totius auctoritatis vir, qui ad eum confugerat tempore, quo patricius Orestes inique peremptus est, interfectores eius metuens, eo quod interfecti velut pater fuisse diceretur, post multos itaque familiaritatis adeptae dies erupit ...*; c. 32,1: ... *Odovacar rex sancto Severino ..., si qua speranda duceret. dabat suppliciter optionem ... sanctus eius alloquiis invitatus Ambrosium quendam exulantem rogat absolvi.*

263) Lotter, Severinus, S. 280, Stein, Bas-Empire II, S. 50 ff.

264) Bury, Later Roman Empire, I, S. 408 ff.; M. A. Wes, Das Ende des Kaisertums im Westen des römischen Reiches, s'Gravenshage 1967, S. 61–70; Wilhelm Ensslin, Theoderich der Große, München ²1959, S. 58 ff. Zu Odoakar s. des weiteren oben Anm. 226.

265) VS, c. 44,3 f.: *Ferderuchus ... a Frederico, fratris filio, interfectus ... Quapropter rex Odovacar Rugis intulit bellum ...*; 32,2: ... *dum memoratum regem multi nobiles coram sancto viro humana, ut fieri solet, adulatione laudarent ...*

266) Schmidt, Ostgermanen, S. 122 f. mit Anm. 1; Ensslin, Theoderich, S. 60 mit Anm. 5.

griffs der Ostgoten auf Italien im Auftrag von Byzanz heraufzog, ruhte er daher nicht, bis er nach zweijährigen Kämpfen im Jahre 488 die Macht der Rugier endgültig brechen und die römische Bevölkerung der Ostregion, die vermutlich auf seiten der Rugier gekämpft hatte, nach Italien evakuieren konnte [267]. Damit läßt Odoaker erkennen, daß er – ebensowenig wie zuvor – auch nach dem Sieg über die Rugier nicht imstande war, Ufernorikum auf die Dauer unter seiner Botmäßigkeit zu halten.

Der summarische Überblick über die politische Entwicklung im römischen Ostalpenraum zwischen 455 und 488 hat bisher die Frage nach der eigentlichen administrativen Spitze der Militär- und Verwaltungsorganisation dieser Gebiete nur am Rande berührt. Obwohl die Vita Severini darüber keine direkte Aussage macht, gibt sie doch deutlich zu erkennen, daß es eine solche Instanz zwischen 455 und 476 gegeben haben muß. Die *numeri* und *militares turmae* der reorganisierten Limesverteidigung wurden von regulären Offizieren befehligt, von denen wir den Tribunus Mamertinus in *Favianis* persönlich kennengelernt haben [268]. Dieser Tribun und seine Amtsgenossen müssen ihrerseits einem Oberbefehlshaber unterstanden haben.

Als solchen würden wir, wenn wir das System der Notitia dignitatum zugrundelegen, einen *dux* als Militärbefehlshaber der Provinzen Ufernorikum und Oberpannonien erwarten, neben dem ein *praeses* in Ufernorikum wie in Binnennorikum die Aufgabe eines Zivilgouverneurs wahrzunehmen hätte [269]. Tatsächlich treten uns um 448 in einer Gesandtschaft, die im Auftrag des Aetius zum Hofe Attilas reiste, sowohl ein *praeses Noricorum* (τῆς Νωρίκων ἄρχων χώρας) Primutus (oder Peomotus) wie auch ein *dux Romanus* (στρατιωτικοῦ τάγματος ἡγεμών) entgegen [270]. Es liegt demnach nahe, für diese Zeit unmittelbar vor der hunnischen Invasion noch die prinzipielle Gültigkeit der in der Notitia dignitatum für diesen Raum vorgesehenen Verwaltungsgliederung anzunehmen.

Dafür, daß dieses System jedoch bei der Reorganisation der Ostalpenprovinzen um 455 wiederhergestellt worden wäre, fehlt jeder Anhaltspunkt. Es wäre ganz unbegreiflich, wenn die Vita Severini, die immerhin doch erhebliche Aufschlüsse über die Zustände in diesen Gebieten zwischen 455 und 488 vermittelt, die Träger dieser Chargen, die ganz gewiß mit einer Persönlichkeit wie Severinus in mindestens so engen Kontakt getreten wären wie die so häufig genannten Germanenfürsten und -edlen, vollkommen mit Schweigen übergangen hätte. Dies wäre um so unverständlicher, als die Beziehungen Hei-

267) VS, c. 44,4 ff; dazu LOTTER, Severinus, S. 163 ff.; 277 ff.

268) S. oben Anm. 249.

269) Notitia dignitatum Oc. I, 40; I, 89; V, 138; XXXIV; S. 104; 106; 121; 196 ff.: *dux Pannoniae primae et Norici ripensis; praeses Norici ripensis.*

270) Priscus, Excerpta de legationibus, ed. de Boor, S. 132, 27; s. dazu LÁSZLÓ VÁRADY, Das letzte Jahrhundert Pannoniens (376–476) Amsterdam 1969, S. 318 ff.; zu dem ebd. erwähnten *comes* Romulus s. demnächst FRIEDRICH LOTTER, Der Ostalpen-Mitteldonau-Raum in der Völkerwanderungszeit (375–600), ANRW III.

liger zu den weltlichen Machthabern in allen Heiligenviten einen wichtigen Platz einnehmen, ja geradezu eine eigene Topik gezeitigt haben [271]. Hier dürfte dem argumentum e silentio wohl doch einiges Gewicht zuzusprechen sein.

Wenn wir nun nach den näheren Umständen fragen, wie sie bei der Reorganisation von Militärwesen und Zivilverwaltung des Ostalpen-Donau-Raumes nach 455 vorlagen, werden wir unweigerlich auf eine vergleichbare Situation verwiesen, wie sie in demselben Raum nach dem Abzug der Westgoten unter Alarich in den Jahren 408/10 bestanden hatte. Damals bekam der Sprengelmagister (oder *comes rei militaris*) Generidus vom Kaiser Honorius den Auftrag, die westpannonische Diözese mit Rätien, den beiden norischen Provinzen, Oberpannonien und Dalmatien – vermutlich unter Zusammenfassung der militärischen und zivilen Verwaltung – zu reorganisieren [272]. In vergleichbarer Form hat auch im Jahre 479 der vom byzantinischen Kaiser zum *magister militum per Illyricum* ernannte Sabinianus militärische und zivile Funktionen in seiner Hand vereinigt [273].

Ein ähnlicher Auftrag muß auch von Kaiser Avitus oder schon seinem Vorgänger Valentinian III. für die westillyrische (pannonische) Diözese vergeben worden sein [274]. Tatsächlich tritt uns wenige Jahre später während des Versuchs des Kaisers Maiorian, die Macht Roms in den Westprovinzen des Reiches wieder zur Geltung zu bringen, im Donauraum ein *magister militum* entgegen, den wir kaum mit einem der uns bekannten Heermeister dieser Zeit identifizieren können [275]. Dieser *magister militum* könnte sehr wohl ein pannonischer Sprengelmagister gewesen sein, der die Reorganisation der westillyrischen Diözese vorgenommen und durch ein Bündnissystem mit donaugermanischen Völkern abgesichert hatte.

Zu diesen spärlichen Nachrichten über die Vorgänge im Donauraum nach der Mitte des 5. Jahrhunderts kommt nun noch der bislang übersehene Bericht der um 506 verfaßten Antoniusvita des Ennodius, der einen *inlustrissimum virum Severinum* in Pannonien

271) Man vergleiche etwa die zahlreichen Auftritte des hl. Martin vor Angehörigen des Illustrats, Sulpicius Severus, V. Martini ep. Turon., c. 4,1: ... Iulianus Caesar; 8,1: ... *dum agrum Lupicini cuiusdam honorati secundum saeculi viri praeteriret;* 17,1: ... *Taetradii cuiusdam proconsularis viri servus ... cruciabatur;* 19,1: *Arborius autem, vir praefectorius, ...;* 20,1: ... *ad imperatorem Maximum ... plures convenissent;* 4,: *Convivae autem aderant ... summi atque inlustres viri praefectus idemque consul Euodius ... comites duo summa potestate praediti, frater regis et patruus.*

272) Zosimus V, 46,2, S. 276: . . . ἔταξε καὶ Τενέριδον τῶν ἐν Δαλματία πάντων ἡγεῖσθαι, ὄντα στρατηγὸν καὶ τῶν ἄλλων ὅσοι Παιονίαν τε τὴν ἄνω καὶ Νωρικοὺς καὶ ῾Ραίτους ἐφύλαττον, ...; s. dazu Stein, Bas-Empire II, S. 479; Lotter, Severinus, S. 229 mit Anm. 182.

273) Adolf Lippold, Art. Zeno, RE Pauly-Wissowa II, 19, 1972, Sp. 173 f.; 201.

274) Apollinaris Sidonius, Carm. VII, 588 ff.; s. dazu oben Anm. 217; Lotter, Severinus, S. 241 ff.

275) Apollinaris Sidonius, Carm. V, 470 ff.; 553 ff.; s. Lotter, Severinus, S. 242–245.

erwähnt [276]. Dieser ist zweifellos mit dem Heiligen aus Norikum identisch, weiß doch auch Ennodius von seinen Wundergaben [277]. Das Gewicht dieser Aussage des Ennodius läßt sich nicht abschwächen, legt er dem Severinus hier doch eine Titulatur bei, die, wie unzählige Belege bezeugen, in dieser Epoche nur noch im Sinne eines hochoffiziellen Rangprädikats gebraucht wurde und auf keinen Fall mehr von dem bloßen Ruf der Heiligkeit abgeleitet werden konnte [278]. Abgesehen davon gibt auch der durch die Nennung von nicht weniger als sechzehn weiteren Persönlichkeiten im Illustris-Rang zu belegende spezifische Sprachgebrauch des Ennodius keinem Zweifel Raum [279]: Als *inlustrissimus vir* muß Severinus eine der höchsten Chargen in der Militär- oder Verwaltungshierarchie oder am Kaiserhofe selbst bekleidet haben. Ennodius läßt auch erkennen, daß Severinus ein hohes weltliches Amt in der pannonischen Diözese innegehabt haben muß, für das er angeblich den jungen Antonius als Mitarbeiter vorgesehen hatte [280]. Leider definiert Ennodius dieses Amt nicht näher, doch läßt dieser Umstand wiederum den Schluß zu, daß Ennodius beim Leser die Kenntis von der Stellung des Severinus voraussetzen konnte und daß es offenbar auch keine andere Persönlichkeit dieses Namens und Titels gab, von der jener Severinus in Pannonien abgehoben werden mußte.

Dennoch hat die Kritik die Konsequenzen dieser Mitteilung vielfach nocht nicht anerkannt, da sie der »unmißverständlichen« Aussage des Eugippius widerspreche, wonach er nichts über das Vorleben seines Helden gewußt habe [281]. Dennoch bestätigt

276) Ennodius, V. Antonii Lir., c. 9, S. 186: *... mox tamen ad inlustrissimum virum Severinum ignara fuci aetas evolavit ...*

277) Ebd.: *qui ... futura in puero bona quasi transacta relegebat. Fuit enim, cuius meritis nihil esset absconditum;* s. dazu LOTTER, Severinus, S. 223–232.

278) LOTTER, Inlustrissimus vir Severinus, DA 26, 1970, S. 200 ff., insb. S. 205; DERS.: Severinus, S. 235–238; BÓNA, Severiana S. 337 versucht neuerlich die Bedeutung des *illustris*-Titels abzuschwächen, u. a. mit der Wiederholung der Behauptung, er sei »eine fast obligatorische Bezeichnung ... auch für ... Heilige«. Doch konnte seit der Veröffentlichung der ersten Arbeit des Verf. zum Thema in DA 24, 1968, d. h. seit 10 Jahren, nicht ein einziger Beleg beigebracht werden, wonach der *illustris*-Titel nach der Mitte des 5. Jahrhunderts im untechnischen Sinne Heiligen beigelegt worden sein soll.

279) LOTTER, Severinus, S. 238–240.

280) Ennodius, V. Antonii Lir., c. 9, S. 186: *... Ille hunc sibi futurum participem pia ubique voce praedicabat, credo, ut incipientis tirocinia spes annuntiata solidaret.*

281) NOLL, Vita Severini, S. 72 = DERS., Neuere Funde, S. 211: »Meint man wirklich allen Ernstes, diese Schreibtischkonstruktion ... hätte man den Zeitgenossen risikolos ... auf Dauer verheimlichen können?« BÓNA, Severiana, S. 338: »... dann hätte dies der barfuß zurückkehrende Prokonsul-Eremit ... nicht vor dem Volk ... und noch weniger vor seinen eigenen unmittelbaren Mitarbeitern verheimlichen können.« Die Antwort auf diese Fragen lautet selbstverständlich: Natürlich nicht! Aber wieso war Eugippius eigentlich verpflichtet, denen, die es wußten, bereits Bekanntes ins Gedächtnis zu rufen, obwohl dies doch mit dem Bild der Heiligkeit, wie er (und Severinus) es verstand, nichts zu tun hatte? Aus demselben Grunde bedurften auch diejenigen, die es nicht wußten, dieser Information nicht.

auch die Vita Severini auf Schritt und Tritt, daß Severinus seit seinem Eintreffen in Ufernorikum stets als die oberste Instanz aufgetreten ist, deren Weisungen alle anderen Organe nicht nur im zivilen, sondern auch im militärischen Bereich, selbst die Spitzen der kirchlichen Organisation, Folge leisteten [282].

Des weiteren liefert Eugippius selbst eine Erklärung für sein Schweigen von der Rolle, die Severinus im weltlichen Bereich gespielt hat, indem er dies den Heiligen selbst in dem sogenannten Primeniusgespräch begründen läßt [283]. Dabei wird einerseits deutlich, daß Severinus hier in der Tat etwas zu verbergen hatte; andererseits gibt Eugippius unmißverständlich zu verstehen, daß für ihn und seine Mönche die weltliche Laufbahn des Heiligen tabu war, weil der Meister selbst dies gewünscht hatte. Im übrigen sagt Eugippius nicht mehr, als daß er über die *patria,* die Vaterstadt des Severinus nichts habe in Erfahrung bringen können, außer daß seine Diktion den echten Latiner verraten habe [284]. Sein Nicht-Wissen bezieht sich also expressis verbis ausschließlich auf die lokale und nicht auf die soziale Herkunft, während die angebliche Antwort des Severinus in besagtem Gespräch, wohl nicht ohne Grund, *locus* und *genus* – sozialen Rang und gesellschaftliche Herkunft – in die Tabuisierung einbezieht. Demnach wollte Eugippius überhaupt keine Auskunft über diese Dinge geben, doch verschleierte er die Unterdrükkung dieser Information mit der Beteuerung, niemand habe den Geburtsort des Severinus gekannt.

Im übrigen konnte Eugippius davon ausgehen, daß die gebildeten Zeitgenossen, wie Ennodius zu verstehen gibt, der Information über weltlichen Rang und gesellschaftliche Herkunft des Severinus nicht bedurften [285]. Zweifellos aber wünschte er, daß diejenigen, die von diesen Dingen nichts wußten, es auch nicht erfahren sollten, da es nicht zum Bild des Heiligen gehörte. So konnte es dann geschehen, daß kein halbes Jahrhundert nach Abfassung der Vita der Anonymus Valesianus aus der Vita Severini entnehmen zu können glaubte, der Heilige sei ein Mönch in Pannonien gewesen [286]. Diesem

282) Dies hat auch Noll, Eugippius, S. 21 f. seinerzeit bereits ähnlich gesehen: »... stellt man mit Erstaunen fest, daß ... Severin ... in Wahrheit das eigentliche geistliche Oberhaupt der Provinz war ..., auch ... darf man Severin mit Fug und Recht als das eigentliche politische Oberhaupt der Provinz bezeichnen ...«; vgl. oben Anm. 58.

283) Eugipp. Ep. ad Paschas. 9: ... *›Quid prodest‹, inquit, ›servo Dei significatio sui loci vel generis, cum potius id tacendo facilius possit evitare iactantiam utpote sinistram ...‹;* vgl. dazu Prinz, Mönchtum, S. 323 f.; Lotter, Severinus, S. 61–67, vgl. auch oben Anm. 46. Auch Noll, Eugippius, S. 18 äußert sich ursprünglich in ähnlichem Sinn.

284) Eugipp. Ep. ad Paschas. 8 ff.: ... *›de qua provincia Deus his regionibus tale lumen donare dignatus est?‹ ... nec quisquam ante vel postea beatum virum super hac parte percontari praesumpsit. loquela tamen ipsius manifestabat hominem omnino Latinum ... haec igitur sola, quae retuli, quotiens de beati Severini patria sermo ortus est, etiam ipso superstite semper audivi ...*

285) S. oben S. 84.

286) Excerpta Valesiana II, 45, ed. J. Moreau, Leipzig 1968, S. 12 f.: ... *invenitur in libris vitae beati Severini monachi intra Pannoniam ...*

Mißverständnis, an dem die Wissenschaft bis vor kurzem noch festhielt, dürfte gegenüber dem eindeutigen Zeugnis des Ennodius, das letztlich auch durch die Darstellung der Vita Severini bestätigt wird, nicht das geringste Gewicht mehr zuzusprechen sein.

Gegenüber der kaum zu bezweifelnden Tatsache, daß Severinus vor seiner *conversio* eine hohe Charge in der Hierarchie der Reichsverwaltung bekleidet hat – am ehesten wohl als Reorganisator und Oberbefehlshaber der pannonisch-westillyrischen Diözese –, spielt die Frage nach seiner möglichen Identifizierung mit dem Konsul des Jahres 461, über den uns Apollinaris Sidonius näher unterrichtet, nur eine sekundäre Rolle [287]. Obwohl dieser Konsul der einzige uns bekannte Namensträger ist, der als *vir clarissimus et inlustris* mit dem Heiligen identifiziert werden könnte [288], obwohl kein einziges Indiz gegen diese Identifizierung spricht und obwohl nach der Form der Aussage des Ennodius in der fraglichen Epoche nur mit einem Namensträger im *illustris*-Rang zu rechnen ist, kann die Identität beider Persönlichkeiten nicht mit letzter Sicherheit zwingend bewiesen werden. Wir dürfen hier also nur von einer – wenn auch mehr oder weniger wahrscheinlichen – Hypothese sprechen. Ihre Verifizierung oder Falsifizierung wäre jedoch für die Erkenntnis der geschichtlichen Entwicklung der Donau-Alpen-Länder nur von vergleichsweise geringer Bedeutung gegenüber dem durch die Aussage des Ennodius belegten und in der Vita Severini zwar bewußt verschwiegenen, dennoch aber indirekt bezeugten Umstand, daß Severinus in diesem Raum während der Spätzeit der römischen Herrschaft die Autorität Roms vertreten hat.

Freilich kann Severinus während seiner Anwesenheit in Ufernorikum und innerhalb des von der Vita erfaßten Zeitraums nur bis zum Zeitpunkt des endgültigen Zusammenbruchs des weströmischen Reiches und der dadurch verursachten Auflösung der Militärorganisation am Donaulimes eine amtliche Stellung bekleidet haben. Zwar hat Severinus auch danach noch die Befugnisse der höchsten administrativen Spitze ausgeübt, doch nunmehr offenbar nicht mehr im amtlichen Auftrag der Zentralgewalt, sondern aufgrund der ihm zugewachsenen Autorität bei den Germanenfürsten im Umkreis des Donauraums und des ihm von den Provinzialen entgegengebrachtn Vertrauens. Nach der

287) Apollinaris Sidonius, Ep. I, 11, 10, ed. Ch. Luettjohann, MG AA 8, 1887, S. 18 ff.; s. dazu LOTTER, Severinus, S. 240–252.

288) Dieser Umstand ist dem Hinweis von BÓNA, Severiana, S. 282, Anm. 1; 337 auf das häufige Auftreten des Namens Severinus entgegenzuhalten, denn keine der genannten zwischen dem Ende des 4. und dem 7. Jahrhundert auftretenden Persönlichkeiten läßt sich mit dem Heiligen aus Norikum identifizieren. Bónas weiterer Einwand, Severinus sei nicht Konsul gewesen, da Konsuln nur den Titel *vir clarissimus* getragen hätten, kann nur mit dem nochmaligen eindringlichen Hinweis auf die einschlägige Literatur zu der im grundsätzlichen längst geklärten Frage der spätantiken Rangklassentitulaturen und ihrer Anwendungsbereiche begegnet werden, s. LOTTER, Inlustrissimus vir, S. 205 mit Anm. 22; DERS., Severinus, S. 235 ff. mit Anm. 201; dazu H. KÜBLER, Consul, RE Pauly-Wissowa 4, 1901, Sp. 1133 ff. Zur Unterscheidung vom vererbbaren Rangklassentitel *vir clarissimus* und dem Funktionstitel *illustris(simus)* s. auch HERWIG WOLFRAM, Intitulatio I. Lateinische Königs- und Fürstentitel b. z. Ende des 8. Jahrhunderts, MIÖG Erg. Bd. 21, 1967, S. 26 f.

von ihm angeordneten Evakuierung der oberen Donaukastelle und der Unterstellung der Ostregion unter rugische Schutzherrschaft hat Severinus weiterhin als anerkannter Sprecher der nunmehr tributpflichtigen Provinzbevölkerung ihre Rechte bei den rugischen Herrschern vertreten und sich im übrigen ihrer geistlichen und materiellen Versorgung gewidmet. Immer mehr traten dabei seine religiösen Interessen in den Vordergrund. Der Severinus dieser letzten Jahre ist es vornehmlich, dessen Bild sich der Erinnerung seiner Mönchsgemeinde eingeprägt hat.

Im übrigen haben auch die Mönche der von Severinus gegründeten Klöster wichtige politische und administrative Funktionen ausgeübt. Sie oder Kleriker scheinen es vornehmlich gewesen zu sein, welche die Verbindungsleute zwischen den einzelnen Orten und Regionen darstellten und wichtige Botschaften und Anweisungen überbrachten. Eine nähere Überprüfung der Nachrichten des Eugippius ergibt dabei, daß alle namentlich genannten Brüder, die Eugippius als Boten oder Berichterstatter erwähnt, aus den später von Severinus geräumten Ortschaften im Westen Ufernorikums und Rätiens kamen [289]. So stammt Lucillus, der Abt des Severinklosters in *Favianis,* den Severinus mit der Aufgabe der Rückführung römischer Gefangener aus dem Alemannenland betraute, aus Rätien [290], sein Nachfolger Marcianus, den Severinus für einen wichtigen Botendienst nach Binnennorikum verwendete, aus *Cucullis* [291]. *Quintanis*-Künzing ist die Heimat des Subdiakon Marcus und des *ostiarius* Maternus, die später zu den Berichterstattern des Eugippius gehörten, ferner die eines Ungenannten, den Severinus zu einem dringenden Auftrag verwendete [292]. Aus *Batavis*-Passau scheinen der *cantor ecclesiae* Moderatus und der Diakon Amantius, die beide ebenfalls wichtige Botschaften von Severinus zu überbringen hatten, zu stammen [293], aus *Lauriacum* hingegen der Mönch Valens [294]. Ihrer Herkunft nach nicht zu bestimmen sind Maurus, der schon zu einem frühen Zeitpunkt als *aedituus* des Klosters von *Favianis* genannt wird, von Severinus jedoch aus den Händen der Barbaren freigekauft wurde, ferner Renatus, der von *Favianis* aus den Marcianus bei einer Mission nach Binnennorikum begleitete, und schließlich der Bruder Ursus, den Severinus in *Favianis* von einer Fistel heilte [295]. Von dem Mönch Bonosus erfahren wir, er sei barbarischer, d. h. wohl germanischer Herkunft gewesen [296].

Von den namentlich genannten Gehilfen des Severinus dürfte lediglich Maximus aus Binnennorikum, der zweimal im Auftrag des Metropoliten von *Tiburnia* mit wichtigen Aufträgen zu Severinus geschickt wurde, Laie gewesen sein, da ihm an keiner der beiden

289) Diesen Hinweis verdanke ich Herrn Kollegen Joachim Werner, München.
290) VS, c. 19,5; 41,1 f.
291) VS, c. 11,2; 37,1.
292) VS, c. 16,2 u. 6; 24,2. Bei letzterem dürfte es sich um einen Laien handeln.
293) VS, c. 24,1; 19,3.
294) VS, c. 30,2.
295) VS, c. 10,1; 37,1; 38,1.
296) VS, c. 35,1.

Belegstellen wie in den anderen Fällen ein geistliches Amt zugesprochen wird [297]. Demnach sieht es ganz so aus, als ob die Masse der Mönche des Severinus und damit auch seiner Gehilfen bei der Verwaltung der Provinz sich aus den Bewohnern der Westregion und den Flüchtlingen, die von dort kamen, rekrutierte. Da diese Mönche und Geistlichen, wie teilweise belegt ist, vor allem auch als Berichterstatter des Eugippius zu gelten haben, erklärt es sich, daß der Autor der Vita Severini vielfach über die Lokalitäten in der Westregion besser unterrichtet zu sein scheint als dies im Osten der Fall ist. Demnach lassen sich aus diesem Umstand keine Indizien für die Herkunft des Eugippius selbst ableiten [298].

Dies beeinträchtigt jedoch nicht den Quellenwert der Vita Severini, die als einziges Dokument einen umfassenden Bericht über die allgemeine Entwicklung der Grenzprovinz an der Donau in der Epoche der ausgehenden Römerherrschaft bietet und wie kaum ein anderes Zeugnis erkennen läßt, wie nahe diese Zeit bereits dem Mittelalter steht. Hier treten zum erstenmal in aller Deutlichkeit die drei Komponenten zutage, die nach dem Untergang des (west-)römischen Reiches das Mittelalter konstituiert haben: das ökonomisch-kulturelle Erbe Roms, die Lehre und Organisationsform der christlichen Kirche sowie die Herrschaftsordnung und Wehrverfassung der jungen germanischen Völker. Severinus selbst scheint die Möglichkeiten gesehen zu haben, die in dieser Verbindung lagen. Sein ganzes Wirken verlöre seinen Sinn, wenn er, wie Eugippius es im Nachhinein darstellt, resignierend die Räumung Ufernorikums durch die romanische Bevölkerung vorausgesehen und vorausgesagt haben soll. Vielmehr hat sein Werk auch in Ufernorikum die Zeiten überdauert, denn es waren die im Lande verbliebenen Romanen, die das Vermächtnis des Severinus besser als seine Mönche bewahrt haben, indem sie die christliche Lehre und die fortlebenden kulturellen Traditionen der Antike an die einwandernden Germanen weitergaben.

297) VS, c. 25,1; 29,1.
298) Vgl. oben S. 45 f.

Anlage I. Ortsangaben der Vita Severini, die in anderen Zusammenhängen in der Tabula Peutingeriana, dem Itinerarium Antonini und der Notitia dignitatum wiederkehren:

Vita Severini	Tabula Peutingeriana	Itinerarium	Notitia dignitatum	Identi-fizierung
		Boioduro		
Quintanis	—	Quintianis	Quintanis	Künzing
		Augustis		
		Regino		
Batavis	—	—	Batavis	Passau
		Ovilavis		
		Ioviaco		
		Stanaco		
Boiotro	Castellum Bolodurum	Boioduro	Boioduro	Passau-Innstadt
	Blaboriciaco	Quintianis	Austuris	
	(= Lauriacum)		Cannabiaca	
Ioviaco	—	s. o.	Ioviaco	Aschach?
			Lentiae	
			Lauriaco	
			Adiuvense	
			Fafianae	
		Comagenis		
		Cetio		
		Arlape		
		Loco felicis		
Lauriacum	s. o.	Lauriaco	s. o.	Lorch/Enns
Favianis	—	—	s. o.	Mautern
	Elegio			
	Ad ponte Ises		Ad Mauros	
	Arelate		Lentiae	
	Namare		Lacufelicis	
	Trigisamo		Arlape	
	Piro torto		Augustianis	
Comagenis	Comagenis	s. o.	Comagenis	Tulln
	Citium			
	(Vindobona)		Vindobona	
			Boioduro	
Asturis	—	—	Austuris	Zwentendorf?
			Cannabiaca	
Iuvao	Ivavo	Iovavi	—	Salzburg
	Tarnantone			
	Laciacis	Laciaco		
	Tergolape			
	Ovilia	Ovilavis		
	Ivavo			
Cucullis	Cuculle	—	—	Kuchl
	Vocario			

Anlage II. Entfernungsangaben zwischen Straßenstationen in Ufernorikum nach Tabula Peutingeriana und Itinerarium.

Tabula Name	Angabe m. p.	Identifizierung	Straßen km	Itinerar. Name	Angabe m. p.	Identifizierung	Straßen km
Vindobona		Wien		Vindobona		Wien	
Citium	VI (+ X?)	St. Andrä bei Zeiselmauer?	23	—			
Comagenis	VII	Tulln	11	Comagenis	XXIV	Tulln	33
Piro torto	VIII	bei Moosbirnbaum	13	—			
Trigisamo	VIII	bei Einöd a/Traisen?	13	—			
—				Cetium	XXIV	St. Pölten	35
Namare	XVI (+ X?)	Melk	44	—			
Arelate	VII	Pöchlarn	10	Arlape	XXII	Pöchlarn	35
Ad Ponte Ises	VIII	Ybbs	10	—			
—				Locofelicis	XXVI	Mauer	35
Elegio	XXIII	Wallsee?	ca. 35	—			
Blaboriciaco (Lauriacum)	XIII	Lorch/ Enns	20	Lauriacum	XX	Lorch/Enns	29
				Ovilatus	XVI (+ X?)	Wels	41
				Ioviaco	XXVII (– X?)	Aschach?	31
				Stanaco	XVIII	bei Engelhardszell?	29
				Boiodoro	XX	Innstadt	25

Das spätrömische Kastell Boiotro zu Passau-Innstadt

Formen der Kontinuität am Donaulimes im raetisch-norischen Grenzbereich

VON RAINER CHRISTLEIN

Raetien und die westlichen Gebiete von Noricum gehörten im 2. und 3. Jahrhundert, und darüber können auch die Anzeichen von Prosperität im unmittelbaren Umland großer städtischer Zentren nicht hinwegtäuschen, keineswegs zu den römischen Provinzen mit wirtschaftlicher und kultureller Potenz und Ausstrahlungskraft, trotz ihrer Nähe zum italischen Mutterland. Die Bevölkerungsdichte ist eher gering einzuschätzen [1]. Sie verdünnte sich abermals nach den Germaneneinfällen des 3. Jahrhunderts in einem breiten Streifen entlang der neu formierten Reichsgrenze an Iller und Donau weiter bis zum völligen Verschwinden [2], wieder die Nähe großer urbaner Zentren wie Augsburg, Regensburg und Lorch ausgenommen. Am Ende des 3. Jahrhunderts bietet sich das Siedlungsbild des Voralpenlandes in zweifacher Gestalt dar: Eine flächig agrarisch bewirt-

1) Dies kann – neben großmaßstäblichen Verbreitungsplänen wie der Karte 6a im Bayerischen Geschichtsatlas – unschwer einem Vergleich zwischen den detaillierten Karten von W. Czysz, Der römische Gutshof in München-Denning und die römerzeitliche Besiedlung der Münchner Schotterebene (1974) Beilage 2 und der Taf. 50 bei W. Hinz, Archäologische Funde und Denkmäler des Rheinlandes 2: Kreis Bergheim (1969) entnommen werden.

2) Solange nicht ein repräsentativer Querschnitt ergrabener Siedlungen dies jedermann erkennbar macht, ist man auf Extrapolationen einzelner gut untersuchter Plätze angewiesen, beispielsweise den im 3. Jahrhundert endenen Villen von Berg (Bayer. Vorgeschichtsbl. 21, 1956, 284 ff.) und Dirlewang (L. Ohlenroth, Schwabenland 7, 1940, 288 ff.; FMRD I, 7239). Ein dichteres Bild ergeben Münzschatzfunde, welche insgesamt nicht nur Zerstörungshorizonte, sondern zumeist Brüche in der Bevölkerungskontinuität anzeigen, da die einstigen Besitzer infolge Todes oder Vertreibung ihr Eigentum nicht mehr heben konnten. Schatzfundkarten des 3. und 4. Jahrhunderts beispielsweise bei H.-J. Kellner, Die Römer in Bayern[4] (1978) 140 und 149; Ders., Germania 31, 1953, 168 ff. mit Abb. 2; Ders., Bayer. Vorgeschichtsbl. 25, 1960, 132 ff. mit Taf. B; J. Garbsch, Der spätrömische Donau-Iller-Rhein-Limes. Kleine Schriften zur Kenntnis der römischen Besetzungsgeschichte Südwestdeutschlands 6 (1970) Abb. 1–3. Alle Karten weisen für das 3. Jahrhundert eine Häufung zwischen Iller und Lech auf, eine Region, welche in der Tat in spätrömischer Zeit kaum noch besiedelt war. Hierzu grundlegend H. Zeiss, Bayer. Vorgeschichtsbl. 11, 1933, 41 ff.

schaftete Zone im Bereich des heutigen südlichen Oberbayern und Oberösterreichs [3] ist durch einen – in Raetien etwa 50 km breiten – weitgehend unbesiedelten Landstreifen von der Reichsgrenze an Iller und Donau getrennt. Das Siedlungsbild dort besteht aus einem dünnen Streifen stark befestigter Kastelle militärischer Entstehungsgeschichte, verbunden durch eine *Burgus*reihe, insgesamt von bemerkenswerter Konstanz innerhalb der spätrömischen Phase, und wohl auch bis zu einem gewissen Grade ausbaufähig. Im unmittelbaren Voralpenland war dagegen das Bild noch von der altgewohnten Strukturform ländlicher Gutshöfe geprägt [4], durchsetzt von Befestigungen mit *Vicus*funktionen [5]. Die Gesamtbevölkerungsverteilung auf beide Siedlungszonen ist nicht in absoluten Zahlen anzugeben; eine grobe Schätzung ergäbe ein Übergewicht von etwa 3:1 im Voralpenland.

Dies änderte sich im Verlaufe des 4. Jahrhunderts mehr und mehr zu Gunsten der Limeszone, deren annähernd konstantem Bevölkerungspegel eine langsame, aber stetige Bevölkerungsabnahme im Voralpenland gegenüberzustehen scheint [6]. Die Gebiete romanischer Dauerbesiedlung des offenen Landes wird man vom 5. Jahrhundert an mit den Alpentälern gleichsetzen müssen, ihre Nordgrenze mit dem Nordfuß der Alpen. Der Abstand zwischen dieser zu bewirtschaftenden und zu verwaltenden Zone romanischer Bevölkerung und den Grenzorten an der Donau war somit ständig gewachsen und offenbar bald so groß, daß er ein ernsthaftes Hindernis bei der Auffüllung der Limeskastelle mit romanischer Bevölkerung darzustellen vermochte. Die in Grenznähe siedelnden germanischen Familienverbände scheinen dort mehr und mehr zur Aufrechterhaltung des status quo herangezogen worden zu sein, zumindest was die zum Funktionieren des jeweiligen Gemeinwesens notwendige Zahl von Personen anbetrifft; ihre archäologische Hinterlassenschaft ist deutlich und keinesfalls nur mit der Anwesenheit germanischer

3) Karten spätrömischer Besiedlung bei FR. WAGNER, Bayer. Vorgeschichtsbl. 18/19, 1951/52, 33 Abb. 4. – E. KELLER, Die spätrömischen Grabfunde in Südbayern. Münchner Beiträge zur Vor- und Frühgeschichte 14 (1971) Beil. 1. – R. NOLL, Römische Siedlungen und Straßen im Limesgebiet zwischen Inn und Enns (Oberösterreich). Der römische Limes in Österreich 21 (1958) Beilage (nicht differenziert).

4) Als Beispiele für Kontinuität offener Siedlungen im ländlichen Voralpenraum etwa die *villa* von Peiting und der *vicus* von München-Denning: Bayer. Vorgeschichtsbl. 22, 1957, 223 ff. – W. CZYSZ (wie Anm. 2) passim. Entsprechend gering ist die Schatzfunddichte des 3. Jahrhunderts in diesem Raum, wie aus den in Anm. 3 aufgeführten Verbreitungskarten hervorgeht.

5) Als Beispiel seien der Moosberg bei Murnau und der Lorenzberg bei Epfach genannt: J. GARBSCH, Der Moosberg bei Murnau. Münchner Beiträge zur Vor- und Frühgeschichte 12 (1966). – J. WERNER, Der Lorenzberg bei Epfach. Die spätrömischen und frühmittelalterlichen Anlagen. Münchner Beiträge zur Vor- und Frühgeschichte 8 (1969). Eine Liste und Karte der Anlagen bei J. GARBSCH (wie Anm. 2) Beilage.

6) Zum Abbrechen zahlreicher offener Siedlungen um die Mitte des 3. Jahrhunderts vgl. E. KELLER (wie Anm. 3) 154 f. und 186, freilich mit Überbetonung der militärischen Ursachen für den einsetzenden Wüstungsprozeß.

Hilfstruppen zu erklären [7]. Der Beginn dieser germanischen Infiltration ist Bestandteil des Kontinuitätsproblems, dem diese Zeilen gelten, könnte er doch an Orten mit vorhandener Kontinuität den Beginn des germanischen Mittelalters markieren.

Ein zweites Teilproblem, dessen man sich vorab bewußt sein muß, liegt in der Frage, ob die befestigten, nur teilweise auch militärisch genutzten *vici* des raetischen Flachlandes vom Typus Epfach/Moosberg den Wüstungsprozeß des Voralpenlandes im fortgeschrittenen 4. Jahrhundert und im 5. Jahrhundert mitmachten. Überblickt man die bislang bekannt gewordenen und veröffentlichten Plätze [8], so müßte hier die Antwort eigentlich ja lauten. Die Enddaten der einzelnen Orte sind gestaffelt, die Entwicklung verläuft somit zu derjenigen im Flachland annähernd parallel, wenn auch mit einer zeitlichen Verschiebung, die man wohl den differenzierten Siedlungsfunktionen und der Wehrhaftigkeit der *vici* gutschreiben muß. Die Ortsnamenentwicklung bestätigt generell einen Wüstungsvorgang auch bei diesem Siedlungstyp: nur wenige der mit ihm verbundenen antiken Namen tauchen im frühen Mittelalter wieder auf. Freilich, das Erlöschen dieser Siedlungen kann sich theoretisch auf einen langen Zeitraum vom Ende des

7) Hierzu vor allem E. KELLER (wie Anm. 3) 175 ff.; DERS., in: Studien zur vor- und frühgeschichtlichen Archäologie. Festschrift für Joachim Werner zum 65. Geburtstag I (1974) 247 ff.; DERS., in: G. Kossack und J. Reichstein (Hrsg.), Archäologische Beiträge zur Chronologie der Völkerwanderungszeit (1977) 11 ff.

8) Sie sind auf unserer Abb. 1a unter den Nummern 25 bis 34 verzeichnet. Die Nachweise (vgl. Anm. 5) im einzelnen: 1 *Arbor Felix* (Arbon). – 2 *Brigantium* (Bregenz). – 3 *Vemania* (Bettmauer bei Isny). – 4 *Cambodunum* (Kempten). – 5 *Cassiliacum.* – 6 *Caelio Monte* (Kellmünz). – 7 *Febianis.* – 8 *Guntia* (Günzburg). – 9 *Piniana* (Bürgle bei Gundremmingen). – 10 *Summuntorium* (Burghöfe). – 11 *Parrodunum* (Burgheim). – 12 Neuburg/Donau. – 13 *Vallatum* (Manching). – 14 *Abusina* (Eining). – 15 *Castra Regina* (Regensburg). – 16 *Sorviodurum* (Straubing). – 17 *Quintanis* (Künzing). – 18 *Batavis* (Passau). – 19 *Boioduro* (Passau-Innstadt). – 20 *Ioviacum* (Schlögen). – 21 *Ad Mauros* (Eferding). – 22 *Lentia* (Linz). – 23 *Lauriacum* (Lorch). – 24 *Augusta* (Augsburg). – 25 Goldberg bei Türkheim. – 26 Stoffersberg. – 27 Landsberg. – 28 *Abodiacum* (Epfach). – 29 Altenstadt. – 30 *Foetibus* (Füssen). – 31 Widdersberg. – 32 Moosberg bei Murnau. – 33 Grünwald. – 34 Valley. – 35 *Pons Aeni* (Pfaffenhofen/Inn). – 36 *Bedaium* (Seebruck). – 37 *Iuvavum* (Salzburg). – 38 *Cucullis* (Kuchl). – 39 *Ovilava* (Wels). – Anlagen des Hinterlandes mit Datierungsmöglichkeiten: 25 Goldberg: L. OHLENROTH, Bayer. Vorgeschichtsbl. 17, 1948, 44 ff.; N. WALKE, Bayer. Vorgeschichtsbl. 26, 1961, 60 ff.; FMRD I, 7248. – 28 *Abodiacum* (Epfach): J. WERNER (wie Anm. 5). – 29 Altenstadt: E. KELLER (wie Anm. 3) 156 ff. – 32 Moosberg bei Murnau: J. GARBSCH (wie Anm. 5). – 33 Grünwald: K. POPP, Oberbayer. Archiv 49, 1895, 187 ff.; P. REINECKE, Kleine Schriften (1962) 170 ff.; FMRD I, 1198. – 35 *Pons Aeni* (Pfaffenhofen): R. CHRISTLEIN u. H.-J. KELLNER, Bayer. Vorgeschichtsbl. 34, 1969, 76 ff.; J. GARBSCH, Arch. Korrespondenzbl. 5, 1975, 87 ff.; R. CHRISTLEIN, W. CZYSZ, J. GARBSCH, H.-J. KELLNER u. P. SCHRÖTER, Bayer. Vorgeschichtsbl. 41, 1976, 1 ff.; FMRD I, 1234. – 36 *Bedaium* (Seebruck): H.-J. KELLNER u. G. ULBERT, Bayer. Vorgeschichtsbl. 23, 1958, 48 ff.; W. CZYSZ u. E. KELLER, Bedaium. Seebruck zur Römerzeit (1978).

4. Jahrhunderts[9] bis ins 6. oder 7. Jahrhundert[10] verteilen und möglicherweise erst zu einem Zeitpunkt erfolgt sein, als bereits in der Nachbarschaft vorhandene germanische Ansiedlungen für eine Tradierung des Ortsnamens sorgen konnten[11]. Die Ursachen dieser Entwicklung mögen, was die spätrömischen Befestigungen des Binnenlandes anbetrifft, beispielsweise in der Entbehrlichkeit ihrer Funktion oder später im Fehlen des biologischen Bevölkerungsreservoirs liegen. Beide Faktoren entfallen weitgehend bei den grenznahen Garnisonstädten. Deren Notwendigkeit war unbestritten, solange römische Reichsgewalt Anspruch auf das Land hinter ihnen erhob, und so lange wurde für die Voraussetzungen Sorge getragen. Erst nach der Entlassung aus dieser Schutzpflicht und dem Ausbleiben zentralstaatlicher Förderung hatte sich die Überlebensfähigkeit jedes einzelnen Ortes zu erweisen. Es liegt auf der Hand, daß nach einem solchen Fall unterschiedliche Reaktionen zu beobachten sein werden.

Diese einleitenden Bemerkungen sollen verständlich machen, daß es eine Kontinuität des Voralpenlandes schlechthin nicht geben muß und kann. Zu fragen ist vielmehr nach der Möglichkeit des Überlebens von romanischen Siedlungs p u n k t e n inmitten germanischer Umwelt, und, sollte dies generell zu verneinen sein, nach den Enddaten der einzelnen romanischen Volkstumsinseln. Bereits die Notitia dignitatum[12] kennt nicht mehr alle spätrömischen Donaukastelle (Abb. 1b). In dem hier interessierenden Strecken-

9) In dieser Zeit endeten, wie aus der Anm. 8 angegebenen Literatur ersichtlich, die Anlagen von Altenstadt (29) und Moosberg bei Murnau (32). Für die Limeskastelle vgl. die Zusammenstellung H.-J. Kellners, in: Limesstudien (1959) 58 ff.

10) Vgl. die Münzreihe vom Goldberg bei Türkheim (FMRD I, 7247) mit zwei bei den Grabungen L. Ohlenroths gefundenen ostgotischen Münzen des 6. Jahrhunderts. Auch über das Ende der spätantiken Anlagen auf dem Lorenzberg bei Epfach (28) scheint das letzte Wort noch nicht gesprochen zu sein, wenn man den Ausführungen K. Böhners folgt: Ausgrabungen in Deutschland, gefördert von der Deutschen Forschungsgemeinschaft 1950–1975, Bd. 2 (1975) 59 ff. Gewisse Siedlungsfunde aus dem Bereich des *horreums* könnten eine solche Annahme unterstützen.

11) Mit wachsendem Forschungsstand mehren sich Plätze, an denen einer spätrömischen Anlage gleichzeitige oder nur wenig jüngere, kontinuierlich bis ins Mittelalter fortdauernde Siedlungen gegenüberliegen, so etwa bei *Febiana* (7) und der Siedlung, deren Gräberfeld im Bahnhofsgelände von Ulm aufgefunden wurde, und das laut Ausweis seiner Funde (z. B. Verhandlungen d. Ver. f. Kunst u. Altertum in Ulm und Oberschwaben 12, 1860, Taf. 4, 12. 13. 16. 17) vom 4. bis ins 7. Jahrhundert hinein belegt wurde. Vgl. auch das spätrömische Kastell von Neuburg a. d. Donau und das auf dem gegenüberliegenden Donauufer befindliche Bittenbrunn mit einem spätestens um die Mitte des 5. Jahrhunderts einsetzenden Gräberfeld: R. Christlein, Jahresber. d. bayer. Bodendenkmalpflege 8/9, 1967/68, 87 ff. Bei spätrömischen Anlagen, deren Weiterbestand im 5. Jahrhundert gesichert ist, ergeben sich Kontaktmöglichkeiten zu Friedhöfen wie dem von Altenerding (W. Sage, Ber. der Röm.-German. Kommission 54, 1973, 212 ff.) mit seiner spätestens um die Mitte des 5. Jahrhunderts einsetzenden Belegung. Im erhöhten Maße konnte ein antiker Ortsname dort tradiert werden, wo sich romanische Siedlungen bereits von Anfang an jenseits des Limes befanden, etwa im Breisgau. Die Kontinuität der germanischen Siedlungen ist in jedem Falle für eine ungebrochene Tradition die Voraussetzung.

12) Occ. XI,3; XXXIV,44; XXXV.

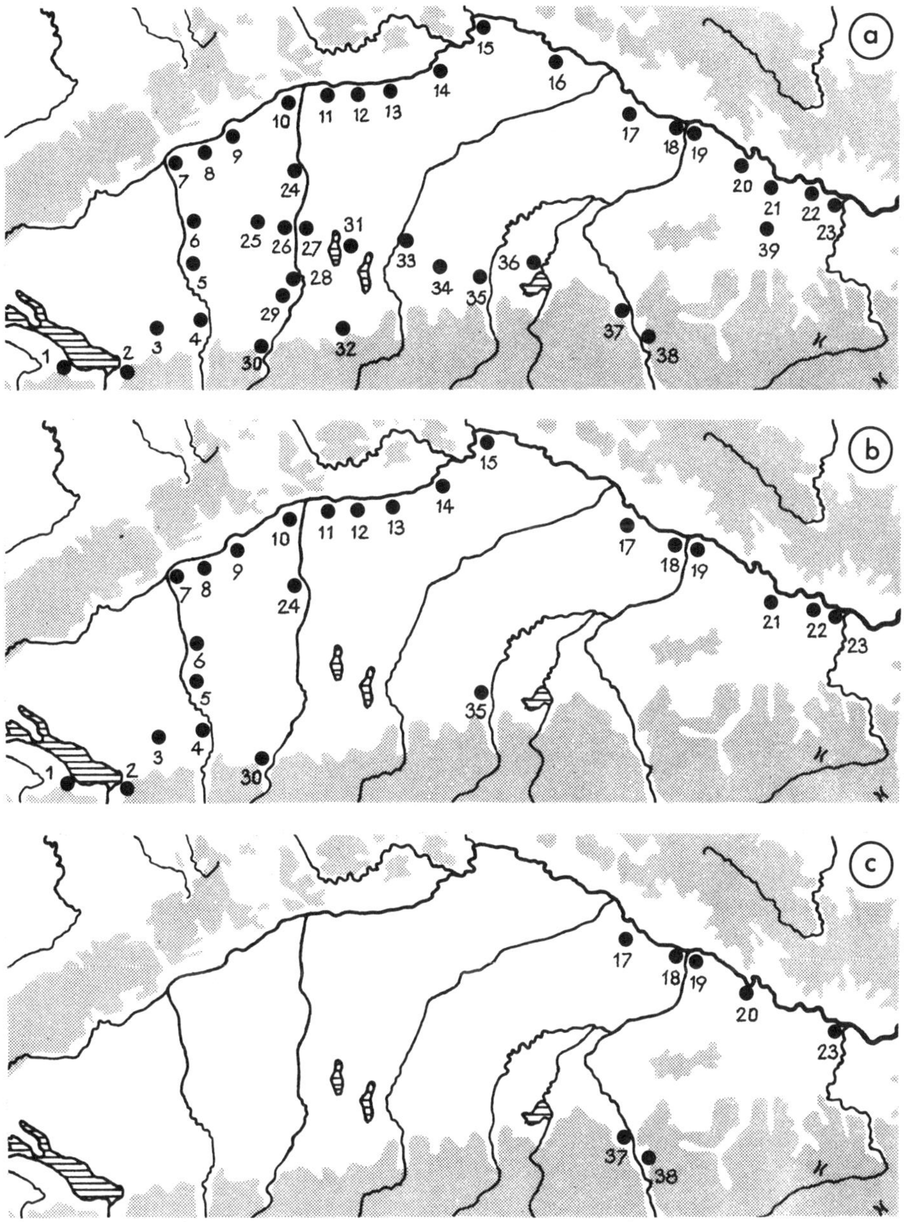

Abb. 1 Spätrömische befestigte Orte in Raetien und im westlichen Noricum in ihren verschiedenen Überlieferungsstadien. a: Archäologisch und historisch überlieferte Orte insgesamt. – b: Nennungen in der Notitia dignitatum für die Zeit um 400. – c: Nennungen in der Vita Severini für die Zeit um 470. Nachweise siehe Anm. 8.

abschnitt fehlt beispielsweise *Sorviodurum*-Straubing [13]. Nach der Veröffentlichung der jüngsten Grabungen im Kastellbereich [14] wird man vielleicht beurteilen können, ob zum Zeitpunkt der Abfassung der Notitia das Kastell noch militärisch, ja ob es überhaupt noch genutzt war. Zwei Generationen später scheint es jedenfalls nicht mehr existiert zu haben. Die Reihe der Romanenorte der Vita Severini [15] endet in Künzing, einem Kastell weiter donauabwärts (Abb. 1c). Aus dieser späten Quelle wissen wir zuverlässig um die Orte, welche in der zweiten Hälfte des 5. Jahrhunderts von Romanen bewohnt waren. Und scheinbar bietet diese Vita, von Eugippius 511 aus nächster zeitlicher Nähe zu den Ereignissen des 5. Jahrhunderts abgefaßt und mit großem Kredit versehen, was ihre Glaubwürdigkeit anbetrifft, auch eine Lösung der Kontinuitätsfrage an den von ihr behandelten Plätzen an: eine negative. Aus guten Gründen [16] hat sich die Forschung mit der Feststellung Eugipps, alle Romanen hätten die Orte *Quintanis*-Künzing, *Batavis*-Passau, *Boiotro*-Passau/Innstadt und *Lauriacum*-Lorch für immer verlassen, nicht abgefunden, und zwar lange bevor Ausgrabungsergebnisse von diesen Plätzen vorlagen. Einig war man sich darin, daß die Frage nach Kontinuität oder Diskontinuität im raetisch-norischen Grenzgebiet am ehesten an den Schauplätzen Severin'scher Tätigkeit archäologisch erforschbar sein würde. Der in dieser Hinsicht bisher am gründlichsten untersuchte Platz ist *Boioduro-Boiotro* im Stadtteil Passau-Innstadt. Auf ihn sei daher ausführlicher eingegangen.

Boiodurum-Innstadt am Südufer des Inns bildete zusammen mit *Batavis*-Passau auf dem entgegengesetzten Flußufer eine überaus enge topographische Einheit inmitten der 100 m tief in den Granit des Bayerischen Waldes eingeschnittenen, hier zusammenmündenden Flußtäler von Inn und Donau (Abb. 2). Die Donau war vom ersten Jahrhundert an bis zuletzt die Nordgrenze des römischen Reiches. Verwaltungsmäßig war der Talkessel zweigeteilt: im Inn verlief die Grenze der Provinzen Noricum und Raetien sowie die Westgrenze des Illyrischen Zollbezirks. Der topographisch eindrucksvollere Platz war zweifelsohne Passau. Kaiserzeitliche Besiedlung des Gneisrückens zwischen Donau

13) Die Lücke, von manchen Forschern für ein Versehen gehalten, wird jedoch noch größer, wenn man den in der Notitia vermerkten Abzug des letzten Restes der *Legio III Italica* aus Regensburg in diesem Zusammenhang berücksichtigt. Sie kann durchaus im Sinne einer frühen Preisgabe interpretiert werden, eine Annahme, die vom archäologischen Fundstoff her möglicherweise zu unterstützen sein wird; vgl. den überaus reichen Fundniederschlag des 5. Jahrhunderts rein germanischer Prägung, wie ihn K. SCHWARZ in verschiedenen Vorberichten seiner Grabung im Niedermünster zu Regensburg vorlegte: Ausgrabungen in Deutschland 2 (1975) 133 Abb. 4 und 134 Abb. 5; Jahresber. d. bayer. Bodendenkmalpfl. 13/14, 1972/73 (im Druck) Abb. 22 und 26.
14) W. SAGE, Jahresber. Hist. Ver. Straubing 79, 1976, 113 ff.
15) MGH Auct. ant. 1; Eugippius, Das Leben des heiligen Severin, Einführung, Übersetzung und Erläuterungen von R. NOLL, Schriften und Quellen der Alten Welt 11 (1963).
16) Gestützt auf die ungebrochene Überlieferung zahlreicher bei Eugipp genannter Ortsnamen, auch solcher Plätze, die nach dem Zeugnis der Vita Severini im 5. Jahrhundert aufgegeben wurden.

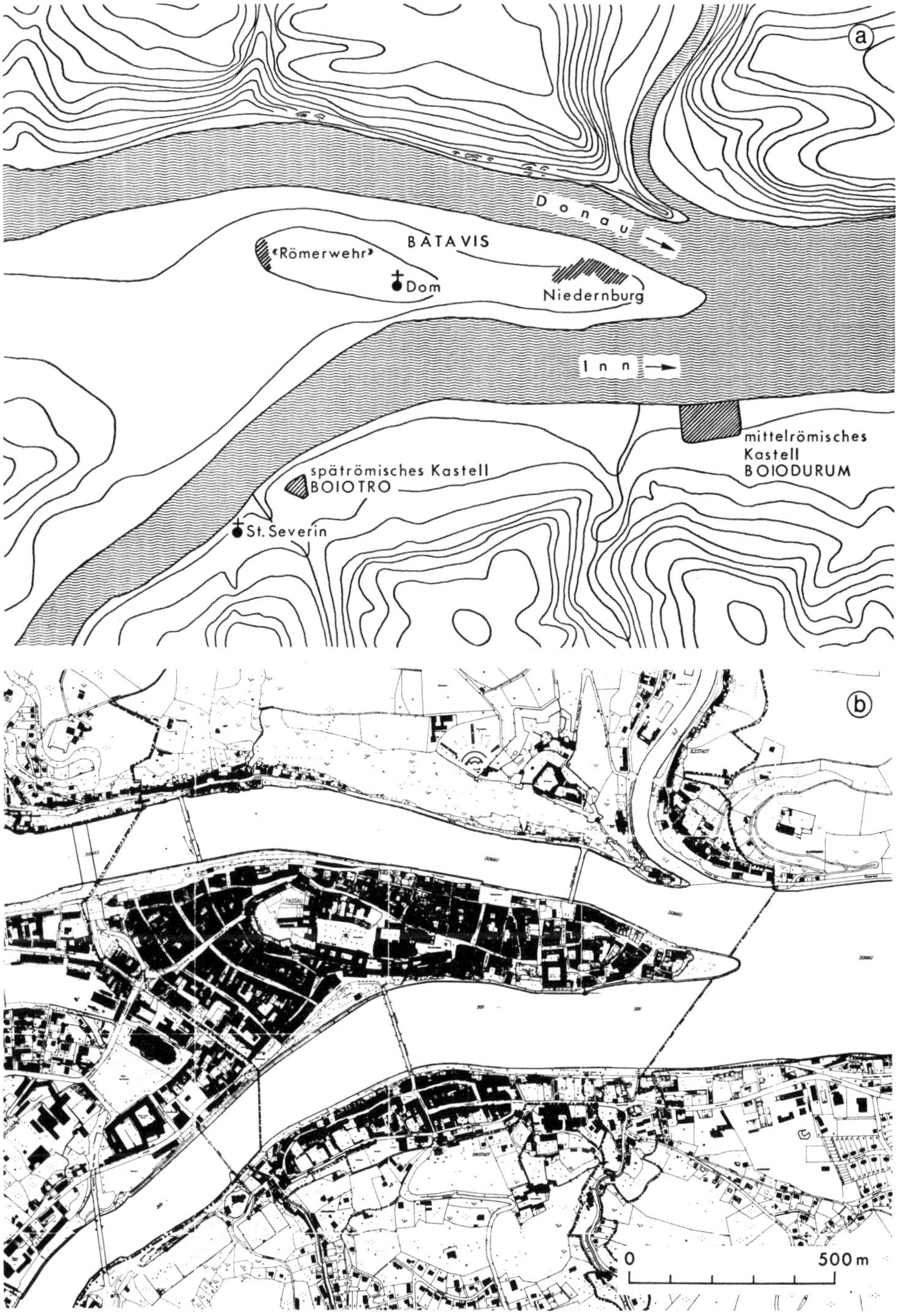

Abb. 2 Passau. Die Topographie zur Römerzeit (a) und heute (b).

und Inn ist seit dem 2. Jahrhundert archäologisch bezeugt und wohl auf ein Kastell der *Cohors IX Batavorum* zurückzuführen [17]. Als Standort jener Kohorte wird *Batavis* allerdings erst in der Notitia dignitatum genannt. Es spielt in der Folgezeit in der Vita Severini eine bedeutende Rolle [18], wo seine Stadtmauern, ein Kloster, eine Taufkapelle ausdrücklich genannt und alle Anzeichen eines regen wirtschaftlichen und kirchlichen Lebens aufgezählt sind. Archäologisch ist *Batavis*-Passau trotz einiger älterer und neuerer Ansätze [19] terra incognita, eine Folge der überaus gedrängten mittelalterlichen Bebauung, die sich nur im Bereich der bischöflichen Oberstadt etwas auflockert und dort Grabungsergebnisse verspricht [20].

Ganz anders die Situation in der südlich des Inns gelegenen Innstadt von Passau. Die spätmittelalterliche Vorstadtbebauung hatte nicht die Fläche des mittelkaiserzeitlichen Kastells *Boiodurum* erfaßt, das im Mittelalter unter dem Namen »Biburg« als altertümliche Befestigung vor dem Osttor der Innstadt bekannt und mit der zeitweisen Pfarrkirche St. Aegidius belegt war. Grabungen seit 1905 und 1955 erwiesen die »Biburg« als eine reguläre Kastellanlage vermutlich domitianischer Gründung. Ihr Ende lag im 3. Jahrhundert [21]. Bis dahin wird *Boiodurum* in allen in Frage kommenden zeitgenössischen Kompendien aufgeführt [22].

Nachdem dieses Kastell um die Mitte des 3. Jahrhunderts aufgelassen worden war, eine in *Boioduro* stationierte Kohorte jedoch noch 150 Jahre später in der Notitia dignitatum genannt ist [23], war in der näheren Umgebung ein spätrömisches Kastell gleichen Namens und gleicher Funktion anzunehmen. In seinem Bereich mußten sich die Ereignisse abgespielt haben, von denen Eugippius in der Vita Severini berichtet [24]: die Suche nach Reliquien für eine dort befindliche Kirche, die wundersame Beischaffung von Reliquien des Hl. Johannes des Täufers, das ebendort durch Severin gegründete Kloster und die

17) P. Reinecke, Bayer. Vorgeschichtsfreund 4, 1924, 24 f. Kritische Sichtung der älteren Literatur bei A. Aign, Ostbairische Grenzmarken. Passauer Jahrbuch für Geschichte, Kunst und Volkskunde 17, 1975, 102 ff.

18) Kap. 19,1; 20,1; 22,1.4; 24.1; 27,1.3.

19) Grabungen an der »Römerwehr« und Funde beim Kloster Niedernburg erfuhren durch P. Reinecke eine Würdigung: Kleine Schriften (1962) 124 ff. und 131 ff. Von letzterem Platz liegen noch unpublizierte, großenteils spätrömische Neufunde vor: frdl. Mitt. H. Kapfhammer. Siedlungsfunde aus dem Altstadtbereich: Bayer. Vorgeschichtsbl. 37, 1972, 194. 183 Abb. 69. Fundmünzen FMRD I, 2091. Die Ergebnisse der Ausgrabungen 1978/79 im Kloster Niedernburg konnten hier nicht mehr berücksichtigt werden.

20) Ausgrabungen des Landesamtes für Denkmalpflege im Herbst 1977 scheinen unmittelbar nördlich des Domchores erstmals Spuren des mittelkaiserzeitlichen Kastells erbracht zu haben, jedoch keine spätrömischen Hinweise: frdl. Mitt. W. Sage.

21) H. Schönberger, Saalburg-Jahrb. 15, 1956, 42 ff.; eine Zusammenfassung bei R. Noll, RLIÖ 21 (1958) 28.

22) P. Reinecke (wie Anm. 17) 24.

23) Not. dign. occ. XXXIV,44.

24) Kap. 22 und 23.

Abb. 3 Passau. Die spätantiken Grabungsbefunde des Kastells *Boiotro* und der Kirche St. Severin im heutigen Siedlungsbild. Schwarz: ergrabene Befunde. Weiß: Ergänzungen. Wiedergabe der neuzeitlichen Bebauung nach Katasterblatt NO 22–60 mit freundlicher Genehmigung Nr. 12 128/77 des Bayer. Landesvermessungsamtes München. Zeichnung I. Koschorreck. Maßstab 1:2500.

Hoffahrt einiger Mönche desselben. Bei der Suche nach dem Ort jenes Kastells wurde die Forschung schon bald auf die ehemalige Pfarrkirche der Innstadt aufmerksam, St. Severin, 1000 m innaufwärts vom mittelkaiserzeitlichen Kastell *Boiodurum* neben dem Beiderbach gelegen. Wohl wegen des auffälligen, beziehungsreichen Patroziniums vermutete Paul Reinecke schon 1924 das spätantike Kastell in nächster Nachbarschaft zu dieser Kirche [25]. Seine Ansicht war jedoch nicht näher begründet, archäologische Zeugnisse hierfür konnten auch in der Folgezeit nicht beigebracht werden, und Ausgrabungen in der Kirche St. Severin in den Jahren 1928 und 1929 erbrachten als ältestes Bauwerk eine Kirche des 10. oder 11. Jahrhunderts [26] und somit keinen Anknüpfungspunkt an irgendeine spätantike Tradition. Der Vorschlag Paul Reineckes geriet daher nahezu in Vergessenheit und wurde nicht weiter verfolgt. So kam es überraschend, als im November 1974 bei Bauarbeiten jenes spätantike Kastell *Boiotro* 150 m östlich von St. Severin, von der Kirche nur durch den Beiderbach getrennt, angeschnitten wurde. Seither führt das Bayerische Landesamt für Denkmalpflege mit kurzen Unterbrechungen bis heute (November 1977) im Kastellbereich archäologische Untersuchungen unter der Leitung des Verfassers durch [27]. In diesem Zeitraum wurden 1974/75 die Osthälfte und die Südfront des Kastells erschlossen, 1976 die Westhälfte mit dem Untergrund eines dort befindlichen spätmittelalterlichen Gebäudes (Lederergasse Hs. Nr. 43) und 1977 Teile des Innenhofes und die unter der Straßendecke der Lederergasse vorhandenen Fundamente der Nordmauer. 1976 gelangte der größte Teil des Kastellgeländes in den Besitz des Bezirks Niederbayern mit dem Ziel der Restaurierung und musealen Ausgestaltung; der Verlauf der Ausgrabungen wurde durch den Besitzwechsel ganz wesentlich erleichtert [28].

Das spätantike Kastell befindet sich heute inmitten dichter spätmittelalterlicher Bebauung am Westende der Passauer Innstadt (Abb. 3). Die umfangreiche Bausubstanz läßt kaum noch die topographische Situation der Stelle erkennen, die nach der Aufgabe des 1000 m flußabwärts gelegenen mittelkaiserzeitlichen Kastells gewählt worden war. Eine Subtraktion der modernen Bebauung macht vor dem Hintergrund des Geländereliefs die Platzwahl verständlicher (Abb. 4): es war der letzte Punkt, an dem ein den Inn begleitender Straßenzug von einer militärischen Anlage in Tallage überwacht werden

25) Reinecke (wie Anm. 17) 25.

26) H. Hörmann, St. Severin zu Passau. Die Kirche und ihre Baugeschichte nach neuen Ausgrabungen und Untersuchungen (1935).

27) Ein Vorbericht: R. Christlein, Ostbairische Grenzmarken. Passauer Jahrbuch für Geschichte, Kunst und Volkskunde, 18, 1976, 28 ff. – Zu einer Tabula ansata aus dem Kastellbereich: H.-J. Kellner, Bayer. Vorgeschichtsbl. 41, 1976, 143 ff.

28) Dank gebührt neben dem Herrn Staatsminister für Unterricht und Kultus für die Bereitstellung der nötigen Mittel vor allem dem Bezirkstag von Niederbayern, der sich unter seinem Präsidenten K. v. Moreau zur Übernahme der Trägerschaft entschloß. Die Initiative hierzu und die tatkräftige Durchführung der noch laufenden Restaurierungsmaßnahmen werden Herrn Bezirksheimatpfleger Dr. Hans Bleibrunner verdankt.

Abb. 4 Passau. Die Lage des Kastells *Boiotro* und des Urbaues von St. Severin im rekonstruierten Oberflächenrelief der Spätantike. Zeichnung I. Koschorreck. Maßstab 1:2500.

konnte. Nach Südwesten zu muß eine solche Straße schon bald nach Überschreiten des Beiderbaches die Höhe des Kühberges erklommen haben. Hinweise auf einen solchen Straßenzug gibt es in Gestalt von mittelkaiserzeitlichen Streufunden im Kastellbereich und unter St. Severin [29]. Gebäude, die erst hätten geschleift werden müssen, befanden sich an der Stelle des Kastells jedoch nicht. Die Anlage (Abb. 5) erwies sich mit zunehmender Grabungsdauer als aus einem Guß, trotz ihres irregulären Grundrisses. Die Außenmauern waren an Nord-, Ost- und Südwestseite im Fundament jeweils 2,4 m breit. Lediglich die Südseite (3) besaß eine Fundamentbreite von durchschnittlich 3,6 m. Das Aufgehende wird hier entsprechend höher gewesen sein, wohl in Form einer dem Hang entgegenstehenden Schildmauer. Der Aufbau des Fundaments war an allen Kastellseiten gleich: in die etwa 1,5 m tiefe Fundamentgrube war zunächst ein dichter Rost von zugespitzten Holzpfählen im Abstand von etwa 50 cm bis zu 1,5 m tief in die sandigen Ablagerungen des Flußes eingerammt worden (Taf. 2 unten). Die Holzpfähle ragten noch etwa 50 cm hoch in die Fundamentgrube hinein. In gleicher Weise waren auch die Türme fundiert (Taf. 3 unten). Die Außenmauern wiesen vier parallele Pfostenreihen auf, die Schildmauer (3) und die Außenfront des Turmes (6) – und analog wohl des Turmes (5) – jeweils fünf. Für die ersten Fundierungsarbeiten waren also etwa 2500 Pfosten von durchschnittlich 1,8 m Länge und – dieses Maß ergaben mehrere Negativabdrücke im Gußmauerwerk – durchschnittlich 15 cm Dicke notwendig. Zwischen die in die Fundamentgrube hineinragenden Holzpfähle wurden zunächst zwei Schichten fischgrätenartig verlegter Bruchsteine (wie das gesamte Mauerwerk einheimischer Herkunft) ohne Mörtelbindung eingebracht, darüber sodann mindestens 1 m hoch Gußmauerwerk ohne Verschalung in die offene Baugrube gefüllt; eine Schichtung ließ sich hierbei gelegentlich noch erkennen. In die untersten beiden Schichten des Gußmauerwerks ragten noch die Balkenköpfe des Fundamentrostes hinein. Eine Schicht größerer, zumeist waagrecht verlegter Bruchsteine schloß in 1,5 m Höhe nach oben die Fundamentzone ab. Das Aufgehende, in größerem Umfang nur innerhalb des Hauses Lederergasse 43 (Taf. 2 oben) erhalten, bestand in seinen untersten Lagen aus behauenen Granitsteinen von Handquaderformat.

Im Grabungsbereich waren zwei Ecktürme (5) und (6) mit fächerförmigem Grundriß zu beobachten (Taf. 3). Ihre Flankenmauern wiesen annähernd die gleiche Stärke auf wie die normalen Kastellaußenmauern. Ihre gebogenen Frontpartien waren offenbar etwas stärker und entsprachen damit dem breiteren Pfahlrost. Ein weiterer Turm (11) ist in der Mitte der Nordfront (1) zu vermuten. Hier setzte der Pfahlrost plötzlich aus, wobei gleichzeitig Pfähle nach Südosten zu über die vorauszusetzende und hier gänzlich beseitigte Mauerfront vorsprangen, alles Hinweise auf ein Tor. Zwischentürme in der Mit-

29) Zu dieser Straße R. Noll, RLIÖ 21 (1958) 107. Mittelkaiserzeitliche Kleinfunde im Bereich von St. Severin wurden von H. Hörmann (wie Anm. 26) 97 und von W. Sage (Beilage zum Amtlichen Schul-Anzeiger für den Regierungsbezirk Niederbayern 1976 Nr. 5/6, 73 Abb. 40) bekannt gemacht.

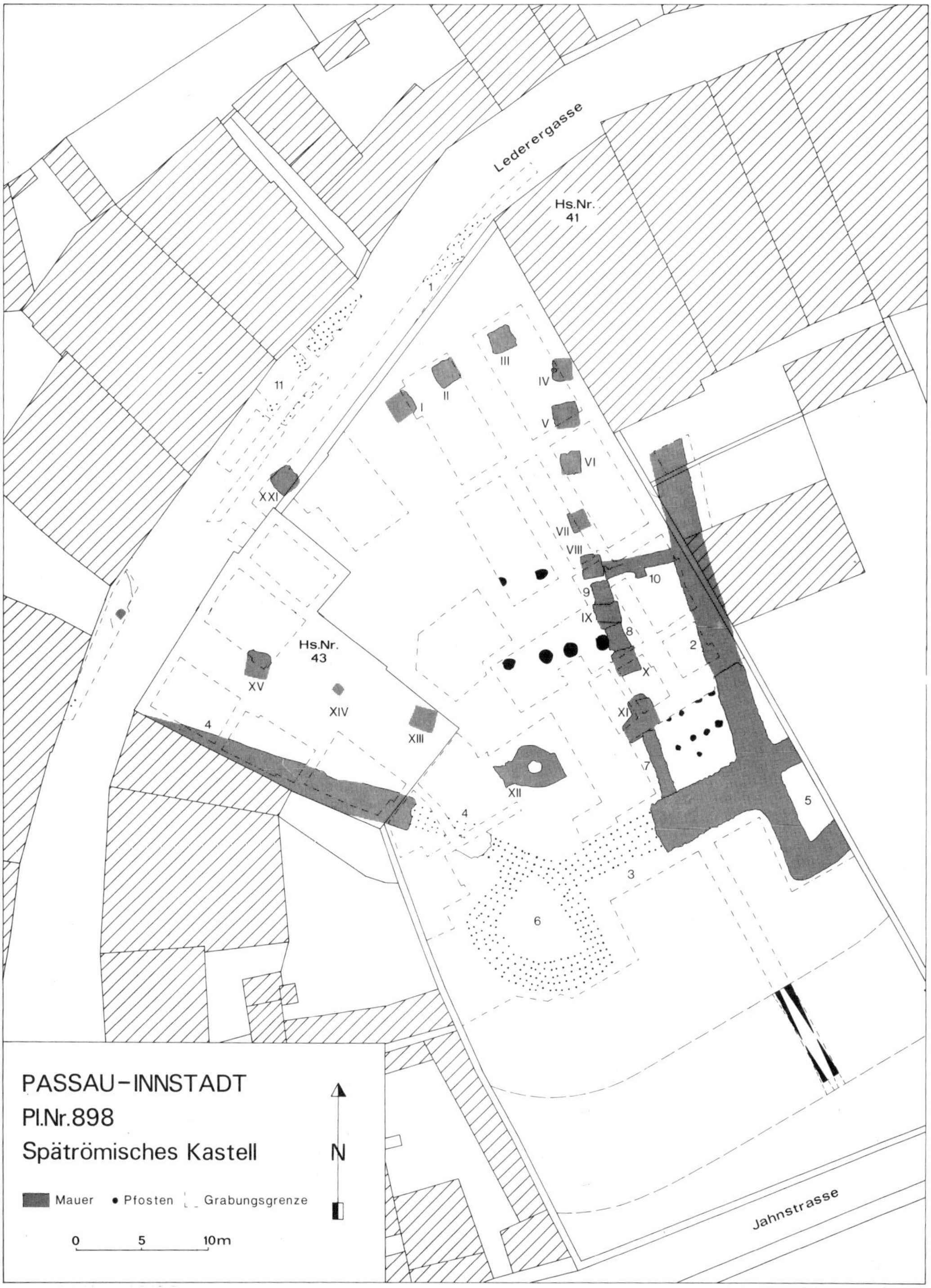

Abb. 5 Passau. Die ergrabenen Grundrißbefunde des spätantiken Kastells *Boiotro.* Stand Dezember 1977. Zeichnung H.-D. Krause. Maßstab 1:500.

te der Seitenmauern (2) und (4) sind nicht anzunehmen. Von den vorauszusetzenden Ecktürmen an der westlichen und nordöstlichen Kastellecke konnte keiner nachgewiesen werden; sie müssen sich unter den Häusern Lederergasse 39, 41 und 50 befinden und sind derzeit der Forschung unzugänglich. Ihre auf Abb. 3 und 4 angegebene Form ist eine freie Ergänzung.

Zur Umwehrung der Anlage gehörte schließlich ein über 8 m breiter und bis zu 2 m tiefer muldenförmiger Graben, der in 13 m Entfernung vor der Südmauer begann. Wiewohl er nur hier angeschnitten wurde, sind entsprechende Gräben auch vor der Südwest- und Ostfront des Kastells anzunehmen, während auf der Nordseite das Steilufer zum Inn wohl genügte.

Der äußeren Geschlossenheit und dem uniformen Aufbau des Kastelläußeren entsprach die Gestaltung des Inneren. Mit großer Konsequenz wurde hier ein ganz allgemein an spätrömischen Militäranlagen zu beobachtendes Konzept verwirklicht, nach welchem sich die Innenbebauung ausschließlich an die Außenmauern anlehnte. Die Form, in der dies in *Boiotro* geschah, ist in Gestalt von Pfeilerreihen mit 5 m lichtem Abstand zu allen Außenmauern sichtbar geblieben. Diese Pfeiler, von denen noch 16 erhalten sind, waren quadratisch mit Seitenlängen von 1,6 bis 1,8 m. Sie bestanden zum überwiegenden Teil aus Tuffquadern, deren unterste Lage – jeweils schon in den Boden versenkt – bei den Pfeilern III, IV, VI und VIII noch vorhanden, in allen übrigen Fällen jedoch bereits dem mittelalterlichen Steinraub zum Opfer gefallen war. Die Pfeiler erwiesen sich als unerwartet solide fundiert. In eine bis zu 4,2 m in den gewachsenen Boden eingetiefte Fundamentgrube von den Ausmaßen der späteren Pfeiler waren ohne Verschalung zunächst 1,5 bis 2,5 m hoch Bruchsteine ohne Mörtelbindung regellos hineingeworfen worden. Darauf folgte Gußmauerwerk gleicher Konstruktion wie bei den Außenmauern. Von 0,5 bis 0,2 m Tiefe an folgte eine erste Lage von etwa 0,3 m starken Tuffquadern (Taf. 4 unten). Ein Stück Pfeilerversturz macht es wahrscheinlich, daß das Aufgehende in Schichten von abwechselnd mindestens vier Ziegelreihen und einer Tuffquaderreihe errichtet war.

Aus dem gleichen Gußmauerwerk bestand sodann ein in den Eckpfeiler XII eingefügter Brunnen von heute noch 8 m Tiefe (Taf. 4 oben). Er führte noch Wasser und war lediglich notdürftig im 18. Jahrhundert abgedeckt worden. An seinen römischen Ursprung ist nicht zu zweifeln.

Im ersten Bauzustand war das Erdgeschoß der seitlichen Bautrakte offen und wie der gesamte Innenhof des Kastells ungepflastert. Alle geschlossenen Bauteile müssen sich in den Obergeschossen der Anlage befunden haben. Angesichts der großen Fundamenttiefe der Pfeiler hat man mit einer beträchtlichen Höhe der Seitenbebauung zu rechnen. Der Gesamteindruck der Anlage muß dem eines frühneuzeitlichen Festungsbauwerks sehr nahe gekommen sein. Grundsätzlich könnten Zweifel am militärischen Ursprung des Kastells auch dann nicht bestehen, wenn wir nicht den entsprechenden Hinweis der Notitia dignitatum und keine militärischen Kleinfunde von *Boiotro* besäßen.

Die Entstehungszeit des Kastells muß beim derzeitigen Bearbeitungszustand der Kleinfunde allein der Münzreihe [30] entnommen werden. Bei allen berechtigten Vorbehalten gegenüber einer vergleichsweise kleinen Serie von 52 Stück dürfte doch außer Zweifel stehen, daß das spätrömische *Boiotro* noch in der 2. Hälfte des 3. Jahrhunderts entstanden war, ja daß seine Erbauungszeit nicht einmal ganz am Ende dieser Zeitspanne zu liegen braucht. Um die gleiche Zeit wurden die meisten der in Abb. 1a aufgezählten Plätze umwehrt [31]. Um so erstaunlicher ist das Fehlen exakter formaler Entsprechungen unter diesen zumeist raetischen Anlagen. Es fällt jedoch auch schwer, donauabwärts Entsprechungen ausfindig zu machen. Hier hatte man sich in spätrömischer Zeit in der Regel auf den Ausbau vorhandener mittelkaiserzeitlicher Auxiliarkastelle beschränkt (Abb. 6) und nur in Ausnahmefällen, beispielsweise am Donauknie in Ungarn, neue Anlagen errichtet. Ein augenfälliges Detail der zumeist in die konstantinische Zeit datierten Ausbautätigkeit der donauländischen Kastelle ist der fächerförmige Grundriß der Ecktürme [32]. Die beiden Fächertürme 5 und 6 von *Boiotro* sind die am weitesten westlich gelegenen Vertreter ihrer Art [33] und bezeugen dadurch sichtbar die Zugehörigkeit des Platzes zur militärischen, auch die Bereiche des Bauwesens prägenden Verwaltungsorganisation von Noricum. Allerdings möchte man den bislang ältesten Fächerturmbefund in *Boiotro* angesichts seiner peripheren, weiter westlich auf keinerlei Vorbilder zurückführbaren Verbreitungssituation nur ungern für das Vorbild der zahlreichen Fächertürme in Noricum und Pannonien halten, sondern eher eine Überprüfung der Datierung der dor-

30) Sie wurde von H.-J. Kellner bearbeitet, dem ich die folgende Aufstellung (Stand 1. 12. 1977) und die Erlaubnis zu ihrer Verwendung an dieser Stelle verdanke.

Mittlere Kaiserzeit	69–244	4	Constantin I. etc.	311–321	2
Gallienus	259–268	2		321–333	–
Claudius II.	268–270	7		333–337	5
Aurelian etc.	270–275	2	Constans I. und Constantius II.	337–350	7
Probus	276–282	1	Constantius II. etc.	350–361	6
Diocletian	284–295	2	Julianus III	361–363	1
	295–305	1	Valentinian I., Valens und Gratian	364–378	9
Constantius I. und Galerius	305–311	3	Arcadius	383–408	–

31) H.-J. Kellner, in: Limes-Studien (1959) 63 ff.; der letzte Forschungsstand bei J. Garbsch (wie Anm. 2) 12 ff.

32) H. v. Petrikovits, Journal of Roman Studies 61, 1971, 184 und 199. H. Stiglitz, Das römische Donaukastell Zwentendorf in Niederösterreich. RLIÖ 26 (1975) 85 Anm. 30. Die Entwicklungsreihe der Ecktürme bei A. Mócsy, The Provinces of the Roman Empire: Pannonia and Upper Moesia (1974) Abb. 18.

33) Eine Ausnahme bildet ein Befund am mittelkaiserzeitlichen Kastell *Causennae* – Ancaster, England: Journal of Roman Studies 55, 1965, 205 und Abb. 12; H. v. Petrikovits (wie Anm. 32) 184 Anm. 15.

tigen spätrömischen Umbaumaßnahmen vorschlagen [34]. Vorausgesetzt, die Verstärkung der norisch-pannonischen Auxiliarkastelle wäre auch dort eine Reaktion auf die Unruhen der Jahre 259/260, so würde das Auftreten von Fächertürmen an den wenigen Kastellneubauten ein oder zwei Jahrzehnte später weit weniger verwundern. Eine Erklärung verlangt jedoch nach wie vor die Tatsache der radikalen Aufgabe aller mittelkaiserzeitlichen Auxiliarkastelle Raetiens, auch an der Donaustrecke, welche zu keinem Zeitpunkt ähnlich der Landstrecke am raetischen und obergermanischen Limes von der völligen Preisgabe bedroht war. Hier hätten, so sollte man meinen, eigentlich jene Verstärkungsmaßnahmen genügt, welche im norisch-pannonischen Limesabschnitt erwiesenermaßen ausreichten. Wiewohl mit Passau-Innstadt donauaufwärts die Reihe der Kastellneukonstruktionen [35] beginnt, kann man *Boiotro* nur mit Vorbehalt dieser Baureihe zurechnen.

34) Es fällt auf, daß von den vier durch H. v. PETRIKOVITS (wie Anm. 32) 184 als constantinische Gründung benannten pannonischen Kastellen nicht weniger als zwei irreguläre Anlagen sind (Visegrád-Sibrik und Pílismarót – Basaharc). Die Schwierigkeiten, welche H. Stiglitz bei der Datierung der spätantiken Turmanbauten an das »reguläre« mittelkaiserzeitliche Kastell Zwentendorf hatte (STIGLITZ, wie Anm. 32, 86), sind wohl symptomatisch für die Situation. Eine auch dort aus allgemeinen Gründen, nicht aus Befunden heraus vorgeschlagene Zeitstellung in die Regierungszeit Constantins I. würde hier – wie in den anderen einschlägigen norisch-pannonischen Kastellen – bedeuten, daß die Lagerumwehrungen zwischen der 2. Hälfte des 2. Jahrhunderts und der 1. Hälfte des 4. Jahrhunderts keine Veränderungen erfahren hätten, eine für Auxiliarkastelle mittelkaiserzeitlichen Ursprungs ungewöhnlich lange Zeitspanne.

35) Sie bedeuten nur für den bereits mit vorhandenen Kastellen versehenen »nassen« Limesabschnitt zwischen Eining und Passau eine umwälzende Neuerung. *Batavis*-Passau: Nach dem Fehlen spätkaiserzeitlicher Funde im Bereich des 1977 angeschnittenen mittelkaiserzeitlichen Kastells (vgl. Anm. 20) ist wohl eine Verlagerung in die Gegend des Klosters Niedernburg (vgl. Anm. 19) anzunehmen. – *Quintanis*-Künzing: Das mittelkaiserzeitliche Kastell blieb mit Sicherheit in spätrömischer Zeit ungenutzt; zur Topographie vgl. H. SCHÖNBERGER, Kastell Künzing-Quintana. Limesforschungen 13 (1975). Zur spätrömischen Topographie: R. CHRISTLEIN in: Beiträge zur Topographie und Geschichte niederbayerischer Römerorte. Beilage zum Amtlichen Schul-Anzeiger für den Regierungsbezirk Niederbayern 1976 Nr. 5/6, 37 ff. – *Sorviodurum*-Straubing: zuletzt R. CHRISTLEIN in: Beilage zum Amtl. Schulanz. Reg. Bez. Niederbayern 1976 Nr. 5/6, 16 ff. und oben Anm. 14 – *Abusina*-Eining: P. REINECKE, Verhandlungen des Hist. Ver. f. Niederbayern 83, 1957, 7 ff.; R. CHRISTLEIN in: Beil. z. Amtl. Schulanz. f. d. Reg. Bez. Niederbayern 1976 Nr. 5/6, 3 ff. – Für die Strecke von Eining donauaufwärts (und weiter illeraufwärts) fehlten von vornherein die Voraussetzungen zur Anknüpfung von spätantiken Anlagen an ältere Lager. Dennoch bleibt auch hier die völlige Abkehr der Neubauten vom bisherigen Lagerbauschema erklärungsbedürftig. Ergrabene Grundrisse: Bürgle bei Gundremmingen: G. BERSU, Die spätrömische Befestigung »Bürgle« bei Gundremmingen. Münchner Beiträge zur Vor- und Frühgeschichte 10 (1964). – Kellmünz: H.-J. KELLNER, Das spätrömische Kellmünz. Forschungen aus dem Oberen Schwaben 2 (1957) 10 Abb. 1. – *Vemania*-Isny: J. GARBSCH, Fundber. aus Schwaben NF. 19, 1971, 208 Abb. 2.

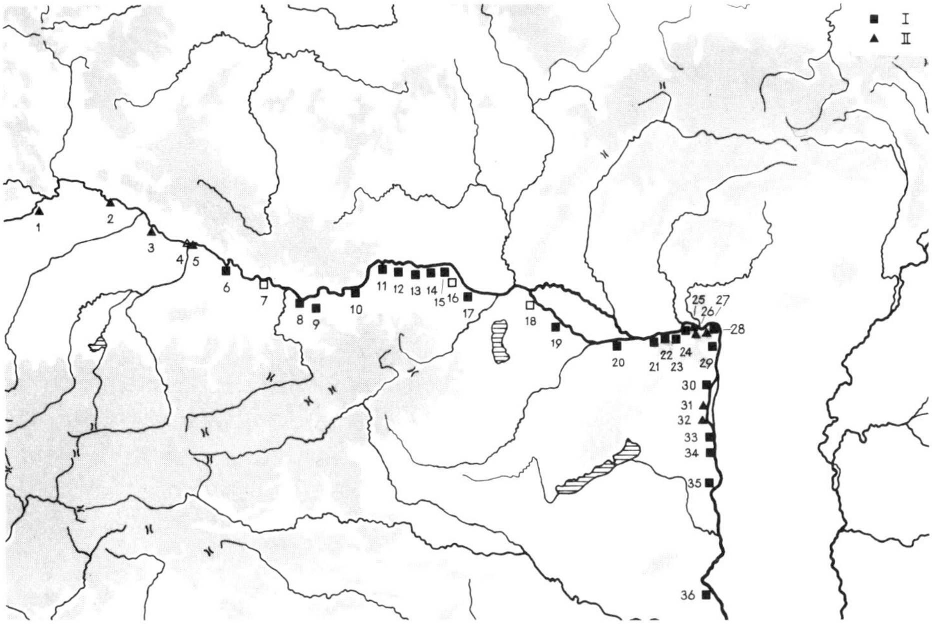

Abb. 6 Spätrömische Auxiliarkastelle in Raetien, Noricum und Pannonien. I: Ausbau und Verstärkung eines vorhandenen mittelkaiserzeitlichen Kastells ohne Reduzierung der Innenfläche. II: Neuanlage mit irregulärem Grundriß und zumeist stark reduzierter Innenfläche. Nach der in Anm. 2, 3, 32 und 37 genannten Literatur sowie G. Pascher, RLIÖ 19 (1949). Nicht berücksichtigt sind neben den Legionslagern die Kastelle ohne ausreichende Befundhinweise. Register: 1 *Abusina* (Eining). – 2 *Sorviodurum* (Straubing). – 3 *Quintanis* (Künzing). – 4 *Batavis* (Passau). – 5 *Boioduro* (Passau-Innstadt). – 6 *Ioviaco* (Schlögen). – 7 *Lentia* (Linz). – 8 Wallsee. – 9 Mauer a. d. Url. – 10 *Arelape* (Pöchlarn). – 11 *Favianis* (Mautern). – 12 *Trigisamum* (Traismauer). – 13 *Comagenis* (Tulln). – 14 *Cannabiaca* (Zeiselmauer). – 15 *Asturis* (Zwentendorf). – 16 *Quadriburgium* (Klosterneuburg). – 17 *Alanova* (Schwechat). – 18 *Gerulata* (Rusovce). – 19 *Quadrata* (Lébény-Barátföldpuszta). – 20 *Arrabona* (Győr). – 21 *Ad Statuas* (Acs-Vaspuszta). – 22 *Azaum* (Almásfüzitő). – 23 *Crumerum* (Nyergesujfalu). – 24 Tokod. – 25 Esztergom-Hideglelőskereszt. – 26 *Castra ad Herculem* (Pilismarót-Basaharc). – 27 *Pone navata* (Visegrád-Sibrik). – 28 *Cirpi* (Dunabogdány). – 29 *Ulcisia Castra* (Szentendre). – 30 *Campona* (Nagytétény). – 31 *Matrica* (Százhalombatta-Dunafüred). – 32 *Vetus Salina* (Adony). – 33 *Intercisa* (Dunaújváros). – 34 *Annamatia* (Baracs). – 35 *Lussonium* (Dunakömlőd). – 36 *Altinum* (Kölked).

Ebenso nahe liegt nach der topographischen Lage (Abb. 4), nach der Grundrißform [36] und nach dem Bauschema des Kastellinneren [37] die Deutung von *Boiotro* als Brückenkopfkastell, selbst wenn der Übergang über den Inn zur Römerzeit nicht aus einer Brükke bestanden haben sollte [38]. Diese Funktion hätte eine wesentlich stärkere Verbindung von *Batavis*-Passau und *Boiotro* zur Voraussetzung, als es die beide Orte trennende Provinzgrenze zunächst vermuten läßt. Sie würde zudem die exzeptionelle Form des Kastells *Boiotro* innerhalb der sonst so regelmäßigen Bautradition Noricums und Pannoniens befriedigend erklären.

Die militärische Einheit, welche zu diesem Zeitpunkt in Boiotro stationiert war, kennen wir nicht. Gegen Ende des 4. Jahrhunderts war es eine dem *dux Pannoniae primae et Norici ripensis* unterstellte Kohorte unbekannten Namens [39]. Wohl in den Zeitraum ihrer Stationierung fällt die einzige größere Umbaumaßnahme im Kastellinneren: der Ausbau des am höchsten gelegenen Südostteils zu einem *horreum*. Zu diesem Zweck war die ehemals offene Pfeilerhalle mittels der Mauern 7–10 zwischen den Pfeilern VIII bis XI sowie den Außenmauern 2 und 3 vom übrigen Kastellgelände abgetrennt worden. Im allein noch weitgehend ungestörten Südteil des so geschaffenen Erdgeschoßraumes fanden sich zwei parallele Reihen kräftiger, steinverkeilter Holzpfosten vor. Sie trugen einst einen Bretterboden, dessen Kalkestrichauflage beim Untergang des Gebäudes in den darunterliegenden, der Trockenhaltung der gespeicherten Waren dienenden Hohlraum gestürzt und so in Bruchstücken erhalten war. In der Brandschicht fanden sich Sämereien, deren Bearbeitung Frau Dr. M. Hopf verdankt wird. Einem ersten Gutachten [40] ist zu entnehmen, daß im *horreum* »in erster Linie Saatweizen (Triticum aestivum L.)« aufbewahrt worden war. »Diesem sind ca. 10 % Roggenkörner (Secale cereale L.) beige-

36) Hierzu H. v. Petrikovits (wie Anm. 32) 195. Die gut vergleichbaren Schweizer Anlagen von Windisch-Altenburg, Solothurn und Olten jetzt in: Ur- und frühgeschichtliche Archäologie der Schweiz V: Die römische Epoche (1975) Abb. 33–35.

37) Die ausschließlich seitliche, auf Pfeilern ruhende Bebauung findet sich an den Brückenkopfkastellen *Transaquincum* (Budapest-Rákospatak) und *Sucidava* (gegenüber *Oescus*): Der römische Limes in Ungarn. Bull. du musée roi Saint-Etienne Székesfehérvár, Ser. A 22 (1976) Abb. S. 120; D. Tudor, Sucidava. Collection Latomus 80 (1965) Abb. 16.

38) Eine Brücke zwischen *Batavis* und *Boiodurum* ist nicht direkt nachgewiesen. Es fragt sich, inwieweit sie nicht angesichts der *Boiodurum* angeschlossenen Zollstation vorauszusetzen ist. Sie könnte sich trotz der Entfernung zum mittelkaiserzeitlichen Kastell bereits seit dem 1. Jahrhundert an anderer Stelle des spätantiken *Boiodurum-Boiotro* befunden haben. Noch zu Beginn des 19. Jahrhunderts ist auf Ansichten und Katasterplänen gegenüber *Boiotro* in Ufernähe eine längliche. molenartige Felsrippe zu bemerken, welche zusammen mit auffälligen Felstrümmern am südlichen Innufer einen Brückenschlag an dieser Stelle sicher begünstigt hätte. Beide Details sind nach den älteren Katasterplänen in unsere Abb. 4 übernommen. Im älteren Mittelalter existierte an dieser Stelle keine Brücke.

39) Not. dign. occ. XXXII, 44: *Sub dispositione viri spectabilis ducis Pannoniae primae et Norici ripensis: ... tribunus cohortis, Boiodoro.*

40) Vom 4. 11. 1977; Frau Dr. Hopf, Mainz, bin ich für die Bestimmung und Erlaubnis zur Veröffentlichung an dieser Stelle sehr dankbar.

mengt, dazu ein etwas geringerer Anteil (ca. 90 Körner) Emmer (Triticum dicoccum Schrank) und an weiteren Kulturpflanzen: 2 Hirsekörner (Panicum miliaceum L.) und ein Linsensamen (Lens culinaris Medik).« »Die Weizen- und Roggenkörner sind ausgesprochen kurz und zierlich. Sie sprechen ebenso wenig für einen hohen Feldertrag, wie das Weizen/Roggen-Gemisch von 9:1 auf gute Saatpflege hindeutet. Andererseits könnte allerdings ein solches Gemenge bewußt im Hinblick auf eine geringe Bodenqualität gewählt worden sein.« Alle beiden Erklärungsmöglichkeiten könnten angesichts der Reduktion landwirtschaftlicher Tätigkeit im Voralpenland allgemein und der geographischen Situation von Passau im besonderen zutreffen. Die Tendenz zur planmäßigen Hortung von Nahrungsmitteln nahm in der zweiten Hälfte des 4. Jahrhunderts zu. In dieser Zeitspanne wurden ähnlich wie in *Boiotro* mehreren Kastellen nachträglich *horrea* angefügt [41]. Als Ursache kommen in erster Linie Engpässe in der Versorgung der Grenzorte in Betracht, hervorgerufen durch den erwähnten Rückgang der landwirtschaftlichen Nutzfläche im Voralpenland. Erst an zweiter Stelle wäre zu erörtern, ob nicht eine Zunahme der (zivilen oder militärischen) Bevölkerung in den Kastellen zu einer derart dirigistischen Maßnahme greifen ließ, wie es die staatliche Verwaltung der Grundnahrungsmittel – und nichts anderes kommt in der Errichtung von Speicherbauten wie beispielsweise dem von Epfach [42] zum Ausdruck – nun einmal darstellt.

Der Südteil des *horreums* war einer der wenigen Teile der Kastellfläche, der von den mittelalterlichen und neuzeitlichen Planierungs- und Baumaßnahmen weitgehend verschont geblieben war. Lediglich die beginnenden Bauarbeiten vom November 1974 hatten in den oberen Schichtbereich eingegriffen. Erhalten blieb eine noch bis zu 20 cm starke Schicht humosen, mit verbrannten Mauersteinen, Dachziegeln und Kalkestrichbrocken durchsetzten Brandschuttes. Die Brandschicht lag auf dem gewachsenen, im Horreumbereich durch den Brand intensiv rot gefärbten lehmigen Sand auf. Der Brand hatte auch die Holzpfosten des Horreumbodens erfaßt. In der so geschaffenen Schutt- und Zerstörungsschicht fand sich neben den oben bereits erwähnten Getreideresten eine höchst charakteristische Keramik: der Ton war goldglimmergemagert, die Gefäßwandungen waren zumeist dick, anscheinend handgemacht und nachgedreht, die Oberflächen außen und innen ausgesprochen rauhwandig, verursacht durch enge Dreh- oder besser Schabrillen in der Art waagrechten Kammstrichs. Da die meisten Keramikbruchstücke sekundär im

41) Am deutlichsten ist das außen (!), also relativ ungeschützt an das Kastell auf dem Goldberg bei Türkheim angefügte *horreum* ein Zeugnis dafür, daß die Hortung weniger infolge äußeren Druckes, sondern vielmehr aufgrund innerer Notwendigkeiten erfolgte: L. OHLENROTH, Bayer. Vorgeschichtsbl. 17, 1948, Beil. 2 und N. WALKE, Bayer. Vorgeschichtsbl. 26, 1971, 62 Abb. 1. Auch ein vor die Nordfront des spätantiken Kastells *Abusina*-Eining vorgelegtes Gebäude könnte ähnlich zu interpretieren sein: H.-J. KELLNER, Die Römer in Bayern ^{4} (1978) Abb. 27. Vgl. auch unten Anm. 42.

42) J. WERNER, Der Lorenzberg bei Epfach. Die spätrömischen und frühmittelalterlichen Anlagen. Münchner Beiträge zur Vor- und Frühgeschichte 8 (1969) 59 ff. mit Texttaf. F. Die Pfosten des Raumes C trugen wohl einst den Oberboden des *horreums*, nicht das Dach.

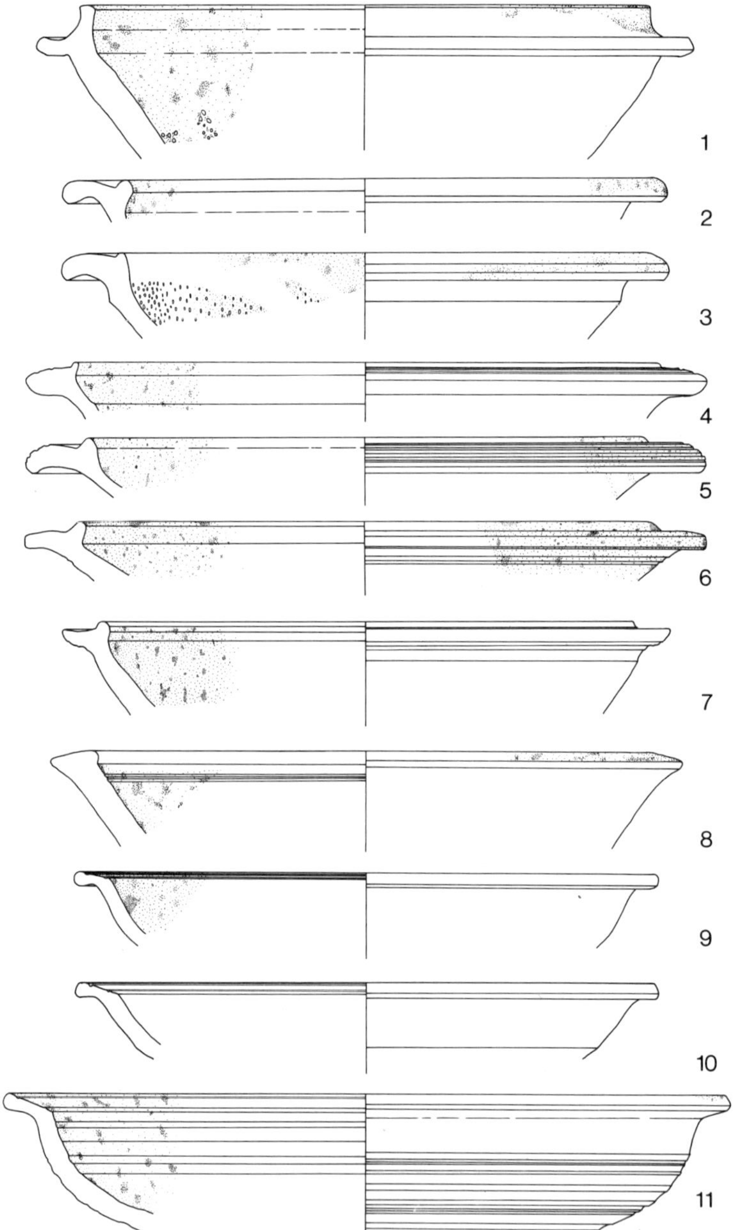

Abb. 7 Passau. Kastell *Boiotro.* Glasierte Reibschalen und Teller des 4. Jahrhunderts. Zeichnung H.-D. Krause. Maßstab 1:3.

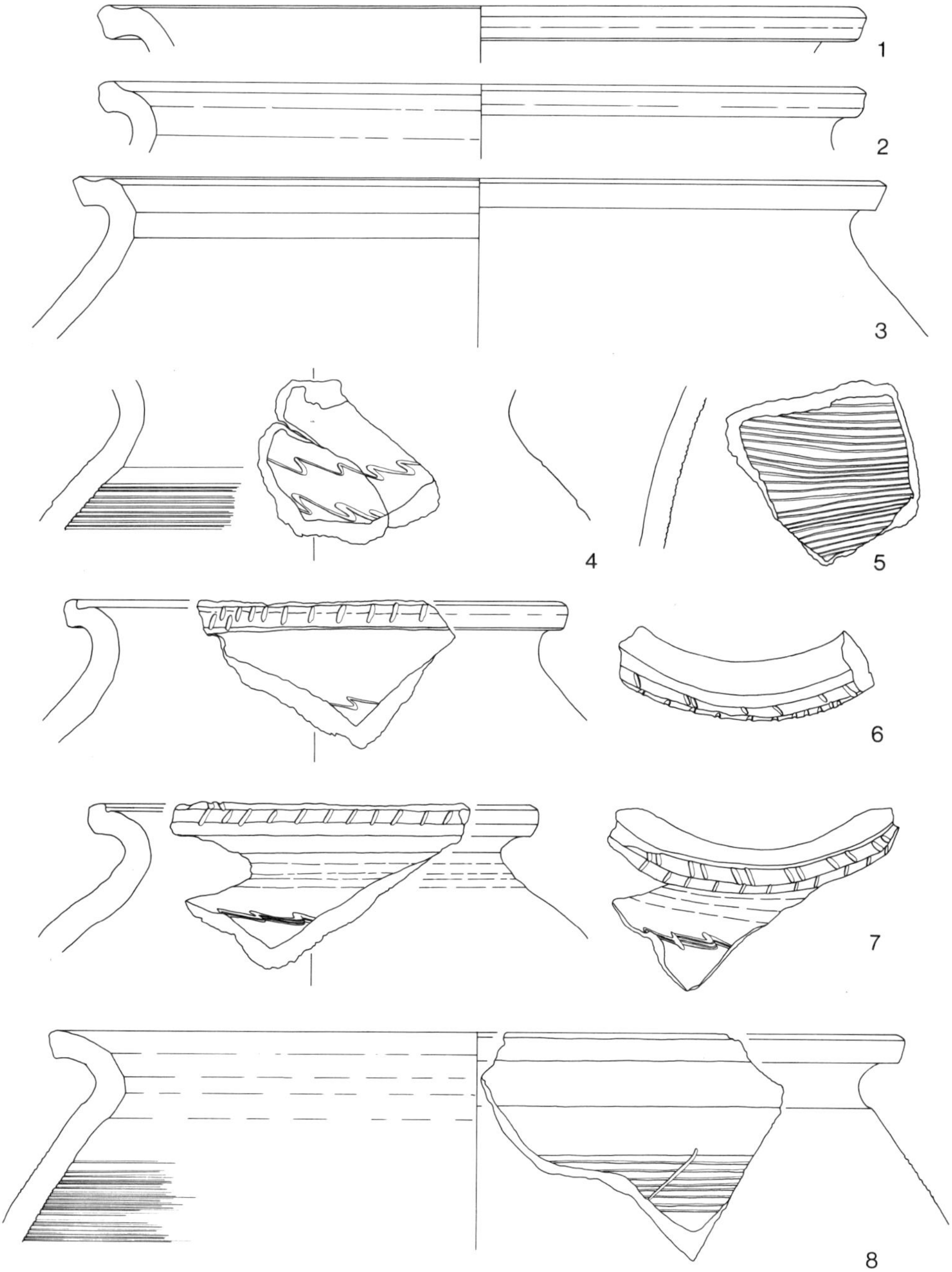

Abb. 8 Passau. Kastell *Boiotro.* Rauhwandige Keramik des 5. Jahrhunderts (»Horreumkeramik«). Zeichnung H.-D. Krause. Maßstab 1:3.

Brand gelegen waren, läßt sich nicht sicher beurteilen, ob alle Gefäße hellbrauntonig und stark gebrannt waren. Die Töpfe besaßen einen auffallend dicken Boden, eine bauchige Form und einen stets nach außen weich umgelegten Rand mit scharfkantiger Lippe. Einfachste Verzierungen in Form von Randkerben und nachlässigen Wellenlinien ergänzen das Bild dieser »Horreumkeramik« (Abb. 8). Gefäße dieser Art fanden sich in zwei durch ihre Größe unterschiedlichen Varianten vor, von denen die kleinere – etwa von Kochtopfgröße – über die gesamte Kastellfläche streut, während die größere auf den Südteil des Kastells beschränkt ist und sich vor allem im Brandschutt des *horreums* und im Ausbruchschutt des Südostturmes 6 fand, wohl ein Hinweis auf die Funktion dieser großen Gefäße als Vorratsbehälter. Keramik dieser Art ist im spätrömischen Formenschatz Südbayerns bislang unbekannt 43). Daß es sich nicht um eine spezielle Passauer Variante von Keramik des 4. Jahrhunderts handelt, geht aus dem auch in Passau reichlichen Vorkommen der allgemein gebräuchlichen Keramiksorten dieser Zeit, etwa von glasierten »raetischen« Reibschalen, hervor (Abb. 7). Es ist somit festzuhalten, daß es sich bei der »Horreumkeramik« um einen laut Ausweis der namengebenden Fundsituation »geschlossenen« Fundkomplex handelt, der zeitlich anders, eben als jünger zu beurteilen ist als das 4. Jahrhundert. Andererseits muß er älter sein als das 7. oder 8. Jahrhundert, da sich Keramik dieser Zeitstellung, in *Boiotro* ausreichend vorhanden, nicht mit der »Horreumkeramik« vergesellschaftet fand. In der somit gegebenen Zeitspanne vom 5. bis ins 7./8. Jahrhundert fällt das Nachweisen exakter Entsprechungen naturgemäß schwer. Insbesondere die norischen Donaukastelle, die am ehesten entsprechende Funde erbracht haben dürften, sind in dieser Hinsicht ohne eingehende Bearbeitung geblieben und nicht zu beurteilen. Doch scheint es Hinweise zu geben, welche formale Tendenzen der Passauer Horreumkeramik für das späte 5. Jahrhundert bezeugen 44). In gleiche Richtung ist das Vorkommen ähnlicher Gefäßtypen im spätantiken Kastell Invillino zu interpretieren 45), ein Platz, dessen weite Entfernung von Passau zwar zunächst befremdet, bei der ausgesprochenen Inselsituation spätantiker Besiedlung im fraglichen Zeitraum jedoch von seiner absoluten Distanz viel einbüßt. Zur Zeit Severins mag er bald hinter *Cucullis* (Kuchl bei Salzburg) gelegen haben. Bei aller Unsicherheit der Detaildatierung kann jedoch kein Zweifel darüber bestehen, daß *Boiotro* über die Wende zum 5. Jahrhundert hinaus besiedelt war. Es hätte freilich nicht unbedingt dieses archäo-

43) Vgl. den Fundbestand vom Moosberg bei Murnau: J. GARBSCH, Der Moosberg bei Murnau. Münchner Beiträge zur Vor- und Frühgeschichte 12 (1966) und die Typentafeln bei E. KELLER (wie Anm. 3) Abb. 32–36.

44) H. FRIESINGER, Festschrift R. Pittioni II. Arch. Austriaca Beiheft 14 (1975) 272 ff.; 281 Abb. 5,2. Vielleicht etwas älter und auf mittelkaiserzeitliche Traditionen zurückgehend die in ihrer Oberflächenbehandlung ähnlichen Gefäße Nr. 430 und 436 bei A. SCHÖRGENDORFER, Die römerzeitliche Keramik der Ostalpenländer (1942).

45) G. FINGERLIN, J. GARBSCH u. J. WERNER, Germania 46, 1968, 107 Abb. 15, 1–12. Herr Doz. Dr. V. Bierbrauer hatte die Freundlichkeit, die Horreumkeramik von *Boiotro* auf ihre Vergleichbarkeit mit der von Invillino hin zu überprüfen und den Sachverhalt zu bestätigen.

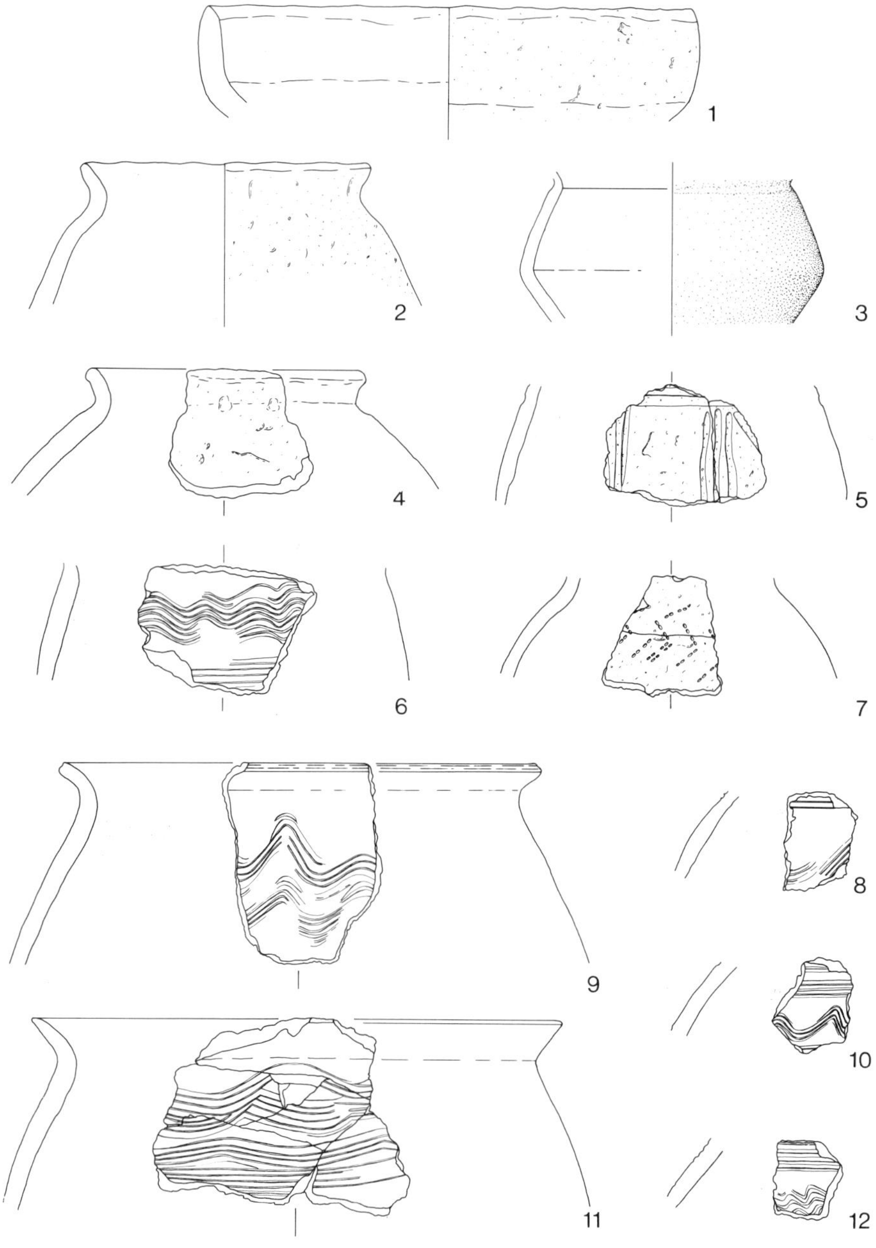

Abb. 9 Passau. Kastell *Boiotro.* Handgemachte Keramik des 6./7. Jahrhunderts (1–5) und des 7.–10. Jahrhunderts (7–12). Zeichnung H.-D. Krause. Maßstab 1:3.

logischen Nachweises bedurft, um die diesbezüglichen Angaben der Vita Severini bestätigt zu sehen.

Anders sieht es mit den Angaben Eugipps zum Ende von *Boiotro* aus. Hier scheint zunächst die am *horreum*, aber auch im Süd- und Westtrakt des Kastellinneren nachweisbare Brandkatastrophe, die sich zur »Lebenszeit« der Horreumkeramik ereignet haben muß, zumindest für das *horreum* selbst eine Bestätigung der Vita Severini bezüglich des gewaltsamen Untergangs des Ortes darzustellen. Die zeitliche Einstufung der Horreumkeramik ließe dies zu, kann dies jedoch nicht nachweisen. Selbst wenn eine optimale Feinchronologie für das archäologische Instrumentarium »Keramik des 5. Jahrhunderts« vorläge, wäre eine Verknüpfung mit dem von Eugipp berichteten Ereignis bestenfalls wahrscheinlich zu machen. Freilich brauchte dies dann nicht Endziel eingehender historischer Studien zu sein, wenn sich an einem Ort wie *Boiotro* das Weiterleben der Bevölkerung über eine vielleicht nur lokale Katastrophe hinaus nachweisen ließe. Ohne eine solche Kontinuität wäre die weitere Besiedlungsgeschichte am Platze von *Boiotro* nämlich unschwer zu interpolieren. Als Modellfälle stehen in der näheren Umgebung zahlreiche Orte gleicher topographischer Situation zur Verfügung, die sämtliche der Erschließungsphase des Bayerischen Waldes vom 8. Jahrhundert an angehören. Ein Platz wie *Boiotro*, eingezwängt zwischen Berg und Fluß und ohne ausreichendes Ackerland im Umgriff, hätte sicherlich nicht zu den ersten Neugründungen der germanischen Landnahmezeit gehört. Keramik, die man in solchen Siedlungen gewöhnlich vorfindet [46)], hat auch das Kastellgelände von *Boiotro* erbracht (Abb. 9, 7–12). Wiewohl sie mit ihrer Datierung ins 7./8. Jahrhundert schon an der Grenze zur Reihengräberzeit liegt und damit im Raume Passau überraschen würde, könnte man sie als Anzeichen eines Neubeginns gerade noch akzeptieren. Allem Anscheine nach existiert jedoch im Fundmaterial von *Boiotro* eine Keramikgattung noch älterer Zeitstellung. Es handelt sich um handgemachte, bauchige Töpfe mit nach außen umgelegtem rundlippigem Rand, im Ton schwarzbraun, quarzitgemagert und hart gebrannt. Diese Gefäße sind unverziert und wohl auch deshalb auf den ersten Blick unscheinbar (Abb. 9, 2. 4). Sie sind durch diese Eigenschaft jedoch nichtsdestoweniger charakterisiert: nach ihnen sucht man vergebens sowohl in Zusammenhängen des 7./8. Jahrhunderts [47)] als auch in der Brandschicht des

46) Sie ist handgemacht, relativ dünnwandig, stark goldglimmergemagert, zumeist wellenlinienverziert. Vgl. P. Reinecke, Germania 20, 1936, 198 ff. und H. Dannheimer in: J. Werner (Hrsg.), Der Lorenzberg bei Epfach. Die spätrömischen und frühmittelalterlichen Anlagen (1969) 237 ff.

47) Vgl. neben den in Anm. 46 genannten Arbeiten die nahen einschlägigen Fundkomplexe von Alkofen (R. Christlein, Verhandl. Hist. Ver. Niederbayern 102, 1976, 93 Abb. 47), Pleinting (W. Hübener, Absatzgebiete frühgeschichtlicher Töpfereien nördlich der Alpen [1969] Taf. 222,3–19), Oberpöring-»Bürg« (R. Christlein, Verh. Hist. Ver. Niederbayern 101, 1975, 82 ff. Abb. 49–52), Straubing (H.-J. Hundt, Germania 30, 1952, 262 f. Abb. 1) und Regensburg-Niedermünster (K. Schwarz, Jahresber. d. bayer. Bodendenkmalpflege 13/14, 1972/73, Abb. 42–43).

horreums von *Boiotro*. Wenn für die Lebensdauer dieser Keramik das 6. Jahrhundert vorgeschlagen wird, so kann auf eine ganze Reihe von Analogien aus Reihengräbern eben dieses Zeitraumes verwiesen werden [48]. Scherben dieses »Typus II« in der vorläufigen Klassifizierung der Keramik von *Boiotro* streuen nun erstmals nicht über das gesamte Kastellareal, sondern finden sich vorwiegend in Gruben und rezenten Störungen um den Nordteil des *horreums* und westlich davor [49]. Waren sie auch einstmals im Südteil des *horreums* vorhanden, so sind sie vermutlich durch die Bauarbeiten im November 1974 bei der Beseitigung der die Brandschicht des *horreums* deckenden Straten abhanden gekommen. Die Besiedlung des Frühen Mittelalters umfaßte anscheinend nur mehr den fest ummauerten Horreumeinbau [50]. Allenfalls ein Holzgebäude von 6 m Breite, dessen mächtige Pfosten bei den Ausgrabungen des Herbstes 1977 im Hofbereich gefunden wurden und dessen Nordfront in der westlichen Verlängerung der Nordwand 10 des *horreums* verlief, kann dieser Phase zugerechnet werden; es muß auf jeden Fall jünger als das *horreum* selbst sein.

Das auch im Erdgeschoß ummauerte *horreum* war noch im hohen und späten Mittelalter weitgehend intakt und baulich genutzt. Es lehnte sich an die noch vorhandenen Mauern der Kastellumwehrung an. Beträchtliche Teile der Umfassungsmauern 3 und 4 sowie der Turm 6 waren dagegen spätestens im 12./13. Jahrhundert bis auf die untersten Fundamentlagen ausgebrochen worden. Die mit humosem, zahlreiche spätrömische und ältermittelalterliche Kleinfunde enthaltenden Schutt eingefüllte Fundamentgrube wurde wiederum von Ofenanlagen überlagert, welche nach ihrem Fundinhalt dem 13. bis 15. Jahrhundert angehörten und einer Gelbgießerei dienten. Die mehrere Dutzend Öfen streuten über die ganze Kastellfläche, nahmen jedoch die Bereiche des Horreums und des Hauses Nr. 43 aus. Der weitgehende Abbruch der spätrömischen Mauersubstanz fand vor dem 12./13. Jahrhundert statt, vielleicht schon in ursächlichem Zusammenhang mit

48) Vgl. Velké Pavlovice Gräber 1, 9, 11 und 12: J. Tejral, Grundzüge der Völkerwanderungszeit in Mähren. Studie AÚČAV IV,2 (1976) Abb. 24,2; 26,6; 27,23; 28,7. – Várpalota Grab 22 und 23: J. Werner, Die Langobarden in Pannonien. Abh. Bayer. Akad. d. Wiss., phil.-hist. Klasse NF. 55 (1962) Taf. 15,4.6. – Szentendre Grab 56: I. Bóna, Arheološki Vestnik 21/22, 1970/71, 63 Abb. 8,22. – Böhmen allgemein: B. Svoboda, Čechy v době Stěhování Národů. Mon. Archaeologica 13 (1965) Taf. 45,14; 46,26; 50,12; 57,5; 62,1; 63,6; 70,1.4; 98,1; 108,3. – Mitteldeutschland allgemein: B. Schmidt, Die späte Völkerwanderungszeit in Mitteldeutschland. Veröff. d. Landesmus. f. Vorgesch. Halle 18 (1961) Taf. 18, e.f; 19, b.d; 20, a.e. – Ganz allgemein zur handgemachten Keramik unseres Typus I. Bóna, Študijné zvesti AÚSAV 16 (1968) 35 ff.
49) Die begrenzte Verbreitung dieser Keramik bestätigt im übrigen, wie berechtigt ihre Aussonderung aus dem übrigen Keramikvorrat war. Sowohl die Keramik des 4.–5. Jahrhunderts als auch die des 7./8.–10. Jahrhunderts streut über den ganzen Kastellbereich.
50) Die Horreumbauten in antiken Siedlungen waren ob ihrer massiven Bauweise besonders lange instand gehalten und genutzt. Vgl. das spätrömische *horreum* von Keszthely-Fenékpuszta als Sitz einer adeligen romanischen Familie des 6. Jahrhunderts: L. Barkóczi, Acta Arch. Acad. Scient. Hungaricae 20, 1968, 275 ff. Die *horrea* des spätrömischen Trier beherbergten im 7. Jahrhundert die merowingische Königspfalz: H. Eiden, Trierer Zeitschr. 24/26, 1956/58, 629 ff.

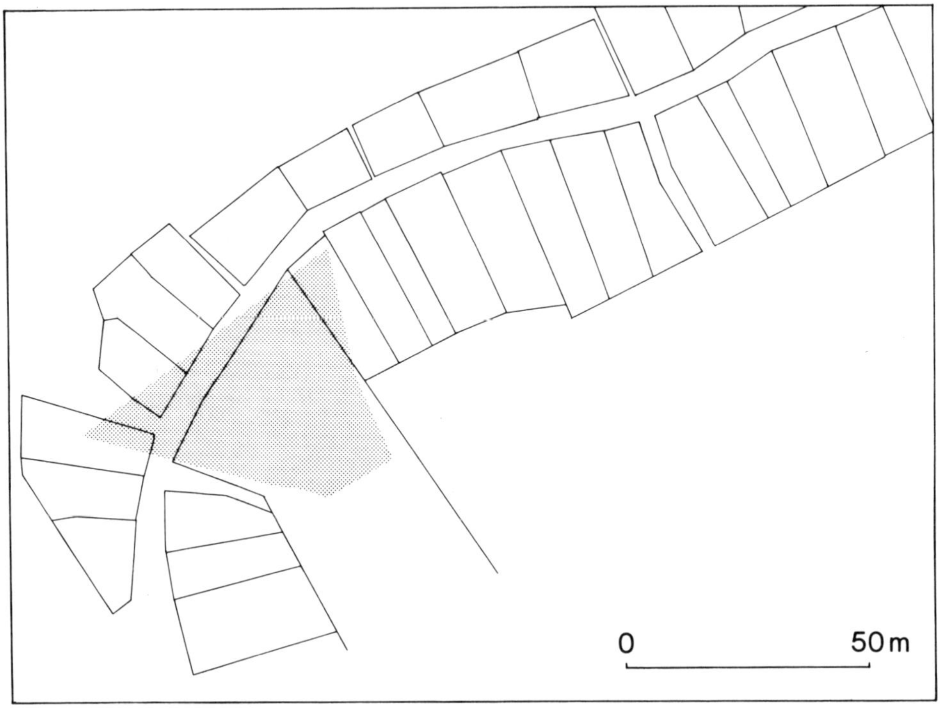

Abb. 10 Passau-Innstadt. Das Parzellierungsschema des 13.–15. Jahrhunderts und die Grundfläche des spätrömischen Kastells (gerastert).

der Errichtung der spätkarolingisch-ottonischen Severinskirche, deren umfangreicher Baukomplex dringend Steinmaterial benötigte. Ein weiteres mögliches Abbruchdatum wird unten erörtert. Ins hohe Mittelalter (1143) fällt die Errichtung der Innbrücke unter den Mauern der Bischofstadt (Abb. 11). Damit verlagerte sich der siedlungsgeschichtliche Schwerpunkt auf dem südlichen Innufer von der mittelalterlichen Siedlung auf dem Gelände von *Boiotro* weg 400 m flußabwärts. Der neue und der alte Siedlungsteil sind durch die Lederergasse miteinander verbunden, wachsen in der Folgezeit immer mehr zusammen und werden schließlich zu Beginn des 15. Jahrhunderts von einem gemeinsamen Mauerring umgeben. Der Katasterplan des 19. Jahrhunderts, welcher der Abb. 3 zu Grunde liegt, weist die enge, gleichmäßige Bebauung entlang der Lederergasse als das Werk spätmittelalterlicher Stadtplanung aus. Aus dem unschwer erkennbaren und in Abb. 10 leicht bereinigt dargestellten Parzellierungsschema des westlichen Teiles der Innstadt sticht als einzige Unregelmäßigkeit das Gelände des Kastells *Boiotro* ab. Es war im ganzen Parzellierungszeitraum in einer Hand und hielt dem gewiß nicht geringen wirtschaftlichen Druck stand, der eigentlich eine Unterteilung der Grundstücksfläche in drei oder vier Einzelgrundstücke gefordert hätte; lediglich randlich mußten

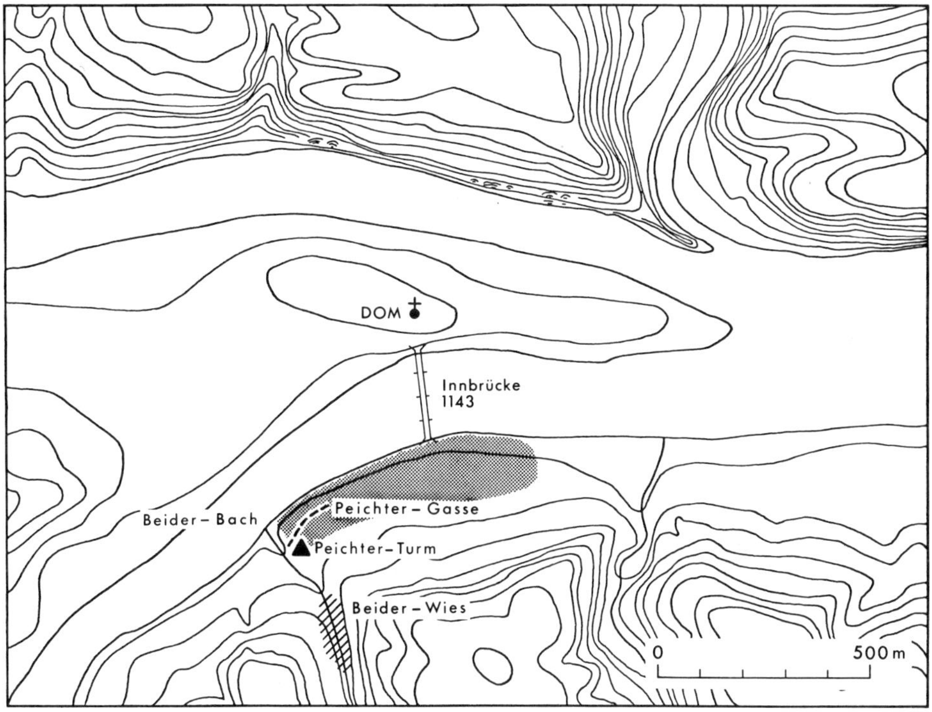

Abb. 11 Passau-Innstadt. Die Verbreitung der Namenform *Beider* im Bereich der spätmittelalterlichen Innstadt (gerasterte Fläche).

Abstriche gemacht werden. Der Grund für diese Intaktheit kann nicht in einem integrierenden spätrömischen Mauerbering gelegen haben; dieser war längst durchbrochen und großenteils eingeebnet. Vielmehr muß sich der Grundbesitz zu *Boiotro* durch eine besonders solide Basis vor seinen Nachbarn ausgezeichnet haben. Diese Solidität kann durchaus auf einen Vorbesitzer mit besonderem Rechtsstatus zurückgehen, beispielsweise die Kirche. So ist es denkbar, daß der Innübergang, der ab 1143 unter direkter bischöflicher Kontrolle auf der heute noch bestehenden Innbrücke stattfand, vor diesem Zeitpunkt unter den gleichen Rechtsverhältnissen mittels einer von *Boiotro* ausgehenden Fähre bewerkstelligt wurde [51]. Deren südlicher »Brücken«-kopf im Bereich unseres Kastells war vom Zeitpunkt des Brückenschlages an als Machtfaktor überflüssig und veräußerbar. Vielleicht fällt der Abbruch des größeren Teiles der Kastellmauern erst in eben diese Zeit.

51) Hierfür spricht die Tatsache, daß nach der Errichtung der Innbrücke 1143 Bischof Reginbert die Kirche St. Severin zum Unterhalt dieser Brücke und des am südlichen Brückenende neugegründeten Spitals zum Hl. Kreuz übergab (Mon. Boica XXVIII a Nr. 13,221). Eine Fähre bei St. Severin ist bereits 1073 erwähnt: Mon. Boica IV, 288.

Der Name des Kastellplatzes hatte sich bis ins 13./14. Jahrhundert über mehrere Zwischenformen hinweg als *Beuder* bzw. *Beider* erhalten [52], verschwand dann jedoch mit der vollzogenen Einverleibung der Siedlung Beider in die neu entstandene Vorstadt südlich der Innbrücke unter der übergreifenden Bezeichnung Innstadt. Er erhielt sich jedoch noch weiter in dem 1414 überlieferten Namen *Peichter*-Gasse für Lederergasse [53], im Namen *Peichter*-Turm für den südwestlichen Eckturm der spätmittelalterlichen Innstadt-Befestigung [54] sowie in den heute noch gebräuchlichen Bezeichnungen *Beider*-Bach für den Bach zwischen St. Severin und dem Kastell sowie im Namen *Beider*-Wies für das Tälchen, das jener Bach durchfließt (Abb. 11).

Die Pfarrkirche des Ortes *Beider* war St. Severin. Der heute in seinem Äußeren spätgotische Bau wurde zweimal einer gründlichen archäologischen Untersuchung unterzogen. 1928 und 1929 grub Hans Hörmann anläßlich einer Renovierung den größten Teil des Kircheninneren bis auf den gewachsenen Boden aus und legte die Grabungsergebnisse schon wenige Jahre später monographisch vor [55]. Seiner Publikation war als ältester Bau eine einschiffige Kirche mit Apsis im Osten und einer Art Querhaus im Westen zu entnehmen, ein Bau, der heute allgemein in spätkarolingisch-ottonische Zeit datiert werden würde [56]. Eine Verknüpfung zur Spätantike oder gar zu jener in der Vita Severini erwähnten Johanneskirche schien danach nicht möglich. Dennoch unternahm das Bayerische Landesamt für Denkmalpflege 1976 eine weitere Ausgrabung in der Kirche, als ein Heizungseinbau den Kirchengrund für absehbare Zeit der Forschung zu entziehen drohte und das eben in der Nachbarschaft entdeckte Kastell *Boiotro* die Wiederaufnahme der alten Frage nach dem Ursprung der Kirche St. Severin empfahl. Einem ersten Vorbericht des Ausgräbers W. Sage, dem auch der Plan Abb. 12 verdankt wird, ist zu entnehmen, daß mit der Grabung von 1928/29 und dem Bericht von 1935 tatsächlich noch nicht das letzte Wort zur Baugeschichte gesprochen war [57]. An den wenigen noch unangetasteten Stellen, vor allem im nordöstlichen Kirchenschiff und unter dem nördlichen Seitenaltar, fanden sich die Fundamente von Nordwand und Apsis eines ältesten Baus von etwa 15,5 bis 16,0 m Länge und 8,0 bis 8,5 m Breite. Die anscheinend nicht eingezo-

52) Die Namenformen *PEVTRA, PEWTEN*, in rivulo qui vocatur *PVTERA* (11.–12. Jahrhundert) mit Nachweisen bei P. Reinecke, Bayer. Vorgeschichtsfreund 4, 1924, 25. Noch um 1342 wird *Boiotro* im Urbar des domkapitelschen Innbruckamtes als *BOYTRA* bzw. *PEWTER* erwähnt: A. Maidhof, Die Passauer Urbare 2 (1939) 157 und 197. Weitere Nennungen bei A. Erhard, Geschichte der Stadt Passau 2 (1863) 198.

53) O. Geyer, Passauer Straßen (1977) 62.

54) F. Mader, Die Kunstdenkmäler von Niederbayern 3: Stadt Passau (1919) 350.

55) H. Hörmann, St. Severin zu Passau. Die Kirche und ihre Baugeschichte nach neuen Ausgrabungen und Untersuchungen (1935).

56) W. Sage, Jahresber. d. bayer. Bodendenkmalpflege 10, 1969, 66 ff.

57) W. Sage, in: Beiträge zur Topographie und Geschichte niederbayerischer Römerorte. Beilage zum Amtlichen Schul-Anzeiger für den Regierungsbezirk Niederbayern 1976, Nr. 5/6, 64 ff. mit Abb. 38–40.

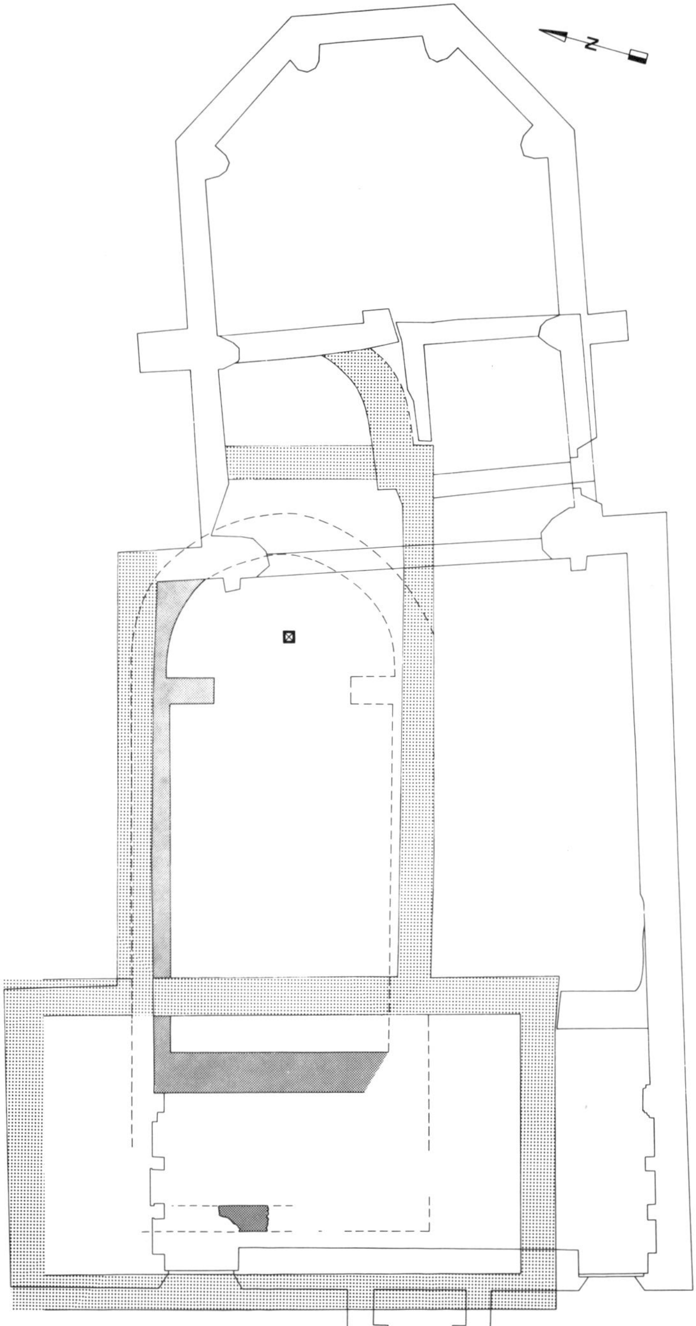

Abb. 12 Passau-Innstadt, St. Severin. Grundrisse nach H. Hörmann und W. Sage. Heller Raster: Spätkarolingisch-ottonische Kirche St. Severin. Dunkler Raster: Spätantike Kirche St. Johannes, erhaltene Mauerteile mit Fundstelle des Reliquienbehälters Abb. 13 in der rekonstruierten Apsis. Zeichnung H.-D. Krause. Maßstab 1:200.

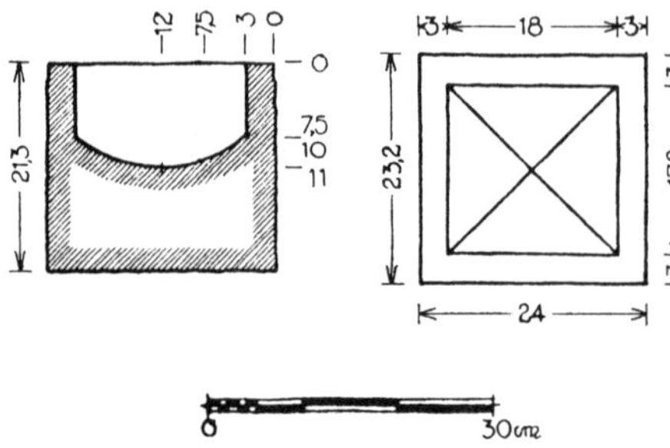

Abb. 13 Passau-Innstadt, St. Severin. Spätantiker Reliquienbehälter aus Kalkstein. Nach H. Hörmann.

gene Apsis war durch kurze Zungenmäuerchen von Schiff getrennt. Den diesen Bau datiernden Fund hatte schon H. Hörmann gemacht: einen Reliquienbehälter aus Kalkstein. Die Grabungsdokumentation Hörmanns war so vorzüglich, daß der Ausgräber diesen Fund, wiewohl er ihn für einen schlichten, relativ jungen Weihwasserbehälter in einem Gräberfeld hielt, detailliert abbildete (hier Abb. 13) und die Fundumstände – er war in Fundamentreste eingebettet – genau vermaß und beschrieb. So kann heute das inzwischen verschollene Fundstück in seiner Lage zuverlässig rekonstruiert werden: es befand sich exakt im Mittelpunkt der neugefundenen Apsis und bestätigt somit ältere Vermutungen über seine Zweckbestimmung [58]. Die Datierung gleichartiger Sepulcren in die Spätantike ist bislang nicht bestritten worden [59]. Mit den Grabungsergebnissen von 1976 gelang der Brückenschlag vom Kirchenbau des hohen Mittelalters zur Gemeindekirche des spätantiken Kastells *Boiotro,* und es dürfte kaum mehr ein Zweifel darüber bestehen, daß wir in dieser Kirche jenen Bau zu erblicken haben, neben dem der heilige Severin ein Klösterchen gründete. Es war eine Kirche *extra muros*, nach der topographischen Lage unschwer unter die Gruppe der Coemeterialkirchen einzustufen. Allein es stellten sich bislang bei allen Grabungen in St. Severin keine spätrömischen Beigabengräber ein – ein Befund, der allerdings angesichts der überaus starken Störungen und Planierungen in mittelalterlicher Zeit nicht voll ausgeschöpft werden sollte. Als Entstehungsgeschichte der Kirche St. Johannes, wie wir jetzt sagen dürfen, kämen zwei Mo-

58) F. Oswald, L. Schaefer u. H. R. Sennhauser, Vorromanische Kirchenbauten 1 (1966) 255.

59) Vgl. die Zusammenstellung von Th. Ulbert bei P. Petru u. Th. Ulbert, Vranje bei Sevnica. Frühchristliche Kirchenanlagen auf dem Ajdovski Gradec (1975) 59 mit Anm. 34–37. Der nächstgelegene Befund stammt aus der Laurentiuskirche von *Lauriacum*-Lorch: W. Neumüller, Sie gaben Zeugnis. Lorch, Stätte des heiligen Florian und seiner Gefährten (1968) 37 ff. mit Abb. 10. Das steinerne Sepulcrum, das Reliquien und Gewebe des 4./5. Jahrhunderts enthielt, war zwar in einer gotischen Altarmensa eingemauert aufgefunden worden, doch erbrachten die Ausgrabungen in der Kirche den Nachweis, daß der Behälter erst spät dorthin gelangt war: L. Eckhart, Jahrb. d. Oberösterr. Musealvereins 109, 1964, 178 ff. und Christliche Kunstblätter 3, 1967, 62 ff., bes. 66.

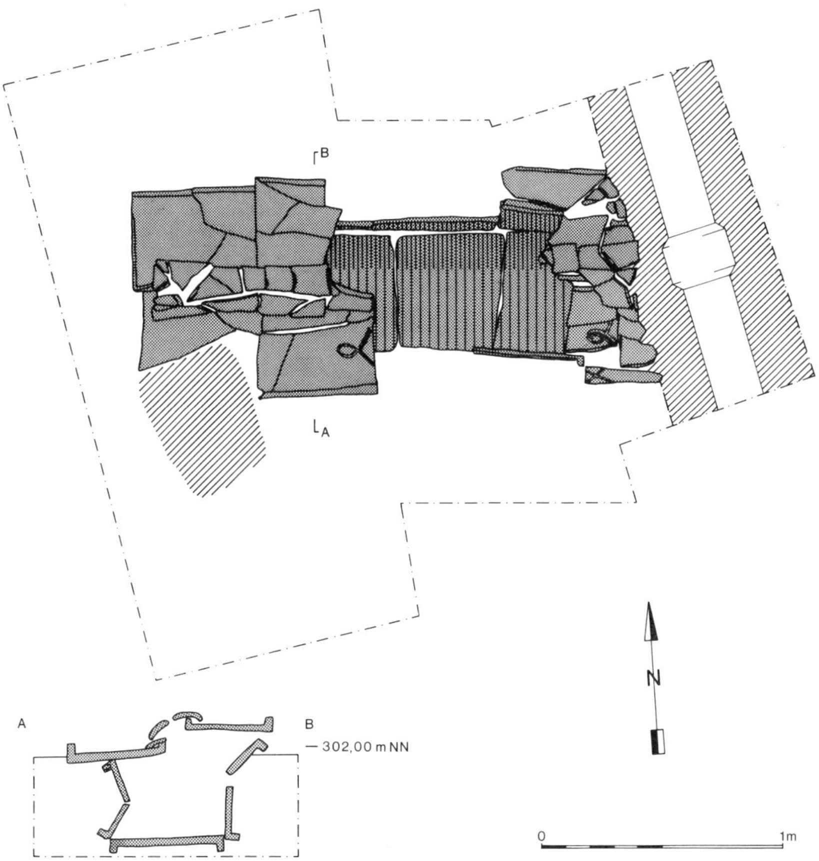

Abb. 14 Passau-Innstadt. Spätrömisches Ziegelplattengrab von 1977 aus einem östlich vom Kastell *Boiotro* gelegenen Bestattungsplatz. Lage Abb. 4.

dellfälle in Betracht: Die Kirche entstand im 5. Jahrhundert unabhängig von einem Friedhof vor dem Ort *Boiotro* und nicht innerhalb der Mauern, weil die seit längerem geübte Praxis der Coemeterialkirchen inzwischen diesen Standort zu einem Topos für Kirchenbauten allgemein gemacht hatte [60]. Die zweite Möglichkeit wäre die gleichzeitige Entstehung eines Friedhofs des 5. Jahrhunderts mit bereits beigabenlosen Gräbern [61] zusammen mit einem Kirchenbau. Die Verlegung des spätantiken Friedhofs von einem

60) Ein solcher Fall vielleicht schon die Laurentiuskirche in *Lauriacum*-Lorch, welche noch in der Spätantike *extra muros* errichtet worden war, jedoch weit entfernt von den gleichzeitigen Bestattungsplätzen und auch, wie es entgegen der Ansicht des Ausgräbers scheint, ohne Anknüpfung an einen älteren Kultplatz. Neben der in Anm. 59 genannten Lit. vor allem: L. ECKHART, Jahrb. d. Oberösterr. Musealvereins 110, 1965, 228 ff.

61) Zwei Bestattungen in der Vorhalle der ältesten Johannes-Kirche könnten hierfür sprechen: W. SAGE (wie Anm. 57) 69 mit Abb. 39.

Gelände östlich von *Boiotro*, wo im Herbst 1977 das erste spätrömische Grab aufgefunden wurde (vgl. Abb. 3 und 14), an das westliche Ufer des Beiderbaches im 5. Jahrhundert wäre hierfür die – m. E. nur wenig wahrscheinliche – Voraussetzung. Immer noch sollte auch die Möglichkeit eines die ganze spätrömische Epoche hindurch belegten Gräberfeldes um St. Severin nicht außer acht und Diskussion gelassen werden, trotz des vorläufigen Fehlens einschlägiger archäologischer Hinweise [62].

Das weitere Schicksal der Kirche St. Severin spiegelt bis zu einem gewissen Grade die Befunde im Kastell wider. Dem dortigen verdünnten Siedlungsniederschlag während des 6. und 7. Jahrhunderts entspricht die langandauernde unveränderte Nutzung und nur notdürftige Ausbesserung der gewiß schon recht baufälligen Kirche des 4./5. Jahrhunderts [63]. Als erst etwa im 10. Jahrhundert das wesentlich größere Gotteshaus mit westlichem Querhaus errichtet wurde, geschah dies noch unter weitgehender Benutzung der Langhausmauern der spätantiken Johanneskirche. Der neue Bau war für eine kleine Siedlung wie Beuder entschieden zu aufwendig. Er ist wohl im Zusammenhang mit einem Wiederaufleben der Severinsverehrung zu sehen [64]; die Patroziniumsänderung dürfte ursächlich damit zusammenhängen. Die kirchliche Sepultur bei St. Severin, welche seit dem Bau der spätantiken Kirche nie abgerissen war und auch dadurch das Vorhandensein von Bevölkerung zwischen dem 5. und 10. Jahrhundert bezeugt, wurde weitergeführt und besteht heute noch.

Zu Beginn dieser Zeilen war die Rede gewesen von spätantiken Orten, die irgendwann im Vorfeld des Mittelalters erloschen. Die betreffenden Plätze entbehrten von ei-

62) Wie wenig man auf kontinuierlich bis heute belegten Friedhöfen mit der Überlieferung beigabenführender spätantiker oder frühmittelalterlicher Gräber rechnen darf, zeigten die Ausgrabungen 1976 bei der Pfarrkirche St. Laurentius in Künzing/Niederbayern, dem *Quintanis* der Vita Severini. Wiewohl es eine beigabenführende Bestattung unter der heutigen Friedhofsmauer wahrscheinlich macht, daß Friedhof (und wohl auch Kirche) bis mindestens ins 6. Jahrhundert zurückreichen, hat sich beim rezenten Gräberausheben im heutigen Gemeindefriedhof nicht ein einziger Fund aus vermutlich hunderten von Beigabengräbern eingestellt. Zum Befund S. Rieckhoff-Pauli, in: Beiträge zur Topographie und Geschichte niederbayerischer Römerorte. Beilage zum Amtlichen Schul-Anzeiger für den Regierungsbezirk Niederbayern 1976 Nr. 5/6, 60 ff. mit Abb. 31 und 33.

63) Entsprechende Befunde liegen von beiden spätantiken Kirchen *Lauriacums* vor: St. Laurentius *(extra muros)* wurde erst in karolingischer Zeit teilweise erneuert; Lit. siehe Anm. 59 und 60. St. Maria *(intra muros)* wich womöglich erst noch später einem Neubau: E. Swoboda, Österr. Jahresh. 30, 1937, Beibl. 253 ff. mit Beil. 1. Vgl. demgegenüber die manchmal rasche Folge von Kirchenumbauten in volkreichen Regionen und Orten: Lavant: W. Alzinger u. E. Fossel, Österr. Jahresh. 47, 1964/65, Grabungen 1966, 64 ff.; Invillino: V. Bierbrauer, Aquileia Nostra 44, 1973, 85 ff. Aber auch: Solnhofen: V. Milojčić, Ber. Röm.-Germ. Komm. 46/47, 1965/66, 133 ff.; Schuttern: K. List, Arch. Korrespondenzbl. 9, 1979, 119 ff.

64) In der Anm. 51 zitierten Urkunde erhalten schon 1073 Pilger, die *causa orationis* von St. Nicola nach St. Severin über den Inn setzen, kostenlose Überfahrt, eine Stelle, welche bereits Felix Mader (wie Anm. 54, S. 308) auf die Verehrung Severins bezog.

nem bestimmten Zeitpunkt an des Siedlungsnachweises und hatten offenbar ihre wirtschaftlichen und kulturellen Funktionen verloren. Der Zeitpunkt dieses Verlustes an Kontinuität war unterschiedlich, jedoch in der Regel deutlich [65]. Zu den Plätzen, an denen ein solcher Abbruch nicht nachzuweisen ist, gehört *Boiotro*. Hier zeichnete sich vielmehr ab, daß das Gelände des Kastells noch im Mittelalter seinen spätantiken Umfang als Rechtsobjekt bewahrt hatte, daß diesem Objekt noch der römerzeitliche Name anhaftete und daß schließlich nirgendwo eine Siedlungsunterbrechung archäologisch sichtbar zu machen war. Die Kirche des spätrömischen *Boiotro* war auch die des mittelalterlichen Ortes *Beuder*. Ein Wüstungsprozeß hat an diesem Platz offenbar niemals stattgefunden. Gleichwohl kann *Boiotro* nicht für spätantike Kontinuität schlechthin stehen. Allzusehr war und ist der Ort in Abhängigkeit zum bedeutenderen Nachbarn *Batavis*-Passau, von dem er stets belebende Impulse empfing. Wenn allerdings für den Vorort der Nachweis ununterbrochener funktioneller, biologischer und onomastischer, ja vermutlich sogar in irgendeiner Form besitzrechtlicher Kontinuität wahrscheinlich gemacht werden kann, so hat man ähnliches erst recht für den Hauptort *Batavis*-Passau anzunehmen, selbst wenn man beim derzeitigen Forschungsstand noch lange auf den direkten archäologischen Beleg wird warten müssen. In *Batavis-Boiotro* haben wir einen Modellfall für eine romanische Siedlungsinsel vor uns, deren Bewohner zwar infolge ihrer Isolation zwischen dem 6. und 9. Jahrhundert mehr und mehr germanisiert worden sein dürften [66], dabei wohl auch unmerklich das Gefühl für ihre ethnische Eigenständigkeit einbüßten, nichtsdestoweniger manches an kirchlichen, verwaltungsmäßigen und besitzrechtlichen Überlieferungen aus Gewohnheit bewahrten [67], ohne sich letztlich der historischen Dimension dieses ihres Tuns noch bewußt zu sein. Den Ausblick auf diese Formen der Kontinuität und ihre realen Äußerungen [68] offen gehalten zu haben, ist das Ergebnis der Ausgrabungen in *Boiotro*, ihn offen zu halten das Anliegen dieser Zeilen.

65) Siehe Anm. 8–10.

66) Seit der Zeit Severins verdichtete sich das Netz germanischer Siedlungen um die romanischen Orte stetig, angefangen von Plätzen des 5. Jahrhunderts wie Altenerding (W. SAGE, Ber. Röm.-Germ. Kommission 54, 1973, 212 ff.) bis hin zur einsetzenden Besiedlung des tertiären Hügellandes und des Bayerischen Waldes im 8. Jahrhundert.

67) Hinzuweisen ist auf die älteste Traditionsurkunde des Hochstifts Passau mit ihrem Formular des 5. Jahrhunderts: M. HEUWIESER, Die Traditionen des Hochstifts Passau. Quellen und Erörterungen zur bayer. Geschichte NF. 6 (1930) Nr. 1.

68) Zu ihnen scheint nun in Zukunft wieder mehr als bisher die Ortsnamenform zu zählen sein, welche bei genauer Prüfung meist mit mehr als einem Kontinuitätsmerkmal gekoppelt auftritt.

Antiqui Barbari

Zur Besiedlungsgeschichte Ostnoricums und Pannoniens im 5. und 6. Jahrhundert nach den Schriftquellen *

VON JAROSLAV ŠAŠEL

Laut Zosimos konnten einige Stämme der Hunnen, Alanen und Westgoten im Jahre 377 mit der römischen militär-politischen Führung unter Gratian einen Territorialschutz- bzw. Foederaten-Vertrag für Pannonien abschließen [1]. Da seit den diokletianisch-konstantinischen Reformen Pannonien als Verwaltungseinheit nicht mehr existierte, sondern in Pannonia Prima, Pannonia Valeria, Pannonia Secunda und Pannonia Savia aufgeteilt war, erhielten die erwähnten Stämme – zum militärischen Grenzschutz verwendet – natürlich nicht die gesamte einstige Provinz, sondern nur einige ihrer neu eingerichteten Teile zugewiesen. Zosimos präzisiert nicht welche, weil zu seiner Zeit unter ›Pannonien‹ regulär Pannonia Savia und Pannonia Secunda verstanden wurden, also die beiden Provinzen, welche nach den Peripathien im 5. Jahrhundert allein unter direkter Reichsverwaltung verblieben [2]. Die Richtigkeit dieser Erkenntnis wird auch durch nachfolgendes Überlegen bestätigt.

Während die hunnisch-alanische Foederatensphäre auf Syrmien, d. h. auf Pannonia Secunda beschränkt war [3], ist nicht sofort ersichtlich, wo genauer die Garnisons- und Kontrollpunkte der Westgoten gelegen sind. Zwei Begebenheiten helfen jedoch, diese Frage zu klären. Erstens zeigen die damaligen Zwistigkeiten zwischen der orthodoxen und der arianischen Bewegung in den christlichen Gemeinden der Westbalkangebiete, daß der arianische, d. h. gotische Siedlungsraum mindestens bis *Iovia* (heute Ludbreg im

* Der Vortrag ›Abriss antiker verwaltungstechnischer Wandlungen im Bereich der nordöstlichen Grenze Italiens‹ (Kurzfassung im Protokoll Nr. 208 vom 18. 1. 1977 des Konstanzer Arbeitskreises für mittelalterliche Geschichte e. V., von der Tagung auf der Insel Reichenau vom 5.–8. 10. 1976, S. 27–31) will als Einleitung zu folgenden Gedanken mit dem Versuch einer analytischen Besiedlungsübersicht für dasselbe Territorium, die ich somit der Diskussion übergebe, verstanden werden. Dankbar bin ich Professor Joachim Werner für die gewährte Gesprächsmöglichkeit und für die vielen Ermunterungen, die ich auf der Reichenau empfangen habe.

1) Zosim. 4.34.2. Iordan. Get. 141; 142; 161. Zur Diskussion: D. HOFFMANN, Das spätrömische Bewegungsheer I (1969) 464 und L. VÁRADY, Das letzte Jahrhundert Pannoniens (1969) 36 und 519.

2) Dazu vor allem VÁRADY 287.

3) VÁRADY 280 ff.

Nordwesten Kroatiens) und *Poetovio* (heute Ptuj) gereicht hat [4]. Zweitens: Weil die römische Verwaltung die angesiedelten Foederaten anfänglich unregelmäßig und unzureichend versorgte, kam es im Jahre 379 zu Ausschreitungen und Beutezügen [5], worunter auch Hironymus' Heimatstadt *Stridon* zu leiden hatte [6]. Die Stadt *Stridon* ist zwar nicht lokalisiert, es ist aus gewissen Gründen – auf die ich hier kaum eingehen kann – jedoch wahrscheinlich, daß sie im Grenzbereich zwischen Dalmatien und Pannonia Savia, wie das Gebiet von *Emona* (heute Ljubljana) bis östlich jenseits von *Siscia* (heute Sisak) benannt wurde, gelegen war [7]. Wenn *Stridon* von Goten geplündert wurde, ist es mehr als wahrscheinlich, daß dieselben gerade in jenen Bereichen Pannoniens stationiert waren, die der Stadt mindestens nahe gelegen sind, also in Pannonia Savia. Diese beiden Tatsachen, daß *Stridon* von Goten geplündert und daß der Kirchenzwist von Goten ausgelöst wurde, lassen mit ziemlicher Sicherheit darauf schließen, daß ihnen Pannonia Savia anvertraut wurde.

Die germanische Besiedlung Saviens muß sich danach, wie aus folgendem direkt und indirekt zu erschließen, noch verstärkt haben. Sowohl gegen Maximus im Jahre 388 als auch gegen Eugenius im Jahre 394 haben in der Armee von Theodosius Soldaten germanischer und anderer Herkunft, besonders Goten mitgekämpft [8]; von letzteren sind am ersten Tag in der Schlacht am *Frigidus* um 20 000 gefallen [9]. Es ist nicht überliefert, ob diese Einheiten teilweise auch in Savien angeworben oder nachher dort einquartiert waren; es ist jedoch fast sicher, daß sie dort mit Stammesgenossen Kontakte gehabt haben.

Bezeichnend ist ferner Claudians Notiz, wonach Stilicho während des Marsches von Italien nach Thessalien im Jahre 395 auf Barbaren stieß [10] – das Gebiet wird in der Quelle mit den Worten *vix Alpes egressus* präzisiert. Im Panegyricus, welcher von Claudian, als Stilicho die Konsulatswürde antrat (400), rezitiert wurde, ist derselbe für die Jahre 396/398 als *Rheni pacator et Histri* angesprochen [11]. Die erste Notiz, die sich auf Barbaren *vix Alpes egressus erat* bezieht, muß vor allem Goten in Savien gemeint haben; die zweite wiederum, wo Stilicho als *Rheni pacator et Histri* fungiert, veranschaulicht vor allem den ständigen Druck der Germanen auf die Grenze und deren Einfälle in die Donauprovinzen, was auch mit der folgenden Angabe von Stilichos Verhandlungen mit Barbaren illustriert wird.

4) Die beste Orientierung nebst Lösung einiger Probleme sowie Übersicht der diesbezüglichen Quellenlage bietet R. Egger, Die Zerstörung Pettaus durch die Goten, ÖJh 18 (1915) Bb. 253 ff. = (Sammelband) Römische Antike und frühes Christentum I (1962) 36–44.

5) Zum Jahr: Várady 421 Anm. 83.

6) Várady 37 und 91 und 422 Anm. 97. P. Antin, Essai sur Saint Jérôme (1951) 7 ff.

7) Zur Provinz Savia vgl. N. Vulić, RE II A (1921) 258 und A. Mócsy, ib. Suppl. IX (1962) 588.

8) Hoffmann I 30.

9) O. Seeck-G. Veith, Die Schlacht am Frigidus, Klio 13 (1913) 451–467.

10) Claud., In Ruf. 2.124. Anders interpretiert, kaum mit Recht, Hoffmann I 31 f.

11) Claud., Cons. Stil. 3.14.

Ungefähr gleichzeitig nämlich hatten Vandalen den pannonischen Limes durchbrochen und zogen westwärts, es schlossen sich ihnen Alanen an [12]. Stilicho gelang es, mit beiden Gruppen zu einer friedlichen Regelung zu kommen. Er fand für sie im Territorialschutz Verwendung; vermutlich im Bereich von Pannonia Prima, weil sie sich nach Alarichs Italienzug erhoben und Teile Noricums und Vindelikiens besetzten, was vor allem von Pannonia Prima aus ausführbar war. Es gelang jedoch der römischen Militärführung, sie schon im Winter 401/402 nochmals zum Foederatenvertrag zu überreden [13]. Aus dem Angeführten ist ersichtlich, daß damals auch in Noricum eine größere Zahl barbarischer Elemente anwesend war.

Nach der Niederringung des Radagais bei *Faesulae* im Jahre 406 wurden die restlichen Einheiten seiner Invasionsarmee sowohl in Italien als auch in Pannonien auf Garnisonsorte verteilt [14]. Vielleicht bezieht sich Hieronymus' Bezeichnung *hostes Pannonii* auf diese [15]. In diesem Kontext ist besonders Alarichs Tendenz zwischen 401 und 410 bezeichnend – vor allem im Jahre 408 –, an die bestehende westgotische Basis in Savien politisch noch Dalmatien, Pannonia Prima, Histrien, Noricum Mediterraneum und Ripense anzuschließen [16].

Durch die feuerbrunstartig um sich greifende antibarbarische Welle nach Stilichos Ermordung (23. 8. 408) wurden aus Italien rund 30 000 Goten in Alarichs politische Sphäre vertrieben [17]. Das heißt, in Grenzgebiete Westillyricums, genauer nach Savien.

Die relativ dichte germanische Verteilung in den südostalpinen und perialpinen Regionen liefert auch einen plausiblen Grund, warum im Jahre 409 Generidus als *magister militum* für ein Territorium ernannt wurde, welches vom verwaltungstechnischen Standpunkt ungewöhnlich zusammengestellt war, nämlich Rätien und Illyricum [18]. Anscheinend, weil zwischen der romanischen Bevölkerung in den genannten Gebieten, und vor allem in diesen, relativ dicht Barbaren saßen, wo am ehesten er, als gebildeter Barbar in römischen Diensten, Ordnung und normales Leben wieder herstellen konnte.

Die relativ zahlreichen Goten und andere Splitter barbarischer Stämme, von den Julischen Alpen bis in das mittlere Savetal auf Territorialstützpunkte als eine Art Grenzler verteilt (worauf von den Zeitgenossen Hieronymus [19] und Ambrosius [20] angespielt

12) Claud., Bell. Goth. 363 ff., dazu VÁRADY 180. Vgl. auch K. REINDEL, Staat und Herrschaft in Raetien und Noricum im 5. und 6. Jahrhundert, Verhandlungen des Historischen Vereins für Oberpfalz und Regensburg 106 (1966) 25.

13) Claud., Bell. Goth. 373 ff. REINDEL 26.

14) VÁRADY 199, eine plausible Vermutung.

15) Hieron., Ep. 123.16, geschrieben im Jahre 409 mit Bezug auf Ereignisse von 407; vgl. VÁRADY 218.

16) E. STEIN, Histoire du Bas-Empire I (1959) 256 ff.; VÁRADY 243.

17) VÁRADY 242.

18) Zosim. 5.46. O. SEECK, Geschichte des Untergangs der antiken Welt III (1921^2) 364.

19) Hieron., Ep. 60.16; vgl. VÁRADY 121.

20) Ambros., Ob. Val. 2. – Zur Definition der Foederaten vgl. BENJAMIN, RE VI (1909) 2817 und J. MASPERO, Foideratoi et Stratiotai dans l'armée byzantine au VIe siècle, BZ 21 (1912) 99.

wird und die, wie gesagt, aus Gratians gotischen Foederaten, aus Alarichs Westgoten, aus den Gruppen der Radagais-Armee, aus den im Jahre 408 aus Italien vertriebenen Goten und anderen barbarischen Volksteilen und außerdem aus älteren suebisch-markommanischen Stämmen gebildet wurden, s. unten), sind allem Anschein nach auch nach Generidus in ihren Heimen, Burgen und Kastellen verblieben. Es fehlt jedenfalls ein Beweis, daß sie insgesamt abgezogen wären. Auch nach 433, als Aetius den Hunnen unter König Rua Pannonia Secunda und Pannonia Valeria foederatenmäßig überlassen hatte [21], besteht kein Anlaß, eine Änderung in Savien zu vermuten.

Es ist nicht gesichert, daß man von den erwähnten Angaben einige auch mit Südostnoricum in Verbindung bringen dürfte; es ist jedoch zu beachten, daß der Jutungeneinfall nach Rätien und Noricum – um 428 –, welcher bei der lokalen Bevölkerung einen starken Widerhall gefunden hat, gewiß auch bis zur Drau und Save hörbar wurde [22]. Zwischen den Jahren 429–431 wurden sowohl jene wie auch die meuternden Noriker von Aetius mehrmals besiegt [23].

Nach dem Tode Attilas (453), der den hunnisch-germanischen Völkerbund im pannonisch-karpathischen Raum mit harter Hand geführt hatte, entlud sich die Spannung zwischen seinen Söhnen und Erben und deren Verbündeten (unter welchen auch die Goten waren [24]) einerseits und der Mehrzahl der germanischen Volksgruppen der einstigen Koalition andrerseits in mehreren Schlachten. Der bekannteste, anscheinend auch entscheidende Kampf wurde 454 am pannonischen Fluß *Nedao* – nicht identifiziert – gefochten. Jeder der beteiligten Stämme schloß mit der Regierung des Ostens einen separaten Vertrag und suchte sich auf eigenem Territorium die Selbstständigkeit unter byzantinischem Schutz zu sichern [25]; zumeist in jenem Raum, der schon während der hunnischen Phase von ihm besiedelt wurde (Abb. 1):

G e p i d e n in Siebenbürgen und in unterem Theissgebiet, d. h. in Westdakien zwischen den Flüssen Theiss-Donau-Alt und den Karpaten [26]. Als Sieger im Antikoalitionskampf und im Einklang mit dem Kriegsrecht suchten sie sich auch die vorher hunnische Pannonia Secunda anzueignen. Sowohl aus strategischen Gründen als auch der großen Ost-West-Arterie wegen, die durch dieses Gebiet verlief, trachtete Byzanz dort wenigstens Einfluß, wenn nicht reale Macht zu behalten. Deshalb wurde das in Frage gestellte

21) Marcellin. ad a. 427. VÁRADY 278 ff.

22) Sidon. 7.233 ff. Hydatius a. 429/431 Nr. 93 und 95. Vgl. REINDEL 28. Der Anschluß der Vindeliker und Noriker scheint allgemein gewesen zu sein, er wurde auch ernst bekämpft.

23) Ib.

24) Iord., Get. 260 f., dazu VÁRADY 328.

25) Iord., Get. 263.

26) D. CSALLÁNY, Archäologische Denkmäler der Gepiden im Mitteldonaubecken (1961) 10 ff. I. BÓNA, Der Anbruch des Mittelalters, Gepiden und Langobarden im Karpatenbecken (1976) 17 ff.

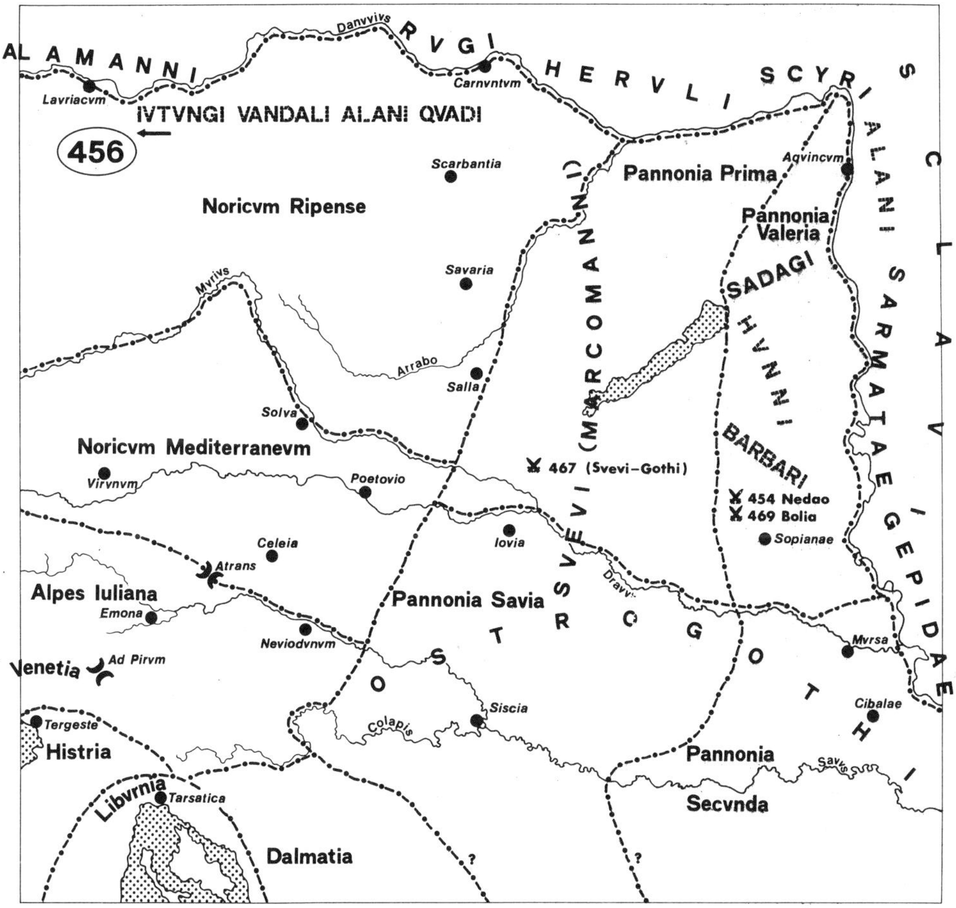

Abb. 1 456: Situation nach dem Auseinandersprengen des hunnischen Bundes, als sich die Reichsgewalt wieder spürbar machte. Der eingetragene Verlauf der Provinzgrenzen beruht auf Vermutung, die westpannonischen Städte (Poetovio bis Carnuntum) sind zu Noricum geschlagen.

Gebiet den Goten zur foederaten Besiedlung freigegeben [27], und erst nach deren Abwanderung im Jahre 473 gelang es den Gepiden, Syrmien zu besetzen [28]. Dadurch entstand zwischen ihnen und dem Ostreich ein permanenter casus belli.

S l a w e n. Neben den Gepiden in Westdakien werden von Prokop zu Anfang des byzantinisch-gotischen Krieges (536) auch Slawen erwähnt [29].

27) Iord., Get. 264. Ausführlich begründet Várady 331 ff.
28) Procop., Goth. 7.33.8 und 34.17. Vgl. Csallány 10 ff.
29) Procop., Goth. 8.18.25.

S a r m a t e n im Alföld. Im Jahre 472 wurden sie von den nach Untermösien auswandernden Goten bekämpft. Deren Territorium samt den Stammesüberresten wurde nachher von Gepiden annektiert [30].

S a d a g i *interiorem Pannoniam possidebant*, notiert Jordanes. Von Lotter werden sie westlich des Plattensees, von Várady jedoch – meiner Meinung nach richtiger – nordöstlich lokalisiert [31].

H e r u l e r im mährischen und westtschechischen Gebiet [32].

R u g i e r westlich des Flusses March und im Tullnerfeld [33].

S k i r e n in der Slowakei, d. h. außerhalb des Imperiums, vorwiegend zwischen den Flüssen Waag/Váh und Eipel. Im Jahre 469 wurden sie in der Schlacht am nicht lokalisierten pannonischen Fluß *Bolia* dezimiert [34], die Überreste flüchteten teils nach Ostrom (unter Hunvulf), teils nach Westrom (unter Odoakar).

S u e b e n in Westpannonien zwischen der Donau und der Drau (evt. Save) [35]. Zu den Sueben gehörten Alemannen, Quaden und Markomannen. Die letzteren trachteten seit jeher und mit Erfolg, teils in die Gebiete südlich der Donau einzusickern, teils gruppenweise in die römische Auxiliararmee aufgenommen und in den nordpannonischen Festungen stationiert zu werden, wo sie noch in der Notitia dignitatum verzeichnet sind [36]. Im Laufe der Zeit wurden sie christianisiert, allerdings nicht im arianischen Glauben, sondern im katholischen [37]. Quaden hatten sich dem westgotischen Zug angeschlossen und ließen sich endlich in Galicien im Nordwesten der iberischen Halbinsel nieder [38]. Die im tschechischen Raum verbliebenen Markomannen wurden schließlich in die Gebiete der Pannonia Prima und Savia abgedrängt; ihre aufgelassenen Siedlungen wurden dann allmählich von Herulern, Rugiern und Skiren besetzt [39].

30) Iord., Get. 280–284. L. Schmidt, Die Ostgermanen (1941) 276 f. Csallány 10 ff. Várady 340.

31) Iord., Get. 272. Várady 335. F. Lotter, Severinus von Noricum (1976) 202.

32) Heruler siedelten nördlich der Donau in Niederösterreich.

33) R. Noll, Eugippius, Das Leben des heiligen Severin (1963) 124 und passim.

34) Zur Lokalisation Várady 339. Vgl. auch I. Bóna, Abriss der Siedlungsgeschichte Ungarns, Archeologické rozhledy 20 (1968) 608.

35) F. Lotter, Zur Rolle der Donausueben in der Völkerwanderungszeit, Mitteilungen des Instituts für österreichische Geschichtsforschung 76 (1968) 275 ff.

36) Occ. V 49 und 50; VI 22; XXXIV 24. D. van Berchem, in: Carnuntina 3 (1956) 12–17. Várady 446. Viel von vortheodosischen Quellen findet man in der Zusammenstellung von F. Stefan, ›Die Germanische Landnahme im Ostalpenraum bis zum Anfang der Völkerwanderung‹, Das Joanneum (Graz) 6, 1943, 29–112, besonders 43 ff., die aber methodisch verfehlt und nicht genügend kritisch vorgeht. Diesbezüglich sind erwähnenswert auch die Analysen der narrativen Quellen von B. Rappaport, Die Einfälle der Goten in das Römische Reich bis auf Constantin (1899) und von E. Sehmsdorf, Die Germanen in den Balkanländern bis zum Auftreten der Goten (1899).

37) Paulin. Med., Vita Ambr. 36 (Pl XIV 42).

38) W. Reinhart, Historia general del reino hispánico de los Suevos (1952) passim. D. Claude, Geschichte der Westgoten (1970) und A. Tranoy, Hydace II (1974) 24 ff.

39) Várady 122 und 446.

Ostgoten. Die drei Äste der damaligen Ostgoten – Thiudimers, Vidimers und Valamirs – hatten am *Nedao* unter Valamirs Führung auf hunnischer Seite teilgenommen und wurden besiegt [40]. Trotzdem wurde ihnen wegen der oben erwähnten politischen Situation im Jahre 456 mit Foederaten-Vertrag ›Pannonien‹ zugeteilt. Man wollte damit die Gepiden blockieren. Valamirs Sippen saßen seither in Syrmien, das später noch von Theoderich als einstige Heimat betrachtet wurde [41]. Thiudimer siedelte mit den Seinen im Bereiche des Plattensees und beunruhigte die Sadagen [42]. Zwischen den beiden – in Slawonien ungefähr – herrschte Vidimer, welcher mit seinen Sippen im Jahre 472 aus politisch-ökonomischer Not zu den Westgoten in die Provence und später nach Hispanien zog [43]. Eine seiner Kolonnen drang die Drau aufwärts, belagerte *Teurnia* – sicher auch andere Städte –, das sich mit seinen für die Zehntabgabe angelegten Stoffvorräten die Freiheit erkaufen konnte.

Einen Einblick in die relativ starke germanische, zumeist foederatenartig organisierte Anwesenheit und einen Einblick in deren innere Spannungen auf dem für uns relevanten Gebiet gewähren Ereignisse, die dem Sieg der Goten 467 über plündernde Sueben am Plattensee gefolgt sind [44]. Hunimund, deren König, stiftete die den Goten untertanen Skiren zum Aufruhr an [45]. Sie wurden geschlagen. In den Kämpfen fiel jedoch Valamir, was die Goten auf Rache sinnen ließ. Von den Sueben wurde daraufhin eine aus Sarmaten, Gepiden, Rugen, Skiren und anderen gebildete Koalition aufgestellt, jedoch am Flusse Bolia – irgendwo in Pannonien – 469 von Goten zerschlagen [46]. Während dieser Kämpfe gelangte die perialpine Straße unter gotische Aufsicht, wodurch den Rugiern der Fluchtweg nach Italien abgeriegelt wurde. Deren Furcht vor gotischer Rache ist in der Vita Severini erwähnt; Severin selbst ist für sie vermittelnd eingetreten [47]. Davor noch war Hunimund mit Anhängern nach Alemannien geflohen; er wurde während des Winters verfolgt und nochmals geschlagen [48]. Es scheint, daß seitdem die Alemannen Noricum Ripense in Ruhe gelassen und ihr politisches Interesse gegen Westen gerichtet haben. Weder Sueben noch Rugier haben seither die Donau überschritten.

Als Theoderich die Führung der Ostgoten übernahm, konzentrierte er seine militärisch-politische Aufmerksamkeit zunächst auf Mösien, wohin er 472 übersiedelte. Dies wie auch die vorherige gotische Kriegstätigkeit in Pannonien haben das byzantinische foederaten- und vertragsmäßig geknüpfte politische Netz zerrissen. Die vorgeschobenen Stützpunkte bei den Skiren und Rugiern waren vernichtet, von Feinden auch Sadagen und Sarmaten unterjocht. Den Gepiden wurde somit der lokalimperialistische Expansionsweg geöffnet: alles eine Folge – vom byzantinischen

40) Siehe oben Anm. 24.
41) Cassiod., Var. 3.23.
42) Siehe oben Anm. 31. Zu den Siedlungsstätten der Ostgoten in Pannonien Várady 336.
43) Vgl. R. Noll (s. Anm. 33) 132 und Várady 340; ebenso M. Mirković im Recueil des travaux de la Faculté de Philosophie (Belgrade) X–1, 1968, 119–128.
44) Iord., Get. 273. Kommentar: F. Lotter (Anm. 35) passim.
45) Quellenangaben bei Lotter.
46) Iord., Get. 273 ff.
47) Vita S. Severini 5.
48) Zu den Ereignissen und deren Quellen vgl. F. Lotter, Severinus und die Endzeit römischer Herrschaft an der oberen Donau. Deutsches Archiv für Erforschung des Mittelalters 24 (1968) 309 ff.

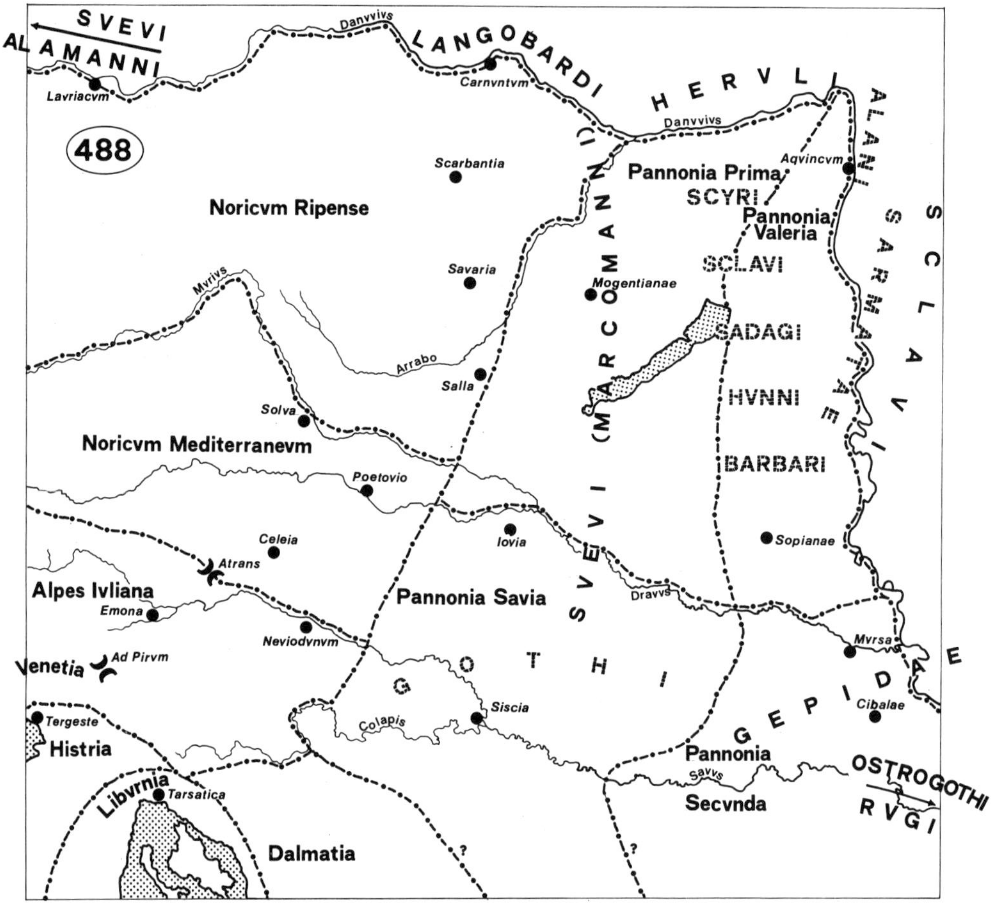

Abb. 2 488: Situation nach der Auswanderung der Ostgoten und nach der sogenannten Evakuierung Ufernoricums.

Standpunkt aus betrachtet – der gotischen Eigenwilligkeit und vielleicht innerer Zwietracht. Im Jahre 481 entriß Odoakar Dalmatien der oströmischen Verwaltung. Bevor er 488 wegen des übermächtigen Druckes auf die Provinz Noricum Ripense die Aussiedlung der Provinzialen, das Ende der direkten Provinzverwaltung und anscheinend deren foederatenmäßige Übergabe an uns unbekannte Siedler beschloß (Abb. 2), schlug er 487 die Rugier, weil sie mit dem Ostreich und den Ostgoten paktiert hatten. Deren Überreste wurden bei Theoderich in Mösien aufgenommen [49].

Das verlassene Rugiland wurde von Langobarden besetzt. Sie waren politisch den Herulern untergeordnet, von welchen sie sich dann um 505/508 losrissen [50]. Eine Hälfte der besiegten

49) Dazu R. Noll (Anm. 33) 143.
50) Procop., Goth. 6.14.8 ff.

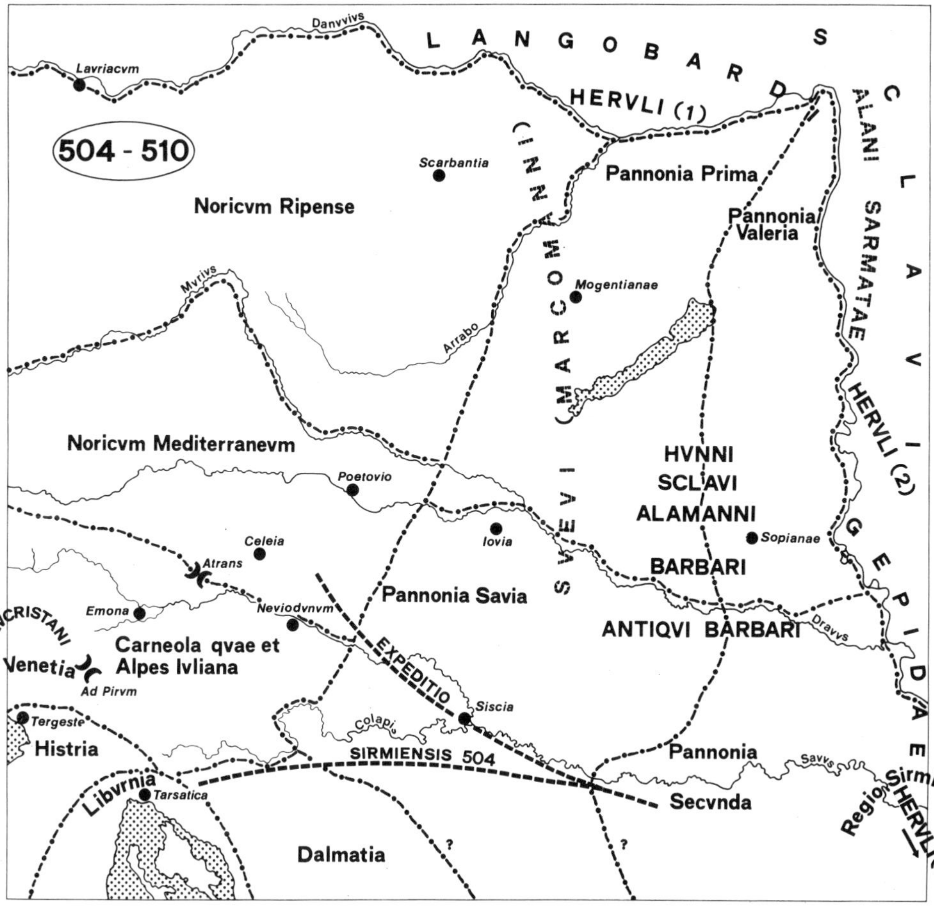

Abb. 3 504–510: Die Balkanexpansion des gotischen Reiches und die Besiedlungssituation, die den Königsedikten (Cassiodor) zugrunde gelegt ist.

Heruler kehrte danach in die alte Heimat Skandinavien zurück, die andere versuchte, sich den Gepiden anzuschließen. Diese fühlten sich bedroht und drängten sie ab. Deshalb baten die Heruler um Aufnahme in die östliche Reichshälfte; 512 wurden ihnen die Gebiete um *Singidunum* und Teile der Pannonia Secunda foederatenmäßig mit der Aufgabe, gegen die Gepiden die Front zu halten – deren Druck sie jedoch bald nachgaben –, angewiesen [51]. Währenddessen konnten die Langobarden aus Rugiland nach Mähren einsickern, die Donau überqueren und sich bis zur Save ausbreiten.

51) Ausführlich dazu F. Barišić, ›Vizantiski Singidunum‹, Zbornik Radova (Vizantološki institut, Beograd 3 (1955) 3 ff.

489 drang Theoderich in Italien ein. Noricum wurde Teil des ostgotischen Reiches, was auch Prokop notiert [52]. Von Reindel wird plausibel bewiesen, daß Theoderich politisch sowohl beide Rätien als auch ganz Noricum beherrschte, was besonders seine Beziehungen zu Herulern, Thüringern und Rugiern nahelegen [53]. Dalmatien wurde besetzt, 493 fiel Ravenna; Theoderich wurde zum Beherrscher des Weströmischen Reiches. Aus Gründen der politischen Sicherheit mußte er sich im Jahre 504 zur *expeditio Sirmiensis* entschließen (Abb. 3). Es wurde Pannonia Savia annektiert, Sirmium den Gepiden entrissen – Ennodius bezeichnet es als die Grenzstadt Italiens [54] – und Pannonia Secunda mit dem Ostreich geteilt [55]. Parallel dazu lief natürlich die militärische und verwaltungstechnische Inbesitznahme durch die Goten.

Die Resultate der im Vorherigen angeführten Analysen, die eine relativ intensive barbarisch-germanische Besiedlung Pannoniens, vor allem Südpannoniens, teils auch Noricums vom 4. Jahrhundert an ergeben haben, werden für die erste Hälfte des 6. Jahrhunderts um zwei Angaben vermehrt und dadurch erhärtet, deren eine in Edikten, die für Theoderich vom Senator Cassiodor formuliert waren, deren andere im Gedicht des hl. Martin von Braga enthalten ist.

Im ostalpinen und Westbalkan-Gebiet, das von Theoderich teils im Jahre 489, teils 504 erworben wurde, hat die gotische Verwaltung für die Sicherheit, für administrative und Gerichtsdienste, für den *cursus publicus*, für geordnete besitzrechtliche Zustände, für die Wirtschaft, vor allem Viehzucht und Bergbau, für Festigung der Einheit, Anständigkeit, Redlichkeit und Gleichheit vor der Steuerbehörde gesorgt. In entsprechenden Reskripten und Edikten werden für Savien und die benachbarten Verwaltungseinheiten mehrere Bevölkerungskategorien faßbar. Einerseits juridisch und betont administrativ kategorisierte Bewohner: *provinciales, capillati, defensores, curiales, possessores* [56]. Andererseits ›ethnisch‹ und sozial-politisch eingeteilte Schichten; *Romani* [57], *barbari* [58],

52) Procop., Goth. 5.16.24 ff.

53) Reindel (Anm. 12) 34 ff.

54) Im Paneg. Theod. 263.

55) Novell. Iust. XI, vgl. auch CXXXI. E. Stein, Histoire du Bas-Empire II (1949) 156, und Untersuchungen zur spätrömischen Verwaltungsgeschichte, Rhein. Mus. 74 (1925) 357 ff. = Opera minora selecta (1968) 155 ff. Ferner V. Bierbrauer, Zur ostgotischen Geschichte in Italien, Studi Medievali [3] (Spoleto) XIV, 1, 1973 S. 9 f.

56) *Provinciales* in Noricum, Cassiod., Var. 3.50, in Savien 4.49 und 5.14; *capillati, defensores, curiales, possessores,* ib.

57) In Pannonien, Var. 3.24; in Dalmatien 8.4; in Savien-Dalmatien 9.9; in Italien 8.4. Zur Kategorie der *Romani* bei Ammianus Marcellinus s. Várady 285. Vgl. J. Zeiller, L'apparition du mot Romania dans les écrivains Latins, REL 7 (1929) 194 ff.

58) In Pannonien 3.24.

Lucristani[59], *antiqui barbari*[60], *Goti*[61], *extraneae gentes*[62]. Die ›juridisch‹ betonte Gruppe bereitet keine Interpretationsschwierigkeiten. In der zweiten sind mit *Goti* Theoderichs ostgotische Sippeneinheiten gemeint; mit *Romani* vollbürtige romanisierte Eingeborene. *Barbari* sind jene Einwohner, die juridisch von Goten und Romanen geschieden werden, und *Lucristani* nur eine genau lokalisierte Barbarensippe. Während *Romani* den ›autochthonen‹ Bevölkerungsteil bilden, dessen Wurzeln sich in vorgotischen Phasen verlieren, scheint die Kategorie *barbari* eine neu entstandene nichtgotische und nicht romanische Gruppe zu bezeichnen, welche sich wohl (so meine ich) aus Einheiten der Sueben, vor allem auch Hunnen, vielleicht Skiren, vielleicht auch Slawen und anderen in den Quellen genannten Völkersplittern zusammensetzte; sie begannen nach der gotischen Abwanderung nach Untermösien im Jahre 472, in diese Räume einzusickern und waren Theoderich natürlich gut bekannt. Es bleibt noch der Ausdruck *antiqui barbari* zu definieren. Da sie, wie durch die Verwendung des Adjektivs *antiqui* nahegelegt wird, älter als die soeben besprochene Gruppe der *barbari* sein müssen, können sie kaum etwas anderes dargestellt haben als verschiedenartige germanisch-hunnische Volkssplitter aus dem Völkerbund Attilas; denn noch ältere Splitter, zum Beispiel markomannische, müßten im Laufe von fünf bis sechs Generationen zur Gänze assimiliert worden sein.

Diese Angabe, die für Savien und Umgebung eine relativ intensive barbarische Besiedlung außer Zweifel stellt (Abb. 4), wird für die gleiche und unmittelbar nachfolgende Zeit durch Martin von Braga bestätigt, bzw. noch präzisiert[63]. Er war zwischen 510 und 520 in Südpannonien – entweder in Pannonia Secunda oder Pannonia Savia – geboren, emigrierte um 536 über Konstantinopel nach Palästina, ging von dort auf Missionswegen 552 nach Galicien, wo er im Weihegedicht für die Kathedrale Bracaras die Verdienste des Landespatrons Martin von Tours pries, durch dessen Gnade neben Sueben in Galicien auch ganze Stämme von Pannonien bis Germanien getauft wurden[64]. Im Gedicht werden sie insgesamt aufgezählt. Bei einigen kann man daran denken, daß er sich derselben aus seiner Jugendzeit erinnerte, als er anscheinend mit Mitgliedern einzelner Sippen in persönlichen Kontakt gekommen war. Er zählt nämlich auf: *Alamannus, Saxo, Toringus, Pannonius, Rugus, Sclavus, Nara, Sarmata, Datus, Ostrogothus, Francus, Burgundio, Dacus, Alanus.* Es ist gut möglich, daß Theoderich mit *antiqui barbari* teilweise auch an diese Gruppen gedacht hat.

59) Lokalisiert: *super Sontium*, im Insonzotal bzw. oberhalb, 1.29.

60) In Savien 5.14.6 (zwischen 523/526). Vgl. VÁRADY 522.

61) In Savien-Dalmatien 9.9.

62) 9.9, Geltung: Gotisches Reich im Jahre 526/527.

63) J. ŠAŠEL in der Zeitschrift Kronika (Ljubljana) 24 (1976) 151–158 und 25 (1977) 166 f.; DERS., in: Historia 27 (1978) 249–254.

64) CLAUDE W. BARLOW, Martini episcopi Bracarrensis opera omnia (1950) 282. J. VIVES, Inscripciones Cristianas de la España romana y visigoda (1969^2) S. 119 Nr. 349.

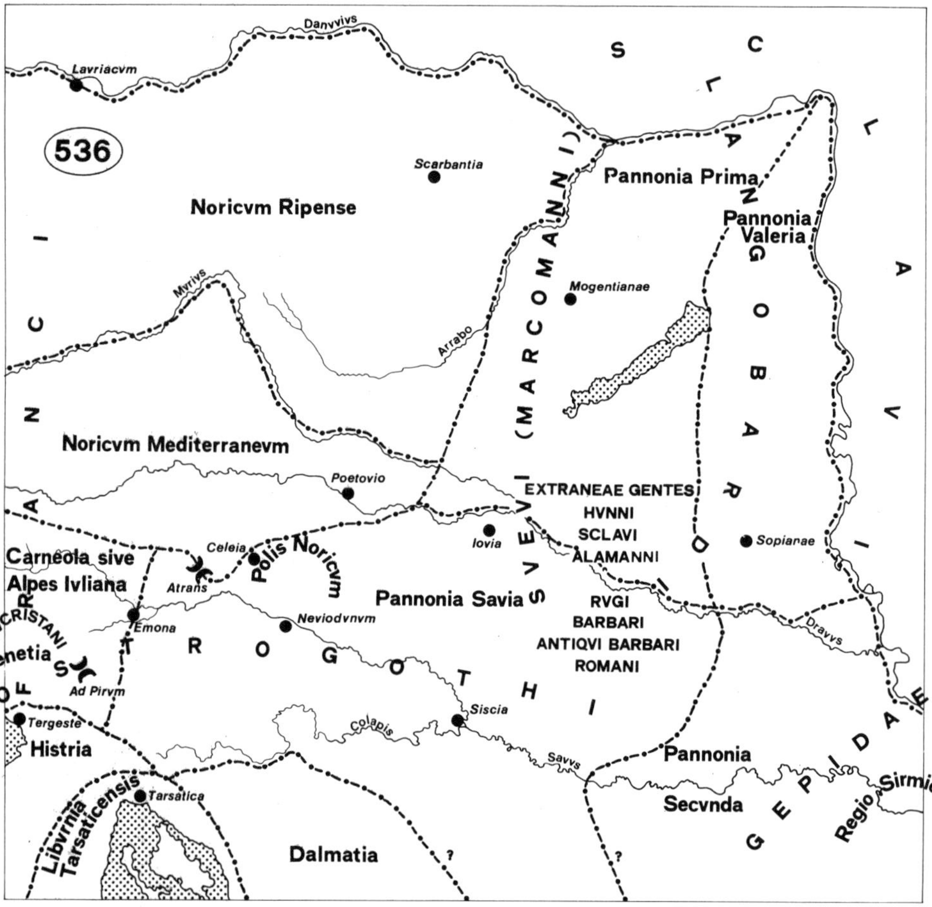

Abb. 4 Um 535/536: Situation nach dem Ausbruch des oströmisch-gotischen Krieges, als sich Gepiden wieder Sirmiums bemächtigt hatten.

Anders ist es im benachbarten südöstlichen Noricum, im celeianischen und poetovionischen *ager*. Noricum Mediterraneum lag den großen Ereignissen fern und wurde von diesen nur gelegentlich gestreift (zu Vandalen, Alanen, Jutungen und deren eventuellem Bezug auf Innernoricum: s. oben). Von seinen Städten haben nur *Poetovio* und *Celeia* regelmäßig – nicht nur im Jahre 451, als Attila nach Aquileia zog – gelitten, weil sie an dem Hauptverkehrsweg nach Italien gelegen sind. Auch Teile jener Goten, die sich von Theoderichs Zug nach Untermösien separiert und Gallien als Ziel gewählt hatten, mußten 472 die beiden Städte gestreift haben. Die Evakuierung der ufernorischen Bevölkerung im Jahre 488 verlief durch innernorische Gebiete sowohl über als auch in die beiden Städte. Im Jahre 507 wurde Noricum – nicht näher präzisiert – von Alemannensippen in Richtung Pannonien passiert [65]. Zu Beginn des byzantinisch-gotischen Krieges wurden Savien und Pannonia Secunda sofort vom Osten annektiert (535?), Dalmatien und Istrien folgten in einigen Jahren (538); von Innernoricum konnte Byzanz sich nur der *polis Norikon* bemächtigen, die 548 an die Langobarden mit Foederatenvertrag abgetreten wurde [66]. Die übrigen Gebiete Innernoricums konnten sich, zusammen mit Ufernoricum – ebenfalls zu Kriegsbeginn, die Franken sichern [67]. Erst in den siebziger Jahren konnte ihnen Innernoricum durch Narses wieder entrissen werden. Keine Nachrichten gibt es über Innernoricum nach der Abberufung des Narses im Jahre 568; nur Anonymus Ravennas notiert, daß es von Carontanern bewohnt war, ohne daß sofort ersichtlich ist, seit wann.

Es ist bezeichnend, daß im Jahre 548 den Langobarden etliche Festungen in Pannonien (gemeint ist Savien) und *polis Norikon* (entweder *Celeia* oder, wahrscheinlicher, *Poetovio*) überlassen wurden, womit ihre Foederatentätigkeit vor allem auf die beiden fränkischen Haupteinfallsmöglichkeiten – gemeint sind die Drau- und die Savelinie – konzentriert wurde. Außerdem haben ihre Garnisonen in den für uns relevanten Gebieten die noch bestehenden Gruppen oder Splitter der Goten, Barbaren und ›Alten Barbaren‹ (vielleicht auch der Alemannen und Sueben) verstärkt. Es ist darüber hinaus bezeichnend, daß sie weder während ihrer pannonischen Phase Noricum erhielten (außer der erwähnten *polis*) und es auch nicht okkupierten. Im Gegenteil: eben von dort wurden sie schon in der ersten Hälfte des 7. Jahrhunderts mehrmals bedroht. Die Quellen berichten, daß es sich dabei um Slawen gehandelt habe [68].

65) Cassiod., Var. 3.50. Dazu besonders V. BIERBRAUER in: Studien zur vor- und frühgeschichtlichen Archäologie (Festschrift J. Werner, 1974) 573 f.
66) Procop., Goth. 7.33.10.
67) Zur vorhergehenden antibyzantinischen langobardisch-fränkisch-gepidischen Koalition vgl. J. WERNER, Die Langobarden in Pannonien (1962) 140 f. Es ist zu beachten, daß diese Koalition – im damaligen politischen Rahmen – absurd wäre, falls die Franken nicht engste auch territoriale Kontakte zu den Partnern üben könnten. Obwohl STEFAN KARWIESE im Aufsatz Die Franken und die Suffragane Aquileias, ÖJh 51 (1976–77) 173–191 eine fränkische Präsenz in Noricum nicht kategorisch ausschließt und auf andere Deutungsmöglichkeiten aufmerksam machen und vor voreiligen historischen Schlüssen warnen möchte, ist dieselbe für die justinianische Epoche nicht zu eliminieren. Erstens spricht das Schreiben Theudeberts I. um 540 an Justinian mit Gebietsangabe seiner Herrschaft *per Danubium et limitem Pannoniae* (MGH Ep. 3,133 Nr. 20) dagegen – ein Schreiben, das ich keinesfalls aus der Diskussion eliminieren kann, es ist ein ernstes politisches Gespräch zwischen zwei Weltreichen –, und zweitens ist nur dadurch der Kampf der byzantinischen Politik um die Langobarden (s. Anm. 66), dann deren antifränkische Mobilisierung (WERNER 140 f.) und nachher die fränkische Allergie auf dieselben erklärlich (z. B. Procop., Goth. 8.26.18 ff.).
68) Die betreffenden Stellen der Historia Langobardorum wurden von MILKO KOS im Aufsatz K poročilom Pavla Diokona o Slovencih, Časopis za zgodovino in narodopisje (Maribor) 26 (1931) 202–216 gewertet. Vgl. auch B. GRAFENAUER, Ustoličevanje koroških vojvod in država karantanskih Slovencey (1952) 472 ff.

Zwei provisorische ›Resultate‹ möchte ich, endlich, gern unterstreichen: als erstes den Beitrag zum kulturgeschichtlich-topographischen Rekonstruktionsversuch der Besiedlung, den ich nur deshalb vorzulegen wage, um anzudeuten, daß für Epochen mit uneinheitlichen und sporadisch erhaltenen Quellen kulturgeschichtliche Versuche ein wichtiger Bestandteil sowohl der geschichtlichen als auch der archäologischen Rekonstruktion werden können.

Die Masse der Bevölkerung wurde von den Romanen gebildet. Reguläre Militäreinheiten waren – solange sie zentral geführt wurden – in Regionalzentren, an strategischen und kritischen Punkten, besonders der Grenze entlang, stationiert. Nicht ausschließlich, jedoch in großem Maße wurde den Foederaten das Landesinnere, wurden ihnen kleine Siedlungen und ihren wirtschaftlichen Bedürfnissen entsprechende Höhensiedlungen in Weidegebieten überlassen. Ihr weitgehend isoliertes Leben wurde nicht nur aus politischen Gründen gefördert, sondern war automatisch eine Folge der gegenseitigen Abneigung zwischen den Alteingesessenen und den Neuankömmlingen, nicht zuletzt deswegen, weil die Romanen Katholiken, die neuen Ansiedler zumeist Arianer waren. Dadurch wurde anscheinend oft auch der Bildung einer Reihe neuer Siedlungspunkte in nicht agrarischen Gebieten Vorschub geleistet; denn die Foederaten wurden staatlich verpflegt, hielten vor allem Herden und trieben Weidewirtschaft. Zur Aufgabe der Foederaten gehörte unter anderem und neben dem Aufrechterhalten der territorialen Sicherheit auch das Auffangen und Abschwächen unerwarteter Angriffe, um genug Zeit zu gewinnen, bis die eigentlichen Verteidigungslinien entlang der apenninisch-balkanischen Grenze verstärkt und abwehrbereit waren.

Zweitens: Zur Besiedlungssituation in der letzten Phase der zusammenschrumpfenden Ordnung und an deren Ende hat die vorgelegte Analyse erbracht, daß das istrisch-venetische Gebiet fest in der römischen Welt verankert blieb, daß es durch etliche barbarische Invasionen und Kriegsereignisse zwar tangiert, durch Einquartierungen und Enteignungen wirtschaftlich geschädigt, ethnisch jedoch nicht umgewandelt wurde. Wir haben gesehen, daß Analoges auch für den dalmatinischen, teils, doch schwächer, für den innernorischen und, noch etwas weniger, für den ufernorischen Bereich gilt. Völlig anders steht es mit Pannonia Savia und Pannonia Secunda. Es scheint, daß dort mit einer gotischen und suebischen foederatenartigen Besiedlung schon seit 377 (teils auch früher) zu rechnen ist. Die dortige Bevölkerung durchlief ein politisch und militärisch wechselhaftes Schicksal, die verschiedenen barbarischen Elemente begannen sich zu assimilieren, schrumpften im Laufe der Ereignisse auch zusammen, wurden durch neue Impulse wiederum stärker, verblieben im großen und ganzen jedoch an Ort und Stelle.

Es war mein Ziel – gemäß dem Thema dieser Veranstaltung vorwiegend auf Südostnoricum und Savien beschränkt – die besiedlungsgeschichtliche Situation zu illustrieren. Dabei hat sich die interessante Tatsache ergeben, daß eine ziemlich konstante Präsenz germanischer Sippen, obwohl stark mit anderen Barbaren vermengt und in steter rivalisierender Bekämpfung untereinander, relativ intensiv war. Keinesfalls war sie eine *quantité négligeable*, wie man ab und zu liest [69]. In Vorbereitung befindet sich der zweite Teil dieser Analyse über die Präsenz des slawischen Elementes im pannonischen Raum, was ich oben bewußt nicht oder kaum berührt habe, weil diese Analyse – aus vielen Gründen schwierig – eine neue Bearbeitung der historisch-literarischen Quellen verlangt.

Bemerkung zu den Karten: Es hat sich eingebürgert, daß man entweder mit keiner Karte sogar in umfangreichen Werken die Problematik veranschaulicht (z. B. L. Várady, Das letzte Jahrhundert Pannoniens [Budapest 1969]), daß man unzulängliche Skizzen einfügt (z. B. J. Orlandis, Historia social y economica de la España Visigoda [Madrid 1975]) oder sich bewußt auf die Wiedergabe der Städte und Gewässer beschränkt (z. B. R. Noll, Eugippius, Das Leben des Heiligen Severin [Berlin 1963]). Auf diese Weise wird man den einzelnen Epochen, Gebieten und Fragenkomplexen nicht gerecht; die Entwicklung der historischen Kartographie stagniert. Es ist klar, daß vieles weder endgültig festgestellt noch rekonstruiert werden kann, doch ist dies kein Grund, das bisher Erreichte nicht auch darzustellen; man sollte sich nicht scheuen, sich der fördernden Kritik zu stellen. Es kommt sonst nicht zu einem Fortschritt, jedenfalls zu keinem instruktiven und genauen Geschichtsatlas, der immer noch als unerfüllte Forderung vor uns steht. In diesem Sinne möchte ich die beigefügten Karten verstanden wissen. Es sind verbesserungsbedürftige Skizzen zu angeschnittenen Problemen im Rahmen des hier behandelten Themas.

69) In einem breiteren Kontext und einer anders geführten Untersuchung ist zur Unterschätzung der Intensität des germanischen und anderen barbarischen Siedlungselementes z. B. auch GRAFENAUER 397 ff. gekommen, vgl. ferner die dort zitierte Literatur und Diskussion. Andererseits neigt man auf unzulänglicher Basis oft zur Überschätzung, vgl. z. B. E. KRANZMAYER, Ortsnamenbuch von Kärnten I (1956) 46 mit Lit. (dazu F. BEZLAJ, Razprave in gradivo 3 [1963] 67 und in Slavistična revija 13 [1961/1962] 303).

Zur Siedlungskontinuität im südöstlichen Alpenraum (vom 2. bis 6. Jahrhundert n. Chr.)

Dargestellt am Beispiel von Vranje (ehem. Untersteiermark)

VON THILO ULBERT

Im Rahmen des Sonderforschungsbereiches 18 der Deutschen Forschungsgemeinschaft, der an der Universität München angesiedelt war und der der Erforschung des Wandels sozialer und kultureller Strukturen Südosteuropas gewidmet war, verfolgte ein Teilprojekt Archäologie das Ziel, anhand von exemplarischen Testgrabungen in Slowenien der Frage des Überganges von der Spätantike zum frühen Mittelalter im südöstlichen Alpenraum nachzugehen. In Partnerschaft mit dem Narodni muzej Ljubljana und der Slowenischen Akademie der Wissenschaften wurden während der Jahre 1970–1974 an zwei Plätzen Bodenforschungen durchgeführt. Die Grabungen auf der spätantiken Paßbefestigung Hrušica (*ad pirum* – Birnbaumerwald-Paß) [1] erbrachten wichtige Ergebnisse bezüglich der spätantiken Verteidigungslinie Roms zwischen Adriatischem Meer und Alpen, der sog. *Claustra Alpium Iuliarum.* So u. a. die Erkenntnis, daß diese aufwendige Sperrlinie mit dem endenden 4. Jahrhundert offenbar aufgegeben und im frühen Mittelalter nicht mehr benutzt worden war.

Eine andere Problemstellung war den Ausgrabungen in Vranje vorgegeben. Ein Teil der bei den Forschungen dort erzielten Ergebnisse steht im Mittelpunkt der hier vorzutragenden Gedanken über die Siedlungskontinuität im südöstlichen Alpengebiet und seinem südlichen Vorland.

Das kleine Dorf Vranje (Abb. 1) in der heutigen jugoslawischen Teilrepublik Slowenien liegt ca. 40 km südlich von Celje (*Celeia*-Cilli) in einem unbedeutenden nördlichen Seitental der Save. Der Platz war zu Beginn des Jahrhunderts von dem Österreicher Emanuel Riedl bereits teilweise untersucht worden. Unmittelbar danach erschien eine, wie sich jetzt herausstellte, in vielen Punkten mit irrigen Ergebnissen belastete Veröffentlichung [2]. Eine Wahl gerade dieses Grabungsplatzes erfolgte, nachdem Probeschnitte bereits 1970 den Beweis dafür erbracht hatten, daß den früheren Arbeiten doch nur verhältnismäßig wenige Befunde zum Opfer gefallen waren und daß sich hier an einem

1) Vgl. vorläufig die Quellenpublikation: Claustra Alpium Iuliarum I. Fontes (Ljubljana 1971). Die Publikation der Grabungsergebnisse in den Münchner Beiträgen zur Vor- und Frühgeschichte ist in Vorbereitung.

2) E. Riedl u. O. Cuntz, Uranje in Steiermark, römische Bauten und Grabmäler, Jahrbuch für Altertumskunde 3, 1909, 1 ff.

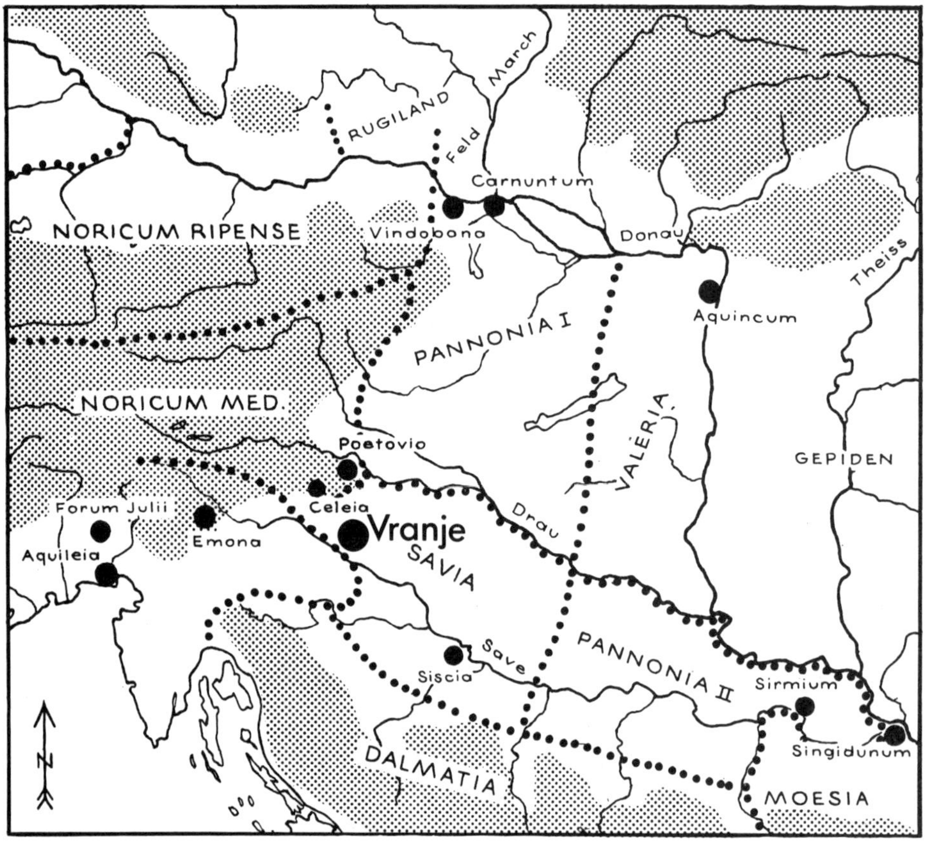

Abb. 1 Lage Vranjes (Kartengrundlage nach Werner, vgl. Anm. 18).

überschaubaren Objekt die möglichst umfassende Untersuchung einer spätantiken Siedlung mit modernen archäologischen Methoden würde durchführen lassen. Der erste Abschnitt der Forschungsarbeiten wurde bereits in einer ausführlichen Publikation veröffentlicht [3].

In der Spätantike lag der Siedlungsplatz Vranje, zum städtischen Einflußbereich *Celeias* gehörig, im äußersten Südosten der Provinz Noricum Mediterraneum, unmittelbar an der Grenze zur Provinz Pannonia Secunda, deren Westteil nach der diokletianischen

3) P. Petru u. T. Ulbert, Vranje bei Sevnica, Frühchristliche Kirchenanlagen auf dem Ajdovski Gradec (Ljubljana 1975). Die zweisprachige Publikation wird im folgenden abgekürzt: Vranje I. Der zweite Teil der Grabungsergebnisse, vor allem die Siedlung betreffend, ist für den Druck im Arheološki Vestnik in Vorbereitung. Auf diese noch unveröffentlichten Beiträge wird hier vorgreifend schon Bezug genommen. Es muß daher auch auf die Wiedergabe mancher Abbildung verzichtet werden.

Gebietsreform den Namen Savia erhalten hatte. Verkehrsgeografisch muß für die Lage Vranjes die schiffbare Save als wichtigster Faktor angesehen werden. Etwa parallel zum Fluß verlief die alte Straße, die Italien über die Julischen Alpen *(ad pirum)*, über *Emona* (Ljubljana) mit *Sirmium* und damit ebenfalls mit dem Südosten verband. Vranje selbst wurde durch eine bei *Neviodunum* abzweigende Verbindungsstraße nach *Celeia* berührt. Auf diesen Verkehrsadern floß der Güterverkehr und wurden militärische Verschiebungen vorgenommen. Diese Verkehrsadern und damit auch die Gebiete, die sie tangierten, waren im 5. und 6. Jahrhundert nach Chr. auch der Schauplatz der Wanderung germanischer Völker auf ihrem Weg nach Italien (West-Ostgoten, Langobarden). Hier kam es schließlich zu der am weitesten nach Südwesten vorgeschobenen Ansiedlung der Slawen.

Aufgrund seiner geographischen Lage ergaben sich also für das südöstliche Alpenvorland besonders während des 5. und 6. Jahrhunderts n. Chr. interessante Voraussetzungen. Fragen nach ihrer archäologischen Nachweisbarkeit und die Erwartung, eventuelle Grabungsergebnisse den literarisch belegten Ereignissen gegenüberstellen zu können, waren der Anlaß für die Arbeiten in Vranje und sind es, auf wenige Punkte reduziert, auch für das vorliegende Referat.

Der von den heutigen Bewohnern Vranjes Ajdovski Gradec (Heidenschloß) genannte Hügel ist jetzt fast vollständig bewaldet (Taf. 5a. b). Das für eine Wohnsiedlung einzig geeignete Areal auf dem Gipfel ist bei ca. 80 m Länge und durchschnittlich nur 30 m Breite sehr bescheiden (Abb. 2). Der Hügel, einem höheren Bergrücken vorgelagert, vereinigt allerdings durch seine allseitig steil abfallenden Hänge, durch seine versteckte Lage bei einer dennoch hervorragenden Sichtmöglichkeit nach allen Seiten die Vorzüge eines von Natur geschützten, leicht zu verteidigenden Siedlungsplatzes. Dieser besonderen Eigenschaft verdankt er offenbar auch eine vorgeschichtliche Besiedlung bereits während der Hallstattzeit, von der wir nicht unbeträchtliche Spuren nachweisen konnten [4]. Erste Steinbauten wurden im Verlaufe des 2. Jahrhunderts n. Chr. angelegt, als sich die Bevölkerung, offenbar wiederum die günstige Lage nutzend, aus den ungeschützten Talsiedlungen vor der drohenden Gefahr im Zusammenhang mit den Markomannenkriegen auf den Hügel zurückzog. Einen solchen zeitlichen Ansatz legen Kleinfunde nahe, ferner eine mit Antoninus Pius einsetzende bescheidene Münzreihe und nicht zuletzt zahlreiche Steindenkmäler, die sich in zweiter Verwendung als Spolien innerhalb der späteren Bauten fanden. Nach J. Šašel [5], der die darauf enthaltenen Inschriften neu bearbeitete, stammen sie in der Mehrzahl von der noch nicht näher lokalisierten frühen, kaiserzeitlichen Nekropole der Siedlung. Die spätesten epigraphischen Denkmäler sind ins 4. Jahrhundert zu datieren, die kaiserzeitlichen Münzen enden mit Valentinian I.

4) Vranje I 95 ff. (M. Župančič).
5) Vranje I 133 ff. (J. Šašel).

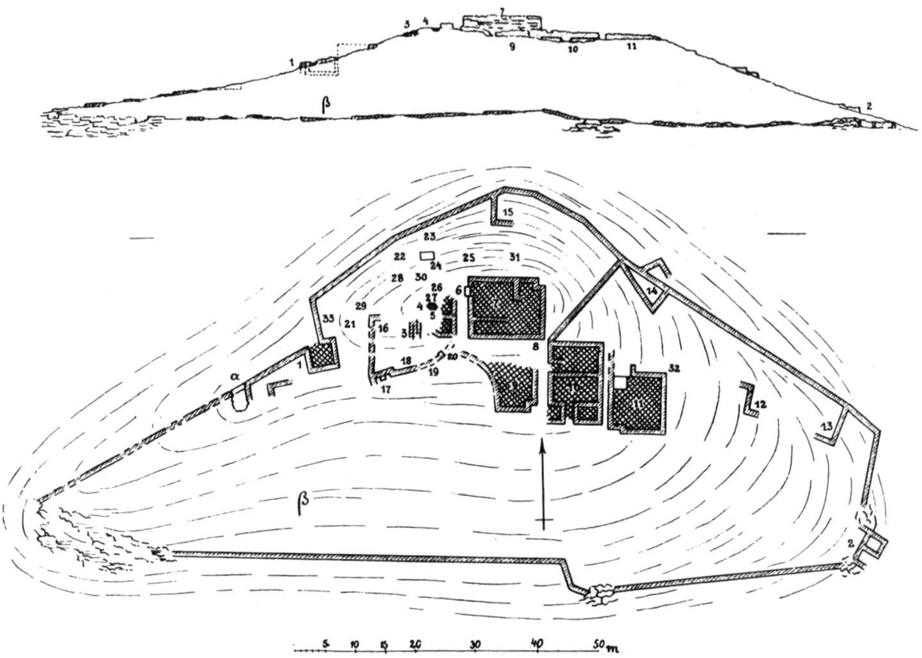

Abb. 2 Ajdovski Gradec von Vranje. Grabungsplan und Ansicht der Anlage nach den ersten Ausgrabungen durch E. Riedl (vgl. Anm. 2).

(367/375)[6], einem zeitlichen Umkreis, dem auch eine bereits früher gefundene bronzene Zwiebelknopffibel zuzuordnen ist. Auch über die Keramik läßt sich ein Siedlungsbestand vom 2. bis ans Ende des 4. Jahrhunderts sichern[7].

Merkwürdigerweise scheint dann die Besiedlung für einige Zeit ausgesetzt zu haben; bisher wurden nirgends gesicherte Funde aus der ersten Hälfte des 5. Jahrhunderts angetroffen. Vielleicht deutet sich in diesem Befund eine gewisse äußere Beruhigung der allgemeinen politischen Verhältnisse an, die es den Bewohnern erlaubte, den Hügel zu verlassen und wieder im Tal zu siedeln. Möglicherweise könnte eine solche Beruhigung in der Folge der beiden Schlachten zu sehen sein, in denen Theodosius siegreich gegen westliche Usurpatoren antrat. Beide kriegerischen Auseinandersetzungen, 388 gegen Maximus und 394 gegen Eugenius, fanden an der Nahtstelle zwischen Alpen und Adriatischem Meer am Eingang nach Italien statt, in einem Gebiet also, zu dessen östlichem Vorland im weiteren Sinne auch Vranje zu rechnen ist[8]. Der Abschnitt der Ruhe, während dessen das südöstliche Alpenvorland offenbar wieder stärker in die Einflußsphäre Roms ge-

6) Vranje I 82 (Ch. Vogelpohl).

7) Zu diesem Punkt ausführlich in der in Vorbereitung befindlichen Publikation, vgl. Anm. 3.

8) Die literarischen Quellen sind zusammengestellt in: Claustra Alpium Iuliarum 27 ff.

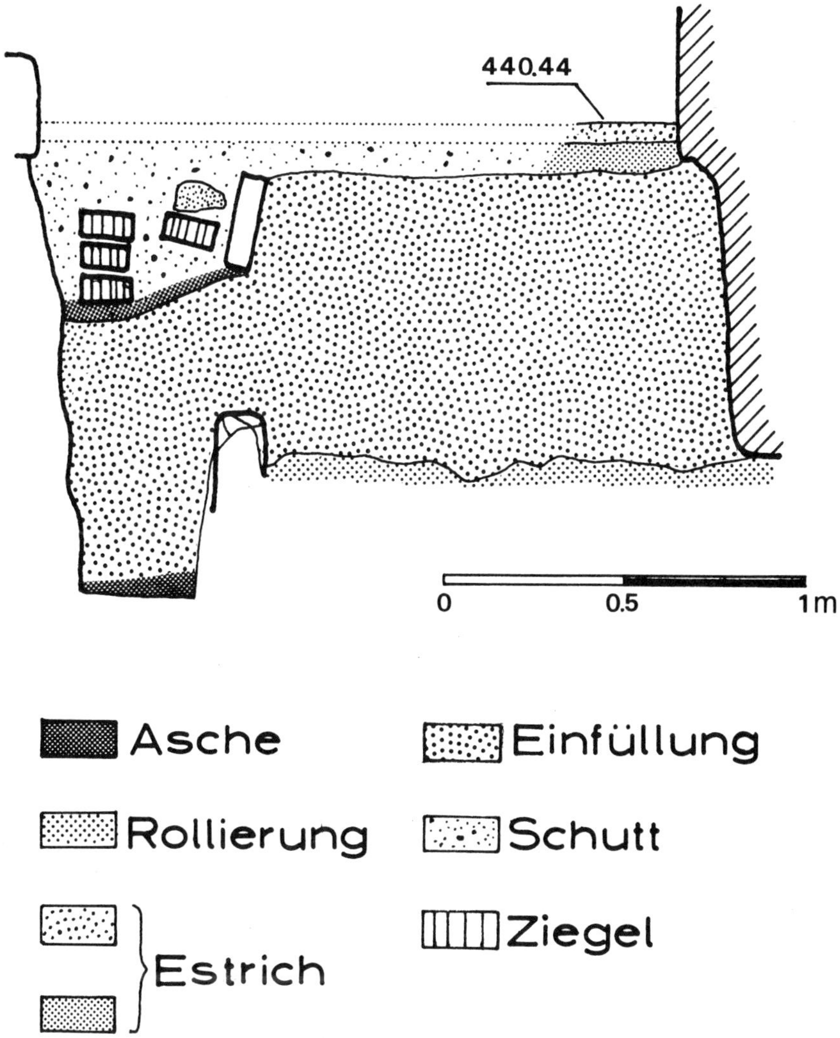

Abb. 3 Ajdovski Gradec von Vranje. Profil im späteren Baptisterium.

langt war, dürfte bis in die 30er Jahre des 5. Jahrhunderts angedauert haben; von dieser Zeit an wird das westliche Pannonien von Aetius an die Hunnen abgetreten [9]. Vielleicht hatte die mit diesem Ereignis für die Bewohner verbundene Unsicherheit die erwähnte endgültige Rückkehr auf den Hügel zur Folge. Mit aller gebotenen Vorsicht läßt sich ein Grabungsbefund von 1974 in diesem Sinne auswerten.

9) Vgl. R. EGGER, Civitas Noricum, Wiener Studien 47, 1929, 146 ff. Hier zitiert nach dem Sammelband: Römische Antike und frühes Christentum I (1962) 117.

Eine Tiefgrabung unter dem Fußboden des noch näher zu beschreibenden Taufraumes (Taf. 6a) auf der unteren Terrasse des Hügels ergab ältere Befunde. Und zwar ließ sich hier ein in den Hang eingebauter Raum nachweisen, dessen Ost- bzw. Südwand von mörtelverkleidetem anstehendem Felsen gebildet werden, während für Nord- und Westwand eigene Mauern aufgezogen wurden (Taf. 6b; 7b). Reste eines ältesten Estrichs sind in Form einer Kieselrollierung vorhanden. Der Raum besaß eine Wandheizung, nachweisbar als Heizkanal entlang der Nord- und eines Teiles der Ostwand. Zu erkennen waren ferner die Abdrücke der Wandtubuli. Zu einem späteren Zeitpunkt wurde der Boden dieses Raumes durch Einschütten einer lehmig-kiesigen Planierschicht aufgehöht (Taf. 7a; Abb. 3). Glasierte Keramik, die in die Planierschicht eingelagert war, datiert die Baumaßnahme nicht vor Ende des 4. Jahrhunderts. Auf der Planierschicht wurde ein neuer Estrich angebracht, die Heizung wurde – entsprechend höher – an gleicher Stelle weiterbenutzt. Dieser Befund dokumentiert eindeutig eine zweite Wohnphase, wohl nicht vor Ende des 4. Jahrhunderts beginnend. Erst mit der Umgestaltung des Raumes in ein Baptisterium verliert er seine profane Bedeutung, denn jetzt wurden die Fundamente des Taufbeckens bis auf die Oberfläche des ältesten Bodens eingetieft und die Heizanlage unbenutzbar gemacht.

In Interpretation dieses Befundes dürfen wir annehmen, daß zwischen der nachweisbaren zweiten Wohnphase und der im Anschluß zu beschreibenden totalen Umgestaltung der Hügelkuppe wenig Zeit verstrichen war, was wiederum heißt, daß inzwischen der Entschluß der Bevölkerung anzusetzen sein muß, den Platz nun nicht mehr nur für einen zeitweiligen Rückzug zu benutzen, sondern ihn als ständige Siedlung auszubauen.

Von den ohnedies wenigen Häusern, die das Gelände aufnehmen konnte, mag das eine oder andere ältere wiederhergestellt worden sein. Es kam aber im Zuge der Neuorganisation auch zu Neubauten. Vor allem ist hier eine mächtige Zisterne zu nennen, die angelegt wurde, um die Wasserversorgung der Bewohner zu garantieren. Zum Mittelpunkt des Ganzen wird nun aber eine umfangreiche kirchliche Anlage, die den Hügel zugleich in seiner Bedeutung innerhalb der damaligen kirchlichen Organisation heraushebt. Wie wir aus der Lebensbeschreibung des Hl. Severin wissen, spielt ja die Kirche in diesen unruhigen Zeiten gerade in den Grenzprovinzen eine immer wichtiger werdende Rolle.

Den Planierungsarbeiten für den Kirchenkomplex auf der Hügelkuppe des Ajdovski Gradec muß eine ganze Reihe älterer Häuser zum Opfer gefallen sein. Dies beweisen Bauschutt und Kleinfunde, die bei der Erweiterung der Terrassen an den Hangrand abgeschoben worden waren. Nur in einem Falle, dem zuvor beschriebenen beim späteren Baptisterium, wurde ein Teil eines älteren Hauses nachweislich für den neuen kultischen Zweck adaptiert. E. Riedl hatte zu Beginn des Jahrhunderts das gleiche Areal schon ausgegraben; schwerwiegende grabungstechnische Mängel führten damals aber zu einer völligen Fehlinterpretation der Befunde. So blieb die Entdeckung der im südöstlichen Alpenraum in ihrer Vollständigkeit bisher einzig dastehenden Kirchenanlage erst unseren modernen Nachuntersuchungen vorbehalten (Taf. 8; Abb. 4).

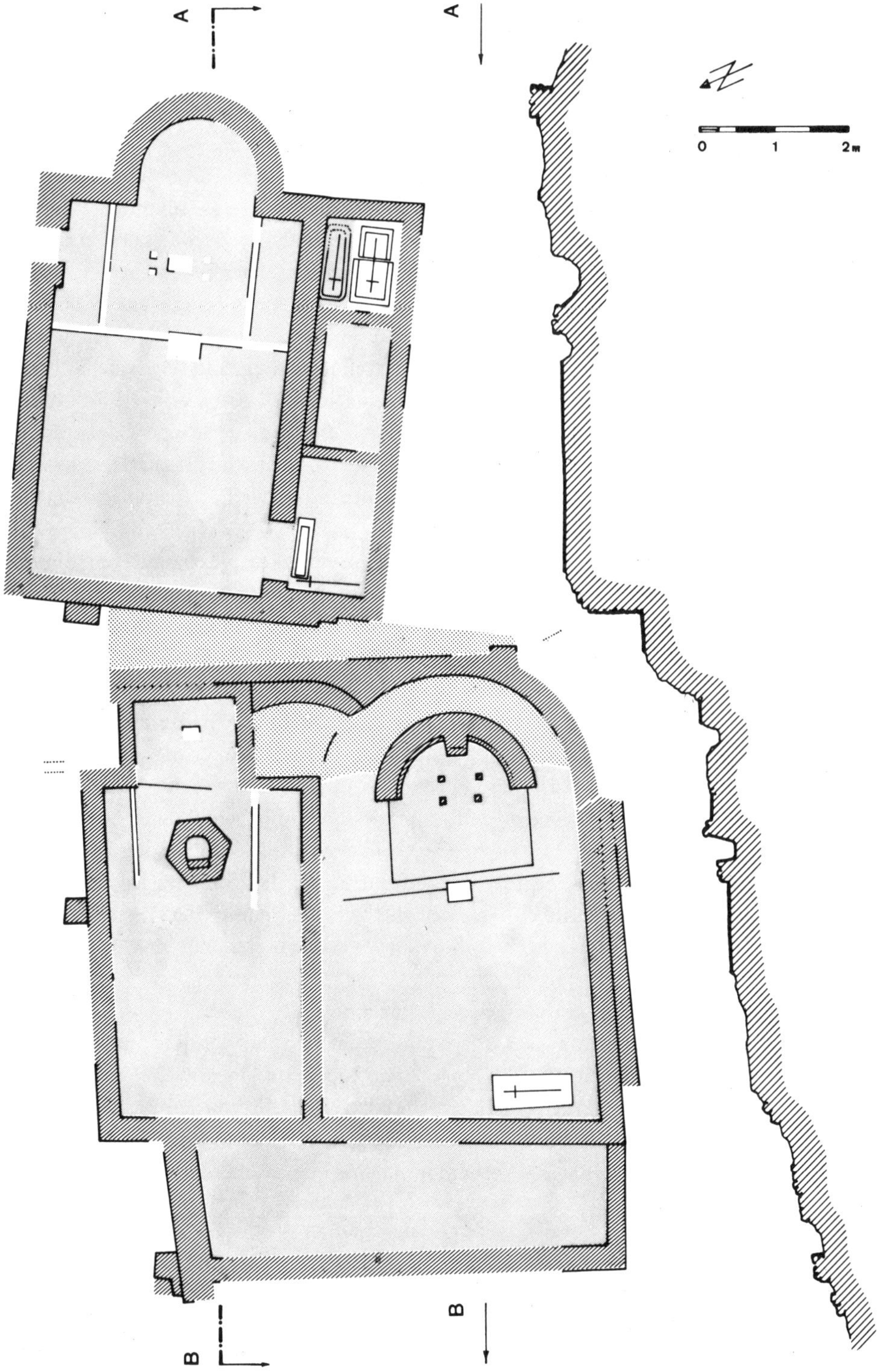

Abb. 4 Ajdovski Gradec von Vranje. Frühchristliche Kirchenanlage (nach Vranje I).

Eine detaillierte Beschreibung dieses kirchlichen Komplexes erübrigt sich hier, weil diese Anlage bereits ausführlich veröffentlicht worden ist [10]. Zum besseren Verständnis mögen hier einige wenige Angaben genügen.

Die planierte Hügelspitze wird von einer einfachen Saalkirche mit halbrunder Apsis und dreigeteilter Vorhalle eingenommen. Den Innenraum teilt eine Schranke in einen Laienraum und das Presbyterium, welches seinerseits nochmals dreigeteilt ist und in seinem Zentrum die (später zerstörte) Altarstelle enthielt. Westlich dieses Baues entsteht durch Terrassierungsmaßnahmen der Platz für zwei weitere Kultbauten: eine weitere Saalkirche mit freistehender Priesterbank, Presbyterium und Altarplatz, und nördlich davon das Taufgebäude mit rechteckigem Ostchor und Reliquienaltar. Der eigentliche Taufraum ist in das oben beschriebene ältere Gebäude eingebaut, das sechseckige Taufbecken in die Böden dieses älteren Raumes eingetieft. Westliche Saalkirche und Baptisterium sind durch einen gemeinsamen Narthex miteinander verbunden. Die gleichzeitige Entstehung des gesamten kultischen Komplexes läßt sich anhand vieler Beobachtungen eindeutig absichern [11].

Eine vergleichende Analyse [12] dieses kirchlichen Gesamtkomplexes und von Einzelerscheinungen wie etwa der halbrunden Priesterbank, der Presbyteriumsgestaltung, der Taufbeckenform und anderem mehr hat ergeben, daß die Kultanlagen von Vranje sich zwanglos in die bekannte südostalpine Kirchengruppe einfügen, als deren wichtigste Vertreter Bauten wie die auf dem Kirchbichl von Lavant (Osttirol), in St. Peter in Holz *(Teurnia)*, Laubendorf, auf dem Hemmaberg, auf dem Duel bei Feistritz und andere zu nennen sind. Vranje bildet den bisher südlichsten Punkt dieser Gruppe, der auch Kirchen im Einzugsbereich der oberen Adria zugehören wie Aquileia selbst, Triest und Invillino in Friaul. Andere Elemente weisen in den dalmatinisch-bosnischen Raum (Abb. 5). Da grundsätzlich fast ausnahmslos liturgische Gegebenheiten die Voraussetzung für in der frühen Kirchenarchitektur sich äußernde Einzelformen sind, läßt sich aus der aufgezeigten Verbreitung eine Liturgieeinheit ablesen, die zum Zeitpunkt der Errichtung des christlichen Komplexes in Vranje noch vollkommen intakt gewesen sein muß.

Die Vergleiche ergaben für einen zeitlichen Ansatz des Entstehens unserer Kirchenanlage den mehr allgemeinen Hinweis, daß hierfür schwerlich die Zeit vor der Mitte des 5. Jahrhunderts in Betracht zu ziehen ist [13]. Dies deckt sich mit den Resultaten, die bei der Aufarbeitung eines kleinen, unterhalb der Hügelkuppe auf einem Geländesattel gelegenen Gräberfeldes erzielt werden konnten [14]. Das Gräberfeld wurde von der zweiten Hälfte des 5. Jahrhunderts an bis etwa in das erste Viertel des 6. Jahrhunderts belegt, müßte also mit der Bevölkerung in Verbindung gebracht werden, der auch die Neube-

10) Vranje I 21 ff. (T. Ulbert).
11) Vranje I 56 f. (T. Ulbert).
12) Vranje I 57 ff. (T. Ulbert).
13) Vranje I 65 ff. (T. Ulbert).
14) Vranje I 99 ff. (W. Bachran).

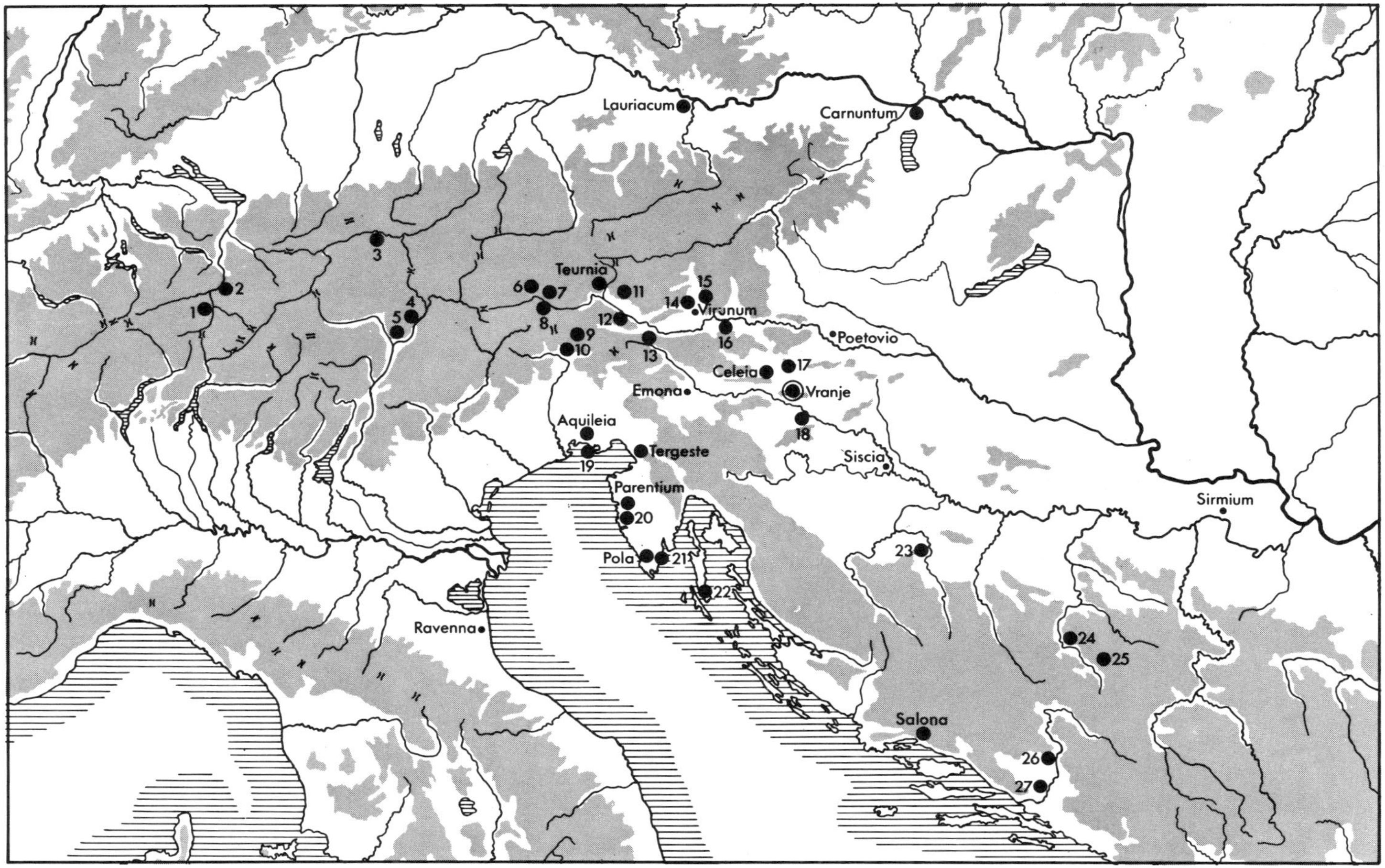

Abb. 5 Lage Vranjes bezüglich der vergleichbaren Kirchenbauten (größere Punkte). 1 Zillis, 2 Chur, 3 Pfaffenhofen, 4 Säben, 5 Bozen, 6 Lienz, 7 Aguntum, 8 Lavant, 9 Zuglio, 10 Invillino, 11 Laubendorf, 12 Duel/Feistritz, 13 Hoischhügel, 14 Ulrichsberg, 15 Grazerkogel, 16 Hemmaberg, 17 Rifnik, 18 Velike Malence, 19 Grado, 20 Vrsar, 21 Nesactium, 22 Osor, 23 Čarakovo, 24 Zenica, 25 Dabravine, 26 Mokro, 27 Mogorjelo (nach Vranje I).

siedlung des Hügels und die Errichtung der Kirchen zuzuschreiben ist. Wie das Trachtzubehör der wenigen beigabenführenden Gräber unter den rund 30 Bestattungen zeigt, handelte es sich bei den Toten ausschließlich um ansässige romanische Bevölkerung. Einen willkommenen Hinweis auf die relative Chronologie liefert der Umstand, daß ein Teil der Gräber in eine nicht mehr benutzte Kalkaufbereitungsanlage eingetieft war. Nur für den Bau der Kirchen und der damit zusammenhängenden Anlagen bedurfte man größerer Kalkmengen. Die Bestattungen wurden also erst nach dem Kirchenbau vorgenommen.

Historisch abgesicherte günstige Voraussetzungen für diese Neuorganisation der Besiedlung auf dem Hügel könnte die Zeit kurz nach der Jahrhundertmitte, nach Zusammenbruch des Hunnenreiches, geboten haben, wobei der Bau der aufwendigen Kirchenanlagen einen gewissen wirtschaftlichen Wohlstand voraussetzt. Nach Sidonius Apollinaris nahm Avitus, der neue weströmische Kaiser, im Jahre 455 offiziell Pannonien wieder in Besitz. Bereits ein Jahr später kommt es im südöstlichen Alpenvorland zur Ansiedlung von Goten im Föderatenverhältnis, das von Marcian in Konstantinopel bestätigt wird [15]. In Vranje lassen sich allerdings weder Spuren kriegerischer Auseinandersetzungen noch auch ostgotisches Fundgut nachweisen. Die für die einheimische romanische Bevölkerung günstigen Lebensbedingungen dieser Jahre dürften sich noch verbessert haben, seit nach Ausschaltung Odoakars im Jahre 493 der gesamte südöstliche Alpenraum fest in das ostgotische Reich des Theoderich integriert worden war.

Damit kommen wir auch zu der Frage nach dem Nachweis einer eventuellen Befestigung der Anlage zur Zeit der Gründung der Kirchen, einer Befestigung in Form einer umlaufenden Mauer, wie sie E. Riedl noch fast komplett festgestellt haben will (Abb. 2) [16]. Während unserer Nachuntersuchung legten wir verschiedene gezielte Sondagen an, um das ursprüngliche Vorhandensein einer Umfassungsmauer zu sichern (Abb. 6). Die Suche verlief überall erfolglos, an keiner Stelle konnte auch nur die Spur einer Befestigungsmauer nachgewiesen werden. So wird man die vom ersten Ausgräber eingezeichneten Umfassungsmauern ebenso ins Reich der Phantasie verweisen müssen wie die fehlinterpretierten Gebäude im Bereich der Kirchen (Abb. 2 Nr. 5–7; Abb. 6 Nr. 6, 7) oder die von ihm beschriebene aufwendige westliche Toranlage, die in Wirklichkeit nichts anderes ist als die schon oben erwähnte Zisterne (Abb. 2 Nr. 1; Abb. 6 Nr. 4). Befestigt in Form von zwei Einzeltürmen waren allenfalls die schmalen Enden der Anlage im Osten und Westen, wobei dem ergrabenen Ostturm (Abb. 2 Nr. 2; Abb. 6 Nr. 14) wohl die Hauptbedeutung als ein Beobachtungspunkt gegen das offene östliche Vorgelände zukam, während ein Westturm (Abb. 6 Nr. 1) die einzige Auffahrtsmöglichkeit vom Tale her zu decken vermochte.

15) R. Egger a. a. O. 117.
16) E. Riedl u. O. Cuntz a. a. O. 3 Taf. 1.

Das Gebiet an der oberen Save blieb bis zur Kapitulation des Witigis im Jahre 540 während des inzwischen begonnenen ostgotisch-byzantinischen Krieges in ostgotischer Hand. Kurz darauf, 547, lassen sich hier Langobarden nieder. Nach Prokop [17] überließ Kaiser Justinian 547/48 den Langobarden u. a. mit »πόλις Νωρικόν« auch »τὰ ἐπὶ Παννονίας ὀχυρώματα«, also er bedachte sie mit der *Civitas Noricum* und Kastellen bei Pannonien.

R. Egger [18] verdanken wir den Nachweis, daß es sich bei dieser auf den ersten Blick unklaren Angabe um ein damals offenbar fest umrissenes Gebiet handelte. Und zwar konnten nur die Stadtgebiete von *Poetovio* und *Celeia* sowie Teile der alten Provinz Savia gemeint sein, also sicher die ehemalige Untersteiermark und damit auch der Siedlungsplatz Vranje. Den Langobarden kam im Rahmen der byzantinischen Politik die Aufgabe einer Neutralisierung dieses wichtigen Landes am Zugang nach Italien zu, siedelten sie nun doch zwischen den von Südosten nachdrängenden Gepiden und den bereits im Jahre 540 bis an die Karawanken vorgedrungenen Franken.

Kommen wir wieder auf die Bodenforschungen in Vranje zurück und fragen wir nach einem archäologischen Niederschlag der genannten Ereignisse, so muß zunächst ein Befund erwähnt werden, der ein gewisses Licht gerade auf den Zeitraum zwischen dem Ende der Gotenherrschaft und der langobardischen Landnahme wirft.

Wir konnten feststellen, daß der Einsturz eines beträchtlichen Teiles der unteren Kirche Ausbesserungsarbeiten größeren Umfanges nötig machte [19]. Im Zuge dieser Arbeiten wurde die betroffene Ostwand neu aufgemauert und durch eine Bogenstellung gegen die Klerikerbank abgestützt. Gleichzeitig erhielt die Klerusbank selbst einen neuen Verputz und wurde der Fußboden im beschädigten Bereich erheblich aufgehöht. Überall nachweisbare starke Brandspuren deuten darauf hin, daß der Einsturz von einer Brandkatastrophe begleitet war. Eine Bronzemünze, die im ursprünglichen Fußboden hinter der Priesterbank festgetreten und von dem neuen Estrich überdeckt worden war, erlaubt uns, das Ereignis, das zum Einsturz und zu den geschilderten Reparaturen führte, in die Zeit nach 541 zu datieren. Bei der Münze [20] handelt es sich um ein relativ seltenes Einnummienstück mit Prägeort Rom, das sowohl für Justinian als auch für den Ostgoten Totila gelten konnte. Die Münze für sich läßt keine Aussage über die wirklichen Machtverhältnisse in den uns interessierenden Gebieten während der Jahre 541–547 zu, ein Befund, der sich allerdings auch mit der Unsicherheit der historischen Forschung deckt. Dagegen ist der Gedanke nicht von der Hand zu weisen, die in Verbindung mit Feuer erfolgte partielle Zerstörung der Kirchenanlage nach 541 könne mit den Auseinandersetzungen am Ende der Gotenherrschaft in Zusammenhang stehen.

17) Prokop, Bell. Goth. III, 33.
18) R. Egger a. a. O. bes. 119 ff. Zu diesem Fragenkomplex auch J. Werner, Die Langobarden in Pannonien (1962) 11.
19) Vranje I 41 f. (T. Ulbert).
20) Vranje I 82 (Ch. Vogelpohl).

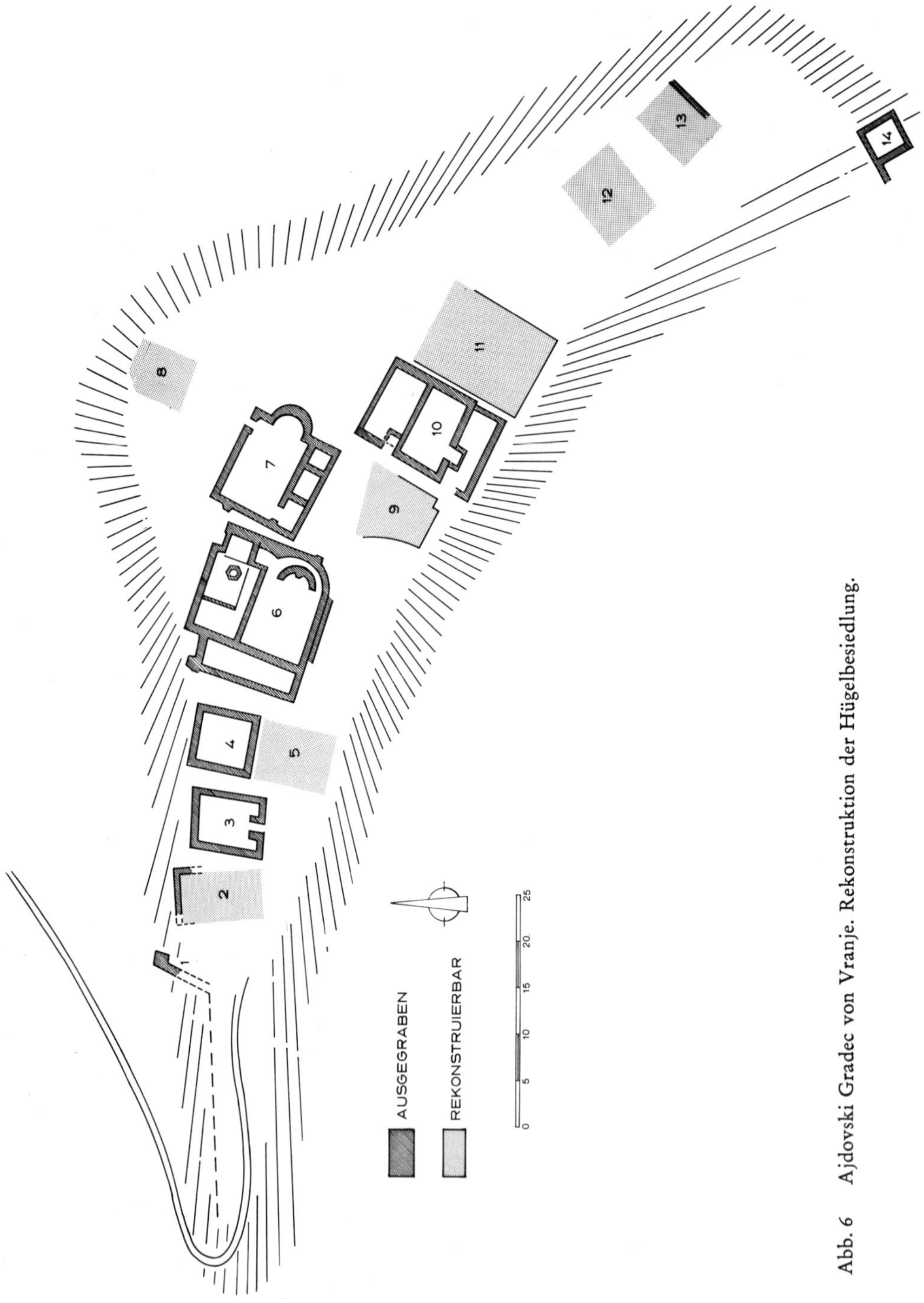

Abb. 6 Ajdovski Gradec von Vranje. Rekonstruktion der Hügelbesiedlung.

Die Grabungskampagne von 1974 erbrachte nun auch den Nachweis einer Anwesenheit von Langobarden auf dem Ajdovski Gradec von Vranje. Damit findet die erwähnte Angabe Prokops erstmals ihre Bestätigung über Siedlungsspuren. Im großen Gebäude (Abb. 2 Nr. 10; Abb. 6 Nr. 10) südöstlich der oberen Kirche fanden sich Reste einer nachträglich eingebauten Holzkonstruktion und, in das gleiche Stratum eingelagert, zahlreiche Fragmente stempelverzierter Keramik [21]. Sie unterscheiden sich sowohl im Material als auch in der Verzierung vom übrigen Fundgut und können als eindeutig langobardisch angesprochen werden. Entsprechende Keramik kennen wir sowohl aus älteren langobardischen Fundplätzen, etwa im heutigen Ungarn, als auch von den jüngeren im später eroberten Italien.

Daß einige der Einwanderer sich in dem repräsentativsten Gebäude auf der Hügelspitze einrichteten, zeigt die Bedeutung, die dem Ajdovski Gradec von Vranje auch in dieser Phase seiner Geschichte zukam. Da entsprechende Funde nur aus dem genannten Gebäude bekannt geworden sind, dürften die übrigen Häuser weiterhin von der angestammten Bevölkerung bewohnt worden sein. Leider kennen wir den Friedhof nicht, in dem diese Bevölkerung des fortgeschrittenen 6. Jahrhunderts bestattet wurde; deshalb bleibt auch offen, ob in der Anwesenheit von Langobarden auf dem Hügel eine echte Ansiedlung zu sehen ist oder ob es sich nur um eine Besatzung gehandelt hatte. Die Ausbesserungen innerhalb der Kirchenanlage beweisen, daß die Kultgebäude auch jetzt weiter von der ansässigen Bevölkerung benutzt wurden.

Die Siedlung der Langobarden in den Gebieten des südöstlichen Alpenvorlandes dauerte 20 Jahre bis zur denkwürdigen Abwanderung nach Italien unter ihrem König Alboin im April des Jahres 568 [22].

Wenn nach der literarischen Überlieferung der Auszug der Langobarden, dem sich u. a. auch Noriker und Pannonier, also einheimische Bevölkerung, anschlossen, als totale Abwanderung geschildert wird – eine Quelle spricht davon, man hätte die alten Wohnsitze in Pannonien sogar vorher verbrannt [23] –, so vermitteln uns die Kleinfunde in Vranje zumindest für diesen Platz ein anderes Bild. Denn gerade in dem von den Germanen bewohnten Gebäude konnten neben der genannten Keramik sehr viele Eisen- und Bronzefunde geborgen werden. Bei einem planmäßigen totalen Abzug hätte man diese Gegenstände sicher nicht zurückgelassen. Einiges spricht dafür, daß sich nur die wenigen Langobarden dem Zug nach Italien anschlossen, während die romanische Bevölkerung auf dem Hügel in Vranje zurückblieb.

Ein längeres Überleben in Frieden war ihr allerdings nicht mehr beschieden. Die auf die Langobarden folgende Invasion von Awaren und Slawen bedeutete den Abbruch al-

21) Die Fragmente konnten inzwischen im Narodni muzej in Ljubljana zu kompletten Gefäßen zusammengesetzt werden. Sie werden im Rahmen der in Anm. 3 angekündigten Publikation veröffentlicht.

22) L. Schmidt, Geschichte der Ostgermanen ^{2}(1941) 584. – J. Werner a. a. O. 13 f.

23) Marius chron. a. 569: *Alboinus rex Langobardorum cum omni exercitu reliquens atque incendens Pannoniam suam patriam . . . Italiam occupavit.*

ler römisch-romanischer Siedlungskontinuität im südöstlichen Alpengebiet. Einen exakten Zeitpunkt, an dem die Invasionswelle auch unseren Platz erreichte, kennen wir nicht. Der im Jahre 582 erfolgte Fall *Sirmiums* [24], das für das Gebiet saveaufwärts von jeher eine Schlüsselstellung eingenommen hatte, dürfte auch für offene Siedlungsplätze vom Typ Vranjes ein baldiges Ende mit sich gebracht haben. Die archäologisch nachweisbaren letzten Spuren in unserer Anlage zeigen eindeutig Züge einer radikalen Zerstörung. Soweit sich das bisher feststellen ließ, sind alle Gebäude, Wohnhäuser wie christliche Kultstätten, einheitlich und offenbar gleichzeitig in Schutt und Asche gesunken. Wie in den meisten zerstörten Kirchen des südöstlichen Alpenraumes suchte man bei der Plünderung nach den Reliquiarien unter den Altären, die wegen ihrer häufigen Ausführung in Edelmetall ein begehrtes Beutegut darstellten. Auch in Vranje wurde das Reliquiarium der oberen Saalkirche geraubt, wie eine tiefe Störung im Zentrum des Presbyteriums zeigt. Dagegen blieb das Reliquiarium des Taufraumes unentdeckt.

Damit erlosch jegliches Leben auf dem Ajdovski Gradec in Vranje. Wo sich die Slawen selbst niederließen, wissen wir derzeit noch nicht, da bisher keine Hinweise auf frühslawische Besiedlung im näheren Umkreis des Platzes bekannt geworden sind.

Glücklicherweise sind wir heute in der Lage, einzelne der im Zusammenhang mit Vranje gemachten Aussagen an einem anderen slowenischen Siedlungsplatz überprüfen zu können, und zwar an der durch L. Bolta in den letzten Jahren untersuchten Höhensiedlung auf dem Rifnik bei Šentjur (Abb. 5 Nr. 17), nur 20 km nördlich von Vranje gelegen [25]. Diese Siedlung (Abb. 7) zeigt auch von der Geländebeschaffenheit her mit Vranje durchaus Vergleichbares. Auch auf dem Rifnik fanden sich Spuren vorgeschichtlicher und kaiserzeitlicher Besiedlung, wobei sich allerdings gerade die römische Phase nicht so gut differenzieren läßt wie in Vranje. Zu einem späteren Zeitpunkt kam es auch hier zum Bau einer Kirchenanlage, die in ihren Einzelheiten aber noch nicht endgültig geklärt ist. Auch hier scheint die Siedlung in einer einheitlichen Zerstörungsphase zugrunde gegangen zu sein. Über den Befund von Vranje hinaus führt jedoch die Entdekkung eines verhältnismäßig umfangreichen Gräberfeldes [26] mit über 100 Bestattungen, welches in ähnlicher Position zur Siedlung liegt wie das in Vranje ausgegrabene kleine Gräberfeld des frühen 6. Jahrhunderts. Die Mehrzahl der Bestatteten ist auch hier durch die Beigaben als einheimisch romanische Bevölkerung ausgewiesen. Demgegenüber lassen sich hier aber nun auch ostgotische und vor allem langobardische Elemente fassen, darunter ein stempelverziertes Gefäß. Das Gräberfeld dürfte vom Beginn des 6. Jahrhunderts an bis zum Einfall der Slawen belegt worden sein. Eine Anwesenheit von Langobarden zwischen 547 und 568 läßt sich auf dem Rifnik zwar nicht wie in Vranje durch Siedlungsfunde nachweisen, ist aber durch langobardische Elemente im Gräberfeld gut abgesichert.

24) E. Stein, Studien zur Geschichte des byzantinischen Reiches (1919) 113.
25) L. Bolta, Arheološki Pregled 14, 1972, 104 ff.
26) Zusammenfassend zuletzt L. Bolta, Arheološki Vestnik 21/22, 1970/71, 127 ff.

Abb. 7 Rifnik bei Šentjur. Befestigte Siedlung und Gräberfeld (nach Bolta, vgl. Anm. 26).

Eines dritten Platzes muß noch Erwähnung getan werden. Circa 30 km von Vranje entfernt liegt saveabwärts an der Mündung der Krka in die Save die spätantike Befestigung von Velike Malence (Abb. 5 Nr. 18). Dabei handelt es sich um den befestigten Nachfolger der unbefestigten kaiserzeitlichen Stadt *Neviodunum*. B. Saria [27] konnte dies bei seinen Grabungen vor dem Kriege nachweisen. Im Gegensatz zu Vranje ist Velike Malence eine echte Befestigung (Abb. 8). Da hier die geländebedingten günstigen Voraussetzungen fehlten, mußte der Platz durch eine umlaufende, turmbewehrte Mauer geschützt werden. Unterschiedlich ist auch die Lage selbst, denn das Plateau von Velike

27) B. Saria, Glasnik Muz. Drustva za Slovenijo 10, 1929, 11 ff. – J. Werner a. a. O. 123 f.

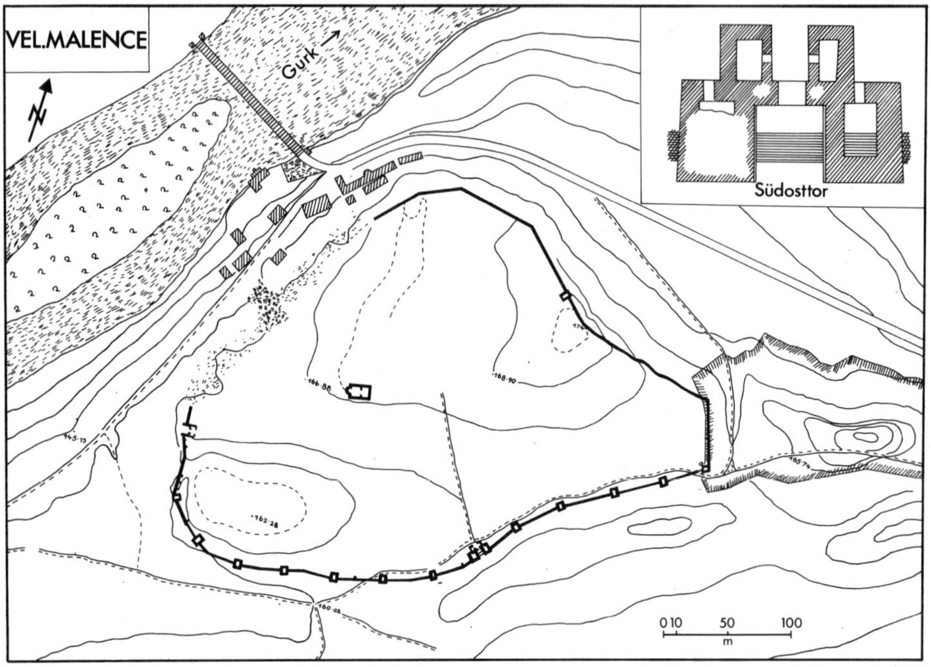

Abb. 8 Velike Malence. Spätantike Befestigung (nach Saria, vgl. Anm. 27).

Malence ist, weithin sichtbar an der Gabelung der antiken Straßen nach *Emona* bzw. *Celeia* gelegen, nicht zu vergleichen mit der versteckten Position von Vranje und auch Rifnik. Außerdem setzte die Verteidigung einer solch großen Befestigungsanlage eine wesentlich größere Mannschaft voraus, als jemals in Vranje oder Rifnik vorhanden gewesen sein konnte. Solange wir bei Velike Malence nichts über die Innenbebauung wissen, muß sogar fraglich bleiben, ob hier der gleiche Siedlungscharakter vorliegt wie in den beiden anderen Fällen. An Kleinfunden ist lediglich ein keilstichverziertes Gefäß bekannt geworden, das in einem der Türme gelegen haben soll und das von J. Werner der langobardischen Keramik der pannonischen Phase zugeordnet wird, sich aber mit den entsprechenden Funden von Vranje und Rifnik nicht vergleichen läßt [28]. Immerhin könnte gerade dieses Gefäß die zeitweilige Anwesenheit einer langobardischen Besatzung nahelegen, wobei man dann in Velike Malence eines der bei Prokop genannten Kastelle »bei Pannonien« zu sehen hätte [29].

28) J. Werner a. a. O. 124 Taf. 17,4.
29) Ob es sich bei den kürzlich von slowenischen Kollegen entdeckten Bauresten auf dem Hügel bei Prapretno zwischen Vranje und Rifnik um eine Analogie zu den beiden genannten Plätzen handelt, muß erst durch Bodenforschungen erwiesen werden.

Der naheliegende Vergleich mit Anlagen und Siedlungen jenseits der Karawanken mit Vranje mußte beim derzeitigen Forschungsstand auf die Kirchenanlage – und auch hier mit gewissen Einschränkungen – eingeengt bleiben. Denn obwohl Entsprechungen etwa im Bezug auf Lage, Siedlungsform und den historischen Hintergrund auf der Hand liegen, sind viele dieser Plätze, von denen die Mehrzahl im heutigen Kärnten liegt, entweder nur aus alten und unzulänglichen Untersuchungen bekannt oder noch nicht endgültig untersucht, oder aber immer noch nicht ausreichend gut veröffentlicht. So wäre hier z. B. an den Ulrichsberg [30] bei Klagenfurt zu denken, an den Duel [31] bei Feistritz, das spätantike *Teurnia* [32] oder an den Kirchbichl von Lavant [33] in Osttirol, um nur die interessantesten Parallelen zu nennen, bei denen durchaus noch neue Forschungsergebnisse und für den hier angeschnittenen Fragekomplex auch neue und weiterführende Aspekte zu erwarten wären [34].

Vorerst bleibt der Ajdovski Gradec bei Vranje mit seiner fast lückenlos nachweisbaren Siedlungskontinuität vom 2.–6. Jahrhundert einer der archäologischen Hauptzeugen für die Verhältnisse in Spätantike und Frühmittelalter im südöstlichen Alpenraum und seinem südlichen Vorgelände. Es scheint dabei besonders wichtig, daß sich zumindest ein Teil der erarbeiteten Grabungsbeobachtungen bis zu einem gewissen Grade, und bei aller gebotenen Vorsicht in der Interpretation, mit historischen Ereignissen in Verbindung bringen läßt.

30) R. EGGER, Carinthia I 140, 1949, 29 ff. Hier handelt es sich um eine offene kaiserzeitliche Siedlung mit spätantiker Überbauung u. a. durch eine Kirche wie in Vranje. Es fehlt z. B. die Lokalisierung des Gräberfeldes und vor allem die Veröffentlichung der Kleinfunde aus den Grabungen.

31) R. EGGER, ÖJh. 25, 1929 Beibl. 159 ff. Auch hier fehlt immer noch eine umfassende Veröffentlichung des gesamten Fundmateriales. Die Anlage an sich wäre sehr gut vergleichbar.

32) Erstpublikation durch R. EGGER, Frühchristliche Kirchenbauten im südlichen Norikum (1916) 1 ff. Hier stehen immer noch Fragen offen, wie etwa die zeitliche Stellung der sog. Friedhofskirche (vgl. dazu T. ULBERT in Vranje I 66). Auch die Frage, ob es sich tatsächlich um eine Friedhofskirche handelt, stellt sich jetzt neu, nachdem unlängst an ganz anderer Stelle ein spätantikes Gräberfeld entdeckt wurde (R. PICCOTTINI, Das spätantike Gräberfeld von Teurnia-St. Peter in Holz [1976]).

33) Grabungsberichte: F. MILTNER, ÖJh. 38, 1950 Beibl. 37 ff. – DERS., ÖJh 40, 1953 Beibl. 15 ff. – DERS., ÖJh. 41, 1954 Beibl. 43 ff. – DERS., ÖJh. 43, 1956 Beibl. 89 ff. – W. ALZINGER u. E. FOSSEL, ÖJh. 47, 1964/65, 64 ff. Die bisher veröffentlichten Grabungsbefunde und die daraus gezogenen Folgerungen hinsichtlich der sog. Bischofskirche halten in keiner Weise einer kritischen Überprüfung stand. Für eine Beurteilung des Gesamtkomplexes müßte das Kleinfundmaterial vorgelegt werden.

34) Daß es möglich ist, mit modernen Ausgrabungsmethoden und umfassendem Fundstudium zu weiterführenden gut begründeten Aussagen zu kommen, zeigt neben Vranje das Beispiel der Ausgrabungen an dem spätantik-frühmittelalterlichen Platz von Invillino/Friaul (Vorbericht: V. BIERBRAUER, Aquileia Nostra 44, 1973, 86 ff. Die Gesamtpublikation ist in Vorbereitung).

Churrätien im Übergang von der Spätantike zum Mittelalter nach den Schriftquellen

VON OTTO P. CLAVADETSCHER

Die Geschichte Rätiens zur Römerzeit läßt sich kurz etwa so zusammenfassen: Schon zur Zeit Caesars und kurz darnach wurden die Kolonien Nyon *(Iulia Equestris)* und Augst *(Augusta Rauricorum)* angelegt, um Gallien gegen Angriffe aus dem Alpenraum abzuschirmen [1]. Die endgültige Sicherung brachte aber erst die Unterwerfung der Räter und ihrer Nachbarn bis zur Donau im Jahre 15 v. Chr. durch des Augustus Stiefsöhne Drusus und Tiberius. Das Gebiet wurde militärisch besetzt, die Jungmannschaft zum römischen Kriegsdienst gezwungen. Nach des Kaisers Tod schützte Rom das rasch pazifierte Rätien, in dem keine Legionen mehr standen, durch eine Kastellkette von Bregenz bis zum bayrischen Inn. Um 180 wurde Rätien zu einer kaiserlichen Provinz zweiter Klasse, verwaltet durch einen Senator mit praetorischem Rang. In der dezentralisierten Reichsverwaltung des 4. Jahrhunderts gehörte Rätien zur Diöcese Italien, doch muß noch vor der Mitte des Jahrhunderts die Trennung in die zwei Provinzen Raetia Prima und Raetia Secunda vorgenommen worden sein, wobei die Trennungslinie nord-südlich verlief (Arlberg, Münstertaler Alpen). Die Statthalter niederen Ranges *(praesides)* residierten in Augsburg und wahrscheinlich in Chur, militärisch blieben sie einem gemeinsamen *dux* in Augsburg unterstellt. In der zweiten Hälfte des 4. Jahrhunderts litt auch Rätien zunehmend unter Barbareneinfällen [2], und die kürzlich entdeckte spätrömische Siedlung auf dem Hügel in Castiel (Schanfigg) dürfte am ehesten als Fluchtort für die bedrohten Bewohner von Chur zu deuten sein. Auch wenn in der ostgotischen Episode die Idee des einen Reiches nochmals aufflackerte, so hatte für Rätien doch um 400 das Mittelalter begonnen: es war weitgehend auf sich selbst gestellt, mußte sich selber helfen und schützen.

Dieses allgemeine Bild kann nun durch neueste Ausgrabungsergebnisse in einigen wichtigen Punkten ergänzt werden [3]. An der Julier-Septimerroute wurden ein Wachtturm bei Cunter (Ausgrabung des Landesmuseums), eine *villa* in Riom und ein Berghei-

1) E. MEYER, Jb. Schweiz. Ges. f. Urgesch. 54, 1968/9, S. 76 f.

2) F. STAEHELIN, Die Schweiz in röm. Zeit, 1948³, S. 322 schließt aus dem Umstand, daß die Alemannen über einen Bündnerpaß nach Italien einfielen, daß die Alpenpässe völlig in ihrem Besitz waren. Weder die Quellenstelle (Sidonius Apollinaris, carm. 5, 373 ff) noch die Wahrscheinlichkeit sprechen für diese Interpretation.

3) Die folgenden Angaben verdanke ich Dr. Hans Erb in Chur.

ligtum oder eine *specula* bei Caslatsch ob Vicosoprano im Bergell entdeckt, an der Engadinstraße Spuren römischer Siedlung *(villae)* in Zernez und wahrscheinlich auch auf dem Kirchhügel in Scuol. Die umfangreichen Grabungen im Welschdörfli in Chur förderten auch das Fragment einer Inschrift zutage:

L(ucio Ca(esari Augusti filio) princ(ipi iuventutis).

Es dürfte sich um einen Teil eines Denkmalsockels für Augustus und seine beiden Enkel und Adoptivsöhne Gaius und Lucius Caesar handeln [4]. Damit ist Chur schon für die früheste Römerzeit als politisches Zentrum bezeugt, auch wenn seine staatsrechtliche Stellung nicht näher umschrieben werden kann. Im 1. und 2. Jahrhundert herrschte im Welschdörfli eine rege Bautätigkeit (Massivbauten, viele Umbauten, Thermen). Die Gefahren des 4. Jahrhunderts manifestieren sich in Münzhorten. Um 400 war das Welschdörfli verlassen, wurde aber im Frühmittelalter noch gelegentlich als Bestattungsplatz benützt. Das römische Chur setzte sich jedoch auf dem Hof oben fort, der um 370 befestigt worden war.

Nach der Ausschaltung Odoakers im Jahre 493 war Theoderich unbestrittener Herr Italiens, das er im Namen des Kaisers verwaltete. Zu dieser Präfektur Italien gehörte auch Rätien. Die Brief- und Formelsammlung Cassiodors enthält ein Bestallungsschreiben für den rätischen *dux* im Range der Spektabilität [5]. Aus den langatmigen Wendungen läßt sich als historischer Kern herausschälen, daß Rätien ein gefährdetes Grenzgebiet war und der *dux* daher wachsam sein und mit seinen Truppen an den Grenzen häufig patroullieren sollte [6]. Die Ruhe des Reiches hange von ihm ab, da Rätien Bollwerk und Riegel Italiens sei [7]. Der Bestallungsbrief enthält keinen Adressaten, ein weiteres Schreiben Theoderichs, das in die Zeit von 507–511 gehört, war jedoch an den rätischen *dux* Servatus gerichtet [8], dem offenbar auch das erste Schreiben gegolten hatte. Er sollte nun dafür sorgen, daß dem klagenden Moniarius die von den Breonen verschleppten *mancipia* zurückerstattet würden, sofern sich die Klage als gerechtfertigt erweise. Der illyrische Stamm der Breonen saß nördlich des Brenners im mittleren Oberinntal und im Silltal. Als wehrpflichtige Grenztruppen dürften sie im untergehenden Römerreich weitgehende Selbständigkeit erlangt haben und bildeten nach dem genannten Schreiben auch einen recht selbstherrlichen Teil des ostgotischen Rätien [9].

Wo verliefen nun die Grenzen Rätiens zur Ostgotenzeit? Die nördlichsten Teile der beiden Rätien, also die Gebiete südlich der Donau scheinen mindestens nach dem Tode

4) Nach freundlicher Mitteilung von Dr. Hans Lieb, Schaffhausen.

5) Bündner Urkundenbuch, hg. v. E. MEYER-MARTHALER u. F. PERRET, Chur 1955 ff., (zit. BUB), I,3: Formula ducatus Raetiarum.

6) *ut milites et in pace regas et cum eis fines nostros sollemni alacritate circueas.*

7) *Raetiae namque munimina sunt Italiae et claustra provinciae.*

8) BUB I, 4.

9) H. LÖWE, Die Herkunft der Bajuwaren, Zs. f. bayer. Landesgesch. 15, 1949, S. 5–67, bes. S. 47 ff.: Breonen und Bajuwaren.

des Aetius an die Alemannen gefallen zu sein. Im besten Falle standen diese Alemannen in einem Föderatenverhältnis zu den Ostgoten [10]; eigentliche ostgotische Herrschaft unter Weiterführung römischer Verwaltungsformen (Dukat) war sicher auf den Süden Rätiens beschränkt. Wo endete aber dieser Herrschaftsbereich des rätischen *dux*? Nach dem zitierten Schreiben gehörten die tirolisch-bayerischen Kalkalpen (Breonen) noch dazu. Für die Raetia prima hängt die Antwort wesentlich davon ab, was man unter dem Fischnamen *»anchorago«* zu verstehen hat, den Cassiodor unter den aus dem Reiche Theoderichs selber stammenden Tafelgerichten am Königshof erwähnt [11], ebenso, wieviel Gewicht man dieser »Menükarte« beimessen will. Für den Lachs bildet der Rheinfall bei Neuhausen eine unüberwindliche Schranke, die Rheinanke dagegen lebt auch im Alpenrhein. Versteht Cassiodor unter *anchorago* den Lachs [12], so hätte auch der östlichste Teil der Maxima Sequanorum zum Ostgotenreich gehört, andernfalls müßte man die Grenze etwa an der Linie Rhein-Bodensee ansetzen [13], so daß jedenfalls die Ostschweiz Theoderich unterstand. Dies muß um so eher angenommen werden, als neuere sprachgeschichtliche und archäologische Untersuchungen die alemannische Besiedlung südlich von Rhein und Bodensee erst in die Jahrhundertwende oder gar in den Anfang des 6. Jahrhunderts setzen [14]. Die neuere Forschung bestätigt also Hans v. Schuberts [15] Annahme einer alemannischen Besiedlung dieses Gebietes erst nach 496. Bis dahin wäre in der Ostschweiz noch mit einer gallo-römischen und rätischen Bevölkerung zu rechnen, die nur zu Provinz Raetia prima gehört haben kann. Wirkliche ostgotische Herrschaft darf also für

10) So K. REINDEL, Staat u. Herrschaft in Rätien u. Noricum im 5. u. 6. Jh., Verhh. d. hist. Ver. f. Oberpfalz u. Regensburg 106, 1966, S. 23–41; auch schon L. SCHMIDT, Die Ostgoten in der Schweiz, Zs. f. Schweiz. Gesch. 9, 1929, S. 162. – Vgl. zum Grenzproblem H. ZEISS, Die Nordgrenze des Ostgotenreiches, Germania 12, 1928, S. 26–34.

11) Var. XII, 4, ed. MOMMSEN, S. 362: *a Rheno veniat anchorago.*

12) So P. E. MARTIN, Etudes critiques sur la Suisse à l'époque Mérovingienne 534–715, thèse Genève 1910, S. 58 ff.

13) So R. LAUTERBORN, Die Clusurae Augustanae des Kassiodor als gotische Grenzsperre am Alpenrhein, Germania 10, 1926, S. 63–67 (allerdings irrtümlich mit der Klus bei Landquart identifiziert). – L. SCHMIDT, Die clusurae Augustanae, Germania 11, 1928, S. 36–38 (irrtümlich nach Meran verlegt).

14) Vor allem R. MOOSBRUGGER-LEU, Schweiz. Zs. f. Gesch. 13, 1963, S. 468 f.; DERS., Die frühmittelalterlichen Gürtelbeschläge der Schweiz, Basel 1967; DERS., Die Schweiz zur Merowingerzeit II, Bern 1971, S. 19; TH. ARNOLD HAMMER, Die Orts- und Flurnamen des St. Galler Rheintals, Frauenfeld u. Stuttgart 1973. – Die ältere Forschung ließ die Alemannen früher ins linksrheinische Gebiet vordringen; vgl. etwa R. HEUBERGER, Rätien im Altertum u. Frühmittelalter, 1932 (Neudruck 1971), S. 106, 250 (Ende 4., Anfang 5. Jh.); W. OECHSLI, Jb. f. Schweiz. Gesch. 33, 1908, S. 265 (um 455); F. STAEHELIN, a. a. O. S. 321 (455); H. DIETZE, Rätien u. seine germanische Umwelt in der Zeit von 450 bis auf Karl d. Gr. unter besonderer Berücksichtigung Churrätiens, Würzburger Diss., Frankfurt 1931, S. 40 (ca. 450).

15) Die Unterwerfung der Alamannen unter die Franken, Straßburg 1884.

das ostschweizerische Gebiet südlich von Rhein und Bodensee angenommen werden [16]. Daß damals das Gebiet bis zum Hirschensprung oder bis zur Luzisteig noch nicht alemannisch war, bestätigt die Sprachforschung eindeutig [17].

Der *dux* Servatus muß dem Namen nach ein Römer oder gar ein romanisierter Räter gewesen sein. Vielleicht faßt man ihn am besten als einheimischen Kommandanten des rätischen Grenzschutzes mit weitgehender Selbständigkeit bereits in der spätrömischen Zeit [18]. Durch die offizielle Bestallung hätte dann Theoderich lediglich den bestehenden Zustand anerkannt, und man dürfte dann vielleicht sogar schließen, daß die Räter sich unter ihrem *dux* vertraglich den Ostgoten unterstellt hatten und deshalb auch in ihrer Sonderstellung belassen wurden [19]. In Cassiodors Variae erscheint neben dem rätischen *dux* Servatus nur noch ein einziger *dux*. Er trägt einen gotischen Namen [20], ein Amtsbereich ist nicht genannt, zudem ist er in einer Ehesache tätig, hatte also richterliche Funktionen im Gegensatz zu den militärischen des Servatus. Der eigentliche gotische Militärkommandant hingegen trug den Titel *comes* im Range des Illustrats. Auch aus diesem Sachverhalt darf auf eine Sonderstellung des rätischen *dux* geschlossen werden. Dann aber gibt der Bestallungsbrief die tatsächlichen rätischen Verhältnisse wieder und ist nicht ein Formular für irgendeinen Militärkommandanten irgendwo im ostgotischen Reich. Seine Kompetenzen sind rein militärischer Art, er ist für den Grenzschutz verantwortlich, übt aber über seine Truppen auch die militärische Gerichtsbarkeit aus. Da im Bestallungsbrief von der zivilen Verwaltung mit keinem Wort die Rede ist, muß diese in anderer Hand gelegen haben, am ehesten wird man an einen *praeses* denken [21], dies um so eher, als ja in fränkischer Zeit nachweislich ein *praeses* an der Spitze Rätiens stand. Da liegt doch der Schluß nahe, daß das römische Provinzamt des *praeses* auch die kurze Ostgotenzeit überdauert und sich in der Frankenzeit fortgesetzt habe. Als Sitz des *praeses* und wohl auch des *dux* kommt am ehesten Chur in Frage, dessen führende Stellung durch das erwähnte Denkmal bereits für das erste nachchristliche Jahrhundert bezeugt ist und besonders deutlich aus seiner kirchlichen Funktion (Bischofssitz) hervorgeht. Für den *dux* wäre allerdings auch denkbar, daß er Rätien und Italien vom grenznäheren be-

16) So auch H. ZEISS, a. a. O. S. 29 u. R. HEUBERGER, Das ostgotische Rätien, Klio 30, 1937, S. 108. – Nicht begründet ist die Ansicht K. REINDELS, a. a. O. S. 41, Theoderich hätte indirekt durch andere Herrschaftsformen (Adoption, Föderierung und andere unbekannte!) die Herrschaft über beide Rätien bis zur Donau aufrechterhalten.

17) Vgl. besonders die in Anm. 14 zitierte namenkundliche Arbeit von Hammer.

18) Anders MARTIN, a. a. O. S. 60, der ihn als ostgotischen Offizier betrachtet. – R. SPRANDEL, Dux und comes in der Merovingerzeit, Zs. d. Savignystiftung f. Rechtsgesch., Germ. Abt. 74, 1957, S. 57 hält es für möglich, daß der rätische *dux* der Ostgotenzeit mit dem *dux Raetiae primae et secundae* der Notitia dignitatum (BUB I S. 1 Z. 28 f.) identisch sei, während im allgemeinen frühmittelalterliche *duces* mit den römischen nichts zu tun hatten.

19) So auch R. HEUBERGER, Rätien, S. 131 ff., 254 ff. (allerdings ohne zwingende Begründung für die Trennung der militärischen und zivilen Gewalt); DERS., Klio 1937, S. 94.

20) Variae V,33: Wilitancus.

21) R. HEUBERGER, Klio 1937, S. 81.

festigten Bregenz aus gegen die Germanen schützte oder anderswo an strategisch bedingtem Ort residierte [22]. Man darf auch nicht vergessen, daß der Hof in Chur für Bischof, *praeses* und *dux* je mit ihrem Anhang kaum ausreichenden Platz geboten hätte.

Sehr umstritten ist die Frage, ob und wieweit Alemannen zur Ostgotenzeit im rätischen Gebiet angesiedelt wurden oder sich niedergelassen haben. Eine Reihe von literarischen Quellenstellen [23] deuten in diese Richtung, sind aber ihrem Charakter und Alter nach wenig geeignet, zuverlässigen Aufschluß zu geben. Aus einem Brief Theoderichs an den fränkischen König Chlodwig vom Jahre 507 geht hervor, daß vor den Franken flüchtende Alemannen im ostgotischen Reiche aufgenommen wurden und Theoderich sich für sie bei Chlodwig verwendete. Was er genau mit seinem Brief bezweckte, ist schwer auszumachen. Er läßt sich als Warnung vor einem Übergriff auf ostgotisches, also rätisches Gebiet verstehen, aber auch als Aufforderung, den Flüchtlingen eine Rückkehr in die nun unter fränkischer Herrschaft stehenden alemannischen Gebiete zu gestatten. Kombiniert man diesen Brief mit anderen Quellenstellen, so ergibt sich, daß zu Beginn des 6. Jahrhunderts möglicherweise eine ostgotische Schutzherrschaft über die Alemannen bestand und ein Teil im rätischen Gebiet angesiedelt wurde [24]. Der Brief Theoderichs und die Stelle bei Agathias wären aber für sich kaum beweiskräftig, weil besonders Agathias zu spät schreibt und sich als nicht besonders gut unterrichtet erweist, doch stützen Bodenfunde und Namenforschung die Möglichkeit einer solchen Ansiedlung. Umstritten ist aber das Gebiet. Am ehesten kommt der Bodenseeraum in Frage, also die flacheren Gebiete des Kantons Thurgau, vielleicht auch noch heutige st. gallische Landstriche. Das Rheintal [25] bis etwa zum Hirschensprung fällt wohl aus geographisch-klimatischen Gründen außer Betracht, da vor der Rheinkorrektion nur ein schmaler Streifen den Hängen entlang besiedelt gewesen sein dürfte [26] und nach der Ortsnamenforschung [27] diese Siedlungen sogar eher einer späteren Ausbaustufe angehören. Auch wenn man den Panegyrikus des Ennodius nicht wörtlich nimmt, nach welchem die Ale-

22) Zeitweilig suchte man die Clusurae Augustanae (Cassiodor, Var. II, 5) in Rätien (vgl. Anm. 13), doch setzte sich diese Meinung nicht durch. Am wahrscheinlichsten sind sie in Aosta zu suchen (H. ZEISS, a. a. O.).

23) Brief Theoderichs (Cassiodor, Variae II, 41); Tafelgerichte am ostgotischen Hof (ib. XII, 4); Panegyrikus des Ennodius (MG Auct. ant. VII p. 212); Agathias, Historia I, 4, 6.

24) Vgl. bes. Agathias, a. a. O., der jedoch von ZEISS, a. a. O. S. 31 f. u. HEUBERGER, Rätien, S. 127 sehr negativ bewertet wird. – F. BEYERLE, in: Grundfragen der alemann. Gesch., 1955, S. 76 spricht von alemannischer Ergebung in ostgotische Schutzherrschaft, P. E. MARTIN, a. a. O., S. 61, betrachtet dieses Protektorat als »plus formelle que réelle«.

25) So DIETZE, a. a. O. S. 90; HEUBERGER, Praehistor. Zs. 34/35, 1952, S. 56; jeder Begründung entbehrt HEUBERGER, Rätien, S. 122, daß vor 480 die Alemannen schon bis zum Hirschensprung vorgedrungen seien.

26) B. BILGERI, Geschichte Vorarlbergs I, 1971, S. 214 Anm. 20 weist auf Berichte Strabons über das versumpfte Rheintal hin, betrachtet dann aber S. 40 doch den Rheingau, den untersten Teil des Alpenrheins südlich des Bodensees, als das alemannische Siedlungsgebiet.

27) ST. SONDEREGGER, Schweiz. Zs. f. Gesch. 13, 1963, S. 518; bes. Hammer, a. a. O.

mannen in sehr fruchtbarem Land angesiedelt worden sein sollen, so paßt seine Angabe doch eher auf die Gebiete unmittelbar südlich des Bodensees als aufs Rheintal [28].

Jedenfalls sind diese Alemannen weit nördlich von Chur zu suchen, und damit entfällt auch die Möglichkeit, den rätselhaften Ort *Thedoricopolis* des Geographen von Ravenna [29] mit Chur zu identifizieren. Auf die Deutung des Namens und die Lokalisierung dieser Stadt im Alemannenland ist großer Scharfsinn verwendet worden. Es war sicher ein geistreicher Einfall von Schnetz, das vorangehende *Carilon* mit *Thedoricopolis* zusammenzuziehen und daraus ein ursprüngliches *Curia id est Thedoricopolis* zu erschließen [30]. Eine andere Konjektur führte zu *Capidon* = Kempten [31]. Ohne die Konjektur von Schnetz wäre wohl niemand auf den Gedanken verfallen, *Thedoricopolis* in Chur zu suchen [32], denn auch ein Autor, der das Gebiet vielleicht nicht aus eigener Anschauung kannte, konnte doch Chur nicht als im Alemannenland gelegen bezeichnen. Auch wäre es wohl wahrscheinlicher, daß eine Neugründung so benannt wurde und nicht eine alte Verwaltungs- und Bischofsstadt [33]. Von außen müßte also der nach den Alemannenstürmen auf dem Hof errichteten Bischofsstadt ein neuer Name aufgezwungen worden sein, während dort der einheimische *praeses* residierte, vielleicht auch der oben genannte *dux* Servatus. Viel eher dürfte ein befestigter Ort in der Bodenseegegend [34], vielleicht sogar eine militärische Neuanlage mit dem Ostgotenkönig in Verbindung gebracht worden sein. Auch an Bregenz wäre schließlich zu denken, doch kommt man über Vermutungen nicht hinaus, weil der Name offensichtlich nach der doch recht kurzen Ostgotenzeit rasch wieder verschwunden ist.

Während der paar Jahrzehnte der Ostgotenherrschaft scheint es auch nicht zur Ansiedlung von Ostgoten in Rätien gekommen zu sein [35]. Militärische Siedlung war nicht nötig, da der Grenzschutz der einheimischen Landwehr unter Servatus anvertraut war,

28) So schon MARTIN, La fin de la domination Romaine en Suisse et l'occupation germanique, Bulletin de la société d'histoire et d'archéologie de Genève, VI, 1, 1935 p. 24; MOOSBRUGGER, Gürtelbeschläge, S. 179 vermutet eher Gebiete der Raetia II nördlich des Bodensees.

29) Ed. J. SCHNETZ, Itineraria Romana 2, 1940 (4, 26).

30) J. SCHNETZ, Thedoricopolis, Zs. f. Schweiz. Gesch. 5, 1925, S. 346–350. – HEUBERGER, Rätien, S. 245 ff. betrachtet Chur als einzig mögliche Lösung; H. LIEB, Lexicon topographicum der röm. und frühmittelalterlichen Schweiz, Bd. 1, 1967, S. 136 ff. wenigstens als wahrscheinlichste.

31) BEYERLE, Grundfragen, S. 75.

32) Skeptisch schon MARTIN, Fin de la domination, S. 21. – Nur erwähnt sei die neueste Deutung von Cariolon-Thedoricopolis auf Zirl-St. Martinsberg, vgl. P. VOLK, Archäol. Korrespondenzblatt 1, 1971, S. 123 ff. u. Protokoll d. Alemann. Instituts Freiburg i. Br. Nr. 29 v. 20. Oktober 1971.

33) Es wäre einmal zu untersuchen, ob Bischofssitze überhaupt je ihren Namen geändert haben, ohne daß sie verlegt wurden. Nicht vergessen sei auch, wie konsequent die römische Kirche bis heute an ehemaligen Bistumsnamen festhält (Titel der Weihbischöfe nach verlorenen Bistümern in partibus infidelium)!

34) So auch L. SCHMIDT, Zs. f. Schweiz. Gesch. 18, 1938, S. 372.

35) R. HEUBERGER, Rätien, S. 134, 322; DERS., Klio 1937, S. 81, 95.

und zivile Siedler bevorzugten zweifellos das fruchtbare Italien. Sollten gewisse sprachliche Namenformen in Rätien tatsächlich auf das Ostgotische zurückgehen [36] und nicht auf andere germanische Sprachen, so könnte man höchstens an die Ansiedlung ostgotischer Flüchtlinge in den rätischen Bergen denken, nachdem ihr Reich in Italien untergegangen war.

In der langen Friedenszeit unter Theoderich und den anschließenden Jahren bis zum Ausbruch des Krieges zwischen Oströmern und Ostgoten scheint sich nach den Bodenfunden ein bedeutender Handelsverkehr über die Alpenpässe abgespielt zu haben [37]. Daraus erklärt sich auch die bedeutende Stellung Comos am Südausgang der Bündnerpässe. Durch einen Erlaß Theoderichs [38] zugunsten der Stadt wurden die Comenser Fuhrleistungen auf den vielen Seitenwegen ermäßigt. Wenn der *dux* militärisch über die südlichen Teile beider rätischen Provinzen gebot, so war damit auch das Problem der Verbindung zwischen ihnen gegeben. Die Engadinstraße [39] muß dabei eine wichtige Rolle gespielt haben, also die Abzweigung vom Julier durchs Engadin und von hier wahrscheinlich durchs S-charltal und über die Cruschetta nach Müstair und über den Reschen ins Oberinntal oder hinunter ins Trentino. Die noch im 9. Jahrhundert festzustellenden Verkehrseinrichtungen [40] an dieser Route, nämlich die im Reichsgutsurbar erwähnten *tabernae* in Zuoz und Ardez [41], lassen vermuten, daß sich der *dux* hier noch auf römische Einrichtungen [42] stützen konnte, da die ostgotische Zeit für die Schaffung dauerhafter Verkehrseinrichtungen wohl doch zu kurz war.

Auch über das Ende der Ostgotenherrschaft in Rätien fließen die Quellen nur spärlich, zudem zeichnen sie sich nicht durch sonderliche Glaubwürdigkeit oder Klarheit aus. Nach Prokop erkaufte der Ostgotenkönig Witigis im Jahre 536 durch Abtretung der südgallischen Gebiete und durch Geld die heimliche Unterstützung der Franken [43]. Von Rätien ist mit keinem Wort die Rede, ebenso nicht beim bedeutend weniger zuverlässigen [44] Fortsetzer Prokops, Agathias. Dieser weiß zu berichten, daß die Goten, um die Freundschaft der Franken zu gewinnen und um durch Konzentration ihrer Kräfte wenigstens Italien zu retten, neben anderen Gebieten auch die Alemannen preisgegeben hätten. Darauf hätte der Frankenkönig Theudebert sich diese Alemannen untertan gemacht [45]. An einer andern Stelle seines Geschichtswerks erwähnt er, daß dieser König

36) So J. U. Hubschmied, Romanisch -inco, -anco, Romanica Helvetica 14, 1939, S. 264 f., 262 f.

37) J. Werner, Münzdatierte austrasische Grabfunde, Berlin u. Leipzig 1935, passim.

38) Cassiodor, Variae XI, 14.

39) R. Heuberger, Klio 1937, S. 103.

40) O. P. Clavadetscher, Schweiz. Zs. f. Gesch. 5, 1955, S. 15, 24, 29.

41) BUB I S. 394 Z. 16, 17.

42) Frühe Benützung der Engadinstraße durch die Römer beweist eine in Celerina gefundene Münze Vespasians, Jahresber. d. Hist. Antiquar. Ges. v. Graubünden, 84, 1954, S. XIII. – Vgl. auch die oben S. 160 erwähnten Spuren römischer Siedlungen in Zernez und Scuol.

43) Prokop, De bello gothico I, 13.

44) Günstiger lautet das Urteil wieder bei A. Cameron, Agathias, Oxford 1970.

45) Agathias, Hist. I, 6 u. 7.

die Alemannen und andere benachbarte Völker unterworfen habe [46]. Es ist nun möglich, aber keineswegs erwiesen, daß unter diesen Nachbarn auch die Räter zu verstehen sind [47]. Letztlich ging es ja darum, ob die Franken oder die Oströmer das Erbe der Ostgoten antreten könnten, deshalb wäre es recht einleuchtend, daß die Franken sich sofort der Alpenpässe bemächtigt hätten, einerseits zum Schutz ihrer nordalpinen, alemannischen Gebiete, andererseits aber auch als Ausgangspunkte für weitere Vorstöße nach Oberitalien [48]. Quellenmäßig steht nur fest, daß die Franken noch in der ersten Hälfte des 6. Jahrhunderts das rätische Alpengebiet in ihre Hand gebracht haben, denn ein Brief von ca. 550, welcher die fränkische Herrschaft über die Isola Comacina bezeugt [49], läßt den sicheren Schluß zu, daß das zwischen dem Alemannenland und dem Comersee liegende Rätien schon vorher in fränkische Hand übergegangen sein muß. Unter Berücksichtigung der erwähnten politischen und militärischen Lage während des Krieges zwischen den Oströmern und den Ostgoten ist ein Datum kurz nach 536 wahrscheinlicher als die Jahrhundertmitte. Mit großer Wahrscheinlichkeit dürften die austrasischen Franken noch unter König Theudebert (533–548) Herren über Rätien geworden sein. Für den Hergang dieses Herrschaftswechsels fehlt jedoch jegliches Zeugnis. Es muß daher offenbleiben, ob Rätien erobert oder ob es durch vertragliche Abmachungen fränkisch geworden ist. Für letzteres könnte vor allem die paßpolitische Bedeutung des Landes sprechen [50].

Die Franken verstanden es, den oströmisch-ostgotischen Kampf um Italien für ihre Zwecke auszunützen. Wohl verhinderte das Abkommen von 536 ein direktes Eingreifen an der Seite der Ostgoten, doch brachten sie ihnen indirekte Hilfe, besonders durch die unterworfenen Alemannen, wobei als Anmarschweg wohl die rätischen Pässe gedient haben. 553/4 griff ein Alemannenheer unter den Herzögen Leuthari und Bucelin in den Endkampf zwischen Oströmern und Ostgoten ein, ob aus eigener Initiative oder in fränkischem Auftrag, ist nicht festzustellen. Auf welchem Weg sie nach Italien gelangten, ist nicht überliefert, doch kommen am ehesten die Bündnerpässe in Frage [51]. Paulus Diaconus berichtet – allerdings viel später –, daß Leuthari mit seinen Leuten auf dem Rück-

46) Ib. I, 4.

47) So Lieb, Schweiz. Zs. f. Gesch. 2, 1952, S. 387; Martin, Fin S. 26, 29; K. Reindel, Staat u. Herrschaft, S. 41; E. Ewig, Die fränkischen Teilungen u. Teilreiche (511–613), Wiesbaden 1953, S. 672; H. Büttner, Hist. Jb. 84, 1964, S. 12 hält die Eingliederung Rätiens auch für sehr wahrscheinlich, betont aber, daß sie quellenmäßig nicht überliefert sei.

48) So Heuberger, Rätien, S. 136. Da 539 die Franken sich Venetiens bemächtigten, hätte Rätien als Verbindungsglied fungiert, doch vermißt man bei Heuberger klare geographische Vorstellungen, wenn er bei dieser Gelegenheit auch das Misox, Bergell und Puschlav nennt, also Täler, die in ganz andere Teile Oberitaliens führen!

49) MG. Epp. III, 117, Nr. 6.

50) So auch Löhlein, Alpenpolitik, S. 9. – Die meisten Autoren sprechen unbestimmt von »eingliedern, fallen an, acquérir etc.«.

51) Vgl. H. Büttner, Hist. Jb. 79, 1960, S. 65 ff. – Martin, Études, p. 110 ss.

weg am Gardasee umgekommen sei [52]. Er hatte also beabsichtigt, über das Etschtal zurückzukehren, dessen oberer Teil zu Rätien gehörte. Nach einer Niederlage im Jahre 556 gaben die Franken die Italienpolitik zunächst auf. Wohl verloren sie damals die Herrschaft über die Isola Comacina, welche eine oströmische Besatzung erhielt, und auch Verona wurde wieder oströmisch, doch drangen die Oströmer nicht tiefer in den Alpenraum ein, so daß die Pässe in der Hand der Franken blieben, wobei allerdings nicht zu erkennen ist, ob gelegentlich fränkische Truppen in Rätien standen oder ob Rätien sich selber gegen eventuelle Angriffe aus Italien zu verteidigen hatte [53].

568 rückten die Langobarden in Italien ein, 569 fiel Mailand in ihre Hand, 572 das rasch zum Mittelpunkt aufsteigende Pavia. Vorstöße über die Westalpen in den Rhoneraum und ins Wallis brachten sie bald mit den Franken in Konflikt. Zum Zusammenstoß kam es auch im Etschgebiet, als im Jahre 575 die Bewohner des Val di Non sich einem fränkischen Heer unter Herzog Chramnichis anschlossen, worauf dieser das Land verwüstend bis ins Gebiet von Trient vordrang. Die Langobarden drängten ihn allerdings zurück, er fiel in einem Kampf bei Salurn, und die Reste zogen sich nach Norden zurück [54]. Aufmarsch und Rückzug müssen deshalb rätisches Gebiet berührt haben, mindestens den Vintschgau. Auch austrasische Heereszüge nach Italien in den Jahren 584, 585 und 588 erfolgten höchst wahrscheinlich über die Bündnerpässe. 590 unternahm der austrasische König Childebert II. einen großangelegten Kriegszug gegen die Langobarden [55]. Eine Abteilung benützte einen westlichen Übergang, am ehesten den Großen St. Bernhard oder den Simplon [56], während das Hauptheer unter Chedinus über das Etschtal Italien erreichte. Als Route dürfte in erster Linie Julier – Engadin – Münstertal – Etschtal in Frage kommen [57]. Jedenfalls mußte sich das obere Etschtal fest in der Hand der Franken befinden. Diesem Zangengriff erlagen aber die Langobarden nicht, weil sie sich hinter den festen Mauern der Städte zu halten vermochten, während das offene Land in die Hand der Franken fiel. Anderweitige Beanspruchung machte dann die beiden Gegner zu einem Verhandlungsfrieden bereit. Ein hoher Tribut betonte die Abhängigkeit der Langobarden von den Franken, in den Ostalpen aber blieb es beim bisherigen Zustand: Das Gebiet um Meran bildete die Grenze zwischen dem fränkischen (rätischen)

52) Paulus Diaconus, ed. WAITZ, II/2, S. 84 f.

53) Für DIETZES Behauptung (S. 133), von 554 an sei Rätien als Operationsbasis für die italienischen Unternehmungen ununterbrochen von fränkischen Truppen besetzt gewesen, fehlt jeglicher Beweis.

54) Paulus Diaconus, Hist. Lang. III, 9. – Vgl. MARTIN, Études, p. 148 s., der an die Arlberg-Route denkt, während doch jene über Julier-Engadin-Münstertal eher in Frage kommt.

55) Greg. Tur., Hist. Franc. X, 3; Paulus Diaconus, Hist. Lang. III, 31.

56) So BÜTTNER, Hist. Jb. 79, 1960, S. 80, gegen G. WIELICH, Boll. Stor. della Svizzera italiana 1948, S. 80 ff. (Lukmanier) und seine eigene Ansicht berichtigend (Zs. f. Schweiz. Kirchengesch. 43, 1949, S. 2: fränkische Truppenteile über Lukmanier oder Bernhardin).

57) So auch BÜTTNER, Hist. Jb. 79, 1960, S. 79 f.; auch HEUBERGER, Rätien, S. 267 ff., der aber an den Ofenpaß denkt, welcher in jener Zeit kaum begangen war (vgl. CLAVADETSCHER, Schweiz. Zs. f. Gesch. 5, 1955, S. 27).

und dem langobardischen Einflußbereich. Als Bistumsgrenze hat sich diese Linie bis ins 19. Jahrhundert gehalten! Wenn auch gelegentlich noch diplomatische Einwirkungen der Franken auf die Langobarden feststellbar sind, so ging um die Jahrhundertwende doch die militärische Konfrontation zu Ende. Zunehmende innere Schwierigkeiten im Frankenreich förderten diese Entwicklung, welche letztlich 617/8 zur Tributablösung durch die Langobarden führte [58].

Die zahlreichen inneren Auseinandersetzungen zwischen den fränkischen Teilreichen im 7. Jahrhundert [59] sind vielleicht nicht spurlos an Rätien vorübergegangen, aber die Quellen lassen uns hier völlig im Stich [60]. Auch für theoretische Erörterungen bleibt nur wenig Raum, da für Rätien aus geographischen Gründen nur die Zugehörigkeit zum austrasischen oder zum burgundischen Teilreich in Frage kommt, also auch ein eventueller Wechsel in der Zugehörigkeit in diesem engen Rahmen bleiben mußte. Eine erst im 12. Jahrhundert fixierte Überlieferung [61] berichtet zwar von einer Grenzziehung zwischen Burgund und Churrätien durch Dagobert I. (630–39), doch läßt sich ihr für das 7. Jahrhundert nichts Sicheres entnehmen [62], vor allem nicht der unwahrscheinliche Schluß, daß Rätien und Alemannien verschiedenen Teilreichen angehört hätten. Zeitlich und sachlich völlig Verschiedenes ist hier durcheinandergeworfen, zeitlich Früh- und Hochmittelalterliches, sachlich eventuelle Grenzziehungen zwischen weltlichen und kirchlichen Bereichen. Könnte eine Grenzziehung zwischen den Bistümern Chur und Konstanz bei Montlingen – allerdings nicht in der Zeit Dagoberts, sondern erst in der späteren Merowingerzeit – noch historisch sein, so ist mit der Abgrenzung des Arboner Forstes im unteren Rheintal als Grenzziehung zwischen Burgund und Churrätien nach unseren heutigen Kenntnissen überhaupt nichts anzufangen. Es muß also völlig offenbleiben, woher dieser Passus der Barbarossaurkunde von 1155 stammt, ob er überhaupt irgendeine zuverlässige Grundlage hat [63].

58) BÜTTNER, a. a. O. S. 85 (MG SS RerMerov. II, 144; Fredegar IV, 46/47).

59) Vgl. dazu E. EWIG, Trierer Zs. 1953, S. 85 ff.

60) Vgl. etwa die vage Formulierung BÜTTNERS, Zs. f. Schweiz. Kirchengesch. 53, 1959, S. 205: Als das schweizerische Mittelland bis zum Bodensee an Theuderich II. fiel, sei damit auch Rätien »in die gleiche politische Lage hineingestellt« gewesen! Oder DERS., Die Alpen, S. 83: die Zugehörigkeit hätte öfters gewechselt (ohne jeden Beweis!) – DIETZE, a. a. O. S. 274 ff. läßt seiner Phantasie wieder freien Lauf!

61) BUB I, *8: *usque ad Rhenum, ubi in vertice rupis similitudo lune iussu Dageberti regis ipso presente sculpta cernitur ad discernendos terminos Burgundię et Curiensis Rhetię* (in die Urkunde Barbarossas für Konstanz von 1155 eingefügt, BUB I, 333).

62) Der äußerst widersprüchlichen Quelle ist in der neueren Literatur merkwürdig viel Glauben entgegengebracht worden, vgl. etwa TH. MAYER, Schweiz. Zs. f. Geschichte 2, 1952, S. 483, 517. – H. BÜTTNER, Zs. f. Schweiz. Kirchengesch. 53, 1959, S. 206; DERS., Die Alpen, S. 83; DERS., Alpenpolitik S. 86. – DIETZE, a. a. O. S. 183 f. glaubt gar, der Thurgau sei burgundisch, Rätien dagegen austrasisch gewesen, eine geographisch völlig absurde Annahme! – Kritisch dagegen schon MARTIN, Études, p. 217 ff. u. Vorbemerkung zu BUB *8. – E. KLEBEL, Zs. f. württ. Landesgesch. 17, 1958, S. 218 denkt an eine Fälschung auf Dagobert in der 2. Hälfte des 9. Jahrh.

63) Vgl. vor allem KLEBEL, wie Anm. 62.

Ebenso unbeweisbar und wenig wahrscheinlich ist die Vermutung, daß die Anlage der großen Kirchenkastelle von Grepault, Sogn Parcazi/Trin, Hohenrätien und Ramosch mit den Kämpfen zwischen den fränkischen Teilreichen in Zusammenhang stehe [64]. Nach Ulrich Campell, dem Bündner Chronisten des 16. Jahrhunderts, hätte Pippin um 750 herum die Burg Hohentrins erbaut. Diese Nachricht wird nicht glaubwürdiger, wenn er als Quelle einen Disentiser Codex nennt, den er selbst in Davos gesehen habe [65].

Aus der rätischen Geschichte zur streichen sind auch awarische Einfälle im Jahre 670, bezieht sich diese Überlieferung doch auf die Sarazenen des 10. Jahrhunderts, welche die Disentiser Mönche veranlaßten, ihren Kirchenschatz ins befestigte Zürich zu retten [66].

Ausgrabungen und Münzfunde vermitteln ein wesentlich positiveres Bild dieser Epoche, da sie auf einen blühenden Handel zwischen den Langobarden und den süddeutschen Gebieten hindeuten, von dem auch das Paßland Rätien profitiert haben muß [67].

Unbekannt ist aber nicht nur die jeweilige Zugehörigkeit Rätiens zu einem merowingischen Teilreich, sondern auch das rechtliche und praktische Verhältnis der ehemaligen römischen Provinz zum fränkischen Teilreich respektive zur dort regierenden Königsmacht. Quellen fehlen, die Angaben der Chronisten sind nicht belegt und innerlich unwahrscheinlich. Die neueren Geschichtsschreiber begnügen sich mit Mutmaßungen oder lassen ihrer Phantasie freien Lauf [68]. Rückschlüsse [69] und ganz allgemeine Über-

64) So BÜTTNER, Zs. f. Schweiz. Kirchengesch. 53, 1959, S. 94. Er verweist auf datierbare Inschriften über ähnliche Anlagen aus Lecco (535) und Laino (556), doch ist der Vergleich nur sehr bedingt möglich, da in Rätien die Anlagen erhalten sind, aber keine Inschriften, in Italien die Inschriften, aber keine Anlagen!

65) Quellen z. Schweiz. Gesch. VII, 1884, S. 25; der Verdacht einer fingierten Quelle und eines humanistischen Scheinzitats ist nicht von der Hand zu weisen, vgl. den Parallelfall in Regensburg: A. SCHMID, Deutsches Archiv 32, 1976, S. 341.

66) Dazu vor allem I. MÜLLER, Jahresber. d. Histor. Antiquar. Gesellschaft v. Graubünden, 61, 1931, S. 75 ff. mit der wichtigen Feststellung, daß das Verzeichnis nicht datiert ist und erst Mabillon das approximative Jahr 670 vorschlug. Auch aus liturgischen Gründen ist ein Ansatz vor 850 unmöglich.

67) Besonders instruktiv J. WERNER, Italisches und koptisches Bronzegeschirr des 6. u. 7. Jhs. nordwärts der Alpen, Mnemosynon Theodor Wiegand, München 1938, S. 74–85. – Auch langobardische Münzfunde in Ruschein und Sagogn sprechen für kontinuierliche Handelsbeziehungen zwischen Norditalien und Rätien (resp. Süddeutschland) während des ganzen 7. Jhs.; E. BERNAREGGI, Due tremissi longobardi trovati nei Grigioni, Schweiz. Münzbll. 17, Februar 1967, H. 65, S. 9–11.

68) BÜTTNER, Zs. f. Schweiz. Kirchengesch. 43, 1949, S. 13: fränkischer Einfluß in der 2. Hälfte des 7. Jhs. weitgehend verblaßt (obschon über die vorangehende Zeit nichts bekannt ist!); S. 24: weitgehende freiwillige Anlehnung an den fränkischen Staat, kulturell und politisch eng mit den führenden fränkischen Gebieten verbunden; DERS., Alpenpolitik S. 86 f.: Eigenentwicklung, aber unter der Hoheit des Frankenreiches; seit Mitte des 7. Jhs. auch in Rätien die fränkischen Einflüsse sicherlich gänzlich erlahmt; DERS., Histor. Jb. 84, 1964, S. 13: fränkischer Einfluß erschlossen aus Martinspatrozinien im Bistum Chur im 6. Jh.; R. HEUBERGER, Rätien, S. 138: fränkische

legungen erlauben gewisse minimale Aussagen. Von den politischen Ereignissen und Zuständen der Nachbargebiete darf mit dem notwendigen Vorbehalt vielleicht auf die Verhältnisse in Rätien zurückgeschlossen werden. Mindestens wird man sagen können, daß auch Rätien von der fränkischen Königsgewalt unabhängiger war, als die Franken sich aus Italien weitgehend zurückgezogen und das Feld den Langobarden überlassen hatten und als auch die Alemannen infolge des fränkischen Niedergangs wieder weitgehend selbständig geworden waren [70]. Da das zweite austrasische Teilreich, welches nach 600 entstand, seinen Schwerpunkt weiter im Norden hatte als das erste im 6. Jahrhundert [71], gelangte nicht nur Alemannien, sondern auch Rätien in noch ausgesprochenere Randlage, was wohl größere Eigenständigkeit bedeutete. Es läßt sich also schlecht denken, daß in Zeiten fränkischer Schwäche das isolierte Rätien starkem fränkischem Einfluß unterlegen wäre. Im 7. und beginnenden 8. Jahrhundert dürfte demnach Rätien weitgehend selbständig gewesen sein, ohne die Bindung ans Frankenreich formell gelöst zu haben. Mit den Alemannenzügen der Jahre 710–12, den engeren Beziehungen der Franken zu Bayern 725 und dann der endgültigen Wiedereingliederung Alemanniens in den Vierzigerjahren durch Karl Martell rückte zweifellos auch Rätien in den direkten fränkischen Gesichtskreis, und damit war seine Selbständigkeit bereits in Frage gestellt. Die volle Eingliederung ins Frankenreich gehört allerdings erst der Karolingerzeit an. Sie geschah vorsichtig, schrittweise und führte von dem unter Bischof Constantius verstärkten Schutzverhältnis über den landesfremden Bischof und Rector Remedius zur Einführung der Grafschaftsverfassung um 806 unter einem fremden Grafen [72] und in der Mitte des 9. Jahrhunderts zur Besetzung auch des Bischofsstuhls mit Germanen [73].

Einigermaßen klar kann man die rätischen Verfassungsverhältnisse nur für die späte

Oberhoheit, halbselbständiges Land im Rahmen des fränkischen Reiches, Sonderdasein; E. Meyer-Marthaler, Rätien im frühen Mittelalter, Beiheft 7 z. Zs. f. Schweiz. Gesch., Zürich 1948, S. 21: Zusammenhang scheine ziemlich eng gewesen zu sein, weitgehender königlicher Einfluß in Rechnung zu stellen (ohne Beweis!). Mit Recht hat Martin, Études, p. 445 aus der Flucht Ansprands über Chur nach Bayern nichts für die Stellung Rätiens geschlossen; zuzustimmen ist M. Beck, Die Schweiz im politischen Kräftespiel, ZGOR NF 50, 1937, S. 268: fränkische Einflüsse nicht überschätzen und nicht zu früh ansetzen, 2. Hälfte des 7. Jhs. Abflauen der fränkischen Stoßkraft. – Auch in dieser Frage »weiß« Dietze wieder am meisten: 575 lockere Abhängigkeit, dann 575–590 keine fränkische Herrschaft bestanden, Entwicklung zum selbständigen Staat (S. 145), beim Rückzug aus Italien Rätien 590 zurückerobert (!), bis 596 behauptet (S. 152, 155), 639–715 unabhängige Territorialgewalt in Rätien wie Herzöge in Alemannien, Bayern und Thüringen (S. 274 ff.).

69) Vgl. unten S. 173 f.

70) Vgl. Th. Mayer, St. Bonifatius, Fulda 1954, S. 454; Büttner, Die Alpen, S. 83 f. – O. Feger, Zs. f. württ. Landesgeschichte 16, 1957, S. 53 nimmt nicht einmal für das 6. Jh. eine intensivere fränkische Okkupation Alemanniens an, geschweige denn für das 7. Jh.

71) E. Ewig, Die fränkischen Teilungen, S. 711.

72) Clavadetscher, Zs. d. Savignystiftung f. Rechtsgesch., Kan. Abt. 39, 1953, S. 46 ff.

73) Clavadetscher, ib. Kan. Abt. 42, 1956, S. 388 ff.

Merowingerzeit fassen, in der die sogenannten Victoriden [74] die entscheidende Rolle gespielt haben. Ihr Stammbaum läßt sich aus zeitgenössischen (primären) und späteren mittelalterlichen (sekundären) Quellen ziemlich zuverlässig zusammenstellen, während sich die Angaben der Chronisten und Geschichtsschreiber des 16. und der folgenden Jahrhunderte (tertiäre Quellen) wieder als sehr fragwürdig erweisen.

In der ersten Hälfte des 8. Jahrhunderts ließ *praeses* Victor für den Urgroßvater des Bischofs Victor und des Jactadus ein Grabdenkmal aus Trentiner Marmor erstellen [75]. Die unvollständig erhaltene Inschrift nennt den Namen des Geehrten nicht. Einen weiteren Marmorstein mit Inschrift ließ derselbe *praeses* Victor einem Unbekannten setzten [76]. Die Inschrift bricht gerade dort ab, wo der Name folgen müßte. Diese Initiative des *praeses* Victor läßt sich am ehesten mit der Errichtung einer Familiengruft im neuerbauten Kloster St. Luzi ob Chur in Verbindung bringen. St. Luzi darf daher wohl als Familiengrablege der Victoriden betrachtet werden [77]. Bischof Tello ist als Teilnehmer am Konzil von Attigny-sur-Aisne bezeugt [78], dann durch sein im Kern wohl echtes, wenn auch später verschiedentlich erweitertes Testament von 765 [79]. Nach der Vita sancti Galli erbat sich Waltram von *praeses* Victor den Priester Othmar als Abt des Steinachklosters [80]. Nach der gleichen Quelle soll Victor später versucht haben, die Reliquien des heiligen Gallus zu rauben [81]. Der Sohn, Bischof Tello, dagegen verwendete sich beim Bischof von Konstanz für das Kloster St. Gallen [82]. Die Erziehung des heiligen Othmar in Chur bei *praeses* Victor und die Rückkehr auf Bitte Waltrams nach St. Gallen meldet auch die Vita sancti Othmari [83]. Der *praeses* und sein Sohn Tello figu-

74) Vgl. I. Müller, Rätien im 8. Jahrhundert, Zs. f. Schweiz. Gesch. 19, 1939, S. 337–368. – Ergänzungen dazu bei Clavadetscher, Zur Verfassungsgeschichte des merowingischen Rätien, Frühmittelalterliche Studien 8, 1974, S. 60–70. – Die Bezeichnung »Victoriden« ist recht willkürlich, hat sich aber in der Literatur eingebürgert. In den Quellen kommt der Name Victor dreimal vor (primär), aber auch Vigilius (zweimal primär, einmal sekundär).

75) BUB I, 11: *Hic sub ista labidem marmorea quem Vector ver inluster preses ordinabit venire de Triento hic requiescit claresimus proavus domni Vectoris episcopi et domni Jac(ta)di.*

76) BUB I, 12: *Hic sub ista labide marmorea quem Vector ver inluster preses ordinabit venire de Venostes hic requiescit domnus ...* – Der lange verschollene Stein wurde 1972 auf dem Friedhof in Chur wiedergefunden, vgl. Bündner Monatsblatt 1972, S. 300–321.

77) Vgl. zuletzt H. Lieb, Lexicon topographicum, S. 74.

78) BUB I, 15.

79) BUB I, 17*.

80) Vita s. Galli (Mitt. z. vaterländ. Gesch. XII, 1870), cap. 51: *Waltramnus ... presbyterum Otmarum nomine ... a Victore tunc Curiensium comite impetravit et ei cellulam ... commendavit.*

81) Ib. cap. 52: *Victor Curiensis Rhetiae comes ... latenter voluit per abdita heremi supervenire et preciosi thesaurum corporis si quo pacto potuisset auferre.*

82) Ib. cap. 58: *Tello quidam Curiensis aecclesiae praesul misit ad eum humiliter deprecans ...*

83) Vita s. Otmari (ib. S. 94 ff.), cap. 1: *Igitur Otmarus ... in aetate puerili a fratre suo Retiam Curiensem perductus est et in servicio Victoris earundem partium comitis multo tempore constitutus ...; ... Walthrammus ... eundem Otmarum a Victore ... impetravit ...*

rieren in den Verbrüderungsbüchern von Pfäfers [84] und der Reichenau [85], den Tod des Bischofs Tello zum 24. September (ohne Jahr) meldet das Churer Necrologium [86].

Die Angaben dieser primären Quellen werden nun durch jüngere, aber immer noch mittelalterliche Dokumente bestätigt und nicht unwesentlich ergänzt. Bischof Tellos Testament von 765 enthält einen (an falscher Stelle eingefügten) Zusatz wohl aus dem 10. Jahrhundert, der die Verwandten des Testators nennt, für deren Seelenheil die bedachten Mönche von Disentis ebenfalls beten sollen: die Großeltern Jactatus und Salvia, die Eltern *praeses* Victor und Teusinda, den Onkel Bischof Vigilius, die Brüder Zacco, Jactatus und Vigilius, den Neffen Victor, die Schwester Salvia und die Nichten Teusinda und Odda [87]. Ein Hymnus des 10. Jahrhunderts über die Disentiser Heiligen Placidus und Sigisbert erzählt, daß ein wütender Tyrann Victor den heiligen Placidus enthaupten ließ [88]. Diesen Sachverhalt schildert auch die Passio des heiligen Placidus aus dem 12./13. Jahrhundert, wobei Bischof Tello als Sohn des *praeses* Victor bezeichnet wird [89]. Ein Zusatz zum Churer Bischofskatalog von 1388 bringt eine Victoridengenealogie, welche diejenige im Tellotestament wesentlich erweitert, mit ihr aber in den entsprechenden Teilen übereinstimmt. Ihr entnehmen wir Vigilius und Episcopia als Eltern des Bischofs Victor und des Jactatus, ebenso den Urahnen des Vigilius, den *attavus* Zacco [90]. Endlich sei die angebliche Grabinschrift aus dem Kloster Cazis genannt, die aber dem späten Mittelalter angehört, jedoch auf an sich richtiger Tradition beruhen dürfte: Bischof Victor wird als Klostergründer von Cazis erwähnt zusammen mit seiner Mutter und mit Bischof Pascalis [91].

84) MG Libr. confr., ed. PIPER, 1884, S. 360: *Victor pres. Tello eps. Constantius pres. Remedius eps.*
85) Ib. S. 294: *Victor com. Tello com.*
86) MG Necr. I, ed. BAUMANN, S. 640: *Tello Curiensis eps. ob.*
87) BUB I, S. 15 Z. 1–4: *hoc est avi mei Jactati et avię meae Salviae et genitoris mei Victoris vel [statt viri] illustris pręsidis et genitricis meę Teusindae seu avunculi mei Vigilii episcopi et germanorum meorum Zacconis, Jactati et Vigilii et nepotis mei Victoris et germanę meae Salviae seu neptis meae Teusinde et Oddae.*
88) I. MÜLLER, Zs. f. Schweiz. Gesch. 19, 1939, S. 352 f.: *Rabidus tyrannus perfurens Victor ... Placidum fidelem martyrem ... decapitavit* (nach DREVES, Analecta Hymnica medii aevi, Bd. 14a, 1893, S. 6 f., 119 f.).
89) I. MÜLLER, Die Passio S. Placidi (ca. 1200), Zs. f. Schweiz. Kirchengesch. 46, 1952, S. 166: *in illis regionibus erat vir dives et potens nomine Victor, sed viciorum pestibus suis nominis violator;* S. 169: *tirannus non victor sed victus; filius vero eius nomine Tellus ...*
90) Zs. f. Schweiz. Kirchengesch. 45, 1951, S. 50: *Zacco fuit attavus Vigilii tribuni, cuius uxor sancta fuit cum nomine Episcopia. Illi ambo genuerunt Victorem episcopum memoratum, qui Cacias construxit et cuius spiritualis pater Pascalis episcopus fuit et dominum Jactatum presidem, cui uxor Saluia fuit; qui ambo genuerunt Vigilium episcopum et illustrem principem presidem Victorem, cui uxor Teusinda fuit; qui ambo Tellonem episcopum et Zacconem presidem et Jactatum et Vigilium et filiam nomine Saluiam genuerunt.*
91) BUB I, 13*: *Victor episcopus Curiensis una cum matre sua fundator huius monasterii et cum ea Paschalis episcopus Curiensis genitor et antecessor eius.* – Falsch ist natürlich *genitor*, es handelt sich um den *spiritualis pater*, vgl. Anm. 90.

Diese Quellen gehören wohl sehr verschiedenen Zeiten an, sie ergänzen sich aber gegenseitig bestens und stehen vor allem nicht in Widerspruch zueinander. Unterschiede bestehen lediglich im Zufügen respektive im Fehlen von Amtstiteln. Sowohl der Vater Jactatus als auch der Sohn Zacco des *praeses* Victor sind nur im Bischofskatalog des 14. Jahrhunderts als *praesides* bezeichnet [92].

Aus den Namen und Titeln der Victoriden läßt sich die rätische Verfassungsentwicklung zur Merowingerzeit wenigstens mit einiger Wahrscheinlichkeit ablesen. Bisher wurde der *attavus* Zacco falsch eingeordnet [93], er gehört ins 6. Jahrhundert. Sein germanischer Name wirft wichtige Fragen auf. Warum trägt ein Victoridenahn einen germanischen Namen? Da er sehr wahrscheinlich der ersten Hälfte des 6. Jahrhunderts angehört, also einer Zeit, in welcher Rätien als Paßland für die fränkische Italienpolitik erhebliche militärische Bedeutung besaß, ist er am ehesten als fränkischer Kommandant in Rätien zu betrachten. Im Eintrag des Bischofskatalogs tragen alle Victoriden Amtsbezeichnungen mit Ausnahme der beiden Brüder Bischof Tellos, Jactatus und Vigilius, welche wohl vor einer Amtstätigkeit verstarben, und eben Zaccos, der offenbar keinen römischen, in Rätien noch gebräuchlichen Amtstitel führte. Neben ihm könnte ein Einheimischer als *praeses* geamtet haben, doch schweigen die Quellen darüber völlig. Daß dieser Zacco überhaupt als Ahnherr der Victoriden aufgeführt werden konnte, läßt sich kaum anders als durch eine Heiratsverbindung zwischen dieser fränkischen und der einheimischen Victoridenfamilie erklären. Vielleicht hat in der Zeit der abnehmenden fränkischen Macht der fränkische Befehlshaber oder eher einer seiner Nachkommen Anschluß an eine der führenden einheimischen Familien gesucht [94]. Es ist ja keineswegs erwiesen, daß die Victoriden schon damals die allein führende Familie in Rätien gewesen seien, man nähme denn an, daß Paulinus, der 548 seinem Onkel Bischof Valentian ein Grabmal errichtete [95], und dieser selbst ebenfalls zu den Victoriden gehörten. Ebenso möglich und wahrscheinlich ist jedoch, daß die Victoriden erst durch die genannte Heiratsverbindung in Rätien an die Spitze gelangten. Dann hätten sie wirklich allen Grund gehabt, Zacco als einen der Ahnherren zu verehren und die Erinnerung an ihn – trotz dem fremden Namen – zu bewahren. Dem um 660 lebenden Vigilius legt der Bischofskatalog des 14. Jahrhunderts den Titel *tribunus* bei, vielleicht dürfen er und seine Amtsvorgänger als funktionelle Nachfolger Zaccos (militärische Funktionäre) betrachtet werden. Allerdings scheint seit dem fränkischen Niedergang in Italien und Alemannien

92) Vgl. den neuen Stammbaum in Frühmittelalterliche Studien 8, 1974, S. 62.

93) Die Einzelheiten, auch für das Folgende, bei CLAVADETSCHER, Frühmittelalterliche Studien 8, 1974, S. 66 ff.

94) Zu eigentlicher Ansiedlung von Franken scheint es aber in Rätien nicht gekommen zu sein, das Land hat sprachlich und kulturell sein Römertum bewahrt, während etwa um Regensburg im 6. Jh. archäologisch eine führende alemannisch-fränkische Bevölkerungsschicht nachgewiesen wurde, vgl. U. KOCH, Die Grabfunde der Merowingerzeit aus dem Donautal um Regensburg (Germ. Denkmäler der Völkerwanderungszeit, Seria A, Bd. 10), Berlin 1968.

95) BUB I, 5.

um die Wende vom 6. zum 7. Jahrhundert das zivile Amt des *praeses* wieder stärker hervorgetreten zu sein, es hielt sich jedenfalls bis ins 8. Jahrhundert, während nach Vigilius von einem *tribunus* nicht mehr die Rede ist [96]. Wie auch immer man sich die Handhabung der militärischen Gewalt in Rätien im späteren 6. und im 7. Jahrhundert vorstellen mag, so spricht jedenfalls nichts für die Annahme, daß ein alemannischer Herzog oder ein anderer auswärtiger Amtsträger die militärische Gewalt in Rätien innegehabt hätte. Der *proavus* trug um 600 noch den senatorischen Rangtitel eines *clarissimus*, im 7. Jahrhundert jedoch erhielten oder verschafften sich die *praesides* den Titel eines *vir illustris*, also einen Titel, den auch die fränkischen Hausmeier und die alemannischen, elsäßischen und bayerischen Herzöge trugen. In dieser Führung eines höheren Rangtitels spiegelt sich zweifellos die weitgehende Unabhängigkeit Rätiens vom Frankenreich im 7. und im beginnenden 8. Jahrhundert. Daran ändert auch nichts, daß die *praesides* in nichträtischen Quellen [97] als *comites* erscheinen. Abgesehen davon, daß auch die nichträtischen *comites* in der ausgehenden Merowingerzeit weitgehend unabhängig waren, blieb einem nichträtischen Schreiber kaum ein anderer Begriff für die Umschreibung des *praeses* als derjenige des *comes*. Daß aber in der frühkarolingischen Zeit der rätische *praeses* nicht einfach ein Graf war, beweist schlagend die Schutzurkunde Karls des Großen für den Bischof und Rector Constantius von 773/4 [98]. Der König hatte doch nicht einen Grafen und das ihm anvertraute Volk nach außen zu schützen, sondern der Graf hatte im Namen des Königs für diesen Schutz zu sorgen. Diese einfache Überlegung führt mit völliger Sicherheit zum Schluß, daß der Rector Constantius nicht als fränkischer Reichsbeamter angesprochen werden kann, und um so weniger natürlich seine Vorgänger, die victoridischen *praesides* [99]. Auch die Vereinigung der weltlichen und der geistlichen Gewalt in der gleichen Familie und bei Tello, Constantius und Remedius sogar in der gleichen Hand [100] führen zwingend zur Annahme einer weitgehenden Unabhängigkeit Rätiens von der fränkischen Macht, die dann erst unter Karl dem Großen schrittweise abgebaut wurde. Mit diesen neuen Herrschaftsformen, die trotz der Beibehaltung des Titels *praeses* in klarem Gegensatz zur geordneten römischen Ämterhierarchie standen, endete in Rätien auch verfassungsrechtlich die Römerzeit.

Einen wesentlichen Beitrag zur Frage der Kontinuität vermag die Geschichte des Bistums Chur zu liefern. Fest steht, daß im Jahre 451 der Bischof von Como eine Mailän-

96) Hingewiesen sei aber auf die Lücken in den erwähnten Victoridengrabsteinen (BUB I, 11, 12). Die namentlich nicht genannten Toten könnten den *tribunus*-Titel geführt haben.

97) Verbrüderungsbücher, Vitae s. Galli und s. Otmari, vgl. die Zitate in den Anm. 80, 81, 83, 85.

98) BUB I, 19.

99) Vgl. zu den bisherigen Anschauungen Clavadetscher, Zs. d. Savignystiftung f. Rechtsgesch., Kan. Abt. 39, 1953, S. 78 ff.

100) Bei Tello wahrscheinlich, vgl. Eintrag im Reichenauer Verbrüderungsbuch, oben Anm. 85. – Für Constantius erwiesen durch BUB I, 19, für Remedius durch seine Nennung als Richter (BUB I, 34) und den Erlaß der Capitula Remedii.

der Synodalepistel auch für den abwesenden Bischof Asinio von Chur unterschrieb [101]. Chur unterstand also kirchlich Mailand. Ob das Bistum Chur gegen 400, also zur Zeit, da das Welschdörfli verlassen wurde, schon existierte und sich auf den Hof zurückzog, oder ob der Bischof seinen Sitz von Anfang an auf dem Hof errichtete, kann heute nicht entschieden werden. Die Ausgrabungen im Welschdörfli haben die älteste Bischofskirche jedenfalls noch nicht zutage gefördert [102]. Wie 451 so stand Chur auch 842 unter Mailand. Damals unterzeichnete Bischof Verendar ein Synodaldekret des Erzbischofs Angilbert [103]. Es geht also um die Frage, ob Chur immer – wenigstens formell – Mailand unterstellt war oder ob die politischen Veränderungen im Frühmittelalter auch die kirchliche Stellung des Bistums beeinflusst haben [104]. Waren etwa auch in Rätien nach dessen Eingliederung ins Frankenreich »landeskirchliche« Bestrebungen der Merowinger wirksam, wie sie in Umteilungen kirchlicher Gebiete (etwa Aosta) zum Ausdruck kommen? Jedenfalls nahm Bischof Victor 614 am Konzil von Paris teil [105] und Bischof Tello besuchte 762 das Konzil von Attigny [106]. Darf daraus aber eine Lösung aus dem Mailänder Verband abgeleitet werden? Dagegen spricht einmal die nicht ganz sicher einzuordnende Episode des Bischofs Theodorus, der nach zwei Papstbriefen von 599 und 603 wohl wegen des Dreikapitelstreites nach Gallien geflohen war und seinem Metropoliten von Mailand ausgeliefert werden sollte [107]. Da die Churer Bischofsliste unter den Namen, deren Reihenfolge nicht bekannt sei, einen Theodorus aufzählt [108] und sonst aus der Mailänder Provinz in dieser Zeit kein Bischof dieses Namens bekannt ist, darf die Identifikation mit ziemlicher Wahrscheinlichkeit vorgenommen werden. Dann hätte also der Churer Bischof, obwohl er Mailand unterstand, einige Jahre später (614) an einem fränkischen Landeskonzil teilgenommen. Man darf dabei jedoch nicht übersehen, daß etwa im Gegensatz zu Sitten, das Vienne zugeschlagen wurde, für Chur in annehmbarer Nähe kein Erzbistum als Ersatz für Mailand bestand. Mag durch diese Verhältnisse Chur praktisch weitgehend unabhängig gewesen sein, so ist doch kaum anzunehmen, es sei formell vom Mailänder Verband gelöst worden, oder anders ausgedrückt: Die Zuge-

101) BUB I, 2: *pro absente sancto fratre meo Asinione ecclesiae Curiensis primae Rhaetiae episcopo subscripsi.*

102) Nichts mit einer eventuellen frühen Bischofskirche hat die um 800 erwähnte Peterskirche zu tun, BUB I, 27. Nordwestlich des Welschdörfli wird eine Peterskirche als Eigentümerin des anstoßenden Grundstücks genannt, wo die Kirche selbst aber liegt, bleibt völlig offen. Am ehesten ist an St. Peter in Domat/Ems zu denken.

103) BUB I, 62.

104) Vgl. zum ganzen Problem O. P. Clavadetscher, Mainz und Chur im Mittelalter, Geschichtl. Landeskunde Bd. V/1 (Festschrift Ludwig Petry), Wiesbaden 1968, S. 78 ff.

105) BUB I, 7.

106) BUB I, 15.

107) BUB I, 6a, b.

108) Zs. f. Schweiz. Kirchengeschichte 45, 1951, S. 56: *Hec sunt Curiensium episcoporum nomina, quorum ordinem ignoramus: Puricius, Claudianus, Vrsicinus, Sedonius, Eddo, Paulinus,* Theodorus, *Verendarius, Constancius, Leuthardus, Baldebertus.*

hörigkeit zu Mailand war mit der Stellung als fränkischer Reichsbischof vereinbar. Mit der Eroberung des Langobardenreichs durch Karl den Großen wurde die Frage der kirchlichen Zugehörigkeit Churs zweifellos wieder aktuell, sei es im Sinne einer Stärkung des nie gelösten Bandes, sei es im Sinne einer Neuunterstellung. Der Vertrag von Verdun brachte dann die bis 1802 dauernde Zugehörigkeit zu Mainz, erstmals bezeugt 852 durch die Teilnahme des Churer Bischofs Esso an Reichstag und Synode zu Mainz [109]. Aus den Annales Bertholdi erfahren wir, daß Bischof Norbert im Jahre 1079 versucht habe, Chur von Mainz zu lösen und es wieder Mailand zu unterstellen, um vom Mailänder Erzbischof die Weihe zu erhalten [110]. Mehr als ein Versuch, eine historische Reminiszenz als Kampfmittel im Investiturstreit einzusetzen, war dies jedoch nicht. Die wirkliche Entscheidung war 843 gefallen. Bis zu diesem Zeitpunkt aber dauerte die in spätrömischer Zeit begründete kirchenrechtliche Abhängigkeit Churs von Mailand.

Kontinuität bestand zweifellos auch in den Verkehrsverhältnissen. Schon die topographischen Verhältnisse in den Alpen lassen für die Straßenführung keinen großen Spielraum übrig. Auf dem Septimer und an der Julierroute sind römische Straßenteile festgestellt worden [111]. Meines Erachtens ist aber auch die im rätischen Reichsgutsurbar aus der Mitte des 9. Jahrhunderts faßbare Verkehrsorganisation römisches Erbe [112]. Nur an Römerstraßen finden sich die typischen Verkehrseinrichtungen *(mansiones, tabernae, stabula* etc.). Daß auch die Engadinerstraße tatsächlich eine alte Römerstraße war [113], hat nun die Entdeckung römischer *villae* in Zernez und in Scuol bestätigt. An der Route Bregenz-Chur lagen die *tabernae* Schaan und Chur, an der Julier- und Septimerroute die *tabernae* in Lantsch und Marmorera, die *stabula* in Bivio und Sils, die *Porta Bergalliae,* an der Engadinstraße die *tabernae* in Zuoz und Ardez. Die Organisation auf dem Walensee erinnert an ähnliche Verhältnisse auf dem Comersee, und auch die Zollstätte Walenstadt dürfte in diesen Zusammenhang hinein gehören. Für eine Reihe von Orten läßt sich die Siedlungskontinuität anhand der römischen Straßenkarten nachweisen, deren Stationen zum Teil mit heutigen Ortschaften übereinstimmen. Andeer an der Splügenstraße ist das alte *Lapidaria* [114]. An der Julier- und Septimerstraße entsprechen den aus den Itineraria bekannten Stationen *Tinnetione, Murus* und *Maia* die heutigen Orte Tinizong, Castelmur und Maienfeld [115].

Die Literatur über die Probleme der Kontinuität auf dem Gebiet der Rechtsentwick-

109) BUB I, 68.

110) MGH SS V S. 323.

111) H. CONRAD, Bündnerisches Monatsblatt 1934, S. 193 ff., 1935, S. 366 ff., 1938, S. 225 ff. – A. PLANTA, Helvetia archaelogica 7, 1976, S. 25.

112) Vgl. CLAVADETSCHER, Zs. f. Schweiz. Gesch. 5, 1955, S. 1–30.

113) Ebd. S. 25 f. bereits vermutet.

114) Vgl. LIEB, Lexicon topographicum, S. 91.

115) Ebd. S. 139 (Tinnetio), S. 101 (Murus), S. 98 (Maia).

lung in Rätien ist recht umfangreich [116]. Es ist schon wesentlich mehr über diese Fragen geschrieben worden, als man nach der Quellenlage und nach dem Wesen des Gegenstandes darüber überhaupt wissen kann! Im Rahmen einer Untersuchung über die Kontinuität genügen einige wenige Überlegungen. Aufgrund der geschilderten verfassungsgeschichtlichen Entwicklung Rätiens müßte man auch beim Fehlen aller Quellen annehmen, daß in Rätien römisches Recht, das heißt spätrömisches und weiterentwickeltes Vulgärrecht in irgendeiner Form angewendet wurde. Wenn dann im 8. Jahrhundert – wohl im Auftrag des Praeses-Bischof, wie der Gesamtinhalt des Codex 722 der Stiftsbibliothek St. Gallen nahelegt [117] – die Lex Romana Visigothorum bearbeitet wurde, heute als Lex Romana Curiensis bezeichnet, so darf daraus mindestens geschlossen werden, daß in Rätien ähnliche Rechtsverhältnisse herrschten wie in den westgotischen Gebieten. Alles weitere bleibt trotz umfangreichen Forschungen hypothetisch. Ein Gesetzbuch im modernen Sinn war die Lex natürlich nicht, mit Recht wird sie deshalb in der Literatur als Privatarbeit bezeichnet. In unserem Zusammenhang ist die Frage entscheidend, ob Bestimmungen der Lex wirklich angewendet worden sind. An zwei Stellen scheint die Lex tatsächlich erwähnt zu sein, einmal in den Capitula Remedii [118], und dann in einer rätischen Urkunde des Klosters St. Gallen aus dem Vorarlberg vom Jahre 852 (859) [119]. Es ist wohl wahrscheinlich, aber keineswegs sicher, daß in diesen beiden Fällen mit dem Begriff »Lex« die Lex Romana Curiensis gemeint ist, vor allem aber bleibt jedenfalls völlig offen, wieweit die Lex in Rätien angewendet wurde, wieweit sie geltendem Recht entsprach. Die Problematik sei am Beispiel der *falsitia* kurz aufgezeigt. Die Pflichtteilsquart, auf die Lex Falcidia des Jahres 40 v. Chr. zurückgehend, wurde von der Lex Romana Visigothorum übernommen, erscheint aber sowohl in der Lex Romana Curiensis als auch in der erwähnten Urkunde von 852 in der vulgären Form *falsitia* [120]. Dafür gibt es grundsätzlich zwei Erklärungen: Entweder stand schon in der Vorlage *falsitia,* welche Wortform dann die Lex Romana Curiensis übernahm, über die sie darauf weiter in die Urkunde von 852 gelangte, oder aber *falsitia* war in Rätien gebräuchlich, als die Lex Romana Curiensis entstand, so daß der Schreiber einfach anstelle

116) Es sei hier nur auf die neuesten Publikationen hingewiesen: E. Meyer-Marthaler, Lex Romana Curiensis (Sammlung Schweiz. Rechtsquellen, Bd. 15), Aarau 1959, ²1966; Dies., Römisches Recht in Rätien im frühen und hohen Mittelalter, (Beih. 13 der Zs. f. Schweiz. Gesch.), Zürich 1968; Dies., Fränkisches Reichsrecht in der Lex Romana Curiensis, Geschichtsfreund d. V Orte 125, 1972, S. 169 ff.

117) Allein in diesem Codex sind die Capitula Remedii, ein strafrechtliches Breve des Churer Bischofs Remedius, überliefert.

118) MG. LL. V, S. 443: *De furto. Si quis furtum fecerit, secundum quod in lege nostra scriptum est, ita omnia solvat ad integrum.*

119) Wartmann, UB der Abtei St. Gallen II, 421: *sicut lex continet, exceptu falsicia anteposita, hoc est quarta porcione.*

120) Lex Romana Curiensis VIII/5, 1; *salva falsitia, hoc est quartam porcionem;* ebenso XVIII/3: *salva falsicia;* XXII/11: *falsicia, hoc est quartam partem.* – Für die Urkunde von 852 vgl. Anm. 119.

der ihm fremden Form »Falcidia« *falsitia* schrieb. Von der Beantwortung dieser Frage hängt die wirkliche Bedeutung, die Effektivität der Lex Romana Curiensis wesentlich ab. Fest steht demnach nur, daß vulgäres römisches Recht in Rätien bis in die Karolingerzeit eine Rolle spielte, die wir aber nicht näher zu bestimmen vermögen. Ausläufer sind noch im Hochmittelalter festzustellen [121], aber mindestens in Nordrätien ist seit dem 9. Jahrhundert das Recht fast völlig germanisiert worden. Ungeklärt ist das plötzliche Wiederauftreten der *falsitia* in Misoxer Urkunden des 14. Jahrhunderts [122]. Die Frührezeption kann hier nicht hineinspielen, sonst müßte die Erbenquart doch in der klassischen Form »Falcidia« auftreten. Eher wäre an das Nachwirken von Formularen zu denken. Dies gilt auch für den Problemkreis der rätischen Urkunde [123]. Sie geht auf die spätrömische Urkunde zurück, hat sich dann über Jahrhunderte gehalten und ist erst im 11./12. Jahrhundert der Siegelurkunde einerseits und der aus Norditalien eindringenden Notariatsurkunde andererseits erlegen. Nicht zufällig hielt sie sich in den Berührungszonen dieser beiden Beurkundungsformen am längsten, nämlich im Engadin und im Vintschgau [124]. Durch Formulare wurde zweifellos Römischrechtliches weitergeschleppt, das sicher nicht mehr dem geltenden Recht entsprach. Schon bei der Interpretation des Tellotestamentes von 765 [125] müßte man sich also ernstlich fragen, ob etwa die *curiales* der Zeugenliste über die Churer Stadtverfassung des 8. Jahrhunderts noch etwas auszusagen vermögen.

Wegen der geographischen, ethnischen und sprachlichen Situation Rätiens hat sich dem Forscher für dieses Gebiet nie das Kontinuitätsproblem in der alternativen Form Kontinuität oder Katastrophe gestellt. Die Kontinuität ist hier zu offensichtlich, aber sie bedarf für die verschiedenen Sachgebiete doch einer Differenzierung: Kontinuität in der Verfassungsentwicklung bis in die frühe Karolingerzeit hinein, in der Rechtsentwicklung bis ins beginnende Hochmittelalter, in der kirchlichen Entwicklung vom 4. oder 5. Jahrhundert (Gründung des Bistums Chur) ohne Unterbruch bis heute, wenn auch mit Wechsel der Metropolitanzugehörigkeit 843 und gewissen Verschiebungen der Diözesangrenzen im 19. Jahrhundert, und sprachliche Kontinuität vom Vulgärlatein der römischen Provinz zu den heutigen rätoromanischen Sprachen Graubündens.

121) 1097 *falsiciam antepono* (BUB I, 211, irrt. zu 1092); 1105 *falsicia misit* (BUB I, 219, 220); 920 *ut secundum legem Romana iudicarent* (BUB I, 96); vgl. Clavadetscher, Mémoires de la Soc. pour l'Hist. du Droit et des Institutions des anciens pays bourguignons, comtois et romands 18, 1956, p. 45s.

122) In 5 Urkunden von 1304–1341 (Gemeindearchiv Mesocco 5a, Rossa 2, Castaneda 1, Arch. Orfanotrofio Milano v. 3. Mai 1323 u. 27. November 1325).

123) Vgl. E. Meyer-Marthaler, Römisches Recht, S. 203 ff.; Dies., Zs. f. Schweiz. Kirchengesch. 49, 1955, S. 125 ff.; Clavadetscher, Zum Notariat im mittelalterlichen Rätien, Festschrift Friedrich Hausmann, Graz 1977, S. 81 ff.

124) Vgl. zur Entwicklung des Beurkundungswesens in Rätien meine in Anm. 123 zitierte Abhandlung.

125) BUB I, 17, S. 22 Z. 25–27, S. 23, Z. 1–2.

Raetia I vom 4. bis 8. Jahrhundert auf Grund der Grabfunde

VON GUDRUN SCHNEIDER-SCHNEKENBURGER

Nach dem historisch Bekannten trafen in der Raetia I im Frühmittelalter romanische und germanische Elemente in vielerlei Weise zusammen. Dabei gilt als gesichert, daß eine Bevölkerung romanischer Tradition das Land bewohnte. Bisher noch nicht eingehend untersucht wurde, ob sich dies auch archäologisch bestätigen und nachweisen läßt.

Neben der wissenschaftlichen Vorlage des archäologischen Fundstoffes aus dem frühmittelalterlichen Churrätien war dieser Nachweis Zielsetzung meiner Dissertation, die 1970-74 in München bei Professor J. Werner entstand. Sie wird 1980 in den Münchner Beiträgen der Spätrömischen Kommission der Bayer. Akademie der Wissenschaften erscheinen. Ihr Titel lautet: Churrätien im Frühmittelalter auf Grund der archäologischen Funde. Im folgenden referiere ich Ergebnisse dieser Untersuchungen. Anhand ausgewählter Grabfunde soll die Art des Fundmaterials in Graubünden und im nördlich anschließenden Teil des Rheintals zwischen Chur und dem Bodensee gezeigt werden. Und zwar werde ich hintereinander einzelne Fundkomplexe vorstellen und jeweils eine kurze Interpretation anfügen. Den Abschluß bildet eine zusammenfassende Darstellung der Ergebnisse, weitgehend beschränkt auf Fragen von Besiedlung und Bevölkerung in diesem Raum im Frühmittelalter.

Im Zentrum der Betrachtung steht das Gräberfeld von Bonaduz, dessen Entdeckung und Ausgrabung u. a. Anstoß zur Bearbeitung des ostschweizerischen Fundstoffes war. Die Ausgrabungen wurden 1966–70 zunächst vom Rätischen Museum unter H. Erb, dann vom Archäologischen Dienst unter Ch. Zindel durchgeführt (Die Grabungsleitung hatten die Herren Gähwiler und Nauli). Das anthropologische Material hat John A. Brunner als Züricher Dissertation bearbeitet und 1972 in der Schriftenreihe des Rätischen Museums veröffentlicht [1].

Bonaduz liegt am Zusammenfluß von Vorder- und Hinterrhein. Hier trennen sich im wesentlichen die Straßen von Chur zum San Bernardino, zum Splügen und Lukmanier. Das Gräberfeld liegt nordöstlich außerhalb des Dorfes auf einer alten Flußterrasse mit natürlichem Steilabfall nach NW und N. Im Osten ging durch Kiesabbau ein großes Ge-

1) J. A. Brunner, Die frühmittelalterliche Bevölkerung von Bonaduz. Schriftenr. Rät. Mus. Chur 14 (1972).

ländestück verloren. Doch blieb das einstige Ostende des Friedhofs erhalten, so daß wir eine Vorstellung über seine ehemalige Ausdehnung gewinnen. Im SO und S fällt das Gelände allmählich ab zur heutigen und wohl auch zur alten Straße. Dieses Gebiet ist durch Sondiergräben untersucht. Es können hier noch einzelne Gräber liegen. Insgesamt sind 720 Bestattungen festgestellt. Vorläufig gibt es (von der Größe her gesehen) nichts Vergleichbares in der weiten Umgebung. Allerdings sind 87 % der Gräber beigabenlos und die beigabenführenden nur bescheiden ausgestattet.

Im Kern des Gräberfeldes liegen 27 O–W orientierte Gräber, d. h. der Kopf lag im Osten, die Füße im Westen (gewestet). Sie sind in 2 Gruppen angelegt und lassen sich durch Grab- und Beigabensitte und die Form der Beigaben auch chronologisch zu einer einheitlichen Belegungsphase zusammenschließen. Zu dieser Gruppe gehört das für Bonaduz reich ausgestattete Frauengrab 138 mit einer großen Lavezschüssel, silbernen Ohrringen, einem bronzenen Fingerring, vier bronzenen und mindestens zwei beinernen Armreifen sowie einem Armband aus blauen Glasperlen; ferner das Männergrab 130 mit Lavezbecher und einer vierteiligen bronzenen Gürtelgarnitur (bestehend aus einer Schnalle mit rechteckigem Beschläg mit Hahnentrittmuster, einer herzförmigen Riemenzunge und propellerförmigen Beschlägen). Weitere Beispiele: Grab 113 (Lavezbecher, Lavezteller, Glasbecher und eiserner Fingerring), Grab 134 (Lavezteller, Lavezeimer, Reste einer Gürtelschnalle).

Die Gräber sind durch die Beigaben einheitlich in die Mitte des 4. bis Anfang des 5. Jahrhunderts datierbar. Charakteristisch für sie ist neben den Schmuckformen der Zeit die Beigabe von Lavezgefäßen, meist in der Kombination von Becher und Teller, und damit zusammenhängend Speisebeigabe in Form von großen Fleischstücken. Beigegeben wurden Teile von Schwein, Rind, Schaf oder Ziege und Huhn. 24 der 27 gewesteten Gräber enthielten Trachtbestandteile, Lavez- oder Fleischbeigabe. Damit sind diese Gräber klar abzugrenzen gegenüber dem übrigen Friedhof, der weder Funde dieser frühen Zeitstellung noch Gefäß- oder Speisebeigabe erbrachte.

Um und zwischen diesen Gräbern lagen in Reihen die übrigen Bestattungen. Es sind 543 geostete Gräber (d. h. Kopf im Westen, Füße im Osten) und 39 nach Süden hin orientierte (d. h. Kopf im Norden, Füße im Süden). Lediglich 67 von 582 Toten hatten Beigaben. Diese gehören, soweit sie datierbar sind, dem 6. und 7. Jahrhundert an. Die Frauengräber enthielten einfache bronzene Schmucksachen: Ohrringe (z. B. Grab 330 aus einfachem Draht, Grab 19 Körbchenohrringe, Grab 490 silberne Körbchenohrringe), Armreifen mit verdickten Enden (Grab 80), Armreifen aus Eisen (Grab 424), Fingerringe verschiedenster Form (z. B. Gräber 256, 298, 368) und Perlenketten, bestehend aus kleinen und mittelgroßen, einfarbigen Glasperlen und großen Bernsteinperlen (z. B. Grab 66 mit Bronzeanhänger und Grab 397 mit bronzenen Verschlußhaken, ferner Grab 575) und Beinkämme.

Die Männergräber enthielten Schnallen für schmale Gürtel (z. B. Grab 234 eine einfache, ovale Eisenschnalle, Grab 406 eine bronzene Schilddornschnalle, Grab 595 eine

D-förmige Eisenschnalle, Grab 692 eine ovale Eisenschnalle), Fingerringe (z .B. Gräber 559 und 573: aus Bronze) und Beinkämme. Vereinzelt bleibt ein Taschenbügel in Grab 143 (der vielleicht als germanisches Fremdstück anzusehen ist) und außerdem ein Feuerstahl (Grab 686). Waffenbeigabe war nicht üblich. Eine Ausnahme bilden das Grab 11, das einen Sax mit Scheide und Saxgürtel in Trachtlage enthielt, und der Streufund einer Lanzenspitze, die vermutlich aus einem zerstörten Grab stammt. Alle diese Beigaben ermöglichen es, die Zeitdauer der Belegung des Gräberfeldes festzustellen, nicht dagegen den Belegungsablauf.

Auf dem Gräberfeld wurden außerdem die Grundrisse zweier rechteckiger Bauten freigelegt. Sie liegen an der NW-Ecke des Gräberfeldes am Plateaurand. Bau I ist ein nicht untergliederter Rechteckbau mit den Innenmaßen 3,40 x 2,50 m aus sorgfältig gesetztem und gemörteltem Mauerwerk. Er hatte ursprünglich einen Plattenboden. Der Eingang befand sich vermutlich in der Südhälfte der Ostmauer. In einer zweiten Nutzungsphase wurden drei Bestattungen in den Raum eingebracht. Sie lagen auf dem alten Fußboden, wobei Bodenplatten als Unterlagsteine der Toten verschoben wurden. Hinweise auf die Verwendung des Baues in seiner ersten Phase fehlen. Der Tote von Grab 33 trug einen Gürtel mit ovaler Eisenschnalle. Die Schnalle ist nicht datierbar, doch stimmen die Gräber in der Art ihrer Anlage und mit dieser Beigabe mit jenen der jüngeren Belegungsphase des Gräberfeldes überein. Bau II war in seiner ursprünglichen Gestalt ein kleines, teilweise in den Boden eingetieftes Grabgebäude. Seine Innenmaße waren 2,70 x 2,00 m. Das nördliche Drittel wurde von einer Grabkammer eingenommen, die durch eine Mauer vom übrigen Raum getrennt und durch besonders sorgfältige Bauweise hervorgehoben war. Der südliche Gebäudeteil ist wohl als zugehöriger Vorraum zu betrachten. In dieser Grabkammer wurde ein geostetes, beigabenloses Skelett (Kopf im Westen, Füße im Osten) in situ gefunden. Später wurde die Südmauer der eigentlichen Grabkammer abgerissen und der Fußboden an dieser Stelle ergänzt. Dies geschah offenbar, um den zweiten Toten an einem dem ersten möglichst nahen Platz niederzulegen. Der zweite Tote lag, ebenfalls geostet, über dem ehemaligen Mauerverlauf. Nach Anlage der zweiten Bestattung blieb der Raum baulich unverändert, wurde aber mit Toten angefüllt. 34 weitere Skelette, meist geostet, lagen in vier Schichten im Raum. Die anthropologischen Bestimmungen sprechen dafür, daß in den Bau nur männliche Tote kamen, und zwar bevorzugt Kinder und Jugendliche. Aus dem Gebäude stammen einige wenige Kleinfunde, meist Grabbeigaben, deren Datierung zeigt, daß die Masse der Toten während der jüngeren Belegungsphase des Gräberfeldes in den Bau kam.

Das Gebäude gehört seiner Form nach in den Bereich des spätantik-frühmittelalterlichen Memorienbaues. Bestätigt wird die Funktion des Gebäudes als Memoria durch die vielen Toten, die sekundär in den Bau eingebracht wurden und einer Bevölkerungsgruppe angehören, die bewußt ausgewählt worden sein muß. Ähnliche Grabgebäude sind in der Schweiz z. B. aus Kaiseraugst bekannt. Verbindungen bestehen wohl auch zur Grabkammer unter St. Stephan in Chur. Nach der Sitte des Memorienbaues, der Lage der

Gebäude im Gräberfeld und der Belegung des Baues mit zahlreichen Toten im Verlauf der jüngeren Phase des Gräberfeldes ist zu vermuten, daß der Bau II am Ende des 4. oder im 5. Jahrhundert entstand. Bau I steht mit Bau II in engem Zusammenhang, so daß auch für ihn diese Entstehungszeit anzunehmen ist, wenn auch seine Funktion (Leichenhaus, Friedhofskapelle, Reliquienmemoria?) ungeklärt bleibt.

Die Beigaben in der älteren Gräbergruppe von Bonaduz entsprechen dem, was von zeitgleichen spätrömischen Grabfunden aus anderen Reichsteilen, z. B. der Raetia II, der Maxima Sequanorum, den Donauprovinzen oder dem Rheinland bekannt ist. Trachtlage und Trachtkombination bestätigen dies.

Die hervorstechendste Eigentümlichkeit der Gräber der jüngeren Phase ist die weitgehende Beigabenlosigkeit. Es bestand keine allgemeine Beigabensitte mit für uns erkennbaren festen Regeln. Bei den Beigaben handelt es sich fast ausnahmslos nur um einzelne Trachtbestandteile und Schmuck recht allgemein verbreiteter frühmittelalterlicher Formen. Für alle diese Formen aber läßt sich die Entwicklung im romanischen Bereich wahrscheinlich machen. Alle haben Vorgänger in spätrömischen Schmuckformen und treten als bestimmende Trachtbestandteile in den Gräberfeldern der romanischen Bevölkerung des Ostalpengebiets im 6. Jahrhundert auf. Aus süddeutschen Reihengräbern dieser Zeit geläufige Typen wie Waffen und Waffengürtel in Männergräbern, Bügelfibeln, Wadenbinden-, Schuhgarnituren und Taschenbeschläge aus Frauengräbern fehlen in Bonaduz.

Das Gräberfeld erbrachte, wie gezeigt wurde, Funde der zweiten Hälfte des 4. und des 6. und 7. Jahrhunderts. Zwischen den Gräbern mit spätrömischem Charakter und der Masse der übrigen Bestattungen gibt es keine Übergangsformen. Mit der älteren Gruppe enden die O – W Orientierung der Gräber, Speise- und Gefäßbeigabe sowie die Ausstattung mit Trachtbestandteilen spätrömischer Zeitstellung. Funde, die sicher dem 5. Jahrhundert zugewiesen werden können, fehlen. Dennoch können einige Argumente dafür angeführt werden, daß das Gräberfeld kontinuierlich bei Beigabenlosigkeit im 5. Jahrhundert vom 4. bis ins 7. Jahrhundert belegt wurde:

1. Die anthropologische Untersuchung erbrachte eine einheitliche Population für das gesamte Gräberfeld.
2. Es gibt nur wenige Störungen; das gilt vor allem für das Zentrum des Gräberfeldes, wo die spätrömischen Gräber liegen.
3. Schmuck und Trachtbestandteile gehören zu denselben Grundtypen in beiden Zeitgruppen. Die jüngeren sind alle auf spätrömische Grundformen zurückzuführen.
4. Die Grabbauten, insbesondere die Memoria, sprechen für eine Errichtung um 400 oder im 5. Jahrhundert. Die Bestattungen des 6. und 7. Jahrhunderts sind sekundär, müssen aber im Zusammenhang mit einer bestimmten Tradition in den Bau gekommen sein.

Als Erklärungsmöglichkeit für den übergangslosen Wechsel in der Grab- und Beigabensitte bietet sich die Christianisierung der Bevölkerung an. Dafür spricht der Wechsel der Orientierung zu W - O und die Aufgabe der Beigabensitte, insbesondere der Speisebeigabe. Möglicherweise spielt in diesem Zusammenhang auch die Memoria eine Rolle, die in dieser völlig beigabenlosen Zeit erbaut worden sein muß.

Ca. 1250 m entfernt vom Gräberfeld auf dem Valbeuna liegt auf einem 30 m hohen Schuttkegel am Steilufer des Hinterrhein zwischen den Dörfern Rhäzüns und Bonaduz die Kirche St. Georg [2]. Sie war ehemals Pfarrkirche der beiden Gemeinden. 1961/62 wurde durch W. Sulser in der Kirche gegraben. Die heutige Kirche wird im wesentlichen dem 14. Jahrhundert zugewiesen. Die Ausgrabungen brachten zwei Vorgängerbauten zutage. Der älteste Bau stammt seinem Typ nach aus dem 6./7. Jahrhundert. Zu ihm gehört ein Anbau mit zwei geosteten, beigabenlosen Bestattungen in Muldengräbern. Bau II brachte eine Verlängerung des Kirchenschiffs und einen Umbau der Apsis, dem Typ nach im 8./9. Jahrhundert. Grabfunde zeigen, daß um diese Kirche ein Friedhof lag, der irgendwann während der Nutzung von Bau I und Bau II belegt wurde. Der Friedhof wurde nicht weiter untersucht, sehr groß sind seine Ausdehnungsmöglichkeiten auf dem Plateau nicht. Beigaben wurden nicht beobachtet. Es ist zu vermuten, daß der Bestattungsplatz nach Auflassung des Friedhofs auf dem Valbeuna hierher verlegt wurde.

Eine Urkunde von 960 bezeichnet St. Georg als »*aeclesia . . . in castello Beneduzes et Raezunnes . . .*«. Dabei stellt sich die Frage, ob mit *castellum* der Kirchhügel von St. Georg gemeint ist. Bei Ausgrabungen zeigten sich Teile einer Befestigungsmauer, die aber nicht weiter untersucht wurde. Möglich ist auch, daß es sich um ein größeres befestigtes Territorium der beiden Dörfer handelt, da die Zugänge zu diesem Siedlungsraum verhältnismäßig gut abgeriegelt werden können. Gut möglich ist allerdings, daß es sich bei St. Georg um ein Kirchenkastell handelt und daß die Befestigung schon zu den ersten beiden Bauten auf dem Hügel gehörte. Für diese Annahme spricht die Lage der Kirche abseits der Siedlungen auf einem isolierten, gut zu verteidigenden Hügel und, wie mir scheint, das Patrozinium. Es taucht in dieser Gegend wenig bei Pfarrkirchen auf, meist bei Kirchen auf Bergen, häufig mit Befestigung.

Nach dieser Darstellung des Bonaduzer Gräberfeldes seien die vergleichbaren Funde im Arbeitsgebiet besprochen.

Das einzige Gräberfeld, das wie Bonaduz sowohl spätrömische als auch frühmittelalterliche Gräber erbrachte, wurde im Nachbarort Tamins angeschnitten. Es liegt östlich vom Zusammenfluß der beiden Rheine am Südfuß des Kirchhügels von Tamins. Dort wurden insgesamt 41 Bestattungen festgestellt, doch ist klar, daß es sich dabei nur um einen geringen Teil der Gesamtanlage handeln kann. Zwei der Gräber waren O - W orientiert, zwei N - S, der Rest W - O. Fünf dieser Gräber hatten Beigaben, die den aus Bonaduz bekannten entsprechen, so daß auch hier ein Gräberfeld angenommen werden kann, das etwa von der Mitte des 4. Jahrhunderts an bis ins 7. Jahrhundert kontinuierlich belegt wurde.

2) H. R. Sennhauser in: F. Oswald, L. Schaefer u. H. R. Sennhauser, Vorromanische Kirchenbauten (1966–71) 269.

Besonders erwähnt werden muß allerdings das Männergrab 21/1966. Es enthielt eine Spatha mit ovalem Eisenknauf und Resten einer Scheide, bestehend aus Scheidenmundblech und Ortband aus Bronze, ehemals versilbert, einen besonders kurzen Sax (26,7 cm), eine Lanzenspitze mit rautenförmigem Blatt und geschlitzter Tülle und eine ovale Gürtelschnalle aus Silber mit Eisenkern, ehemals feuervergoldet. Der Dorn ist aus Bronze und hat eine kästchenförmige Dornbasis mit plangeschliffenen Almandinen auf gewaffelter Goldfolie. Zur Schnalle gehören zwei runde Silberhaften. Schnalle, Spathascheide und Sax datieren das Grab etwa in die Mitte des 6. Jahrhunderts. Bei diesem Fund handelt es sich um ein germanisches Inventar. Nach der Form der Spathascheide ist fränkische Herkunft wahrscheinlich. Die Schnalle und die Qualität der Waffenausrüstung sprechen dafür, daß der Träger einer sozial höhergestellten Schicht angehörte.

Beim heutigen Forschungsstand gibt es bisher an anderen Orten keine Bonaduz und Tamins vergleichbaren Gräberfelder der spätrömischen Zeit, die eine Fortsetzung ins Frühmittelalter erfahren haben. Größere spätrömische Gräberfelder sind in Chur zu vermuten. Bekannt wurden datierbare Grabfunde bei der späteren Kirche St. Regula, also an der nördlichen Ausfallstraße von Chur, und im Welschdörfli, d. h. am Weg zum Vorderrheintal. Im übrigen wurden aus dem Arbeitsgebiet nur Einzelgräber oder kleinste Grabgruppen bekannt. Sie liegen alle bei den großen Straßen, mit Ausnahme des Grabes im Calfreiser Tobel, das bei einem schwer zugänglichen, wiederholt als Wohnplatz aufgesuchten Abri liegt. Der Fundstoff gehört einheitlich dem gleichen Horizont wie die Bonaduzer Gräber an, nämlich der Mitte und zweiten Hälfte des 4. Jahrhunderts (z. B. Chur, St. Regula, Bad Ragaz). Neben diesen Grabfunden spätrömischer Zeitstellung gibt es eine Reihe befestigter Höhensiedlungen, die Funde des 4. Jahrhunderts erbrachten.

Gräber mit frühmittelalterlichen Beigaben wurden von verschiedenen Orten Graubündens bekannt. Meist handelt es sich um kleinere Grabgruppen mit zahlreichen beigabenlosen Gräbern und wenigen, die einzelne Trachtbestandteile enthielten.

Ein großes Gräberfeld wurde in Chur bei St. Stephan bekannt [3]. Vermutlich wurden um 400 oder im 5. Jahrhundert die genannten spätrömischen Gräberfelder in Chur aufgelassen und der Bestattungsplatz bei St. Stephan angelegt. Hier wurde über einer Grabkammer der Zeit um 500 oder in der ersten Hälfte des 6. Jahrhunderts der erste Bau der Coemeterialkirche St. Stephan bereits im Friedhof errichtet. Die Gräber dort sind W - O und N - S orientiert, einige haben steinernen und hölzernen Grabbau. Wenige dieser Gräber hatten Beigaben in Form einzelner Trachtbestandteile, wie im jüngeren Teil des Bonaduzer Gräberfeldes. Es ist dies der einzige bekannte frühmittelalterliche Friedhof Churs. Er wird vermutlich vom 5. bis ins 7./8. Jahrhundert belegt worden sein. Nähere Datierungsanhalte gibt es nicht.

3) Die ausführliche Veröffentlichung der Kirchengrabung ist kürzlich erschienen: W. Sulser u. H. Claussen, Sankt Stephan in Chur. Frühchristliche Grabkammer und Friedhofskirche (Zürich 1978). Übersichtsplan: S. 20 Abb. 6.

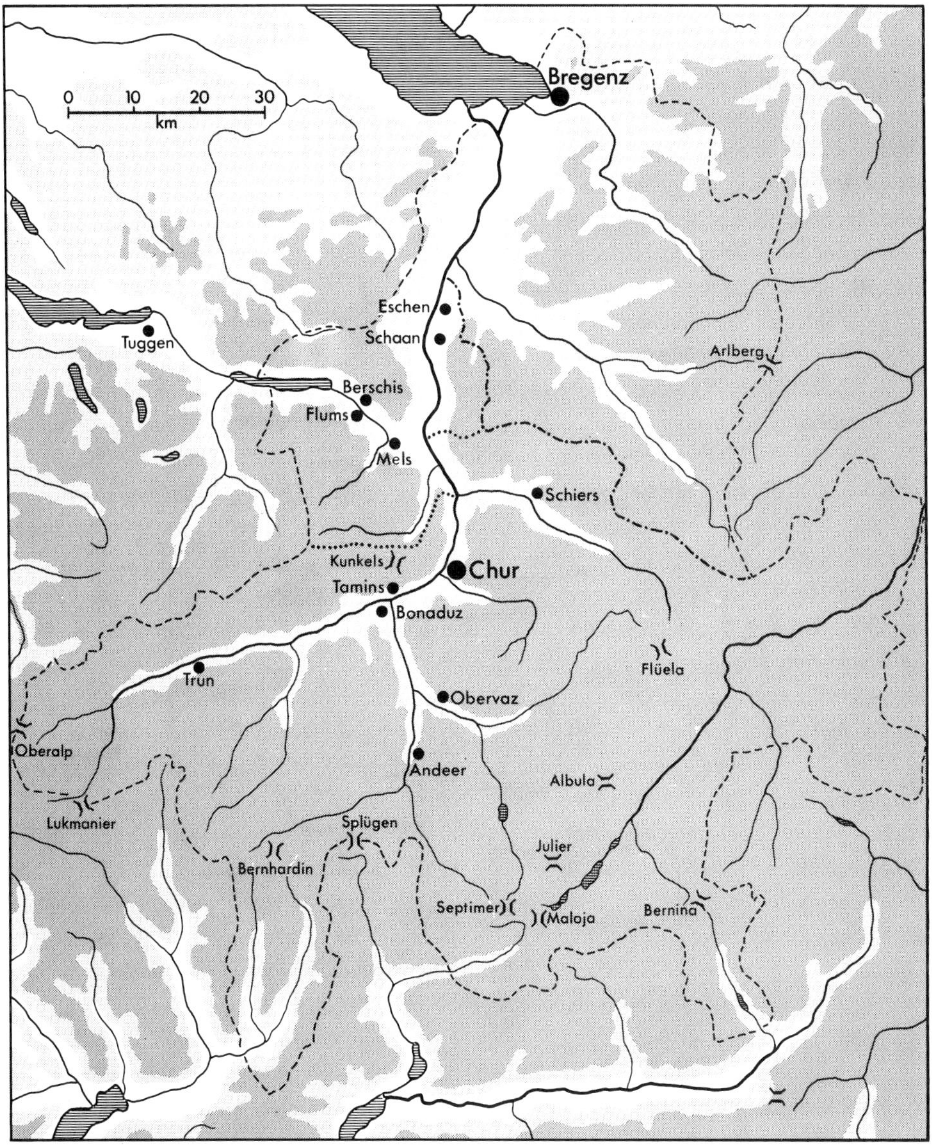

Abb. 1 Die im Text besprochenen Orte mit Funden aus spätrömischer und frühmittelalterlicher Zeit.

Am Südufer des Vorderrheins liegt bei Truns der Felsrücken Grepault ca. 30 m über dem Fluß mit Steilabfall nach N und O. Der Felsen bildet ein Plateau von ca. 80–90 m Länge und 40 m Breite. Der Zugang erfolgte nur von Süden. Neben dichten prähistorischen Siedlungsresten erbrachte das Plateau Reste einer frühmittelalterlichen Anlage. Dazu gehörte eine gemörtelte Wehrmauer und dicht beim Ostabhang eine kleine, rechteckige Saalkirche mit halbrunder Apsis und einem jüngeren Südannex [4]. Neben dem Eingang, parallel zur Kirchenmauer, lag das Grab eines Kindes. Als einzige Beigabe enthielt es die Schnalle einer vielteiligen Gürtelgarnitur, wohl aus dem langobardischen Italien, die hier einzeln getragen wurde. Sie datiert das Grab in die zweite Hälfte des 7. Jahrhunderts. Verschiedene frühmittelalterliche Streufunde lassen vermuten, daß der Berg vom 5. bis ins 7./8. Jahrhundert bewohnt oder begangen wurde.

1970 wurde im Rahmen einer Gesamtrestaurierung der Kirche von Obervaz durch den Archäologischen Dienst (unter der Grabungsleitung von S. Nauli) das Kircheninnere ausgegraben [5]. Dabei konnte der Bau der ersten frühmittelalterlichen Kirche festgestellt werden. Es handelt sich um eine Kirche mit rechteckigem Schiff (11,50 x 7,00 m) und hufeisenförmiger, rechteckig hintermauerter Apsis. Im Kirchenschiff lagen sieben vermutlich frühmittelalterliche Gräber. Im Zentrum des Schiffs, zum Altar hin orientiert, lag das Grab 15. Im Becken des Toten wurde eine schmale tauschierte Gürtelschnalle gefunden. Sie stammt von einer vielteiligen Gürtelgarnitur langobardischer oder vielleicht auch alamannischer Herkunft. Die Schnalle ist in die Mitte bis zweite Hälfte des 7. Jahrhunderts zu datieren. Der Lage in der Kirche nach gehört das Grab wohl zur Gruppe der Stiftergräber des 7. Jahrhunderts. Als nahegelegene Parallele im alamannischen Bereich sei hier Tuggen genannt, wo das reichste Grab eine komplette vielteilige tauschierte Gürtelgarnitur enthielt [6].

Erwähnenswert ist ferner noch der Friedhof von Schiers im Praettigau. Durch die Grabungen von H. Erb wurden ca. 100 Bestattungen bekannt, die sicher nur einen Teil des Gräberfeldes darstellen [7]. Im Gräberfeld standen zwei Kirchenbauten. Der ältere ist ein Rechteckbau (7,70 x 5,5 m) mit Altarfundament. Im Osten hinter dem Altar (oder Agape-Tisch) befand sich ein kleiner Anbau mit mindestens 5 Bestattungen und im Westen ein Vorbau mit zahlreichen Bestattungen. Ferner lagen weitere Gräber dicht um den Kirchenbau. Der Bau II war eine kleine Saalkirche mit Apsis (Schiff 3,60 x 5,50 m). Im Norden befand sich ein kleiner Grabanbau, der aber leer vorgefunden wurde. Dagegen lagen im Vorbau Gräber und weitere vor der Kirche. Außerdem gab es noch mindestens zwei Grabgruppen abseits der Gebäude. Auch hier waren die meisten Gräber beigabenlos

4) Sennhauser a. a. O. 350 f.

5) Fundbericht: Jahrb. Schweiz. Ges. Ur- u. Frühgesch. 59, 1976, 283 ff.

6) W. Drack u. R. Moosbrugger-Leu, Die frühmittelalterliche Kirche von Tuggen. Zeitschr. Schweiz. Arch. u. Kunstgesch. 20, 1960, 176 ff.

7) Fundbericht: Jahrb. Schweiz. Ges. Ur- u. Frühgesch. 57, 1972/73, 392 ff.; Sennhauser a. a. O. 304 f.

und W - O oder N - S orientiert. Sie besaßen meist Umfassungen und Abdeckungen aus Steinen und Steinplatten. Die Beigaben entsprechen den aus Bonaduz bekannten. Die datierbaren Funde gehören ins 6. und 7. Jahrhundert. Doch ist die Entstehung der Anlage schon im 5. Jahrhundert möglich.

Auf dem Weg rheintalabwärts stammt die nächste Konzentration von Grabfunden aus dem Gebiet um Sargans, also vom Ostende der Walenseestraße, die das schweizerische Mittelland mit dem Rheintal und Graubünden verbindet. Auf der Südseite des Seeztales bei Mels liegt der Castels, ein, wie der Name sagt, befestigter Berg. Grabungen erbrachten bedeutende prähistorische Siedlungsreste und Funde einer spätrömischen Besiedlung. An zwei Stellen wurden frühmittelalterliche Bestattungsplätze entdeckt. Die Gräber beider Friedhöfe zeigten übereinstimmenden ausgeprägten steinernen Grabbau und waren orientiert (Kopf im Westen, Blick nach Osten). Nur zwei Gräber enthielten Beigaben des 7. Jahrhunderts: Grab 1938/8 eine Riemenzunge und kleine Schnalle aus Bronze und ein Grab von 1937 zwei Teile einer eisernen Gürtelgarnitur.

Weiter westwärts liegt auf der Nordseite des Seeztales bei Berschis der Georgenberg. Es handelt sich um einen das Tal weit überragenden Felssporn, der eine Höhensiedlung des 4. Jahrhunderts trug. Auf dem Plateau steht die Kapelle St. Georg, deren frühmittelalterliche Gründung oft vermutet, bisher aber noch nicht nachgewiesen wurde. Am Aufstieg zum Berg wurde 1937 ein Gräberfeld ausgegraben. Mit 42 Bestattungen dürfte es weitgehend erfaßt sein. Die Gräber hatten die Orientierung W - O oder NW - SO und charakteristisch ausgeprägten steinernen Grabbau. Nur wenige erbrachten Beigaben. Die Frauengräber zeigen die aus Schiers, Bonaduz usw. bekannten Fundtypen (Perlenketten, bronzene Polyeder- und Körbchenohrringe und einen eisernen Armreif). Die Männergräber hatten folgende Beigaben: Grab 1923/4 enthielt eine Spatha mit einem pyramidenförmigen Beinknopf des Schwertgurtbeschlägs, einen Sax mit Scheide, ein Messer mit Scheide sowie ein kleines Messer, einen Pfriem und ein Stück Flint (1. Hälfte 7. Jahrhundert). Aus Grab 1938/5 stammt ein Sax, ein Messer und eine eiserne Gürtelgarnitur (1. Drittel 7. Jahrhundert). Grab 1923/3 enthielt eine Lanze und einen Beinkamm (2. Hälfte 6./ Anfang 7. Jahrhundert).

Im Gegensatz zu den Frauengräbern haben die Männergräber hier ein anderes Gepräge als die des Bündner Gebietes. Sie enthielten Waffen und breite Waffengürtel. Damit unterscheiden sie sich nicht grundsätzlich von Gräbern mit einfacher Ausstattung in alamannischen Friedhöfen des Schweizerischen Mittellandes. Das war schon den Ausgräbern in den 20er Jahren aufgefallen, und sie hatten erwogen, daß hier Männer und Frauen verschiedener Volkszugehörigkeit bestattet sein müßten. Topographie, Grabbau, die weitgehende Beigabenlosigkeit, die anthropologische Bestimmung einiger Skelette sowie die Beigaben der Frauengräber aber sprechen dafür, daß es sich um einen Friedhof der einheimischen romanischen Bevölkerung handelt. In dem kurzen Zeitraum um das Ende des 6. und den Anfang des 7. Jahrhunderts aber zeigen die Männergräber in ihrer Beigabensitte Einfluß der alamannischen Nachbarn jenseits des Walensees. Parallelen zu dieser Erscheinung finden sich in den Gräberfeldern der schweizerischen Kastellplätze Kaiseraugst, Basel-Aeschenvorstadt und Windisch-Oberburg, die als Gräberfelder der romanischen Bevölkerung gegen die alamannischen Bestattungsplätze der Umgebung abzusetzten sind [8]. Möglicherweise handelt es sich auch beim Georgenberg und beim Castels um Friedhöfe von Kastellbesatzungen, die hier den wichtigen Straßenzugang zu sichern hatten.

Die besondere Situation des Walensee-Seeztalgebietes wird unterstrichen durch die Funde in der Pfarrkirche St. Justus in Flums [9]. Die Grabungen wurden 1932–34 durchgeführt. Der älteste festgestellte Kirchenbau gehört dem 8. Jahrhundert an. Wegen der Anordnung und Orientierung der Grabfunde aber muß ein Vorgängerbau angenommen werden. Fünf frühmittelalterliche Gräber wurden festgestellt, weitere müssen zerstört worden sein. Die Gräber sind nach dem Kirchenbau W - O oder S - N orientiert und zeigen Grabbau aus Steinbrocken oder -platten, wie er von den bisher besprochenen Friedhöfen bekannt ist. Bemerkenswert ist das Grab eines etwa neunjährigen Knaben. Es enthielt eine Spatha, eine tauschierte Gürtelgarnitur und ein Messer mit nietbesetzter Scheide. Die Gürtelgarnitur datiert das Grab vor die Mitte des 7. Jahrhunderts. Bemerkenswert ist dieses Grab insofern, als es sich um ein Kindergrab mit Waffenbeigabe handelt. Diese Erscheinung ist wiederholt im germanischen Bereich im 6. und 7. Jahrhundert belegt, und man muß daher auch das Grab in Flums Germanen, vermutlich Alamannen zuweisen. Aus derselben Zeit stammen einige Streufunde in der Kirche, die auf weitere Gräber alamannischen Charakters hindeuten. Ein Grab in der Nähe des Taufsteins erbrachte als einzige Beigabe einen Beinkamm, eine Erscheinung, die in Graubünden häufig beobachtet wurde. Ein anderes hatte als einzige Beigabe eine Schnalle vom Typ Aldeno. Nach den Parallelen auf dem Grepault und in Obervaz wird es sich hier um eine romanische Bestattung handeln. Die Kirche St. Justus erbrachte also Gräber, die in der Art von Stiftergräbern im ehemaligen (nicht festgestellten) Schiff lagen. Vor der Mitte des 7. Jahrhunderts wurde der wohl alamannische Knabe mit Waffen hier bestattet, aus der zweiten Jahrhunderthälfte stammt das einzige datierbare Grab, das einem Romanen zugewiesen werden kann.

Auf dem Gelände des um 400 aufgelassenen römischen Kastells Schaan [10] entstand auf der Nordwestecke des Kastells unter teilweiser Verwendung seiner Mauern die Kir-

8) D. Viollier, Le cimetière barbare de Kaiseraugst. Anz. Schweiz. Altkde. N. F. 11, 1909, 131 ff.; 12, 1910, 22 ff. 284 ff.; 13, 1911, 146 ff. 222 ff.; 14, 1912, 269. – R. Laur-Belart, Spätrömische und frühmittelalterliche Gräber in der Aeschenvorstadt, Basel. Urschweiz 21, 1957, 1 ff. – V. v. Gonzenbach, Das frühmittelalterliche Gräberfeld von Oberburg. Jahresber. Ges. Pro Vindonissa 1949/50, 5 ff.

9) J. Hecht u. A. Hild, Zur Baugeschichte der St. Justuskirche in Flums. Anz. Schweiz. Altkde. N. F. 37, 1935, 37 ff. 225 ff. 292 ff.; Sennhauser a. a. O. 77.

10) E. Ettlinger, Die Kleinfunde aus dem spätrömischen Kastell Schaan. Jahrb. Hist. Ver. Liechtenstein 59, 1959, 225 ff.

che St. Peter im 5. Jahrhundert [11]. Um sie lag ein beigabenloser Friedhof, der vom 5. Jahrhundert an belegt wurde. Im nordöstlichen Dorfteil von Schaan, ca. 500 m vom spätrömischen Kastellgelände entfernt, wurden 25 Gräber eines anderen Friedhofs bekannt. Planmäßige Grabungen fanden nicht statt, so daß wohl nur ein kleiner Teil der Gesamtanlage aufgedeckt wurde. Die Gräber waren W - O und S - N orientiert, einige hatten Steinumrandungen. Bekannt wurde unter anderem das Inventar eines Frauengrabes: es enthielt ein Gürtelgehänge, bestehend aus Verteilerscheibe und Bronzekette mit einer durchbrochenen Zierscheibe und einem bronzenen Umfassungsring, einer bronzenen Amulettkapsel und einem Messer [12]. Ferner trug die Tote eine bronzene Schuh- und Wadenbindengarnitur, zwei Bronzearmringe und reichen Perlenschmuck. Nach dieser Trachtausstattung handelt es sich um ein gut ausgestattetes germanisches Frauengrab. Die Einzelformen weisen es als alamannisches Grab der zweiten Hälfte des 7. Jahrhunderts aus. Aus Männergräbern stammen u. a. fünf Saxe und Reste von Saxscheiden sowie verschiedene Teile von Waffengürteln (z. B. eine bronzegegossene Gürtelgarnitur mit Kerbschnittverzierung im frühen Stil II, Reste einer frühen tauschierten dreiteiligen Garnitur und einer schmaldreieckigen Spathagarnitur, alles Anfang und 1. Hälfte 7. Jahrhundert). Diese Funde entsprechen in ihrer Zusammensetzung und Form dem, was aus alamannischen Gräberfeldern des schweizerischen Mittellandes bekannt ist, und setzten sich klar ab von den Grabfunden aus dem Bündner Raum. Sie erlauben den Nachweis der Anwesenheit alamannischer Bevölkerung in Schaan im 7. Jahrhundert. Der große Zerstörungsgrad des Gräberfeldes aber und die schlechte Fundüberlieferung verbieten detailliertere Aussagen etwa darüber, ob es sich bei diesem Bestattungsplatz um einen alamannischen Reihengräberfriedhof handelt oder ob einzelne alamannische Gräber hier zwischen denen einer einheimisch-romanischen Grundbevölkerung erscheinen.

Ähnlich zu bewerten wie der beschriebene Schaaner Friedhof sind die Funde aus Eschen, nördlich Schaan (FL) [13]. Hier kam etwa ein Dutzend Bestattungen eines Reihengräberfriedhofs zutage. Sie waren SW - NO orientiert und teils mit Steinen umfaßt. Die Inventare sind nur lückenhaft überliefert. Funde aus Frauengräbern fehlen. Dagegen sind die Waffen und Waffengürtel zahlreich: Zwei Spathen, sieben Saxe und Saxknöpfe. Unter den Gürtelbeschlägen ist der älteste ein pilzzellentauschierter Rückenbeschlag der Zeit um 600. Ferner fanden sich tauschierte Gürtelbeschläge aus dem 7. Jahrhundert. Analog zu Schaan kann hier auf Grund der Zahl der Waffen, der Art der Gürtelbeschläge und wegen des spärlichen Grabbaus ein alamannischer Bestattungsplatz angenommen werden.

11) Sennhauser a. a. O. 304.

12) A. Frommelt, Alamannengräber in Schaan. Jahrb. Hist. Ver. Liechtenstein 34, 1934, 3 ff.; 38, 1938, 89 ff.

13) A. Frommelt, Alamannenfriedhof in Eschen. Jahrb. Hist. Ver. Liechtenstein 54, 1954, 51 ff.

Zusammenfassung

In Bonaduz ließ sich die Hinterlassenschaft der einheimisch-romanischen Bevölkerung im Frühmittelalter charakterisieren und ihre Kontinuität von der römischen Zeit an wahrscheinlich machen. Hier schließt sich das übrige zentralbündnerische Gebiet an, wie die Gleichartigkeit der Grabfunde in Chur, Tamins und Schiers zeigt. Zahlreiche Grabgruppen belegen diese Bevölkerung auch rheintalabwärts, z. B. bei St. Peter in Schaan oder am Liebfrauenberg in Rankweil. Meist sind es beigabenlose Gräberfelder, die aber ihrer Topographie und ihrem Grabbau nach hierher gehören. Daneben wurden in Schaan und Eschen die bisher südlichsten Gräber im Rheintal gefunden, die einer alamannischen Bevölkerung im 7. Jahrhundert zugewiesen werden können. Sie belegen hier das Vordringen der Alamannen in romanisches Siedlungsland, das auch am Westende des Walensees zur selben Zeit, z. B. in Tuggen und Rapperswil, belegbar ist. Besonders bemerkenswert ist die Entwicklung am Ostende des Walenseeweges, wo in den Gräbern der einheimischen Bevölkerung am Castels und am Georgenberg am Anfang des 7. Jahrhunderts alamannischer Einfluß im romanischen Milieu bemerkbar wird. In dieses Bild paßt auch der Fund von Flums, wo als Stiftergräber in der Kirche Angehörige einer führenden Familie teils nach germanischer, teils nach romanischer Sitte bestattet sind, so daß man verwandtschaftliche Bindungen zwischen beiden Volksgruppen annehmen muß.

Dieses läßt sich behaupten einerseits in Analogie zu Stiftergräbern im alamannischen Bereich, andererseits aber unter Hinweis auf die graubündner Funde vom Grepault und von Obervaz, St. Donatus, das ich auch der Reihe der Stiftergräber zufügen möchte. Im Gegensatz dazu stehen die Friedhofskirchen älterer Zeitstellung in Graubünden, wie St. Stephan in Chur und die beiden Kirchen von Schiers, die wohl im allgemeinen Friedhof errichtet wurden und Anbauten für Bestattungen haben, nie aber im Altarraum Gräber erbrachten.

Der Wechsel der Grab- und Beigabensitte kann in Bonaduz mit der Christianisierung in Verbindung gebracht werden. Nach der Geschlossenheit der frühen Gruppe muß sich der Wechsel um 400 oder im frühen 5. Jahrhundert vollzogen haben. In Chur haben wir Belege für die Christianisierung mit dem Bau der Kathedrale in der ersten Hälfte des 5. Jahrhunderts und der Anlage des Gräberfeldes von St. Stephan im 5. Jahrhundert (einerseits vor dem Bau der Grabkammer und Kirche um 500 und andererseits in Analogie zu Bonaduz). Die Anlage von Schiers setzt ebenfalls die Christianisierung voraus. Ihre Entstehung liegt möglicherweise bereits im 5. Jahrhundert. 451 ist erstmals ein Bischof von Chur genannt.

Spuren germanischer Besiedlung lassen sich während des gesamten Frühmittelalters im heutigen Graubünden nicht nachweisen. Einige germanische Fundstücke aus Gräbern sind klar als Fremdstücke oder sogar Kuriosa zu interpretieren. Die einzige Ausnahme ist das Männergrab von Tamins. Es ist isoliert, seine Ausstattung deutet auf einen Mann von höherem sozialem Rang, und der Fund weist in den fränkischen Raum als Herkunftsland. Dieses alles spricht eher dafür, das Grab mit dem politischen Ausgreifen des fränkischen Staates nach Raetien in den 30er Jahren des 6. Jahrhunderts in Verbindung zu bringen, als in Tamins germanische Besiedlung anzunehmen.

Fundkomplexe wie Bonaduz und Tamins ermöglichen es, eine Bevölkerungskontinuität vom 4.–8. Jahrhundert aufgrund der Gräberfeldarchäologie in Graubünden zu belegen. Die archäologischen Funde in Chur und Schaan (die hier nicht im einzelnen dargestellt wurden) lassen ebenfalls die Bevölkerungskontinuität vermuten, deuten aber auf eine Umstrukturierung der Siedlung am Ende des 4. bzw. im 5. Jahrhundert hin. Zahlreiche befestigte Höhensiedlungen im gesamten Graubünden und im Alpenrheintal bis zum Bodensee erbrachten Funde spätrömischer und frühmittelalterlicher Zeitstellung [14].

Eine Vertiefung und Differenzierung oder auch Korrektur des hier entworfenen Bildes scheint ohne eine Vermehrung des Fundmaterials durch neue Grabungen kaum möglich. Insbesondere sollte eine Untersuchung der Siedlungen, vor allem der befestigten Höhen, neben die Bearbeitung der Gräber treten. Es gibt hier zahlreiche Orte, wo auf Grund des archäologisch und historisch Bekannten detaillierte Untersuchungen aussichtsreich erscheinen. Einen Ausgangspunkt für eine solche Untersuchung könnte vielleicht die derzeit laufende Grabung der Befestigung Caschling bei Castiel im Schanfigg bieten [15].

14) Dies wurde ausführlich dargestellt von B. Overbeck, Das Alpenrheintal in römischer Zeit (Diss. München 1969; Druck vorgesehen als Münchner Beitr. z. Vor- und Frühgesch. 20).
15) Vorbericht: Jahrb. Schweiz. Ges. Ur- u. Frühgesch. 60, 1977, 145 f.; Chr. Zindel, Vorbemerkungen zur spätrömischen-frühmittelalterlichen Anlage von Castiel/Carschlingg. Archäologie der Schweiz 2, 1979, 109 ff.

Spätantike und frühmittelalterliche Kirchen Churrätiens

VON HANS RUDOLF SENNHAUSER

I. Kirchliche Topographie von Chur

Kathedrale und Kapellen auf dem Hof

Die Marien-Kathedrale von Chur ist in der Art der meisten Kastellkirchen der Nordschweiz nicht im Zentrum des spätrömischen Castrums, sondern am höchsten Punkte an die Umfassungsmauer gebaut (Abb. 1). Sie beherrscht das abfallende Areal im Kastell-Innern. Seit dem 4. Jahrhundert hat die Churer Kathedrale ihren Standort nie aufgegeben, und in der Randbebauung des Dom-Plateaus, des »Hofes«, mit der festen, turmbewehrten Mauer haben sich – auch wenn das Ensemble in allen Teilen erneuert wurde – die wesentlichen Züge des spätantiken Castrums erhalten. Zur »Familie« der Kathedrale gehörten mehrere Kapellen auf dem Hof. So vermutet E. Poeschel [1] eine im Necrologium Curiense (zweite Hälfte 12. Jahrhundert) genannte Kapelle der Augsburger Heiligen Afra in Kathedralennähe. Von der Florinuskapelle (St. Florinus von Remüs/Ramosch/GR), die in der Otmarsvita genannt wird, ist zwar erst eine spätmittelalterliche Nennung (1246) gesichert, aber man darf vermuten, daß sie mit einer Kapelle identisch ist, die in der Otmarsvita Gozberts des Jüngeren (Überarbeitung durch Walahfrid zwischen 834 und 838) genannt wird [2]. Die Kapelle St. Johann Baptist (und Ulrich? Im Necrologium Curiense heißt es unter dem 17. November: *Dedicatio ecclesie S. Johannis et S. Udalrici*) mag aus dem ursprünglichen Kathedralen-Baptisterium entstanden sein. Vielleicht ist die Laurentiuskapelle, die 958 erstmals urkundlich erscheint und in der während der Bauarbeiten an der Kathedrale geurkundet wurde, erst im Zusammenhang mit der Schlacht auf dem Lechfeld entstanden. Nachdem aber alterwähnte Kirchen wie Reams und Untervaz (beide, wenn auch ohne Patrozinium, im Urbar des Reichsgutes

1) In: Die Kunstdenkmäler des Kantons Graubünden, Bd. 7 (Chur und der Kreis Fünf Dörfer), Basel 1948, S. 202 ff.

2) Sankt Otmar. Die Quellen zu seinem Leben, lateinisch und deutsch, hrsg. von Johannes Duft (Bibliotheca Sangallensis, Bd. 4), Zürich 1959, S. 10 f.

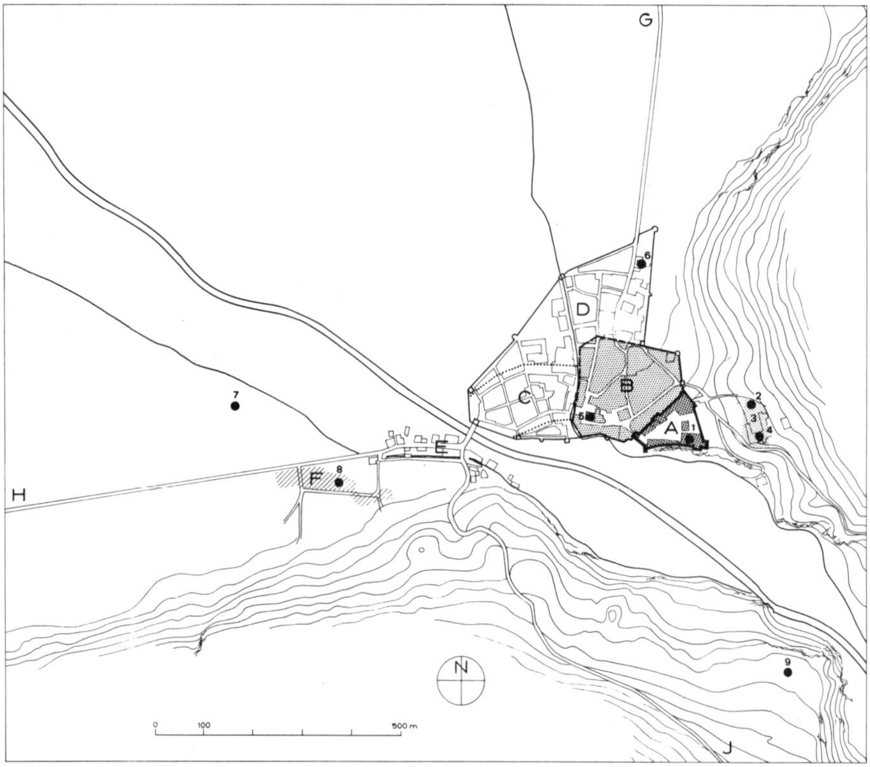

Abb. 1 Chur im Frühen und Hohen Mittelalter.
A Der Hof; B, C Burgus Superior (frühmittelalterliche Erweiterungen); D Salas (östl. Reichsgasse), Clawuz (westlich); E, F Welschdörfli, F spätröm.-frühma. Gräberfeld; G Fortsetzung der Reichsgasse, Straße zum Bodensee und nach Zürich; H Oberland, Splügen; J Lenzerheide, Julier.
1 Kathedrale; 2 St. Stephan; 3 Gräberfeld; 4 St. Andreas-St. Luzi; 5 St. Martin; 6 St. Regula; 7 St. Salvator; 8 St. Peter; 9 St. Hilarius. (Plangrundlagen: P. Hemmi 1835, E. Poeschel 1948, Chr. Simonett 1976).

genannt) und Paspels, das bis ins 5. Jahrhundert zurückreichen dürfte [3], das Patrozinium des Römer-Diakons Laurentius aufweisen, möchte man ein weit höheres Alter des Patroziniums in Chur für möglich halten [4]. Bisher ist erst die Florinus-Kapelle auf dem Hof archäologisch untersucht worden, wobei noch dazu das Ergebnis für das Frühmittelalter negativ war. Immerhin läßt sich anhand des Befundes die Existenz einer frühmittelalterlichen Vorgängerin der ältesten nachgewiesenen Florinuskapelle nicht eindeu-

3) Siehe S. 217 f.

4) So auch Erwin Poeschel, Das Burgenbuch von Graubünden, Zürich und Leipzig 1930, S. 21.

tig verneinen [5]. (Die Freilegung der Laurentiuskapelle im Jahre 1888 erbrachte nicht viel mehr als Lage und Dimensionen: Die Kapelle lag an der Stelle des heutigen Hofbrunnens [6].)

Memorien und Friedhofkirchen

Auf einem Plateau am Hang des Mittenberges oberhalb des Hofes standen im Kastell-Friedhof zwei Memorien [7]: Die ältere, eine Andreasmemorie, dürfte noch im ausgehenden 4. Jahrhundert entstanden sein und sich in den Kreis ambrosianischer Andreasmemorien einfügen. In der ersten Hälfte des 8. Jahrhunderts [8] wurde die Memorie durch den Neubau einer Kirche mit drei Apsiden über einer Ringkrypta ersetzt; ein Teil, die Emeritakammer [9], wurde einbezogen. Die neue Kirche galt dem Andenken des Bistumsheiligen Luzius [10]. Am nördlichen Rande des Friedhofs lag eine andere, dem heiligen Stephanus geweihte Grabkammer, die als Begräbnisraum von Churer Bischöfen diente (Abb. 2). Der tonnengewölbte Raum und sein nachträglich angebauter Vorraum waren ganz ausgemalt: Im Inkrustationsstil marmorierter Fries als Abschluß der weißen Wand und Überleitung zum dunklen roten Grund der Tonne mit aufgemalten Ranken, Trauben und Vögeln. An der östlichen Schildwand sechs einem (verlorenen) Christussymbol huldigende Figuren. Die zentrale Nische in dieser Schildwand ist nachträglich mit einem

5) Ausgrabung 1972 durch den Archaeologischen Dienst des Kantons Graubünden; vgl. die Fundberichte im Jahrbuch der Schweizerischen Gesellschaft für Ur- und Frühgeschichte, Bd. 60 (1977), S. 138 f. (J. Rageth), S. 142 (S. Nauli) und S. 146 f. (S. Nauli).
6) Dazu HARTMANN CAVIEZEL, Grabfunde in Chur, in: Anzeiger für Schweizerische Alterthumskunde, Bd. 6 (Jg. 21), 1888, S. 107 f.
7) Zu St. Stephan, St. Andreas, St. Luzi vgl. WALTHER SULSER und HILDE CLAUSSEN, Sankt Stephan in Chur, frühchristliche Grabkammer und Friedhofskirche (Veröffentlichungen des Instituts für Denkmalpflege an der Eidgenössischen Technischen Hochschule Zürich, Bd. 1), Zürich 1978.
8) LOUIS HERTIG, Entwicklungsgeschichte der Krypta in der Schweiz, Studien zur Baugeschichte des Frühen und Hohen Mittelalters, Phil. Diss. Universität Zürich, Biel 1958, S. 45; HR. SENNHAUSER in: Vorromanische Kirchenbauten, Katalog der Denkmäler bis zum Ausgang der Ottonen, hrsg. vom Zentralinstitut für Kunstgeschichte, bearbeitet von FRIEDRICH OSWALD, LEO SCHAEFER, HANS RUDOLF SENNHAUSER (Veröffentlichungen des Zentralinstituts für Kunstgeschichte in München, Bd. 3), München 1966 (in der Folge VK zitiert), S. 51 f.
9) WALTHER SULSER, Die St. Luziuskirche in Chur, in: Frühmittelalterliche Kunst in den Alpenländern, Akten zum 3. internationalen Kongreß für Frühmittelalterforschung (1951), Olten und Lausanne 1954, S. 150 ff.
10) Vgl. HANS LIEB, Lexicon topographicum der römischen und frühmittelalterlichen Schweiz, Bd. 1: Römische Zeit, Süd- und Ostschweiz (Antiquitas, Reihe 1, Bd. 15), Bonn 1967, S. 73 ff.; W. SULSER und H. CLAUSSEN (wie Anm. 7).

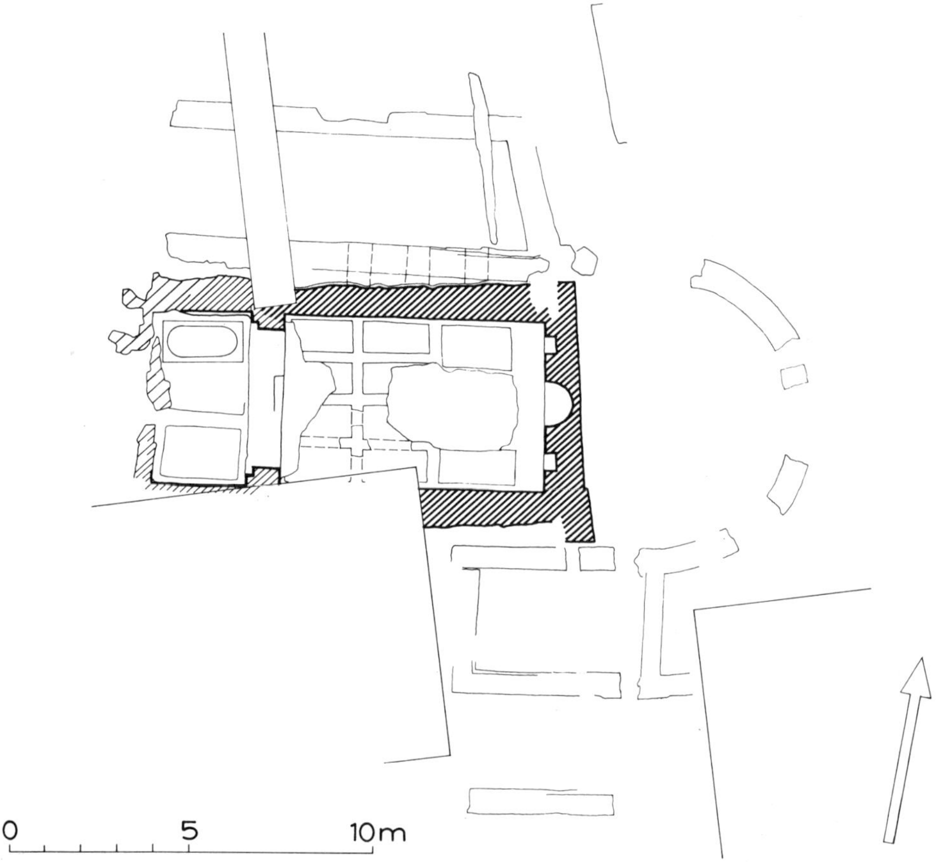

Abb. 2 Chur, St. Stephan, Grabkammer mit Vorraum.

Mosaik ausgekleidet worden. Der leer aufgefundene Reliquienstollen darunter hat wohl ursprünglich Reliquien des heiligen Stephanus enthalten. Haupt- und Vorraum dienten für Bestattungen; die Toten wurden im Hauptraum in vorbereiteten Bodengräbern (Formae) beigesetzt. Im Vorraum stand ein Monolith-Sarkophag neben einem gemauerten Doppelgrab. Die Grabkammer muß nach dem Stil ihrer Malereien vor der Mitte des 5. Jahrhunderts entstanden sein. Sie wurde um 500 überbaut mit einer Kirche (Abb. 3), die das Patrozinium des heiligen Stephanus übernahm und die spätestens 1438/39 zerstört wurde. Südwestlich des Hofes, jenseits der Plessur, lag im Gebiete des heutigen »Welschdörfli« seit dem ausgehenden 4. Jahrhundert ein weiterer Friedhof in den Ruinen der

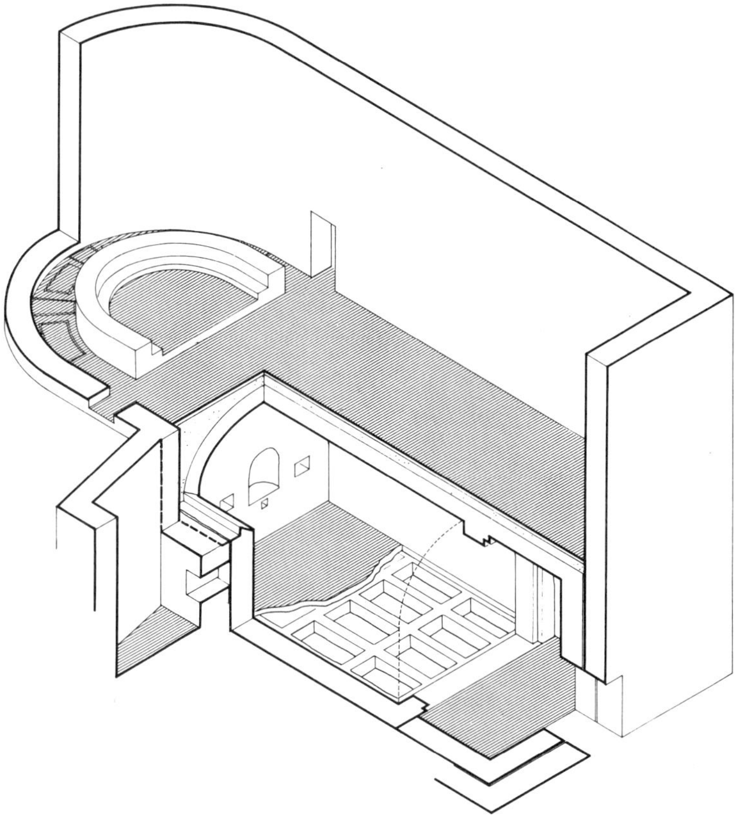

Abb. 3 Chur, St. Stephan, Grabkammer und Kirche mit Priesterbank. Isometrischer Rekonstruktionsversuch.

römischen Siedlung, die um 350 noch bewohnt war [11]. Ein zweiräumiges römisches Gebäude überdauerte das Ende der Siedlung; es wurde umgebaut, und im letzten Bauzustand muß es als Kirche gedient haben; die starke Bogenmauer im nördlichen Raum erlaubt kaum eine andere Interpretation (Abb. 4). Nach der Form – saalförmiger Raum mit eingestellter Priesterbank – möchte man den Bau ins 5. oder 6. Jahrhundert datieren. Er hat dann wohl als Friedhofkirche gedient. Darin die erste Churer Bischofskirche zu sehen, geht nicht an; es sprechen dagegen die Lage im Friedhof, die Datierung, vor allem aber der Umstand, daß die Andreasmemorie im Friedhof oberhalb des Hofes

11) Christoph Simonett, Geschichte der Stadt Chur, 1. Teil: Von den Anfängen bis ca. 1400, in: 104. Jahresbericht der Historisch-Antiquarischen Gesellschaft von Graubünden Jg. 1974, Chur 1976, S. 25 ff.

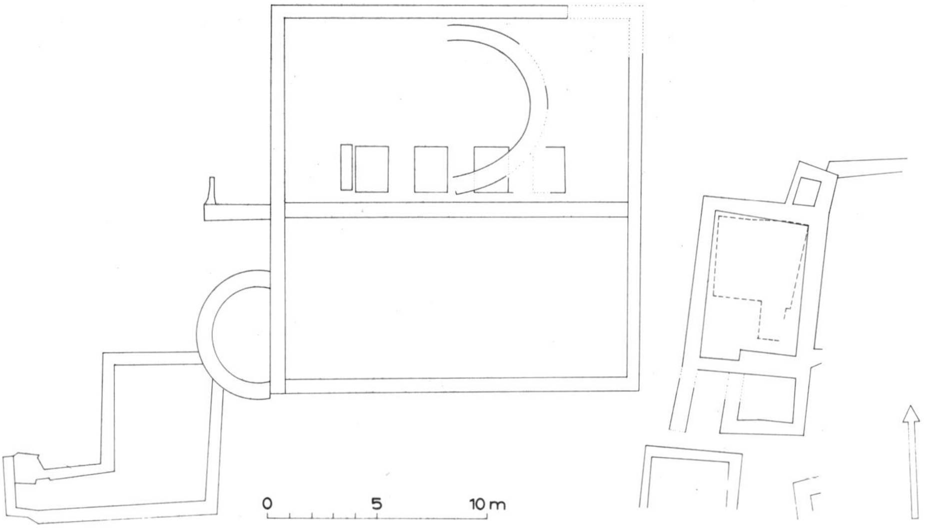

Abb. 4 Chur, St. Peter. Spätrömischer Profanbau über älteren Fundamentklötzen. Umfassungsmauern nachträglich für eine Kirche verwendet (Bogenmauer). Ausgrabungsplan, Umzeichnung.

höchstwahrscheinlich schon im ausgehenden 4. Jahrhundert bestand, die Bischofskirche sich also schon damals an der heutigen Stelle erhob. Als Friedhofkirche scheint der Bau formal und größenmäßig einleuchtend. Ungewiß bleibt, wie lange das Gebäude bestehen blieb. I. Müller [12] hat die Frage des Patroziniums diskutiert und ist zum Ergebnis gekommen, daß die um 800 zweimal erscheinende Lokalisierung »in sancti Petri« sich wahrscheinlich nicht auf Zizers oder Jenaz, nicht auf St. Peter im Schanfigg oder St. Peter in Ems bezieht, sondern auf eine Peterskirche im Welschdörfli, die dann um 800 noch bestanden hätte [12]. So hätte in Chur dem Brüderpaar Andreas und Petrus die Zweiheit der Andreasmemorie (oder Friedhofkirche) oberhalb des Domes und der Petruskirche jenseits der Plessur entsprochen. – Der ältesten spätantiken Gruppe von Churer Kirchen kann man neben der Marien-Kathedrale das Andreas- und das Petrus-, vielleicht auch das Johannes-, sicher aber das Stephanuspatrozinium zuweisen. Mit Ausnahme der Peterskirche sind alle diese Bauten mindestens einmal erneuert worden.

12) Iso Müller, Zur churrätischen Kirchengeschichte im Frühmittelalter, I: Die Kirchen im Gebiete der Stadt Chur, in: 99. Jahresbericht der Historisch-Antiquarischen Gesellschaft von Graubünden, Jg. 1969, Chur 1970, S. 1 ff. (bes. S. 30 ff.).

Gründungen aus merowingischer und karolingischer Zeit [13]

Im 6. und 7. und wieder seit dem 8. Jahrhundert kamen weitere Kirchengründungen hinzu: Zunächst entstand wohl, unmittelbar unterhalb des Hof-Plateaus, die Pfarrkirche St. Martin, die heute noch einen Kern aus karolingischer Zeit enthält. St. Afra, St. Hilarius und St. Florian – neben den zwei fränkischen zwei einheimische rätische Patrozinien, zu denen sich in unbestimmter Zeit noch St. Ulrich gesellt –, datieren wahrscheinlich aus der zweiten, merowingischen Phase. St. Salvator, St. Luzi und zu Beginn des 9. Jahrhunderts St. Regula folgten als letzte, karolingische Gruppe. Davon knüpft St. Luzi an die alte Andreasmemorie an, die nun zur Reliquienkirche des Bistumsheiligen Luzius wird, während St. Salvator als Eigenkirche des Klosters Pfäfers und St. Regula, wohl auch eine Eigenkirche, abseits, am Stadtrand an den Straßen zum Oberland bzw. zum Bodensee entstanden. Sie vertreten eine Schicht von karolingischen Eigenkirchen. Immerhin könnte St. Salvator aus älterer Wurzel stammen: Es sind in seiner Nähe Gräber gefunden worden, die dem ausgedehnten spätantik-frühmittelalterlichen Welschdörfli-Friedhof zugerechnet werden, und nach einer Tradition soll die Salvatorkirche das älteste Gotteshaus von Chur sein [14].

II. Typen, Formen, Entwicklungen

Die Grundlagen

Die Ostpartie der ältesten (?) Churer Kathedrale ist 1921 durch Walther Sulser so weit freigelegt worden, daß man versuchen kann, sich ein Bild von Form und Erhaltung dieses Domes zu machen (Abb. 5) [15]: Wer sich bisher mit dem Bau beschäftigt hat, nimmt an, daß es sich um eine Saalkirche mit Querschiff und mit einer halbrunden Apsis handelt. Sto. Stefano in Verona und die Bischofskirche von Säben, die 382 begonnene Apostelkirche in Mailand und die großen Querschiffe der frühchristlichen Basiliken sind dann seine nächsten Verwandten. Die Verbindung mit Aquileia und seinem norischen Hinterland zeigt eine weitere auf Schweizerboden nur in Graubünden verbreitete Bauform: der Saal (mit oder ohne Apsis) mit eingestellter Priesterbank. St. Stephan in Chur, um 500 errichtet, die älteste Kirche von Zillis [16] aus der gleichen Zeit und die

13) Vgl. I. Müller (wie Anm. 12), S. 36.

14) Arnold Nüscheler, Die Gotteshäuser der Schweiz, 1. Heft: Bisthum Chur, S. 50 (nach Serehard).

15) Erwin Poeschel, Zur Baugeschichte der Kathedrale und der Kirche S. Lucius in Chur, in: Anzeiger für Schweizerische Altertumskunde, N.F. Bd. 32 (Jg. 1930), 1930, S. 99 ff. und 219 ff.; E. Poeschel (wie Anm. 1), S. 38 ff.; HR. Sennhauser in VK (wie Anm. 8), S. 50 f.

16) HR. Sennhauser in VK (wie Anm. 8), S. 390.

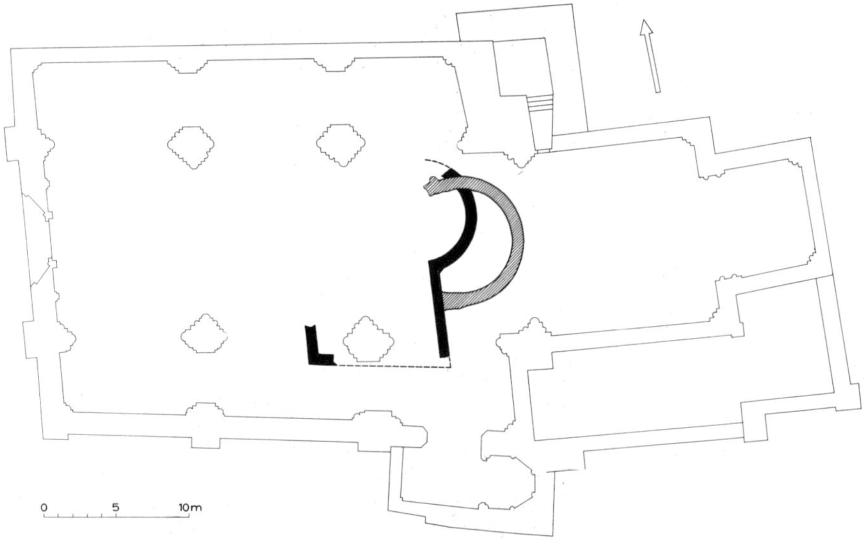

Abb. 5 Chur, Kathedrale. Kirchenreste des 5. Jahrhunderts (schwarz) und des 8. Jahrhunderts (schraffiert) im Grundriß des heutigen Domes (ca. 1155–1272).

Kirche St. Peter in Chur sind seine Vertreter. Wenn diese beiden Typen – Chur, Kathedrale I und Zillis – in den späteren Jahrhunderten in Graubünden nicht mehr verwirklicht werden, so sind daraus weder Kontinuitätsbruch noch Abkehr Rätiens vom bisher erfahrenen Einfluß aus dem Südosten abzuleiten; die Entwicklung verläuft im großen und ganzen hier wie dort parallel. Die Verbindungen zu Mailand anderseits und zu ganz Oberitalien bestanden schon längst, wie etwa die frühe Aufnahme des Andreas- und des Stephans-Kultes deutlich macht. Die Churer Grabkammer schließlich »vertritt einen in der Spätantike häufigen Typ« [17], der nicht landschaftlich gebunden ist. Sie gehört zu den größten und am reichsten ausgestatteten ihres Typs, von dem auch Beispiele im Rheinland, in den Balkanländern, im Friedhof der Isola Sacra bei Ostia und anderswo bekannt sind.

Die im 5. Jahrhundert und um 500 entstandenen kirchlichen Bauten in Chur, Schiers und Zillis fügen sich ins Bild der mittelmeerischen – vor allem oberitalienischen Bauten – ohne weiteres ein. Bisher sind sieben Bauten bekannt geworden: Die Churer Bischofskirche, die Gemeindekirche (Talkirche) von Zillis, die Friedhof- und Gedächtniskirchen von St. Stephan (über der Grabkammer), St. Peter in Chur und die beiden Bauten im Friedhof von Schiers [18].

17) Claussen in W. Sulser und H. Claussen (wie Anm. 7), S. 173.
18) HR. Sennhauser in VK (wie Anm. 8), S. 304 f.

Frühmittelalterliche Bautengruppen

Wenden wir uns den frühmittelalterlichen Bauten zu, so fallen nun oft Züge auf, die an ältere Bauten erinnern.

1. Da sind zuerst die breiten, unmittelbar an den Langmauern ansetzenden Apsiden, wie sie der Nordbau von Schiers und St. Stephan in Chur um 500 aufweisen (Abb. 6). Jünger, aber sicher noch der gleichen baulichen Tradition, sogar derselben Schicht zugehörig ist Grepault [19]. In karolingischer Zeit dürfte Gretschins [20] im St. Galler Rheintal entstanden sein, während die Kirche im Kastell Mesocco als noch etwas jünger gilt. Aus dem Hochmittelalter schließlich stammt die Kirche St. Nikolaus im Baumgarten von Ragaz; sie soll vom Pfäferser Abt Rudolf I. von Hardegg 1174 erbaut worden sein [21]. Zwar sind noch nicht viele Bauten dieses Typs bekannt, es scheint aber vorläufig, daß er nirgendwo so früh, so häufig und so lange auftritt wie in Graubünden. Ein Zusammenhang mit den breiten altchristlichen Apsiden etwa Oberitaliens scheint gegeben [22]. Bei den Bauten dieser Gruppen im rätischen Gebiet ist anzunehmen, daß die Apsis weder durch einen vortretenden Ansatz ausgezeichnet war noch durch eine Gewölbe-Kalotte, sondern daß die flache Holzdecke des Schiffes sich ohne Unterbruch in die Apsis hineinzog. Der Tendenz zur Weiträumigkeit dürften auch – wenigstens bei den älteren Beispielen – breite und hohe Fenster entsprochen haben.

2. Als zweite Form sind die einer oder beiden Seiten des Gebäudes entlanglaufenden Seitenräume, Längsannexe, zu nennen, die ganz abgeschlossen und in der Regel nicht durch Arkaden, sondern nur durch Türen mit dem Hauptraum verbunden waren (Abb. 7). Bei den Bauten der ältesten Schicht sind sie in Zillis und in Schiers nachgewiesen, beidemale nur auf der Nordseite. Dasselbe ist der Fall bei der frühen Kirche von Sagens/Sagogn [23] und bei St. Stephan in Chur. Noch haben wir zu wenig Anhaltspunkte für die Deutung der Räume; meistens sind sie einmal quer unterteilt, in zwei ungleich große Kompartimente geschieden. Nach außen dürften sie wie angehängte Seitenschiffe unter Pultdächern gewirkt haben. Diese eigenartigen abgetrennten Räume unter niedrigen Pultdächern treten nun auch bei den jüngeren rätischen Bauten immer wieder auf, und hier gewinnen wir sogar manchmal Untersuchungsergebnisse für Benützung und Aussehen: So dienten die seitlichen Kammern in Müstair als Korridore, durch welche die Mönche in die Klosterkirche einzogen unter einem großen Rundbogen von den Stufen

19) HR. SENNHAUSER in VK (wie Anm. 8), S. 350 f.

20) Ausgrabung 1946. Die Materialien des Ausgräbers Benedikt Frei im Archiv des Kantonsarchäologen Sankt Gallen.

21) Die Kunstdenkmäler des Kantons St. Gallen, Bd. 1 (Der Bezirk Sargans), Basel 1951, S. 302.

22) Vgl. PAOLO VERZONE, L'architettura religiosa dell'alto medio evo nell' Italia settentrionale, Milano 1942 (u. a. S. 13, 17, 21, 64).

23) Ausgrabung 1967.

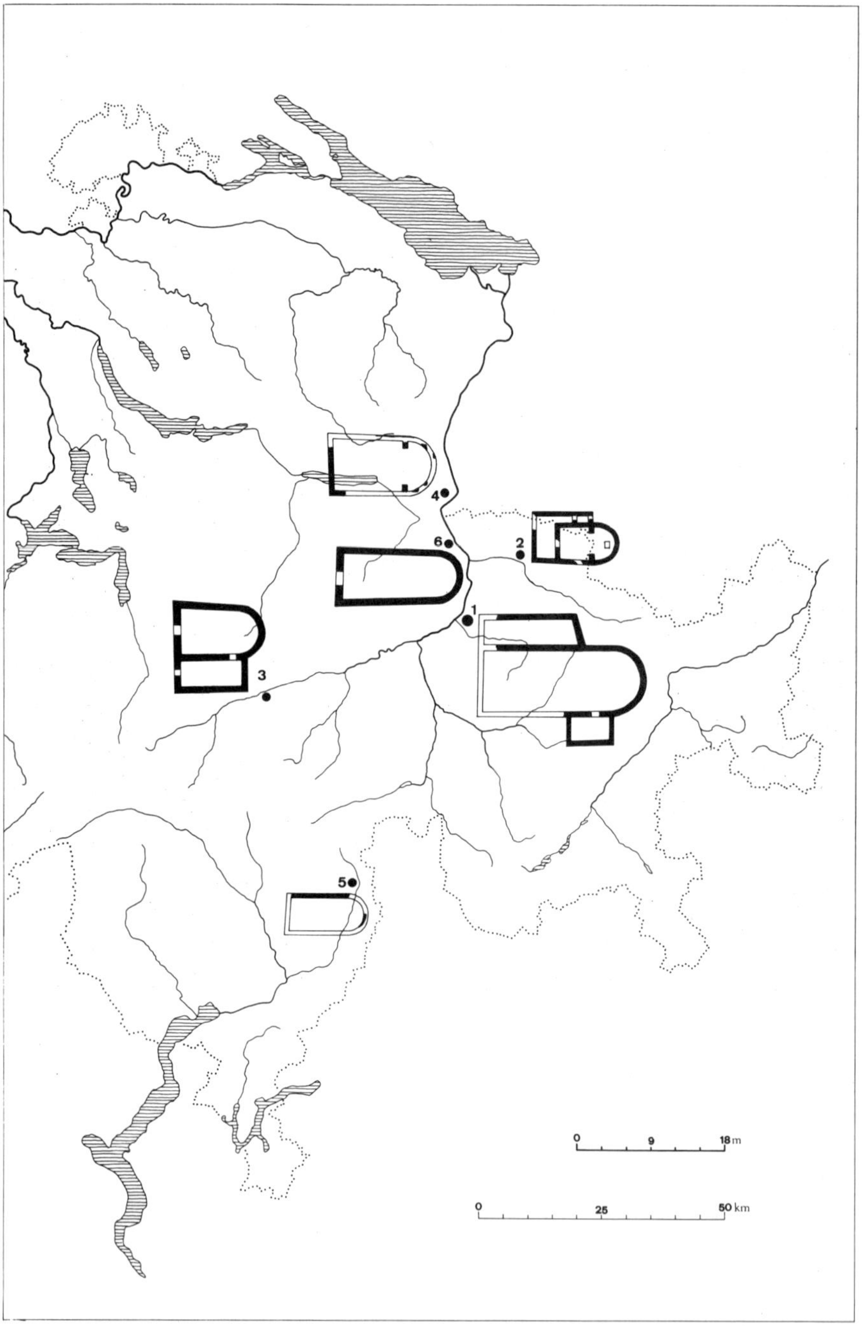

Abb. 6 Kirchen, deren Apsis ohne Einzug an den Langmauern ansetzt.
1 Chur, St. Stephan; 2 Schiers, Friedhofkirche Nord; 3 Grepault bei Truns; 4 Gretschins bei Wartau SG; 5 Mesocco, S. Carpoforo I; 6 Ragaz SG, St. Nikolaus.

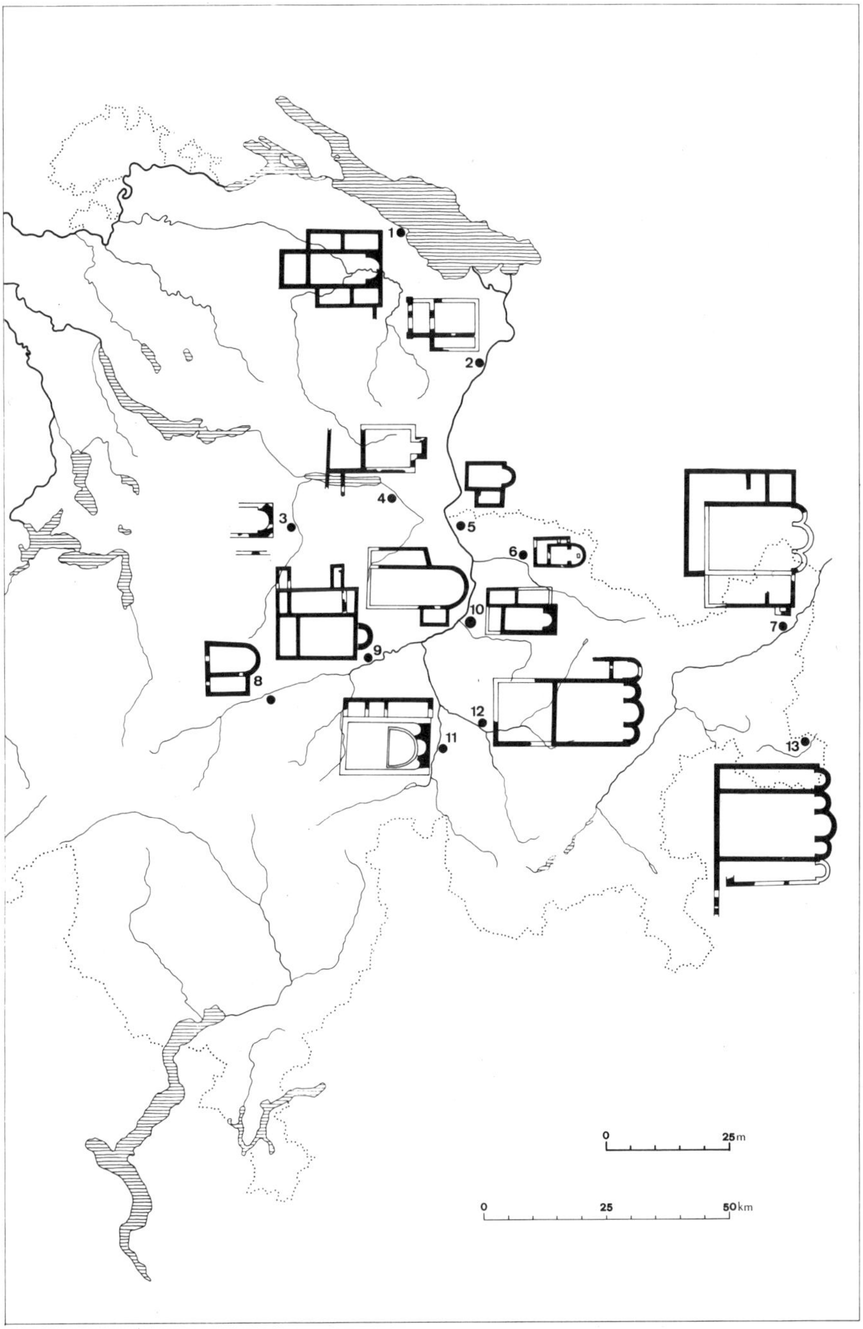

Abb. 7 Spätrömische und frühmittelalterliche Kirchen mit Seitenannexen.
1 Romanshorn TG; 2 Montlingen SG; 3 Glarus; 4 Flums SG, St. Justus; 5 Maienfeld, St. Luzisteig; 6 Schiers, Friedhofkirche Nord; 7 Ramosch; 8 Grepault bei Truns; 9 Sagens; 10 Chur, St. Stephan (links), Chur, St. Regula (rechts); 11 Zillis; 12 Mistail; 13 Müstair.

des Altarhauses. Und in Romanshorn [24] ist so viel aufgehendes Mauerwerk erhalten, daß sich die Frage der Überdachung dieser Seitenkammern eindeutig beantworten läßt: Die Pultdächer setzten unterhalb der Fensterbänke am Hauptraum an. Der Bau bekam so nach außen das Aussehen einer Basilika. Was ihn von der üblichen basilikalen Form aber deutlich unterscheidet, ist die Tatsache, daß die seitlich angeschobenen Kammern – dies ist in Romanshorn mit aller Klarheit festgestellt – lediglich durch Türen zugänglich und nicht durch Arkaden mit dem Kirchenschiff verbunden waren.

3. In der ersten frühchristlichen Schicht relativ gut belegt sind die Mausoleen und Grabgebäude (Abb. 8). Zwei Traditionen verbinden sich hierbei: Diejenige der Bestattung im tonnengewölbten Mausoleum – durch die Grabkammer unter St. Stephan belegt – und die Bestattung im Neben- oder Vorraum. Bei der Nordkirche von Schiers kann man wohl annehmen, daß in dem kleinen Nebenraum mit Mörtelboden, nördlich an der Apsiskirche, ein Sarkophag angeordnet war; dafür waren die Dimensionen des Raumes gerade ausreichend. Der Mörtelboden anderseits verbietet die Annahme eines Bodengrabes. Man kann sich vorstellen, daß die Nische über dem Sarkophag mit einem Arkosolbogen abgeschlossen war, wie dies für Einigen [25] nach dem noch erhaltenen Beispiel von Lyss [26] angenommen werden kann. Bei der Grabkammer unter St. Stephan hingegen ist nachträglich ein Vorraum angebaut worden, in welchem ein großer monolithischer Sarkophag und ein gemauertes Doppelgrab angeordnet wurden. Die Tradition der Bestattung im Vorraum ist durch zwei spätere Beispiele im rätischen Gebiet und am Bodensee zu fassen: In Räzüns [27] wies die erste aufgefundene Kirche einen Vorraum auf, der nicht von der Kirche aus zugänglich war, sondern wie diese eine Türe nach Süden aufwies. Darin lagen unter dem Mörtelboden zwei im Vorraum beigesetzte geostete Bestattungen. Handelt es sich hier um einen separaten Begräbnisvorraum, so ist in Romanshorn, wo die Kirche von dem um 740 verstorbenen *tribunus* Waltram errichtet sein dürfte, die Vorhalle nicht nur Begräbnisraum, sondern auch Vorraum zur Kirche. Vor einigen Jahren haben die Ausgrabungen südlich der ehemaligen Klosterkirche von Mistail [28] ein kleines gemauertes Gruftgebäudchen zutage gefördert (Taf. 9). Das aufgefundene Bruchstück seiner Tonnenwölbung zeigte auf der Oberseite die Abdrücke von Steinplatten, mit denen das kleine Grabhaus ehemals geschützt war. Im Boden war aus dem weichen Schieferfelsen ein lateinisches Kreuz als Auferstehungssymbol ausgeschnitten; in dieser Vertiefung lag der Tote. In Schiers muß man annehmen, daß der Südbau, der große Rechteckraum, noch im 7. Jahrhundert der alten Funktion diente, denn in je-

24) HR. SENNHAUSER in VK (wie Anm. 8), S. 288; HR. SENNHAUSER, Romanshorn – »Römerstation« oder »geschichtsloses Eisenbahnerdorf«?, in: Alte Kirche Romanshorn, Romanshorn o. J., S. 39 ff.

25) Einigen, Kt. Bern: HR. SENNHAUSER in VK (wie Anm. 8), S. 67.

26) Lyss, Kt. Bern, Alte Kirche (ehem. St. Johann), Ausgrabung 1969.

27) HR. SENNHAUSER in VK (wie Anm. 8), S. 269.

28) Ausgrabung 1968.

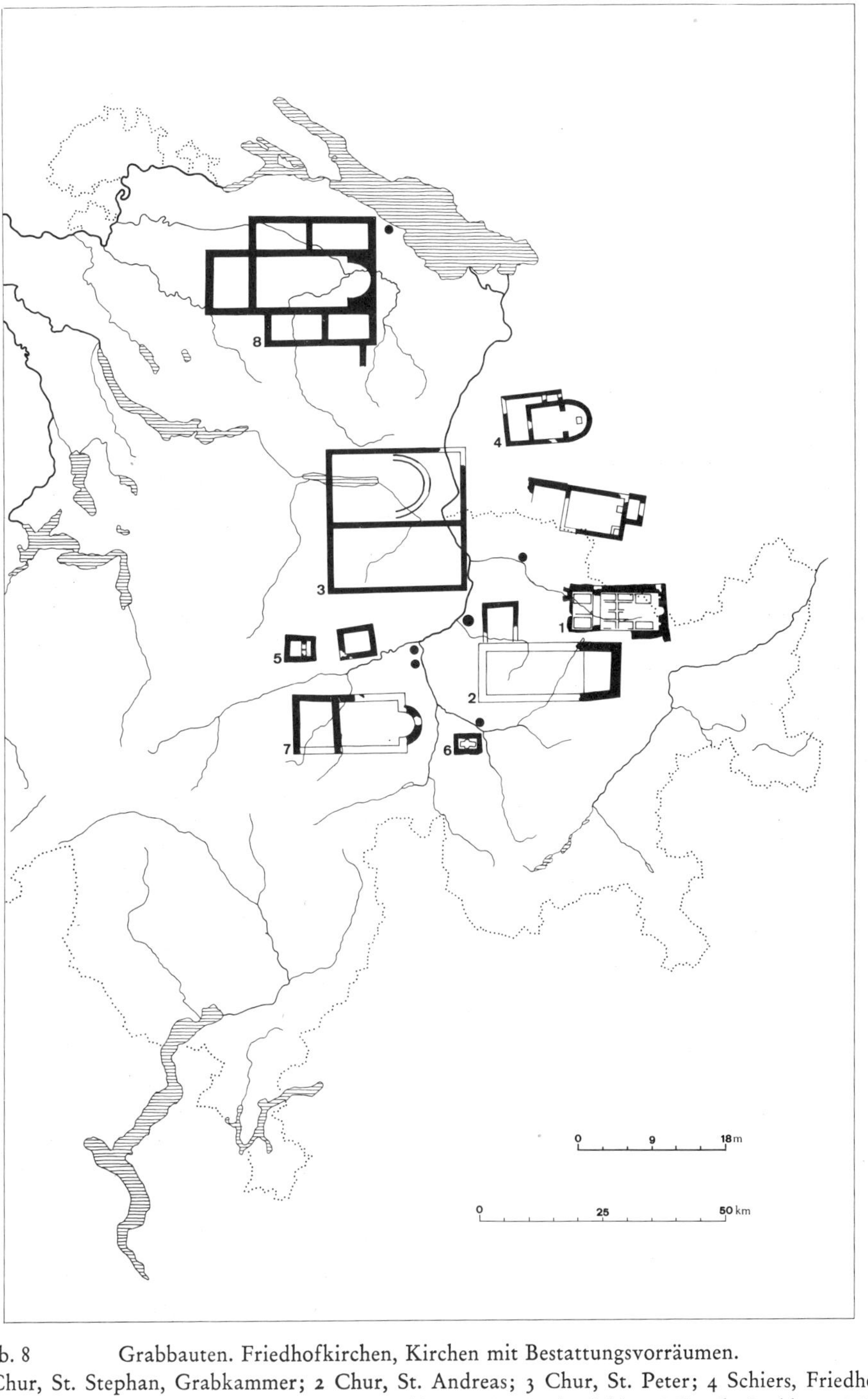

Abb. 8 Grabbauten. Friedhofkirchen, Kirchen mit Bestattungsvorräumen.
1 Chur, St. Stephan, Grabkammer; 2 Chur, St. Andreas; 3 Chur, St. Peter; 4 Schiers, Friedhofkirchen Nord und Süd; 5 Bonaduz, zwei Grabbauten im Gräberfeld; 6 Mistail, Grabbau; 7 Räzüns; 8 Romanshorn (7 und 8 mit Begräbnisvorraum wie 1).

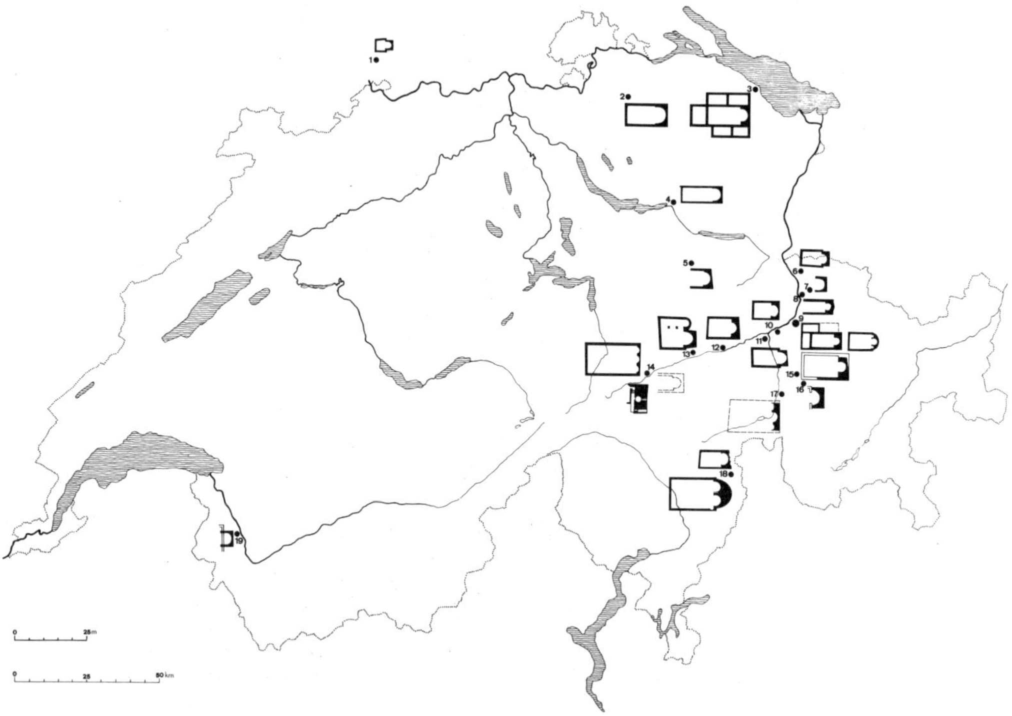

Abb. 9 Kirchen mit Apsis im Mauerblock.
1 Fischingen (Baden-Württemberg); 2 Dinhard ZH; 3 Romanshorn TG; 4 Uznach SG, St. Gallus (Heiligkreuz); 5 Glarus; 6 Jenins; 7 Valzeina; 8 Zizers; 9 Chur, St. Regula (links), Chur, St. Luzi (rechts); 10 Ems; 11 Räzüns; 12 Ruschein; 13 Brigels, St. Maria; 14 Disentis, St. Agatha (oben links), Disentis, St. Plazi (rechts, unsicher), Disentis, St. Martin I (unten, mit Krypta); 15 Vaz/Obervaz; 16 Mistail; 17 Zillis; 18 Mesocco, S. Carpoforo (oben), Mesocco, SS. Pietro e Paolo (unten); 19 St. Maurice, Baptisterium.

ner außen an die Ostwand angebauten Gruft, welche mehrere Skelette enthielt, wurden einige Kleinfunde aus dieser Zeit entdeckt. Hier stehen wir offenbar vor einem Fall direkter Kontinuität. In Mistail tritt ein Typ (St. Stephan in Chur) vereinfacht und auf die Dimensionen der Grabbauten im Gräberfeld von Bonaduz reduziert auf. In Räzüns und Romanshorn lebt die Tradition der Bestattung im Vorraum weiter, die schon bei St. Stephan in Chur belegt ist.

4. Von zwei weiteren Bautypen ist noch zu reden: Von der Apsis im Mauerblock und vom Dreiapsidensaal. Die erste Form tritt bei uns beinahe ausschließlich im rätischen Gebiet auf (Abb. 9). Das bisher älteste Beispiel ist die erste Kirche von Vaz/Obervaz, datiert durch ein Grab mit Beigaben, das im Schiff freigelegt wurde [29]. Danach

29) Fundbericht im Jahrbuch der Schweizerischen Gesellschaft für Ur- und Frühgeschichte, Bd. 59 (1976), S. 283 f. (S. Nauli).

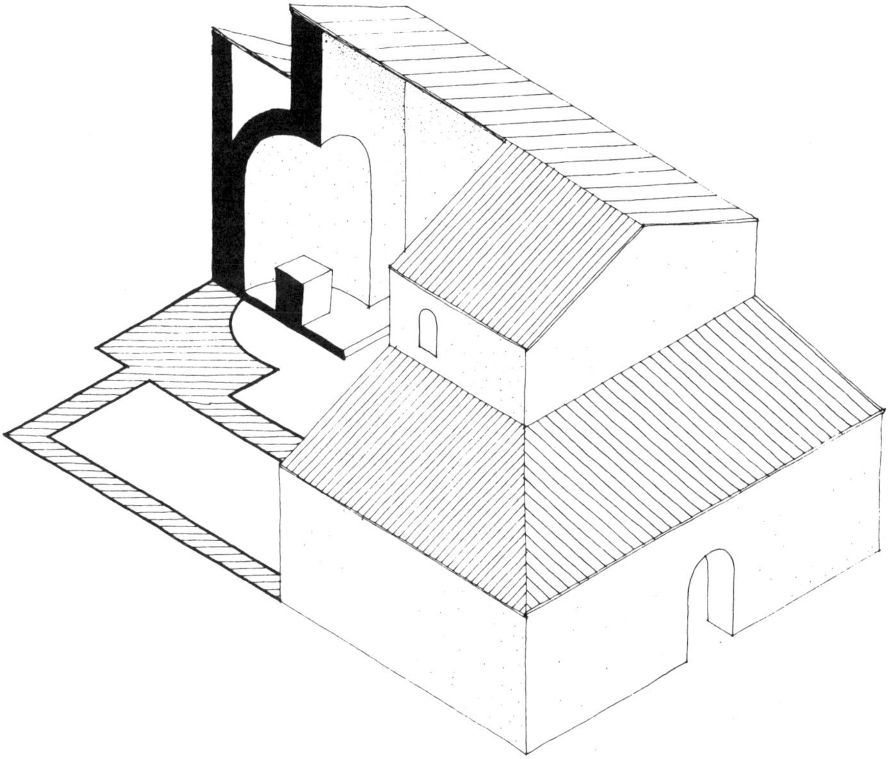

Abb. 10 Chur, St. Regula. Beispiel einer Kirche mit Apsis im Mauerblock. Rekonstruktionsversuch.

dürfte der Bau spätestens in der zweiten Hälfte des 7. Jahrhunderts entstanden sein. Verschiedene Überlegungen sind angestellt worden, um den Sinn der gerade hintermauerten Apsis (der »Ummantelten Apsis«, der »Apsis im Mauerblock«) zu verstehen. Daß es sich allein um statische Gründe handelt, ist ebenso wenig wahrscheinlich wie die Begründung, daß der Mauerblock aus Isolationsgründen gebaut wurde. Die Tendenz, einen geschlossenen, blockhaft wirkenden Außenbau zu erreichen, die auch bei den basilikal wirkenden Saalkirchen mit seitlichen Annexen (Romanshorn) nicht zu verkennen ist, dürfte hier mitgespielt haben. Einfache, übersichtlich angeordnete kubische Baukörper unter einem einheitlichen, von der Eingangsseite bis zum Stirngiebel durchgezogenen Satteldach entsprachen dem noch lange spätantik bestimmten Baudenken Rätiens offenbar besser (Abb. 10). Auch wenn frühere Stufen bis jetzt nicht direkt faßbar sind, darf man vielleicht annehmen, daß Bauten wie die Saalkirchen auf Rechteckgrundriß mit freistehender Priesterbank (Chur, St. Peter und Zillis) bzw. mit eingestellter Apsis am

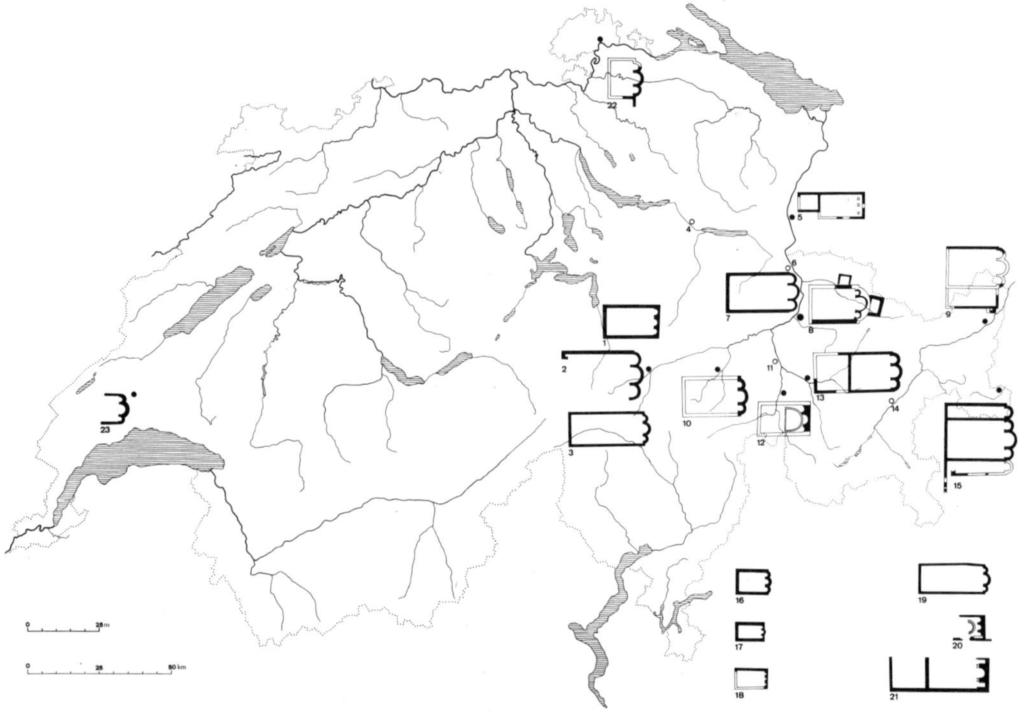

Abb. 11 Dreiapsidensäle. (Leerer Kreis: Vermutet).
1 Disentis, St. Agatha; 2 Disentis, St. Martin II; 3 Disentis, St. Maria II; 4 Schänis; 5 Schaan FL, St. Peter (drei Altäre); 6 Pfäfers; 7 Chur, St. Martin; 8 Chur, St. Luzi; 9 Ramosch; 10 Pleif, St. Vinzenz; 11 Cazis, Klosterkirche; 12 Zillis; 13 Mistail; 14 Zuoz; 15 Müstair. – In Südtirol: 16 Lana, St. Margreth; 17 Hocheppan; 18 Mals, St. Benedikt. – In Oberitalien und Istrien: 19 Sirmione; 20 Parenzo; 21 Mailand, Sta. Maria di Aurona. – 22 Schaffhausen, Urständkapelle; 23 Cossonay.

Anfang des frühmittelalterlichen Bautyps mit gerade hintermauerter Apsis stehen [30]. Die Zwickel zwischen Apsis und Ostecken des Kirchengebäudes wären dann ausgefüllt worden. Dadurch wurde das Gewölbe der Apsis besser widerlagert und es wurde gleichzeitig eine geschlossene, kubische Außenwirkung erreicht, indem nun aber das ganze Gebäude mit einem einzigen Satteldach gedeckt werden konnte. Vielleicht darf man vermuten, daß der Bautyp mit Apsis im Mauerblock der Nachfolger des vollständig flachgedeckten Saales mit eingestellter Apsis oder Priesterbank geworden ist, nachdem sich die Wölbung der Apsis im Gebiete grundsätzlich durchgesetzt hatte.

30) Anhand der Fundamente ist in der Regel nicht zu entscheiden, ob es sich um eine Priesterbank oder um eine freistehende Apsis handelte.

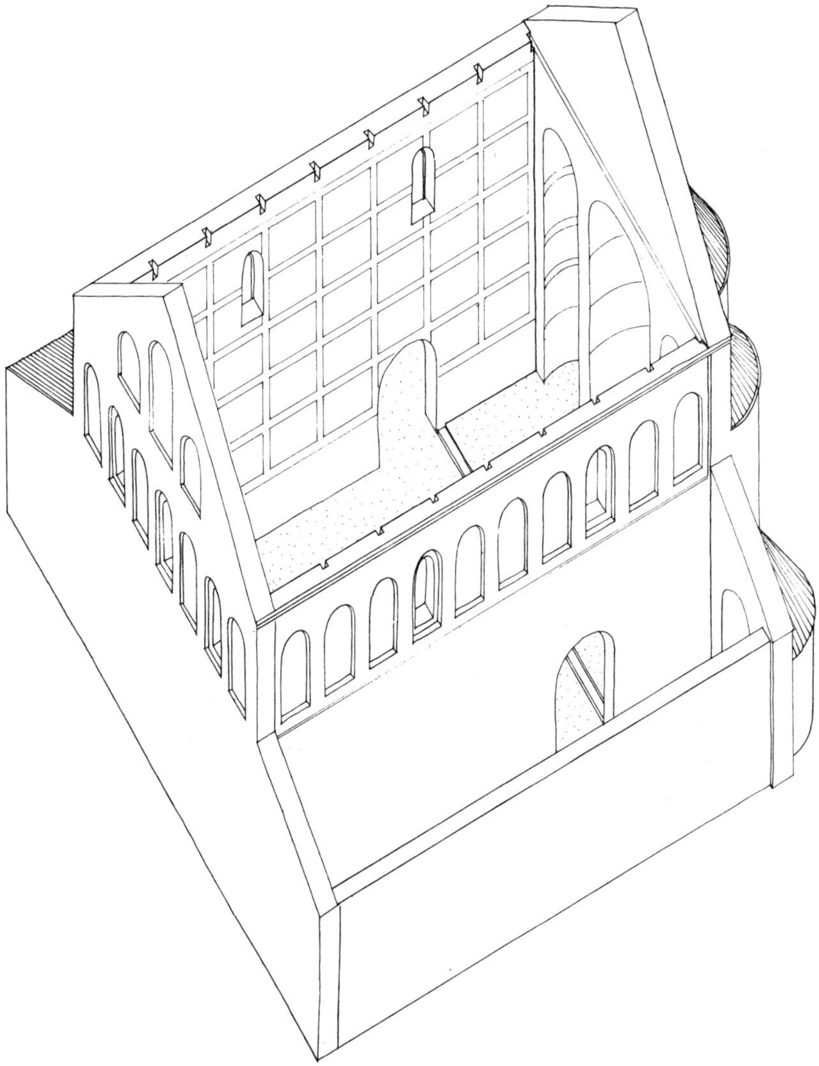

Abb. 12 Müstair, Klosterkirche. Isometrische Rekonstruktionszeichnung nach J. Zemp.

5. Die »rätischen« Dreiapsidensäle [31] (Abb. 11) sind in der Regel eher breite und kurze, zum quadratischen Grundriß tendierende Bauten mit drei Apsiden, deren mittlere zwar betont ist, aber selten übermächtig erscheint (Abb. 12). Die Ausnahme bei Chur, St. Luzi, rührt davon her, daß alle drei Apsiden in ein einziges äußeres Rund gefaßt

31) Die Bautengruppe wurde erstmals herausgestellt durch J. Zemp und R. Durrer: JOSEF ZEMP unter Mitwirkung von ROBERT DURRER, Das Kloster St. Johann zu Münster in Graubünden. Kunstdenkmäler der Schweiz, Mitteilungen der Schweizerischen Gesellschaft für Erhaltung historischer Kunstdenkmäler, N. F. 5 (1906), 6 (1908), 7 (1910).

sind. Dasselbe ist der Fall bei der Zweiapsidenkirche von Mesocco [32]. Die frühesten Bündner Dreiapsidensäle stammen, soweit wir sehen, aus der ersten Hälfte des 8. Jahrhunderts. Daß sich ältere Bauten des Typs finden, ist nicht auszuschließen, vorläufig ist aber vor allem auf die Beispiele in Oberitalien, in Parenzo und im christlichen Osten zu verweisen, die sämtlich älter sind [33]. Die Frage: Erhaltungszufall oder bewußter Rückgriff? ist vorläufig noch nicht mit Sicherheit zu beantworten.

Wenn die Dreiapsidensäle für bündnerische Verhältnisse unter die Großbauten eingereiht werden müssen, die genannten älteren Beispiele aber zu den kleineren und zu den Nebenbauten zu rechnen sind, so ist zu bedenken, daß seit dem 8. Jahrhundert, besonders seit der Zeit um 750, eine allgemeine Tendenz zu größeren Dimensionen, aber auch die Wiederaufnahme älterer, großförmiger Typen zu konstatieren ist.

6. Interessant ist es zu beobachten, mit welch eigensinniger Beharrlichkeit das Gebiet Graubünden an den traditionellen »eigenen« Formen festhält, sie zwar vergrößert und monumentalisiert, aber nicht aufgibt zu einer Zeit, da man nördlich der Alpen und im Frankenreich dazu übergeht, für größere und für Groß-Bauten gelegentlich wieder die basilikale Form zu übernehmen [34]. Bis der Churer Dom kurz nach der Mitte des 12. Jahrhunderts als Basilika erneuert wird, entstehen nur Saal-Räume.

7. Auch bei anderen Bautengruppen liegen antike Reminiszenzen nahe, sobald sie in Graubünden faßbar werden, so etwa bei den Krypten. In Chur ist die älteste Ringkrypta auf Schweizer Gebiet erhalten: die Luziuskrypta aus der ersten Hälfte des 8. Jahrhunderts mit ihrem aus Tonnenstücken zusammengesetzten Gewölbe (Abb. 13). Sie ist die erste einer Gruppe von Ringkrypten, die als gültige Lösungen in den Jahrzehnten um 800 gelten können. In Disentis dagegen hat man um 750 eine ganz andere Form gewählt: die Form des kreisrunden, kuppelüberwölbten unterirdischen Reliquienraumes, der durch einen Stollengang zugänglich gemacht wurde [35]. Sie reicht weiter zurück und verweist nicht wie die Ringkrypta nach Ravenna und Rom, sondern in den Osten. Wenn in Disentis um die Mitte des 8. Jahrhunderts (erweitert um den Stollengang), eine Anlage auftritt (Abb. 14), die man schon zwei Jahrhunderte früher im Saloniki hätte antreffen können, so heißt das wohl, daß Rätien in enger Verbindung stand mit den Formen- und Typen-liefernden Gebieten Oberitaliens und des Balkans; das Gebiet scheint in ständiger, nicht abbrechender Verbindung mit dem Süden und dem Osten und hat sich seit dem 4./5. Jahrhundert eine Geneigtheit bewahrt, von dort her aufzunehmen und mit der eigenen Tradition zu verbinden, was es jeweils braucht.

32) HR. SENNHAUSER in VK (wie Anm. 8), S. 209.

33) Vgl. u. a. WALTER BOECKELMANN, Grundformen im frühkarolingischen Kirchenbau des östlichen Frankenreiches, in: Wallraf-Richartz-Jahrbuch Bd. 18 (1956), S. 27 ff. (S. 47 ff.).

34) W. BOECKELMANN (wie Anm. 33), passim, u. a. S. 50 ff., 65 f.

35) HR. SENNHAUSER in VK (wie Anm. 8), S. 61 f. – Östliches Beispiel vgl. MARIAS G. SOTERIOU, Hé basiliké tou Hagiou Démétriou tés Thessalonikés, Athen 1952, S. 60.

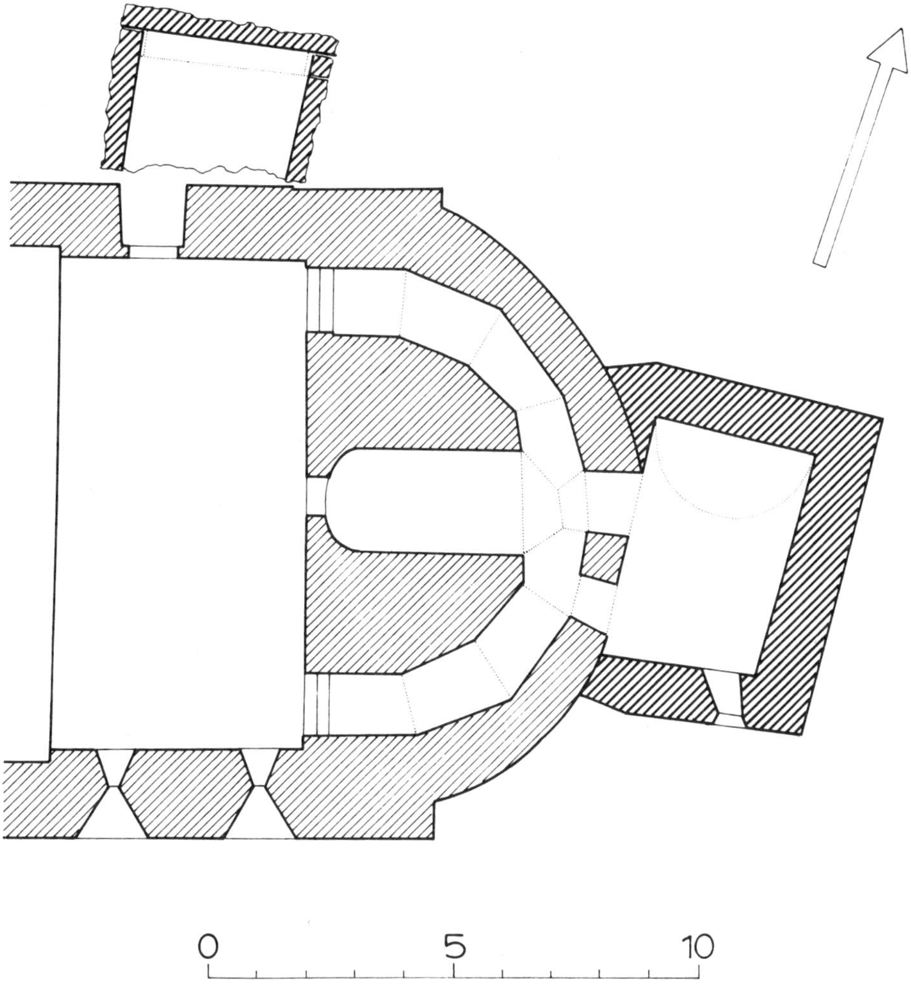

Abb. 13 Chur, St. Luzi, Krypta. Im Osten ältere Emeritakammer, im Norden älterer Bauteil, zu St. Andreas gehörig.

Ob man Typen oder Einzelformen betrachtet, – man wird immer von den Bauten der frühesten Gruppe oder von den karolingischen Kirchen, etwa Müstair, ausgehen, die zeitlich am ehesten einzugrenzen bzw. am besten erhalten sind. Hält man sich bei den Einzelformen auf, so ist die Nähe der beiden Gruppen auffällig, mag es um die Gestaltung des Außenbaues gehen oder um die Ornamentik ihrer Schrankenplatten. Erst ein eingehender Vergleich z. B. der karolingischen Müstairer Stücke mit denjenigen von Chur zeigt, daß in der Kathedrale ältere Stücke vorhanden sein müssen, die sich so we-

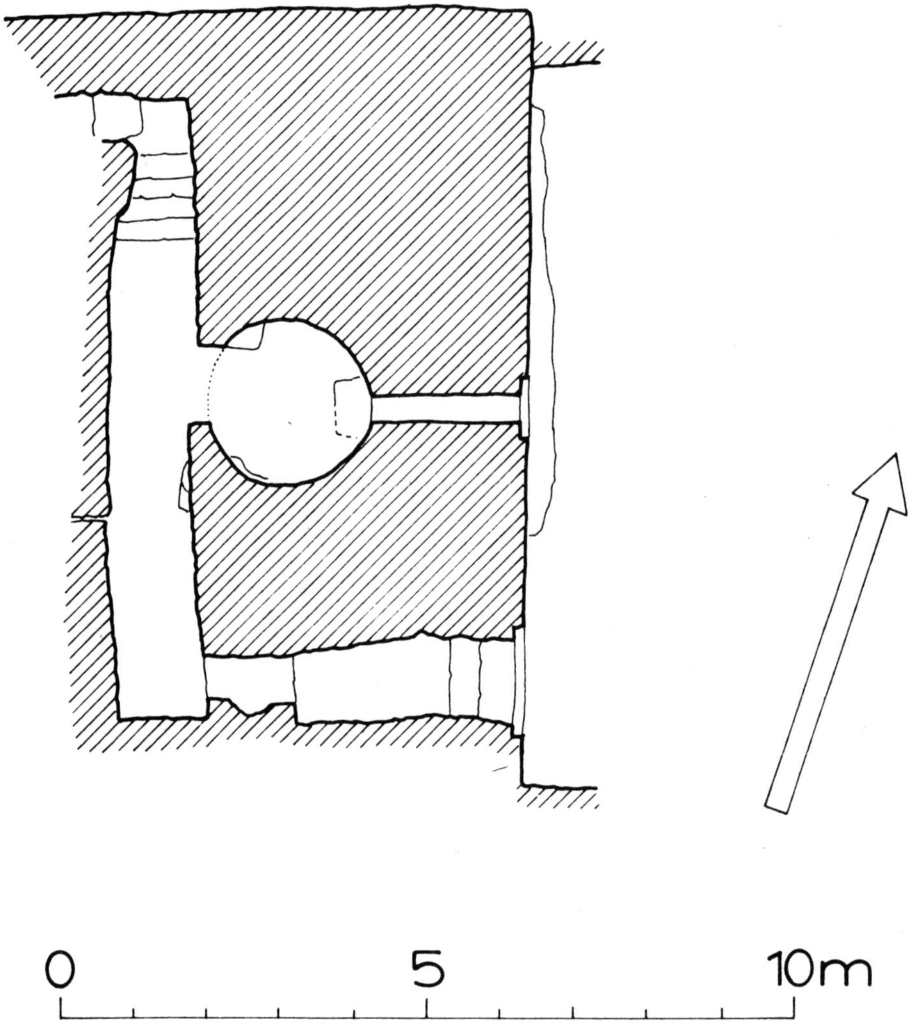

Abb. 14 Disentis, St. Martin I, Krypta.

nig von den karolingischen unterscheiden, daß man sie ausnahmslos in die Zeit Tellos datiert hat. Ähnlich gleichartig ist der Formenapparat am Außenbau geblieben seit den ältesten Bauten, etwa dem Vorgänger des karolingischen St. Peter in Ems [36] und von St. Martin in Cazis (Abb. 15) [37] bis zum Außenbau des Rundbaues von S. Lucio in

36) Ausgrabung seit 1976, noch nicht abgeschlossen.

37) HR. Sennhauser in VK (wie Anm. 8), S. 49 f.

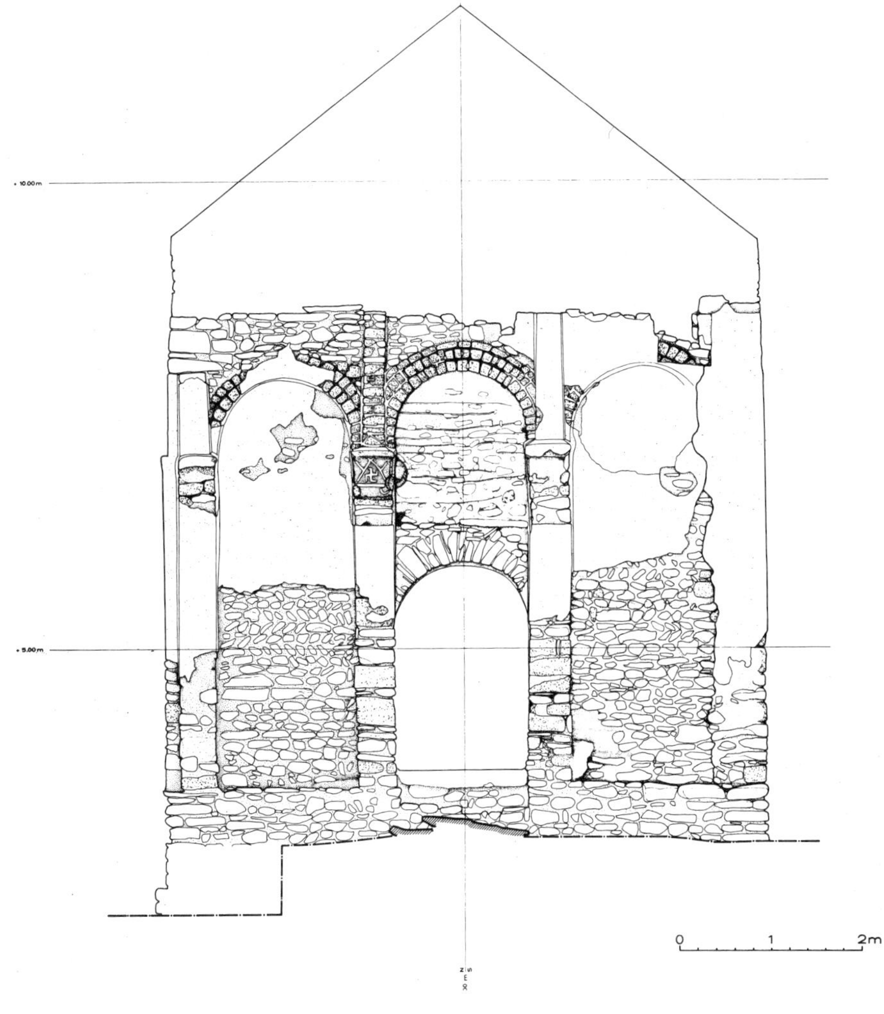

Abb. 15 Cazis, St. Martin. Westwand mit Blendengliederung. Ursprünglicher Bestand. Bauaufnahme 1967/8.

S. Vittore (Misox) (Taf. 10) [38] und dem noch jüngeren Müstair. Die unplastisch wirkenden flachen, mit Rundbogen verbundenen Blenden sind »östliches, durch Ravenna vermitteltes Erbgut« [39], und auch die abwechselnd roten und weißen Keilsteine der Blen-

38) HR. SENNHAUSER in VK (wie Anm. 8), S. 303; E. POESCHEL, in: Die Kunstdenkmäler des Kantons Graubünden, Bd. 1 (Die Kunst in Graubünden, ein Überblick), Basel 1937, S. 24; E. POESCHEL, in: Die Kunstdenkmäler des Kantons Graubünden, Bd. 6 (Puschlav, Misox und Calanca), Basel 1945, S. 214 ff.

39) E. POESCHEL, in: Die Kunstdenkmäler des Kantons Graubünden, Bd. 5 (Die Täler am Vorderrhein, 2. Teil: Schams, Rheinwald, Avers, Münstertal, Bergell), Basel 1943, S. 305.

denbogen in Müstair und bei S. Lucio, wie der rotweiße Farbwechsel am Hauptgesims in Müstair, sind diesen formalen Zusammenhängen verhaftet. Im zentralisierenden Grundelement des Dreiapsidensaales, in den übersichtlichen Formen, den klaren Kuben und Zylindern, der Tendenz nach geschlossener Wirkung, im Abgrenzen der Räume voneinander, in der Abneigung gegen Komplizierung und Unübersichtlichkeit dringen immer wieder spätantike Raum- und Formvorstellungen durch.

III. Frühmittelalterliche Fluchtburgen

Teils aus Urkunden *(castella)* [40], ein paar Mal auf Grund von Orts- und Flurnamen erschlossen oder anhand topographischer Verhältnisse vermutet, in den wenigsten Fällen archäologisch nachgewiesen, sind Fluchtburgen (»Volksburgen«, Kirchenkastelle), – Anlagen des Frühen Mittelalters, die auf mehreren Wegen ins Hohe Mittelalter hinein gewirkt haben (Abb. 16). Seit der Ausgrabung von Castiel (1132: *Castellum*) [41] sind Anfänge, Anlage und Schicksal einer solchen Fluchtburg archäologisch faßbar geworden: Die Anfänge liegen in Castiel im ausgehenden 3. und im 4. Jahrhundert. Andere Fluchtburgen mögen später entstanden sein; Ausgrabungen sind abzuwarten. Es handelt sich um großräumige befestigte Plätze mit Holz- und später mit Steinbauten, die sich an die Umfassungsmauer lehnen. In solchen *castella* setzt sich nicht selten die erste Kirche des Tales fest, die auch im Hochmittelalter noch Pfarrkirche für die weitere Umgebung bleibt (St. Johann auf Hohenrätien) und von der sich schrittweise Tochterkirchen abspalten. In mehreren Fällen sind solche Fluchtburgen namengebend geworden für die benachbarten Dörfer (Castiel, Obercastels); und mehrfach sind sie im Hochmittelalter Sitze von Feudalherren. Ein bezeichnendes Beispiel ist Schiedberg bei Sagens [42]. Hier fand sich bei den Notgrabungen im Zusammenhang mit dem teilweisen Abbau des Hügels zur Kiesgewinnung außer römischen Kleinfunden aus der mittleren Kaiserzeit ein Mauerwinkel aus dem 4. Jahrhundert, zu dem ein wenigstens teilweise aus Holz errichteter Oberbau gehört haben muß. Im 5. und 6. Jahrhundert wurde der spätrömische Bau erweitert. Im 7. oder 8. Jahrhundert entstand ein weiteres Gebäude, dessen Inneres unterteilt war. Im einen Raum lag eine Feuerstelle; aus dem Oberraum des anderen Teiles stammen ockerfarbene Wandmalereistücke. In die gleiche Zeit zu datieren ist ein Gru-

40) Vgl. besonders E. Poeschel (wie Anm. 4), S. 13 ff.

41) E. Poeschel, in: Die Kunstdenkmäler des Kantons Graubünden, Bd. 2 (Herrschaft, Prättigau, Davos, Schanfigg, Churwalden, Albulatal), Basel 1937, S. 182 ff.

42) Werner Meyer, Burgstelle Schiedberg, Gemeinde Sagens/Sagogn GR. Archäologischer Vorbericht, in: Nachrichten des Schweizerischen Burgenvereins, Jg. 46, Bd. 9, 1974, S. 65 ff.; Werner Meyer, Die Ausgrabungen der Burgruine Schiedberg, in: Maria-Letizia Boscardin und Werner Meyer, Burgenforschung in Graubünden (Schweizer Beiträge zur Kulturgeschichte und Archäologie des Mittelalters, Bd. 4), Olten und Freiburg im Breisgau 1977, S. 51 ff.

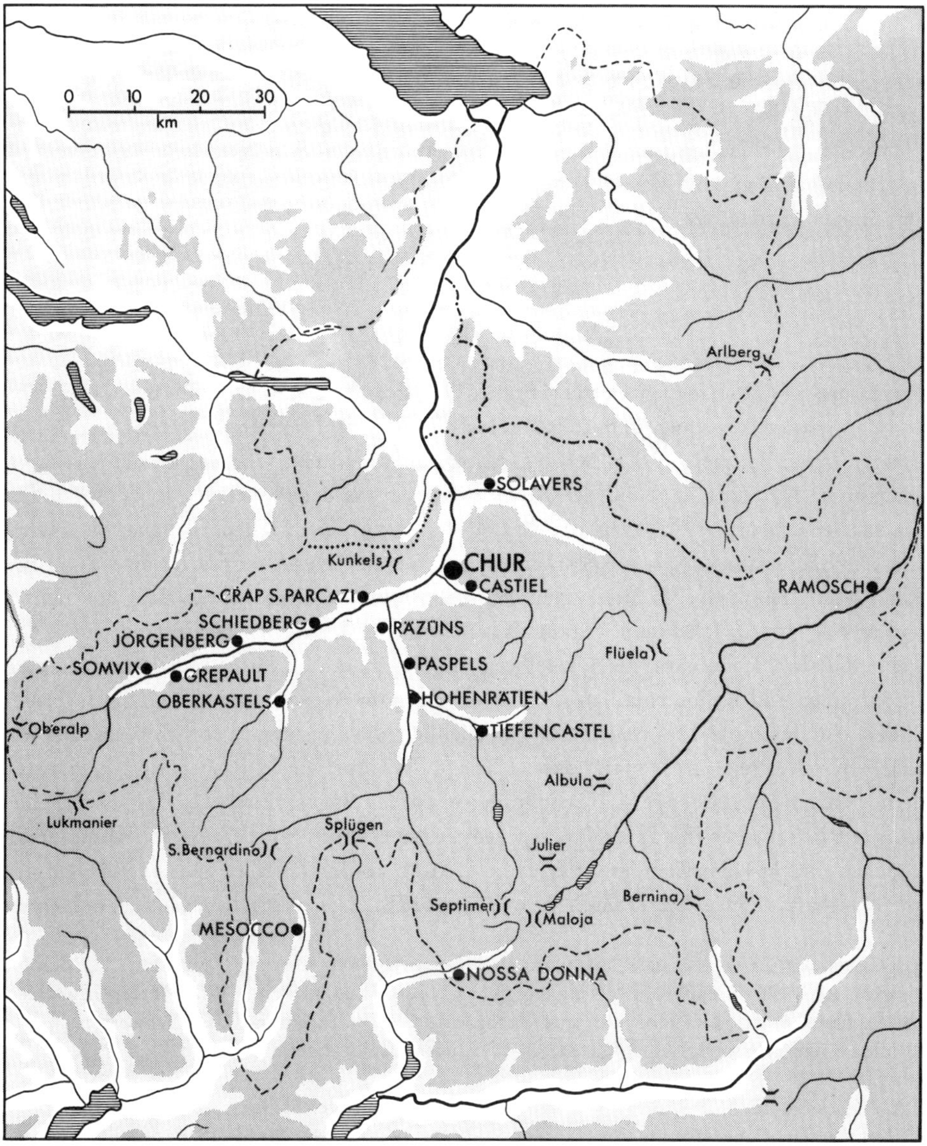

Abb. 16 Fliehburgen, nachgewiesen oder vermutet.

benhaus im westlichsten Teil der Anlage. Geringe Reste einer frühmittelalterlichen Umfassungsmauer sind unter einer späteren nachgewiesen. Um 1000 erfolgte ein vollständiger Neubau der ganzen Anlage, und ins 12. bis in die erste Hälfte des 13. Jahrhunderts fallen weitere Bauarbeiten, u. a. die Errichtung eines wehrhaften Turmes. Die letzten

Bauten werden in die Zeit zwischen 1250 und dem frühen 15. Jahrhundert datiert. Die Anlage ist, abgesehen von der offenbar kontinuierlichen Benutzung, deswegen bemerkenswert, weil die Etappe des 7./8. Jahrhunderts wohl mit dem festen Steinhaus zu identifizieren ist, das im 765 datierten Testament des Bischofs Tello erwähnt wird. Die Entwicklung Schiedbergs zeigt deutlicher als andere den Weg von der Fluchtburg aus spätrömischer Zeit über das Herrenhaus im Frühmittelalter zur Feudalburg des Hohen und Späten Mittelalters.

IV. Altäre und Reliquiare

Plastischer als bei manchen Bautengruppen läßt sich die Art und Weise des Überganges von der Spätantike zum Frühmittelalter verfolgen anhand der Reliquienbehälter aus den Altären. Zwei Beispiele sind bisher in Graubünden untersucht worden: Der Hochaltar in der Churer Kathedrale [43] und der Altar in St. Lorenz bei Paspels [44]. In beiden Fällen hat sich eine profilierte Altarplatte gefunden, die zu einem frühchristlichen Tischaltar mit vier Säulenstützen gehörte. Es kam in den Sepulchren (Altargräber) aber auch eine Reihe von Reliquienbehältnissen zum Vorschein, die aus dem 5., vielleicht aus dem 6. und aus dem 7./8. Jahrhundert stammen. Offensichtlich wurden bei jeder neuen Altarweihe die alten Reliquiare, die nun selber Reliquiencharakter hatten, zusammen mit neuen Reliquien und Reliquienhüllen sorgfältig wieder im Altar geborgen. So kam in beiden Fällen ein Ensemble zusammen, das eindrücklich die kontinuierliche Entwicklung der beiden Kirchen seit dem 5. Jahrhundert belegt. In Chur wie in Paspels sind kleine steinerne Reliquiensarkophage – Nachbildungen großer Steinsarkophage, das Churer Beispiel mit Eckakroterien (Taf. 11) – aus dem Altar gehoben worden. Solche Miniatursarkophage sind in Kleinasien, in Griechenland, auf dem Balkan, aber auch in Kärnten und am Nonsberg [45] in größerer Zahl gefunden worden. Die westlichsten bisher bekannten

43) Christian Caminada, Der Hochaltar der Kathedrale von Chur, in: Zeitschrift für Schweizerische Archäologie und Kunstgeschichte, Bd. 7, 1945, S. 23 ff.; Emil Vogt, Frühmittelalterliche Seidenstoffe aus dem Hochaltar der Kathedrale Chur, in: Zeitschrift für Schweizerische Archäologie und Kunstgeschichte, Bd. 13, 1952, S. 1 ff.; E. Poeschel (wie Anm. 1), S. 149, 164 ff., 188 f.

44) Zeitschrift für Schweizerische Archäologie und Kunstgeschichte, Bd. 23, 1963/64, S. 61; W. Sulser, Zur Baugeschichte der Kirche St. Lorenz bei Paspels, ebenda, S. 62 ff.; Beat Brenk, Die romanischen Wandmalereien in St. Lorenz bei Paspels, ebenda, S. 69 ff.; Wolfgang Fritz Volbach, Silber-, Zinn- und Holzgegenstände aus der Kirche St. Lorenz bei Paspels, ebenda, S. 75 ff.; E. Vogt, Die Textilreste aus dem Reliquienbehälter des Altars in der Kirche St. Lorenz bei Paspels, ebenda, S. 83 ff.

45) Helmut Buschhausen, Die spätrömischen Metallscrinia und frühchristlichen Reliquiare, 1. Teil: Katalog (Wiener Byzantinistische Studien, Bd. 9), Wien 1971; Rudolf Noll, Ein Reliquiar aus Sanzeno im Nonsberg und das frühe Christentum im Trentino, in: Anzeiger der phil.-hist. Klasse der Oesterreichischen Akademie der Wissenschaften, 109. Jg., 1972, S. 320 ff.

Stücke sind diejenigen von Chur und Paspels. Alle diese Stücke stammen aus frühchristlicher Zeit, die meisten wohl aus dem 5. Jahrhundert, was auch für die beiden Schweizer Exemplare zutreffen dürfte. Sie dienten dazu, die unter dem Altar ruhenden Reliquien aufzunehmen, sind gleichsam der Sarg, über dem der Altar errichtet ist. Deshalb enthalten sie auch kleinere Behälter und Gefäße mit Reliquien, und darum werden sie bei Neuweihen des Altars weiter verwendet. Wenn die neu hinzugekommenen Reliquienbehälter die Steinkiste ganz anfüllten, so konnte es sogar vorkommen, daß man die älteren zerlegte (Taf. 16) und über oder neben dem Sarkophag-Reliquiar im Altarstipes einmauerte (Paspels).

Es fanden sich im Altar der Kathedrale von Chur ein spätrömisches Arzneikästchen, dessen Fächereinteilung sich ausgezeichnet für die Aufbewahrung von kleinen Reliquienpäckchen eignete, der Gipsabguß eines kleinen Medaillons mit der Darstellung der huldigenden Magier (6./7. Jahrhundert) (Taf. 12), ein Enkolpion (ein Reliquienkästchen, das man an einem Band vor der Brust trug) wohl aus dem 8. Jahrhundert (Taf. 13) und, neben einigen jüngeren Gegenständen, eine große Zahl von spätrömischen und frühmittelalterlichen Stoff-Fragmenten aus dem 5./6. und dem 7., vielleicht auch dem 8. Jahrhundert, die aber sicher nicht jünger sind als karolingisch. Die älteren Weihen sind aus den bisher bekannten Resten von Kirchenbauten abgeleitet: für das 5. und das 8. Jahrhundert wird je eine angenommen. 1187 erfolgte eine Neuweihe: das Siegel des weihenden Bischofs Berno, nicht aber die Weiheurkunde, ist bei der nächstfolgenden Weihe im Jahre 1272 den übrigen Gegenständen wieder beigesellt worden. Nach der Weihe von 1272 ist der Altar erst wieder im Jahre 1943 durch den damaligen Diözesanbischof Mgr. Dr. Christianus Caminada eröffnet worden. Könnte man nun bei den meisten Gegenständen annehmen, daß sie erst bei der letzten Weihe (1272) in den Altar gelangten, so ist das Siegel Bernos von 1187 sicher zum zweiten Mal deponiert. Die Stoffe, die jeweils zur Verpackung der Reliquienteilchen benötigt wurden, können zwar als »Altmaterial« verwendet worden sein, da es sich aber ausnahmslos um Stücke handelt, die 1272 vierhundert Jahre alt und z. T. wesentlich älter waren, möchte man eher annehmen, sie seien noch im 1. Jahrtausend erstmals in den Altar gekommen. Als sicher gelten kann dies beim kleinen Marmorsarkophag (Taf. 11), der seit dem 5. Jahrhundert immer wieder demselben Zweck gedient haben muß.

Mehr Gewicht erhält die Ansicht, wonach die verschiedenen Fundstücke durch systematische Wiederverwendung nacheinander in den Altar kamen, durch den Fund in Paspels, wo sich eine ganze Reihe von Bruchstücken älterer Reliquienkästchen nebeneinander fanden, die ihre einleuchtende Erklärung nur finden, wenn man annimmt, daß sie von den älteren Reliquiendepositionen herrühren. Da ist zunächst ein teilweise vergoldetes Silberkästchen, das ins frühe 5. Jahrhundert datiert wird (Taf. 14). Aus der gleichen Zeit könnte ein Brettchen mit eingestochenem Rautenmuster stammen, das seine Verwandtschaft mit den Mustern auf im 4. und 5. Jahrhundert verbreiteten Bleisärgen zu erkennen gibt. Neben einigen nicht genauer datierbaren Brettchen und Schachtelteilen enthielt der Marmorsarkophag hier auch eine Hirschhorn-Pyxis aus dem 7./8. Jahrhundert (Taf. 15) und wieder eine Serie von Stoff-Fragmenten, die vielleicht schon aus dem 6., spätestens aber aus dem 7. und 8. Jahrhundert stammen. Die Gleichartigkeit der Funde macht den Fundkomplex von Paspels als kontinuierlich historisch gewachsenes Ensemble noch eindrücklicher.

V. Zusammenfassung

Es läßt sich so anhand der kirchlichen Topographie, die von Beständigkeit, Dauer, von Festhalten am einmal gewählten Standort und von kontinuierlicher Entwicklung spricht, anhand der Typen und Formen von Kultgebäuden und am Schicksal der frühmittelalterlichen Fluchtburgen, vielleicht aber am anschaulichsten anhand der Reliquiare aus den Altarsepulchren eine Kontinuität des Standortes, eine bauliche und auch eine Kontinuität der Benützung von kirchlichen Gebäuden und von festen Plätzen aufzeigen. Ein Beharren auf Überliefertem und auf formalen Gewohnheiten, die sich – manchmal direkt – bis auf spätantike Typen- und Formvorstellungen zurückverfolgen lassen, prägt die Bau-Tradition Churrätiens bis ins Hochmittelalter [46].

46) *Abbildungsnachweis:* Taf. 11–15: Foto Schweiz. Landesmuseum Zürich; Taf. 16: Foto Kantonale Denkmalpflege Graubünden; alle übrigen: Büro Sennhauser, Zeichnungen: A. Hidber u. W. Peter, Fotos: R. Celio u. W. Stöckli.

Die Siedlungsverhältnisse Churrätiens im Lichte der Namenforschung

VON STEFAN SONDEREGGER

Bei einem Blick auf die besonderen Sprach- und Namenverhältnisse Churrätiens ist zunächst kurz das Problem des Rätischen in der historischen Linguistik zu streifen, da damit die älteste faßbare Sprach- und Namenschicht der nach den Rätern benannten Kernlandschaft gegeben erscheint. Die letzte größere Zusammenfassung des Räterproblems in Geschichte, Archäologie und Sprachwissenschaft hat eine Tagung der Schweizerischen Gesellschaft für Ur- und Frühgeschichte 1968 in Chur erarbeitet, deren Ergebnisse im Jahrbuch dieser Gesellschaft 1970 veröffentlicht worden sind [1]. Darin haben die Zürcher Forscher Ernst Risch und Ernst Meyer († 1975) den Stand der linguistischen und ethnologisch-geschichtlichen Räterforschung vor der Romanisierung durch die Römer umrissen, wozu neuere Personennamenuntersuchungen von Vladimir I. Georgiev getreten sind [2].

Die Verbreitung der »rätischen« Sprachreste (Inschriften, Alphabete) im gesamten Ostalpengebiet zwischen Rhein und Inn im Norden, den südschweizerisch-oberitalieni-

1) Jb. der Schweizerischen Gesellschaft für Ur- und Frühgeschichte, Bd. 55, Basel 1970: Der heutige Stand der Räterforschung, Vorträge anläßlich der Jahresversammlung in Chur 1968, S. 119–148. Über diese Tagung außerdem kritisch OSMUND MENGHIN, Zum Räterproblem, in: Studien zur Namenkunde und Sprachgeographie, Festschrift Karl Finsterwalder (= Innsbrucker Beiträge zur Kulturwissenschaft Bd. 16), Innsbruck 1971, S. 9–14.

2) ERNST RISCH, Die Räter als sprachliches Problem, a. a. O. (Anm. 1), S. 127–134 (mit Karte der Inschriftenfundorte nach Sprachkreisen); ERNST MEYER, Die geschichtlichen Nachrichten über die Räter und ihre Wohnsitze, a. a. O. (Anm. 1), S. 119–125 (mit Karte der überlieferten Alphabete und Inschriften nach Ernst Risch, mit Einschluß der rätischen und sonstigen Stämme); VLADIMIR I. GEORGIEV, Die rätischen Personennamen und ihre sprachliche Zugehörigkeit, in: Aus dem Namengut Mitteleuropas [usw.], Festgabe Eberhard Kranzmayer (= Kärntner Museumsschriften Nr. 53), Klagenfurt 1972, S. 17–19; DERS., Rätisch oder Nordetruskisch, in: Orbis 22, Louvain 1973, S. 232–247. Vgl. außerdem die Literaturübersicht in Studis Romontschs 1950–1977, Bibliographisches Handbuch zur bündnerromanischen Sprache und Literatur [usw.], Bd. 1 Materialien, bearbeitet von ALEXI DECURTINS, HANS STRICKER, FELIX GIGER, Cuera / Chur 1977, Kap. A 6 Zum Räterproblem, S. 42–44 (= Romanica Raetica 1). Zur vorrömischen Sprachenfrage in den Ostalpen auch HERMANN M. ÖLBERG, Illyrisch, Alpeneuropäisch, Breonisch, in: Studien zur Namenkunde und Sprachgeographie, Festschrift Karl Finsterwalder (= Innsbrucker Beiträge zur Kulturwissenschaft Bd. 16), Innsbruck 1971, S. 47–59 (mit weiterer Lit.).

schen Seen (Langensee, Luganersee, Comersee) im Südwesten, Venetien im Südosten und dem Einzugsgebiet der oberen Drau (Gailtal) im Osten erweist keine Einheit des Rätischen, vielmehr zeigen sich nach Ernst Risch verschiedene größere und kleinere Gruppen:

- eine lepontische Gruppe im Westen (Langensee–Comersee, Tessin und Misox, mit Übergreifen über den San Bernardino nach Norden bis Raschlinas bei Präz am Heinzenberg)
- eine rätische Gruppe längs der Brennerroute von Trient über Bozen (und etwas weiter das Etschtal aufwärts), Eisacktal und Pustertal bis nordwärts in den Raum Innsbruck
- eine weitere rätische Gruppe im Südosten (Alphabet von Magrè) von Verona–Padua bis Feltre
- eine westrätische Sondergruppe in der Val Camonica (und weitere »westrätische« Inschriften, so aus Castaneda, Sondrio und Voltino)
- eine venetische Gruppe im Südosten (Venetien–Belluno–Gailtal)

Während die lepontischen Inschriften im Westen wie die venetischen im Osten dem indogermanischen Sprachkreis zuzurechnen sind, kommt dem Rätischen sprachlich eine Sonderstellung zu, indem es offenbar mit dem nichtindogermanischen Etruskischen näher verwandt zu sein scheint, vielleicht mit diesem zusammen auf eine gemeinsame Grundsprache zurückgeht. Außerdem ist mit keltischen Einflüssen zu rechnen, da sich seit dem 5. Jahrhundert Gallier in der Poebene festgesetzt hatten. So zeigt z. B. das Lepontische keltische Beeinflussung.

Ein etwas übergreifenderes Bild läßt sich aus den geschichtlich-ethnographischen Quellen des Altertums gewinnen. So ist nach Ernst Meyer mit rätischen Stämmen für die Zeit des 1. vor- und nachchristlichen Jahrhunderts in einem breiten Gürtel am südlichen Ostalpenfuß zwischen Comersee und Piave zu rechnen, der sich nordwärts stärker verengt, um sich dann auf Vinschgau *(Venostes)*, Inntal im Engadin *(Eniates)*, Bergell *(Bergalei)*, auf den Unterlauf des Hinterrheins *(Suanetes)* und seine Zuflüsse (*Rugusci* im Oberhalbstein) sowie auf das Rheintal von Chur bis zum Bodensee *(Calucones, Vennontes)* zu beschränken. Zur Abgrenzung des Gebietes sagt Ernst Meyer u. a.: »Natürliche Grenzen des Siedlungsgebietes bildeten im Westen die Wildnis des Arboner Forstes gegen die Helvetier, die Glarner und Urner Alpen, dann die Gebirgsketten des Comersees gegen die Lepontier, im Osten die Gebirge um das obere Lechtal und den Arlberg, Silvretta und die Ötztaler Alpen und deren östliche Fortsetzung. Graubünden ist also durchaus nicht Kern, sondern nur vorgeschobener Ausläufer des rätischen Siedlungsgebiets« [3].

Auch die Namenforschung vermag zu den Problemen der Räter und ihrer ursprünglichen Ausdehnung Beiträge zu leisten, wie dies besonders durch Rudolf von Planta und

3) Ernst Meyer a. a. O. (Anm. 2), S. 124; vgl. außerdem Ernst Howald und Ernst Meyer, Die römische Schweiz, Texte und Inschriften mit Übersetzung, Zürich 1940, Anhang III Die Raeter S. 357–366.

Johann Ulrich Hubschmied (neben Julius Pokorny) geschehen ist 4). Zwei Gesichtspunkte stehen dabei – neben einzelnen Deutungsversuchen wichtiger Namen – im Vordergrund:

1. Das Nachleben alter Ethnika für rätische oder – in Abgrenzung dazu – für nichträtische Stämme in (heutigen) Landschaftsnamen
2. Die Abgrenzung zwischen rätischen und nichträtischen – insbesondere keltischen – Namen auf Grund lautlicher oder lexikalischer Kriterien

Beim ersten Gesichtspunkt lassen sich beispielsweise die folgenden Namen nach ihrer sprachlichen Herkunft in die zwei Gruppen Rätisch/Nichträtisch scheiden 5):

Rätische Ethnika
in Landschaftsnamen

- Provinzname *Raetia* (seit Plinius) und Gebirgsname *Alpes Raeticae* u. ä., zum sprachlich schwer einzuordnenden Völkernamen *Raeti*
- Talschaftsname italienisch *Bregalia* (verdeutscht Bergell), zum vermutlich rätischen Stammesnamen *Bergallei*
- vielleicht Talschaftsname Engadin, frühmittelalterlich *vallis Eniatina,* zum rätischen Stammesnamen *Eniates* ›Innanwohner‹, sofern nicht eine direkte Ableitung zum Flußnamen Inn (dieser allerdings keltisch **Enos, *Enios*) vorliegt
- Talschaftsname Vinschgau, mittelalterlich *vallis Venusta, Venosta,* zum rätischen Stammesnamen *Venostes*

Nichträtische Ethnika
in Landschaftsnamen

- Talschaftsnamen italienisch *Val Leventina* (verdeutscht Livinental) und rätoromanisch *Lumnezia* (verdeutscht Lugnez), beide zum keltischen Stammesnamen *Lepontii*
- Talschaftsname deutsch Prättigau, rätoromanisch *Partenz, Portenza,* zum keltischen Stammesnamen *Pritenni, Britenni*
- Seename *lacus Venetus* für den Bodensee bei Pomponius Mela 44 n. Chr., zum Stammesnamen der *Veneti* (Veneter)

Damit ist erneut eine Abgrenzung des alten rätischen Siedlungsgebietes nach dem Westen (keltische Stämme) und Norden (keltische und andere Stämme) gegeben. Andererseits zeigt sich, daß auch im heutigen Graubünden selbst neben den Rätern zum Teil mit Kelten gerechnet werden muß, wie dies auch durch archäologische Funde erwiesen ist.

4) Vgl. die Literatur in Rätisches Namenbuch, begründet von ROBERT VON PLANTA, Bd. 2 Etymologien, bearbeitet und herausgegeben von ANDREA SCHORTA, Bern 1964, S. LV–LXVI, sowie den Forschungsbericht von MANFRED SZADROWSKY, Rätische Namenforschung, Zs. für Namenforschung (älter: für Ortsnamenforschung) XVI, 1941, S. 97–121 und 209–261.

5) Nachweise für Namen im heutigen Graubünden in Rätisches Namenbuch Bd. 2, Bern 1964; außerdem HOWALD-MEYER, Die römische Schweiz (Anm. 3), Zürich 1940, sowie Ernst Meyer a. a. O. (Anm. 2). Zu den Namen Inn (vgl. Engadin) und Prättigau besonders JULIUS POKORNY, Zur keltischen Namenkunde und Etymologie, Vox Romanica 10, 1951, S. 243–246 und 232; zu den Namen Leventina und Lumnezia auch FELIX STAEHELIN, Die Schweiz in römischer Zeit, Basel [3]1948, S. 35 (mit Lit.).

Beim zweiten Gesichtspunkt geht es darum, spezifische Abgrenzungsmerkmale für die sprachliche Zuweisung einzelner Namen oder Namengruppen zu finden, die insbesondere eine Ausgliederung zwischen Rätisch und Keltisch ermöglichen sollen. Auf Grund des lautgesetzlichen Befundes, wonach im Keltischen altes (indogermanisches) p entweder schwand oder (je nach Lautverbindung) sich zu anderen Lauten entwickelte, lassen sich Namen mit p (besonders im Anlaut) als nichtkeltisch, vor allem als rätisch bestimmen, oft auch in Kombination mit weiteren lexikalischen oder morphematischen Kriterien [6]. Hier verdient die Namengruppe mit vorrömisch-rätisch **pitino-* ›Burg, Wehranlage‹, heute z. B. Padnal, Parnal, Pedenal, Peiden (z. T. Weiterbildungen) u. ä., oft urgeschichtliche Fundstätten, besondere Beachtung, da sich ihr Verbreitungsgebiet in der Schweiz auf Churrätien beschränkt [7]. Mit p lauten sodann viele wichtige Einzelnamen wie z. B. Plessur (Flußname, alträtische Ableitung **plud-tura*) und Peist mit dem sogenannten räto-illyrischen Suffix *-iste, -este* an, das seinerseits in weiteren rätischen Namen wie Andest GR, Imst (Tirol) und bis nach Triest (älter *Tergeste*) vorkommt [8]. Andererseits lassen sich im Gebiet von Churrätien auch sichere keltische Namen nachweisen, insbesondere im Churer und St. Galler Rheintal bis zum Bodensee und im bündnerischen Vorderrheintal, wo eine keltisch-rätische Mischkultur anzusetzen ist [9]. Zu den keltischen Namen Churrätiens gehören beispielsweise einige Siedlungsbezeichnungen auf *-dūnon* (latinisiert *-dunum*) ›Burg, befestigte Höhe‹ (Razén / Räzüns < **Raetiodunum* ›Räterburg‹ RN 2,807–808; vielleicht Fardén RN 2,686; Dardin < *are dunon* ›bei der Burg‹ RN 2,131) sowie ein Ortsname auf *-duron* (latinisiert *-durum*) ›Tor einer befestigten Anlage‹ (Zizers < **Titiodurum,* zum PN Titius, RN 2,904) [10], ferner viele wichtige Einzelnamen wie *Clunia* bei Feldkirch [11], *Magia* / Maienfeld (Kollektivbil-

6) Vgl. Henry Lewis and Holger Pedersen, A Concise Comparative Celtic Grammar, Göttingen 1961, § 29–33; sodann die Lit. wie in Anm. 4 und 5, besonders auch Julius Pokorny, Zur keltischen Namenkunde und Etymologie, Vox Romanica 10, 1951, S. 220–267. Literatur und Erklärungsversuche zu den einzelnen Namen Graubündens in Rätisches Namenbuch, Bd. 2, Bern 1964, hier besonders Teil IV Fragliches, Varia (weiterhin zitiert als RN 2).

7) RN 2, 245–246; die Verbreitung der Namen bei Paul Zinsli, Ortsnamen, Strukturen und Schichten in den Siedlungs- und Flurnamen der deutschen Schweiz, Frauenfeld 1971, S. 17 (Raum Chur, Schanfigg, unteres Prättigau, Vorderrheintal mit Seitentälern, Schams, Oberhalbstein, Unterengadin). Zu möglichen außerschweizerischen Parallelen J. U. Hubschmied, Alte Ortsnamen Graubündens, Bündnerisches Monatsblatt 1948, S. 33–50.

8) Vgl. RN 2 zu den betreffenden bündnerischen Namen, ferner J. U. Hubschmied, a. a. O. (Anm. 7).

9) Vgl. Ernst Meyer, Zur Frage des Volkstums der Eisenzeit, in: Ur- und frühgeschichtliche Archäologie der Schweiz, Bd. IV, Die Eisenzeit, Basel 1974, S. 197–202.

10) Vgl. die gesamtschweizerische Kartierung der beiden Namentypen bei Paul Zinsli, a. a. O. (Anm. 7), S. 21.

11) Vgl. Alfred Holder, Alt-Celtischer Sprachschatz, Bd. I, Leipzig 1896 (Nachdruck Graz 1961), Sp. 1048–1050.

dung zu *magos* ›Feld‹ [12], *Brail* / Brigels (*brigilo* ›kleiner Berg, Hügel‹) [13] und wohl auch Chur (älter *Curia*, rätoromanisch *Cuéra, Cuoira, Cuira;* zu *kuria, *koria, *kora* ›Stamm, Teil einer größeren politischen Einheit eines Volkes‹), dessen Namenbedeutung vielleicht ›Stammsitz‹ sein kann [14]. Die gallorömischen *-ācum*-Namen mit dem keltischen Zugehörigkeitssuffix *-āko-* reichen wenigstens bis in die Randzone der Raetia prima, fehlen jedoch im Rheintal und Graubünden: Sirnach (Thurgau) aus **Sereniācum* (PN Serenius), Tscherlach (Seeztal) aus **Cereliācum* (PN Cerelius) [15].

Zur Abgrenzung von Rätien oder des älteren rätischen Gebietes nach Nordwesten im Gebiet der heutigen Nordostschweiz lassen sich von der Toponomastik her insofern Bausteine liefern, als verschiedene Namen aus verschiedenen Zeiten dafür einen Aussagewert besitzen:

(a) Zunächst stoßen wir auf einen alten keltischen (d. h. nicht rätischen) Namen des voralpinen Waldgürtels südlich des Bodensees und nördlich des Alpsteins oder Säntisgebirges, der mit keltisch **Gabrēta* (identisch mit dem keltischen Namen des Böhmerwaldes) anzusetzen ist und in den beiden Hügelnamen thurgauisch Gabris und appenzellisch Gäbris (über althochdeutsch **Gabrīzza)* nachlebt und ›Geissberg, Steinwildberg‹ bedeutet (zu keltisch **gabros* ›Bock‹) [16].

(b) Demgegenüber heißt der eigentliche Alpstein oder das Säntisgebirge jedoch im Frühmittelalter in der st. gallischen Vitenüberlieferung öfter *Alpes Rhetiarum, iuga Retia* und ähnlich, was auf die bewußtseinsmäßige geographische Zuordnung nach Süden deutet [17]. Ebenso ist der toggenburgische Gebirgsname Churfirsten, die alpine Scheidewand zwischen dem romanischen Churrätien und alemannischen Obertoggenburg, als Grenzname zu verstehen. First bedeutet in Bergnamen oft ›langgezogene Bergkette mit verschiedenen Gipfeln‹ [18].

12) RN 2, 741.

13) RN 2, 51 (mit weiteren Namen zu diesem Etymon).

14) RN 2, 658–659; Johann Ulrich Hubschmied, Chur und Churwalhen, in: Sache, Ort und Wort, Festschrift Jakob Jud (= Romanica Helvetica vol. 20), Zürich-Erlenbach 1943, S. 111–130.

15) Vgl. Stefan Sonderegger, Die Ausbildung der deutsch-romanischen Sprachgrenze in der Schweiz im Mittelalter, Rheinische Vierteljahresblätter Jg. 31, 1966/67, S. 234–235 (mit Lit.); Paul Zinsli, a. a. O. (Anm. 7), S. 22–24 und Tafel I.

16) Vgl. Stefan Sonderegger, Die Orts- und Flurnamen des Landes Appenzell, Bd. I, Frauenfeld 1958, S. XVIII; Oskar Bandle, Zur Schichtung der thurgauischen Ortsnamen, in: Sprachleben der Schweiz, Festschrift Rudolf Hotzenköcherle, Bern 1963, S. 266.

17) Belege bei Stefan Sonderegger, Grundlegung einer Siedlungsgeschichte des Landes Appenzell anhand der Orts- und Flurnamen, in: Appenzellische Jahrbücher Jg. 1957, Heft 85, Trogen 1958, S. 59.

18) Abzulehnen sind die Spekulationen mit den sieben Kurfürsten, die in der historischen und geographischen Literatur immer wieder erscheinen, vgl. besonders den Hinweis im Geographischen Lexikon der Schweiz Bd. I, Neuenburg 1902, Sp. 503, ferner in Westermann, Lexikon der Geographie, Stichwort Appenzeller Alpen, Braunschweig 1968, sodann bei Karl Mommsen, Die »Churfirsten« und der alte Zürichkrieg, Schweiz. Zeitschrift für Geschichte 9, 1959, S. 76–85.

(c) Als alter Grenzname wird im allgemeinen auch der Flußname Murg (zu keltisch **morgā*, später **murga* ›Grenze‹) gedeutet, der einerseits am Walensee im Kanton St. Gallen, andererseits im Thurgau als linker Zufluß der Thur im Murgtal und bei Frauenfeld erscheint, in beiden Fällen im alten Grenzbereich von Rätien gegen Westen zu den keltischen Stämmen in Gallien hin [19].

(d) Ein sicherer alter Grenzname ist Pfyn im Kanton Thurgau, östlich von Frauenfeld, heutiger Name für die römische Grenzstation *Ad Fines*, an der Provinzgrenze zwischen Raetia und Gallia Belgica [20].

Die Entstehung des Rätoromanischen geht auf die Überschichtung der vorrömischen Sprachen in Graubünden und den Ostalpen durch das Lateinische seit der Römerherrschaft in Rätien und Noricum und der damit verbundenen Romanisierung zurück. Die dadurch entstandenen, bis heute lebendigen drei hauptsächlichen Sprachgruppen des Rätoromanischen im weiteren Sinn sind von Westen nach Osten:

Bündner Romanisch

(Rumantsch Grischun, Rätoromanisch im engeren Sinn [in der Schweiz]), unterteilt in
- Surselvisch (sursilvan) im sog. Bündner Oberland (Vorderrheintal und Tavetsch mit Seitentälern)
- Sutselvisch (sutsilvan), im wesentlichen am Hinterrhein (soweit nicht deutsch geworden)
- Surmeirisch (surmiran) im Albulatal und Oberhalbstein
- Engadinisch (ladin, auch Ladinisch genannt) im Engadin und Münstertal

Zentralladinisch

(oder einfach Ladinisch, auch Dolomitenladinisch genannt), in einigen Dolomitentälern des östlichen Südtirols (Italien)

Friaulisch

in der oberostitalienischen Landschaft Friaul zwischen Adria und den Karnischen Alpen

Als ältere Bezeichnung für die Mundartgruppe Surselvisch, Sutselvisch und Surmeirisch des Bündner Romanischen erscheint im Deutschen auch Rumantsch oder Romontsch, während Sutselvisch und Surmeirisch als Mittelbündnerisch zusammengefaßt werden können. Schriftsprachlich teilt sich das Engadinische in Oberengadinisch (putér) und Unterengadinisch (vallader) mit Münsterisch (janer im Val Müstair oder Münster-

19) Material und Literatur bei ALBRECHT GREULE, Vor- und frühgermanische Flußnamen am Oberrhein (= Beiträge zur Namenforschung, N. F. Beiheft 10) Heidelberg 1973, S. 140–141. Gegen die auf J. U. HUBSCHMIED, Vox Romanica III, 1938, S. 139 ff. zurückgehende Deutung als ›Grenzfluß‹ aus dem Keltischen allerdings JULIUS POKORNY, Vox Romanica 10, 1951, S. 264 f., der an ein indogermanisches Wasser- oder Farbwort denkt; Hubschmieds Deutung unterstützt dagegen HANS KRAHE, Beiträge zur Namenforschung Bd. 6, 1955, S. 8–11.

20) Belege bei HOWALD-MEYER a. a. O. (Anm. 3), S. 112, 113, 118; ferner O. BANDLE a. a. O. (Anm. 16), S. 266.

tal). Areallinguistisch erweisen die heutigen Sprachgruppen des Rätoromanischen im weiteren Sinn in ihrer geschichtlichen Rückverlängerung in die Spätantike – ähnlich wie das zeitlich vorausliegende Verbreitungsgebiet der älteren lepontisch-rätischen Inschriftenfunde – ein mehr oder weniger geschlossenes, in sich selber aber keineswegs einheitliches Sprachgebiet zwischen Gotthard und Triest, sozusagen rittlings der Wasserscheide zwischen Adriazuflüssen, oberstem Rheinlauf und Donauzuflüssen [21].

Die heutige Isolierung oder Zerrissenheit dieses rätoromanisch-ladinisch-friaulischen Sprachgebietes ist in erster Linie dem Siedlervorstoß der Alemannen und Baiern seit dem Frühmittelalter an und über die Alpen, in zweiter Linie – beschränkt auf die Ostalpen – aber auch dem starken Druck der italienischen Schrift-, Staats- und Verkehrssprache zuzuschreiben.

Eine sprachwissenschaftlich vertiefte Gliederung des Bündnerromanischen hat kürzlich der Zürcher Romanist Heinrich Schmid vorgelegt [22] und dabei eine Einteilung in die Sprachkreise Unterengadin-Münstertal, Oberengadin-Mittelbünden, Surselva, Tavetsch vollzogen, wobei sich nähere Berührungen von Unterengadin und Münstertal mit dem Altromanischen des Vinschgaus und überhaupt mit dem Tiroler Romanischen über die Ortsnamen ergeben. Nach Schmid gehörte vermutlich das Rätoromanische Churs sowie der heute verdeutschten Teile der nördlichen Raetia prima in den größeren oberengadinisch-mittelbündnerischen Sprachzusammenhang. Übereinstimmung besteht in der ernsthaften historischen wie sprachwissenschaftlichen Forschung darüber, daß sowohl in Rätien wie in Noricum mit einer vollständigen, durchgehenden Romanisierung zu rechnen ist, welche zur Ausbildung einer allgemeinen, aber nicht einheitlichen romanischen Vulgärsprache geführt hat. Dementsprechend vollzieht sich die Weitergabe vorrömischer (d. h. rätischer und keltischer) Namen und Sprachreste unter den Gesetzen einer romanischen Umformung [23].

21) Zur Literatur vgl. die neueren Übersichten von Aldo Dami, Die Rätoromanen, Jahrbuch des Vorarlberger Landesmuseumsvereins 1962, Bregenz 1963, S. 3–36 (mit instruktiven Karten); Friedrich Schürr, Die Alpenromanen, in: Die Alpen in der europäischen Geschichte des Mittelalters (= Vorträge und Forschungen Bd. X), Konstanz-Stuttgart 1965, S. 201–219 (auch in Vox Romanica 22, 1963, S. 100 ff.); Lezza Uffer, Die Rätoromanen in der Schweiz, Alemannisches Jahrbuch 1961, Lahr 1962, S. 100–129. Zur Gliederung des Bündner Romanischen vgl. Atlas der Schweiz, Blatt 28, Sprachen II von Andrea Schorta, Bern 1967. Zur Forschungsgeschichte Alexi Decurtins, Das Rätoromanische und die Sprachforschung, Eine Übersicht, Vox Romanica 23, 1964, S. 256–305.

22) Heinrich Schmid, Zur Gliederung des Bünderromanischen, Annalas da la Società retorumantscha, Annada LXXXIX, 1976, S. 7–62.

23) Dazu die wertvolle Klarstellung und Zusammenfassung von Karl Finsterwalder, Romanische Vulgärsprache in Rätien und Norikum von der römischen Kaiserzeit bis zur Karolingerepoche, Historische Belege und sprachliche Folgerungen, in: Festschrift Karl Pivec (= Innsbrucker Beiträge zur Kulturwissenschaft Bd. 12), Innsbruck 1966, S. 33–64 (mit reichem Literaturnachweis, besonders für die Ostalpen). Für die Schweiz vgl. die Übersicht in Atlas der Schweiz, Tafeln 29–30, Ortsnamen, von Stefan Sonderegger, Viktor Weibel, Eduard Imhof, Bern 1975.

Grundsätzlich ist in der Raetia prima wie auch in der Raetia secunda mit den folgenden diachronischen Sprachberührungen zu rechnen:

A 1. Jahrtausend v. Chr.	B seit dem 1. Jh. v. Chr.	C seit dem Mittelalter
Vorrömische Sprachen, insbesondere Rätisch und Keltisch (vgl. S. 219 f.), → seit der Romanisierung als selbständige Sprachen ausgestorben, aber im Namenmaterial und durch Reliktwörter noch indirekt greifbar	Römisch-Lateinisch ↓ Vulgärromanisch (in den Alpen = Rätoromanisch im weiteren Sinn) als Folge der sprachlichen Überschichtung durch das Lateinische der Römer ↔	Südgermanisch seit dem Frühmittelalter C_1 Alemannisch im Westen C_2 Bairisch im Osten - - - - - - - - - - seit dem Hoch- und Spätmittelalter C_3 Walserisch ↔ (höchstalemannisches Walserdeutsch) in Graubünden, Vorarlberg und Liechtenstein als Folge der Walserwanderung aus dem Wallis

Was die eigentlich römische Durchdringung im Namenmaterial betrifft, ist sowohl in der heutigen Schweiz, wie in Österreich und Bayern eine sehr zurückhaltende römisch-lateinische Namengebung festzustellen, da die Römer ältere vorrömische (also keltische und rätische) Namen meist übernommen und flexionsmäßig ihrem Sprachsystem einverleibt haben. So bleiben die rein lateinischen Namen der römischen Reichsverwaltung in der Raetia prima auf wenige Fälle wie *Ad Fines* ›Grenze‹ (Pfyn, Kanton Thurgau), *Ad Rhenum* ›Rheinübergang‹ (bei Rheineck, Kanton St. Gallen), *Lapidaria* ›Felsen oder Steinbrüche‹ (an der Splügenstraße von Chur nach Chiavenna im Schams, Kanton Graubünden), *Cunus Aureus* (überliefert ist *cunuaureu*, zu *cuneus* ›Keil‹ oder *conus* ›Kegel, Helmspitze‹ und *aureus* ›golden‹, vielleicht Herbergsname; Splügenpaßhöhe), *Summus Lacus* (altes oberes See-Ende des *Lacus Larius* oder Comersees), *Murus* ›Mauer‹ (Felsriegel, wohl Müraia bei Promontogno im Bergell, Kanton Graubünden) beschränkt, oder es finden umdeutende Einverleibungen vorrömischer Ortsnamen in die lateinische Sprache statt wie bei *Arbor Felix* ›fruchttragender, glückbringender Baum‹ (für vorrömisches *Arabona, Arbona* u. ä., heute Arbon, Kanton Thurgau) oder bei *Curia* (Chur), sekundär zu lateinisch *cūria* ›Rathaus, Senatsversammlung‹ gezogen (Grundform keltisch **korjā*, *korā*, latinisiert *curia* ›Stamm, Volksteil‹) [24]. Demnach kommt ortsnamengeschichtlich der römischen Epoche in den Alpen weniger eine Funktion der Neu- und Umbenennung als eine solche der Weitergabe vorrömischer Namen in lateinischer Adaptation ihrer Formalstruktur, seltener auch einer Umstrukturierung des Sinngehaltes zu. Anders liegt der Befund natürlich bei der romanischen, d. h. durch die ansässige romanisierte Bevölkerung in ihrer eigenen Sprache vollzogenen Namengebung, welche von der lateinisch-römischen Namengebung der militärischen und sonstigen Verwaltung grundsätzlich zu trennen ist, mag dies auch in Einzelfällen schwierig sein [25]. Hier müssen interdisziplinäre Gesichtspunkte weiterhelfen. Wenn nämlich römisch-romanische Namen nicht aus der Römerzeit selbst inschriftlich oder historisch-geographisch belegt sind, können sie nur dann als sicher schon römisch angesprochen werden, wenn am Ort selbst römische Funde nachzuweisen sind oder sich sonst eine römische Verankerung (z. B. Straßenverbindung) ergibt. In dieser Hinsicht kann denn auch die namenkundliche Einzelforschung immer wieder neue Entdeckungen oder Zuweisungen machen. So hat beispielsweise Heinrich Löffler den Ortsnamen Gestratz (Stadt- und Landkreis Lindau) an der Römerstraße Bregenz-Kempten (-Augsburg) überzeugend aus lateinisch *castris* ›zum Lager‹ (1275 *Gestråse* usw., mundartlich heute *Gĕschdrets*) hergeleitet [26], während wir selbst den Ortsnamen Bußkirch am Zürcher Obersee (Kanton St. Gallen), wo unter der Pfarrkirche die Fundamente einer römischen Villa zum Vorschein kamen, als Umformung des älteren romanischen *Fossonas* (zu *fossa* ›Graben‹, 842/843 *ad Fossonas ecclesiam*, 854 *Fussinchirichun)* gedeutet haben, wobei auch dieser Name in römische Zusammenhänge (sichere Siedlung, vielleicht Schiffahrt, Kanal am Ufer) weist [27].

Ältestes namenkundliches Berührungszeugnis zwischen den Germanen und der römischen Provinz Raetien und ihren Bewohnern ist der in seinem zweiten Teil germanisierte Volksname *Raetobarii* (Nom. Pl.) im Staatshandbuch Notitia dignitatum aus dem An-

24) Zu den römisch-lateinischen Namen vgl. die Karten in Ur- und frühgeschichtliche Archäologie der Schweiz, Bd. V Die römische Epoche, Basel 1975, und bei Hans-Jörg Kellner, Die Römer in Bayern, München ² 1972, S. 176–177. Zur Diskussion der Namen vor allem Hans Lieb und Rudolf Wüthrich, Lexicon topographicum der römischen und frühmittelalterlichen Schweiz, Bd. 1 (von Hans Lieb), Bonn 1967 sowie Rätisches Namenbuch, Bd. 2, bearbeitet und herausgegeben von Andrea Schorta, Bern 1964. Zu Arbon vgl. außerdem Oskar Bandle a. a. O. (Anm. 16) S. 264 und Ulrich Walter May, Untersuchungen zur frühmittelalterlichen Siedlungs-, Personen- und Besitzgeschichte anhand der St. Galler Urkunden (= Geist und Werk der Zeiten Nr. 46), Bern–Frankfurt 1976, S. 11–30.

25) Zum Grundsätzlichen vgl. Stefan Sonderegger, Die Ortsnamen, in: Ur- und frühgeschichtliche Archäologie der Schweiz, Bd. VI Das Frühmittelalter, Basel 1979, S. 75–96.

26) Heinrich Löffler, Sprachliche Zeugen aus römischer Zeit am nördlichen Bodensee, Alemannisches Jahrbuch 1971/72 (1973), S. 217–228 und Ders., Historisches Ortsnamenbuch von Bayern, Schwaben Bd. 6, Stadt- und Landkreis Lindau, München 1973, S. 25–26.

27) Stefan Sonderegger, Der Name Busskirch, Stellungnahme in Anton Helbling, Die Geschichte der uralten Pfarrei Busskirch am obern Zürichsee, neu bearbeitet von Laura Helbling, Jona 1976, S. 23–24.

fang des 5. Jahrhunderts: *-barii* steht für das in Völkernamen häufige *-varii*, welches dem germanischen **-warjōz* ›Bewohner, Männer‹ entspricht, so daß der Name nichts anderes als »Bewohner der Raetia« bedeutet [28]. Räumlich ist damit der obere Donauraum im Bereich der Raetia secunda gemeint, stammeskundlich handelt es sich so gut wie sicher um Alemannen [29].

Eine frühmittelalterliche Eindeutschung des Namens Raetia liegt sodann in althochdeutsch *Riez(a)* u. ä., mittelhochdeutsch *Riez* u. ä., neuhochdeutsch *Rieß*, *Ries* vor, indem hier die voralthochdeutsche Lautverschiebung von inlautendem t > z(z) [= Doppelspirans] und die frühalthochdeutsche Diphthongierung von lateinisch ē (oder ae) zu volkssprachlich ia, später ie durchgeführt wurden. Wir können im Rahmen dieses Aufsatzes nicht die gesamte Rezeptionsgeschichte des Namens Raetia zu deutsch Rieß anhand der uns nahezu lückenlos zur Verfügung stehenden Belege nachzeichnen, sondern müssen uns auf die folgenden hauptsächlichen Punkte beschränken:

(1) Überlieferungsgeschichtlich begegnet der älteste Beleg in einer Königsurkunde Pippins von 760: *tradimus villa, qui dicitur Thininga* (Deiningen, Bez. A. Nördlingen, bayr. Schwaben), *sitam in pago Rezi super fluvio, qui vocatur Agira* (Eger, rechter Nebenfluß der Wörnitz, diese linker Nebenfluß der Donau), *cum omni integritate* [30]. Damit ist das Ries, geographisch die Ebene der Wörnitz bei Nördlingen, angesprochen, nordwestliches Grenzgebiet der Raetia secunda zwischen Donau im Süden und Rätischem Limes im Norden, heute zu Bayerisch-Schwaben gehörig [31]. Die auf der Originalurkunde von 760 beruhenden zwei Fälschungen des Mönches Eberhard im Auftrag des Fuldaer Abtes Marquard I. nach der Mitte des 12. Jahrhunderts verwenden für den Gaunamen die lateinischen Formen *in pago Retię* oder *Recię* [32]. Die Doppelheit lateinisch *Retia*, *Rhaetia*, deutsch *Riez* u. ä. ist durch weitere Belege bis in humanistische Zeit gesichert [33].

28) Beleg und ältere Literatur bei M. SCHÖNFELD, Wörterbuch der altgermanischen Personen- und Völkernamen, Heidelberg 1911 (Nachdruck 1965); sodann JOHANNES HOOPS, Reallexikon der germanischen Altertumskunde, Bd. 3, Straßburg 1915–16, S. 436–437 (R. MUCH) und RUDOLF MUCH, Die Germania des Tacitus, 2. Aufl. Darmstadt 1959, S. 4.

29) PETER VON POLENZ, Landschafts- und Bezirksnamen im frühmittelalterlichen Deutschland, Untersuchungen zur sprachlichen Raumerschließung, Bd. 1 Namentypen und Grundwortschatz, Marburg 1961, Karte 16 und öfter (vgl. das Namenregister; andere Zuweisungen siehe S. 202, Anm. 8).

30) Urkundenbuch des Klosters Fulda, Bd. I, bearbeitet von EDMUND E. STENGEL, Marburg 1958, Nr. 34.

31) Vgl. besonders Bayerischer Geschichtsatlas, hsg. von MAX SPINDLER, München 1969, Karten 6–10 und die diesbezüglichen Erläuterungen von GERTRUD DIEPOLDER S. 50–59 (mit Lit.).

32) UB Fulda a. a. O. (Anm. 30) Nr. 35–36.

33) Für die ahd. Zeit auch im Codex Laureshamensis, vgl. die Edition von KARL GLÖCKNER, Darmstadt 1929–1936, I, S. 320 und III, S. 163. Weitere lat. und ahd. Belege bei ERNST FÖRSTEMANN, Altdeutsches Namenbuch, II Ortsnamen, 2, Nachdruck der 3. Aufl., München 1967, Sp. 572–573.

Außerdem ist aus althochdeutscher Zeit aus dem Gruppenglossar der sogenannten Glossae Herradinae (alemannisch, 2. Hälfte 12. Jahrhundert) der Beleg *Rhaetia riez* überliefert, der offenbar Raetien im größeren, allgemeinen Sinn anspricht, kommen doch im selben Glossar weiträumige Ländernamen wie *Pannonia ungerlant, Italia lancbarten, Britannia engillant* vor [34].

(2) Somit zeigt sich bereits in althochdeutscher Zeit die Doppelbedeutung des eingedeutschten Namens Ries, wie sie auch in mittelhochdeutscher und frühneuhochdeutscher Zeit immer wieder vereinzelt zu Tage tritt, nämlich:

a) allgemein für Raetia, Retia/Rätien (bzw. je für ihre beiden großen Teile Raetia prima und secunda),

b) spezifisch für die kleinräumige Gaubezeichnung das Ries bei Nördlingen, alte Grenzlandschaft im äußersten Nordwesten der Provinz Raetia secunda [35].

Ein solches Nebeneinander von Gesamtnamen und damit identischem Grenznamen läßt sich auch sonst da und dort nachweisen, in der heutigen Schweiz beispielsweise im Fall von Thurgau (alter, weiträumiger Gauname vom Bodensee bis zur untersten Aare, ursprünglich mit Einschluß des Zürichgaus) und Turgi (Weiler, später Gemeinde, Kanton Aargau, an der alten Gaugrenze gegen Westen), deren mundartliche Aussprache übrigens identisch ist [36].

(3) Man wird annehmen dürfen, daß eine frühmittelalterliche Eindeutschung sowohl für den Provinznamen Raetia (vgl. die Belege oben) wie auch für den Stammesnamen Raeti, humanistisch-frühneuhochdeutsch die *Riessen* (so bei Joachim von Watt, genannt Vadianus [37]) oder die *Riesser* (Schedelsche Weltchronik von 1493 [38]) stattfand. Peter von Polenz (Anm. 29) rechnet mit einer sekundären Personengruppennamenableitung **Riez-iun* »Bewohner von Rieza«, die sich als Dativ Plural in einem Beleg von 1007 *Riezzin* erhalten hat. Die althochdeutsche Form des Landschaftsnamens ist formal noch uneinheitlich *(Rezi, Rieza, Riez),* wenn auch die dem lateinischen Raetia, Retia entsprechende feminine Form auf -a Ausgangspunkt sein dürfte. Aber schon bald setzt sich das in Gau-, Talschafts- und Ländernamen besonders im deutschsprachigen Südwesten und

34) Die Althochdeutschen Glossen, gesammelt und bearbeitet von ELIAS STEINMEYER und EDUARD SIEVERS, Bd. III, Berlin 1895 (Nachdruck Dublin–Zürich 1969), S. 416, Zeile 33 usw.; zu diesem Codex olim Argentoratensis vgl. die Literatur bei ROLF BERGMANN, Verzeichnis der althochdeutschen und altsächsischen Glossenhandschriften, Berlin–New York 1973, Nr. 857. Zur Lautentwicklung des Namens auch WALTER STEINHAUSER, Teuthonista 6, 1929/30, S. 100–101.

35) Dazu DIETER KUDORFER, Das Ries zur Karolingerzeit, Zeitschrift für bayerische Landesgeschichte, Bd. 33, 1970, S. 470–541.

36) Vgl. Geographisches Lexikon der Schweiz, Bd. VI, Neuenburg 1910, S. 212 und im wesentlichen danach Historisch-Biographisches Lexikon der Schweiz, Bd. VII, Neuenburg 1934, S. 98; J. U. HUBSCHMIED, a. a. O. (Anm. 14), S. 128.

37) Deutsche historische Schriften, hrsg. von ERNST GÖTZINGER, Bd. II, St. Gallen 1877, S. 25.

38) Reprint Grünewald bei München 1965, Blatt XCII (Beschreibung von Augsburg).

im Alpengebiet übliche sächliche Geschlecht durch [39], so bereits frühmittelhochdeutsch *in dem Riez* [40].

(4) Ausgangspunkt und hauptsächlicher Geltungsbereich der eingedeutschten Form Ries ist die Raetia secunda, wo die ersten spätantik-frühmittelalterlichen Berührungen zwischen Germanen und Rätoromanen bzw. Galloromanen oder Römern in Raetien stattgefunden haben; der t-Verschiebung zu z(z) [=s] entspricht außerdem die Zeit des 5./6. Jahrhunderts. Hier entstanden der Grenzgauname Ries wie die übergreifende Bezeichnung *Riez* für Rätien, wobei der Name *Riez, Rieß* bis in frühneuhochdeutsche Zeit insbesondere auch für das Gebiet um Augsburg gebraucht wurde (Berthold von Regensburg, Augsburger Chronik von 1483, Aventin). Belege der eingedeutschten Form Ries(s) u. ä. in der Anwendung auf die Raetia prima sind seltener, da der rätoromanisch-lateinische Name Raetia (Curiensis, prima) zu lebendig war und hier außerdem die jüngere althochdeutsche Übersetzung *Churwalahun* »bei den Churwalchen« für Raetia Curiensis üblich war [41]. Im 15. und 16. Jahrhundert erscheint das Riess, Rieß u. ä. allerdings auch in schweizerischen Quellen oder solchen der unmittelbaren Nachbarschaft [42]:

K. Sailer, Deutsche Heiligenleben aus St. Gallen: *das Curisch Riess* (Ms. 602 Stiftsbibliothek St. Gallen, zit. Schweiz. Id. VI, 1385)

Albrecht von Bonstetten 1485: *das Minder Ries (minor recia)*

Gallus Oheim, Chronik von Reichenau: *das Riesz umb Chur* u. ä.

Vadian, Dt. hist. Schriften: *In die ober Rhetien, Ober-Rhiess, das ist Retiam primam*

Aegidius Tschudi, Chronicon Helveticum: *im Rieß zů Churwalchen (in pago Rhaetia Curiensi)* u. ä.

Es gibt aber auch Quellen dieser Zeit, welche streng zwischen *Rieß* bei Nördlingen im engeren Sinn und *Rhetia, Rhetien (beide Rhetias, das Churer Rhetia)* scheiden, wie die Zimmerische Chronik [43].

39) Vgl. Peter von Polenz a. a. O. (Anm. 29) S. 47.

40) Nachtrag im St. Galler Verbrüderungsbuch *Censuales in dem Riez,* in MGH Libri confraternitatum ed. P. Piper, Berlin 1884, S. 101 Anm.

41) Vgl. Stefan Sonderegger, Die Ausbildung der deutsch-romanischen Sprachgrenze in der Schweiz im Mittelalter, Rheinische Vierteljahresblätter Jg. 31, 1966/67, S. 284–285.

42) Die Belege entnehme ich den einschlägigen Wörterbüchern sowie den Quellenschriften selbst, insbesondere Schweizerdeutsches Wörterbuch od. Schweizerisches Idiotikon, Bd. VI, Frauenfeld 1909, Sp. 1385; Johann Andreas Schmeller, Bayerisches Wörterbuch, 2. Ausgabe von G. K. Frommann, Bd. II, München 1877, Sp. 149; Hermann Fischer, Schwäbisches Wörterbuch, Bd. V. Tübingen 1920, Sp. 344 und Nachträge Bd. VI, Tübingen 1936, Sp. 2808; Grimm, Deutsches Wörterbuch, Bd. VIII, Leipzig 1893, Sp. 954. Der Beispielbeleg aus Tschudi in Chronicon Helveticum, 1. Teil, bearbeitet von Peter Stadler und Bernhard Stettler, Bern 1968, S. 57.

43) Hrsg. von K. A. Barack, Bd. I–IV (Bibliothek des Litterarischen Vereins in Stuttgart XCI–XCIV), Tübingen 1869 (siehe Register in Bd. IV).

Was die jahrtausendlange, vom Frühmittelalter bis zur Gegenwart reichende Sprachberührung und Siedlungsdurchdringung Alemannisch – Rätoromanisch in Churrätien betrifft, ist von der Namenkunde her in methodischer Hinsicht auf die diachronische Interferenzforschung größtes Gewicht zu legen, d. h. auf die sprachgeschichtlich näher bestimmbaren Sprachberührungen Deutsch – Rätoromanisch und umgekehrt sowie auf ihr zeitliches wie areales Gefälle[44]. Schematisch ausgedrückt geht es um das in Figur 1 dargestellte methodische Modell.

Figur 1

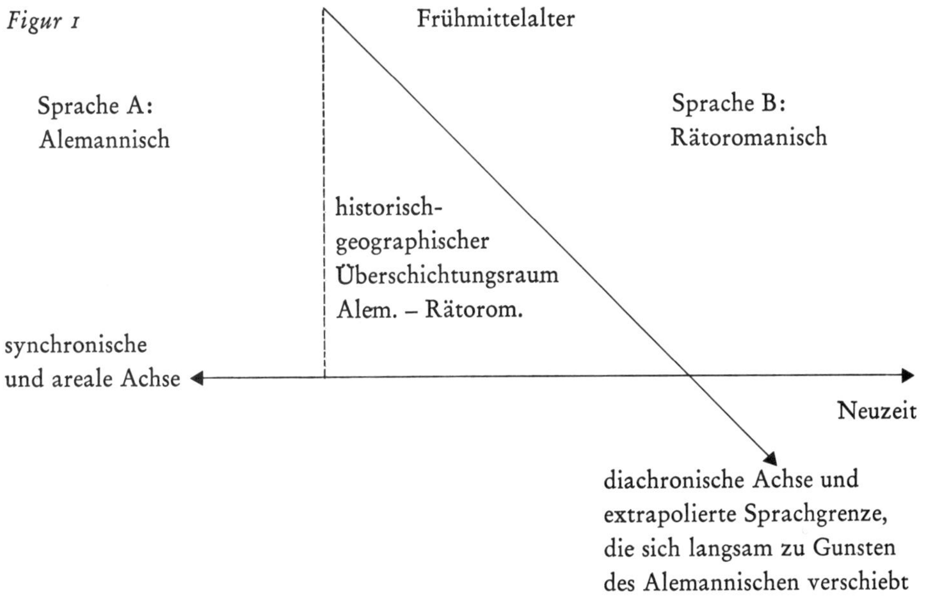

Als Folge jeder Sprachberührung entsteht ein areal bestimmbarer Interferenzbereich. Da die alemannisch-rätoromanische Sprachberührung wegen der demographischen Siedlerbewegung und des hohen sozialen Prestiges der deutschen Sprache in älterer Zeit (Reich, Adel, Verkehr, Verwaltung) zu einer schrittweisen Verschiebung der Sprachgrenze von Norden nach Süden führte, entstand ein historisch-geographischer Überschichtungsraum mit Alemannisch als Superstrat und Rätoromanisch als Substrat. Dieser sich bis in die Gegenwart langsam vergrößernde Überschichtungsraum umfaßt das heute alemannisch sprechende Gebiet der alten Raetia prima, wobei allerdings zu bedenken bleibt, daß die Alemannen zusätzliche voralpine Gebiete durch Rodung neu erschlossen haben. Die linguistisch-toponomastische Gliederung dieses Überschichtungsraumes läßt

44) Zum allgemeinen Stefan Sonderegger, Sprachgrenzen und Sprachgrenzlandschaften in der Schweiz, in: Berichte des XII. Internationalen Kongresses für Namenforschung, Bd. I (gleichzeitig Onoma vol. XIX), Leuven 1976, S. 277–292.

sich mittels sprachhistorischer Kriterien vollziehen, da sprachliche Neuerungen in ihrer Wirksamkeit zeitlich begrenzt und wissenschaftlich einigermaßen, d. h. auf Jahrhunderte, fixiert werden können. Auf der synchronisch-räumlichen Achse der Gegenwart spiegelt sich im Namenmaterial verschiedener Sprachformung der sprachhistorische Berührungsprozeß, für den wir beispielsweise folgende Kriterien und Namen nennen können (Figur 2):

Figur 2

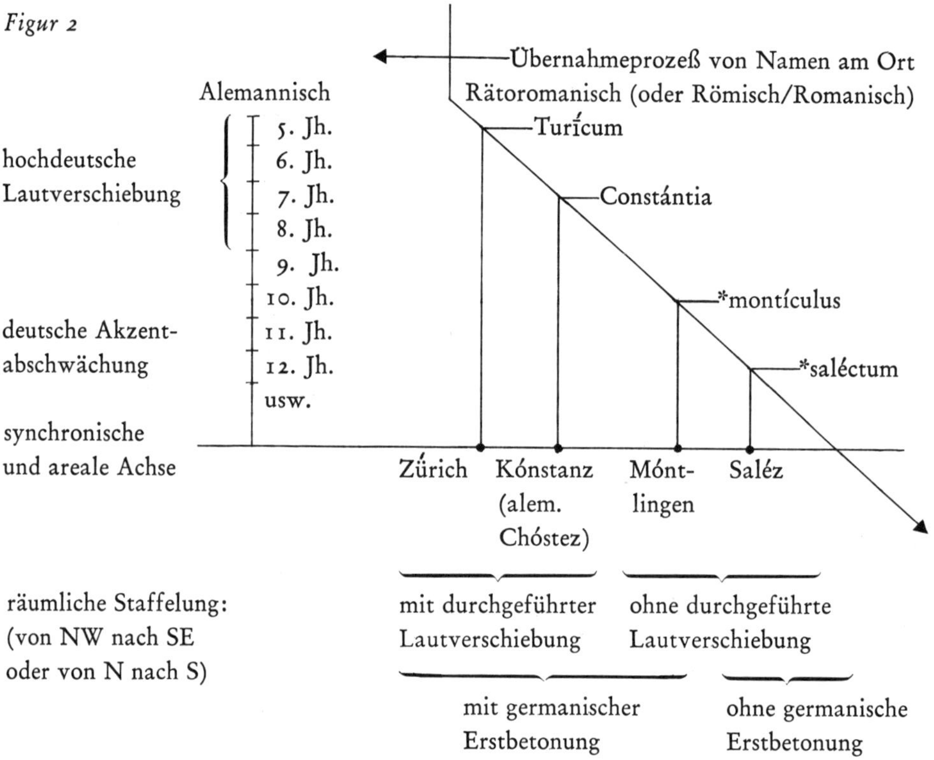

Der Übernahmeprozeß von Namen am Ort ist, was die Sprachform der Namen, d. h. deren Laut- und Formkörper, betrifft, einerseits von der Gebersprache, andererseits von der Aufnahmesprache abhängig, deren sprachgeschichtliche Veränderungen bis zur oder seit der Übernahme die Namen mitmachen. Dabei zeigt es sich, daß alle verschiedenen Teilsysteme der Sprache, nämlich Akzentsystem (Suprasegment), Lautsystem, Formensystem, Syntax (z. B. Präpositionalfügungen) und Lexik von den Interferenzvorgängen betroffen sind. Dies kann an den verschiedenen Übernahmeprozessen fremder Namen (d. h. vordeutscher, voralemannischer, nämlich rätoromanischer und noch älterer Namen über die Vermittlungssprache Rätoromanisch) in das Deutsche (Südalemannische) im einzelnen gezeigt werden. Wir beschränken uns in Figur 2 auf zwei augenfällige Erscheinungen bei der Übernahme vordeutscher Namen ins Alemannische, auf die zweite oder hochdeutsche Lautverschiebung des 5. bis 8./9. Jahrhunderts (t, p, k zu den entsprechenden Affrikaten oder Reibelauten z/ss, pf/ff, ck/ch je nach Position im Wort) sowie auf die sicher seit dem 12. Jahrhundert anzusetzende deutsche Akzentschwächung, in deren Gefolge neu eingedeutschte Namen nicht mehr den Hauptton auf die erste Silbe verlegten – entsprechend der sog. germanischen Erstbetonung –, sondern die vordeutsche, d. h. romanische Betonung beibehielten (heutige Mundartform meist mit Endbetonung). Dergestalt erhalten wir zwei sich zeitlich überlappende Interferenzfilter, welche für die sprachliche Einverleibung vom Römisch-Lateinischen und Rätoromanischen ins Alemannische wirksam sind, den Lautverschiebungsfilter und den Akzentfilter. Je nach der Übernahmezeit eines Namens erfolgt die Eindeutschung mit beiden, nur noch mit einem oder ohne einen der beiden Filter (vgl. auch oben Fig 2, wobei wir uns auf wenige illustrative Beispiele beschränken müssen):

(a) mit durchgeführter Lautverschiebung und germanischer Erstbetonung
galloromisch *Túricum* > ahd. *Zíurichi, Zúrih,* heute Zúrich [45],
römisch-lateinisch *Constántia* > ahd. *Chóstinza* u. ä., heute Kónstanz, älter alem. *Chóste(n)z* [46]

(b) ohne durchgeführte Lautverschiebung, aber noch mit germanischer Erstbetonung
lateinisch-romanisch **montículus* > alem. Móntlingen im St. Galler Rheintal (Mundartform múntləgə), 1155 *montigels,* 1217 *Montigil,* später an die -ingen-Orte angeglichen [47], mit altbesiedeltem kleinen Berg in der Ebene des Rheintals

(c) weder mit durchgeführter Lautverschiebung noch mit germanischer Erstbetonung
lateinisch-romanisch *Saléctum* (so urkundlich 847) ›Weidengebüsch‹ > alem. Saléz im St. Galler Rheintal [48].

So vermehren sich nach Süden auf den beiden Haupteinfallsachsen in die Raetia prima, im St. Galler Rheintal und im Land Vorarlberg sowie an der Zürichsee-Walensee-Route die nicht mehr verschobenen Ortsnamen zusehends. Dies betrifft sogar die relativ

45) Zum Namen Ernst Meyer in Emil Vogt-Ernst Meyer-Hans Conrad Peyer, Zürich von der Urzeit zum Mittelalter, Festschrift Hans Hürlimann-Huber, Zürich 1971, S. 110 und 148 (hier die Lit.); ahd. Belege neben dem Geographen von Ravenna *(Ziurichi)* auch Die Althochdeutschen Glossen, Bd. III, S. 611.

46) Vgl. Hans Lieb a. a. O. (Anm. 24), S. 35 ff.; ahd. Belege auch Die Althochdeutschen Glossen, Bd. III, S. 125 und 611. Vgl. auch die ahd. Einverleibung des Personennamens Constantius u. ä. in urk. 895 in *Chostanicineswilari* (Vorarlberg; Urkundenbuch der Abtei St. Gallen II, S. 302).

47) Thomas Arnold Hammer, Die Orts- und Flurnamen des St. Galler Rheintals, Namenstruktur und Siedlungsgeschichte (Studia Linguistica Alemannica 2), Frauenfeld 1973, S. 167–168. Vgl. auch die Namenparallele Muntigl bei Salzburg, welche Ernst Schwarz, Baiern und Walchen, Zeitschrift für bayerische Landesgeschichte 33, 1970, S. 899 nennt.

48) Wilhelm Götzinger, Die Romanischen Ortsnamen des Kantons St. Gallen (auch Diss. Freiburg i. Br.) 1891, S. 73–74 (zu lat. *salictum,* dieses zu *salix* »Weide«).

junge k–Verschiebung, welche als späteste Stufe der Tenuesverschiebung in das 7./8. Jahrhundert zu setzen ist:

Gaster, Landschaftsname zwischen Zürichsee und Walensee, Kanton St. Gallen, ursprünglich Burgname (Gasterholz), mit schwankenden älteren Belegen zwischen alemannisch durchgeführter und romanisch (sowie später alemannisch wie heute) nicht durchgeführter Lautverschiebung, z. B. 1230 *a clivio, qui Gastirn dicitur* neben 1283 *in Chastren,* zu lat. *castrum, castra* ›Lager, Festung‹ [49].

Götzis, Dorf im Land Vorarlberg, rechtsrheinisch fast auf derselben Höhe wie das linksrheinische Montlingen (siehe oben), vermutlich zum romanischen Stamm von *cattia* ›Schöpflöffel‹, topographisch ›Mulde‹, was örtlich-namenmotivisch als geschützte Senke zwischen zwei Vorbergen verständlich ist; auch hier liegen, entsprechend dem althochdeutschen Sprachgrenzgebiet, ch-Formen als frühe Eindeutschungen vor, die sich aber gegenüber der romanischen Form mit c im Anlaut (später zu deutsch g) nicht durchzusetzen vermochten: 1045 (nur Abschriften) *Cheizines,* 1178 (nur Abschriften) *in Checins,* 1260 *Gezins* [50].

Grabs, bedeutende frühmittelalterliche Siedlung im St. Galler Rheintal, nach einer neuen Deutung von Gerold Hilty als *caput rapidae* zu verstehen, nämlich ›Beginn (oder Ende) der Stromschnelle, bzw. des steilen Anstiegs‹ am Simmitobel Richtung Oberstes Toggenburg [51].

Gams im St. Galler Rheintal, am Westrand der weiten Talebene, zu lat.-rom. *campus* (Belege z. T. mit Weiterbildung 835 *in fundo Campesias* usw., sonst *in Campis, in Campo*) [52].

Daneben gibt es allerdings Namen, welche tief im frühmittelalterlichen rätoromanischen oder alpinromanischen Sprachraum liegen und trotzdem in ihrer eingedeutschten Form Merkmale der hochdeutschen Lautverschiebung aufweisen. Wir sprechen in sol-

49) Vgl. Bruno Boesch, Das Ortsnamenbild zwischen Zürich- und Walensee als Zeugnis für die Sprachgrenze im 7. und 8. Jahrhundert, in: Sprachleben der Schweiz (Festschrift Rudolf Hotzenköcherle), Bern 1963, S. 242–243; die Belege (und weitere, z. T. verunechtete) im Urkundenbuch der südlichen Teile des Kantons St. Gallen, bearbeitet von F. Perret, Bd. I ff., St. Gallen 1951 ff.

50) Rätisches Namenbuch, Bd. 2, S. 653 unter Cázas; die Belege bei Adolf Helbok, Regesten von Vorarlberg und Liechtenstein bis zum Jahre 1260 (Quellen zur Geschichte Vorarlbergs und Liechtensteins Bd. I), Bern–Bregenz–Stuttgart 1920 sowie (teilweise) im Urkundenbuch von F. Perret (Anm. 49). Vgl. auch Josef Zehrer, Frühe Namenschichten in Vorarlberg, in: Studien zur Namenkunde und Sprachgeographie, Festschrift Karl Finsterwalder, Innsbruck 1971, S. 93–94 (mit anderer Deutung).

51) Gerold Hilty, Der Ortsname »Grabs« im St. Galler Rheintal, in: Berichte des XII. Internationalen Kongresses für Namenforschung, Bd. I (gleichzeitig Onoma vol. XIX), Leuven 1976, S. 217–227 bzw. Zur Herkunft des Ortsnamens »Grabs«, in: Mélanges offerts à Carl Theodor Gossen, Bern-Liège 1976, S. 363–394.

52) Wilhelm Götzinger a. a. O. (Anm. 48), S. 19–20; Belege im Urkundenbuch von F. Perret (Anm. 49).

chen Fällen von einer Fernwirkung der Lautverschiebung bei der Einverleibung von romanischen Namen jenseits einer direkten Sprachgrenzberührung ins Deutsche. Diese Fernwirkung ist bei wichtigen Siedlungsnamen, Standorten bedeutender Klöster, Burgen, Brückenstellen oder Paßnamen festzustellen, z. B.:

Chur, Bischofssitz, Verkehrsknotenpunkt nördlich der Alpen und Hauptstadt der Raetia prima, bereits mit althochdeutschen ch-Belegen, normalschweizerdeutsch mit ch-, bündnerisch aber mit kh- ausgesprochen (dagegen rätoromanisch *Cuéra, Cuoira* u. ä., entsprechend italienisch *Coira,* französisch *Coire*) [53].

Como, Bischofssitz und Verkehrsknotenpunkt südlich der Alpen, ebenfalls mit bereits althochdeutschen ch-Belegen (*Cuma, Cumae .i. chuma* Ahd. Gl. III, 611, 27), die sich altalemannisch in der schweizerischen Chronikliteratur fortsetzen (*Chum* u. ä.).

Cazis (Katzis), rätoromanisch Cázas, Dorf im Domleschg Kt. Graubünden, mit bedeutendem Frauenkloster seit dem Frühmittelalter, urkundlich *Cacias* seit dem 10. Jh. usw. (zu *cattia* ›Schöpflöffel‹, topographisch ›Mulde‹), daneben mit alten ch-Belegen, z. B. 940 *Chazzes,* spätahd. *Chaces,* jünger *Chatz* [54].

Chiavenna, älter Clavenna, verdeutscht Cleven u. ä., Verkehrsknotenpunkt südlich der Alpen auf dem Weg von Chur nach Como, wobei nach Ausweis der im Schweizerdeutschen bis heute weitverbreiteten Wein- und Rebenbezeichnung Chlevner, Chlävner (Schweiz. Idiotikon III, Sp. 632) eine altalemannische Form mit anlautendem ch angenommen werden muß [55].

Monte Ceneri, Paßübergang zwischen Bellinzona-Tessinfluß-Langensee und Lugano, bergschweizerdeutsch *Munckchänel* (Uri), *Munchänel, Mong Chänel* (Glarus), wobei allerdings zusätzlich Anlehnung an das schweizerdeutsche Lehnwort Chän(n)el, Chän(n)er (ahd. *kánali* < lat. *canalis* ›Röhre, Rinne, Wasserlauf‹) vorliegt [56].

Fast alle diese ch-Belege für (teilweise) eingedeutschte romanische oder noch ältere Namen stehen graphematisch keineswegs isoliert, sondern im Verband mit sicherer Spiranslautung von ch in der gleichen Quelle, so daß man sie nicht einfach als graphematische Variante abtun kann. Daneben gibt es natürlich auch Fälle erst jüngerer Anglei-

53) Vgl. die Anm. 14 genannte Literatur; die ahd. Formen in: Die Althochdeutschen Glossen, Bd. III, S. 126 und 611.

54) Rätisches Namenbuch, Bd. 2, S. 653. Zu den dort genannten Belegen ist derjenige aus dem Conspectus coenobiorum des Codex 453 der Stiftsbibliothek St. Gallen aus dem 12. Jh. *Sororibus in Chaces manentibus* (MGH, Libri confraternitatum, ed. P. Piper, Berlin 1884, S. 144) nachzutragen; im früheren Eintrag des Verbrüderungsbuches selbst heißt es dagegen *nomina sororum de Gaczes* (a. a. O. S. 92; vermutlich 9./10. Jh.).

55) Über die Bedeutung des Weines aus dem Gebiet von Chiavenna liegen viele ältere Zeugnisse aus schweizerischen Urkunden und Chroniken des Spätmittelalters vor, z. B. für St. Gallen Urkundenbuch der Abtei St. Gallen Bd. III, S. 738 und 784, sowie Cristân der Kuchimaister, Nüwe Casus Monasterii Sancti Galli, ed. EUGEN NYFFENEGGER, Berlin-New York 1974, S. 50.

56) Vgl. JOHANN ULRICH HUBSCHMIED, Zeugen für das späte Aussterben des Gallischen, Vox Romanica 3, 1938, S. 80–81, Anm. 4; Schweiz. Idiotikon II, Sp. 311 mit Beleg 1511 *Mont Kenel;* der Name gehört nach Hubschmied zu lat. *cinerēs.*

chung von rätoromanisch c- an normalschweizerdeutsch ch-, wie etwa beim Dorfnamen Castrísch, deutsch Kästris (Surselva, Kt. Graubünden), wo neben überwiegendem *Castrice, Castrisis, Castris* auch spätmittelalterliche Belege 1258 *Chastris* (neben *Kastres*), 1289 *de Chestris* begegnen. Der Name ist eine Ableitung von lateinisch-romanisch *castrum* ›Lager, Festung‹ [57].

Was die Eindeutschung mit Akzentwechsel zugunsten der germanischen Erstbetonung betrifft, ist es doch auffällig, daß sich wichtige alte Siedlungsnamen im Grenzbereich der Raetia prima oder in ihrem älteren alemannisch-rätoromanischen Berührungsgebiet diesem Akzentwechsel noch unterziehen, daß aber südlich des Hirschensprungs und östlich des Walensees im Innern des alträtoromanischen Gebietes in der Regel die romanische Betonung auch für die deutsche Form gilt – am Gesamtbefund können die wenigen Ausnahmen, welche Paul Zinsli nennt, der dieses Kriterium für die siedlungsgeschichtliche Auswertung in der deutschen Schweiz grundsätzlich ablehnt, nichts ändern [58]. Die verhältnismäßig wenigen, mit Akzentwechsel eingedeutschten romanischen oder vorromanischen (römisch-keltischen oder rätisch-illyrischen) Namen finden sich geographisch mit Bezug auf die Raetia prima wie folgt gruppiert:

1. längs des Bodensees
   Kónstanz < lat. *Constántia* (vgl. S. 233)
   Frásnacht < roman. **fraxinḗtum* ›Eschengehölz‹ [59]
   Árbon (mda. ārbə) < vorrom. *Arbṓna* (vgl. S. 226)
   Brégenz < kelt. *Brigántia, -ium* [60]
2. im Raum oberer Zürichsee-Glarnerland-Walensee
   Túggen < kelt. *Tuccṓnia* u. ä. [61]
   Näfels < roman. **navā́lias, *novā́lias* ›Neubrüche‹ [62]

57) Rätisches Namenbuch, Bd. 2, S. 651–652; HEINRICH BOXLER, Die Burgnamengebung in der Nordostschweiz und in Graubünden (Studia Linguistica Alemannica Bd. 6), Frauenfeld 1976, S. 69–70 (und Register).

58) PAUL ZINSLI, Spuren sprachverschiedener Begegnung in den Ortsnamen der schweizerdeutschen Alpentäler, in: Berichte des XII. Internationalen Kongresses für Namenforschung, Bd. I (gleichzeitig Onoma vol. XIX), Leuven 1976, S. 89–91; wir bestreiten allerdings unsererseits nicht, daß an der westlichen (deutsch-französischen) Sprachgrenze der Schweiz und in den durch Walser besiedelten Alpentälern die Akzentfrage differenzierter beurteilt werden muß. Auch EBERHARD KRANZMAYER, Zur Ortsnamenkunde Tirols, Onoma vol. XI, 1964/65, S. 242 scheidet je nach Betonungskriterium zwischen einer althochdeutschen Namenübernahme mit Erstbetonung und einer erst mittelhochdeutschen mit Zweit- oder Endbetonung.

59) OSKAR BANDLE a. a. O. (Anm. 16), S. 267.

60) ALFRED HOLDER, Alt-Celtischer Sprachschatz, Bd. I, Leipzig 1896 (Nachdruck Graz 1961), Sp. 538–539.

61) HANS LIEB a. a. O. (Anm. 24), S. 75–84; BRUNO BOESCH a. a. O. (Anm. 49), S. 252.

62) FRITZ ZOPFI, Die Namen der glarnerischen Gemeinden, Jahrbuch des Historischen Vereins des Kantons Glarus, 50. Heft, 1941, S. 33–34. JOHANN ULRICH HUBSCHMIED, Der Name Näfels, Vox Romanica 12, 1952, S. 357–360 bzw. Schweiz. Zeitschrift für Geschichte I, 1951, S. 291–293.

Glarus < vorroman. *clarṓnas, 9. Jh. *clarona,* heute noch rätoromanisch glərúnə [63]

Kérenzen (mundartlich *chírətsə*) < roman. *(via) *circinā́ta* oder **circātiṓnēs* ›Kehren‹ (an der alten Paßstraße) [64]

3. im untersten St. Galler Rheintal und rechtsrheinisch im nordwestlichen Vorarlberg (Raum Feldkirch)

Móntlingen < roman. *montículus* (vgl. S. 233)

Nófels (Vorarlberg) < roman. **novā́lias* [65]

Frástanz (Vorarlberg) < roman. **fustágo, -ine,* ›Knüppel, Holzriese‹ [66]

Demgegenüber zeigt die Hauptmasse der Landschafts-, Siedlungs- und Flußnamen südlich des Hirschensprungs, im Raum Sargans und überhaupt weiter im heute deutschsprachigen Gebiet von Churrätien – von einzelnen Ausnahmen, deren Bedingungen Fall für Fall geklärt werden müßten –, keine germanisch-deutsche Erstbetonung mehr, wie z. B. Saléz, Gasénzen, Sargáns, Ragáz, Jeníns, Maláns, Plessúr (Flußname), Schanfígg usw. [67]. Diese Namen sind eben nach der deutschen Akzentschwächung, etwa seit dem 12. Jahrhundert, jedenfalls in nachalthochdeutscher Zeit in die alemannische Sprache aufgenommen worden. Fälle wie das wegen der Mutter-Tochterkloster-Beziehung zur Reichenau schon frühmittelalterlich in althochdeutscher Zeit eingedeutschte Pfäfers (rätoromanisch *Favéras,* mittellateinisch *Fabarias)* – unabhängig davon, daß das Kloster bald nach der Gründung schon im 8. Jahrhundert in den rätischen Herrschaftsbereich übergegangen ist –, sprechen nicht dagegen, weil sie als Sonderfälle erklärt werden können [68]. Außerdem muß mit Analogiewirkungen gerechnet werden, welche die roma-

63) Fritz Zopfi a. a. O. (Anm. 62), S. 40–42.

64) Fritz Zopfi a. a. O. (Anm. 62), S. 22–24.

65) Fritz Zopfi a. a. O. (Anm. 62), S. 33.

66) Josef Zehrer a. a. O. (Anm. 50), S. 95 (mit Lit.); vgl. auch Rätisches Namenbuch, Bd. 2, S. 157–158.

67) Zu den Namen, soweit im Kt. Graubünden, Rätisches Namenbuch, Bd. 2; Werner Camenisch, Beiträge zur alträtoromanischen Lautlehre auf Grund romanischer Orts- und Flurnamen im Sarganserland, Diss. Zürich 1962; Wilhelm Götzinger a. a. O. (Anm. 48).

68) Belegübersicht bei W. Götzinger a. a. O. (Anm. 48), S. 70, der den Namen zu lat.-rom. *faba* ›Bohne‹ stellt, vgl. auch Franz Perret, Aus der Frühzeit der Abtei Pfävers, 98. Neujahrsblatt hrsg. vom Historischen Verein des Kt. St. Gallen, 1958, S. 15–16. Die Beurteilung der Eindeutschung ist wegen verunechteter oder gefälschter diesbezüglicher Belege im 17. Jahrhundert nicht einfach (dazu Urkundenbuch von F. Perret wie Anm. 49). Vielleicht ist der Anlaut der deutschen Form Reflex der u. a. so belegten Präpositionalform *ad Fabarias* (dazu auch W. Götzinger S. 7–8); im übrigen liegt Sekundärumlaut vor Suffix *-aria* vor. Die frühen historischen Zusammenhänge bei Heinrich Büttner, Zur frühen Geschichte der Abtei Pfäfers, Zeitschrift für schweizerische Kirchengeschichte 53, 1959, S. 1–17 (Nachdruck in: Schwaben und Schweiz im frühen und hohen Mittelalter, Gesammelte Aufsätze, Vorträge und Forschungen, hsg. vom Konstanzer Arbeitskreis für mittelalterliche Geschichte, Bd. XV, Sigmaringen 1972, S. 225–239).

nisch-deutschen Doppelformen von bereits festen Paaren aus beeinflussen. Der dabei resultierende Ortsnamenausgleich müßte in einer zusammenfassenden, auf die zweisprachigen Namen ausgerichteten Untersuchung dargestellt werden. Offenbar spielen auch phonetische Bedingungen in der Struktur des Namenkörpers eine Rolle: so ist es auffällig, daß deutsche Namenformen auf kurzes -is den Ton nicht tragen, selbst wenn der entsprechende rätoromanische Name endungsbetont ist (Ka̋stris, roman. Castrísch; Thúsis, roman. Tusáun; Trímmis, roman. Tarmégn, Termín).

Als weiteres Indiz eines langanhaltenden alemannisch-rätoromanischen Berührungsprozesses, welcher linguistisch gesehen den morphologischen Teil des Sprachsystems betrifft, sind die Ortsnamen mit Übernahme des altromanischen Flexionszeichens auf -s in der deutschen Form zu werten, welcher – allerdings nur zum Teil noch – der s-lose Ortsbewohnername gegenübersteht (Näfels / Näfeler, Glarus / Glarner, Flums, Gams usw.). Dieses -s ist meist als altromanischer Nominativ Singular, gelegentlich auch als Akkusativ Plural oder anders zu deuten, wie Heinrich Schmid gezeigt hat [69]. Da im Romanischen die Nominativendung im Verlauf des Spätmittelalters geschwunden ist, zeigen bis heute viele vor dieser Zeit verdeutschte Namen ein auslautendes -s, während die entsprechenden romanischen Formen dessen meist entbehren, wobei sie allerdings auch zum Teil auf einen s-losen obliquen Kasus zurückgehen können (nach Heinrich Schmid z. B. deutsch Flims und Flums aus dem Nominativ, romanisch Flem aus dem Obliquus, zu *flumen* ›Bach, Wildbach‹, mit neuer maskuliner Deklination im Singular). Außerdem wurden die mit -s ausgestatteten Formen geradezu typisch für die verdeutschte Kanzleiform vieler rätoromanischer Namen, ja sie können sogar analogisch an deutsche Lexeme antreten (Klosters, lat. *Claustra*).

Wir können hier nicht auf alle Einzelheiten der komplizierten Berührungsfrage dieses zweisprachigen Ortsnamentypus eingehen, dessen Details noch keineswegs abschließend erforscht sind. Außerdem handelt es sich um eine gesamtschweizerische Erscheinung des alemannisch-romanischen Kontaktes, so daß wir auch in der Innerschweiz (z. B. Kriens, Kerns, Stans), im Wallis (z. B. Grengiols, Naters) und im Bezugsbereich der deutsch-französischen Sprachgrenze (z. B. Tafers, Ligerz) vordeutsche Namen auf -s (und -z, -sch) vorfinden [70]. Doch zeigt eine Kartierung allein schon für die Schweiz (die im Bereich der Raetia prima für Vorarlberg-Liechtenstein ergänzt werden müßte) den arealen Erstreckungsbereich Gaster – Walensee – Seeztal (westlichster Ort Schänis, dazu

69) Heinrich Schmid, Zur Geschichte der rätoromanischen Deklination, Vox Romanica 12, 1952, S. 21–81.

70) Vgl. auch Stefan Sonderegger, Die Ausbildung der deutsch-romanischen Sprachgrenze in der Schweiz im Mittelalter, Rheinische Vierteljahresblätter Jg. 31, 1966/67, S. 266–268 (mit weiterer Lit.). Für die Westschweiz Peter Glatthard, Ortsnamen zwischen Aare und Saane (Sprache und Dichtung Bd. 22, Sonderreihe Berner Arbeiten zur Dialektologie und Volkskunde), Bern-Stuttgart 1977, S. 201–212 (mit weiterer Lit.).

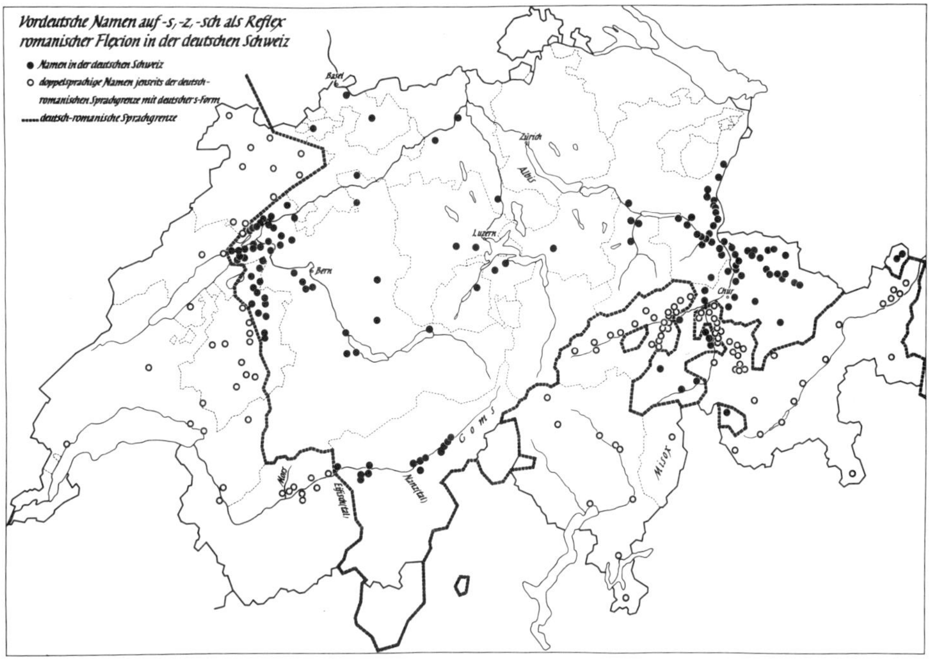

Karte 1

Ortsbewohnername Schänner [71]), st. gallisches Rheintal und Seitentäler, sowie den ganzen Kanton Graubünden (dazu Karte 1). Zu beachten bleibt außerdem, daß eine ältere, in voralthochdeutscher Zeit in das Alemannische (und Bairische) aufgenommene Schicht römisch-lateinischer und anderer vorgermanischer Namen die Endungen Vokal + finales s gemäß den südgermanischen Auslautgesetzen abfallen läßt: römisch-lateinisch *Ad Fines* an der Westgrenze der Raetia prima > Pfyn (1155 *in Phina,* 1192 *de Phine,* später mit apokopiertem -e) [72]; *Enios* (neben *Enos,* rätorom. *En*) > bairisch-althochdeutsch *Ini, Ine* (Genitiv *Innes,* Dativ *Inne,* danach auch Nominativ / Akkusativ sekundär *Inni, -e*), mit Übernahme ins Deutsche vom bairisch besiedelten Unterlauf her, zu keltisch **enos* ›Wasser‹ [73]. Demgegenüber bleiben die seit althochdeutscher Zeit, d. h. vom 7./8. Jahrhundert an ins Deutsche einverleibten Namen bezüglich ihrer finalen s-Endung unangetastet – dagegen wird der Vokal qualitativ nach althochdeutscher Regel abgeschwächt, später

71) Nach Fritz Zopfi a. a. O. (Anm. 62), S. 31 und Bruno Boesch a. a. O. (Anm. 49), S. 255 zu *in scamnis,* zu *scamnum* ›Bank‹, also ›bei den Sandbänken‹ der alten Uferzone des im Verlauf des Mittelalters verlandeten Tuggenersees.

72) Vgl. die Belege bei Oskar Bandle a. a. O. (Anm. 16), S. 266.

73) Die althochdeutsche Einverleibung beleuchtet überzeugend und an Hand von Belegen Julius Pokorny a.a. O. (Anm. 5), S. 243–246.

gemäß mittelhochdeutscher Regel meist synkopiert, wobei auch das auslautende Konsonantengefüge dann vereinfacht wird: man vergleiche etwa die älteren Belege für den Ortsnamen Schänis (Bezirk Gaster, Kanton St. Gallen): 972 *Skennines*, 988 *Schennines*, 9./10. Jahrhundert *Skenninis*, 1045 *Skennines* (mit althochdeutschem Umlaut in der Stammsilbe), 1178 *de Scennins*, 13. Jahrhundert öfter *Schennis*, *Shennis*, usw. [74].

Eine übergreifende deutsch-rätoromanische Interferenzerscheinung, deren Wurzeln in den verschiedenen Akzentsystemen der beiden Sprachen liegen, was sich aber syntaktisch-morphologisch auswirkt, ist die Agglutination deutscher Ortspräpositionen an romanische Flurnamen, z. B. Inerlóng (Schnifis, Vorarlberg) $<$ (deutsch) *im* + (romanisch) *ager longu*. Diese doppelsprachige Bildungsweise ist, wie zuletzt Hans Stricker zusammenfassend an 180 solchen Einzelnamen gezeigt hat [75], eine Besonderheit der unterrätischen Namenlandschaft am Walensee, im St. Galler Rheintal zwischen Rüthi und Sargans sowie im Land Vorarlberg (im wesentlichen Raum Feldkirch-Nenzing) und im Fürstentum Liechtenstein, mit vereinzelten südlichen Ausläufern. Sie läßt sich von der heutigen arealen Begrenzung auf ein zeitlich begrenztes Stadium der Zweisprachigkeit des Gebietes vor allem im 13. Jahrhundert zurückführen.

Was den lexikalischen Teil der Namen in ihrem Aussagewert für die alemannisch-rätoromanische Sprachberührung im Frühmittelalter betrifft, lassen sich die folgenden Kriterien für eine siedlungsgeschichtliche Betrachtung heranziehen:

(a) das ethnolinguistische Benennungsmotiv als Selbstbezeichnung oder für Anderssprachige

(b) der räumliche Bezugsbereich romanischer Personennamengebung in den frühmittelalterlichen Quellen

(c) die räumliche Staffelung von (vorromanisch-)romanischen Lehnwörtern in der Namengebung durch die Alemannen

(d) der räumlich gestaffelte Anteil von romanischen Namen in später deutsch gewordenen Gemeinden.

Mit all diesen Kriterien kann die Entstehung der deutsch-rätoromanischen Sprachgrenze, die räumliche Überschichtung alträtoromanischer Talschaften durch die Alemannen und das Alemannische sowie das schrittweise Zurückweichen des Romanischen Richtung Chur näher beleuchtet werden. Wir beschränken uns in diesem Aufsatz auf einige aussagekräftige Fälle für die frühmittelalterliche Zeit.

74) Belege bei F. Perret, Urkundenbuch (wie Anm. 49) mit weiteren latinisierten und verunechteten Formen, ferner Liber confraternitatum Sangallensis ed. P. Piper (wie Anm. 40).

75) Hans Stricker, Eine Besonderheit der unterrätischen Namenlandschaft, Zur Agglutination deutscher Ortspräpositionen an romanischen Flurnamen, Annalas da la Società retorumantscha, Annada LXXXIX, 1976, S. 147–181 (mit Verbreitungskarte); vgl. auch Ders., Die romanischen Orts- und Flurnamen von Grabs, Diss. Zürich 1974, ferner Gerold Hilty, Das St. Galler Namenbuch in romanistischer Sicht, in St. Gallische Ortsnamenforschung, 108. Neujahrsblatt hsg. vom Historischen Verein des Kt. St. Gallen 1968, S. 14–15 (mit vorläufiger Verbreitungskarte).

Was das ethnolinguistische Benennungsmotiv als Selbstbezeichnung oder für Anderssprachige betrifft, begegnen uns im Namenmaterial des frühmittelalterlichen alemannisch-rätoromanischen Berührungsbereiches drei Typen:

lat. *Latinus*	lat. *Romanus*, ahd. *Rūman*	ahd. *Walah, -o*
(auf die romanische Namengebung beschränkt)	(zunächst in der romanischen, später auch in der deutschen Namengebung belegt)	(auf die deutsche Namengebung beschränkt)

Der Personenname *Latinus* kommt in einer Rankweiler Urkunde von 820 sowie in einer Grabser Urkunde von 847 (854) zusammen mit anderen romanischen Personennamen vor [76]. Auch *Romanus* ist als Personenname im frühmittelalterlichen Rätien zu belegen, kommt aber auch althochdeutsch als *Rūman* vor, insbesondere im Namen Romanshorn am Bodensee, 779 *locum qui dicitur Rumanishorn* (dazu Dorsualnotiz *de Romanocornu*), mit vielen weiteren Belegen im 9. Jahrhundert [77]. Der Name dürfte im Frühmittelalter noch ethnischen Aussagewert besitzen. Außerdem läßt sich *Romanus*, verdeutscht *Ruman*, in Orts- und Hofnamen des St. Galler Rheintals und des Landes Vorarlberg nachweisen [78].

Daß auch althochdeutsch *Walah* ›Welscher‹ (wozu auch das Adjektiv *walahisk* ›welsch‹ gehört) in Ortsnamen die Funktion einer ethnolinguistischen Bezeichnung hatte, zeigen die beiden Übersetzungsnamen lateinisch-romanisch *Ripa, Riva* ›Ufer‹, Ort am Ostufer des Walensees, althochdeutsch seit ca. 850 *Walahastad* (Karolingisches Reichsguturbar) für **Walahostad* ›Ufer, Gestade, Anlegeplatz der Romanen‹, 1045 *Walastade* usw., heute Walenstadt (Kanton St. Gallen), sowie *Raetia Curiensis*, althochdeutsch seit dem 9. Jahrhundert *Churewalaha, Curowalahon* u. ä., später *Churwalchen*, zunächst als Dativ Plural ›bei den Churwelschen‹ zu verstehen [79]. Während im zweiten Namen

76) Hermann Wartmann, Urkundenbuch der Abtei St. Gallen, I, S. 243–244 und II, S. 22, vgl. auch F. Perret, Urkundenbuch a. a. O. (Anm. 49), S. 32 und 46, mit dem Hinweis, *Latinus* komme auch in anderen Rankweiler Urkunden vor. Aus dem bairischen Gebiet ist der eingedeutschte Personenname *Ledî* < *Ladinu* < *Latinus* in einer Salzburger Urkunde von 788 belegt, vgl. Karl Finsterwalder a. a. O. (Anm. 23), S. 38 (mit Lit.).

77) *Romanus*, vgl. die vielen Nennungen im Verbrüderungsbuch von Pfäfers (MGH, Libri confraternitatum ed. P. Piper, Berlin 1884); ahd. *Ruman* z. B. H. Wartmann, Urkundenbuch a. a. O. (Anm. 76), S. 361; Belege für Romanshorn H. Wartmann a. a. O. (Anm. 76), I, S. 81 usw. und Otto P. Clavadetscher – Paul Staerkle, Die Dorsualnotizen der älteren St. Galler Urkunden, St. Gallen 1970, S. 26.

78) Thomas Arnold Hammer a. a. O. (Anm. 47), S. 123 Rumenschwanden, 1404 *ze Rumanswendi*, Gemeinde St. Margrethen; S. 175 Romligen, 1492 *vff rumlingen*, Gemeinde Altstätten. Vorarlberger Flurnamenbuch I, S. 1 ff., Bregenz 1970 ff. (mit Beispielen in den publizierten Listen).

79) Vergleichende Beleglisten zu Walenstadt bei St. Sonderegger, Die althochdeutsche Schweiz, Zur Sprach- und Siedlungsgeschichte der deutschen Schweiz bis 1100, in: Sprachleben der Schweiz (Festschrift Rudolf Hotzenköcherle), Bern 1963, S. 51; zu Churwalchen bei St. Sonderegger, Die Ausbildung der deutsch-romanischen Sprachgrenze in der Schweiz (Anm. 15), S. 284–285.

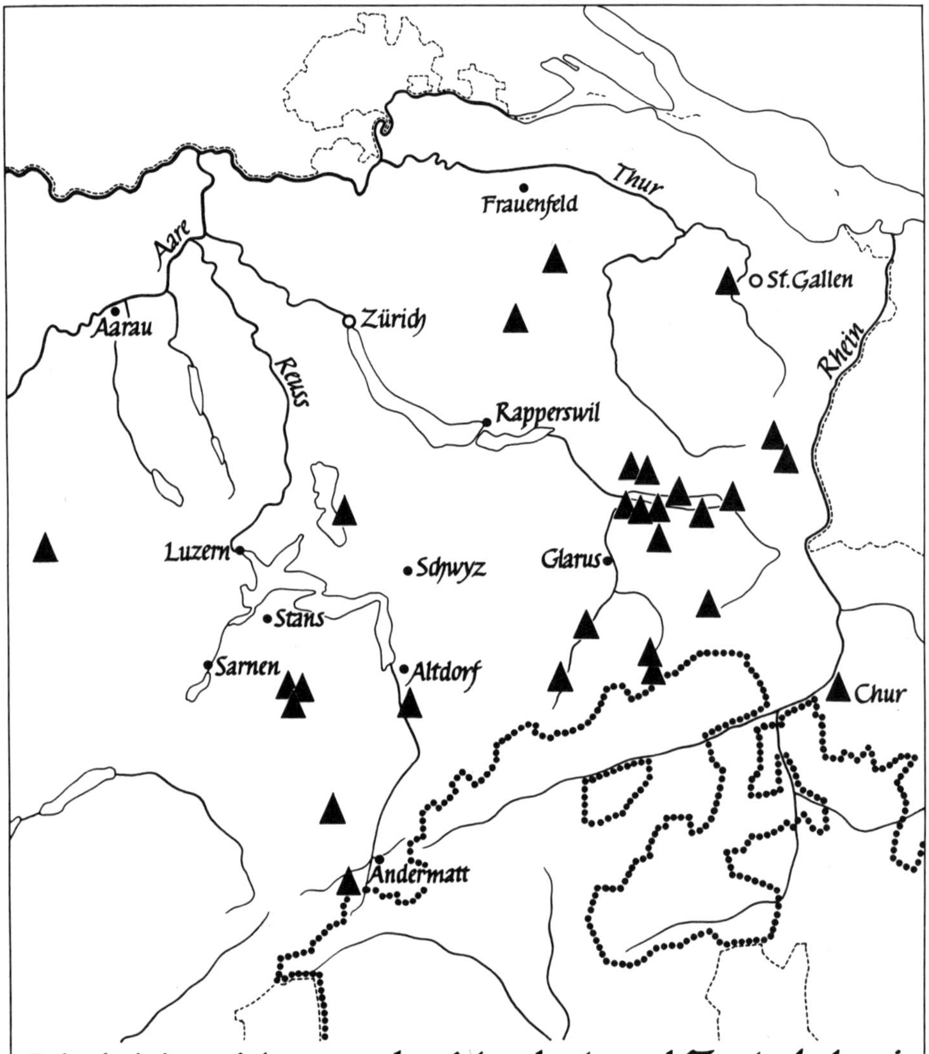

Die Walen-Namen der Nordost- und Zentralschweiz

▲ Walen-Namen .... deutsch-romanische Sprachgrenze

Karte 2

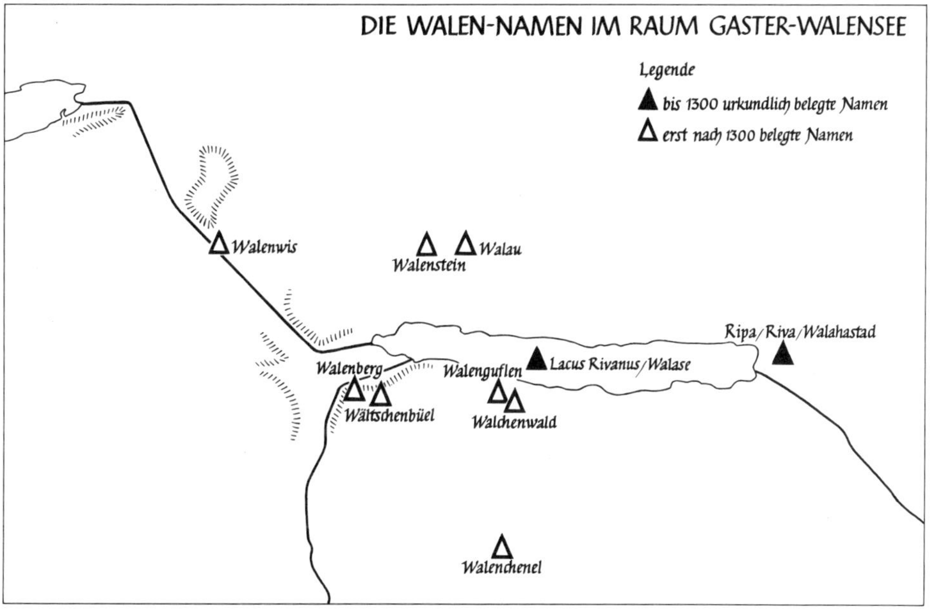

Karte 3

das nachgestellte -walchen die Übersetzung von Raetia ›Rätien‹, d. h. ›anderssprachiges, romanisches Land‹ (was für die Raetia Curiensis im Frühmittelalter noch voll gelten konnte) darstellt, liegt im ersten Fall ein unterscheidender Zusatz vor, indem statt des einfachen althochdeutschen *stad* ›Ufer, Gestade‹ (vgl. Staad am Bodensee) der Ortsname im 9. Jahrhundert deutlich als ›Gestade auf der (noch) romanischen Ostseite des Sees‹ bezeichnet wurde, dies im Gegensatz zur Westseite, wo bis heute ebenfalls ein Flurname Staad am Uferstreifen bezeugt ist. Nach dem Ortsnamen wurde auch der See, lateinisch *lacus Rivanus,* rätoromanisch *lac Riváun,* als Walensee (z. B. 1259 *lacum qui dicitur Walase*) benannt, wobei auch hier eine Verbindung **Walahosêo ›Walchensee‹* möglich erscheint [80]. Untersucht man die *Walen-* oder *Walchen-*Namen (mit Einschluß der jüngeren mit *Welsch-* komponierten Bildungen) der Nordost- und Zentralschweiz im größeren räumlichen Zusammenhang (Karte 2), so zeigt sich ganz allgemein eine Verdichtung dieser Namen südwärts in Richtung voralpine und alpine Rückzugsgebiete. Eine auffallende Dichte zeigen die *Walen-*Namen außerdem im Gebiet des Walensees, wo sich im engen Taldurchbruch zwischen zwei hohen Bergketten mit Alpgebieten eine wichtige frühmit-

80) Belege bei F. Perret, Urkundenbuch a. a. O. (Anm. 49), Register (wo auch eine Form *lacus walaha* genannt wird, die wir im Text nicht finden können).

telalterliche Sprachgrenz-Staffellandschaft vom 9. bis zum 12. Jahrhundert ergab (dazu Detailübersicht Karte 3) [81].

Noch ein weiterer deutscher Landschaftsname von Unterrätien enthält vermutlich die ethnische Einheit der Walchen oder Romanen, nämlich der Name Walgau (äußerer und innerer Walgau), Tallandschaft an der Ill im Land Vorarlberg. Der Name ist eine deutsche Neuschöpfung im Rahmen der althochdeutschen Gaunamengebung für lateinisch-romanisch *vallis Drusiana, Trusiana* u. ä., er enthält aber wahrscheinlich wie der sicher so belegte Walgau oder Wallgau bei Garmisch in Oberbayern (763 *Walhogoi*, später *Walagouwa* u. ä.) den Volksnamen Walen, Walchen. Dergestalt zeigt die althochdeutsche Gaunamengebung in der Nordostschweiz und in Vorarlberg (dazu Karte 4) neben ihrem nördlichen Schwerpunkt ein Auslaufen im Rheintal Richtung Chur, wo als südlichste Namen die beiden *Walchen*-Bildungen Walgau und Churwal(ch)en festzustellen sind. Im übrigen ergeben sich bei den *Walen-/Walchen*-Namen auffallende Parallelen zwischen der Schweiz (mit Vorarlberg) und Bayern (mit Österreich), also zwischen Raetia prima und Raetia secunda, z. T. mit Noricum, so bei Walensee/Walchensee, Walchsee, bei Walenwis/Walchwis, Walis, Wals, sowie beim oben genannten Walgau/Wallgau [82]. Das Benennungsmotiv für die Walchenorte ist auch den Humanisten durchaus bewußt. So schreibt Joachim von Watt, genannt Vadianus, um 1535 in seiner Chronik der Äbte von St. Gallen [83] mit Bezug auf Churrätien:

»Und am Rin bi der stat Chur und daselbs harab Lombarder [etwa: Alpenromanen, Oberitaliener] gesessen sind, die man Walhen ghaißen hat; dannenhar die Churwalhen und das stetli Walhenstat und der Walhensee, den man den Weser-see [zum ON Weesen] nempt, die namen tragend. Nachmals aber hat sich der Tütschen volk und sprach widerum über den Rin in unsere land gestrekt, und ist die weltsch sprach hindersich getriben und geschwaint [zum Verschwinden gebracht] worden . . . biß gen Chur den Rin uf.«

Was den räumlichen Bezugsbereich der romanischen Personennamengebung im Frühmittelalter betrifft, haben wir schon früher auf den Befund hingewiesen, der das Bild der in den alten Talsiedlungslandschaften altromanischen Nordostschweiz ergänzt [84]. Eine Kartierung des Materials, die wir hier nicht wiederholen wollen, nach Ausstellungsorten der Urkunden und Nennungen von Mönchen und Nonnen in den das Gebiet von

81) EUGEN NYFFENEGGER, Namenkundliche Beiträge zur Sprachgrenzfrage im Raum Gaster-Kerenzen-Amden, in: St. Gallische Ortsnamenforschung, 108. Neujahrsblatt hsg. vom Historischen Verein des Kt. St. Gallen, 1968, S. 29.

82) Vgl. den für Bayern grundlegenden Aufsatz von ERNST SCHWARZ, Baiern und Walchen, Zeitschrift für bayerische Landesgeschichte 33, 1970, S. 857–938. Belege für den bairischen Walgau bei ERNST FÖRSTEMANN, Altdeutsches Namenbuch, Bd. 2, Nachdruck der 3. Auflage, München-Hildesheim 1967, Sp. 1187. Für den vorarlbergischen Walgau sind, wegen des langen Nachlebens der lateinisch-romanischen Bezeichnung *vallis Drusiana* in lateinisch verfaßten Urkunden, nur spätmittelalterliche und dann humanistische Belege überliefert.

83) Deutsche historische Schriften, hsg. von ERNST GÖTZINGER, Bd. II, St. Gallen 1877, S. 49.

84) ST. SONDEREGGER, Die althochdeutsche Schweiz a. a. O. (Anm. 79), S. 52–53 (mit Karte).

Die althochdeutschen Gaunamen der Nordostschweiz
Chlettgouwe
Turgouwe
Arbungouwe
Waldhrammes-
huntare
Zurihgouwe
Ringouwe
Walgouwe
Churwalaha

Karte 4

Unterrätien, St. Gallen und das Bodenseeufer von Konstanz bis Bregenz betreffenden monastischen Quellen ergibt eine starke romanische Personennamengebung noch im 9. Jahrhundert bis an den Bodensee. Interferenzerscheinungen zwischen altalemannischer und alträtoromanischer Schreibtradition zeigen sich sodann im deutschen Namenbestand der sogenannten rätischen Privaturkunden des 8. bis 10. Jahrhunderts, deren Ausstellungsorte sich vor allem im Rheintal von Chur an abwärts und im Walgau befinden [85].

Was die oben (Seite 232 f.) genannten Kriterien der räumlichen Staffelung von romanischen (und über romanische Vermittlung weitergetragenen vorromanischen) Lehnwörtern in der Namengebung durch die Alemannen sowie des areal gestaffelten Anteils von romanischen Namen in später deutsch gewordenen Gemeinden von Churrätien betrifft, sind wir für endgültige Ergebnisse auf die zum Teil erst in Arbeit befindlichen kantonalen oder landesbezogenen Namenbücher angewiesen, wobei das darin erhobene Material ja erst in dieser Hinsicht erklärt und ausgezählt werden muß [86]. Da die ältere Forschung zu wenig scharf zwischen Lehnwort in alemannischem Mund und wirklichem romanischem Reliktnamen aus romanischer Namengebung heraus geschieden hat, bleiben viele scheinbare Ergebnisse der älteren namenkundlichen Literatur überholt [87]. Eine tragfähige Detailanalyse der allmählichen Sprachgrenzverschiebung Alemannisch/Rätoromanisch und ihrer hauptsächlichen örtlichen Barrieren kann erst die auf vollständigen Sammlungen beruhende Flurnamenforschung vermitteln [88].

Wir wollen uns abschließend noch dem großräumigeren Problem der Entstehung der Sprachgrenze im Frühmittelalter und der Frage nach der siedlungsmäßigen Durchdrin-

85) Karte und Literatur bei STEFAN SONDEREGGER, Althochdeutsche Namen in den rätischen Privaturkunden von St. Gallen vor 800, in: Festschrift Paul Zinsli, Bern 1971, S. 145–160.

86) Zum 1956 begründeten St. Galler Namenbuch ist die bisherige Literatur zusammengefaßt in Onoma, vol. XVIII, 1974, S. 486–487, vgl. ferner das oben Anm. 75 genannte 108. Neujahrsblatt St. Gallische Ortsnamenforschung 1968 sowie die Kleine Schrift St. Galler Namenbuch 1956–1977, St. Gallen 1978. Ein Vorarlberger Flurnamenbuch erscheint in Bregenz seit 1970, zunächst als reine Materialsammlung mit urkundlichen Belegen und Flurnamenplänen. Vgl. sodann GUNTRAM PLANGG, Die rätoromanischen Flurnamen des Brandnertales, Ein Beitrag zu Vorarlbergs Raetoromania Alemannica (Romanica Aenipotana I), Innsbruck 1962 (dazu die auf siedlungsgeschichtliche Fragen eingehende Rezension von GEROLD HILTY, Zeitschrift für Romanische Philologie 83, 1967, S. 217–223).

87) Grundlegend zur arealen Lehnwortforschung JAKOB JUD, Zur Geschichte der romanischen Reliktwörter in den Alpenmundarten der deutschen Schweiz, Vox Romanica vol. 8, 1946, S. 34–109, bzw. in: Romanische Sprachgeschichte und Sprachgeographie, Ausgewählte Aufsätze, Zürich 1973, S. 339–407. Ferner RUDOLF TRÜB, Die Sprachlandschaft Walensee-Seeztal (Beiträge zur schweizerdeutschen Mundartforschung Bd. III), Frauenfeld 1951.

88) In diesem Sinn EUGEN NYFFENEGGER a. a. O. (Anm. 81) für den Raum Gaster-Näfels-Walensee; THOMAS ARNOLD HAMMER a. a. O. (Anm. 47) für das St. Galler Rheintal nördlich des Hirschensprungs; HANS STRICKER a. a. O. (Anm. 75) für das St. Galler Rheintal südlich des Hirschensprungs, Vorarlberg mit Liechtenstein und Walensee-Seeztal. Zur Siedlungsgeschichte von Vorarlberg BENEDIKT BILGERI, Der mittelalterliche Landesausbau von Vorarlberg, Alemannisches Jahrbuch 1954, S. 188 ff.

gung des frühmittelalterlichen Sprachgrenzraumes in der alten Raetia prima zuwenden – dies außerdem im Sinne einer Zusammenfassung des bisher Dargelegten [89]. Zunächst ist über die oben behandelten Einzelkriterien hinaus grundsätzlich nach dem Gesamtbestand der Orts- oder Siedlungsnamen (im wesentlichen die heutigen Gemeinde- und Weilernamen) in alemannischer und voralemannischer (= romanischer, z. T. vorromanischer) Sprachgebung zu fragen. Wenn wir zuerst die Kartierung der voralemannischen Siedlungsnamen (Gemeindenamen) der heutigen deutschen Schweiz (Karte 5) betrachten und für das Gebiet zwischen Bodensee, Zürichsee und Chur näher ins Auge fassen, so ergibt sich eine Konzentration von voralemannischen Namen eigentlich erst im Gebiet Gaster-Glarus-Walensee, Rheintal und Seeztal, Chur und im heutigen Deutsch-Bünden. Im Zuge der alemannischen Durchdringung des Raumes seit dem Frühmittelalter – dies erweist Karte 6 Alemannische und voralemannische Siedlungsnamen (Gemeindenamen) in der deutschen Schweiz – entsteht eine völlig neue, zusätzliche Besiedlung und Landeserschließung im untersten linksrheinischen Rheintal, im st. gallischen Fürstenland zwischen Rorschach und Wil, im Toggenburg und Appenzellerland sowie in den hintersten Talstufen des Kantons Glarus, während zusätzliche alemannische Siedlungsräume in den südlichen Teilen des Kantons St. Gallen und im Kanton Graubünden, soweit sie an den Siedlungsnamen gemessen werden können, kaum stärker ins Gewicht fallen, da der alte Siedlungsgrund der alpinen Tal- und lohnenden Höhengebiete – mit beschränkten Ausnahmen – im wesentlichen schon durch die romanische Bevölkerung beschlagen war. Diesen grundsätzlichen Befund mag eine Folge von drei toponomastischen Karten über das Namenbild der Nordostschweiz veranschaulichen (Karten 7, 8, 9), in denen wir noch die angrenzenden außerschweizerischen Gebiete nördlich des Bodensees sowie in Vorarlberg und Liechtenstein berücksichtigen konnten, jedoch nicht mehr das dabei in einem schmalen Streifen noch angeschnittene Gebiet des heutigen Kantons Graubünden. Karte 7 mit der Eintragung der vordeutschen Fluß- und Siedlungsnamen mag noch einmal deutlicher als im gesamtschweizerischen Zusammenhang (Karte 5) jene voralpine Siedlungsleere mit Bezug auf nachweisbare voralemannische Dauersiedlungen im Toggenburg und Appenzellerland sowie im linksrheinischen untersten Rheintal aufzeigen, in die zwar einigermaßen strukturgebend und im Sinne eines lose bekannten und über den Alpstein auch begehbaren Durchgangsgebietes – man vergleiche die Gebirgspassage von St. Gallen über das Säntisgebiet nach Sennwald und Grabs in der Vita Sancti Galli – einige alte, voralemannische Flußnamen reichen, zusammen mit den oben S. 223 vermerkten (auf der Karte 7 als Bergnamen nicht eingezeichneten) keltischen Waldhügelnamen Gabris

89) Vgl. auch für die ganze Schweiz STEFAN SONDEREGGER, Ortsnamen, in: Ur- und frühgeschichtliche Archäologie der Schweiz, Bd. VI Das Frühmittelalter, Basel 1979, S. 75–96.

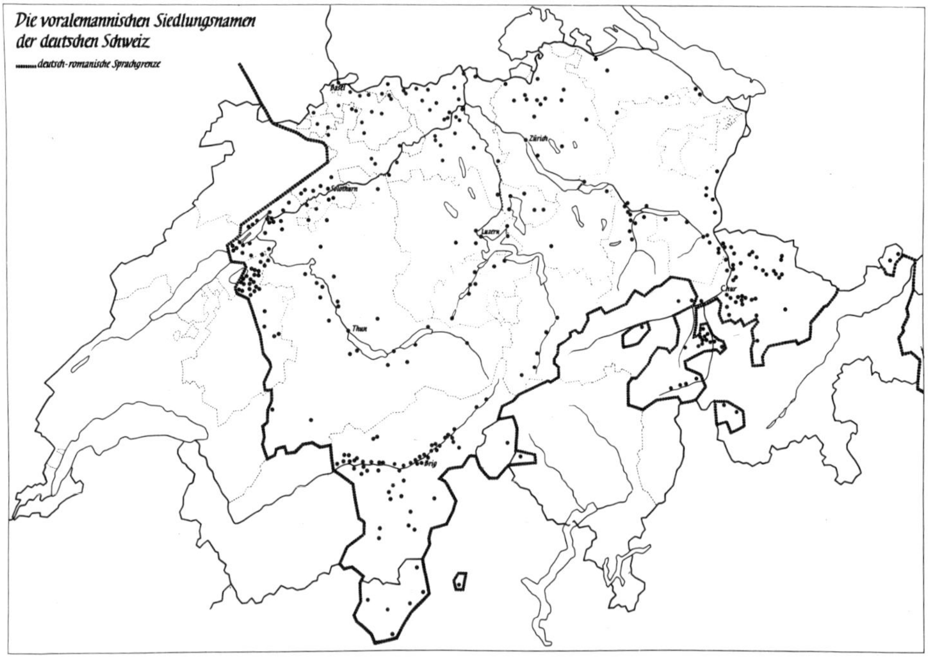

Karte 5

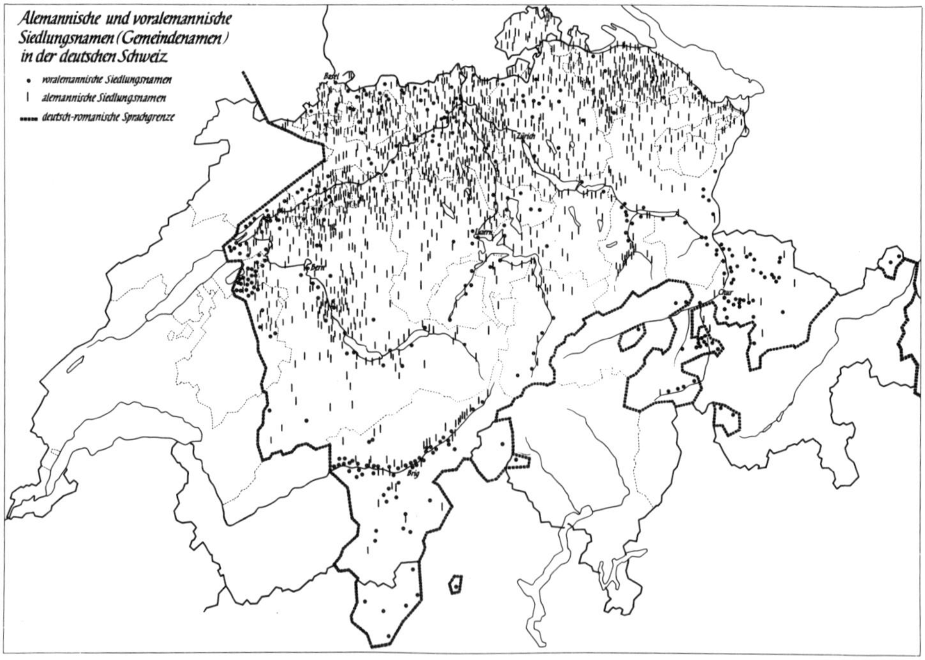

Karte 6

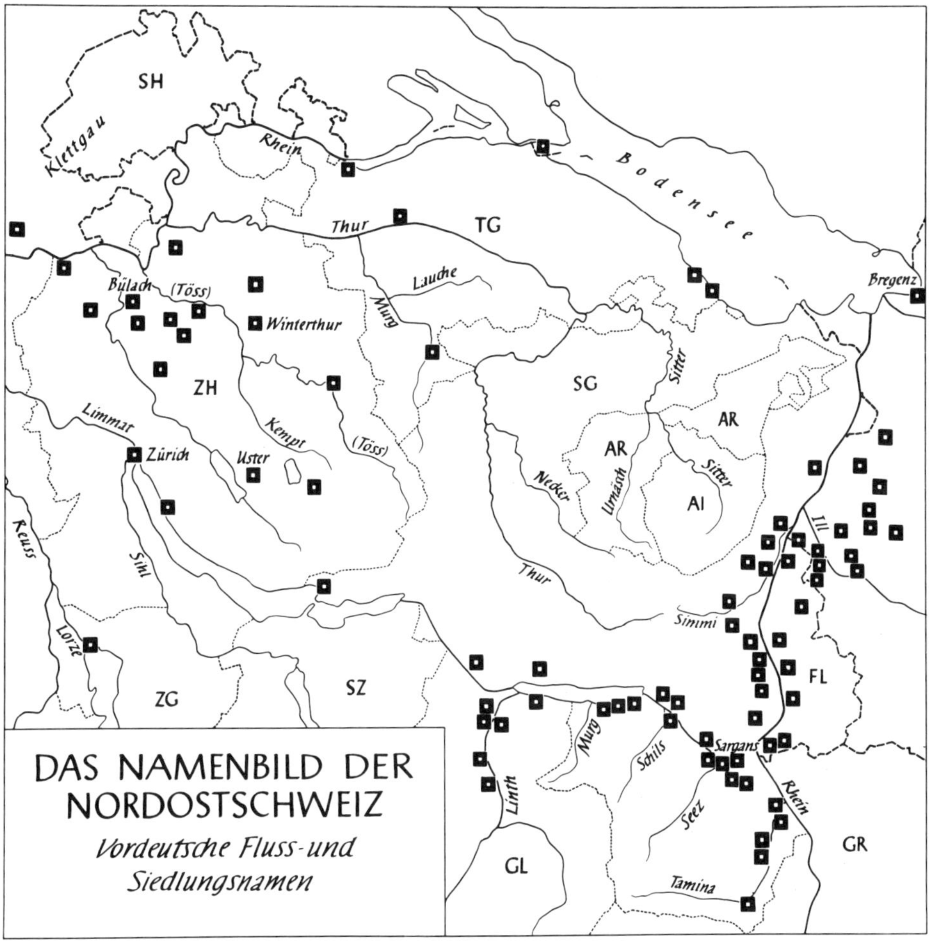

Karte 7

(Kanton Thurgau) und Gäbris (Kanton Appenzell Ausser-Rhoden) [90]. Demgegenüber springt die vordeutsche, d. h. rätoromanische (ehemals rätische, keltische, sodann römische) Verankerung im St. Galler Rheintal südwärts Montlingen (nördlichster linksrheini-

90) Ausführliche Begründung des Befundes bei STEFAN SONDEREGGER, Grundlegung einer Siedlungsgeschichte des Landes Appenzell anhand der Orts- und Flurnamen, Appenzellische Jahrbücher 85, Trogen 1958, S. 3–68 (mit 13 auf das engere Gebiet bezogenen Karten). Zur Deutung der Flußnamen auf der Karte neuerdings ALBRECHT GREULE, Vor- und frühgermanische Flußnamen am Oberrhein, Ein Beitrag zur Gewässernamengebung des Elsaß, der Nordschweiz und Südbadens (Beiträge zur Namenforschung, N. F. Beiheft 10), Heidelberg 1973. Zur Siedlungsgeschichte des St. Galler Rheintals nördlich des Hirschensprungs THOMAS ARNOLD HAMMER a. a. O. (Anm. 47).

scher Punkt), im Land Vorarlberg und im Fürstentum Liechtenstein sowie in den südlichen Teilen des Kantons St. Gallen (Gaster, Walensee, Seeztal, Sarganserland, Taminatal) und schließlich im unteren oder nördlichen Glarnerland mit besonderer Deutlichkeit heraus – sie hebt sich außerdem gegen die recht lose Dichte voralemannischer Namengebung am Südufer des Bodensees sowie in den Kantonen Thurgau und Zürich überhaupt ab. Unterrätien war demnach sicher schon im Frühmittelalter recht dicht besiedelt. Zwei wichtige Verkehrs- und Handelsstraßen führten seit römischer Zeit und wohl schon früher durch das Gebiet, die eine von Zürich über das Walenseegebiet nach Chur, die andere von Bregenz über Clunia (bei Feldkirch) ebenfalls nach Chur; beide trafen in Maienfeld *(Magia)* zusammen [91]. Außerdem war der Talboden fruchtbar und teilweise für den Weinbau geeignet. Die unmittelbare Nähe zum überschwemmungsgefährdeten Rheinlauf und Seezlauf konnte man durch Anlage der Siedlungen auf erhöhten Stellen (z. B. Montlingen) oder an den bergseitigen Talrändern umgehen, welche Lagen ganz allgemein überwiegen. Hervorgehoben werden darf jedenfalls die relativ gute, ja auffällige Übereinstimmung des vordeutschen Ortsnamenbildes im Kanton St. Gallen mit der archäologischen Fundkarte der Römerzeit, die Kantonsarchäologin Irmgard Grüninger 1977 veröffentlicht hat [92].

Nach den Erkenntnissen der schweizerischen Namenforschung ist der älteste alemannische Siedlungsraum im älteren Frühmittelalter des 5. und 6. Jahrhunderts typologisch vor allem durch die *-ingen*-Namen der alten mittelländischen Schichten gekennzeichnet. Doch ist es in bestimmten voralpinen Gebieten auch später noch zu *-ingen*-Namengebungen gekommen, da dieses Zugehörigkeitssuffix für Familienverbände lange produktiv blieb. Karte 8 kombiniert die vordeutschen Siedlungsnamen der Nordostschweiz mit den *-ingen*-Namen, deren Schwerpunkt nördlich und südlich von Bodensee (ohne oberen Seeteil) und Rhein sowie an den Unterläufen der größeren Flüsse Thur, Töss und Limmat liegt. Zu späteren voralpinen Ballungen ist es außerdem am Ricken und im unteren Toggenburg (Bezirk Alt-Toggenburg) gekommen. Das eigentliche Gebiet der Raetia prima ist am südöstlichen Bodensee, im Rheintal und Vorarlberg sowie ostwärts des Gasterlandes mit ganz wenigen jüngeren oder umgedeuteten Ausnahmen frei von *-ingen*-Namen [93]. So zeigt die Karte doch deutlich die erste altalemannische Siedlung (mit zusätz-

91) Vgl. neuerdings Hans Rudolf Wiedemer, Die Walenseeroute in frührömischer Zeit, in: Helvetia Antiqua (Festschrift Emil Vogt), Zürich 1966, S. 167–172 (mit weiterführender Fundkarte auch für das rechts- und linksrheinische Rheintal); ferner Ernst Meyer, Zwei unbeachtete antike Zeugnisse zur Geschichte der römischen Schweiz, in: Provincialia (Festschrift für Rudolf Laur-Belart), Basel-Stuttgart 1968, S. 382–385.

92) Die Römerzeit im Kanton St. Gallen, Mitteilungsblatt der Schweizerischen Gesellschaft für Ur- und Frühgeschichte, Jg. 8, 1977, Heft 29, S. 13–20.

93) Das ältere Material bei Bruno Boesch, Ortsnamen und Siedlungsgeschichte am Beispiel der *-ingen*-Orte der Schweiz, Alemannisches Jahrbuch 1958, S. 1–50. Nicht berücksichtigt sind auf unserer Karte die jüngeren Bildungen in Kt. Glarus am Rand des Ausschnittes. Über die jüngeren Typen im St. Galler Rheintal Th. A. Hammer a. a. O. (Anm. 47), S. 177.

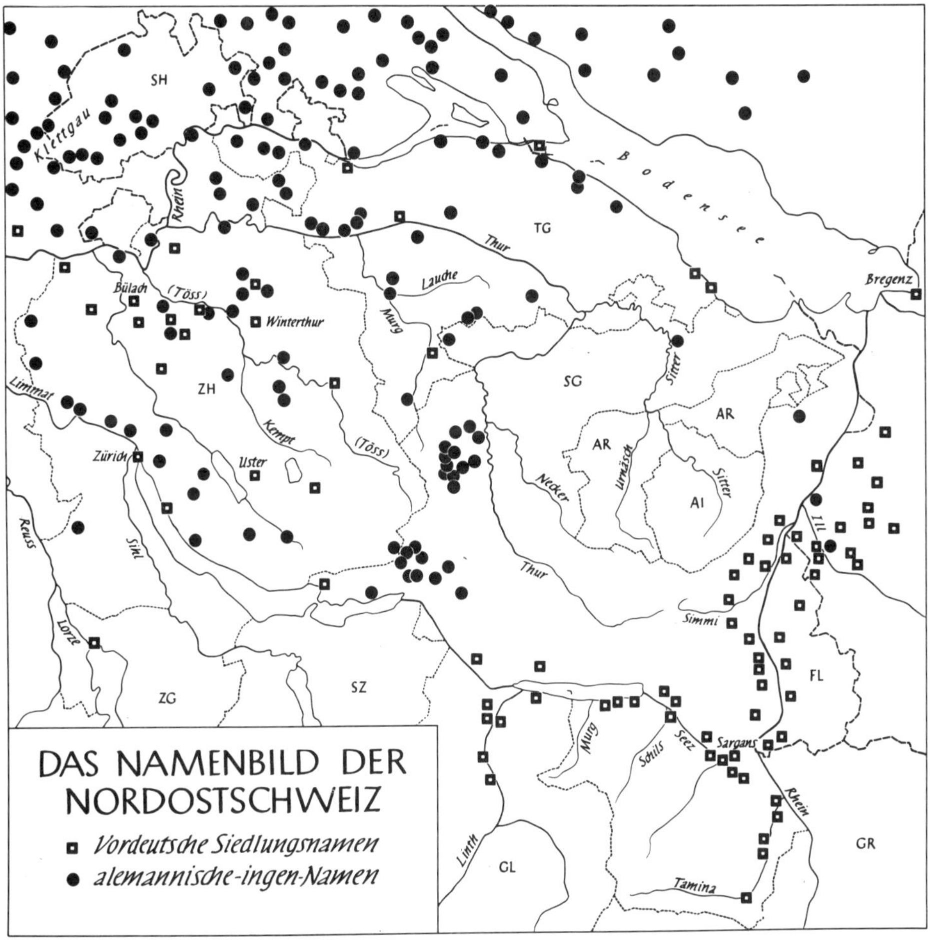

Karte 8

lichen späteren Ausläufern) und den davon unberührten rätoromanischen Block im Osten und Südosten.

Aber selbst wenn wir noch einen zweiten, für die alemannische Siedlungsgeschichte wichtigen Ortsnamentypus dazunehmen, die für die althochdeutsche Zeit des späteren Frühmittelalters vom 8. bis zum 11. Jahrhundert charakteristischen *-wil-/-wiler*-Namen (Lehnwort aus lat.-rom. *villare,* mit der Grundbedeutung »Hof, Hofgruppe«), kommen wir, was Churrätien betrifft, nicht weiter. Karte 9 mit der zusätzlichen Eintragung der *-wil*-Namen (neben den vordeutschen Siedlungsnamen und den *ingen*-Namen) zeigt den entscheidenden Landesausbau der Alemannen in den Höhengebieten zwischen den größeren Flüssen, an deren Oberlauf und bis in die voralpine Hügelzone hinein. Auch diese

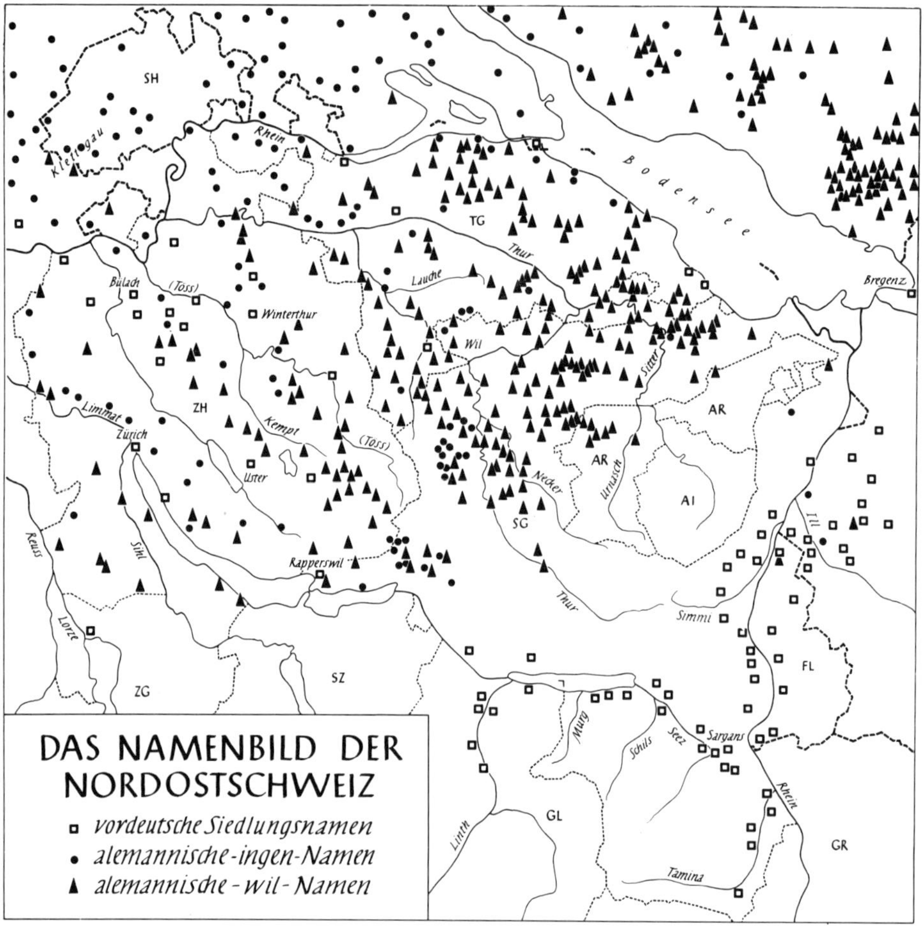

Karte 9

Ausbauphase reicht kaum in die alten Kerngebiete der rätoromanischen Talschaften. Einfaches, unzusammengesetztes Wiler/Weiler kommt ganz vereinzelt in Vorarlberg und Liechtenstein vor 94). Allerdings ist diese Bildung im 9. Jahrhundert für die neue althochdeutsche Benennung des alten *Vinomna,* nämlich *Rangvuila* (Dorsualnotiz zu einer Urkunde von 820), 1045 *Ranchuuila,* heute Rankweil, verwendet worden, was wiederum

94) Diskussion der *-wil*-Namen für die Nordostschweiz bei Stefan Sonderegger, Die Orts- und Flurnamen des Landes Appenzell, Bd. I, Frauenfeld 1958, S. 563–569 und Derselbe, Grundlegung einer Siedlungsgeschichte des Landes Appenzell a. a. O. (Anm. 90), S. 35–36. Vgl. sodann Heinrich Löffler, Die Weilerorte in Oberschwaben (Veröffentlichungen der Kommission für geschichtliche Landeskunde in Baden-Württemberg, Reihe B, Bd. 42), Stuttgart 1968.

auf die relativ späte alemannisch-rätoromanische Berührung in diesem Gebiet erst in althochdeutscher Zeit hinweist [95].

Als Hauptergebnisse einer Analyse unserer letzten Kartenfolge (Karten 7, 8, 9) und überhaupt unserer Darlegungen dürfen demnach hervorgehoben werden:

(1) Eine bereits frühe alemannische Durchdringung seit der Landnahme im 5./6. Jahrhundert zeigt das Südufer des Bodensees (*-ingen*-Namen), obwohl diese dann offenbar bis etwa ins 8. Jahrhundert reicht (sekundäre Siedlungsnamen im Ostteil). Hier muß mit einer gewissen Zweisprachigkeit und einem Nachleben des Romanischen an einzelnen schon voralemannischen Orten (Arbon) bis in frühalthochdeutsche Zeit (8. Jahrhundert) gerechnet werden (Personennamengebung, voralemannische Ortsnamen).

(2) Schon in frühalthochdeutscher Zeit sind die Alemannen im Gasterland sicher bis Benken (741 und 744 *Babinchova*, *-inghofen*-Name) und darüber hinaus in den unteren Teil des Glarnerlandes sowie auf den Kerenzenberg vorgedrungen (Kriterium der Lautverschiebung), im Verlauf der althochdeutschen Zeit dann bis an das Westufer des Walensees (9. Jahrhundert).

(3) Bereits in frühalthochdeutscher Zeit beginnt auch die Erschließung des untersten St. Galler Rheintals und des nördlichen Vorarlberg bis auf die Höhe der Altstätter Bucht, wobei aber die romanischen Namenspuren rechtsrheinisch stärker vertreten sind als linksrheinisch – das gleiche gilt für die archäologischen Funde der Römerzeit [96].

(4) Demgegenüber bleiben die Kerngebiete von Unterrätien, nämlich die Talschaften Rheintal (mit Vorarlberg und Liechtenstein) südlich des Hirschensprungs und Walensee-Seeztal im wesentlichen als rätoromanische Namen- und Siedlungslandschaften während der ganzen althochdeutschen Zeit bis etwa in das 11. Jahrhundert im wesentlichen intakt, wenn auch mit gewissen alemannischen Einsprengseln sicher gerechnet werden muß. Im übrigen geht es vom 8. bis zum 11. Jahrhundert um eine alemannische Siedlungserschließung jenseits der altromanischen Talgründe, nämlich im Voralpengebiet nordwestlich des Alpsteingebirges, im oberen Toggenburg – das rein alemannische Dorf- oder Siedlungsnamen aufweist, in seinem Ostteil aber noch rätoromanische Alp- und Bergnamen mit Nutzung vom romanischen Rheintal her – und in weiteren nicht voralemannisch besiedelten Rodungsgebieten der Nordostschweiz.

(5) Einige sprachhistorisch-namenkundliche Kriterien lassen erkennen, daß der eigentliche sprachliche Umgestaltungsprozeß im östlichen Walenseegebiet und im Seeztal sowie im Rheintal südlich des Hirschensprungs in mittelhochdeutscher Zeit seit dem 12. Jahrhundert einsetzt (Betonung der Ortsnamen, Agglutination deutscher Ortspräpositionen an

95) Zu den Namen: *Vinomna* wahrscheinlich keltisch, vgl. A. HOLDER, Alt-Celtischer Sprachschatz a. a. O. (Anm. 11), Bd. III, S. 354 und RUDOLF VON PLANTA bei ADOLF HELBOK, Regesten von Vorarlberg und Liechtenstein a. a. O. (Anm. 50), S. 75. In Rankweil steckt der Personenname *Rang*, *Rango*, *Ranko*, vielleicht Kurzform zu *Rant-gêr* u. ä. (jüngere Beispiele bei HENNIG KAUFMANN, Altdeutsche Rufnamen, München 1965, S. 26), vgl. auch Rangendingen (Hohenzollern), 795 *Rangodinga* (H. Wartmann, Urkundenbuch der Abtei St. Gallen Bd. I, S. 131).

96) Analyse des Raumes bei TH. A. HAMMER a. a. O. (Anm. 47), besonders S. 208.

romanische Namen, Fehlen althochdeutscher Leitnamen in diesen Gebieten, sprunghaft starke Zunahme des Anteils romanischer Flurnamen).

(6) Die alemannisch-rätoromanische Sprachgrenze ist nicht linear quer durch die gesamte Nordostschweiz entstanden, wie dies noch das berühmt gewordene Kartenbild von Jakob Jud aus dem Jahr 1946 suggerierte [97], sondern ausschließlich talschaftsweise in Form einzelner kurzer, zeitlich verschiebbarer Stücke, zwischen denen die großen voralpinen Rodungslandschaften lagen, an deren einigermaßen vollständigen Erschließung die Alemannen bis tief in das Spätmittelalter hinein zu tun hatten – dies lehrt jede Detailanalyse für einzelne Gebiete [98].

(7) Während im Frühmittelalter die entstandenen Sprachgrenzstücke noch weitgehend auch Volkstumsgrenzen sind, tritt im Verlaufe der Zeit die ethnische Komponente im Gefolge von Bevölkerungsvermischung zurück. Jedenfalls wird man in nachalthochdeutscher Zeit, also seit dem 12. Jahrhundert, den Sprachwechsel Rätoromanisch/Deutsch nicht mehr auf einen wirklichen Bevölkerungswechsel zurückführen dürfen, wenn auch sicher eine gewisse demographische Bewegung von Alemannen in das rätoromanische Gebiet hinein erfolgt ist. Selbst in althochdeutscher Zeit ist in gewissen altbesiedelten Regionen (alte Bodenseeorte mit Bregenz, Rheinebene im Land Vorarlberg, Raum Gaster-Glarus-westlicher Walensee) schon mit dem Beginn einer ethnischen Vermischung zu rechnen, deren Ausmaße im einzelnen nur interdisziplinär bestimmt werden können.

War die ältere Forschung über die Sprachverhältnisse in der Raetia prima [99] mehr darauf aus, sozusagen statisch das ehemalige Verbreitungsgebiet sowie die Haltepunkte des älteren Romanentums im später verdeutschten Gebiet flächenartig herauszuarbeiten, geht es in der neueren Namenforschung darum, auf dem Hintergrund eines möglichst vollständigen linguistischen Basismaterials und eines stark erweiterten sprachwissenschaftlichen Kriterienkatalogs den dynamischen Prozeß von sprachlicher Begegnung und Interferenz zwischen Rätoromanisch und Alemannisch, von ethnischer Durchdringung und regional differenzierter siedlungsgeschichtlicher Erschließung – unter Ausscheidung von jüngeren Rodungslandschaften gegenüber dem kontinuierlich besiedelten Altland – sowie des landschaftlich nun genauer bestimmbaren Sprachwechsels überhaupt darzustellen.

97) Karte »Die romanisch-deutsche Sprachgrenze der Schweiz«, mit einer alpinen-voralpinen durchgehenden Zone des älteren Romanentums bis zum 8./9. Jh., in Vox Romanica 8, 1946, bei S. 108 (bzw. Ausgewählte Aufsätze, Zürich 1973, S. 341).

98) Appenzell: St. Sonderegger, Grundlegung einer Siedlungsgeschichte a. a. O. (Anm. 90); unterstes St. Galler Rheintal: Th. A. Hammer a. a. O (Anm. 47).

99) Vgl. die forschungsgeschichtlich wertvolle, im wesentlichen außer wichtigen historischen Zeugnissen aber überholte Arbeit von Chasper Pult, Über die sprachlichen Verhältnisse der Raetia prima im Mittelalter, St. Gallen 1928 (auch Revue de Linguistique romane III, 1927, S. 157–205). Die ältere Literatur im übrigen bei Stefan Sonderegger, Die schweizerdeutsche Mundartforschung 1800–1959, Bibliographisches Handbuch mit Inhaltsangaben (Beiträge zur schweizerdeutschen Mundartforschung Bd. XII), Frauenfeld 1962, S. 80–85.

Zusammenfassung: Noricum und Raetia I

VON ERICH ZÖLLNER

Die Tagung »Von der Spätantike zum Frühmittelalter. Aktuelle Probleme in historischer und archäologischer Sicht« behandelte eine Thematik im Rahmen des Kontinuitätsproblems mit Hauptaugenmerk auf Siedlungs- und Bevölkerungsgeschichte zunächst in zwei von vier regionalen Versuchsfeldern, nämlich in Noricum und in der Raetia I. Es galt dabei einige Gräben zu überbrücken. Da gibt es einmal die Epochengrenze zwischen Altertum und Mittelalter, die in der traditionellen Ausbildung der Historiker sehr fühlbar ist – man wendet sich entweder dem einen oder dem anderen Gebiet zu. Ähnlich steht es bisweilen bei den Archäologen, denn die Frühmittelalterarchäologie knüpft in der Regel mehr an urgeschichtliche Arbeitsweisen an als an jene der klassischen Archäologie. Es gibt ferner die Grenzen zwischen den beteiligten Disziplinen: der Geschichte, der Archäologie (und ihren naturwissenschaftlichen Hilfswissenschaften), der Numismatik, Diplomatik, Philologie (etwa der Ortsnamenforschung) und der Siedlungsgeographie (etwa der Flurformenkunde). Methodenschwindel und illegale Grenzübertritte will der redliche Forscher vermeiden; er muß aber auch ohne jede Behinderung durch Scheuklappen die Ergebnisse der anderen Wissenschaften in Betracht ziehen. Die strategische Maxime von Helmuth v. Moltke und Walter Schlesinger lautet bekanntlich: »Getrennt marschieren – vereint schlagen«; diesmal sind wir ein gutes Stück gemeinsam marschiert. Schließlich gibt es noch die Gräben zwischen den Nationen; zunächst der an den Ereignissen beteiligten *gentes*, vor allem aber der mit der Erforschung jener Ereignisse beschäftigten Wissenschaftler. Es gab aber auf der Tagung keinen Nationalitätenhader. Das ist nicht selbstverständlich: Nationale Sympathien und Antipathien, Probleme der eigenen Zeit werden allzu leicht in die Vergangenheit projiziert. Auch bei gutem Willen wird Siedlungs- und Bevölkerungsgeschichte nicht ganz *sine ira et studio* erforscht und gelehrt.

Die Geschichte wird immer wieder umgeschrieben – das ist eine bekannte Tatsache. Im Rahmen des Themas machten sich, wie Joachim Werner in der Einführung feststellte, einmal die methodischen Fortschritte geltend, dazu kommt, was man jeweils den »Geist der Zeit« nennt.

Alfons Dopsch hatte sich auf die Methoden und Ergebnisse einer damals noch nicht weit entwickelten Archäologie stützen müssen; ihn traf dann die Kritik von Hans Zeiß.

Es ist aber einzuräumen, daß Dopsch, wie wir hörten, verschiedene Probleme ziemlich klar zu sehen vermochte. Ihm schien für eine Kontinuität antiker Kulturformen notwendig: eine halbwegs intakte römische Zivilisation, Bildungsfähigkeit der Einwanderer, eine (heute in Frage gestellte) Landnahme unter »weitgehender Schonung« bestehender Verhältnisse, das Zurückbleiben wenigstens eines Teiles der Bevölkerung und eine relative Annäherung des beiderseitigen Kulturzustandes. Es sind also im Grunde verschiedene Kontinuitätsfragen, sowohl kulturelle wie ethnische, die aufgeworfen werden. Das Problem der romanischen Bevölkerungskontinuität zeigt sich nunmehr mitunter verknüpft mit der Bemühung und dem Wunsch, auch das eigene Volkstum in dem Lande, das es heute besiedelt, möglichst früh nachzuweisen, also mit der Frage der Autochthonie. Karl Bosl, dem wir grundlegende Erkenntnisse zur Sozialgeschichte des Mittelalters verdanken, bezeichnete in einer 1971 publizierten Bayerischen Geschichte, anknüpfend an eine Stelle der Columbanvita des Jonas von Bobbio *(Boiae, qui nunc Baioarii vocantur)* und an die »Einwanderungsthese« ablehnende Interpretationen archäologischer Grabungen die Baiern als Nachkommen romanisierter keltischer Boier [1]. Eine keltische, bzw. keltoromanische Abkunft der Baiern verkündete vor mehr als einem Jahrhundert bereits Matthias Koch, das Echo war wenig freundlich [2]. Was den Stammesnamen betrifft, so kann man in den *Baiuvarii* einfach Leute aus einem Boierland sehen, so wie die *Angrivarii* von einem »Anger«, der nordwestdeutschen Tiefebene, ihren Stammesnamen bezogen, die *Amsivarii* an der Ems beheimatet waren. Wenn Grabungsbefunde im Sinne einer älteren Siedlung als Hauptgrundlage der Ethnogenese der Baiern, unter möglichster Ausschaltung späterer Einwanderung gedeutet werden, so braucht man bei der betonten Anknüpfung an diese Altsiedlung nicht nur an Keltoromanen zu denken; eher kommen noch nicht romanisierte barbarische *foederati, laeti* und *gentiles* in Betracht. Da diese aber gewiß nur eine Minderheit innerhalb der Provinzialbevölkerung darstellten, ist sehr schwer denkbar, daß sie sich ohne Zuwanderung sprachlich und kulturell durchzusetzen vermochten. Daß der Baiernstamm auch romanische Elemente absorbierte – daran ist allerdings kein Zweifel. Die These von der bairischen Alteingesessenheit erinnert im übrigen an die Auffassung von J. H. Holwerda, daß das Frankenreich nicht durch eine Ausbreitung erobernder Stämme, sondern durch eine Entwicklung innerhalb Galliens entstanden sei [3]. Diese Auffassung ließ sich aber schon angesichts der Aussagen der schriftlichen Quellen nicht halten.

Auch in Österreich ist in Arbeiten ernst zu nehmender Historiker eine betonte Anknüpfung an keltische oder rätische (bzw. kelto- oder rätoromanische) ethnische Ele-

1) Karl Bosl, Bayerische Geschichte, München 1971, 24.

2) Matthias Koch, Keltische Forschungen, Sitzungsberichte der Wiener Akademie der Wissenschaften I (1848). – Ders., Über die älteste Bevölkerung Österreichs und Bayerns. Mit einem die ausschweifenden Richtungen in der österr. Geschichtspflege beleuchtenden Anhang, Leipzig 1853.

3) J. H. Holwerda, De Franken in Nederland, Oudheidkundige Mededelingen N. R. 5 (1924) 4 ff. Eine kurze Zusammenfassung seiner Thesen gab Holwerda im 16. Bericht der römisch-germanischen Kommission (1927) 136 ff.

mente und rechtliche oder politische Traditionen neuerdings sehr fühlbar geworden [4]. Auch ein angesehener Staatsmann unterstrich die Herkunft der Österreicher von den Kelten. Von deren Nachkommen in der Bretagne, Wales und in Irland droht eben weder Anschluß noch Krieg; die Keltenthese paßt demnach besonders gut zur österreichischen Neutralität.

Wichtig erscheint auch anderes. Die Verbundenheit mit Römern und Kelten ist einmal eine Reaktionserscheinung gegen den allzu betonten Germanenkult vergangener Jahrzehnte, ebenso aber macht sich auch das Kriegs- und Nachkriegserleben geltend. Die Nöte von Kriegswirren heimgesuchter Provincialen stießen, weil man durchaus Vergleichbares zu erleben glaubte, auf Mitgefühl. Man hatte für diese Provincialen eine als aktuell empfundene Sympathie – das war eine der Voraussetzungen für die Renaissance der Vita Severini und einer Severinforschung – aber auch eines Severinkultes am Rande der Wissenschaft.

Friedrich Lotter befaßte sich vielfach mit Severin; für den Vortrag über die historischen Daten zur Endphase römischer Präsenz in Ufernoricum bildete die Severinsvita eine Hauptgrundlage. In seinen Aufsätzen, zuletzt in dem Buch »Severinus von Noricum« [5] vertrat Lotter seine Thesen mit Nachdruck und eingehender Begründung. Zwischen ihm und auf der anderen Seite Friedrich Prinz bzw. Rudolf Noll kam es zu einer Severin-Kontroverse [6]. Prinz zog sich aus dieser Polemik zurück, daraus schloß man (wohl voreilig), daß er schon recht »verlottert« sei; es bleibt die Auseinandersetzung Lotter-Noll. Friedrich Lotter polemisiert gegen eine »positivistische Auffassung«, gegen die »fable convenue« nacherzählter Extrakte, die den hagiographischen Charakter der Vita Severini verkennen. Die Kontroverse wurde im Vortrag nur höflich kurz erwähnt. Severins Rang und Funktion ist indessen wesentlich für die ganze Situationsbeurteilung. Wir haben es im Grunde mit zwei völlig verschiedenen Personen zu tun; erstens mit dem »Minimal-Severin« Nolls, dem schlichten Mönch, über dessen Herkunft man nichts Wesentliches weiß, über den man nur die Vita hat; zweitens mit dem »Maximal-Severin« Lotters, identisch nicht nur mit dem *vir illustrissimus* der Antonius-Vita des Ennodius (diese Identifizierung scheint recht glaubhaft), sondern auch mit dem Konsul Flavius Severinus, der von 461–481 (oder gar –490?) in Gallien aktiv tätig ist. Hier wirkt die Identifizierung doch höchst fraglich. Friedrich Lotter präsentierte eine legitime Hypothese, derzeit weder strikt nachweisbar noch eindeutig zu widerlegen; schließlich haben

4) BENEDIKT BILGERI, Geschichte Vorarbergs I, Wien-Köln-Graz 1971, 2 ff., 52 ff. – HERMANN BALTL, Österr. Rechtsgeschichte², Graz 1972, 20 ff. – GEORG WAGNER, Anfänge der Staatsbildung Österreichs, Katalog Chronicon Austriae, Wien 1976, XIII f.

5) FRIEDRICH LOTTER, Severinus von Noricum, Legende und historische Wirklichkeit. Untersuchungen zur Phase des Übergangs von spätantiken zu mittelalterlichen Denk- und Lebensformen (Monographien zur Geschichte des Mittelalters 12) Stuttgart 1976.

6) Vgl. etwa FRIEDRICH PRINZ, Zur Vita Severini, Deutsches Archiv 25 (1969) 531 ff. – RUDOLF NOLL, Die Vita Sancti Severini des Eugippius im Lichte der neueren Forschung, Anzeiger der österr. Akademie der Wissenschaften, Phil.-hist. Kl. 112 (1975) 61 ff.

sich in der Geschichte schon die unwahrscheinlichsten Dinge ereignet – vielleicht auch im 5. Jahrhundert. Die Ausgangspositionen der beiden Widersacher Noll und Lotter scheinen übrigens verwandt; angesichts fragwürdiger Spekulationen beschloß Noll, sich streng an den Vitentext zu halten, während Lotter die Meinung vertritt, wenn die Fachleute keine weiterreichenden Interpretationen und Auslegungen wagen, dann besorgen dies eben Amateurhistoriker [7].

Was nun die Sachfragen der norischen Kontinuität betrifft, so wurde auf ein West-Ostgefälle hingewiesen; Aussiedlungsmaßnahmen und die ethnische Vielschichtigkeit im Osten Noricums beeinträchtigten hier die Kontinuität. Wichtig scheint aber auch die Schwenkung der Grenzfront. Zunächst verlief diese entlang der Donau; seit der Abtretung der Pannonia I an die Hunnen (433) wird aber die Ostgrenze entscheidend; so sollte es dann auch im frühen Mittelalter bleiben, zur Zeit der karolingischen und ottonischen Marken. Diese sehr wesentliche Änderung der Grenzsituation stellt zweifellos ein Element der Diskontinuität dar [8].

Eine erhebliche Rolle bei Beurteilung der Quellen und der von ihnen vermittelten Tatbestände spielen Fragen der Terminologie. Wenn *oppidum* und *castellum* in der Spätzeit der Donauprovinzen oft dasselbe bedeuten, so wird die Kontinuität der Siedlung gerade im Areal der Militärlager, wie in *Boiotro* (Passau-Innstadt), aber auch weiter im Osten – sehr deutlich in Traismauer und Wien –, von Belang sein. Mir scheinen aber auch *civitas* und *urbs* in der Vita Severini den genannten Termini ziemlich bedeutungsgleich. Ignaz Zibermayr irrt zweifellos, wenn er in einer späteren Quelle (Passio Haimhramni c. 5) *urbs* mit Hauptstadt übersetzt [9], daraus den Hauptstadtcharakter von *Lauriacum* erschließt, das in der Vita Severini c. 30 bald *oppidum,* dann *locus, civitas* und *urbs* genannt wird. Verfassungsgeschichtliche Bedeutung hat keiner dieser Ausdrücke. Wenn Eugippius die Hauptstadt meint, dann verwendet er die eindeutige Bezeichnung *metropolis* (c. 21 für Teurnia). Wichtig ist ferner, daß Lotter (in diesem Punkte Noll folgend) *basilica* als Klosterkirche, *ecclesia* als Gemeindekirche übersetzt. Die *provinciales* schließlich sind immer Römer, *provincialis* und *Romanus* werden wohl synonym gebraucht. In der Diskussion wurde die Rolle von Staat und Kirche beim Romanisierungsvorgang behandelt. Sicher ist die Romanisierung durch die administrativen und ökonomischen Maßnahmen und Gegebenheiten des Imperiums eingeleitet worden, die Kirche aber hat sie meines Erachtens vollendet, als der Staat nicht mehr dazu imstande war. Die Zuwendung der Oberschicht in prekärer Situation zur Kirche war dabei von Bedeutung.

7) István Bóna, Severiniana, Acta Antiqua Academiae Scientiarum Hungaricae 21 (1973) 28 ff. kann dagegen als weiterer, wertvoller Beitrag zum Thema gelten. Der Autor nimmt etwa eine Mittelstellung zwischen Lotter und Noll ein.

8) So schon Michael Mitterauer, Die Anfänge österreichischer Geschichte als Problem, Österreich in Geschichte und Literatur 6 (1962) 105.

9) Ignaz Zibermayr, Noricum, Baiern und Österreich², Horn 1956, 98 ff., vgl. hierzu MIÖG 66 (1958) 129 ff., insbes. 131 f.

Über die Effizienz der römischen militärischen Widerstandskraft um die Mitte und in der zweiten Hälfte des fünften Jahrhunderts gingen die Meinungen in der Diskussion auseinander. Herr Lotter war geneigt, sie ziemlich hoch einzuschätzen. Er gab eine sehr einleuchtende Interpretation einer Stelle des Panegyricus des Apollinaris Sidonius auf Kaiser Anthemius (Carm. II, 377 ss.); ob es sich aber hier tatsächlich um einen großartigen Erfolg handelte? Es entspricht dem Charakter eines Panegyricus, daß Leistungen »emporgejubelt« werden. Vielleicht kann die Archäologie bei der Datierung von Zerstörungsmerkmalen (Brandschichten) uns auch in dieser Frage weiterhelfen. Für die ökonomische Situation von Zeit und Land, die in der Severinsvita geschildert werden, war offenbar der Typ des Ackerbürgers kennzeichnend, der in einer geschützten, ummauerten Siedlung wohnt, aber in einem größeren Umkreis um diesen Ort Ackerbau und Viehzucht betreibt. Diese Lebensform entsprach sowohl der permanenten Bedrohung wie der Notwendigkeit, sich selbst und mit zeitweiligen Überschüssen auch die Barbarenvölker zu versorgen.

Herr Lotter gab eine großzügige Gesamtschau: Eine solche bedarf in jedem Falle der Kontrolle und eines Korrektivs durch Tiefenbohrungen an bestimmten Objekten, die Ortsgeschichte und Siedlungsarchäologie durchführen können. In unserem Falle besorgte das höchst instruktiv Rainer Christlein. Er arbeitete als Archäologe an dem spätrömischen Kastell *Boioduro* (Notitia dignitatum) oder *Boiotro* (Vita s. Severini), Passau-Innstadt, dazu kamen Beobachtungen in *Quintanis* (*Quinzina,* Künzing). *Boiotro* zeigt eine spezifisch pannonisch-norische Kastellform mit Fächertürmen; westlich der norisch-rätischen Provinzgrenze gibt es sie nicht mehr. Brandschichten verkünden die Katastrophe einer Restsiedlung im 5. Jahrhundert. Es gibt aber über diese hinausragende, wenngleich in ihrer Beweiskraft schwer einzuschätzende Kontinuitätszeugnisse: Orts- und Gewässernamen wie *Peichter*turm, *Beider*bach und *Beider*wies. Das Grundstück lebte weiter als Rechtsobjekt, ist als solches auch im Katastralplan erkennbar. Katastralpläne überliefern ja mitunter erstaunlich alte Einheiten und Grenzen, wie etwa in Österreich Adalbert Klaar mehrfach zeigen konnte [10]. Die knapp außerhalb des Kastellbereiches gelegene Kirche St. Severin weist, soweit feststellbar, eine Funktionskontinuität auf. Daraus wird eine physische Kontinuität erschlossen. In *Quintanis* mit seiner Laurentiuskirche erweist sich Eugippius anscheinend als guter Kenner der örtlichen Situation. Dem von ihm genannten Flüßchen *Businca* dürfte das Bächlein entsprechen, das heute den Namen Ohe trägt.

In diesem Zusammenhang wäre wohl auch die Frage der Patrozinien als zusätzlicher Kontinuitätsindizien zu betrachten. Ist etwa der Severinskult nicht sekundär von der Kenntnis der Vita abgeleitet? Dazu ein Beispiel aus der Umgebung Wiens. Hier befindet

10) Vgl. die Bibliographien der Arbeiten Klaars im Jahrbuch f. Landeskunde v. Niederösterreich 34 (1958–1960) 347 ff., 38 (1968–1970) X f. Über die Bedeutung des Katasters etwa auch Karl Lechner, Leistungen und Aufgaben siedlungskundlicher Forschung in den österr. Ländern, Ausgewählte Schriften, Wien 1947, insbes. 163 ff.

sich der Ort Sievering. Der Ort (heute zum 19. Wiener Gemeindebezirk gehörig) trägt einen echten *-ing*-Namen, der seit 1114 bezeugt ist. Die Kirche war dem hl. Andreas geweiht; die Ähnlichkeit des Ortsnamens mit dem Namen Severin veranlaßte im 15. Jahrhundert Historiker, dort den Aufenthaltsort Severins anzunehmen, schließlich wurde das Patrozinium in das des heiligen Severin geändert [11]. Im Falle des hl. Laurentius aber, der örtlich durchaus als Patron ein Kontinuitätszeuge sein kann, ist auf die Laurentiusrenaissance nach der Lechfeldschlacht am Laurentiustag (10. August 955) hinzuweisen. In *Lauriacum*-Lorch ist allerdings das Laurentius-Patrozinium bereits um 900 bezeugt [12].

Der Südosten Noricums wurde auf unserer Tagung ebenfalls in einer Kombination von Überschau und Einzeluntersuchung gewürdigt.

Jaroslav Šašel gab einen von echter Kennerschaft zeugenden Geschichtsabriß des Untergangs der spätantiken Organisationsformen an der nordöstlichen Grenze Italiens. Es geht um das Problem der Kontinuität einer Grenzorganisation in diesem italienisch-norischen Grenzgebiet. Auf die ältere römische, auch allmählich gewachsene und modifizierte Verwaltungs- und Verteidigungseinrichtung folgt die diokletianische bzw. nachdiokletianische Organisation. Es ergeben sich mehrere Fragen: nach dem *Tractus Italiae circa Alpes*, der Claustra-Zone, einer Art Militärgrenze, dann nach der »Stadt der Noriker«, die nach Prokop die Langobarden bekamen, dem Friaulischen Dukat; aber man sollte auch die *marca Vinedorum* Fredegars, die karolingische Markenstruktur dieser Region und noch die *Creina marcha* (973) in die Überlegungen einbeziehen. Wieweit bestehen Namens- und Funktionszusammenhänge, wieweit besteht auch eine Realkontinuität zwischen verschiedenen (römischen, gotischen, byzantinischen, langobardischen, fränkischen, aber auch awarischen und slawischen) Grenzorganisationen? Verschiedene Faktoren (geographische, militärische, administrative, ethnische) wirkten geschichtsbildend. Ihr jeweiliges Gewicht und ihre gegenseitigen Durchdringungen sind schwer abzuwägen und noch schwerer voneinander zu trennen. Es ergibt sich darüber hinaus das Problem des Weiterlebens der *civitates* im Alpen- und Donauraum, ihrer Kontinuität in späteren Grafschaften und Gauen; sie war, wenn überhaupt gegeben, gewiß viel geringer als in den Rheinlanden.

Auch anderwärts suchte man nach Belegen für ein strategisches römisches Abwehr- und Befestigungssystem. So nahm F. Jantsch (und vorübergehend auch R. Egger) ein sol-

11) Martin von Leibitz, Senatorium, Hieronymus Pez, Script. rer. Austr. 2, Leipzig 1725, col. 666. – Heinrich Weigl, Hist. Ortsnamenbuch v. Niederösterreich 6, Wien 1974, 119 Nr. S 331. Das Patrozinium der Pfarre wurde wohl erst im 17. Jahrhundert dem hl. Severin geweiht, doch ist 1431 in der Andreaskirche bereits ein Severinsaltar bezeugt. Vgl. Paul Uiblein, Geschichte der Altertumsforschung in Österreich. Diss. Wien 1950, 29 f.

12) Vgl. Max Heuwieser, Traditionen des Hochstifts Passau (Quellen und Erörterungen zur Bayerischen und Deutschen Geschichte NF 6) München 1930, Nr. 89: Schenkung des Grafen Gunther 899–902: *»ad sanctum Laurentium cuius reliquiae in ecclesia que prope civitatem Laboria secus murum constructa est, requiescunt«.*

ches im tirolisch-kärntner Grenzraum mit Italien an; hier dürfte es sich aber lediglich um örtliche Zufluchtsorte (»Fluchtburgen«) handeln. Oft sind sie mit Kirchenbauten verbunden [13].

Nun zur archäologischen Einzeluntersuchung im südöstlichen Noricum. Das Elaborat von Thilo Ulbert wurde von Volker Bierbrauer überzeugend vorgetragen und in der Diskussion vertreten. Es handelt sich um die spätantike Anlage von Vranje (Slowenien), die im Volksmund Ajdovski Gradec (Heidenschloß) genannt wird. Hier findet sich auch eine Kirchenfamilie (wie etwa in Osttirol zu Lavant oder in Kärnten auf dem Hemmaberg bei Globasnitz). Es ergaben sich Fragen: Wozu dient die Kirchengruppe? Wo wohnten die Kirchgänger, zweifellos Romanen? Offenbar nicht nur in Vranje, bzw. in den anderen Orten mit Kirchenfamilien selbst, sondern auch in einem größeren Umkreis. Auch mit der Möglichkeit eines kleinen Monasteriums ist zu rechnen. Die Siedlung von Vranje fand um das Ende des 6. Jahrhunderts tatsächlich beim Slaweneinfall ihren Untergang – andere Beispiele, die angeführt wurden, zeigen, daß aus dieser Tatsache keine verallgemeinernden Schlüsse gezogen werden dürfen. *Teurnia* (St. Peter in Holz, Oberkärnten) hat ein romanisches Gräberfeld, das über das 6. Jahrhundert nicht hinausreicht [14]. Das wird mit der slawischen Einwanderung sowie mit den Kämpfen zwischen Baiern, Slawen und Awaren zusammenhängen. Es ist aber noch später der Flurname *»die Laschitz«* (»Römer-, Walchengegend«) erhalten, im 10. Jahrhundert auch *Walaha* genannt; das heißt, auch das bairische Element konnte hier noch eine Kontinuität erkennen [15]. Schließlich hat man bei den drei Kirchengründungen, die die Conversio Bagoariorum et Carantanorum nennt, mit »ad *Liburniam*« zweifellos *Teurnia* gemeint, damit an die spätantike Kirchensiedlung angeknüpft [16]. Hier war die Kontinuität wohl zeitweilig unterbrochen, aber nicht verschüttet. Kehren wir aber zu Vranje zurück: Am Ort gab es eine Symbiose von Romanen und Langobarden. Die Aussagekraft des archäologischen Materials wurde wohl angezweifelt, sollte aber doch gegeben sein. Zudem finden sich in dem unweit gelegenen Rifnik Belege sowohl der langobardischen wie der einheimischen Bevölkerung, übrigens auch Funde gotischer Provenienz. Eine gewisse Korrektur der literarischen Überlieferung über den Auszug der Langobarden erscheint wohl angebracht. Zerstörungen gab es damals in Vranje offenbar nicht, die Romanen blieben zurück. Das mag anderswo anders gewesen sein; Paulus Diaconus berichtet von Norikern, die mit den Langobarden zogen [17]. Der Wohnplatz Vranje wurde beim Slaweneinfall

13) Vgl. hierzu zusammenfassend Hermann Vetters, Das Problem der Kontinuität von der Antike zum Mittelalter in Österreich, Gymnasium 76 (1969) 481 ff., insbes. 501.

14) Gernot Piccottini, Das spätantike Gräberfeld von Teurnia – St. Peter in Holz, Archiv f. Vaterländische Geschichte und Topographie 66, Klagenfurt 1976.

15) Eberhard Kranzmayer, Ortsnamenbuch von Kärnten I (Archiv für vaterländ. Geschichte u. Topographie 50) Klagenfurt 1956, 41, 115 f.

16) Conversio Bagoariorum et Carantanorum c. 5 ed. Milko Kos, Ljubljana 1936, 150 f.

17) Paulus Diaconus, Historia Langobardorum II 26.

aufgegeben, archäologische Hinweise auf frühe slawische Siedlung in der Nähe fehlen. In der Diskussion wurde auf die Methodik archäologischer Untersuchungen eingegangen, insbesondere auch auf die Auswertbarkeit älterer Grabungen, bzw. von Grabungen, deren Kleinfunde noch nicht publiziert sind. Da im übrigen vor allem vom binnennorischen Raum die Rede war, seien hier doch die Arbeiten von Hermann Vetters und Lothar Eckhart genannt, die in Lauriacum in Ufernorikum eine Siedlungskontinuität auch im Bereich der Zivilstadt nachwiesen, während Aemilian Kloiber die fortdauernde Belegung der Gräberfelder, z. T. bis in die karolingische Zeit, zeigen konnte [18]. Ebenso sei auf die Grabungen auf dem Georgenberg im oberösterreichischen Kremstal mit den einander ergänzenden Ergebnissen an Bauanlagen, Gräberfeld, keramischen Kleinfunden und Fundmünzen verwiesen [19].

In einem Gespräch mit Franz Petri verwies dieser auf einen Umstand, den ich das »archäologische Kontinuitätsparadoxon« nennen möchte, daß nämlich die Archäologie die Kontinuität zumeist an Orten sucht, suchen muß und sogar feststellt, wo sie am wenigsten zu finden ist; das hängt natürlich damit zusammen, daß man in bestehenden Siedlungen nur sehr schwer arbeiten kann. Verschiedene Möglichkeiten ergaben sich bekanntlich mehrfach bei der Beseitigung von Bombenschäden oder aber bei der Abtragung alter, baufällig gewordener Gebäude inmitten heute bewohnter Stadtgebiete. In Wien konnte so Hertha Ladenbauer die Existenz einer nachrömischen Restsiedlung feststellen, die eine Brandkatastrophe um 400 überdauerte, wobei insbesondere die Quadermauern einer Therme im Lager Schutz und Zuflucht boten. Hier entwickelte sich schließlich ein Herrenhof als Zentrum eines mittelalterlichen Burgbezirkes [20].

Als wir uns der Raetia I zuwandten, geschah das im Rahmen eines Programmes, das bewußt etwas anders gestaltet war als jenes für den norischen Bereich. Für Rätien konnten Querschnitte über das gesamte Territorium nicht nur auf dem historischen Sektor, sondern auch auf dem archäologischen gewagt werden; hier ist eben die Kontinuitätsdichte unvergleichlich größer; dazu kam noch der Beitrag der Namensforschung.

Otto P. Clavadetscher behandelte Churrätien zur Zeit des Überganges von der Spätantike zum Mittelalter nach den Schriftquellen, wobei aber nach einem Überblick des historischen Ablaufes auch das Fundmaterial entsprechende Berücksichtigung fand. Unter Theoderich bildete Rätien ein Bollwerk Italiens; was die Frage der Grenze betrifft,

18) Forschungen in Lauriacum, Bd. 1–10 (1953–1975); vgl. zur Grabungsgeschichte Hermann Vetters in Enns-Lauriacum-Lorch, Festschrift, Linz 1962, 90 ff., bzw. in Forschungen in Lauriacum 10 (1975) 11 ff. Vgl. auch Lothar Eckhart, Enns-Lorch-Lauriacum 107 ff., ferner Jahrbuch des oberösterr. Musealvereins 120 (1975) 37 ff., weitere Lit.-Hinweise ebenda, Anm. 1.

19) Tutatio, Die Ausgrabungen auf dem Georgenberg und in Micheldorf. Hrsg. von Hermann Vetters und Mitarbeitern (Der römische Limes in Österreich 28, 1976).

20) Hertha Ladenbauer, Archäologische Stadtkernforschung in Wien, Jahrbuch des Vereins f. Geschichte der Stadt Wien 21/22 (1965/66) 7 ff.; Dies., Der historische Kienmarkt in Wien, Jahrbuch f. Landeskunde von Niederösterreich, NF 38 (1968/70) 76 ff., Dies., Der Berghof, Wiener Geschichtsbücher 17, Wien-Hamburg 1974.

so ist ihre Beantwortung nicht zuletzt abhängig von der Interpretation eines Fischnamens *(anchorago)*; ein Kuriosum – aber methodisch bemerkenswert. Der Geograph von Ravenna nennt den rätselhaften Ort *The(o)doricopolis,* viele Identifizierungsversuche brachten keine überzeugende Lösung, vermutlich handelte es sich um eine ephemäre Benennung, die bei einem Wechsel der politischen Zugehörigkeit des Ortes wieder aufgegeben wurde. Meinungsverschiedenheiten gibt es auch über die Besitzergreifung der Franken (nach 536), ob durch Gewalt oder (eher) durch Vertrag. Das wegen seiner Lage während der Auseinandersetzungen zwischen Franken, Byzantinern und Langobarden auch strategisch wichtige Land wurde unter den Karolingern voll ins Frankenreich eingegliedert. Im Lande vereinigte die einheimische Familie der Victoriden lange die weltliche und geistliche Macht. Das Amt des *praeses* scheint (ungeachtet einer Funktionsänderung und der Durchsetzung der Erblichkeit) auf Kontinuität von der Spätantike her zu deuten, doch blieb das nicht unbestritten. Das Bistum Chur ist seit 843 Mainz zugeordnet; hier ergibt sich eine Parallele zu der schon früher erfolgten Wendung von Säben (Brixen) von Aquileia zu Salzburg; eine gewisse Absonderung des Alpenromanentums von Italien wird durch diesen Wechsel verstärkt worden sein. Wichtig waren die Hinweise des Vortragenden auf wesentliche Kontinuitätsfaktoren verschiedener Art. So auf die (sonst in der Tagung nicht eingehend behandelten) Römerstraßen. Diese spielten auch im norischen Bereich eine erhebliche Rolle, waren diese »Hoch-« oder »Heidenstraßen« doch weiterhin höchst bedeutsam; größere Straßenbauten scheint man in Österreich (wie vermutet wird, mit italienischen Fachleuten) erst im Zusammenhang mit der Erwerbung der Steiermark (1192) und der wachsenden Bedeutung des Handelsweges nach Venedig durchgeführt zu haben [21]. Die besondere Stellung der Raetia I im Frankenreich wird durch die Lex Romana Curiensis (mit ihrem Heiratsverbot zwischen Römern und »Barbaren«) und das auf spätrömische Vorbilder zurückgehende rätische Urkundenwesen noch betont. Zum letztgenannten sei erwähnt, daß es dazu im bairischen Raum eine einsame Parallele im Rottachgau-Fragment gibt, wohl ein isoliertes Relikt einer einfachen einheimischen romanischen Urkundentradition, keine Entlehnung aus Churrätien [22]. Insgesamt zeigt die Raetia Curiensis im sprachlich-kulturellen ebenso wie im politisch-administrativen Bereich eindrucksvolle Belege der Kontinuität, die hier die Dominante bildet, während sie in Noricum eher in örtlichen Restbeständen nachweisbar erscheint.

Gudrun Schneider-Schnekenburger sprach über die Raetia I im 4.–8. Jahrhundert auf Grund der Grabfunde. Besondere Aufmerksamkeit wurde dem Gräberfeld von Bo-

21) Vgl. Peter Csendes, Die Straßen Niederösterreichs im Früh- und Hochmittelalter (Dissertation der Universität Wien 33) Wien 1969, 105 f., 242 ff.

22) Heinrich Fichtenau, Das Urkundenwesen in Österreich vom 8. bis zum frühen 13. Jahrhundert, MIÖG Erg.-Bd. 23 (1971) 12 ff., Ders., Bayerns älteste Urkunden, in: Gesellschaft, Kultur, Literatur, Festschrift f. Luitpold Wallach (Monographien zur Geschichte des Mittelalters 11) 1976, 179 ff.

naduz, das in dieser Zeit kontinuierlich belegt erscheint, gewidmet. Was die Größenordnung betrifft, so sprechen die 720 erschlossenen Bestattungen, verglichen etwa mit den 41 von Vranje, für sich. Die Bestattungen sind zweifellos durchgehend der einheimischen romanischen Bevölkerung zuzuschreiben; eine Änderung der Beigaben- und Bestattungssitten um 400 ist auf die Christianisierung, nicht auf einen Wechsel der nationalen Struktur der Bevölkerung zurückzuführen. Es war allerdings auch das Problem alemannischer Einwirkungen zu erörtern, die vielleicht bei der Rückkehr zu einfachen Beigaben zur Geltung kamen. Die südlichsten echt alemannischen Gräber in diesem Raum sind aber nach dem jetzigen Stande der Forschung jene von Schaan und Eschen (in Liechtenstein). In der Diskussion zu diesem und dem vorhergehenden Referat wurde auch das Schicksal der von Chlodowech vertriebenen Alemannen, die Theoderich aufnahm, erörtert. Man nimmt derzeit u. a. an, daß sie im vorarlbergischen Unterland (Rheingau) Zuflucht fanden [23]). Frau Schneider referierte vor allem über Grabfunde, die ausgezeichnet interpretiert wurden; was fehlt, sind im allgemeinen (wenn wir von Sakralgebäuden absehen) die Siedlungsfunde. Wenden wir uns den Problemen der Akkulturation zu, so ergibt sich auch aus archäologischer Sicht klar die Widerstandsfähigkeit eines politisch, sprachlich und kulturell autonomen Bereiches.

Hans Rudolf Sennhauser präsentierte archäologisch-kunstgeschichtliche Betrachtungen über die spätantiken und frühmittelalterlichen Kirchen Churrätiens. Er konnte auf die imponierende Konstanz der Typen wie der Einzelformen und der Proportionen verweisen. Auch Kontinuität der Standorte sakraler Gebäude über die Jahrhunderte hinweg ist gegeben; gelegentliche engräumige Verlegungen bedeuten keine Unterbrechung der kirchlichen Organisation. Im einzelnen waren insbesondere die Ausführungen des Vortragenden über die Zwei- und Dreiapsidensaalkirchen zu beachten, in der Gesamtschau die Feststellungen über die Zugehörigkeit zu einer Kulturprovinz mit dem Zentrum Aquileia. Es wurde auch zu den die archäologischen Befunde ergänzenden Angaben schriftlicher Quellen Stellung genommen, es geht um terminologische Klärungen (etwa betr. *memoria, parva cellula, oratorium, capella, crypta*). Auch die Bedeutung der Patrozinien zur Altersbestimmung und Einordnung in einen größeren kirchengeographischen Rahmen ist zu berücksichtigen. In der Diskussion gab Hilde Claussen wesentliche Aufschlüsse über die Bedeutung der »ambrosianischen Heiligen« und ihrer Reliquien für Italien, Rätien und Gallien [24]). Nach dem ersten Auftreten der Patrone kommt es dann später mitunter zu Renaissancen ihrer Verehrung. Martin war etwa der Patron des fränkischen Sieges über die Goten, später der Araberabwehr. In Bayern kann ein Martinspatrozinium im 8. Jahrhundert fränkische Orientierung des adeligen Eigenkirchenherrn an-

23) Bilgeri, Geschichte Vorarlbergs I, 38 ff.

24) Hilde Claussen verwies auf Pio Paschini, Memori Storiche Forogiuliesi 7 (1911) 9 ff. – Hippolyte Delehaye, Les origines du culte des martyrs, Subsidia hagiographica [2], Brüssel 1930. – Rudolf Egger, Der heilige Hermagoras, eine kritische Untersuchung 1, Carinthia I 134/135 (1947) 16 ff.

deuten. Für Rätien ist aber offensichtlich schon der ambrosianische Auftakt der Reliquienverehrung, der sich in Patrozinien spiegelt, von entscheidender Bedeutung.

Die notwendige philologische Ergänzung unserer historisch-archäologischen Betrachtungen verdanken wir Stefan Sonderegger und seinen Ausführungen über die Siedlungsverhältnisse Churrätiens im Lichte der Namensforschung. Auf die Frage der rätischen, stammesmäßigen Substrate vermag ich nicht einzugehen, auch zu dem Problem, wieweit dieses Substrat und spätere, allfällige ethnische Superstrate zur Eigenart der rätoromanisch-ladinisch-friaulischen Sprachgruppen, die ja dem Provençalischen näherstehen als dem Französischen oder Italienischen, beigetragen haben, wage ich nichts zu sagen. Die Sprachwissenschaft ist jedenfalls imstande, keltische und rätische Namen von einander zu scheiden. Zu diesen kam ein römisch-lateinisches Namenmaterial, schließlich ein alemannisch-bairisches. Daß der Kirchenstaat in Churrätien dem romanischen Element auch sprachlich einen Rückhalt zu geben vermochte, versteht sich. Dennoch verlor das Romanentum an Boden; es kam örtlich zum Sprachwechsel. Die Linguistik ist heute in der Lage, diese Veränderungen ungefähr zu datieren und daraus Schlüsse auf die allmähliche Ausgliederung von Sprachgrenzen zu ziehen. Wieweit ein Sprachwechsel allerdings einem Siedlungsvorgang entsprechen kann oder aber einer Assimilierung altansässiger Bevölkerung, bedarf weiterer Untersuchungen. In Referat und Diskussion war unter anderem auch von den Walchennamen die Rede, die Fremdbenennungen der Romanen durch den deutschen Nachbarn darstellen und eine Grenz-, Ausnahms- oder Rückzugssituation kennzeichnen. In Österreich sind etwa Wals bei Salzburg (790 noch *»vicus Romaniscus«*), ferner Seewalchen, Straßwalchen, dann der Walgau in Vorarlberg zu nennen. Bei Personennamen wie Wala oder Walahfried ist es in der Regel aber wohl zu weitgehend, vom Namen auf die Nationalität oder auch nur auf die Abkunft des Trägers Schlüsse zu ziehen.

Im bairischen Bereich kam es an Stelle der für Churrätien lange charakteristischen Separation früher oder später zur Integration der Provincialromanen. Heiraten zwischen romanischen und bairischen Familien waren offenbar nicht selten. Die *genealogia Albina* romanischer Herkunft hatte engste Beziehungen zur Salzburger Kirche und zu den agilolfingischen Herzögen [25]. Ganz reibungslos war das Verhältnis der Volksgruppen zueinander aber nicht. Wenn der Verfasser des Kasseler Glossars in schlechtem Latein und gutem Bairisch sagt: *»Stulti sunt Romani, sapienti sunt Paioari – tole sint Walha, spahe sint Paigira«* (Dumm sind die Welschen, gescheit sind die Baiern), so mag man mit Paul Kirn daran zweifeln, ob der Autor selbst ein hervorragender Vertreter der *sapientia* war [26], Quellenwert kann man seiner Aussage aber kaum absprechen.

25) Vgl. hierzu etwa Herwig Wolfram, Grenze und Mission. Salzburg vom hl. Rupert zum hl. Virgil. Mitt. d. Ges. f. Salzburger Landeskunde 115 (1975) 62 ff.

26) Paul Kirn, Aus der Frühzeit des Nationalgefühls, Leipzig 1943, 39 Anm. 3. Edition: Elias Steinmeyer – Eduard Sievers, Althochdeutsche Glossen 3, 13.

Die Untersuchung des Namengutes, der Personen- und besonders der Ortsnamen ist naturgemäß auch im norischen Raum stets ein Forschungsdesiderat gewesen. Nunmehr liegen mehrere wesentliche Arbeiten vor. Es sind neben den romanischen und germanischen Namen selbstverständlich auch das slawische sowie das in Spuren feststellbare awarische (vielleicht sogar hunnische) Namenmaterial zu berücksichtigen. Es ergibt sich dabei u. a. die Frage, ob etwa im Osten Noricums ein antiker Ortsname direkt oder durch slawische Vermittlung in die deutsche Sprache übernommen wurde, etwa im Falle der keltolateinischen Form *Vedunia,* auf die nach Kranzmayer der Namen Wiens zurückgeht [27]. Im übrigen wird kaum bestritten werden, daß die Kontinuitätsforschung eine Kombination recht verschiedenartigen Quellenmaterials und damit eine interdisziplinäre Zusammenarbeit erfordert.

Probleme der Kontinuität der antiken römischen (bzw. rätoromanischen oder keltoromanischen) Kultur und ihrer Erscheinungsformen bildeten den Hauptinhalt unserer Tagung. Wieweit vermochten wir diese Probleme zu berücksichtigen? Vermutlich erleichtert eine Aufgliederung nach Sachgebieten einen Überblick:

1) Das Fortleben einer römisch-romanischen Bevölkerung wurde in bezug auf Churrätien ausführlicher, für den norischen Bereich kürzer gewürdigt. Eine stärkere Berücksichtigung der »*Austria Romana*« hätte ergänzendes Material geboten.

2) Auf die Fortdauer (und Umformung) von Siedlungsnamen und Siedlungsformen wurde mehrfach verwiesen; naturgemäß kann im Rahmen einer Tagung diese Materie in der Regel nur exemplarisch gewürdigt werden. Das archäologische Material gab, wie nicht anders zu erwarten, mehr über Gräberfelder, Sakralbauten und Befestigungen als über offene Siedlungen Auskunft.

3) Vielleicht ließe sich in stärkerem Maße das Fortleben antiker Flurformen (im norischen Bereich Zenturienflur in Lorch, sonst in den Ostalpen eher die kleinere Quadraflur) berücksichtigen.

4) Es erhebt sich die Frage, wie weit auch die Fortdauer römischer oder römisch vermittelter landwirtschaftlicher Betriebsformen (Weinbau, Almwirtschaft, ev. auch Bienenzucht) in die Thematik derartiger Tagungen einzubeziehen wäre.

5) Dasselbe gilt für die römischen Straßen, auf deren Weiterverwendung und fortwirkende Bedeutung aber hingewiesen wurde.

6) Als Merkmale einer ziemlich ungebrochenen Kontinuität gelten mit Recht Belege für die Fortdauer weltlicher und kirchlicher Verwaltungseinheiten und ihrer Grenzen. In Churrätien klar greifbar, ist diese Art der Kontinuität in Noricum nicht überzeugend nachzuweisen.

27) Eberhard Kranzmayer, Herkunft und Geschichte der Namen Wiens, Unsere Heimat 23 (1952) 68 ff., 129 ff. – Wilhelm Brandenstein, Die Namen Vindobona und Wien, Wiener Geschichtsblätter 15 (1960) 165 ff.

7) Eine erhebliche Zahl von Urkunden belegt im churrätischen Raum (bis hinein nach Vorarlberg) das Weiterwirken der spätrömischen Urkundentradition; im bairischen Bereich hebt sich das frühmittelalterliche Urkundenwesen von dieser im allgemeinen noch deutlich ab. In der Tagung blieben diese Fragen nicht außer acht, bildeten aber keinen zentralen Themenbereich.

8) Neben den Siedlungsfragen und zumeist in engem Zusammenhang mit diesen stand die Kontinuität vom spätantiken zum mittelalterlichen Christentum, die Fortdauer von Kirche und Kult mehrfach zur Diskussion, wobei historische und archäologische Argumentationen zusammenwirken konnten. Auch hier war ein – keineswegs gleichmäßiges – West-Ostgefälle der Kontinuitätsdichte unverkennbar.

Gewiß bot das spätantike Christentum auch im Ostalpenraum zukunftsträchtige örtliche Rückhaltstellungen und Ausgangspositionen dar, aber es war ein mächtiger Impuls von Franken, Iren und Angelsachsen, eine nachhaltige Unterstützung fränkischer Könige und Hausmeier notwendig, um neuerdings weit auszugreifen. Jedenfalls aber verdienen jene Menschen den Dank späterer Generationen, die es verstanden, in einer umkämpften Zeit auszuharren, für die Bewahrung altüberkommener Kulturwerte, aber auch fruchtbarer jüngerer Schöpfungen zu sorgen, oft in sehr bedrängten Verhältnissen, mit bescheidenen technischen Mitteln, inmitten der Nöte eines schweren Alltags.

II.

GERMANIA I

(NEUWIEDER BECKEN UND MOSELMÜNDUNG)

MAXIMA SEQUANORUM

(OBERRHEIN UND NORDBURGUND)

Der Raum zwischen Selz und Andernach vom 5. bis zum 7. Jahrhundert

VON EUGEN EWIG

In der Notitia dignitatum erscheint der alte Militärsprengel der Germania I aufgelöst in die beiden Sprengel des *Dux Moguntiacensis* und des *Comes Argentoratensis* [1]. Zum Sprengel des Mainzer *dux* gehörten die Städte und Kastelle von Selz bis Andernach mit ihren Garnisonen:

Salectio (Selz):	*milites Pacenses* (= *legio I Flavia Pacis*)
Taberna (Rheinzabern):	*milites Menapii*
Vico Julio (Germersheim):	*milites Anderetiani*
Nemetis (Speyer):	*milites Vindices*
Alta Ripa (Altrip):	*milites Martenses*
Vangionis (Worms):	*milites secundae Flaviae*
Moguntiaco (Mainz):	*milites Armigeri*
Bingio (Bingen):	*milites Bingenses*
Bodobrica (Boppard):	*milites Balistarii*
Confluentibus (Koblenz):	*milites Defensores*
Antonaco (Andernach):	*milites Acincenses* [2]

Diese Liste der Notitia ist nicht vollständig. Aufgrund der Ziegelstempel von Rheinzabern ist an der Rheinlinie zwischen Selz und Rheinzabern ein weiteres Kastell – Pfortz – mit einer weiteren Einheit, den *Portisiani/Portisienses* zu ergänzen [3]. Nicht genannt sind aus ungeklärten Gründen auch die binnenländischen Kastelle Kreuznach und Alzey [4].

Die in der Notitia aufgeführten Einheiten sind bei der Reorganisation der Rheingrenze durch Valentinian I. in den Jahren 369/70 im Mainzer Sprengel stationiert worden. In diesem Zusammenhang wurde vielleicht auch der alte Großsprengel der Germa-

1) Notitia dignitatum Occ. V 130 (Tractus Argentoratensis) und 143 (Moguntiacensis), ed. O. SEECK, 1876 (Neudruck 1962), 121.

2) Ibidem Occ. XLI p. 213–214.

3) D. HOFFMANN, Das spätrömische Bewegungsheer und die Notitia dignitatum (2 Bände, Text und Anmerkungen), 1969, 340.

4) Ibidem 342 und 263. Hoffmann nimmt an, daß die beiden Kastelle entweder übersehen wurden oder z. Zt. der Abfassung der Notitia keine Garnisonen hatten.

nia I in die beiden Militärbereiche des *Ducatus Moguntiacensis* und des *Tractus Argentoratensis* aufgegliedert. Da jedoch der Aufbau des Ducalofficiums die erst von Stilicho eingeführte Form aufweist, kann die Neugliederung auch von Stilicho bei seinen Inspektionen der Rheingrenze in den Jahren 396 und 398 angeordnet worden sein [5].

Anrainer des Imperiums im Sektor der Germania I waren die Alamannen, die sich nach der Aufgabe des Limes (260) zu Beginn des 4. Jahrhunderts zwischen Limes und Rhein niederließen [6]. Nachbarn der Alamannen in der Germania libera waren im Osten die Burgunden, im Norden die Franken. Die Grenze gegen die Burgunden war nach den schriftlichen Quellen grosso modo durch den Limes im Sektor Main–Donau bestimmt. Die zwischen beiden Völkern nach Ammianus Marcellinus umkämpften Salzquellen situiert die communis opinio bei Schwäbisch-Hall. Nördlich des Limes gehörte die Wetareiba bis zu Vogelsberg und Rhön anscheinend zum alamannischen Siedlungsgebiet. Westlich der Wetareiba lag die fränkisch-alamannische Grenze im Taunus oder im Westerwald. Wenn die Franken, wie Schoppa annimmt, in der 2. Hälfte des 5. Jahrhunderts Militärkolonien zwischen Diez und Nauheim anlegten, dürfte das Lahntal bis hinauf nach Wetzlar damals fränkisch gewesen sein [7].

Auf die Geschichte der Alamannen fällt im Zeitraum von 350 bis 380 durch Ammianus Marcellinus relativ helles Licht. Das alamannische Volk stand damals unter einer Vielzahl von Königen, die selbst 357 in der Schlacht von Straßburg gegen Julian nicht geschlossen in Erscheinung traten. Längs des Rheins lassen sich vom Bodensee bis zum Rheingau 4–5 regna nachweisen: das des Priarius im *Linzgau (Lentienses)*, der Sippe

5) Ibidem 191 und 344–346.

6) Eine zweisprachige Quellensammlung zur Geschichte der Alamannen gibt die Heidelberger Akademie der Wissenschaften heraus. Die beiden ersten Bände liegen vor. Quellen zur Geschichte der Alamannen von Cassius Dio bis Ammianus Marcellinus (I) und von Libanios bis Gregor von Tours (II), übersetzt von C. Dirlmeier, durchgesehen und mit Anmerkungen versehen von G. Gottlieb, 1976/7. – K. F. Stroheker, Die Alamannen und das spätrömische Reich, in: Zur Geschichte der Alamannen, Hrsg. W. Müller, Wege der Forschung 100 (1975), 20–48. – Darstellungen der Frühgeschichte mit weiterer Literatur: L. Schmidt, Geschichte der deutschen Stämme. Die Westgermanen II², 1940. – R. Wenskus, Stammesbildung und Verfassung. Das Werden der frühmittelalterlichen gentes, 1961, 494–512 (Strukturanalyse). – B. Behr, Das alamannische Herzogtum bis 750 (Geist und Werk der Zeiten 41), 1975 (mit ausführlicher Erörterung der Frühzeit). – Alamannensiedlung im Rhein-Main-Gebiet: H. Schoppa, Alamannisches Kulturgut in Reihengräberfriedhöfen Nassaus, in: Nassauische Annalen 62, 1951, 1–14. Idem, Die Besitzergreifung des Limesgebiets durch die Alamannen, ibidem 67, 1953, 1–13. Idem, Zur Siedlungsgeschichte des Rheingaus in fränkischer Zeit, ibidem 77, 1966, 1–15. – J. Werner, Zu den alamannischen Burgen des 4. und 5. Jahrhunderts, in: Speculum historiale. Festschrift J. Spörl, 1965, 439–453. – Zur Frühgeschichte der Wetterau: W. A. Kropat, Reich, Adel und Kirche in der Wetterau von der Karolinger- bis zur Stauferzeit, in: Wetterauer Geschichtsblätter 13, 1964.

7) Schoppa, Alamannisches Kulturgut 5. – H. Gensicke vermutet, daß das Lahngebiet schon im 4. Jahrhundert in fränkischer Hand war: (Spuren des Frankenkönigs Mallobaudes?, in: Nassauische Annalen 69, 1958, 19–30).

Gundomad / Vadomar / Vithicab im Vorland von Basel *(Brisigavi)*, der Sippe Chnodomar / Mederich / Agenarich (Serapio) im Vorland von Straßburg (*Ortenau* vielleicht auch *Kraichgau*), des Hortar zwischen Main und Neckar, des Suomar im Rheingau *(Bukinobanten)*. Im Landesinneren zu suchen sind die Königsherrschaften der Brüder Macrian und Hariobaudes, des Urius, Ursicinus und Vestralp sowie weiterer drei namenloser reges, die mit Chnodomar gegen Julian gekämpft haben.

370 unterstanden die Bukinobanten des Rhein-Maingebiets der Herrschaft Macrians, den die Römer hier zeitweilig durch Fraomar ersetzten. Die Namen Suomar, Hortar und Fraomar lassen auf Verwandtschaft ihrer Träger schließen. Lag Verwandtschaft vor, so bildete das Rhein-Maingebiet bis etwa zur Neckarmündung eine politische Einheit innerhalb des alamannischen Verbands. Für eine solche Einheit spräche, daß sich der Rheingau in fränkischer Zeit bis zum Neckar erstreckte.

Macrian hat seine Herrschaft anscheinend erst in den Jahren 360–370 auf dieses Gebiet ausgedehnt. Sein regnum grenzte in den 70er Jahren im Norden an die Franken, im Osten wohl an die Burgunden. Diese Machtkonzentration brachte ihn, der 357 der alamannischen Kampfgemeinschaft fern geblieben war, in Gegensatz zu den Römern. Den eingetretenen Wandel bezeichnet vielleicht schon der Überfall des Alamannenfürsten Rando auf Mainz im Jahre 368. Zwei Jahre später verabredete Valentinian I. mit den Burgunden ein gemeinsames Vorgehen gegen Macrian, doch kam es 374 zu einem Friedensschluß, in dem die Römer wohl den Brückenkopf Wiesbaden behaupteten [8]. Macrian fiel um 379 oder bald danach in einem Kampf gegen den Frankenkönig Mallobaudes.

Im Mainzer und Straßburger Grenzabschnitt herrscht im letzten Viertel des 4. Jahrhunderts anscheinend Ruhe. Die letzten Kämpfe mit Alamannen, die Ammian verzeichnet, spielten sich im Süden ab, wo die Lentienser unter ihrem König Priarius mit anderen alamannischen Verbänden 378 ins Reich einfielen. Gratian schlug sie im gleichen Jahr in der Schlacht bei Argentaria (Horburg bei Colmar), in der Priarius fiel.

Innerhalb der Zeitspanne von 354 bis 379 haben demnach die Machtkonzentrationen im alamannischen Bereich dreimal gewechselt: 357 lag die Führung bei Chnodomar in der Ortenau, 370 bei Macrian im Rhein-Maingebiet, 379 bei Priarius im Linzgau. Diese Instabilität bildete den Hintergrund für die Errichtung der beiden römischen Militärsprengel von Mainz und Straßburg.

Entgegen einer früher allgemein vertretenen Ansicht hat Stilicho die Grenztruppen in den Krisenjahren 401/2 nicht vom Rhein abgezogen [9]. Den großen geschichtlichen Einschnitt bildete der Rheinübergang der Wandalen, Alanen und Sweben am 31. Dezember 406. Die Einbruchsstelle ist klar bezeichnet durch den Untergang der im Abschnitt

8) SCHOPPA, Besitzergreifung (wie Anm. 6), 13.

9) HOFFMANN, Bewegungsheer 344 n. 288. – DERS., Die Gallienarmee und der Grenzschutz am Rhein in der Spätantike, in: Nass. Annalen 84, 1973, 1–18.

zwischen Selz und Bingen stationierten römischen Einheiten [10]. Hieronymus nennt in seinem berühmten Brief an Geruchia auch Straßburg unter den betroffenen Städten, und unter den Völkern, die Gallien 407 verwüsteten, auch die Burgunden und die Alamannen [11]. Indessen haben sich diese beiden Völker dem Wandalenzug durch Gallien nicht angeschlossen, sondern sind gleich einem Teil der Alanen am Rhein verblieben.

Das eigentliche Problem ist die Reorganisation der Rheingrenze nach dem Einbruch vom Dezember 406. Partner der germanischen Völker war zunächst nicht die kaiserliche Regierung in Ravenna, sondern der Usurpator Constantin III. (407–411) und sein Nachfolger Jovinus (411–413). Constantin III. hat Soldverträge mit den Franken, Alamannen, Burgunden und einer Alanengruppe unter Goar geschlossen, doch enthielten diese *foedera* anscheinend noch keine Landzuweisungen. Als Constantin III. 411 durch den Heermeister Constantius in Arles belagert wurde, proklamierten die Burgunden unter dem König Gundicarius und die Alanen unter Goar den Galloromer Jovinus in der Germania II zum Kaiser, und die von Constantin ausgehobenen Franken und Alamannen schlossen sich Jovinus an [12].

Erst 413/14, volle sieben Jahre nach der Katastrophe von 406, sind die Verhältnisse am Rhein durch Constantius, den siegreichen Heermeister des Honorius, stabilisiert worden. Constantius stellte die bis 406 nachweisbare Limitanorganisation nicht wieder her. Die noch intakten Grenzeinheiten nördlich von Bingen wurden als pseudo-comitatenses in das Feldheer eingereiht [10] – was m. E. nicht unbedingt bedeutet, daß sie in diesem Zusammenhang auch ihre bisherigen Garnisonen verließen. Den Burgunden räumte der Heermeister 413 *partem Galliae propinquam Rheno* als Siedlungsgebiet ein [13]. Die Kontroverse über die Lage des damit auf Reichsboden begründeten burgundischen Foederatenreiches ist durch Wackwitz und Stroheker wohl endgültig zugunsten von Worms entschieden [14]. Offen bleibt die Frage nach der Ausdehnung des »Wormser Reiches«. Den Westgoten wies Constantius 418 eine ganze Provinz, die Aquitania II, mit einigen angrenzenden civitates als Siedlungsgebiet zu. Auch wenn man in Betracht zieht, daß die

10) Die nördlich von Bingen stationierten Truppen des Mainzer Dukats blieben verschont und wurden nach 407 als pseudo-comitatenses in das Feldheer eingereiht: H. NESSELHAUF, Die spätrömische Verwaltung der gallisch-germanischen Länder (Abh. Preuß. Akad. Wiss. Jahrg. 1938 Nr. 2, 1938, 40 ff.). – HOFFMANN, Bewegungsheer 335.

11) Epistula Nr. 123, 15 (CSEL 56, 1918, 92).

12) HOFFMANN, Bewegungsheer 144 und Anm. 114. – K. F. STROHEKER, Der senatorische Adel im spätantiken Gallien, 1948, mit ausführlichen Quellenverweisen. – Zusammenstellung der die Franken betreffenden Quellen bei W. J. DE BOONE, De Franken van hun eerste optreden tot de dood van Childerik, 1954, 122 ff.

13) PROSPER TIRO 1250, MGH AA IX, 467.

14) P. WACKWITZ, Gab es ein Burgunderreich in Worms?, in: Der Wormsgau, Beihefte 20 und 21, 1964/65. – K. F. STROHEKER, Studien zu den historisch-geographischen Grundlagen der Nibelungendichtung, in: STROHEKER, Germanentum und Spätantike, 1965, 246–274. Dazu eine wichtige, meist übersehene Beobachtung von H. BÜTTNER, Frühes fränkisches Christentum am Mittelrhein, in: Archiv f. mittelrhein. Kirchengesch. 3, 1951, 30 n. 128.

Burgunden ein kleineres Volk waren und ein Teil von ihnen im Rechtsrheinischen verblieb, erscheint die Zuteilung nur einer civitas gering. Als angemessen könnte man die Attribution des durch den Einbruch von 406 besonders betroffenen Raumes zwischen Selz und Bingen ansehen. Im Hinblick auf die bezeugten Verbindungen zwischen Gundicarius und Goar darf man vermuten, daß die Burgunden sich dieses Gebiet mit den Alanen Goars teilten. Der Sektor Bingen–Andernach wäre dann in unmittelbarer römischer Regie geblieben. Doch bleibt man mit diesen Vermutungen im Bereich der Hypothese.

Die schriftliche Dokumentation über die Beziehungen des Imperiums zu den Franken und Alamannen ist desperat. Über die Franken liegen für die nächsten Jahrzehnte nur einige verstreute Nachrichten vor; die Überlieferung über die Alamannen setzt für gut vier Jahrzehnte (413–455) ganz aus. Gleichwohl kann man mit Bestimmtheit sagen, daß Constantius 413/14 neue foedera auch mit den Franken und Alamannen geschlossen haben muß. Gebietszuweisungen innerhalb des Imperiums haben die beiden Völker dabei allem Anschein nach nicht erhalten. Das argumentum e silentio ist hier im Hinblick auf die zwar lakonische, aber präzise Nachricht über die Burgunden von Gewicht. Außerdem läßt eine unten ausführlicher zu besprechende Aussage des Sidonius Apollinaris erkennen, daß die eigentliche Landnahme der Alamannen in Obergermanien erst nach der Mitte des 5. Jahrhunderts erfolgte. Ich möchte daher an Soldverträge denken, die die beiden Völker zum Frieden und zur Gestellung von Kontingenten für das kaiserliche Heer verpflichteten. Im Hinblick auf die archäologischen Befunde von Gellep ist die Vermutung gestattet, daß solche Kontingente auch in rheinischen Grenzfestungen stationiert wurden [15]. Die Aufsicht über die föderierten Völker einschließlich der Burgunden kann nur der *magister equitum Galliarum* als Befehlshaber des gallischen Feldheeres ausgeübt haben [16].

Die Invasion von 406 hat nicht nur in den rheinischen Grenzprovinzen, sondern auch im rechtsrheinischen Vorland des Imperiums Veränderungen hervorgerufen. Zwei Quellen berichten, daß die Franken sich den Wandalen vor ihrem Rheinübergang entgegenstellten und dabei besiegt wurden [17]. Da die Wandalen von Südosten kamen, kann die Schlacht nur im Vorfeld von Worms oder Mainz stattgefunden haben, d. h. in einem Gebiet, das im 4. Jahrhundert alamannisch war. Wie sich die nordalamannischen Teil-

15) Die spätrömische Phase scheint in den Grabfeldern von Gellep um 425 ausgelaufen zu sein. Cf. Ewig, Probleme der fränkischen Frühgeschichte in den Rheinlanden, in: Hist. Forschungen f. W. Schlesinger, 1974, 51 (mit weiterer Literatur).

16) Das Hauptquartier des gallischen Heermeisters befand sich seit der Verlegung der Präfektur von Trier nach Arles wohl in Arles, also weit entfernt von der Grenze. Doch könnte in Trier eine untergeordnete Befehlsstelle eingerichtet worden sein. Hier amtierte in den 70er Jahren des 5. Jahrhunderts der *comes* Arbogast als militärischer Statthalter. Leider ist über die Begründung dieses »Comitats« nichts Näheres bekannt.

17) Orosius und Renatus Profuturus Frigiredus berichten über diesen Zusammenstoß. Cf. de Boone, De Franken 122.

stämme, namentlich die Bukinobanten, in dieser Situation verhalten haben, ist nicht bekannt. In den folgenden Jahren wurden sie jedenfalls durch die vom mittleren Main zum Rhein vordringenden Burgunden von der Masse der Alamannen abgeriegelt. Die Frage, ob sie ihre politische Selbständigkeit zwischen Burgunden und Franken behaupten konnten, läßt sich nur stellen, nicht beantworten.

In den römischen Rheinprovinzen scheint die Ordnung von 413/14 bis 435/36 Bestand gehabt zu haben. Man hört nur von Kämpfen mit den Franken, die 420 rebellierten und während der durch den Tod des Kaisers Honorius hervorgerufenen Reichskrise (423–425) eine *pars Galliarum propinqua Rheno* – wohl die Germania II – besetzten, aber 428 noch einmal von Aëtius in die Schranken gewiesen wurden [18]. Größere Veränderungen löste erst der große Bagaudenaufstand von 435 aus, den die Burgunden zu einem Vorstoß in die Moselprovinz nutzten. Aëtius brachte ihnen bekanntlich 435/36 mit Hilfe der Hunnen eine vernichtende Niederlage bei. Aber der Abfall der Burgunden, die wohl einen Eckstein der Ordnung von 413/14 gebildet hatten, machte eine Reorganisation der Rheingrenze erforderlich. Die Franken erhielten wohl danach die seit langem begehrte Landzuweisung in Niedergermanien. Die Alanen wurden in den Jahren 440–442 nach Orléans und Valence versetzt, die Burgunden 443 in der Sapaudia angesiedelt [19]. Da aus verschiedenen Zeugnissen hervorgeht, daß die Rheingrenze noch nicht aufgegeben wurde, stellt sich die Frage, wie sie im mittelrheinischen Sektor nach der Verpflanzung der Burgunden und Alanen geschützt wurde. Ich weiß darauf keine Antwort. Die Quellen bieten nicht einmal Indizien für Vermutungen.

Drei Nachrichten über eine kirchliche Missionstätigkeit am Mittelrhein, deren Wert zu Unrecht von einigen Forschern bezweifelt wurde, lassen erkennen, daß die römische Ordnung in der ersten Hälfte des 5. Jahrhunderts noch nicht völlig zusammengebrochen war. Nach Orosius haben die Burgunden in Gallien das katholische Christentum angenommen. Nach dem Kirchenhistoriker Sokrates erbaten auch rechtsrheinische Burgunden um 428/29 vom Bischof einer gallischen Stadt die Taufe [20]. Nach der Vita des Lupus

18) DE BOONE 128–135. – EWIG, Probleme der fränkischen Frühgeschichte 66 ff. Einige Forscher, darunter E. STEIN, beziehen die von den Franken besetzte *pars Galliarum* auf Trier und die Mosellande. Wenn die Franken aber 413/14 noch keine Landzuweisungen auf römischem Boden erhalten haben, kann nur die Germania II in Betracht gezogen werden. Für ein unmittelbar am Rhein gelegenes Gebiet spricht auch der Wortlaut der Quelle; denn der Gewährsmann Prosper Tiro gebraucht sowohl zu 413 (im Hinblick auf die Burgunden) wie 428 den Begriff *pars Galliae (Galliarum) propinqua Rheno.* Man vergleiche dazu den Brief des SIDONIUS APOLLINARIS an Arbogast von Trier aus dem Jahre 471: *Quocirca sermonis pompa Romani ... Belgicis olim sive Rhenanis abolita terris ...* (Ep. IV 17, 2. Lettres I–V ed. A. LOYEN, 1970, 149). Hier werden die *terrae Rhenanae* neben den *terrae Belgicae* genannt.

19) EWIG, Probleme der fränkischen Frühgeschichte 67–74.

20) OROSIUS, Hist. adversus paganos VII 41,8 (CSEL V 554). – SOCRATES, Hist. ecclesiastica VII 30 (MIGNE, Patr. Graeca 67, 805). Dazu zuletzt: K. SCHÄFERDIEK, Germanenmission, in: Reallexikon f. Antike und Christentum X, 1977, 508 ff.

von Troyes predigte der Bischof Severus von Trier den gentes in der Germania I das Evangelium, als er – um 446 – die Aufforderung erhielt, Germanus von Auxerre auf seiner zweiten Reise nach Britannien zu begleiten [21]. Der Bischof der πόλις τῆς Γαλλίας, von dem Sokrates spricht, kann der Trierer oder der Mainzer gewesen sein. Denn die Mainzer Bischofsreihe bricht erst um 451 ab [22]. Am klarsten spricht für relativ geordnete Verhältnisse der für die Zeit sehr ansehnliche Bau der Mainzer Basilika St. Alban aus der ersten Hälfte des 5. Jahrhunderts [23]. Aus Köln, wo die Bischofsliste zu Beginn des 5. Jahrhunderts abreißt, sind keine kirchlichen Bauten des 5. Jahrhunderts bekannt.

Die Aussagen des Hieronymus [11] und Salvians [24] über den Zustand von Mainz – *capta atque subversa* (zu 407), *excisa atque deleta* (um 440) – werden durch die besprochenen historischen und archäologischen Zeugnisse nicht aus der Welt geschafft, aber relativiert. Das Ende der Römerzeit am Rhein bezeichnete erst der Einfall Attilas in Gallien im Jahre 451. Durch den griechischen Historiker Priskos erfahren wir, daß der politische Einfluß Attilas um 450 bis zu den Grenzen der Franken reichte. In einem Thronstreit wandte sich damals der jüngere Sohn eines Frankenkönigs an Aëtius, der ältere an Attila um Hilfe [25]. Sidonius nennt in der Tat den Bructerus Francus unter den Hilfsvölkern des Hunnenkönigs, aber er verwirrt im gleichen Moment das Bild, indem er diese Brukterer am Neckar lokalisiert. Vermutlich beruht diese irrige geographische Angabe auf einer Verwechslung mit dem Burgundio, den Sidonius gleichfalls unter den Hilfsvölkern der Hunnen aufführt [26]. Daß hier die rechtsrheinischen Burgunden gemeint sind, ist communis opinio der Forschung. Rätselhaft ist das völlige Schweigen der Quellen über die Alamannen, die weder unter den Hilfsvölkern Attilas noch unter denen des Aëtius genannt werden [27].

21) VITA LUPI ep. Trecensis 11, MGH SS rer. Mer. VII 302. – Dazu VITA GERMANI ep. Autissiodorensis 25, SS rer. Mer. VII 269.
22) EWIG, Die ältesten Mainzer Bischofsgräber, die Bischofsliste und die Theonestlegende, in: Universitas. Festschrift für Bischof Dr. A. Stohr II, 1960, 20. – IDEM, Die ältesten Mainzer Patrozinien und die Frühgeschichte des Bistums Mainz, in: Das erste Jahrtausend I, 1962, 119.
23) F. ARENS, Die Kunstdenkmäler der Stadt Mainz I, 1961, 17 ff.
24) De gubernatione Dei VI 39 (CSEL VIII, 136).
25) PRISCI PANITAE fragm. 15 und 16 (Fragmenta Hist. Graecorum 4, ed. C. MÜLLER, 1868, 98 ff.). Dazu EWIG, Probleme 70 Anm. 113.
26) Carmen VII (Panegyricus in Avitum) 321 ff. (MGH, AA VIII 211). Die artifizielle Schädeldeformation, nach J. Werner eine durch die Hunnen verbreitete Mode, begegnet auch bei Burgunden in der Sapaudia: J. WERNER, Beiträge zur Archäologie des Attila-Reiches, 1956, 15 ff. und 17 ff. Die Sitte der Schädeldeformation wird von anderen Forschern allerdings auf die Sarmaten-Alanen zurückgeführt: F. ALTHEIM-H. W. HAUSSIG, Die Hunnen in Osteuropa, 1958, 37–43 (mit teilweise irrigen Ausführungen über die Geschichte der Burgunden).
27) Sollte Attila das Gebiet der Alamannen umgangen haben und aus dem Raum von Regensburg zum Rhein marschiert sein? Das Land nördlich der Donau an Naab und Regen gehörte im späteren 5. Jahrhundert zum Reich der Thüringer, die als Satelliten der Hunnen bezeugt sind. Attila müßte dann von Regensburg zum (unteren) Neckar gezogen sein, den er nach den Zeugnissen des Sidonius berührt hat (cf. Anm. 30).

Priskos führt den fränkischen Thronstreit unter den Hauptgründen für den Zug Attilas nach Westen an. Eine Intervention Attilas zugunsten des älteren, aber offenbar unterlegenen Thronprätendenten ist auch im Hinblick auf den Zuzug fränkischer Brukterer zu seinem Heer wahrscheinlich. Nach L. Schmidt wäre der Hunnenkönig bis ins Neuwieder Becken vorgestoßen, bei Neuwied über den Rhein gegangen, dann über Trier nach Metz marschiert [28]. Die Münzfunde von Alttrier und Dalheim an der Straße von Trier nach Metz, die Schmidt im Anschluß an Blanchet zur Bestimmung von Attilas Itinerar heranzog, sind nicht eindeutig in diesem Sinn zu interpretieren [29]. Hingegen kann für die These Schmidts das Zeugnis des Sidonius angeführt werden, der den Neckar, das Hercynische Gebirge, den Rhein und die Belgica als Etappen des Attilazuges nennt [30]. Nimmt man diese Aussage wörtlich und bezieht man die Hercynia auf den Taunus und den Westerwald, so hätte Attila erst im Neuwieder Becken den Rhein erreicht.

Nicht ohne weiteres damit vereinbar ist eine im 9. Jahrhundert faßbare Überlieferung, nach der der Mainzer Bischof Auraeus das Martyrium durch die Hunnen erlitt [31]. Zuverlässig bezeugt ist die Zerstörung von Metz durch Attila am 7. April 451 und die Stoßrichtung auf Orléans (Mitte Juni 451) [32]. Die Möglichkeit, daß der Hunnenkönig nach einem Vorstoß gegen die rheinischen Franken sein Heer im Rhein-Main-Gebiet sammelte und den Rhein wie die Wandalen, Alanen und Sweben bei Mainz überschritt, ist nicht ganz von der Hand zu weisen, da die römische Hauptstraße vom Rhein nach Mittelgallien aus dem Raum Mainz-Worms direkt nach Metz führte.

Aëtius konnte aus Italien kaum Verstärkungen heranführen [33], hat Attila aber bekanntlich gestützt auf die gallischen Reichstruppen und namentlich auf die in Gallien bereits ansässigen föderierten Völker – Westgoten, Burgunden, Alanen und Franken – zum Rückzug gezwungen. Die rheinischen Germanen gingen erst nach der Ermordung des »letzten Römers« (21. Sept. 454) und Kaiser Valentinians III. (16. März 455) erneut zur Aktion über. Sidonius berichtet:

> *Francus Germanum primum Belgamque secundum / sternebat, Rhenumque ferox, Alamanne, bibebas / Romani ripis et utroque superbus in agro vel civis vel victor eras* [34].

28) L. SCHMIDT, Geschichte der deutschen Stämme I², Die Ostgermanen, 1941, 473 ff.
29) A. BLANCHET, Les trésors de monnaies romaines et les invasions germaniques en Gaule, 1900, 66. Skeptisch dazu: DE BOONE, De Franken 143.
30) Carmen VII (Panegyricus in Avitum) 321 ff. Als Stationen werden genannt Nicer, Hercynia, Rhenus, Belga. Dazu A. LOYEN, Recherches historiques sur les panégyriques de Sidoine Apollinaire, 1942, 51 ff. Loyen hält diese Angaben für exakt.
31) Vgl. Anm. 22. Denkbar wäre natürlich, daß Auraeus das Opfer umherschweifender Abteilungen des Attilaheeres wurde, oder daß Attila auf seinem Rückzug Mainz berührte.
32) LOYEN, Recherches 51.
33) SIDONIUS, Carmen VII 299. DE BOONE (De Franken 137) hat diese Stelle irrtümlich auf das gallische Reichsheer bezogen und daraus geschlossen, daß die Macht des Aëtius in Gallien seit 439 gebrochen gewesen sei. Zutreffende Interpretation bei LOYEN, Recherches 51.
34) Carmen VII 372 ff. (AA VIII 212). Dazu LOYEN, Recherches 54.

Die die Belgica II unterwerfenden Franken waren zweifellos die Salier, die in Teilen der Belgica II schon vorher ansässig waren und nun von Cambrai zur Somme vorstießen. Für ein Eindringen der rheinischen Franken in die Germania I bietet Sidonius das erste Zeugnis. Erstmals seit 413 treten die Alamannen wieder in Erscheinung. Die Aussage über ihre Landnahme und die Ausdehnung ihrer Herrschaft im Linksrheinischen ist eindeutig. Der gallorömische Senator Avitus, der als gallischer Heermeister des Eintagskaisers Petronius Maximus (17. März bis 31. Mai 455) im Frühjahr 455 die Rheingrenze inspizierte, hat diese Lage nur durch den Abschluß neuer foedera mit Franken und Alamannen sanktioniert.

Die knappe Angabe des Sidonius wird rund 40 bis 50 Jahre später durch das Zeugnis des Goten Athanarid im Werk des Kosmographen von Ravenna konkretisiert. Mit beachtlichen Gründen hat F. Staab kürzlich dargelegt, daß Athanarid sein geographisches Werk wohl um 500 am Hof von Ravenna verfaßte [35]. Nach dem gotischen Gelehrten verlief die alamannisch-fränkische Grenze linksrheinisch zwischen Mainz und Worms. Rechtsrheinisch werden Aschaffenburg oder Mainaschaff und Würzburg als alamannische Orte genannt [36]. Die Burgunden zwischen Neckar und Main sind demnach unter alamannische Herrschaft geraten, soweit sie nicht abgewandert waren [37]. Ungewiß bleibt die politische Zuordnung der nordalamannischen Verbände im Rhein- und Nidagau sowie in der Wetterau, da der fränkisch-alamannische Grenzverlauf zwischen Rhein, Main und Lahn nicht sicher auszumachen ist [38].

35) F. Staab, Ostrogothic geographers at the Court of Theodoric the great. A study of some sources of the Anonymus Cosmographer of Ravenna, in: Viator 7, 1976, 27–64.

36) Ravennatis Anonymi cosmographia IV 24, ed. J. Schnetz (Itineraria Romana II), 1940, 59–60. – Ältere Kommentare des Herausgebers: J. Schnetz, Untersuchungen über die Quellen der Kosmographie des anonymen Geographen von Ravenna. SB Bayr. Ak. Wiss. phil. hist. Abt. Jahrg. 1942, Heft 6, 1942, und: Ravennas Anonymus: Cosmographia. Eine Erdbeschreibung um das Jahr 700, 1951.

37) Eine Zuwanderung von burgundischen Nachzüglern in die Sapaudia ist durch ein in der Lex Burgundionum enthaltenes Gesetz von 501 (Lex Burg. Extrav. 21, 12) bezeugt. Diese Zuwanderer kamen wohl aus dem Rechtsrheinischen (L. Schmidt, Die Ostgermanen^2, 138). Da sie von c. 436 bis 451 unter hunnischer Herrschaft standen, haben sie vielleicht die Sitte der Schädeldeformation (vgl. Anm. 26) in dieser Zeit übernommen.

38) Der Kosmograph von Ravenna nennt an der in Anm. 36 zitierten Stelle 7 Flüsse der Francia rinensis, nämlich Logna, Nida, Dubra, Movit, Rura, Inda, Arnefa. Ich habe früher Nida auf den heute noch so benannten Flußlauf im Bereich der römischen *civitas Taunensium* (Heddernheim w. Frankfurt), des fränkischen Nidagaus, und Movit auf den Main bezogen. Schnetz hat dagegen die Konjekturen Uida und Mosa (Wied und Maas) vorgenommen. Nimmt man an, daß der Kosmograph resp. sein Gewährsmann Athanarid eine geographische Ordnung in der Aufzählung beachtete, so ist dieser Lösung beizupflichten. Genannt wären zuerst im Rechtsrheinischen (von Süden nach Norden) Lahn, Wied und Wupper, anschließend im Linksrheinischen Maas, Roer, Inde und Erft. Daß nördlich von Roer und Wupper die Niers, die Ruhr und die Lippe nicht genannt sind, könnte mit der innerfränkischen Grenze zwischen Ribuarien und Chattuarien zusammenhängen.

Entfällt ein sicheres Zeugnis des Ravennaten, so könnten jedoch archäologische Befunde für eine

Die Alamannen dürften das Gebiet zwischen Neckar und Main bald nach 451 wieder in Besitz genommen haben. Beiderseits des Rheins sind wesentliche Grenzverschiebungen zwischen 455 und 496, dem Jahr der Schlacht von Zülpich, kaum anzunehmen [39]. Das Maifeld ist ein Gebiet relativ starker, der Rheinsektor Koblenz–Bingen eine Zone fast ungestörter Kontinuität. In beiden Landschaften fehlt jede Spur einer alamannischen Einwirkung. Zwischen Bingen und Mainz einerseits, Wiesbaden und Worms andererseits scheint eine kulturelle Grenze bestanden zu haben, die zwar nicht auf die politische des Ravennaten zurückgeführt werden kann, dieser aber entsprach [40]. Die weiterhin spärlichen Schriftzeugnisse über die Alamannen lassen eine Expansionsrichtung nach Süden und Westen, nicht aber nach Norden erkennen. Die Alamannen sind in den 60er Jahren des 5. Jahrhunderts über die Burgundische Pforte auf Besançon [41], dann über Langres ins Gebiet der Diözese Troyes bis Brienne-le-Château vorgestoßen [42]. Nach Athanarid gehörten Langres, Besançon, Mandeure (südlich Montbé-

frühe Ausdehnung der fränkischen Herrschaft auf den Rheingau und das Mündungsgebiet des Mains sprechen. Alamannisch-fränkische Kontinuität nimmt die archäologische Forschung an für Lorch und Eltville im Rheingau, Rüsselsheim, Flörsheim, Weilbach und (Frankfurt-)Praunheim am unteren Main, (Homburg v. d. H. -)Gonzenheim und Niedernberg bei Aschaffenburg (F. Staab, Untersuchungen zur Gesellschaft am Mittelrhein in der Karolingerzeit, 1975, 206 n. 214 mit weiterer Literatur). Wenn die fränkische Überschichtung, wie Schoppa anzudeuten scheint, schon im 5. Jahrhundert einsetzte, könnte man annehmen, daß die fränkisch-alamannische Grenze vor 496 zwischen Frankfurt und Aschaffenburg gelegen hätte. Denkbar wäre, daß die nordalamannischen Verbände sich nach dem burgundischen Vormarsch an den Rhein (407) zu den Franken hinorientierten.

39) Anders F. Staab, Ostrogothic geographers 47 ff. und Untersuchungen (wie Anm. 38) 9–12. Staab nimmt an, daß die Alamannen die Franken nach 455 wieder aus der Germania I herausdrängten und führt die Grenze des Ravennaten auf die Schlacht von Zülpich zurück.

40) Charakteristische Unterschiede zeigen sich vor allem im Namengut der Grabsteine des 5.–7. Jahrhunderts: H. Büttner, Frühes fränkisches Christentum am Mittelrhein, in: Archiv f. mittelrhein. Kirchengesch. 3, 1951, 18, 23, 32. – W. Boppert, Die frühchristlichen Inschriften des Mittelrheingebiets, 1971. – F. Staab, Untersuchungen 17–32. Gallorömische Ortsnamen finden sich vereinzelt noch um Mainz, Bingen, Kreuznach und Alzey; sie fehlen im Umland von Worms. – Gegensätze zwischen dem Mainzer und dem Wormser Raum werden auch in der Formengebung der Keramik sichtbar, allerdings erst im 7. Jahrhundert: W. Hübener, Absatzgebiete frühgeschichtlicher Töpfereien in der Zone nördlich der Alpen, in: Antiquitas 3, 6, 1969. – Staab, Untersuchungen 219. – Unterschiedliche kirchliche Beziehungen: A. Gerlich, Kölner Fernbesitz im Mainzer Raum, in: Archiv f. mittelrhein. Kirchengesch. 6, 1954, 58.

41) Die gutbegründete These von Chaume, daß der Bischof Antidius von Besançon um 465 vor den Alamannen nach Langres flüchtete und unterwegs in Ruffey-s.-l'Ognon von diesen erschlagen wurde, hat in der Forschung weitgehende Zustimmung gefunden: M. Chaume, Les origines du duché de Bourgogne II 1, 1927, 156 n. 2. – H. Büttner, Geschichte des Elsaß I, 1939, 29 ff. – B. de Vrégille, Les origines chrétiennes et le haut moyen âge, in: Histoire de Besançon I, publiée sous la direction de C. Fohlen, 1964, 171.

42) Vita Lupi ep. Trecensis 10, MGH, SS rer. Mer. VII 300 ff. Über die Zuverlässigkeit dieser Nachricht: Ewig, Bemerkungen zur Vita des Bischofs Lupus von Troyes, in: Geschichtsschreibung und geistiges Leben im Mittelalter. Festschrift H. Löwe, 1978, 14–26.

liard) und Nantes (nicht identifiziert) zeitweilig zur patria Alamannorum [43]. Ein zweiter Vorstoß aus dem Straßburger Raum, der schwerlich vor dem Ende der 70er Jahre erfolgt sein kann und nur aufgrund archäologischer Befunde erschlossen wurde, scheint sich über die Zaberner Steige auf das Gebiet von Nancy und Toul gerichtet zu haben [44].

Das Ausmaß der alamannischen Südwestexpansion wird illustriert durch die Unterbrechung der Bischofsliste von Besançon im letzten Drittel des 5. Jahrhunderts, vielleicht auch durch die Übersiedlung der Bischöfe von Langres ins feste Dijon [45]. Im Süden der Diözese Besançon ließ sich der alamannische Verband der Scotingi nieder, der auch dort verblieb, als die Burgunden der alamannischen Herrschaft an Saône und Doubs ein Ende bereiteten [46]. Die Erfolge der Burgunden hat Athanarid an anderer Stelle seines Werkes vermerkt, wo er Besançon, Mandeure und Portin (nicht identifiziert) als burgundisch verzeichnete [47]. Die Franken haben ihre Herrschaft auf die Belgica I ausgedehnt. Früheste Quelle ist hier wiederum Athanarid, der die Städte und festen Plätze an der Mosel von Toul und Scarponne (Dieulouard) bis Neumagen resp. Koblenz zur Francia rinensis rechnet [48].

Durch das Vordringen der Burgunden nach Besançon, der Franken nach Toul, sind die Alamannen schließlich auf die obergermanische Provinz zurückgeworfen worden. H. Büttner nahm an, daß sich die fränkisch-alamannischen Beziehungen am Mittelrhein

43) Cosmographia IV 25 ed. SCHNETZ p. 61.

44) E. SALIN, La civilisation mérovingienne d'après les sépultures I, 1950, 46 und 332 ff. Salin möchte Nantes mit einem der zahlreichen Orte des Namens Nant im Barrois (Einzugsgebiet des Ornain) identifizieren. Dies ist allerdings nur dann möglich, wenn man annimmt, daß der Kosmograph resp. Athanarid an dieser Stelle die geographische Reihenfolge in der Aufzählung nicht beachtet hat. – Für die Datierung dieses Vorstoßes ist ein Schreiben des Bischofs Auspicius von Toul an den comes Arbogast von Trier aus den 70er Jahren (MGH, Epp. III 1, 137) von Bedeutung, das eine ungestörte Verbindung zwischen Trier und Toul voraussetzt.

45) P. GRAS, Le séjour à Dijon des évêques de Langres, in: Mélanges C. BRUNEL I, 1955, 550–561. Gras führt die Residenzverlegung auf den um 450 gestorbenen Bischof Urbanus zurück. Trifft dies zu, so bestand kein unmittelbarer Zusammenhang mit der Expansion der Alamannen.

46) Die Scotingi haben ihren Namen der Landschaft Escuens (pagus Scotingorum) hinterlassen, die nach A. LONGNON die späteren Dekanate Lons-le-Saunier und Les Montagnes (Dép. Jura) umfaßte (Atlas historique de la France. Texte explicatif, 1885, 134). B. DE VRÉGILLE schreibt den Scotingi den ganzen Osten der Diözese Besançon zu (Histoire de Besançon I 172 und 177, wie Anm. 41). Kontrovers ist die Frage, ob die Warasker, ein zweiter im Gebiet von Besançon seßhaft gewordener Verband, sich als Teilgruppe der Alamannen im späten 5. Jahrhundert (so R. WENSKUS im Handbuch der europäischen Geschichte I, 1976, 228) oder erst in merowingischer Zeit (so DE VRÉGILLE 176) am Doubs niederließen.

47) COSMOGRAPHIA IV 27 p.

48) Ibidem IV 26 p. 62. Da der comes Arbogast von Trier kein fränkischer, sondern ein kaiserlicher Statthalter war, kann die Belgica I erst nach seinem Abgang (um 475 oder 479) einem fränkischen regnum angegliedert worden sein.

erst im Zuge dieser Entwicklung zuspitzten [49]. Wenn man den Hintergrund der für die Geschichte des Raums zwischen Selz und Andernach entscheidenden fränkisch-alamannischen Kriege klären will, kann man jedenfalls die Ereignisse in den Nachbarprovinzen nicht aus dem Auge lassen. Von erheblicher Bedeutung ist dabei die Datierung des burgundischen Vordringens an Saône und Doubs, des fränkischen an der Mosel.

Die Burgundenkönige waren seit ca. 463 zugleich gallische Heermeister, wenn auch in der Ausübung dieses kaiserlichen Amts de facto auf Südostgallien beschränkt, da sich der 461 abgesetzte Heermeister Aegidius in Nordgallien behauptete und die Westgoten in Aquitanien eigene Wege gingen. Die rheinischen Franken wandten sich jedoch um 461 von Aegidius ab und näherten sich in der Folge den Burgunden. Um 469 heiratete der vermutlich dem Kölner Königshaus angehörige fränkische Königssohn Sigismer in Lyon eine burgundische Prinzessin, wohl eine Tochter Chilperichs I. [50]. Diese Heirat ist ein erstes Indiz für eine Nordorientierung der bis dahin ganz auf die Rhonelande und die Provence gerichteten burgundischen Politik.

Wenn Chilperich damals ein Vorgehen gegen die Alamannen plante, so mußte er diese Absicht freilich wieder zurückstecken. Denn 469 eröffnete der Westgotenkönig Eurich den Krieg gegen das Imperium, in den die Burgunden auf kaiserlicher Seite eintraten. Der Friede mit Eurich im Jahre 475 entlastete Chilperich im Westen, die Besetzung der Provence durch Eurich im folgenden Jahr bereitete der burgundischen Südpolitik ein vorläufiges Ende. So gewann Chilperich in dieser Zeit freie Hand im Norden.

Ein chronologisches Indiz für die Verdrängung der Alamannen durch die Burgunden enthält eine Nachricht Gregors von Tour über den Bischof Aprunculus von Langres, die jedoch aufgrund der Forschungen von Chaume und Gras, Stevens und Loyen neu zu interpretieren ist. Gregor berichtet, daß Aprunculus sich bei den Burgunden verdächtig machte, *cum iam terror Francorum resonaret in his partibus et omnes eos amore desiderabili cupirent regnare.* Der Bischof floh daraufhin in die Auvergne, wo er bald darauf Nachfolger des Sidonius Apollinaris als Bischof von Clermont wurde [51]. Die Nachricht enthält kein eindeutiges Zeugnis für die Verdrängung der Alamannen aus Langres, da die Bischöfe von Langres damals in Dijon residierten [45] und Gregor ausdrücklich von einer Flucht des Aprunculus aus Dijon spricht. Sie rückt auch in einen anderen historischen Zusammenhang, wenn sie nicht, wie man bisher annahm, auf 478/79, sondern auf 485/86 zu datieren ist [52]. Mit den einleitenden Worten *cum iam terror Francorum resonaret* ... spielt Gregor nach Stevens auf den Aufstieg Chlodwigs an.

49) Geschichte des Elsaß 31.

50) SIDONIUS APOLLINARIS, Ep. IV 20 ed. LOYEN 155 ff. Neudatierung durch Loyen auf c. 469 (statt, wie bisher angenommen, auf 474): p. 254 Anm. 20.

51) Hist. Fr. II 23, SS rer. Mer. I^2, 69.

52) Die bisherige Datierung beruht auf der Annahme Mommsens, daß Sidonius 479 starb. Das Epitaph des Sidonius enthält die Zeitangabe *XII kl. septembre, Zenone imperatore,* die Mommsen auf das zweite Konsulat Zenos, d. h. auf 479, bezogen hatte (L. DUCHESNE, Fastes épiscopaux

Aus der Notiz Gregors geht mit Sicherheit nur hervor, daß die Burgunden 485/86 im Besitz von Dijon waren. Athanarid nennt Langres nicht unter den burgundischen Städten, obwohl es im frühen 6. Jahrhundert nachweislich burgundisch war [53]. Es muß also mit der Möglichkeit gerechnet werden, daß die Alamannen erst nach 485 aus Langres verdrängt wurden. Auch für Besançon ist der Beginn der burgundischen Herrschaft nicht genau zu bestimmen. Immerhin liegen Indizien für die Anfänge einer kirchlichen Reorganisation in den letzten beiden Jahrzehnten des 5. Jahrhunderts vor [54]. Doch störten alamannische Banden – wohl Scotingi – noch nach 485/90 den Verkehr zwischen Besançon und den burgundischen Hauptstädten Lyon und Genf [55]. Es ist daher anzunehmen, daß die Unterwerfung der Scotingi erst in den 90er Jahren des 5. Jahrhunderts abgeschlossen wurde.

Die Andeutung Gregors, daß Aprunculus wegen fränkischer Sympathien in Konflikt mit den Burgunden geraten sei, ist auf Bedenken gestoßen, da der Bischof nicht in fränkischem Gebiet, sondern in der damals zum Westgotenreich gehörigen Auvergne seine Zuflucht suchte [56]. Die vorsichtige Formulierung Gregors – man kann seinen Worten sowohl einen kausalen wie einen temporalen Zusammenhang zwischen dem Aufstieg der Franken und der Flucht des Bischofs entnehmen – legt in der Tat die Annahme nahe, daß auch andere Gründe im Spiel waren. Immerhin ist die Anspielung auf den Aufstieg Chlodwigs deutlich, und damit entfällt das chronologische Indiz für die Einbeziehung von Toul in die Francia rinensis, das ich der Notiz entnehmen zu können glaubte. Terminus a quo für die Einbeziehung der Mosellande in ein regnum der rheinischen Franken bleibt der Abgang des *comes* Arbogast aus Trier um 477/79 [48]. Offen ist jedoch der Terminus ad quem. Man wird also Kämpfe zwischen Franken und Alamannen um die Belgica I in den 80er und frühen 90er Jahren nicht ausschließen können – zumal dann

de l'ancienne Gaule II, 1910, 35 und n. 1). – LOYEN datiert ein Schreiben des Sidonius an Aprunculus – Ep. IX 10 – in die Jahre 479/82 (Sidoine Apollinaire III, 1970, 154). – Tod des Sidonius um 486: C. E. STEVENS, Sidonius Apollinaris and his age, 1933, 211. LOYEN, Sidoine Apollinaire I, 1960 XXX und n. 2.

53) Einen Terminus ad quem für die Einbeziehung von Langres ins Burgundenreich bietet der Pontifikat des Bischofs Gregor, der die christlichen Hauptfeste in der alten Hauptstadt seines Bistums feierte: P. GRAS (wie Anm. 45) 552. Gregor starb in seinem 33. Amtsjahr, nach Duchesne (Fastes II 186) am 4. Januar 539 oder 540. Seine Erhebung erfolgte also 506 oder 507.

54) Ein Bischof Amantius weihte den Asketen Lautenus in dieser Zeit zum Priester, der die Klöster St. Lothain (westlich Poligny) und Maximiacus in der Diözese Besançon gründete. Amantius war anscheinend Bischof von Besançon, obwohl er in der Bischofsliste nicht genannt wird. B. DE VRÉGILLE, in: Histoire de Besançon, 173. – G. MOYSE, Les origines du monachisme dans le diocèse de Besançon, 1973, 57 ff. und (zur Vita Lauteni) 25.

55) Die Mönche der Juraklöster bezogen in der Zeit des Abts Eugendus (485/90–512/14) das von ihnen benötigte Salz wegen der incursus Alamannorum nicht aus dem benachbarten Gebiet von Salins, sondern vom Mittelmeer: Vita patrum Iurensium 157 ed. F. MARTINE (Sources chrétiennes Nr. 142, 1968) 406 ff. resp. III 17 in der Edition von B. KRUSCH, SS rer. Mer. III 161.

56) E. ZÖLLNER, Geschichte der Franken, 1970, 33 n. 6.

nicht, wenn Langres und die nördlich anschließenden Landschaften an der oberen Marne und Aube damals noch in alamannischer Hand waren. Solche Auseinandersetzungen sind zwar in schriftlichen Quellen nicht bezeugt, könnten aber durch archäologische Befunde nahe gelegt werden, wenn sich die Ansicht Salins über einen alamannischen Zustrom in die Gebiete von Nancy und Bar-le-Duc [44] bestätigen sollte.

Sollten die Alamannen um 490 die civitas Toul und angrenzende mittelgallische Gebiete noch beherrscht haben, so wären sie damals Nachbarn Chlodwigs in Mittelgallien und der rheinischen Franken an der oberen Mosel gewesen. Daraus ergeben sich neue Gesichtspunkte für eine Erklärung des alamannisch-fränkischen Konflikts von 496 und des Schlachtorts Zülpich, der immer noch eine crux der Geschichtsforschung ist. Die innerfränkische Koalition zwischen Chlodwig und Sigibert von Köln bildet dabei kein Problem. Zülpich war ein wichtiger Verkehrsknotenpunkt: die Straße Köln–Reims zweigte hier von der Straße Köln–Trier ab. Wenn Chlodwig den Kölner Franken von Soissons–Reims her zu Hilfe eilte, mußte er über Zülpich marschieren. Aber auch die Alamannen mußten über Zülpich ziehen, wenn sie die rheinischen Franken an der Mosel geschlagen hatten und in Richtung auf Köln verfolgten. Ein solcher alamannischer Vorstoß aus dem Raum von Toul hätte eine exakte Parallele im merowingischen Bruderkrieg des frankoburgundischen Königs Theuderich II. gegen den austrasischen König Theudebert II. von 612. Theuderich stieß nach einem ersten Sieg bei Toul auf der Römerstraße nach Köln bis Zülpich vor, wo er den Bruder in einer zweiten Schlacht entscheidend schlug [57].

Auch wenn die Alamannen 496 die Gebiete westlich der Vogesen bereits verloren hatten, wäre ein analoger Verlauf des Feldzugs denkbar. Man müßte dann voraussetzen, daß sie aus dem Straßburger Raum über die Zaberner Steige in die Belgica I einbrachen und nach einem Sieg an der Mosel nach Norden abschwenkten. Schwieriger zu erklären ist der Schlachtort Zülpich, wenn der alamannische Vorstoß von Worms ausgeführt wurde. In diesem Fall mußten die Alamannen nach einem ersten Sieg am Mittelrhein bis Andernach vorgedrungen sein und dort auf die Nachricht von einer bevorstehenden Intervention Chlodwigs hin den Vormarsch auf Köln unterbrochen haben. Von Andernach oder Brohl konnten sie auf Nebenstraßen die große Römerchaussee im Raum von Jünkerath erreichen und weiter nach Zülpich marschieren. Für den Vorstoß nach Andernach bieten die Operationen eine Parallele, durch die Ludwig der Deutsche und Karl der Kahle nach ihrer Vereinigung in Straßburg ihren Bruder Lothar zum Rückzug nach Norden zwangen [58].

57) Fredegar IV 38, SS rer. Mer. II 139.
58) Ausführlicher Bericht bei Nithard, Historiae III 5–7, SS rer. germ. in usum scholarum 1907, 35–39.

Andere Alternativen erscheinen mir nicht möglich, wenn man an der Identität des von Gregor genannten oppidum Tulbiacense mit Zülpich festhält [59]. Nicht möglich ist aber auch eine Entscheidung für eine der drei aufgezeigten Alternativen, solange nicht neue Quellen, die nur von der Archäologie bereitgestellt werden können, erschlossen sind.

Auch über die Bedingungen, die die Franken nach dem Sieg von Zülpich den Alamannen auferlegten, läßt sich keine präzise Aussage machen, da die letzte Entscheidung in der großen Auseinandersetzung erst 506 fiel und wir nur das Endergebnis übersehen. Es wird meist angenommen, daß die einstigen civitates von Worms und Speyer mit ihrem rechtsrheinischen Vorland bis zur Oos, die im Gegensatz zum Elsaß nicht alamannisches Volksland geblieben sind, sondern »eingefrankt« wurden, bereits 496 an die Franken gefallen seien. Dies ist wahrscheinlich, läßt sich aber nicht strikt beweisen [60]. Die Frage ist von untergeordneter Bedeutung. Denn die Einfrankung dieser Gebiete war jedenfalls ein länger dauernder Prozeß, der erst in merowingischer Zeit zum Abschluß kam.

Etwas deutlicher zeichnen sich innerfränkische Konsequenzen des unter Chlodwigs Leitung erfochtenen Sieges von 496 ab. Als der Ostgotenkönig Theoderich nach dem zweiten Frankensieg von 506 zugunsten der Besiegten intervenierte [61], wandte er sich ausschließlich an Chlodwig und ignorierte den Kölner Frankenkönig Sigibert, obwohl dieser damals noch am Rhein regierte, da sein regnum erst zwischen 508 und 511 im Großreich Chlodwigs aufging. Daraus ist zu schließen, daß Chlodwig durch die entscheidende Hilfe von 496 seine Vormacht im gesamtfränkischen Bereich begründet hat [62] und damit eine Entwicklung einleitete, die 12 bis 15 Jahre später ihren Abschluß fand. Die nahe liegende Annahme, daß die 496 oder 506 gewonnenen mittelrheinischen Gebiete dem Reich Sigiberts angegliedert wurden, ist daher nicht unbedingt schlüssig: man kann auch an ein Condominium denken [63].

59) Zu abwegigen Versuchen anderer Identifizierungen vgl. STAAB, Ostrogothic geographers 48 n. 115.
60) Wenn die Alamannen 496 noch Gebiete westlich der Vogesen besaßen, haben sie diese jedenfalls nach der Niederlage von Zülpich verloren. So wäre denkbar, daß Toul erst damals in die Francia rinensis einbezogen wurde. Gebietsabtretungen am Mittelrhein braucht man also nicht unbedingt zu postulieren, wenngleich die Einfrankung von Worms und Speyer die Annahme nahe legt, daß diese Gebiete von den Franken besetzt wurden, bevor die Alamannen 506 endgültig unterworfen wurden.
61) CASSIODOR, Variae II 41, MGH AA XII 73.
62) So wird auch die Teilnahme der rheinischen Franken an der Schlacht von Vouillé gegen die Westgoten (507) unter Sigiberts Sohn Chloderich verständlich (GREGOR VON TOURS, Hist. Fr. II 37 p. 87).
63) Die Reimser Kirche führte ihren geschlossenen Besitz um Kusel, das Remigiusland, im 9. Jahrhundert auf eine Schenkung Chlodwigs zurück. Diese Tradition ist allerdings nicht überprüfbar. Außerdem besteht die Möglichkeit, daß Chlodwig die Übertragung erst nach seiner Erhebung zum König im Sigibertreich vollzog.

Bemerkenswert ist die Übereinstimmung der Südgrenze des fränkischen Mittelrheins gegen das Elsaß mit der des *ducatus Moguntiacensis* gegen den *tractus Argentoratensis*, wenn man von einer kleinen Verschiebung bei Selz absieht. Hier mag eine Kontinuität vorliegen, die durch die Burgunden und vielleicht auch durch die Alamannen vermittelt worden sein kann [64], aber auch durch den Hagenauer Forst als eine natürliche Scheide gestützt wurde. Die Einheit des Raums zwischen Selz und Andernach ist jedoch wahrscheinlich schon 413, spätestens aber 455 zerfallen und wurde durch die Franken nicht wiederhergestellt. Seit dem 8. Jahrhundert sind im Bereich des einstigen *ducatus Moguntiacensis* fünf Landschaften belegt: das Maifeld, der Trechir- und der Nahegau, das Wormsfeld und der Speyergau. Ihnen entsprachen auf dem rechten Rheinufer sieben Raumeinheiten: der Engers- und Unterlahngau, das Einrich, der Rhein-, Lobden-, Uf- und Kraichgau.

Die genannten Landschaften bildeten in karolingischer Zeit durchweg auch die Grundlage für die politische Gliederung der Grafschaften. In merowingischer Zeit wird man streckenweise mit großräumigeren politischen »Bezirken« rechnen müssen, da sich die Besiedlung durch den Landesausbau im Laufe der Zeit verdichtet hat. So hat sich der Nahegau wohl aus einer kleinen Siedlungskammer um Kreuznach entwickelt, die ursprünglich zum Wormsfeld gehörte. Wenn das Einrich, wie der Name zu besagen scheint, ursprünglich eine Einöde war [65], kann hier in merowingischer Zeit noch keine Grafschaft bestanden haben.

Als politische Bezirke der Frankenzeit sind namentlich die nach Vororten benannten pagi anzusprechen. Hierher gehören im Linksrheinischen das Maifeld (Mayen), der Trechirgau (Trigorium) und das Wormsfeld (Worms), im Rechtsrheinischen der Engers- und Lobdengau (Engers resp. Ladenburg). Einen Sonderfall bildet der Speyergau, der wie die Stadt ursprünglich wohl nach dem Speyerbach benannt war, aber sekundär doch den Stadt- und Kastellgauen zugerechnet werden kann. Zieht man in Betracht, daß Lahn- und Rheingau wohl gleichfalls Grundlagen für alte Grafschaften bildeten, so scheint sich ein einigermaßen geschlossenes Bild der merowingischen Amtssprengel zu ergeben. Allein dieser Schein kann trügen. Überprüft man nämlich die Namengebung, so stellen sich weitere Probleme. Mayen war in merowingischer Zeit zwar ein Hauptzentrum der Töpferindustrie. Aber man fragt sich doch, warum nicht die bedeutende Pfalz Andernach dem Land den Namen gab.

Noch befremdender ist die Benennung des Trechirgaus, da Trigorium, das F. Pauly mit Kastellaun identifiziert [66], an Bedeutung hinter Koblenz und Boppard weit zurück-

64) Ich denke an die Südgrenze des burgundischen Föderatenreichs und an eine mögliche inneralamannische Grenze.

65) P. v. Polenz, Landschafts- und Bezirksnamen im frühmittelalterlichen Deutschland I, 1961, 167 und 171.

66) F. Pauly, Zur Grenzbeschreibung des von Ludwig d. Fr. an die Abtei Prüm geschenkten Fiskalwalds bei St. Goar, in: Archiv f. mittelrhein. Kirchengesch. 6, 1954, 234–238. Pauly stellt dahin, ob Trigorium der ursprüngliche Hauptort des Trechirgaus war.

stand. Mayen liegt am Westrand des Maifelds, Kastellaun gar auf der Hochfläche des Hunsrücks. Sollten die Pfalzen und fisci, die sich am Rhein von Andernach bis Bingen in fast ununterbrochener Folge reihten, nicht in die Amtssprengel der Grafen und der *vicarii / centenarii / tribuni* einbezogen gewesen sein? Die Frage stellt sich besonders für das enge Rheintal zwischen Koblenz und Bingen, wenn sich, wie es den Anschein hat, die fisci hier auf das rechte Rheinufer erstreckt haben sollten. In jedem Fall ist bemerkenswert, daß sowohl der Trechirgau wie das Einrich ihre Schwerpunkte außerhalb des Rheintals hatten.

Mainz und Bingen lagen nach dem Zeugnis der frühkarolingischen Urkunden im Wormsfeld. In der Gaugeographie ist also die fränkisch-alamannische Grenze des 5. Jahrhunderts gefallen. Die namengebende Stadt Worms war einst Sitz der burgundischen Könige gewesen, besaß aber auch in merowingischer Zeit eine hohe strategische Bedeutung für die Kontrolle der Thüringer, Alamannen und Bayern. Der weit nach Südosten ausgreifende Chlodwigenkel Theudebert I. dürfte nicht selten in ihren Mauern geweilt haben. 613 ist hier die Königin Brunichild bezeugt [67)].

Mainz scheint jedoch im Wormsfeld eine Sonderstellung eingenommen zu haben [67a)]. Im merowingischen Itinerar tritt Mainz etwas deutlicher hervor als Worms [68)]. Das mag angesichts der spärlichen Belege nicht viel besagen. Immerhin ist Mainz auch als Sitz einer Tochter Theudeberts I. bezeugt – vermutlich derselben Prinzessin, um deren Hand der Gotenkönig Totila bat [69)]. Als Bestimmungsorte für die Ablieferung der Überschüsse der königlichen Fiskalverwaltung werden in karolingischer Zeit Mainz und Worms genannt [70)]. Die Mainzer Münzstätte stand im 7. Jahrhundert auf einsamer Höhe und

67) FREDEGAR IV 40, SS rer. Mer. II 140. Merowingische Herrscheraufenthalte sind sonst nicht ausdrücklich bezeugt. Man kann angesichts der Quellenarmut daraus jedoch nicht mit C. R. BRÜHL (Königspfalz und Bischofsstadt in fränk. Zeit, Rhein. Vjbll. 23, 1958, 260) auf eine geringe Bedeutung der Stadt in merowingischer Zeit schließen, auch wenn die Stadt erst im Rahmen der Germanen- und Italienpolitik Karls d. Gr. ins volle Licht tritt. Worms war im 8./9. Jahrhundert die »Drehscheibe des Verkehrs und der Mittelpunkt der staatlichen Posteinrichtung« zwischen Mainz und dem Elsaß (A. SCHÄFER, Die Abtei Weißenburg und das karolingische Königtum, in: ZGO 114, NF 75, 1966, 30). Auch wenn der *cursus publicus* von Karl d. Gr. und Ludwig d. Fr. reorganisiert und erweitert wurde, beruhte er doch am Rhein auf älteren Grundlagen. Vgl. dazu auch STAAB, Untersuchungen, 32 ff., der allerdings die römisch-fränkische Kontinuität auf diesem Sektor zu hoch einschätzt.

67a) BÜTTNER, Frühes fränkisches Christentum (wie Anm. 14) 32 ff.

68) BRÜHL (wie Anm. 67), 229 ff.

69) VENANTIUS FORTUNATUS, Carm. II Nr. 11, AA IV 1 p. 40 (Berthoara, Tochter Theudeberts I.). – PROKOP, Bellum Goticum III 37, 1–2 (Werbung Totilas).

70) SCHÄFER (wie Anm. 67), 6 und 16: Mainz, Worms, Frankfurt. Frankfurt scheidet als jüngere Pfalz für die Merowingerzeit aus, in die die Grundlagen der von Schäfer behandelten Organisation wohl zurückreichten.

beeinflußte sogar die Prägungen von Zülpich [71]. Die Keramik dieser Zeit läßt eine Differenzierung zwischen dem Mainzer und dem Wormser Raum sowie eine Verflechtung beider Räume mit ihrem jeweiligen rechtsrheinischen Vorland erkennen [72]. Auf dem Feldzug Sigiberts III. gegen den Thüringerherzog Radulf werden die Macancinses als eine unzuverlässige Sondergruppe genannt, die offenbar mit dem Vorgehen gegen Radulf und den mit ihm verbündeten Agilolfinger Fara nicht einverstanden war [73]. Diese Fredegarstelle ist mit Schlesinger wohl auf den Mainzer Adel zu beziehen, der in karolingischer Zeit deutlich in Erscheinung tritt, über Stadtburgen und Eigenkirchen verfügte [74]. An Kirchen war Mainz um 700 bedeutend reicher als Worms [75]. Auch das öffentliche Notariat, das von der Kirche wieder eingerichtet und mitgetragen wurde, war hier stärker verwurzelt und kräftiger entwickelt als in der einstigen burgundischen Königsstadt [76]. Diese Profilierung von Mainz, die im 7. Jahrhundert deutlich wird, aber vielleicht ältere Voraussetzungen hatte, will zur Gaugliederung nicht recht stimmen. Man fragt sich, ob das Wormsfeld wirklich ein politischer »Bezirk« war resp. geblieben ist, ohne doch darauf eine schlüssige Antwort geben zu können.

Den kirchlichen Sprengeln lagen in der Regel die römischen Provinzen und civitates zugrunde, die ihrerseits auch auf die Gaugrenzen einwirkten. Am Mittelrhein zeigen sich bemerkenswerte Abweichungen von dieser Regel. Erhalten geblieben ist die Südgrenze der Germania II (Köln) gegen die Germania I (Mainz), deren Nordgrenze mit der des *ducatus Moguntiacensis* zusammenfiel, und, wie oben dargelegt, die Südgrenze des *ducatus Moguntiacensis* gegen den *tractus Argentoratensis*. Die Grenzen des *ducatus Moguntiacensis* sind nicht nur in der kirchlichen Geographie als Südgrenze des Bistums Köln und Nordgrenze des Bistums Straßburg noch faßbar, sondern auch in der Gaugliederung, da sie die mittelrheinischen Landschaften von den beiden flankierenden merowin-

71) J. WERNER, Fernhandel und Naturalwirtschaft im östlichen Merowingerreich nach archäologischen und numismatischen Zeugnissen, in: Settimane di studio Spoleto VIII. Moneta e scambi, 1961, 589 und 609 (Verbreitung der Trienten des Mainzer Prägebezirks). – W. HESS, Geldwirtschaft am Mittelrhein in karolingischer Zeit, in: Blätter f. deutsche Landesgesch. 98, 1962, 36, 41–44 mit weiterer Literatur. – K. BÖHNER, Siedlungen des frühen Mittelalters am Nordostrand der Eifel, in: Führer zu vor- und frühgeschichtlichen Denkmälern 25, hrsg. vom RG Zentralmuseum Mainz. Nordöstliches Eifelvorland I, 115 (Einfluß auf Zülpicher Prägung).

72) HÜBENER, 110 und 167 ff.; STAAB, Untersuchungen, 219 (wie Anm. 40).

73) FRED. IV 87, SS rer. Mer. II 165.

74) H. WERLE, Eigenkirchenherren im bonifatianischen Mainz, in: Festschrift f. S. Bader, 1965, 469–484.

75) H. BÜTTNER, Das fränkische Mainz, in: Aus Verfassungs- und Landesgesch. II, Festschrift f. Th. Mayer, 1955, 231–243. – IDEM, Zur Stadtentwicklung von Worms im Früh- und Hochmittelalter, in: Aus Geschichte und Landeskunde, Festschrift F. Steinbach, 1960, 389–407. – L. FALCK, Mainz im frühen und hohen MA (Gesch. der Stadt Mainz II), 1972.

76) STAAB, Untersuchungen 137–153. Staab weist öffentliche Schreiber in den civitates Mainz, Worms, Speyer und Ladenburg nach und betont mit Recht, daß ihre Organisation »mit der fränkischen Gaueinteilung ... nicht in Übereinstimmung zu bringen ist« (p. 151).

gischen Dukaten – Ribuarien im Norden, das Elsaß im Süden – schieden. Diese Konstanz läßt vermuten, daß sie in der ersten Hälfte des 5. Jahrhunderts fortbestanden, so daß die Merowinger im 6. Jahrhundert an sie anknüpfen konnten [77].

Innerhalb des mittelrheinischen Raumes ist gegenüber der Römerzeit jedoch eine entscheidende Veränderung durch die Einbeziehung des Maifelds und des Trechirgaus in die Diözese Trier eingetreten, die sich damit im Sektor Brohl–Andernach bis zum Rhein zwischen Köln und Mainz vorschob. Dieses auffällige Phänomen kann m. E. nur auf die Bedeutung von Trier als christlicher Metropole und die Schwächung der Mainzer Kirche im 5. Jahrhundert zurückgeführt werden. Ein Indiz für die Datierung des Übergreifens von Trier an den Mittelrhein bietet die Notiz des Bischofs Lupus von Troyes, daß der Trierer Bischof Severus um 446 *gentibus primae Germaniae* das Evangelium predigte [21]. Die Südgrenze des Trierer Sprengels am Rhein wird bei der kirchlichen Reorganisation des 6. Jahrhunderts festgelegt worden sein [78].

Die Südgrenze der Mainzer Diözese dürfte im rheinnahen Altsiedelland um Oppenheim der fränkisch-alamannischen Grenze in der 2. Hälfte des 5. Jahrhunderts ziemlich genau entsprochen haben, da die Übereinstimmung mit den Angaben des Ravennaten über den fränkischen und alamannischen Besitzstand dieser Zeit kaum zufällig sein kann. Jüngeren Datums ist jedoch zweifellos die starke Ausbuchtung nach Südwesten zur oberen Nahe und zu den Quellen von Glan und Alsenz. Indizien lassen auf eine Wirksamkeit des Bischofs Sidonius von Mainz (533/47 – post 567) in Kreuznach und Alzey schließen. An der mittleren Nahe und am Glan waren Disibodenberg, Sobernheim und Meisenheim, im äußersten Südwesten Niederkirchen im Ostertal (östlich von St. Wendel) und Ohmbach alte Mainzer Stützpunkte. Sie schlossen andere Sprengel ein, die eigenkirchlich Mainz (südlich Meisenheim), Trier (westlich Sobernheim) und Verdun (an der Straße Metz–Tholey–Mainz) unterstanden. Da dieser fremdkirchliche Besitz auf Schenkungen des 6./7. Jahrhunderts beruhte, kann man a fortiori die ältesten Mainzer Stützpunkte in diesem Gebiet und damit die Attribution des Naheraums an die Mainzer Diözese in die gleiche Zeit datieren [79]. Die bis vor Kaiserslautern, Landstuhl und St. Wendel vorgetriebene Mainzer Bistumsgrenze engte die Wormser Diözese im Westen stark ein. So wird ein Vorsprung von Mainz vor Worms erkennbar, den die Nachrichten über die kirchliche Restauration am Rhein bestätigen.

77) Als Nordgrenze gegen das fränkische Föderatenreich von Köln, als Südgrenze des burgundischen Föderatenreichs von Worms, wie oben angedeutet. Nach 455 sind sie jedenfalls durch den Einmarsch der Franken und Alamannen in die Germania I gefallen – allenfalls könnten sie noch als innerfränkische resp. inneralamannische Grenzen fortbestanden haben.

78) Ihr könnte die Nordgrenze des burgundisch-alanischen Siedlungsgebietes von 413–443 zugrunde gelegen haben, doch bleibt dies vorerst vage Vermutung.

79) H. Büttner, Frühes fränkisches Christentum (wie Anm. 14), 24–26. – Disibod hat nach der Trierer Überlieferung in der Zeit des Trierer Bischofs Magnerich, d. h. im letzten Drittel des 6. Jahrhunderts gewirkt: Ewig, Trier im Merowingerreich, 1954, 109.

Die Mainzer Bischofsliste setzt neu ein mit Sidonius, der unter Theudebert I. (533–547) sein Amt antrat und nach 567 starb [80]. Um die gleiche Zeit dürfte Carentinus in Köln, Arbogast in Straßburg Bischof geworden sein. Sidonius führte einen aquitanischen Namen, der auf seine Herkunft aus dem Kreis der auvergnatischen Kleriker hindeutet, die Theuderich I. (511–533) nach Trier berief. Der Straßburger Bischof entstammte wohl der frankoromanischen Trierer Familie, in der sein Name sonst ausschließlich belegt ist [81]. Ich nehme daher an, daß unter Theuderich I. eine Art Missionsseminar in Trier eingerichtet wurde, aus dem sich die ersten rheinischen Bischöfe rekrutierten. Diese Klerikerschule wird sich unter der Leitung des bedeutenden Trierer Bischofs Nicetius (ca. 527–566) entfaltet haben, der selbst aus dem Limousin stammte. Aus ihr könnte auch Disibod, der Gründer von Disibodenberg [79], hervorgegangen sein.

Die kirchliche Restauration setzte also in den beiden Hauptstädten der einstigen römischen Militärsprengel ein. In Mainz war das Königshaus durch die Stiftung von Theudeberts I. Tochter Berthoara zum Wiederaufbau des Baptisteriums unmittelbar beteiligt. Sidonius hat außer der Domgruppe nachweislich auch eine Georgskirche in Castel erbaut. Sehr wahrscheinlich sind ihm weitere Bauten oder Instandsetzungen von Kirchen im Umkreis der Stadt – St. Hilarius im Heiligen Tal, St. Theomast, St. Peter und St. Clemens am Römerhafen, vielleicht S. Maria in campis – zuzuschreiben [82]. Das Martinspatrozinium des Mainzer Doms führten auch die spätrömischen Kastellkirchen von Bingen und Kreuznach, das Georgspatrozinium von Castel die Kastellkirche in Alzey [83]. Da ohnehin anzunehmen ist, daß die Reorganisation des Mainzer Bistums bei den Kirchen ansetzte, die die Wirren des 5. Jahrhunderts überstanden hatten, darf man daraus wohl schließen, daß die Sorge des Sidonius auch den drei Kastellen galt.

80) Einzige Zeugnisse für Sidonius sind die Gedichte des Venantius Fortunatus – Carm. II 11 und 12 sowie IX 9 (MGH AA IV 40 ff. und 215 ff.) – die alle aus den Jahren 565/67 stammen: W. Meyer-Speyer, Der Gelegenheitsdichter Venantius Fortunatus, Abh. königl. Ges. Wiss. Göttingen, phil.-hist. Kl. NF IV Nr. 5, 1901, 9 ff. und 26 ff. – Datierung auf 565–567: R. Koebner, Venantius Fortunatus. Seine Persönlichkeit und seine Stellung in der geistigen Kultur des Merowingerreiches (Beiträge zur Kulturgesch. des MA und der Renaissance 22), 1915, 21.

81) Außer dem bekannten Heermeister dieses Namens und dem oben erwähnten Trierer comes ist auch ein Kleriker Arbogast aus St. Maximin in der Zeit Theudeberts I. (533–547) bezeugt: Gregor von Tours, Liber in gloria confessorum 91, SS rer. Mer. I¹, 806.

82) Büttner und Falck (wie Anm. 75). – Ewig, Die ältesten Mainzer Patrozinien und die Frühgeschichte des Bistums Mainz, in: Das erste Jahrtausend. Kultur und Kunst im werdenden Abendland an Rhein und Ruhr, 1962, 114 ff. Der Ansatz Ende des Pontifikats von Sidonius ist auf Grund der in Anm. 80 zitierten Forschungen von Meyer-Speyer und Koebner zu berichtigen. – Auf einem römischen Gräberfeld wurde St. Viktor/Weisenau errichtet. Die Kirche von Bretzenheim trägt das für Sidonius nachgewiesene, sonst in der Frühzeit sehr seltene Georgspatrozinium.

83) Kontinuität dieser Kastellkirchen: K. Böhner, in: Führer zu vor- und frühgeschichtlichen Denkmälern 12; Nördliches Rheinhessen, 1972, 130 ff., 144 ff., 218 ff. Die Patrozinien sind sicher nicht spätrömisch, sondern merowingisch.

Für die Bischofslisten des 6. und frühen 7. Jahrhunderts ist der Wechsel romanischer und germanischer Namen charakteristisch. In Mainz war Sidonius der einzige Träger eines gallorömischen Namens. Die beiden nächsten Nachfolger des Sidonius scheinen jedoch nicht Franken, sondern Burgunden gewesen zu sein. Der erste von ihnen führte den burgundischen Königsnamen Sigimund; er lud 589 Childebert II. zur Osterfeier nach Mainz ein [84]. Sigimunds Nachfolger Leudegasius – der Name scheint ostgermanisch zu sein – ging im merowingischen Bruderkrieg von 612 zum frankoburgundischen König Theuderich II. über, noch ehe die endgültige Entscheidung gegen den austrasischen Bruder Theudebert II. gefallen war. Er scheint beim Sturz der Königin Brunichild sein Amt verloren zu haben.

Bei den Mainzer Kirchen, deren Entstehung oder Erneuerung Sidonius zugeschrieben werden kann, ist eine aquitanische Kultschicht in den Patrozinien zu fassen (Martinus, Hilarius, Theomastus). Nach Besançon weist der Name des »Mainzer« Märtyrers Ferrutius, dessen Gebeine Lull von Mainz (754–786) aus Castel in das von ihm gegründete Kloster Bleidenstadt im Taunus übertragen ließ [85]. Die Alban-Theonest-Legende ist durch die Einbeziehung des Märtyrers Ursus von Solothurn und des burgundischen Königs Sigismund mit dem Thebäerzyklus verbunden worden. Dies kann um 600 geschehen sein, da der Kölner Märtyrer Gereon schon von Gregor von Tours den Thebäern zugezählt wurde. Ob das an sich vieldeutige Victorspatrozinium der Kirche von Weisenau auf Victor von Solothurn zu beziehen ist, dessen Reliquien die Königin Saedeleuba vor 500 nach Genf überführen ließ, erscheint fraglich. Weitere Kulte – namentlich der des

84) Zur Mainzer Bischofsliste: Ewig, Die ältesten Mainzer Bischofsgräber, die Bischofsliste und die Theonestlegende, in: Universitas, Festschrift für Bischof Stohr II, 1960, 19 ff. – Venantius Fortunatus besang 574 die Brüder Sigimund und Alagisel, die zu den Großen Sigiberts I. gehörten (Carm. VII 20 und 21; App. 4; AA IV 174 und 279. Sigimund wird auch in VII 10 als praeco des iudex Magnulf genannt. Dazu Koebner, 38, 66 ff., 70 n. 1). Der Name Alagisel ist sehr wahrscheinlich ostgermanisch. Sigimund könnte mit dem Mainzer Bischof identisch gewesen sein. Es war in merowingischer Zeit nicht ungewöhnlich, daß weltliche Amtsträger in späteren Lebensjahren in den geistlichen Stand traten und das Bischofsamt anstrebten.

85) Zu den burgundischen und römischen Kulten: Ewig, Die ältesten Mainzer Patrozinien (wie Anm. 82), 121–123. – Zu Ferrutius: H. Knoch, Namenforschung und Inschriftenkunde zur Bleidenstädter Ferrutiusinschrift, in: Rh. Vjbll. 30, 1965, 58–65. Knoch erkennt in den ersten sechs Zeilen der Bleidenstädter Inschrift eine Inschrift der Merowingerzeit, wohl des 7. Jahrhunderts, aus der hervorgeht, daß Ferrutius nach sechsmonatiger Haft starb und durch Eugenius, der in den Fuldischen Annalen als presbyter bezeichnet ist, und Barger (Warger) bestattet wurde. Knoch nimmt an, daß sich diese Inschrift auf die Übertragung des Ferrutius in ein »ehrenvolles Märtyrergrab« bezog. Die Frage nach der Identität des Mainzer mit dem Besançoner Märtyrer Ferrutius, für die der singuläre Name spricht, ist damit noch nicht geklärt.

spanischen Märtyrers Vincentius – können dagegen über Burgund vermittelt worden sein [85a)].

Zentrum des Thebäerkults war das burgundische Königskloster Agaunum, in dem auch der Gründer Sigismund als Heiliger verehrt wurde. Agaunum lag an der Römerstraße, die vom Rhein über Aventicum und den Großen St. Bernhard nach Italien führte. Daß diese Straße von Mainz aus begangen wurde, erhellt aus einer Nachricht des 11. Jahrhunderts über die Gründung der Mainzer Nicomedeskirche durch den Bischof Bathodus, den Nachfolger des Leudegasius. Bathodus (Bothadus, Petilinus) könnte der erste Franke auf dem Mainzer Stuhl gewesen sein. Der Erwerb von Reliquien des römischen Märtyrers Nicomedes kann mit einiger Wahrscheinlichkeit in die Jahre 620 bis 625 datiert werden. Vielleicht sind um diese Zeit auch Reliquien des Bischofs Ignatius von Antiochia aus Rom nach Mainz übertragen worden.

Umfangreicher Fernbesitz alter Kölner Stifte und Klöster im Umland von Mainz und Bingen, dessen Grundstock wohl in die Mitte des 7. Jahrhunderts hinaufreicht, läßt weniger auf kirchliche Hilfe als auf soziale und wirtschaftliche Verflechtungen zwischen Köln und Mainz seit der späteren Merowingerzeit schließen [86)]. Er kontrastiert mit einer ebenso deutlich markierten Besitzzone im Altland der Diözese Worms, die sich wiederum abhebt von ausgedehntem Fernbesitz anderer austrasischer Kirchen in Rand- und Ausbaugebieten des mittelrheinischen Raumes [87)]. Maria und Stephanus, die Patrone der Speyrer Kathedrale, scheinen auf einen direkten Metzer Einfluß bei der Reorganisation des Bistums Speyer hinzuweisen. Bischöfe von Worms und Speyer sind erstmals wieder

85a) Nach der Überlieferung des späteren Victorstifts war Victor von Xanten Patron der Kirche: Falck (wie Anm. 75) 5, mit Berufung auf K. Hansel, Das Stift St. Victor von Mainz, in: Mainzer Zeitschr. 54, 1959, 1–11. – Vinzenzreliquien in St. Alban, Aposteln und Vinzenz Patrone des dortigen Hauptaltars: Falck 9.

86) A. Gerlich, Kölner Fernbesitz (wie Anm. 40). Dazu W. Hess, Geldwirtschaft (wie Anm. 71) 35, der die Verbreitung von sceattas aus dem späten 7. und frühen 8. Jahrhundert am Mittelrhein in diesen Zusammenhang stellt. Da Mainzer Trienten seit dem späten 6. Jahrhundert in Friesland begegnen (Hess, ibidem), können diese Beziehungen schon um 600 angebahnt worden sein.

87) A. Gerlich, Der Metzer Besitz im Wormsgau, in: Blätter für Pfälzische Kirchengesch. 18 (27), 1951, 3–20. – Fernbesitz weiterer austrasischer Kirchen: R. Kraft, Das Reichsgut im Wormsgau (Quellen und Forsch. z. Hess. Gesch. 16) 1934. – P.-E. Hübinger, Die weltlichen Beziehungen der Kirche von Verdun zu den Rheinlanden, 1935. – Ewig, Trier (wie Anm. 79). – Idem, Rheinischer Besitz westfränkischer Kirchen, in: Arch. f. mittelrh. Kirchengesch. 10, 1958, 341–346. – Staab, Untersuchungen, 83 ff. – Außer Köln und Metz verfügten die Bischofskirchen von Trier und Reims, Maastricht, Verdun und Châlons s. Marne über alten, z. T. sehr ausgedehnten Besitz in mittelrheinischen Landschaften. Von den Bistümern der merowingischen Austria fehlen in dieser Reihe nur Laon und Toul. Ausdehnung und Funktion dieser Besitzungen im einzelnen zu erfassen bleibt eine wichtige Aufgabe der Zukunft. Generell hat Büttner zutreffend festgestellt: »Staatliche Aufgaben und Eingliederungen, grundherrliche Besitznahme, wirtschaftliche Erschließung und kulturelle Einwirkung waren eng miteinander verbunden. Die Aufgabe, in geistlich-religiöser Beziehung diese Gebiete zu versorgen, verstand sich für das 6./7. Jahrhundert dabei ganz von selbst.« (Frühes fränkisches Christentum, wie Anm. 14, 25.)

auf der Pariser Reichssynode von 614 bezeugt. Da Metz unter Childebert II. (575–596) Hauptresidenz der austrasischen Könige wurde, kann die Erneuerung der beiden Bistümer wohl in das letzte Viertel des 6. Jahrhunderts datiert werden [88].

An der Ausformung der Diözese Speyer hatte das columbanische Mönchtum einen wesentlichen Anteil durch die Abtei Weißenburg, die um 660 im Grenzwald gegen das Elsaß von Adelsgeschlechtern des Saar- und Seillegaus, d. h. aus dem Osten der Diözese Metz, gegründet wurde [89]. Zu den Unterzeichnern einer nach dem Grimoaldsohn Childebert datierten, am 25. II. 661 ausgestellten Schenkung an Weißenburg gehörten Chrothar von Straßburg und Dragebodo von Speyer, der in dieser Urkunde als Gründer des Klosters bezeichnet wird [90]. Diese beiden Bischöfe unterfertigten mit Protadius von Sitten und Chrodoald von Worms auch das kirchliche Privileg, das Numerian von Trier um 670 der damals gegründeten Vogesenabtei St. Dié ausstellte [91]. Hier war ein Kreis von Freunden des columbanischen Mönchtums versammelt, der über Numerian von Trier unmittelbaren Kontakt zu Luxeuil und Remiremont hatte. Weißenburg war in den Anfängen seiner Geschichte in Personalunion mit Speyer verbunden [92] und ist unter Karl Martell um 730 in die Hand der Karolinger gekommen, die die Abtei reich ausstatteten [93]. Weniger deutlich ist die Frühgeschichte des Klosters Klingenmünster, das in der Diözese Speyer nördlich Bergzabern gleichfalls noch in spätmerowingischer Zeit errichtet wurde, aber nicht die Bedeutung von Weißenburg gewann [94].

Ein Kloster irofränkischer Observanz wurde in Mainz erst um 720/30 durch die »thüringische« Fürstin Bilihild gegründet [95]. In der Wormser Diözese sind keine iro-

88) Büttner, Frühes fränkisches Christentum, 28–37. – Ewig, Der Mittelrhein im Merowingerreich, in: Nassauische Annalen 82, 1971, 49–60. – A. Seiler, Studien zu den Anfängen der Pfarrei- und Landdekanatsorganisation in den rechtsrheinischen Archidiakonaten des Bistums Speyer, 1959, 30–40.

89) K. Glöckner, Die Anfänge des Klosters Weißenburg, in: Elsass.-lothr. Jb. 18, 1939, 1–46. Die von Glöckner angenommene Gründungszeit (um 670) ist zu korrigieren nach F. Himly, Les plus anciennes chartes et les origines de l'abbaye de Wissembourg, in: Bibl. Ec. Chartes 100, 1939, 281–294 (vor 661).

90) J. C. Zeuss, Traditiones Wizenburgenses, 1842, Nr. 203. Dazu Himly (wie Anm. 89) und K. Glöckner, Eine Weißenburger Urkunde und Hildebert, der erste karlingische König, in: Els.-Lothr. Jb. 20, 1940, 1–9.

91) Ewig, Zu Wimpfen und Worms, St. Dié und Trier im 7. Jh., in: Jb. für westdeutsche Landesgesch. 1, 1975. Der mir in diesem Aufsatz p. 6 n. 22 unterlaufene Schnitzer ist nach Anmerkung 90 zu korrigieren.

92) Nachweislich unter den Bischöfen Dragebodo und David: Seiler (wie Anm. 88) 46.

93) A. Schäfer (wie Anm. 67) 44.

94) A. Decker, Die Benediktinerabtei Klingenmünster von der Merowinger- bis zur Stauferzeit, in: Arch. f. mittelrh. Kirchengesch. 2, 1950, 9–87. Deckers These, daß die Abtei von Dagobert I. gegründet worden sei, ist nicht haltbar. Ältestes erhaltenes Zeugnis ist die Konventsliste im Verbrüderungsbuch der Reichenau aus der Zeit des Abts und Speyrer Bischofs Fleido (c. 782–814).

95) Ewig, Zur Bilhildisurkunde für das Mainzer Kloster Altmünster, in: Festschrift H. Beumann, 1977, 137–148.

fränkischen Klöster errichtet worden, doch kam das Mönchtum Luxeuiler Observanz hier wohl mittelbar über Trier zur Geltung. Denn bei der Gründung der Wormser Urpfarrei Wimpfen am Neckar durch den Bischof Chrodoald hat die Trierer Abtei St. Maximin allem Anschein nach mitgewirkt [91]. Die unter Numerian erstmals faßbaren Beziehungen zwischen Trier, Worms und Speyer sind unter Numerians Nachfolgern, die dem auf dem Hunsrück, an Saar und Blies begüterten Adelsgeschlecht der »Widonen« angehörten, weiter ausgebaut worden.

Die Gründung von Wimpfen – um 670 – bietet einen Zeitansatz für die kirchliche Erschließung des rechtsrheinischen Vorlandes der mittelrheinischen Bistümer. Die erste Nachricht über die Gründung einer Kirche auf dem rechten Rheinufer findet sich in einem 565/67 verfaßten Gedicht des Venantius Fortunatus für Sidonius von Mainz und betrifft die von diesem erbaute Georgskirche in (Mainz-)Castel [96]. Wahrscheinlich ist St. Georg überhaupt die erste Kirche im Rechtsrheinischen gewesen, doch bezeichnet ihre Errichtung noch nicht den Beginn der eigentlichen Mission. Sie macht lediglich auf dem kirchlichen Sektor die Brückenkopffunktion der rheinischen Städte sichtbar. St. Georg gehört zu den Stadtrandkirchen und Friedhofsbasiliken, die jede größere civitas umgaben.

Aus der Bonifatiuskorrespondenz ist bekannt, daß Dagobert I. (623–638/39) dem Kölner Bischof Kunibert das Kastell Utrecht zur kirchlichen Betreuung übertrug [97]. Hohes Alter ist a fortiori bischöflichen Rechten und Gütern in solchen Kastellen zuzuerkennen, die in größerer Nähe zum Bischofsitz lagen. Büttner hat daher mit Recht in Ladenburg die älteste Wormser Missionsstation rechts des Rheins gesehen [98]. Sie könnte, wenn Worms um 670 bereits Wimpfen erreicht hatte, noch in die Zeit Dagoberts I. hinaufgehen. Eine Mainzer Parallele zu Ladenburg bildete nicht Wiesbaden, sondern, wie Büttner gezeigt hat, Höchst im Bereich der untergegangenen Römerstadt Nida *(civitas Taunensium)* [99]. Im kirchlich später erfaßten Süden nahe der Alamannengrenze ist Baden-Baden zu nennen, das Dagobert III. 715 der Abtei Weißenburg übertrug [100]. Um die gleiche Zeit weihte der Mainzer Bischof Rigibert die Kirche von Nikheim bei Aschaffenburg, die als vorgeschobener Mainzer Posten am Main in Parallele zum wormsi-

96) Carm. II 12, AA. IV 41.

97) Epp. s. Bonifatii et Lulli ed. M. Tangl, MGH Epp. sel. 1 Nr. 109 p. 234 ff.

98) Das Bistum Worms und der Neckarraum während des Früh- und Hochmittelalters, in: Archiv f. mittelrh. Kirchengesch. 10, 1958, 9–38 (Zusammenfassung älterer Studien zu diesem Thema).

99) Büttner, Frühes Christentum in Wetterau und Niddagau, in: Jb. Bistum Mainz, 1948, 131–150. – Idem, Frühes fränkisches Christentum (wie Anm. 14) 53. – W. A. Kropat (wie Anm. 6) 15. – Christliche Grabsteine aus Hochheim/Main und Gimbach/Taunus werden ins 7./8. Jahrhundert datiert. Überführung von Justinusreliquien aus Rom nach Höchst im 9. Jahrhundert: Falck (wie Anm. 75) 3 ff.

100) Schäfer (wie Anm. 67) 2.

schen Wimpfen steht [101]. Zur Grundausstattung des in den Jahren 720 bis 730 gegründeten Mainzer Altmünsters gehörten allem Anschein nach Veitshöchheim und Hettstadt westlich von Würzburg [95]. Damals setzte der Ausbau des Kirchennetzes in den rechtsrheinischen Gebieten der Diözese Speyer auf Grund karolingischer Schenkungen an die Abtei Weißenburg ein.

Aus dieser Chronologie ergeben sich Konsequenzen für die Datierung der trierischen Missionsstation Dietkirchen (bei Limburg an der Lahn). Die in der Forschung der letzten beiden Jahrzehnte nicht selten vertretene Frühdatierung ins 6. Jahrhundert ist nicht haltbar. Aus historischer Sicht kann Dietkirchen kaum vor der Mitte oder dem Ende des 7. Jahrhunderts gegründet worden sein. Nach dem vorläufigen Befund der Ausgrabungen ist die erste Kirche, ein Steinbau, um 730 errichtet worden [102]. Spuren einer älteren Holzkirche wurden bisher nicht gefunden, was jedoch mit den besonderen Schwierigkeiten zusammenhängen kann, die das Terrain bietet. Der erste Steinbau ist gewiß eher mit dem Abschluß als mit dem Beginn der Mission an der mittleren Lahn zu verbinden. Doch kann die christliche Durchdringung des Lahngebiets bei relativer Nähe der Sachsengrenze und weiter Entfernung der Bischofsstadt Trier langsamer fortgeschritten sein als im unmittelbaren Vorland der mittelrheinischen Bischofsstädte.

Aus der Tatsache, daß Papst Gregor III. 738 Schreiben einerseits an die Bischöfe Bayerns und Alamanniens, andererseits an die Völker und Völkerschaften der Thuringi et Hessi, Borthari et Nistresi, Wedrecii et Lognai, Suduodi et Graffelti richtete, hat Kropat wohl mit Recht geschlossen, daß diese Personen- und Siedlungsverbände noch nicht fest in eine Diözese eingegliedert waren [103]. Die Untersuchung von M. Gockel und M. Werner über Beatus von Honau ergab, daß die Mainzer Diözese bis 770 in der nördlichen Wetterau (südöstlich von Gießen) noch recht locker organisiert war [104]. Die linksrheinischen Bischofskirchen hatten – so darf man wohl zusammenfassen – um 720 ein rechtsrheinisches Vorland erfaßt, dessen Ostgrenze etwa durch die Positionen Dietkir-

101) H. Büttner, Frühes fränkisches Christentum (wie Anm. 14) 40. – Idem, Die Mainlande um Aschaffenburg, in: 1000 Jahre Stift und Stadt Aschaffenburg, in: Aschaffenburger Jb. 4, 1957, 112.

102) Letzter Stand der Forschung (mit ausführlichen Literaturverweisen): H. Becker, St. Lubentius und Dietkirchen im Lichte neuer Forschungen und Arbeiten, in: Festschrift Alois Thomas, 1967, 13–30. Ein in Diez bei Limburg gefundener Kreuzanhänger aus der Zeit um 600 ist als Zufallsfund kaum aussagekräftig. Die Translation des heiligen Lubentius von Cobern nach Dietkirchen ist nach dem paläographischen Befund der Bleitäfelchen des Sarkophags wohl in der 2. Hälfte des 8. Jahrhunderts erfolgt.

103) Kropat (wie Anm. 6) 15.

104) M. Gockel-M. Werner, Hausen im 8. Jahrhundert, in: W. Küther, Die Wüstung Hausen, 1971, 136–173.

chen (Limburg/Lahn), Aschaffenburg und Wimpfen bezeichnet werden kann [105]. Der damit abgesteckte Raum deckte sich, wenn man von einer Einbuchtung an der Lahn absieht, mit dem von Heß herausgearbeiteten mittelrheinischen Wirtschaftsraum der Karolingerzeit [106]. Die wachsende Verflechtung der beiden Rheinufer setzte nach den Beobachtungen Hübeners im 7. Jahrhundert ein [72]. In die gleiche Zeit weisen die Indizien für die Anfänge der kirchlichen Mission im Rechtsrheinischen. Kirchliche und wirtschaftliche Erschließung dürften also Hand in Hand gegangen sein. Die mittelrheinischen Bischofskirchen fanden in ihren Missionsgebieten ein Neuland vor, in dem sie sich entfalten und eigenes Gewicht gewinnen konnten. So sind sie der Vormundschaft der altaustrasischen Kirchen in frühkarolingischer Zeit allmählich entwachsen, wenn auch die alten Beziehungen noch lange nachwirkten.

105) Damit soll nicht bestritten werden, daß die Einflußzonen der rheinischen Bistümer über diese Linie hinausreichen konnten. So hat ein rheinischer Bischof – wohl Gerold von Mainz – 724 Jurisdiktionsansprüche auf das bonifatianische Missionsgebiet an der oberen Lahn (Amöneburg) und in Hessen erhoben (Büttner, Frühes fränkisches Christentum 43 n. 202). Fiskalische und zugleich kirchliche Zentren in der Wetterau waren nach Büttner der Johannisberg (Friedberg-Nauheim) und der Glauberg bei Büdingen (Zur fränkischen Geschichte der Wetterau, in: Arch. f. Hess. Geschichts- und Altertumskunde 14, 201–210 und Frühes fränkisches Christentum 39).

106) Hess (wie Anm. 71) 43 (Karte 4), 38 (Karte 3) und 51 (Karte 5). Aus Karte 4 (Fundorte merowingerzeitlicher Münzen) geht deutlich hervor, daß der karolingische Wirtschaftsraum auf Grundlagen des 7. Jahrhunderts beruhte. In diesen Wirtschaftsraum waren allerdings Weilburg/Lahn und Wetzlar einbezogen, die auf dem kirchlichen Sektor im 7. und frühen 8. Jahrhundert noch nicht in Erscheinung treten.

Das Gebiet des nördlichen Mittelrheins als Teil der Germania prima in spätrömischer und frühmittelalterlicher Zeit

VON FRANZ-JOSEF HEYEN

Mein Part in den Verhandlungen bestand darin, die Umrisse des Geschehens am nördlichen Mittelrhein in der Spätantike und im frühen Mittelalter zu schildern. Selbstverständlich kann das – auch zwischen dem vorangegangenen großen Überblick von Eugen Ewig und den nachfolgenden, speziell einzelnen Orten gewidmeten Referaten – nur ein weitestgehend auf der vorhandenen Literatur [1] aufbauendes grobes Raster sein, in dem lediglich in einigen Feldern Akzente oder Fragezeichen gesetzt oder auch neue Ansätze zur Diskussion gestellt werden können.

Schon die räumliche Umschreibung des Untersuchungsgebietes als »nördlicher Mittelrhein« ist umständlich, weil ein umfassender Landschaftsname fehlt. Aber offensichtlich ist dies schon eine, auch für die historische Betrachtung wichtige Beobachtung, macht sie doch deutlich, daß dem Raum einerseits ein beherrschendes, namengebendes Oberzentrum oder Landschaftsgefüge fehlt, er aber anderseits von den Nachbarräumen nicht abgedeckt, sondern ausgespart wird, sozusagen übrig bleibt. Zumindest bietet sich auf den ersten Blick dieses Bild, und auch bei der Durchmusterung der Literatur wird man bald feststellen, daß dieser Raum meist nur »am Rande« behandelt wurde. Wir werden die Frage präsent zu halten haben, ob dies eine Feststellung ist, die zur Charakterisierung des Raumes als historisches Gebilde geeignet ist – und zwar kontinuierlich oder nur in bestimmten Epochen – und welche Folgerungen dies für den Ablauf des historischen Geschehens haben müßte und hatte.

Angesprochen ist das Rheintal mit den beidseits angrenzenden Gebieten zwischen Andernach/Sinzig im Norden und Oberwesel/Bingen im Süden bzw. zwischen den Mündungen von Ahr und Nahe, das unmittelbare Einzugsgebiet beider Flüsse jeweils ausgeschlossen. Wir haben die Bezeichnung nördlicher Mittelrhein gewählt, um eine Ab-

1) Die Literaturnachweise sind hier auf solche Beiträge beschränkt, die für eine bestimmte Aussage konkret zugrunde gelegt wurden, bzw. etwas beitragen, was nicht besagen soll, daß ich nicht auch vielen anderen Aufsätzen, Büchern und namentlich den Standardwerken zu danken hätte und mich in deren Traditionslinie zu bewegen hoffe. Generell seien genannt die beiden Bände der »Wege der Forschung« der Wissenschaftlichen Buchgesellschaft: Kulturbruch und Kulturkontinuität im Übergang von der Antike zum Mittelalter, hrsg. von PAUL EGON HÜBINGER. 1968, und: Siedlung, Sprache und Bevölkerungsstruktur im Frankenreich, hrsg. von FRANZ PETRI. 1973, und besonders die verschiedenen Arbeiten von EUGEN EWIG.

grenzung einerseits zum Niederrhein und anderseits zum mittelrheinischen Raum zwischen Bingen/Mainz und Worms/Speyer zu geben, auch wenn die Geographen Teile dieses Gebietes schon dem Oberrhein zuweisen.

Für rund 500 Jahre gehörte dieses Gebiet zum Römischen Reich. Wenn man einen signifikanten Rahmen will, kann man Caesars spektakuläre, militärisch aber wenig bedeutsame Brückenbauten über den Rhein mit Marschrichtung Osten und Attilas Durchstoß nach Westen [1a] nennen, zwei Ereignisse, die meist nördlich Koblenz im Neuwieder Becken lokalisiert werden und die verkehrsgeographisch zentrale, aber militärisch-strategisch ebenso passive Rolle dieses Raumes gut verdeutlichen.

Nachdem der Versuch, die Grenze des Imperiums bis zur Elbe vorzuschieben, gescheitert war, ließ Tiberius bekanntlich ab 16 n. Chr. die Rheinlinie durch Erdkastelle befestigen, in unserem Raum zuverlässig bezeugt für Urmitz und neuerdings auch Koblenz [2], mit guten Gründen auch vermutet für Andernach, Neuendorf bei Koblenz und Boppard. Dabei bleibt zu beachten, daß diese Erdbauten schwer nachweisbar sind und die Siedlungskontinuität an den Lagerdörfern, den *canabae* anknüpfte. Mit der Einrichtung der beiden germanischen Provinzen durch Domitian um 90 n. Chr. wurde dann auch hier eine normale Zivilverwaltung begründet, wenn auch starke militärische Verbände unter eigener Verwaltung im Lande blieben. Der gesamte Mittelrhein und somit auch unser Gebiet wurde der *Germania superior* mit Mainz als Hauptort zugewiesen. Die Grenze im Norden zur Provinz *Germania inferior* bildete der Vinxtbach zwischen Sinzig und Andernach. Im Westen verlief die nicht im Detail bestimmbare Grenze [3] gegenüber der Provinz *Belgica* vor der Hocheifel, schloß also das Gebiet um Mayen ein, überquerte wohl westlich von Cochem die Mosel und auf den Hunsrückhöhen zwischen *Belginum* (Hinzerath) und *Dumnissum* (Denzen/Kirchberg) die Ausoniusstraße (Trier-Bingen-Mainz). Nach Osten, jenseits des Rheins wurde bekanntlich in den ersten Jahrzehnten des 2. Jahrhunderts unter Trajan und Hadrian ein durch die Befestigungslinie des Limes geschütztes Vorfeld geschaffen, das aber in unserem Gebiet nur einen schmalen, verwaltungsmäßig wohl von linksrheinischen Städten erfaßten Streifen von Westerwald und Taunus umfaßte [4]. Die unmittelbare Rheinlinie verlor aber mit dieser Limes-

1a) Zweifelnd EWIG in dieser Veröffentlichung, der den Übergang Attilas bei Mainz zu lokalisieren können glaubt.

2) Mit weiterer Literatur PHILIPP FILTZINGER, Das Kastell Koblenz. Bonner Jbb. 160. 1960 S. 168–202.

3) KARL SCHUMACHER, Siedlungs- und Kulturgeschichte der Rheinlande von der Urzeit bis in das Mittelalter. 3 Bde. 1921–1925 (= Handbücher des röm.-germ. Zentral-Museums 1–3) 2 S. 211.

4) Die reiche Limes-Literatur braucht hier nicht zitiert zu werden. Zur Verwaltung vgl. SCHUMACHER (Anm. 3) 2 S. 69. Über die Limeskastelle (zu nennen sind hier – neben dem jüngeren, an Umfang aber mit den späteren Kastellen Andernach und Boppard vergleichbaren Kastell Niederbieber, Anm. 10 – Heddesdorf, Bendorf, Niederberg, Ems etc.) und namentlich über die diesen zugeordneten *vici* haben Grabungen der letzten Jahre frühere Erkenntnisse vertieft. Vgl. HANS EIDEN, Zehn Jahre Ausgrabungen an Mittelrhein und Mosel. Ausstellungs-Führer. 1976, [2]1977 S. 36–42.

linie militärisch an Bedeutung, die oben genannten Erdkastelle der linksrheinischen Rheintal-Siedlungen wurden aufgelassen.

In der anderthalb Jahrhunderte dauernden ruhigen Zeit bis zur Mitte des 3. Jahrhunderts vollzog sich bei ethnischem Fortbestand der keltischen Bevölkerung deren kulturelle Einschmelzung und die Erschließung des Landes. Im einzelnen ist dabei – zumal in der zeitlichen Differenzierung – noch viel an bereits ermittelten Ergebnissen aufzuarbeiten, aber auch vieles noch zu klären. Summarisch wird man heute sagen können, daß die Täler von Rhein und Mosel, aber auch das Gebiet der Vordereifel um Mayen dicht besiedelt waren. Im vorderen Hunsrück dagegen waren die Hänge zu Mosel, Rhein und Nahe wohl gut, die Waldgebiete im Inneren aber kaum erschlossen [5]. Für das Siedlungsbild bestimmend sind auch hier die bekannten Einzelhofsiedlungen der *villae rusticae*, die aber vielleicht doch in einem gewissen Verbund zueinander standen [6], und von denen man generell sagen darf, daß sie weniger reich ausgestattet waren und daß der z. B. aus dem Trierer Raum bekannte Typ der Luxusvilla, des barocken Landschlößchens, weitestgehend fehlt [7]. Hier bleibt doch offenbar der Grenzcharakter des Raumes bestimmend. – Handwerk, Handel und Gewerbe waren konzentriert in verkehrsmäßig günstig gelegenen Straßenvici, wie sie für Karden, Gondorf und Kobern an der Mosel, für Mayen oder das ältere Boppard bezeugt sind.

Unter den Wirtschaftsprodukten des Gebietes sind neben Getreide im Maifeld und Wein in den Talzonen [8] insbesondere die im Über- und Untertagebau abgebauten und weithin exportierten Steinvorkommen (Basalt, Basaltlava, Tuff) bei Mayen, Mendig, Kruft und Rheinbrohl zu nennen. Die ebenfalls stark exportorientierte, aber mehr auf den Massenartikel, als auf künstlerische Qualität abgestellte Töpferei von Mayen wird erst in spätrömischer Zeit von Bedeutung.

Zunächst von militärischer Bedeutung, zunehmend aber von Nutzen für Gewerbe und Handel waren die gut ausgebauten Straßen, von denen an erster Stelle die Rheintalstraße, daneben aber als bedeutende Fernstraßen auch die durch die Eifel von Trier über Mayen nach Andernach führende Strecke sowie die den Hunsrückhöhen folgende Verbindung von Koblenz nach Bingen/Mainz und nach *Belginum* (Hinzerath) mit Anschluß an die Ausoniusstraße nach Trier zu nennen sind [9]. Daneben aber dürfen der Rhein und

5) Schumacher (Anm. 3) 2 S. 165 f.: im Vorderhunsrück bezeugen Fachwerkbauten einen stärkeren Anteil altansässiger Bevölkerung.

6) Wie z. B. die Siedlung im heutigen Koblenzer Stadtwald (1. bis 4. Jahrhundert bewohnt, Tempel bis Anfang 5. Jahrhundert besucht). Vgl. Schumacher (Anm. 3) 2 S. 174 und Josef Röder in: 2000 Jahre Koblenz, hrsg. von Hans Bellinghausen. 1971 S. 51–55.

7) Schumacher (Anm. 3) 2 S. 206.

8) Der Weinbau dürfte schon im 1. Jahrhundert eingeführt worden sein, scheint dann aber zurückgegangen zu sein und wurde erst unter Kaiser Probus (276–282) wieder gefördert.

9) Josef Hagen, Römerstraßen der Rheinprovinz. ²1931 (= Erläuterungen zum geschichtl. Atlas der Rheinprovinz. Publ. Ges. Rhein. Geschichtskunde 12).

auch die Mosel insbesondere für den Transport von Massen- und Schwergütern nicht unerwähnt bleiben.

Schon in der 1. Hälfte des 3. Jahrhunderts wird das Gebiet erneut zur gefährdeten Grenzzone. Als markantes Datum ist zu notieren, daß um 260 das große rechtsrheinische Limeskastell Niederbieber von Franken zerstört wird [10]. Der Limes wird aufgegeben. Wenn auch römischer Herrschaftsanspruch in kleineren befestigten Plätzen (den *burgi*) wie z. B. in Rheinbrohl, Engers und Niederlahnstein noch eine Weile manifest bleibt, so wird doch jetzt das Siedlungsgebiet zwischen Limes und Rhein von Germanen, in unserem Raum nördlich der Lahn von fränkischen Stämmen eingenommen [11]. Der Rhein ist wieder Grenze.

Noch einmal aber gelingt für das 4. Jahrhundert eine Konsolidierung der Grenze auf dieser Rheinlinie. Inwieweit dabei auch hier am nördlichen Mittelrhein – wie in der Kölner Bucht – ländliche Siedlungsräume den andringenden Germanen mit weitgehender Autonomie als Foederaten überlassen werden, läßt sich nicht klären. Mir scheint, man sollte diese Befriedungsversuche durch Ansiedlung und Integration nicht überschätzen. Voraussetzung ist nämlich eine Aus- oder Umsiedlung einheimischer Bevölkerungsteile, wobei wohl in erster Linie an eine Aufgabe durch Flucht, und zwar nicht nur der Oberschicht, zu denken ist. Vermutlich handelt es sich dabei aber nur um eine punktuelle Freisetzung von Siedlungsräumen, nämlich um einzelne Höfe, nicht um größere Siedlungszonen. Fest in römischer Hand blieben sicher die Städte und größeren Orte, die dann im 4. Jahrhundert durch Mauern befestigt wurden, wobei nun – im Unterschied zu den Militärkastellen des 1. Jahrhunderts – diese Befestigungen den Bürgern u n d den Soldaten zum Schutz dienten. Für unser Gebiet sind als solche spätrömischen Kastelle zu nennen Andernach, Koblenz, Boppard und Bingen, während z. B. Oberwesel keine Befestigung erhielt [12].

Diokletian (284–305) – oder erst Valentinian I. (364–375) [13] – hat auch eine Verwaltungsreform durchgeführt und dabei u. a. die Provinzen neu umschrieben und in aller Regel verkleinert. Für unser Gebiet ist zu notieren, daß die Provinz *Germania su-*

10) Emil Ritterling, Das Kastell Niederbieber. Bonner Jbb. 120. 1911 S. 259–278, hier S. 276, und Eiden, Ausgrabungen (Anm. 4) S. 36–42.

11) Ludwig Wirtz, Franken und Alamannen in den Rheinlanden bis zum Jahre 496. Bonner Jbb. 122. 1912 S. 170–240, hier S. 197, 203.

12) Die Datierung dieser überall noch in beträchtlichen Teilen erhaltenen Kastellmauern schwankt zwischen Diokletian (284–305) und Valentinian I. (364–375), scheint sich aber auf »konstantinisch« einzupendeln. Koblenz könnte dabei auch eine steinerne Brücke über die Mosel erhalten haben. Allgem. vgl. Schumacher (Anm. 3) 2 S. 95, 115 f. Für Boppard: Günter Stein, Bauaufnahme der römischen Befestigung von Boppard. Saalburg-Jb. 23. 1966 S. 106–130 mit Lit. Für Koblenz: Röder (Anm. 6) S. 61.

13) Vgl. die Ausführungen Ewigs in dieser Veröffentlichung. Herbert Nesselhauf, Die spätrömische Verwaltung der gallisch-germanischen Länder. 1938 (= Abh. Preuß. Akad. Wiss. 1938, Phil.-hist. Kl. Nr. 2) S. 8 datiert den Abschluß der Neuordnung auf um 297.

perior, jetzt als *Germania prima* bezeichnet, erheblich verkleinert wurde. Abgetrennt wurde nämlich der gesamte Teil südlich Straßburg, aus dem die Provinz *Maxima Sequanorum* mit Besançon als Hauptstadt gebildet wurde. Die Hauptstadt von Obergermanien blieb Mainz, das zur *civitas Moguntiacensium* erhoben wurde. Nach Süden schlossen sich an die *civitates* Worms *(civ. Vangionum)*, Speyer *(civ. Nemetum)* und Straßburg *(civ. Argentoratensium)*. Unser Mittelrheingebiet bis hinab nach Andernach muß der neu eingerichteten *civitas* Mainz zugerechnet werden; jedenfalls gibt es keinen Anhaltspunkt für einen Vorort im Gebiet selbst [14].

Nur erinnert sei hier daran, daß Diokletian daneben Trier zum Verwaltungsmittelpunkt des Westens bestimmte. Das brachte für über ein Jahrhundert nicht nur mit der Verwaltung und der kaiserlichen Hofhaltung viel Geld nach Trier, wovon heute noch die großen Bauten und Bodendenkmäler dieser Jahrzehnte zeugen, sondern bewirkte sicher auch eine Verstärkung der militärischen Abschirmung an der ja gar nicht so weit entfernten Rheingrenze. Wir können daher für das 4. Jahrhundert in unserem Raum einerseits mit einer erhöhten militärischen Gefährdung rechnen, anderseits aber auch mit einer erheblichen Truppenkonzentration und einer damit verbundenen verstärkten Bautätigkeit und wohl auch einem vermehrten Handelsumfang. Die latente Gefährdung mag aber dennoch nicht wenige Familien der Oberschicht mitsamt ihrer Klientel im Laufe des 4. Jahrhunderts bewogen haben, weiter ins Binnenland Galliens zu ziehen [15]. Es bedarf keiner Phantasie, sich vorzustellen, daß sie dabei für ihre Stadtwohnungen Käufer fanden, nicht aber für ihre Landvillen, die deshalb – wie die Archäologen gelegentlich zeigen können – nicht zerstört wurden, sondern allmählich verfielen. Mir scheint, daß man diesem Aspekt einer sich über gut 100 Jahre hinstreckenden freiwilligen Aufgabe größere Beachtung schenken muß.

Ein neuer schwerer Einbruch der Germanen folgte am Niederrhein in der Mitte des 4. Jahrhunderts. Es scheint, daß dabei auch Remagen und Andernach in die Hände der Franken fielen. Kaiser Julian gelang aber 356 die Rückeroberung, wobei die Römer zumindest die befestigten Plätze wieder fest in Besitz nehmen konnten. Dies gilt sicher für das 356 zurückgewonnene Köln, und auch von Xanten, Neuß, Bonn, Andernach und Bingen hören wir ausdrücklich, daß feste Speicher für die Getreideversorgung angelegt

14) »Für den nördlichen Teil der Germania Superior, für welchen Coblenz der gegebene Verwaltungsmittelpunkt wäre, kennen wir bisher keine civitas.« So SCHUMACHER (Anm. 3) 2 S. 215. Dabei wäre freilich zu bedenken, daß Andernach wegen seines reichen Maifeld-Hinterlandes Koblenz an Bedeutung überragt haben mag, doch sind derartige Überlegungen ohne schriftliche Zeugnisse müßig. Das Übergewicht des Militärs in diesem Gebiet mag auch die Bildung einer *civitas* verhindert haben. Zu bedenken ist aber auch, daß vor der Erhebung von Mainz zur *civitas* Worms das Zentrum der Zivilverwaltung des nördlichen Obergermanien gewesen ist.

15) Wenn RÖDER (Anm. 6) S. 63 dagegen für die konstantinische Zeit eine »planmäßige Neusiedlung am Rande des Neuwieder Beckens« vermutet, so steht dies dem allgemeinen Bild eines allmählichen Rückzuges nicht entgegen, sondern kann diesen sogar bestätigen.

werden konnten [16]. Von Julians Nachfolger Valentinian I. ist dann bezeugt, daß er auch die Kastelle der Rheinlinie weiter befestigt hat. Ob bei diesen Wirren auch neue Gruppen fränkischer Siedler in unseren Raum einfielen und sich niederließen, muß offen bleiben.

Im Süden drangen in der gleichen Zeit Alamannen, die schon zuvor das rechtsrheinische Gebiet südlich der Lahn und namentlich um Wiesbaden in Besitz genommen hatten [17], über den Rhein vor und besetzten alles bis zur Nahe, wurden aber 357 bei Straßburg besiegt und noch einmal über den Rhein zurückgedrängt. So scheinen die letzten Jahrzehnte des 4. Jahrhunderts wieder relativ ruhig.

Im Jahre 401 zog dann Stilicho zum Schutz Italiens größere Truppenkontingente vom Rhein ab. Prompt folgte 406/07 der konzentrische Angriff der Alanen, Sweben und Wandalen am Oberrhein und am südlichen Mittelrhein. Mainz, Worms, Speyer, Straßburg fielen in ihre Hände und von dort drangen sie weit nach Süden, Westen und Nordwesten vor. Von der Maas und aus dem Kölner Raum traten ihnen foederierte Franken entgegen, die aber weniger Positionen der Römer zu halten bemüht waren als Politik auf eigene Rechnung betrieben.

Für unser in diesen Operationen vergleichsweise kleines Untersuchungsgebiet am nördlichen Mittelrhein scheint soviel sicher [18], daß die Grenztruppen in den Kastellen Andernach, Koblenz und Boppard – im Gegensatz zu denen in Worms, Mainz und auch Bingen – den Einbruch des Jahres 407 als intakte Verbände überstanden haben und in geschlossenen Formationen in das mobile Feldheer versetzt wurden. Daraus wird man zumindest soviel folgern dürfen, daß am nördlichen Mittelrhein keine größeren Kampfhandlungen stattfanden und so auch größere Zerstörungen ausblieben, was aber nicht ausschließt, daß einzelne Gebäude damals doch in Flammen aufgingen, wie es z. B. für das Kastellbad in Boppard erwiesen scheint. Die Ergebnisse der Ausgrabungen der letzten Jahre erlauben darüber hinaus die Aussage, daß größere Teile der einheimischen römischen Bevölkerung damals offensichtlich zurückgeblieben sind und sich haben überrollen lassen. Die römische Grenzwehrorganisation aber brach wohl doch endgültig zusammen, und wir werden auch zu konstatieren haben, daß im Jahre 407 oder kurz danach ebenso die großräumig-regionale römische Zivilverwaltung am nördlichen Mittelrhein ihr Ende gefunden hat. Wer erlebt hat, wie selbstverständlich 1944/45 die Flucht der Partei- und Zivilverwaltung dem Rückzug der kämpfenden Truppe vorausging, wird sich das unschwer vorstellen können.

16) Nesselhauf (Anm. 13) S. 63 nach Ammian.

17) Wirtz (Anm. 11) zählt S. 236–238 den späteren Einrichgau zum alamannischen Siedlungsgebiet. Nach dem Sieg Chlodwigs fiel dieses Gebiet aber nicht an die Franken, sondern wurde den Chatten überlassen.

18) Nesselhauf (Anm. 13) S. 41, 76 aufgrund der Interpretation der Notitia dignitatum. Dazu auch: Dietrich Hoffmann, Das spätrömische Bewegungsheer und die Notitia Dignitatum. 2 Bde. 1969 (= Epigraphische Studien Bd. 7).

Zum Jahre 428 wird zwar berichtet, daß Aëtius einen Teil Galliens in der Nähe des Rheins zurückgewinnen konnte, und die Forschung glaubt, dieses Gebiet an der Mosel östlich Trier suchen zu sollen. Es ist aber nicht anzunehmen, daß daraus ein neuer Aufbau der Verwaltung oder gar des alten Grenzwehrsystems gelang [19]. Andererseits scheint aber doch, daß in den Städten und größeren, zumal befestigten Orten eine wie auch immer zu konkretisierende lokale römische Verwaltung und zumindest fiktive römische Suprematie bis zur Mitte des Jahrhunderts fortbestand. Daß diese Reorganisation überhaupt noch einmal gelang und für mehr als eine Generation Bestand hatte, ist gewiß erstaunlich. Man wird sich dabei aber sicher vielerlei Übergangsformen vorzustellen haben, und wenn wir den endgültigen Fall von Mainz auf 456, von Köln auf 459 und von Trier wenig später (um 475) zu datieren pflegen, sind auch dies wohl nur Fixpunkte für einen allmählichen Übergang, nicht Untergang.

Wie dieser Übergang im Detail vonstatten ging, läßt sich anhand schriftlicher Quellen nicht klären, und auch die Archäologie und die Namenforschung werden trotz weiter verfeinerter Methoden keine schlüssigen Antworten darauf geben können, in welcher Intensität und aus welchen Richtungen – kaum über den Rhein von Osten, eher rheinaufwärts aus dem Kölner Raum und wohl erst später moselabwärts von Trier aus und nur in geringerer Stoßkraft rheinabwärts über Bingen hinaus – Germanen eindrangen und die Herrschaft übernahmen. Im Nahe-Einzugsgebiet wird man eine vorübergehende alamannische Vorstufe als Möglichkeit offen halten müssen, die aber nach Chlodwigs Sieg von 496 den Franken weichen mußte. Dabei wird man freilich deren Anteil im Vergleich zur verbliebenen keltisch-römischen Bevölkerung gerade in unserem Gebiet des nördlichen Mittelrheins, der Untermosel und der Vordereifel nur als gering bezeichnen dürfen. Wie dann der allmähliche, sehr langfristige Frankisierungsprozeß ablief, wird heute schwerlich schon präzise angegeben werden können, und es besteht wohl auch wenig Hoffnung, daß die Archäologie hier übereinstimmende und überzeugende Ergebnisse wird vorlegen können [20].

19) NESSELHAUF (Anm. 13) S. 76. WIRTZ (Anm. 11) S. 212 nimmt an, daß Aëtius bestenfalls eine Anerkennung römischer Oberhoheit erreichte.

20) Die noch stark kontroversen Auffassungen über »Das Rheinland in den germanischen Wanderungen« (so der Titel eines Beitrages von HANS KUHN in PETRI, Siedlung [Anm. 1] S. 447–483) betreffen in erster Linie Gesamtschau und Positionen der Franken und Alamannen, worüber hier nicht zu referieren ist. Vgl. dazu den Beitrag von Ewig in dieser Veröffentlichung. Für aus dem rechtsrheinischen Gebiet kommende Gruppen treten WIRTZ (Anm. 11) S. 218 und SCHUMACHER (Anm. 3) 3 S. 324 ein. SCHUMACHER (3 S. 54 u. 329) betont auch den stärkeren alamannischen Anteil zu Anfang des 5. Jahrhunderts im Naheraum, und neuerdings betont auch FRANZ STAAB, Untersuchungen zur Gesellschaft am Mittelrhein in der Karolingerzeit. 1975 (= Geschichtl. Landeskunde 11) S. 9–12 wieder eine längere Behauptung der Alamannen am Mittelrhein. Die Beschäftigung mit den Franken (ERICH ZÖLLNER, Geschichte der Franken bis zur Mitte des 6. Jahrhunderts. 1970; EWIG, KUHN) hat die Alamannen etwas zurücktreten lassen. Was den geringen Anteil germanischer Bevölkerungsteile betrifft, so ist für die Rheinstädte und die Untermosel in erster Linie auf die eindrucksvollen Ergebnisse der Sprachforschung (JUNGANDREAS,

Ich bin damit schon mitten im 2. Teil meines Referates, in dem über die Geschehnisse und Verhältnisse des frühen Mittelalters zu berichten ist.

Beginnen wir mit dem kirchlichen Bereich. Die vielberufene kirchliche Verwaltungskontinuität gilt für unseren Raum sicher nur mit Einschränkungen. Er müßte dann nämlich als Teil der spätantiken *civitas* Mainz auch zur Diözese Mainz gehören. Im Mittelalter ist er aber ohne Zweifel Bestandteil der Erzdiözese Trier, die sich bekanntlich über Koblenz hinaus dem Lahntal folgend bis Wetzlar und Gießen weit nach Osten erstreckte. Auch aus den späteren Territorialverhältnissen seit dem 14. Jahrhundert hat man einen dominierenden Trierer Einfluß zu konstatieren. Inwieweit aber diese Zugehörigkeit des nördlichen Mittelrheins zur Trierer Einflußzone in frühere Jahrhunderte zurückprojiziert werden kann, bedarf neuer Überlegungen.

Daß Trier auch in der Merowingerzeit in Fortführung spätantiker Traditionen nach Westen und Südwesten, also nach Gallien, orientiert war, ist bekannt. Zu prüfen bleibt, wann und in welcher Intensität es sich aktiv dem Rhein zuwandte. Sicher ist jedenfalls, daß erst der Erwerb des Königshofes Koblenz 1018 und die Walram-Prekarie von 1052 die Grundlagen schaffen für die spätere territoriale Anbindung, die in verschiedenen Etappen zu Ende des 13. Jahrhunderts und dann durch die massive Erwerbspolitik vornehmlich zu Lasten des Reichsgutes durch Erzbischof Balduin in der 1. Hälfte des 14. Jahrhunderts vollzogen wurde. Diese spätmittelalterlichen Gegebenheiten dürfen den Blick nicht verstellen für die sicher ganz andere Konstellation des frühen und hohen Mittelalters.

Hier ist man nun geneigt, unter den gestaltenden Kräften an erster Stelle Köln zu nennen [21]. Die dichte Folge der Besitzungen rheinaufwärts von Linz über Andernach und Rhens bis Bacharach, wozu noch Güter Kölner Klöster und Stifte im Raum Boppard und die Siegburger Propstei Hirzenach zu nennen wären, Ambitionen nicht nur an der Ahr, sondern auch im Laacher Raum und in Klotten und schließlich der sicher alte

KUHN u. a.) und der Archäologie (grundlegend HARALD VON PETRIKOVITS, Das Fortleben römischer Städte an Rhein und Donau im frühen Mittelalter, und KURT BÖHNER, Die Frage der Kontinuität zwischen Altertum und Mittelalter im Spiegel der fränkischen Funde des Rheinlandes, beide in: Aus der Schatzkammer des antiken Trier. ²1959 S. 74–109; aber auch H. AMENT und H. EIDEN in dieser Veröffentlichung) zu verweisen. Für das Maifeld hat schon SCHUMACHER (3 S. 58) festgestellt, daß es »in anbetracht der milden und fruchtbaren Gegend ... eigentlich wenig fränkische Siedlungen (seien), was sich nur durch das Weiterbestehen der so zahlreichen romanischen Dörfchen erklärt«, und auch für den Vorderhunsrück hat er nur punktuelle, strategisch begründete Siedlungen der Franken vermutet (3 S. 323 f.). Sehr zurückhaltend zur Frage direkter Kontinuität ländlicher Siedlungen (im Gegensatz zu den Beobachtungen in den Städten) von der spätrömischen zur fränkischen Zeit votiert auch WALTER JANSSEN, Studien zur Wüstungsfrage im fränkischen Altsiedelland zwischen Rhein, Mosel und Eifelnordrand. 1975 (= Beihefte der Bonner Jbb. 35) bes. 1 S. 23, 25.

21) Über den Frühbesitz zusammenfassend EUGEN EWIG, Trier im Merowingerreich. 1954 (= Trierer Zs. 21. 1952) S. 175, 279 f.

arrondierte Besitz um Zeltingen-Rachtig an der Mittelmosel zeigten deutlich Köln als Machtfaktor an Mittelrhein und Untermosel. Dabei ist aber auch hier die zeitliche Einordnung des Erwerbs dieser Besitzungen zu beachten.

Weinbergsbesitz Bischofs Kunibert in Boppard ist zum Jahre 643 urkundlich gut bezeugt [22], und das Bonner St. Kassiusstift erhält 691 Besitz im rechtsrheinischen Braubach [23]. Aber die in der älteren Literatur vermutete Schenkung von Rhens und auch die des umfangreichen Bereiches um Bacharach durch König Dagobert I. an Bischof Kunibert bzw. an das Bistum Köln hat E. Wisplinghoff mit beachtlichen Gründen in Zweifel gestellt und erst dem 10. Jahrhundert zugewiesen [24]. Er hat neuerlich auch die Überlieferung über den Erwerb des Mittelmoselbesitzes um Zeltingen durch Bischof Kunibert einer kritischen Überprüfung unterzogen und ist zu dem Ergebnis gelangt, daß auch hier eher das späte 9. bzw. 10. Jahrhundert in Betracht zu kommen scheint [25]. Da die anderen genannten Besitzungen ohnehin erst nach der Jahrtausendwende an Köln kamen, wird man – abgesehen von dem offensichtlich nicht sehr umfangreichen Streubesitz im Bereich Boppard – den gewichtigen Kölner Einfluß an der Untermosel und am Mittelrhein auch im Gebiet südlich von Koblenz ebenso wie an der Mosel erst in die späte Karolinger-, eher aber noch in die Ottonenzeit zu datieren haben. Für eine missionarische oder gar seelsorgerliche Betreuung des Gebietes in nachrömischer Zeit scheidet Köln jedenfalls aus.

Und Mainz, das nach der klassischen Identität von römischer Verwaltungsorganisation und kirchlicher Sprengeleinteilung ohnehin zuständig wäre [25a]? Zunächst soll hier unterstrichen werden, daß Eugen Ewig – in Fortführung eines schon im 17. Jahrhundert von Christoph Brower gemachten Ansatzes [26] – überzeugend dargelegt hat, daß der in Kobern an der Untermosel in der Mitte des 4. Jahrhunderts wirkende Priester Lubentius zwar einerseits als Schüler des Trierer Bischofs Maximin bezeichnet werden kann, andererseits ihm aber nicht von Maximin der Seelsorge- bzw. Missionsbezirk an der damals ohne Zweifel noch zur römischen Provinz *Germania superior* gehörenden Untermosel zugewiesen wurde, sondern von dem in der Vita Maximini genannten Bi-

22) Friedrich Wilhelm Oediger, Die Regesten der Erzbischöfe von Köln 1. 1954 (Publ. Ges. Rhein. Geschichtskunde 21) Nr. 39 S. 22.

23) Dietrich Höroldt, Das Stift St. Cassius zu Bonn. 1957 (Bonner Gesch.Bll. 11) S. 318. Ewig, Trier (Anm. 21) S. 175, 280.

24) Erich Wisplinghoff, Kurköln am Mittelrhein. In: Zwischen Rhein und Mosel. Der Kreis St. Goar, hrsg. von F.-J. Heyen. 1966 S. 49–58.

25) Erich Wisplinghoff, Niederrheinischer Fernbesitz an der Mosel während des Mittelalters und der frühen Neuzeit. Jahrb. f. westdeutsche Landesgesch. 3. 1977 S. 61–88.

25a) Karl-Viktor Decker u. Wolfgang Selzer, Mogontiacum: Mainz von der Zeit des Augustus bis zum Ende der römischen Herrschaft. In: Aufstieg und Niedergang der römischen Welt, hrsg. von Hildegard Temporini u. Wolfgang Haase. 1976 S. 457–559, hier wenig S. 540. Gustav Behrens, Das frühchristliche und merowingische Mainz. 1950 (= Kulturgeschichtl. Wegweiser des Röm.-Germ. Zentralmuseums in Mainz 20).

26) Brower-Masen, Antiquitatum et Annalium Trevirensium Libri 25. Lüttich 1670 S. 233.

schof Martin von Mainz [27]. Es besteht also keine Veranlassung, an der ursprünglichen Zugehörigkeit des Gebietes des nördlichen Mittelrheins zu Mainz und d. h. an der ersten Christianisierung durch die Bischöfe von Mainz zu zweifeln.

Sicher ist aber auch, daß die Mainzer Kirche nach 451 zeitweise ohne Bischof war, und es ist selbstverständlich, daß auch im kirchlichen Bereich ein Herrschaftsanspruch nur so viel gilt, wie Vermögen und Macht verfügbar sind, ihn zu realisieren. Anderseits wird man aber natürlich auch fragen müssen, ob denn der – aus der späteren Entwicklung erkennbare – Gegenspieler, nämlich der Bischof von Trier, seinerseits in der Lage gewesen wäre, seinen Einfluß-, Seelsorge- und Missionsbereich so gewichtig auszuweiten? Mir scheint bei allem Respekt vor dem offensichtlichen Fortbestand der Trierer Kirche hier doch eher Skepsis geboten. Es gibt zwar ein wohl als zuverlässig anzuerkennendes Zeugnis über eine Missionstätigkeit der Trierer Kirche außerhalb ihres Diözesansprengels, nämlich die Nachricht Bedas über die Predigt des Bischofs Severus kurz nach seiner Ordination, und das wäre dann um 447/48, also noch vor dem Zusammenbruch in Mainz, in der *Germania prima* [28]. Aber selbst wenn man diese Nachricht auf unser Gebiet des nördlichen Mittelrheins bezieht – was nicht zwingend ist –, dann kann man darin wohl sicher nur eine »nachbarliche Hilfeleistung« sehen und nicht erstes Anzeichen eines Trierer Expansionsversuches [29]. Denn das hieße doch unterstellen, Severus habe damals schon den endgültigen Zusammenbruch römischer und kirchlicher Organisation in diesem Raum und die Möglichkeit einer Neuverteilung von Einfluß und Machtzonen vorausgesetzt. Mir scheint es da angebrachter, zunächst einmal von dem Zusammenbruch kirchlicher Organisationen auf diözesaner Ebene auszugehen und behutsam nach dem möglichen Zeitpunkt eines organisatorischen und auch missionarischen Neubeginns zu fragen.

Ich möchte da mit einem späten und vielleicht auch nur indirekt aussagefähigen Zeugnis einsetzen, nämlich mit dem Plan des Bonifatius vom Jahre 745 zur Errichtung einer rheinischen Kirchenprovinz mit Sitz in Köln und zugeordneten *civitates*, sprich

27) Ewig, Trier (Anm. 21) S. 33–37.

28) Eine ausführliche kritische Würdigung mit Zitat der Beda-Stelle bei Ewig, Trier (Anm. 21) S. 41 Anm. 150.

29) So Ewig, Trier (Anm. 21) S. 48, der anderseits dennoch »in der Nachricht Bedas das erste Indiz für eine Einbeziehung des Raumes Koblenz-Andernach in das Trierer Bistum« sehen möchte. Noch deutlicher meint Heinrich Büttner, Zum politischen Kräftespiel zwischen Mosel und Rhein im frühen Mittelalter, in: Lage und Raumbeziehungen der Gebiete um die mittlere Saar und der Nachbarlandschaften. Niederschrift über die Verhandlungen der Arbeitsgemeinschaft für westdeutsche Landes- und Volksforschung in Zweibrücken 1955, maschr. 1956 S. 9: »Das Bistum Trier, insbesondere ... unter Bischof Severus, missioniert etwa seit ca. 430 in der Germania prima, d. h. im Maifeldgau, um Koblenz, Andernach und dem engen Rheintal ... in der 2. Hälfte des 5. Jahrhunderts griff das Bistum Trier am Rhein auch nach Süden aus.« Hier wird doch wohl zu kühn aus sehr viel späteren Gegebenheiten in eine Zeit zurückgeschlossen, über die wir einfach nichts wissen. Vgl. auch die gleichgerichteten Ausführungen Ewigs in dieser Veröffentlichung.

Diözesen, in Utrecht, Tongern/Lüttich, Mainz, Worms und Speyer [30]. Daß dieser Plan trotz päpstlicher Sanktionierung nicht zustande kam, ist hier nicht zu erörtern. Wichtig ist in unserem Zusammenhang lediglich, daß in der Mitte des 8. Jahrhunderts doch offensichtlich davon ausgegangen wird, daß unser mittelrheinischer Raum (noch) zur *civitas* Mainz gehört, da andernfalls der doch wohl selbstverständliche räumliche Zusammenhang zwischen den Diözesen Köln und Mainz unterbrochen bzw. das Metropolitangebiet in zwei deutlich getrennte Teile aufgespalten wäre. Bekanntlich hat man wenig später den Papstbrief von 745 auf Mainz umgeschrieben und darin nun einen Mainzer Metropolitanverband von Utrecht bis Speyer beansprucht [31], was für unsere Fragestellung aber keine neuen Kriterien einbringt.

In diesen Organisationsplänen nur Theorien zu erblicken, ist wohl nicht angängig, zumal diese Konzeption doch auch erheblich von der spätrömischen Ordnung, an die die bonifatianische Reform anknüpfen wollte, abweicht, und zwar nicht nur durch die Einbeziehung von Köln nach Mainz oder umgekehrt, sondern ebenso durch die Ausklammerung von Straßburg, was im Blick auf die spätere Entwicklung hier wenigstens angemerkt sei. Man wird aus dieser Beobachtung doch den Schluß ziehen dürfen, daß in der Mitte des 8. Jahrhunderts eine Zuordnung des in Rede stehenden mittelrheinischen Raumes zwischen Andernach und Bacharach zur Diözese Trier rechtlich und wohl auch machtpolitisch zumindest noch nicht entschieden war und der unstreitig in der spätrömischen Organisation begründete Mainzer Anspruch auch realisierbar schien.

Wahrscheinlich darf man noch weiter gehen. Um 768/81 weiht Bischof Lul von Mainz im Beisein der Bischöfe von Speyer und Würzburg eine von der Abtei Prüm neu errichtete Kirche in St. Goar [32]. Die *cella* St. Goar war Abt Asver von Prüm im Jahre 765 von König Pippin übereignet worden. 782, sehr wahrscheinlich nach der Weihe des Neubaues der Kirche durch Lul von Mainz, erhob Bischof Weomad von Trier Ansprüche auf Kirche und Ort, konnte diese aber nicht ausreichend beweisen, so daß Karl der Große das Besitztum nun definitiv der Abtei Prüm übereignete. Die Kirchweihe durch Lul, und nur auf diese kommt es hier an, geht gewiß von Diözesanrechten des Mainzer Bischofs an diesem Ort aus. Ob Weomad von Trier auch dagegen protestierte und eigene Rechte anmeldete, erfahren wir nicht.

Aber ausgerechnet für diesen Ort wird in der um 839 von dem Prümer Mönch Wandelbert aufgezeichneten Vita s. Goaris berichtet, daß der in der Mitte bzw. noch in der

30) Vgl. den Brief von Papst Zacharias an Bonifatius vom 31. 10. 745 in: Briefe des Bonifatius, hrsg. von RHEINHOLD RAU. 1968 (= Freih. vom Stein-Gedächtnisausgabe Bd. 4b) S. 180 in Verbindung mit dem zum 4. 11. 751 verfälschten Brief S. 302. Allgemein THEODOR SCHIEFFER, Winfrid-Bonifatius. [1]1954 S. 230 ff.

31) Vgl. den zu 751 verfälschten Brief wie Anm. 30.

32) Zum folgenden Vita s. Goaris, ed. KRUSCH in MGH SS rer. Mer. 4 S. 402–423. Die Miracula ed. HOLDER-EGGER in MGH SS 15 S. 361–373. Das Scheitern Weomads, St. Goar an Trier zu ziehen, auch Gesta Treverorum, MGH SS 8 S. 163. Vgl. FRANZ-JOSEF HEYEN, St. Goar im frühen und hohen Mittelalter. Kurtrier. Jahrb. 1. 1961 S. 87–106 mit Lit.

1. Hälfte des 6. Jahrhunderts lebende Goar ausdrücklich mit Zustimmung des Trierer Bischofs Felitius/Fibitius hier am Rhein gelebt und gepredigt habe und – in einer in den Einzelheiten belanglosen Sache – auch das Visitationsrecht des Trierer Bischofs Rusticus anerkannt habe.

Die hier in einer zwar späten, aber wohl doch auf guten Quellen gründenden Überlieferung bezeugte Ausstrahlung Triers bis hin zum Rhein soll nicht angezweifelt werden. Es ist aber doch zu beachten, daß diese Ausübung bischöflich-diözesaner Rechte durch Trier wohl in einer Zeit erfolgte, als die Mainzer Kirche noch nicht wieder voll konsolidiert war. Angesichts der eindeutigen Demonstrierung Mainzer Ansprüche durch Lul im 8. Jahrhundert wird man zurückhaltend sein hinsichtlich der Intensität und mehr noch einer rechtlichen Fixierung dieses Ausgreifens Triers an den Rhein. Es dürfte eher angebracht sein, nur von einer frühen und vorübergehenden Aushilfe Triers zu sprechen.

Eine solche mehr auf die konkrete Situation abgestellte Interpretation ist um so notwendiger, als die Trierer Tradition auch von anderen Einsiedlern und Missionaren zu berichten weiß, die in Trier einen wie auch immer zu verstehenden Rückhalt fanden, obschon ihr Wirkungskreis außerhalb der Diözesangrenzen lag. Dies gilt für Ingbert und Wendelin zur Zeit des Trierer Bischofs Magnerich, also in der 2. Hälfte des 6. Jahrhunderts, im Gebiet der damals ohne Zweifel intakten und funktionsfähigen Diözese Metz an Saar und Blies und in der gleichen Zeit für Disibod im Mainzer Diözesanbereich an der Nahe [33]. Dazu paßt sehr gut das Bild Eugen Ewigs von einer Art »Missionsseminar« in Trier zur Zeit des großen Trierer Bischofs Nicetius (525/26–561/85) [34], wenn man – wie heute selbstverständlich – missionarische Tätigkeit nicht mit der Errichtung jurisdiktionell umschriebener Einflußzonen verknüpft. Es geht jedenfalls nicht an, dort ein auch jurisdiktionelles Ausgreifen zu konstatieren, wo sehr viel später tatsächlich Grenzverschiebungen stattfanden (nämlich an Mittelrhein und Untermosel), während in den anderen Räumen nur uneigennützige geistige Bande missionarischer Entwicklungshilfe gelten sollen [35].

Bischof Weomad, dem wir in St. Goar begegneten, und Bischof Magnerich führen uns aber auch noch an einen anderen Ort mit weit zurückreichender christlicher Tradition, nämlich nach Karden. Die Vita des hl. Kastor [36], deren ältere Teile noch im 9. Jahrhundert entstanden sein mögen [37], berichtet nämlich, daß Bischof Weomad

33) Vgl. dazu Ewig, Trier (Anm. 21) S. 108 f.

34) Vgl. den Beitrag in dieser Veröffentlichung.

35) Ewig, Trier (Anm. 21) S. 293, nennt Trier eine »Durchgangsstation für die Einsiedler und Missionare an Rhein und Nahe«. Der bedeutende Besitz des Bischofs von Trier und der Abtei St. Maximin im Nahe- und Wormsgau ist wohl jünger. Vgl. Ewig S. 295–98, 301, 308.

36) Acta Sanctorum Febr. 2 S. 662–666.

37) Vgl. Ferdinand Pauly, Siedlung und Pfarrorganisation im alten Erzbistum Trier. Das Landkapitel Kaimt-Zell. 1957 (= Rhein. Archiv 49) S. 70–86.

(753–791) nach der wunderbaren Wiederentdeckung des Grabes des hl. Kastor dessen Gebeine habe erheben und in eine dem hl. Paulinus geweihte Kirche überführen lassen. Von dort wurde dann im Jahre 836 ein Teil der Reliquien in die in Koblenz von Erzbischof Hetti neu erbaute, dem hl. Kastor selbst geweihte Kirche gebracht. Die Erhebung und die erste Translation in Karden habe Weomad in feierlicher Weise und in großer Begleitung vollzogen, und wir werden nicht fehlgehen, in diesem Akt eine Art *demonstratio Treverica* zu sehen, durch die gerade gegenüber der Kirchenweihe Bischof Luls in dem gar nicht so weit entfernten St. Goar der trierische Anspruch auf das Gebiet der Untermosel unmißverständlich dargelegt werden sollte. Die jüngsten Grabungen von Hans Eiden in Karden [38] haben die Fundamente dieser Paulinuskirche freigelegt und auch gezeigt, daß diese Kirche kaum älter ist und an dieser Stelle auch keinen Vorgängerbau hat, es sich also hier wie in St. Goar um eine Translation in einen Neubau handelt. Die Wahl des Patroziniums des hl. Paulinus, eines der berühmtesten Trierer Bischöfe aus der Mitte des 4. Jahrhunderts, kann unsere Deutung einer Trierischen Demonstration nur unterstreichen.

Damit sind die Fragen um Leben und Wirken des hl. Kastor in Karden freilich nicht beantwortet. Seine Vita berichtet nämlich auch, daß Kastor von Bischof Maximin von Trier (329–346), dem Vorgänger des Paulinus, zum Priester geweiht worden sei und sich dann in Karden in einer Zelle als Einsiedler niedergelassen habe. In hohem Alter sei er gestorben. Man habe seinen Leib in einer von ihm erbauten Marienkirche begraben. Eine – in der Überlieferung vielleicht ältere – Vita des hl. Potentinus schließlich berichtet [39], daß dieser mit seinen Söhnen Felicius und Simplicius zur gleichen Zeit aus Aquitanien nach Trier gekommen und diese drei von Bischof Maximin dem Kastor als Schüler und Jünger zugewiesen worden seien. Als auch diese in Karden starben, bestattete man sie in kleinen Kapellen *(ecclesiolae)*. Wie bei Kastor wurden ihre Gebeine später aufgefunden, in die St. Paulinuskirche überführt und von dort schließlich um 936 nach Steinfeld in der Eifel gebracht.

Viel läßt sich mit diesen Berichten nicht anfangen. Sie erzählen von einem Christentum in Karden in spätrömischer Zeit, und das wird auch durch Grabinschriften bestätigt. In dem seit der spätrömischen Zeit kontinuierlich belegten Grabfeld bei der St. Marien-Pfarrkirche außerhalb des Ortes fanden sich auch Mauerzüge eines saalartigen Baues, der ebenfalls noch spätrömisch sein könnte [40]. Wenig glaubwürdig ist aber die Verbindung zu Bischof Maximin von Trier, die ähnlich wie bei Lubentius in dem benachbarten Kobern eine Einflußnahme Triers in einer Zeit intakter römischer Verhältnisse in der Nachbardiözese beinhalten würde. Ob wir hier einer verfälschenden bzw. aus den

38) Hans Eiden, Ausgrabungen zur historischen Topographie von Cardena (Karden) 1965–1970 in: Ausgrabungen in Deutschland 1950–1975, Teil 2. 1975 S. 64–79. Ferner Ders. in: Zehn Jahre (Anm. 4) S. 77–81 und in dieser Veröffentlichung.

39) Acta Sanctorum Juni 3 S. 577 ff.

40) Eiden, Ausgrabungen (Anm. 38) S. 67.

späteren Ordnungen falsch rekonstruierenden trierischen Historiographie auf der Spur sind? Mehr als eine Frage wird vorerst nicht möglich sein, aber man wird diese Frage als solche doch mit Nachdruck stellen müssen [41].

Es muß aber auch unterstrichen werden, daß die von Hans Eiden im Kreuzgang der späteren Stiftskirchen zu Karden freigelegte Grabkammer keinesfalls in die spätrömische Zeit zurückreichen kann, sondern inmitten eines frühfränkischen Grabfeldes liegt [41a]. Wenn man in ihr die Grablage des hl. Kastor sehen will – wie es Hans Eiden vermutet –, stünde dieser archäologische Befund im Gegensatz zur schriftlichen Tradition, die von einer dann notwendigen ersten Translation aus der Marienkirche in diese Grabkammer nichts weiß.

Nun wird freilich in diesem Zusammenhang gerne eine Stelle aus der von Abt Eberwin um 1000 verfaßten Lebensbeschreibung des Trierer Bischofs Magnerich (561/85 bis nach 587) zitiert und auf Karden bezogen [42]. Es heißt da nämlich, Magnerich habe mehrere Kirchen zu Ehren des hl. Martin in seinem Bistum erbaut, darunter auch eine *in villa, que Cartadomus dicitur.* Diese *villa Cartadomus* möchte man nun mit Karden identifizieren. Andererseits wird in den wenig jüngeren, ebenfalls von Eberwin geschriebenen *Calamitates* der Trierer Abtei St. Martin berichtet, Erzbischof Ruotbert (936–56) habe der Abtei u. a. eine *ecclesia cum villa Cardiniacus dicta in ripa Moselle non longe hinc* (scl. *Treviris*) *posita* entzogen. Schon wegen der ausdrücklich genannten Nähe zu Trier wurde dieses *Cardiniacus* dann auch zutreffend mit einer Wüstung Kardeney (oder ähnlich) bei Neumagen/Klüsserath identifiziert [43]. Liegt es nicht nahe, auch das *Cartadomus* der Vita Magnerici des gleichen Eberwin hier zu suchen? Für eine Zugehörigkeit von Karden zur Diözese Trier im 6. Jahrhundert, wie sie die Vita für *Cartadomus* an-

41) Ewig, Trier (Anm. 21) S. 260, meint, daß er in der Kastorlegende »keinen historischen Kern (habe) erkennen können«.

41a) Vgl. Eiden wie Anm. 38.

42) Auf die Problematik dieser Identifizierungen kann hier nur in aller Kürze eingegangen werden. Vita Magnerici: Acta Sanctorum Juli 6 S. 183–192, Auszüge MGH SS 8 S. 208 ff. Vgl. Heinr. Volbert Sauerland, Trierer Geschichtsquellen des 11. Jahrhunderts. 1889 S. 41–45. – De calamitate s. Martini Trev.: Sauerland S. 46–52, MGH SS 15 S. 739–741. Vgl. auch Ernst Winheller, Die Lebensbeschreibungen der vorkarolingischen Bischöfe von Trier. 1935 (= Rhein. Archiv 27) S. 106–121. Für die Gleichsetzung von *Cartadomus* und *Cardiniacum* Sauerland S. 42 und 50, Winheller S. 109 und 115, Pauly, Siedlung 1 (Anm. 37) S. 80 und auch Pauly, Siedlung und Pfarrorganisation im alten Erzbistum Trier. Zusammenfassung und Ergebnisse. 1976 (= Veröff. der Landesarchivverwaltung Rheinland-Pfalz 25) S. 397 f. Gewisse Zweifel äußerte schon Armin Tille, Die Benediktinerabtei St. Martin bei Trier. 1900 (= Trier. Archiv 4) S. 34.

43) Ewig, Trier (Anm. 21) S. 249. Übernommen von Wolfgang Jungandreas, Histor. Lexikon der Siedlungs- und Flurnamen des Mosellandes. 1962 S. 164. Nicht beachtet von Pauly, Zusammenfassung (Anm. 42) S. 397 f.

gibt, fehlen Beweise, eine St. Martinskirche in Karden ist anderweitig nicht bezeugt und auch der jetzt vorliegende archäologische Befund läßt neben der spätrömischen Marienkirche und der in der 2. Hälfte des 8. Jahrhunderts erbauten Paulinuskirche keinen Raum für eine weitere Kirche des 6. Jahrhunderts. Wir werden daher sicher gut tun, auf dieses vermeintliche Zeugnis für ein Ausgreifen Triers über die römische Provinzgrenze hinaus als nicht beweiskräftig zu verzichten [44].

Problematisch ist auch die Überlieferung für eine andere Martinskirche, die der in der 1. Hälfte des 7. Jahrhunderts (614/25–647/49) lebende Bischof Modoald in dem am Südrand des Maifeldes gelegenen Münstermaifeld gegründet haben soll, wo im übrigen (ähnlich wie in Karden) später ein von dem Seelsorgezentrum einer Großpfarrei ausgehendes Stift bestanden hat. Hier ist wenigstens das Patrozinium zutreffend. Andererseits aber reicht auch diese Tradition über eine Verbindung zu Bischof Modoald nicht über das 11. Jahrhundert zurück und muß vielleicht im Zusammenhang gesehen werden mit der phantasievollen, aber darum noch nicht glaubhaften Erfindung einer Verwandtschaft zwischen Modoald und Itta/Iduberga, der Gemahlin Pippins des Älteren, in der um 1107/1112 von Abt Stephan von Lüttich auf Bestellung geschriebenen Vita s. Modoaldi [45]. Bischof Modoald soll auch in Andernach das Frauenkloster St. Marien (St. Thomas) gegründet haben, doch ist auch diese Nachricht erst in einer Fundationsnotiz des 12. Jahrhunderts überliefert, wobei hier zudem eine Mitwirkung Dagoberts berichtet wird. Aus diesen Zeugnissen ein jurisdiktionelles Ausgreifen des Bischofs von Trier an den Rhein – und nur darauf kommt es hier an, nicht um gelegentliche Mitwirkung – zu erschließen, scheint mir doch sehr problematisch.

Doch kehren wir noch einmal kurz nach Karden bzw. zu Kastor zurück. Seine nach den Angaben der Vita in der Marienkirche bestatteten Gebeine wurden, wie schon gesagt, unter Bischof Weomad zu Ende des 8. Jahrhunderts wieder aufgefunden, erhoben und in die neu erbaute St. Paulinuskirche überführt. Ein Teil dieser Gebeine wurde dann 836 von Bischof Hetti in die wahrscheinlich mit Unterstützung Ludwigs des Frommen in Koblenz neu errichtete Kirche gebracht, die auch diesem Heiligen als Erstpatron geweiht wurde [46]. In der gleichen Zeit konnte Hetti die neu errichtete Kirche in dem unweit Koblenz rechtsrheinisch gelegenen Vallendar einweihen, wozu immerhin Einhard Reliquien der Heiligen Marcellinus und Petrus beisteuerte [47]. Ebenfalls in diesen Jahren, jedenfalls noch vor 841 überführte der gleiche Hetti schließlich die Reliquien des hl. Lu-

44) Ewig, Trier (Anm. 21) S. 108.

45) Die Vita Modoaldi in Acta Sanctorum Mai 3 S. 55. Gesta Trev. in MGH SS 8. Vgl. Ewig, Trier (Anm. 21) S. 118 f. und Matthias Werner, Zur Verwandtschaft des Bischofs Modoald von Trier. Jahrb. f. westdeutsche Landesgesch. 4. 1978 S. 1–35.

46) Adam Goerz, Mittelrheinische Regesten 1. 1876 Nr. 508 S. 146.

47) Goerz (Anm. 46) Nr. 521 S. 149.

bentius von Kobern in das an der Lahn unweit Limburg gelegene Dietkirchen; hier entstand dann bekanntlich das rechtsrheinische geistliche Zentrum Triers [48].

Heinrich Büttner hat dieses Ausgreifen Triers über den Rhein hinaus in den Westerwald und lahnaufwärts eingehend geschildert [49]. Er hat es so verstanden, daß die Anfänge dieser trierischen missionarischen und kirchenpolitischen Expansion in die Zeit Bischof Milos (715–753) zu datieren seien und Trier letztlich durch Mainz an einem weiteren Vordringen nach Osten gehindert worden sei. Damit sollte aber – wohlverstanden – über die in der Forschung umstrittenen und zum Teil noch in das 6. Jahrhundert datierten Anfänge einer Christianisierung des Lahngebietes um Limburg natürlich nichts gesagt sein. Beachtet man aber, daß Trier u. E. erst im frühen 8. Jahrhundert seine Position am Mittelrhein endgültig festigen konnte, bzw. daß diese noch unter Bonifatius, dem Gegenspieler Milos, und Lul – vielleicht in Anknüpfung an die spätantike Gleichstellung von *civitas* und Diözese – in Frage gestellt werden konnte, dann ist das Ausgreifen über den Rhein hinaus, das u. U. wohl auch noch etwas später in die 2. Hälfte des 8. Jahrhunderts datiert werden muß, wohl doch ein beachtlicher Erfolg.

Unter diesen Aspekten könnte dann selbst die Nachricht über die Eingriffe Milos in Kirchen bei Koblenz (St. Beatus) und Andernach (St. Stephan-St. Thomas) anders verstanden werden, wenn es hier auch nicht darum gehen kann, Milo und seinesgleichen reinwaschen zu wollen [50]. Die Motive seiner Handlungen könnten aber im Kontext einer Ausdehnung oder Konsolidierung der triererischen Einflußphäre in ein von Mainz beanspruchtes Gebiet eine andere Akzentuierung erhalten und auch Mainzer Positionen erkennbar machen, von denen bisher nichts oder nur wenig bekannt ist.

Auf der anderen Seite sind nämlich in diesem Zusammenhang Mainzer Aktivitäten und Einflüsse zu nennen, wie verschiedene Stiftungen im Raum Koblenz-Boppard in den 50er Jahren des 8. Jahrhunderts an Fulda [51] und die bedeutende Schenkung von Kirchen und Besitz zu Rübenach, Güls, Memesfeld (?) und Andernach durch Karl den Großen im Jahre 775 auf Bitten Luls an dessen Kloster Hersfeld [52]. Offensichtlich umfangreicher Besitz des St. Stephanstiftes in Mainz ist im Mayengau und im Hunsrück bezeugt [53], von dem Ewig zwar eine Beziehung zum Mainzer *episcopium* für unwahr-

48) Die Problematik der Lubentius-Tradition kann hier nicht aufgerollt werden. Vgl. Wolf Heino Struck, Quellen zur Geschichte der Klöster und Stifte im Gebiet der mittleren Lahn 2. 1959 (= Veröff. Hist. Komm. Nassau 12) S. 1–7. Hans Becker, St. Lubentius und Dietkirchen im Lichte neuer Forschungen und Arbeiten. Festschrift für Alois Thomas. 1967 S. 13–30 mit Lit. Lorenz Müller, St. Lubentius und Dietkirchen an der Lahn. 1969.

49) Heinrich Büttner, Die politische und kirchliche Erfassung von Siegerland und Westerwald im frühen Mittelalter. Hess. Jahrb. f. Landesgesch. 5. 1955 S. 4–48.

50) Eugen Ewig, Milo et eiusmodi similes. St. Bonifatius-Festschrift. ^{2}1954 S. 412–440.

51) Belege bei Ewig, Trier (Anm. 21) S. 178 Anm. 73.

52) Goerz (Anm. 46) Nr. 242 S. 85.

53) Heinrich Beyer, Urkundenbuch zur Geschichte der ... mittelrheinischen Territorien 1. 1860 Nr. 407 S. 466. Ewig, Trier (Anm. 21) S. 271. Alois Gerlich, Das Stift St. Stephan zu Mainz. Phil. Diss. Mainz 1949, maschr.

scheinlich hält [54], der aber doch so gewichtig ist, daß eine erneute Aufarbeitung auch unter dem Aspekt Mainzer Patrozinien wie Alban und auch Martin notwendig scheint. Bei der statistischen Aufarbeitung der älteren Patrozinien hat Pauly schon mit Erstaunen registriert, daß das Trierer Petruspatrozinium in dem hier einschlägigen Landkapitel Ochtendung, d. h. in dem Dreieck zwischen Untermosel und Rhein, bei Pfarrkirchen völlig fehlt [55], ohne aber an dessen Stelle einen doch immerhin möglichen Mainzer Einfluß, der für Gangolf und Alban zugestanden wird [56], in den nicht seltenen Martinkirchen zu sehen. Anderseits muß freilich auch notiert werden, daß Petrus Patron der Pfarrkirchen von Boppard und Bacharach ist, der Argumentation mit Leitpatrozinien also nur eine akzessorische Bedeutung zugebilligt werden kann.

Jedenfalls darf als Fazit dieser Überlegungen festgehalten werden, daß es um das postulierte frühe Ausgreifen Triers über die römische Provinzgrenze hinaus an den Rhein doch wohl etwas anders bestellt war, als die jüngeren und wahrscheinlich von administrativen Änderungen des 8. Jahrhunderts nicht unbeeinflußten Quellen berichten oder auch nur zu berichten scheinen. Für die noch in spätrömische Zeit zurückreichenden Christengemeinden in Kobern (Lubentius) und Karden sind ältere Beziehungen zu Trier nicht gesichert, die Gründungen Modoalds in Münstermaifeld und Andernach sind in späten und nicht unproblematischen Quellen überliefert und können wohl kaum als Nachweis bischöflich trierischer Aktivitäten gelten. So bleiben ein missionarisches Wirken von Bischof Severus in der Mitte des 5. Jahrhunderts in der *Germania prima,* ohne daß ein Bezug zum Mittelrhein direkt gegeben wäre, und die Beziehungen zu Goar in der 1. Hälfte des 6. Jahrhunderts, die aber nicht isoliert, sondern im Kontext zu ähnlichen Bindungen zu Ingbert, Wendelin und Disibod gesehen werden sollten.

Erst aus der 2. Hälfte des 8. Jahrhunderts kennen wir eindeutig administrative Akte Trierer Bischöfe an Untermosel und Mittelrhein, denen aber ähnliche Aktivitäten von Mainz zur Seite stehen.

Das aber läßt die Frage stellen nach der tragenden Kraft in diesem Raum v o r dieser Zeit. Ohne Zweifel sind dies die Fiskalgüter, deren geschlossene Kette rheinab von Bacharach über Oberwesel, St. Goar, Boppard, Koblenz, Engers bis Andernach reichte und an der Mosel mit den Zentren für die weit in Eifel und Hunsrück hineinreichenden Einflußzonen in Eller-Klotten und in dem in seiner frühmittelalterlichen Bedeutung bisher weit unterschätzten Kobern [57] nicht weniger gewichtig war. Für das Maifeld ist es bisher nicht gelungen, den fiskalischen Vorort eindeutig zu bestimmen [58]. Es kann hier

54) Ewig, Trier (Anm. 21) S. 272.

55) Ferdinand Pauly, Siedlung und Pfarrorganisation im alten Erzbistum Trier. Die Landkapitel Piesport, Boppard und Ochtendung. 1961 (= Veröff. des Bistumsarchivs Trier 6) S. 233 und Zusammenfassung (Anm. 42) S. 115.

56) Pauly, Ochtendung (Anm. 55) S. 234.

57) Vgl. dazu die Kurzbeiträge in dieser Veröffentlichung.

58) Zu denken ist neben Polch auch an Mendig.

auch nicht darum gehen, diese Fisci näher zu beschreiben [59]. Aber selbstverständlich haben wir uns darunter im frühen Mittelalter nicht etwa arrondierte Kleinterritorien vorzustellen. Vielmehr geht von den auch nicht großen Vororten eine langsame, wenn auch stetige Erschließung des Umlandes aus. Dazwischen gab es auch eingestreuten Besitz des Adels und – meist auf königliche Vergabungen zurückgehend – der Kirche. Aber es ist doch augenscheinlich, daß die dominierende Kraft der König ist [60].

Dies mag auch mit ein Grund dafür sein, daß die Gau-Organisation nur wenig klar hervortritt und für unsere Fragestellung von untergeordneter Bedeutung bleibt. Wahrscheinlich bildete das ganze linksrheinische Gebiet zunächst nur einen Gau, der nach Mayen benannt, dessen Vorort aber offensichtlich Ochtendung war. Der spät und selten bezeugte Trechirgau im südlichen Dreieck zwischen Mosel und Rhein ist wohl erst sekundär von diesem Mayengau abgetrennt worden [61].

Diese ausgeprägte Königslandschaft tritt in den Quellen kaum hervor, wenn auch immerhin verschiedene Aufenthalte von Merowingerkönigen in Koblenz und Andernach urkundlich bezeugt sind und Venantius Fortunatus uns die *palatii* in Kobern und Andernach schildert [62]. Aber auch die zuverlässig bezeugten Schenkungen Childeberts II. (575–595) an Verdun sollten genannt sein [63].

Die Archäologie – und nicht die schriftliche Tradition – hat die Kontinuität der Besiedlung längst und zuletzt eindrucksvoll in Boppard herausgestellt und dabei vom ersten Nebeneinander ein wachsendes Miteinander und endlich eine Verschmelzung zwischen der keltisch-römischen Alt-Bevölkerung und den zuwandernden Franken festgestellt. Dabei ist selbstverständlich vielerlei tradiert worden, vom Weinanbau im Mosel- und Rheintal bis zur Mayener Töpferei oder dem Abbau und Fernhandel von Steinmaterial im Hinterland von Andernach. Und dennoch werden wir zunächst einen ein-

59) Helene Wieruszowski, Reichsbesitz und Reichsrechte im Rheinland. Bonner Jahrb. 131. 1926 S. 114–153. Pauly, Zusammenfassung (Anm. 42) S. 336–357. Ewig, Trier (Anm. 21) S. 175.

60) Ewig, Trier (Anm. 21) S. 128, nennt den fränkischen Adel im Mayengau, doch fehlt noch eine nähere zeitliche Fixierung.

61) Vgl. Ewig, Trier (Anm. 21) S. 275 f. Vorort des Trechirgaues war das 820 genannte Trigorium, das bisher nicht sicher identifiziert ist, aber wohl in der Nähe von Kastellaun zu suchen sein mag. Schumacher (Anm. 3) 3 S. 52, 306 denkt an eine Ableitung des Namens von den rechtsrheinisch wohnenden Tenkterern (Tencteri, Tecteri, Trecteri) und verweist auf das namenverwandte Trechtingshausen.

62) Childebert II. hielt sich 585 in Koblenz auf und empfing im dortigen *castrum* eine Gesandtschaft König Guntrams, worüber Gregor von Tours als Augenzeuge berichtet: Histor. Franc. Buch 8 Kap. 13 u. 14 (Freih. vom Stein-Gedächtnisausgabe Bd. 2 S. 174–176). 595 hielt Childebert die übliche Märzversammlung bei Andernach (vgl. Goerz, Mittelrheinische Regesten 1. 1876 S. 15 Nr. 43). Weitere Nachweise bei Goerz. Ven. Fortunatus in MGH Auct. Ant. 4.1 S. 243; C. Hosius, Die Moselgedichte des D. M. Ausonius und des V. Fortunatus. 1926.

63) Paul Egon Hübinger, Die weltlichen Beziehungen der Kirche von Verdun zu den Rheinlanden. 1935 (= Rhein. Archiv 28) S. 4–10; hier namentlich Müden an der Untermosel.

schneidenden Rückgang der Besiedlung weniger in den Tälern, als im Maifeld anzunehmen haben. Hier dürfte die Bodenforschung noch mancherlei namentlich über die spätrömische Zeit zu klären haben. Auffallend ist jedenfalls, daß trotz der wohl auch im Maifeld für die Römerzeit vorauszusetzenden und wenigstens teilweise bis in die Gegenwart fortdauernden Einhof-Siedlung bisher noch in keinem Falle eine Siedlungskontinuität hat nachgewiesen werden können. Die Aufgabe der landwirtschaftlich genutzten Flächen in diesem Raum hatte augenscheinlich doch ein viel größeres Ausmaß, als dies bei der eindeutigen Siedlungskontinuität in den Talsiedlungen zunächst scheinen mochte.

So bleibt in der Rückschau ein diffuses Bild dieses immerhin auch rund 400 Jahre umfassenden Zeitabschnittes. Wir sehen eine Landschaft, die im Windschatten der politischen Ereignisse blieb. Sie lag zunächst unmittelbar an der Grenze und war gut befestigt, hatte aber dennoch offensichtlich nicht wesentlich unter zerstörenden Kämpfen zu leiden, sondern wurde um- und hintergangen, von den Seiten aufgerollt und aufgegeben. So konnte vieles weiterbestehen, bewahrt und tradiert werden. Man ist geneigt, von einer ausgesprochenen Kontinuitätslandschaft zu sprechen.

Der klassische Kontinuitätsträger aber fiel aus: die Kirche. Jedenfalls in ihrer Bistumsorganisation. An deren Stelle trat m. E. eine Kontinuität fiskalischer Verwaltung, wenn ich das einmal so bezeichnen darf. Wir werden uns diese sicherlich kleinräumig organisierte Verwaltung zunächst sehr pragmatisch auf die Bewältigung des Alltags orientiert vorzustellen haben, aber darum auch kaum spezialisiert, sondern umfassend, um nicht zu sagen total. Das schließt wohl auch, weil die ordentliche Bischofskirche zeitweise ausgefallen war, die Kirchenverwaltung ein, wobei aber nicht ausgeschlossen sein soll, daß Trier vorübergehend mit Priestern aushalf. Es ist ja bemerkenswert, daß keiner der lokalen Heiligen als Missionar bezeichnet wird. Kastor und Potentinus, Lubentius und Goar werden vielmehr als Priester und Einsiedler bezeichnet, die nicht die Lehre des Christentums in den von ihnen als Aufenthaltsort gewählten Orten neu verkündeten, sondern die diese Lehre in einer der christlichen Umwelt vorbildhaften, asketischen Weise lebten und deshalb als Heilige verehrt wurden. Und was die kirchliche Organisation und die kanonisch unentbehrliche bischöfliche Weihefunktion betrifft, so wird man wohl auch an die Wanderbischöfe zu denken haben.

Die tragende Kraft aber war der König. Die trotz aller Lücken noch bessere, aber auch meist jüngere kirchliche Überlieferung weiß von dieser anderen Ordnungsmacht kaum zu berichten. Man wird dabei in unserer konkreten Fragestellung nach Fortleben oder Neubeginn auch sicher weniger an eine Kontinuität zentraler oder auch nur großregionaler Organisationsformen zu denken haben. Aber dennoch scheint mir in der Person des Königs und in seinen Aufgaben ein übergreifender Zusammenhang gegeben, der allmählich – nicht zuletzt durch Landausbau – erweitert und vertieft wurde und hier am nördlichen Mittelrhein eine verdichtete Königslandschaft entstehen ließ, die seit der Karolinger- und Ottonenzeit deutlich greifbar ist und erst zu Anfang des 14. Jahrhunderts zerfiel.

Die Ergebnisse der Ausgrabungen im spätrömischen Kastell Bodobrica (=Boppard) und im Vicus Cardena (=Karden)

VON HANS EIDEN

An zwei ausgewählten Beispielen soll im folgenden versucht werden, aus archäologischer Sicht zu dem Ablauf der Besiedlung in spätantiker und frühmittelalterlicher Zeit im Raum des nördlichen Mittelrheins und der unteren Mosel beizusteuern. In beiden Fällen handelt es sich um die Ergebnisse umfangreicher Grabungen neueren Datums, die sich über mehrere Jahre hinzogen. Die Feldarbeit war zwar durch die Belange der archäologischen Denkmalpflege vorgegeben und jeweils zeitgebunden. Jedoch konnte den besondernen Fragestellungen, die, wie allgemein üblich, während der Grabungsarbeit auftauchten, ohne allzu großen Zeitdruck weitgehend nachgegangen werden. Beide Untersuchungen wurden durch die Deutsche Forschungsgemeinschaft verständnisvoll gefördert.

Die Platz- und Objektwahl ist geeignet, aktuelle Probleme der Siedlungskonstanz von der Spätantike zum frühen Mittelalter von zwei verschiedenen Ausgangspositionen her zu beleuchten. Bei Boppard handelt es sich um ein Kastell der römischen Spätzeit an der auf den Rhein zurückgenommenen Reichsgrenze und bei Karden an der Untermosel um eine offene Straßensiedlung des Hinterlandes ohne erkennbaren militärischen Bezug. Nicht von ungefähr traten in beiden Fällen die archäologischen Befunde im Untergrund christlicher Kultbauten des Mittelalters zutage. Um die vielfältigen Möglichkeiten, aber auch die Grenzen sichtbar erscheinen zu lassen, denen der Ausgräber von der Sache her gegenüber steht, soll hier in stärkerem Maße als allgemein üblich auch auf die Arbeitsmethode und den Ablauf der Untersuchungen eingegangen werden.

BOPPARD

Das Kastell und seine Therme

Das heutige Rheinstädtchen Boppard, rund 20 km stromaufwärts von Koblenz, ist bereits vor über hundert Jahren gleichgesetzt worden mit dem in den antiken Itinerarien an der linksufrigen römischen Rheintalstraße zwischen Bingen und Koblenz verzeichneten Ort *Boudobriga* [1], acht Leugen stromaufwärts von *Confluentes* (Koblenz). Zwar

1) Die keltische Namensform wird *Boudobriga* lauten. A. Holder, Alt-celtischer Sprachschatz 1 (1896) 498 s. v.; sie ist verschieden überliefert. Meilenzeiger von Tongern *(Bo)udobriga*; Itin. Ant. 254 *Boudobrica, Baudobrica, Bondobrica;* Tab. Peut. *Bontobrice;* Not. Dign. occ. 41 *Bodobrica*: Geogr. Rav. *Bodorecas.*

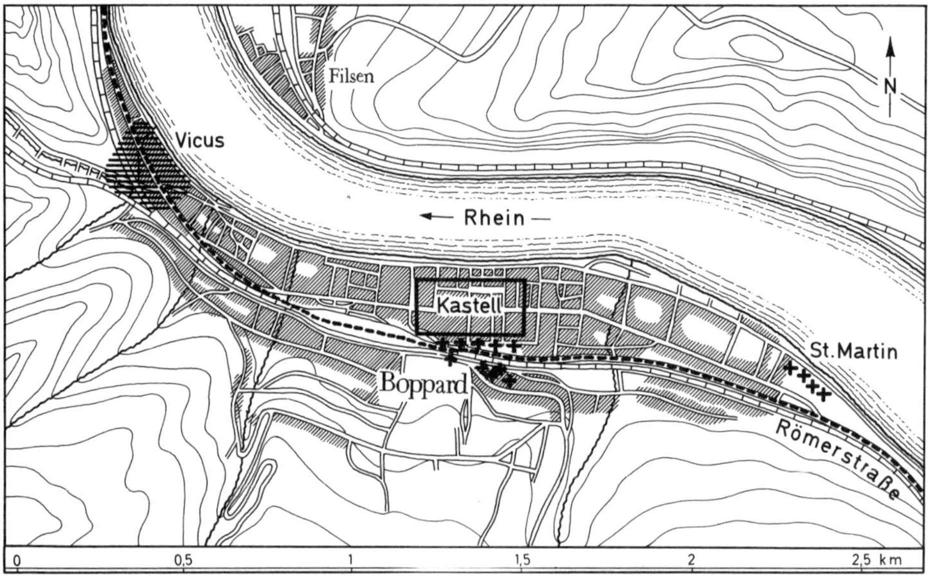

Abb. 1 Boppard. Fundsituation im Nahbereich der römischen Siedlung.

sind einschlägige Bodenfunde bislang nicht bekannt geworden, doch dürften an dem vorrömischen Ursprung des Ortes aufgrund des Namens und aus topographischen Gründen kaum Zweifel bestehen. Für die römische Zeit jedenfalls ist eine offene Straßensiedlung *(vicus)* im Nordwesten des heutigen Boppard an der Rheintalstraße, gut 1 km vom Stadtkern entfernt in einer typischen Talmündungslage auf dem Schwemmkegel des Mühlenbaches durch Kleinhausbauten mit Funden des 1. bis 3. Jahrhunderts, darunter die Tonstatuette einer reitenden Epona mit vorzüglich erhaltener Bemalung, in den letzten Jahren nachgewiesen worden (Abb. 1). Die römische Spätzeit ist bisher nicht vertreten. Jedoch sind die bisher bei Kanalisationsarbeiten und Bauausschachtungen in der Hauptsache angeschnittenen Befunde zu gering, um daraus für das Ende des Vicus ein abschließendes Urteil abgeben zu können.

Das spätrömische Kastell *Bodobrica* [2)], das im Mainzer Dukat mit *milites balistarii* als Besatzung durch die Notitia dignitatum bezeugt ist, liegt rund 1 km rheinaufwärts im Stadtkern des heutigen Boppard auf leicht zum Strom hin abfallendem, hochwasserfreiem Gelände in unmittelbarer Flußnähe. Der Bereich des Kastells ist kontinuierlich bis heute Siedlungskern geblieben (Abb. 2).

Die Umfassungsmauern sind stellenweise noch bis 9 m hoch erhalten. Boppard hat die am besten erhaltenen Festungsmauern aus der Römerzeit, die wir auf deutschem Boden kennen. Eine steingerechte Bauaufnahme wurde in den Jahren 1959 bis 1962 durch-

2) So die Benennung des Kastells in der Notitia dignitatum occ. 41, 23.

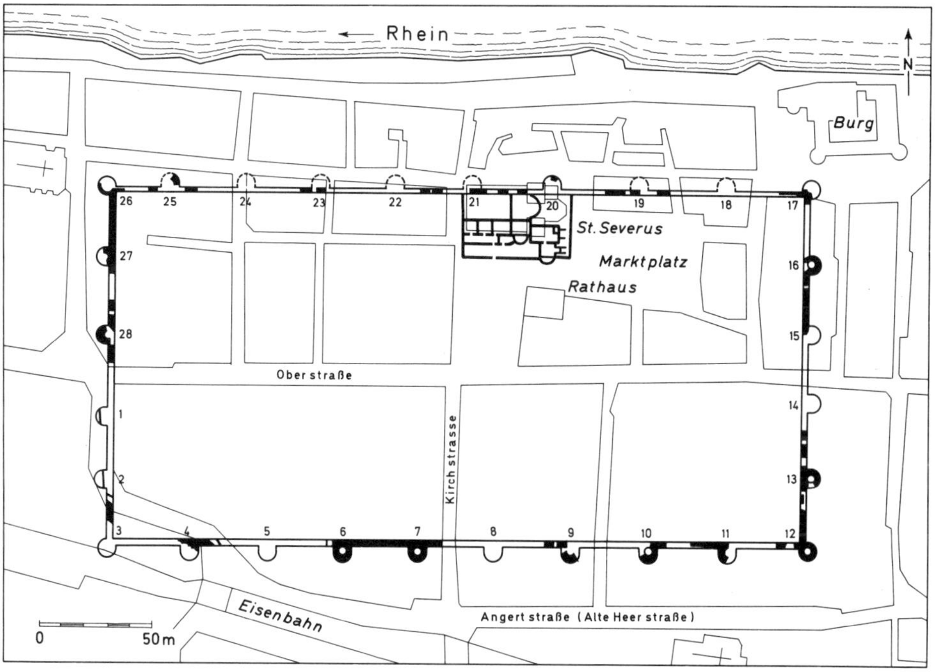

Abb. 2 Boppard. Plan des spätrömischen Kastells *Bodobrica*. Stand 1976.

geführt und von G. Stein veröffentlicht[3]. Die mit 28 Rundtürmen in regelmäßigem Abstand von 27 m ausgestattete Wehrmauer mit einer Mauerstärke von 3 m (an der Rheinfront 2 m) umschließt ein Rechteck von 308 x 154 m mit 4,6 ha Flächeninhalt. Bis ins 12. Jahrhundert diente der römische Mauerring als geschlossene Stadtbefestigung. Dann erfolgte zunächst eine Ausweitung des Wohngebietes zum Rhein hin, verbunden mit einer Niederlegung der Rheinfront der römischen Festungsmauer. Im 14. Jahrhundert zog Balduin von Luxemburg, der neue Stadtherr, einen Mauerring um die an der Ost- und Westseite vor dem Kastell entstandenen Siedlungen unter Beibehaltung des verteidigungsmäßigen Zustandes der römischen Kastellmauer, die nunmehr gegen Osten und Westen einen inneren Verteidigungsring bildete. Die Südmauer des Römerkastells hingegen bildete das ganze Mittelalter hindurch als Stadtmauer den Abschluß des ummauerten Areals nach der Bergseite hin (Abb. 9). Diese Entwicklung hat das Äußere der römischen Festungsmauer zwar weitgehend verändert; das antike Gußmauerwerk im Kern ist jedoch noch gut erhalten.

3) G. Stein, Bauaufnahmen der römischen Befestigung von Boppard. Saalburg-Jahrb. 23, 1966, 106 ff.

Eigentliche Torbauten hat das Kastell offensichtlich nicht besessen. Einfache Zugänge mit verstärkten Mauerköpfen, wie wir sie aus den benachbarten Kastellen am späten Rheinlimes (Koblenz, Andernach, Remagen [4]) kennen, werden wohl vorhanden gewesen sein. Ihre Lage ist unbekannt. Die in der Ostwestachse das Kastell durchquerende Fernstraße Mainz–Koblenz (im Zuge der heutigen Oberstraße) ist mittelalterlichen Ursprungs, ebenso der in der Nordsüdachse verlaufende durchgehende Straßenzug Westfront Severuskirche–Kirchstraße (Abb. 2). In der Südmauer des Kastells ist ein schmaler Durchlaß (Mauerpförtchen) nachgewiesen. Bei der Rheinfront dürfte ein Zugang zum Fluß nicht gefehlt haben. Im Grabungsabschnitt der Festungsmauer, wo man ihn am ehesten erwarten sollte, wurde allerdings kein Hinweis gefunden.

Die Römerstraße führte im Zuge der alten Heerstraße ähnlich wie in Remagen südlich am Kastell vorbei. Dieses lag somit als geschlossene Festung zwischen ihr und dem Rhein [5]. Einen Hinweis auf den, wie bei Kastellen der Spätzeit allgemein üblich, weit vorgelagerten Festungsgraben gibt für ein Teilstück der Westmauer eine Geometer-Aufnahme aus dem Jahre 1786 im Bereich der »Brüder Grabens Straß«, heute Karmeliterstraße [6].

Die Voraussetzung zur Durchführung großflächiger Grabungen ergab sich, als im Jahre 1963 die am Markt von Boppard unmittelbar an der Nordmauer des Kastells gelegene Severuskirche zur Vornahme umfangreicher Restaurierungsarbeiten geschlossen werden mußte. Hier konnte man am ehesten Teile der bis dahin unbekannten Innenbauten des Kastells erwarten. Zudem war hier im Untergrund der romanischen Kirche die Möglichkeit gegeben, nach dem Kultbau der durch zahlreiche Grabinschriften bezeugten frühen Christengemeinde zu forschen [7]. Die später auf den Markt von Boppard ausgedehnten Grabungsarbeiten wurden im Jahre 1966 abgeschlossen [8] (Taf. 17,1).

4) H. Lehner, Bonner Jahrb. 107, 1901, 18 ff. (Andernach) u. ebd. 114/15, 1906, 204 ff. (Remagen). Zu Remagen vgl. jetzt auch den durch neuere Grabungen ergänzten Plan bei Bogaers-Rüger (Hrsg.), Der niederrheinische Limes (1974) 210. Für Koblenz liegen neuere, noch unveröffentlichte Beobachtungen vor. – In einem größeren Zusammenhang hat das Kastell Boppard und die durch die Grabungen aufgeworfenen Datierungsfragen unlängst behandelt H. v. Petrikovits, Fortifications in the north-western Roman empire from the third to the fifth centuries A. D. Journal of Rom. Stud. 61, 1971, 178 ff. – Ders., jetzt auch in: F. Petri und G. Troege (Hrsg.), Rheinische Geschichte (1978) Bd. 1,1 (Altertum) passim.

5) Natürlich muß das Kastell sowohl auf der Flußseite als auch von der Fernstraße her für den Waren- und Personenverkehr breite Einlaßmöglichkeiten gehabt haben. Der Hauptzug der römischen Fernstraße durchquerte jedenfalls das Kastell nicht.

6) Aufbewahrt im Bopparder Rathaus. Aufnahme der Kastellmauer beim Eltzer Hof durch den vereidigten Geometer J. Dillbecker. Abgebildet Saalburg-Jahrb. 23, 1966, 123 Abb. 8.

7) Die Bopparder Inschriften sind kürzlich zusammenfassend behandelt worden von W. Boppert, Die frühchristlichen Inschriften des Mittelrheingebietes (1971) 123 ff.

8) Der Kirchenvorstand von St. Severus und die Stadtverwaltung Boppard haben die Feldarbeiten großzügig unterstützt und dabei vielerlei Beschwernisse in Kauf genommen. Die grundlegende Beschreibung und zeitliche Einordnung des Kastells ist bereits vor mehr als 100 Jahren durch

Der etwa 50 x 35 m umfassende Baukomplex ist, wie der Grundriß (Abb. 3) zeigt, an die rheinseitige Kastellmauer angebaut. Die Abwässer werden in einem besonderen Kanal (K) gesammelt und durch die Festungsmauer dem Fluß zugeleitet. Es hat sich nachweisen lassen, daß der Mauerdurchlaß gleichzeitig mit dem Bau der Kastellmauer geplant und ausgeführt wurde. Wir können daher davon ausgehen, daß die Therme gleichzeitig mit der Erbauung des Kastells errichtet wurde, und zwar auf bis dahin unbebautem Gelände; es sind weder ältere Mauerzüge noch entsprechende Kleinfunde zutage gekommen.

Der Baukörper war eingebunden in die Bebauung entlang der Nordsüdachse des Kastells. Braunroter Außenputz auf dem aus schiefriger Grauwacke bestehenden Mauerwerk, Fensterverglasung und Ziegelbedachung wurden festgestellt. Dem stark gegliederten Baukomplex ist im Süden eine Freifläche und im Osten ein Wirtschaftshof vorgelagert. Das Ganze ist von einer Umfassungsmauer umgeben. Einen Gesamteindruck versucht der Rekonstruktionsversuch [9] zu vermitteln (Abb. 4). Die Gebäudefront lag im Süden. Durch einen korridorartigen Vorbau (R VIII) sind die Auskleideräume (R III bis R V) zu erreichen. Hinter diesen liegt, an die Kastellmauer angelehnt, ein langgestreckter saalartiger Raum von 20 x 9 m Grundfläche (R I), der offensichtlich auch von Westen her zu betreten war. Wir dürfen wohl in dieser langgestreckt rechteckigen, gedeckten Halle, die man gewöhnlich als *basilica thermarum* zu bezeichnen pflegt, eine Art Mehrzweckraum sehen, in dem neben der sportlichen Betätigung im Rahmen des Badevorganges auch gesellige Veranstaltungen und sonstige Zusammenkünfte stattfanden.

In innerem Zusammenhang mit der »Sporthalle« ist der östlich anschließende Raum (R II) zu sehen, der einen apsidialen Abschluß hat. Im Gegensatz zu den bislang beschriebenen Räumen ist der rechteckige Raumteil von R II ebenso wie die Apsis durch eine Fußbodenheizung zu erwärmen, jedoch nur im mittleren Raumteil (Kanalheizung). Deshalb kann auch nur eine mittlere Temperatur erreicht werden. Man kann sich vorstellen, daß die Badenden zwischen den körperlichen Übungen hier die notwendigen Sitzgelegenheiten vorfanden, um sich besonders in der kalten Jahreszeit in einem erwärmten Raum ein wenig auszuruhen, ggfl. auch, um sich mit in Becken bereitgestelltem

den Koblenzer Archivrat L. Eltester mit ergänzenden Bemerkungen durch A. von Cohausen erfolgt. Bonner Jahrb. 50/51, 1871, 53 f. Vgl. auch E. Anthes, Spätrömische Kastelle und feste Städte im Rhein- und Donaugebiet. Ber. RGK 10, 1917, 100 f. Vorläufige Berichte des Verf. über die Grabungen 1963 bis 1966 in: H. Eiden, Kastellbad und frühchristliches Kultgebäude. Saalburg-Jahrb. 23, 1966, 130 ff. – Ders., Ein christlicher Kultbau im spätrömischen Kastell Boppard. Akten des VII. Intern. Kongresses f. christl. Archäologie, Trier 1965. Studi di ant. cristiana 27 (1969) 485 ff. – Ders., Das Militärbad in Boppard am Rhein. Actes du IXe congrès intern. d'études sur les frontières Romaines, Mamaia 1972 (Hrsg. D. M. Pipidi; 1974) 445 ff. – Ders., Militärbad und frühchristliche Kirche in Boppard am Rhein. Ausgrabungen in Deutschland 1950–1975. Monogr. des RGZM 1 (1975) Teil 2, 80 ff. – Ders., Boppard, in: RGA^{2} 3 (1978) 291 f.

9) Er wurde gemeinsam mit Dipl.-Ing. K. Nagel, Trier-Ehrang, erarbeitet.

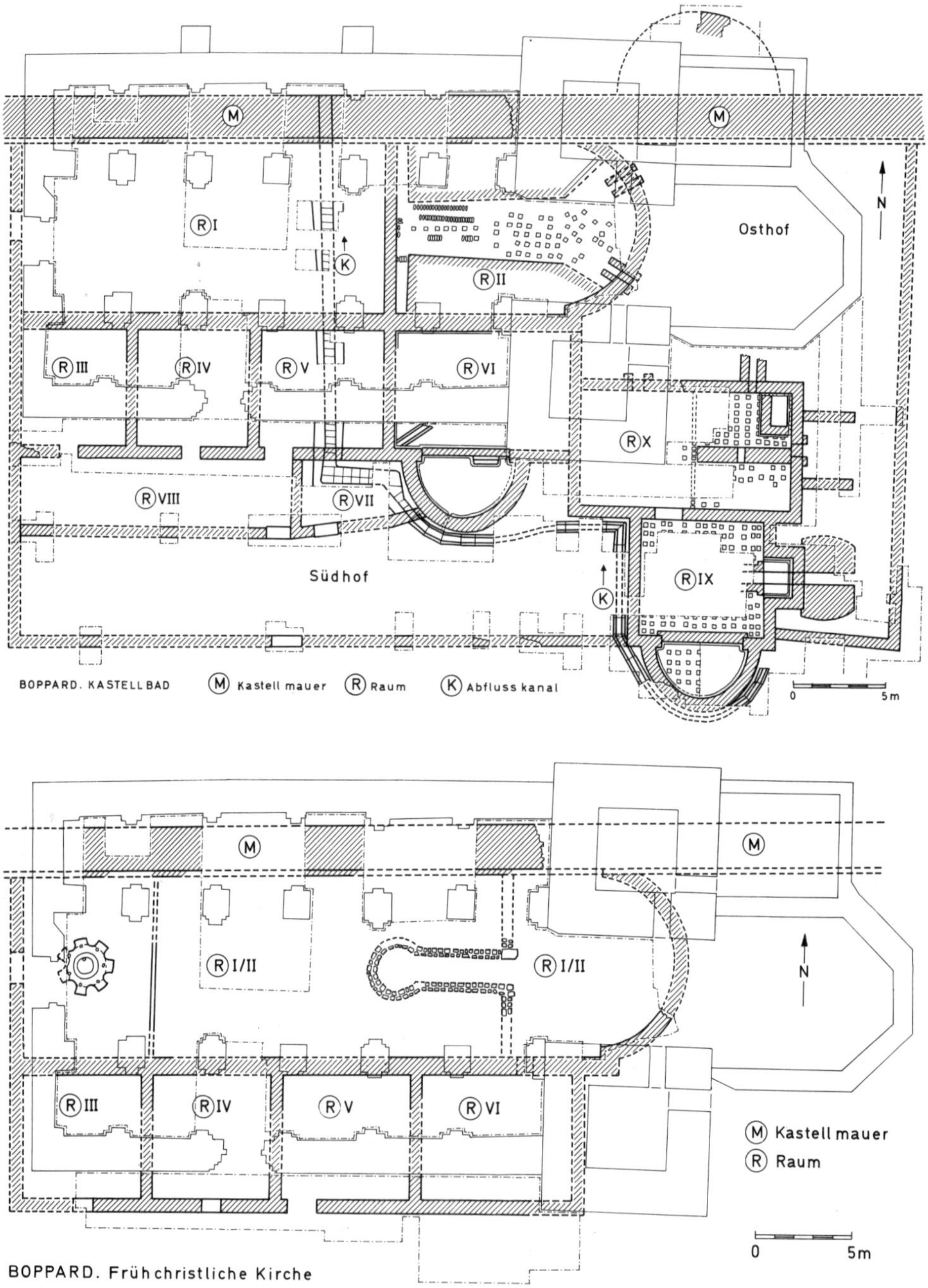

Abb. 3 Boppard. Plan der Kastelltherme (oben) und der frühchristlichen Kirche (unten).

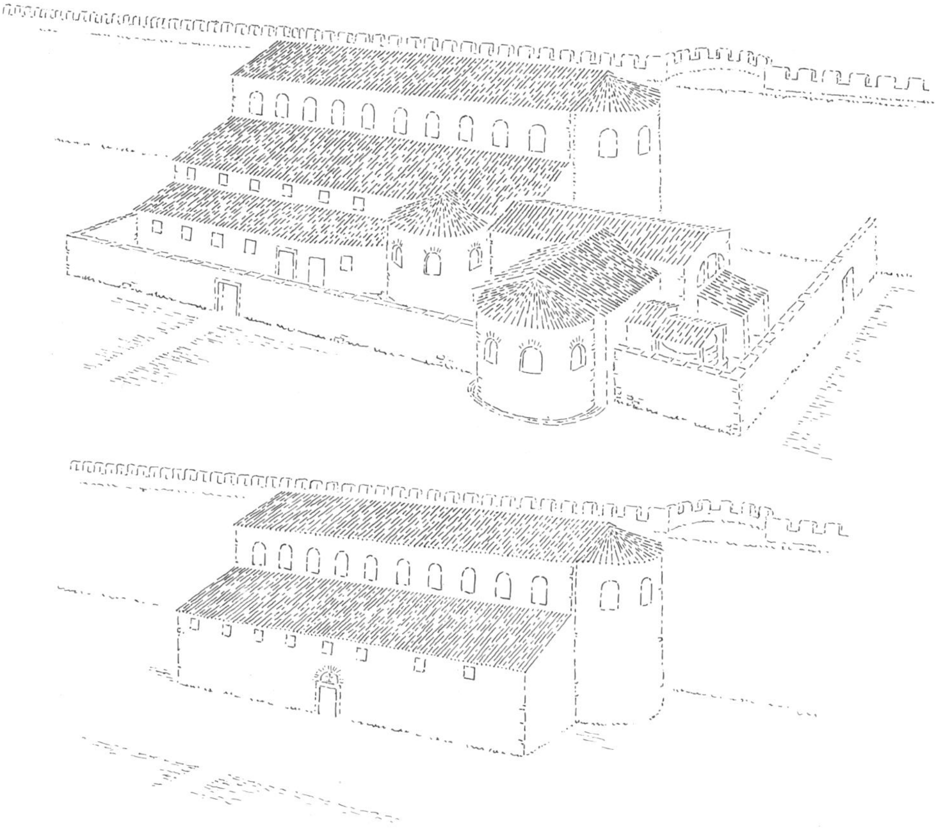

Abb. 4 Boppard. Rekonstruktionsversuch der Therme (oben) und der frühchristlichen Kirche (unten). Ansicht von Südosten.

Wasser nach der sportlichen Betätigung bzw. vor dem eigentlichen Badevorgang »abzubrausen«. Der eigentliche Badetrakt ist in typischer Lage, wie es der Bautheoretiker Viktruv empfiehlt und wie es Plinius beschreibt [10], dem Licht und der wärmenden Sonne zugewandt. Er ist deshalb betont eigenständig im Südosten angeordnet und besteht aus Kaltbad *(frigidarium)*, Schwitzbad *(sudatorium)* und Warmbad *(caldarium)*, den festen Bestandteilen einer römischen Badeanlage.

Während die Wasserzufuhr für das Bad nicht aufgefunden wurde, konnte der sorgfältig ausgeführte Abwasserkanal (K), der, wie oben ausgeführt, auch für die Datierung der Anlage von Bedeutung ist, in seinem Verlaufe gut verfolgt werden. Er ist am Ein-

10) Vgl. den Beitrag über Bäder und Badewesen der Römer nach den antiken Schriftquellen von H. Wachtler in: D. Krencker u. E. Krüger, Die Trierer Kaiserthermen. Trierer Grabungen und Forschungen 1, 1 (1929) 320 f.

gang zur Therme, wie vielfach üblich, gewissermaßen als Wasserspülung durch die Latrine (R VII) geführt. Angeschlossen an ihn ist das neben den Auskleideräumen liegende Kaltbad (R VI), und zwar sowohl der rechteckige Raumteil zur Ableitung des Spritzwassers als auch das südlich anschließende Kaltwasserbecken (Taf. 17,2) mit einer maximal erreichbaren Wassertiefe von 80 cm, in das man über eine Steintreppe steigen konnte.

Einige Schwierigkeiten in den Einzelheiten der Deutung bereitete die Nutzung der verhältnismäßig großen Raumeinheit X, weil der ursprüngliche Bauzustand in der Westhälfte durch den Südturm der Severuskirche zum größten Teil zerstört ist. Wenn wir auch den ehemaligen Zustand hier im einzelnen nicht mehr aufklären können, so gibt doch der im Osten der Raumeinheit noch erhaltene Befund deutliche Hinweise. Dort ruht der Oberboden der Fußbodenheizung zur Erreichung möglichst hoher Wärmegrade auf ungewöhnlich hohen Heizpfeilern. Für zusätzliche Erwärmung sorgten Heizkacheln, die an der Ostwand festgestellt wurden. In der Nordostecke des Raumes (Taf. 18,1) ist über dem Fußboden eine gemauerte Wanne angeordnet. Ihre Sohle liegt über dem Innenniveau des Raumes. Das Abflußrohr aus Blei, durch das man das Wasser der Wanne auf den Fußboden entleeren kann, ist noch vorhanden. Wir werden kaum fehlgehen, wenn wir in diesem Raum das Schwitzbad sehen.

Beim Warmbad (R IX) öffnet sich in ähnlicher Ausprägung wie beim Kaltbad der rechteckige Raum, der in der gesamten Raumfläche mit einer Fußbodenheizung versehen ist, nach Süden hin zu einem gleichfalls hypokaustierten, indirekt beheizten Warmwasserbassin. Seltsamerweise fehlen hier die Rauchabzüge. Infolgedessen trafen wir zwischen den Hypokaustpfeilern fußhoch angestauten Ruß an. Das Becken war nur wenig in den Raumboden eingesenkt, immerhin jedoch so tief, daß man sich auf dem Boden sitzend mit Wasser übergießen konnte. An der Ostwand lag hinter einer rechteckigen, wannenartigen Ausbuchtung ein Präfurnium (Schürloch) mit außergewöhnlich breiten Wangenmauern. Darüber befand sich offensichtlich der Heizkessel. Darauf deutet eine Reihe von technisch interessanten Einzelheiten hin.

Bei der Feldarbeit wurde auf eine möglichst intensive Beobachtung und Erfassung der Schichtenfolge und der Bauvorgänge größter Wert gelegt. Hilfreich war dabei der Umstand, daß innerhalb der Severuskirche, vor allem im Mittelschiff, die kastellzeitlichen Erdschichten nach oben durch den noch intakten Stampflehmboden des Nachfolgebaues gewissermaßen hermetisch abgeschlossen waren (Taf. 18,2). Da eine vorkastellzeitliche Bebauung im Untersuchungsbereich nirgends angetroffen wurde, bietet sich hier der seltene Glücksfall, daß eine sehr homogene Fundmasse als archäologische Bodenurkunde für die zeitliche Festlegung von Erbauung, Benutzung und Aufgabe der Therme zur Verfügung steht.

Die aus gesicherten Fundschichten zur Datierung herangezogenen Kleinfunde bestehen bei der Keramik aus ca. 1200 bis 1300 Einzelgefäßen, meist aus dem Töpferzentrum Mayen, dazu rund 100 Exemplare Rädchensigillata aus den Werkstätten der Argonnen.

Die Münzreihe ist verhältnismäßig klein; sie beträgt knapp 40 Stück. Sehr zahlreich dagegen wurden gestempelte Plattenziegel gefunden. Mit Ausnahme von zwei Stempeln der *milites Menapii* handelt es sich bei den 322 an verschiedenen Stellen im Baubereich aufgefundenen gestempelten Plattenziegeln ausschließlich um solche mit Stempeln der 22. Mainzer Legion mit oder ohne den Zusatz CV. Ihr Zustand sowie die Art der Verwendung am Bau schließen eine Benutzung als Spolie aus. Alles deutet vielmehr darauf hin, daß diese Ziegel für den Bau der Kastelltherme angeliefert und dort auch erstmals verwandt worden sind. Damit aber sind sie für das Baudatum ein ausgezeichneter Beleg.

D. Hoffmann hat jüngst zur Datierung dieser Stempelgruppe ausführlich Stellung genommen [11]. Er geht davon aus, daß die 22. Mainzer Legion mit den übrigen alten Rheinlegionen nach den Germaneneinfällen 352/55 aufgelöst wird und infolgedessen in der zweiten Hälfte des Jahrhunderts unter Valentinian für diese Stempel kein Platz mehr ist. Er hält es jedoch für möglich, daß »die ersten Baustadien des Bopparder Kastells noch auf die Befestigungstätigkeit Julians 357 bis 359 zurückgehen«. Beim Baubefund hat sich keine über das normale Maß von Instandsetzungsarbeiten und kleineren Veränderungen hinausgehende Umbautätigkeit feststellen lassen. Auch ist während der Benutzungszeit der Therme im Grabungsbefund keine Störung durch eine Brandkatastrophe oder dergleichen zu erkennen gewesen. Nun ist dieser Befund an begrenztem Ort nicht ohne weiteres auf das Gesamtareal des Kastells zu übertragen. Die Therme liegt jedoch als repräsentativer Bau an bevorzugter Stelle im Kastell, und es ist schwer vorstellbar, daß eine das Kastell unmittelbar berührende Katastrophe an diesem Objekt vorüber gegangen sein könnte, ohne Spuren zu hinterlassen. Unter diesem Gesichtspunkt betrachtet könnte das Fehlen von Brandspuren und Wiederaufbauarbeiten bedeuten, daß die Katastrophenjahre 352 und 355 sich deshalb am Kastell nicht bemerkbar machten, weil es zu diesem Zeitpunkt noch nicht bestand. Dazu würde passen, daß Ammian [12] bei der Aufzählung der sieben von den Germanen zerstörten Städte zwischen Bingen und dem Niederrhein Boppard nicht erwähnt.

Aus archäologischer Sicht würde zu diesen Überlegungen ferner passen, daß in Boppard die Münzreihe im 3. Jahrzehnt des 4. Jahrhunderts beginnt und bei der Keramik der konstantinische Horizont kaum vertreten ist. Letztere setzt erst um die Mitte des Jahrhunderts in nennenswertem Umfang ein. Dieser Zeitansatz ist bewußt nicht präziser gefaßt im Hinblick auf die Quellenlage dieser archäologischen Materialgruppe in der Rheinzone im 4. Jahrhundert; es empfiehlt sich, absolute Jahreszahlen zur Zeit nur mit der gebotenen Vorsicht und für ausreichende Zeitspannen zu nennen [13]. Das gleiche

11) Das spätrömische Bewegungsheer und die Notitia dignitatum. Epigr. Stud. 7, 2 (1969) 147 f., Anm. 289.

12) Amm. Marc. 18, 2, 4.

13) Die Bestimmung der Münzen wird W. Hagen (Bonn) verdankt. – Eine umfassende Bearbeitung der Keramik aus der Bopparder Grabung hat L. Bakker (Bonn) in Angriff genommen. Von ihr dürften weitere Differenzierungen zu erwarten sein.

Spektrum der Kleinfunde, das in den ungestörten Schichten der Erbauungs- und Benutzungszeit erscheint und dort bis in den Beginn des 5. Jahrhunderts reicht (die Münzreihe endet mit Arcadius/Honorius), kehrt auch in den Einfüll- und Planierungsschichten wieder, die nach der Aufgabe des Bades zur Herrichtung des Bauplanums für den Nachfolgebau aufgebracht wurden [14].

Bei dem Germaneneinfall 406/07 sind die Kastelle am Rhein nördlich von Bingen glimpflich davon gekommen. Ihre Besatzungen jedoch wurden, wie H. Nesselhauf seinerzeit nachgewiesen hat [15], in das mobile Feldheer eingegliedert. So war auch Boppard von dieser Zeit an ohne hinreichenden militärischen Schutz und sein Schicksal damit besiegelt. Im Kastellbad wurden an mehreren Stellen erhebliche Spuren von Bränden festgestellt. Die in gesicherten kastellzeitlichen Schichten zutage gekommenen Kleinfunde reichen, wie gesagt, über den Anfang des 5. Jahrhunderts nicht hinaus. Jedoch ist mit dem Ende der römischen Herrschaft die Besiedlung im Kastellbereich keineswegs zu Ende. Die Spuren der weiteren Nutzung des Platzes fanden sich im Innern der Severuskirche, deren Untergrund zunächst in Suchschnitten und später in einer umfangreichen Flächenabdeckung systematisch freigelegt wurde.

Die frühchristliche Kirche

Im Ostteil der Severuskirche ermöglichte bereits der Suchschnitt einen guten Einblick in die Schichtenfolge der Kastellzeit und ihr Verhältnis zur späteren Bebauung des Platzes. Betrachten wir unter diesem Gesichtspunkt die Aussage eines Teilstückes der Schnittwand zwischen den beiden Chorflankierungstürmen der Kirche im Sinne einer Bodenurkunde: In der Bildmitte (Abb. 5) hat der Heizschacht im Jahre 1927 sämtliche Erdschichten bis in den gewachsenen Boden durchstoßen. Sie wurden damals nicht aufgenommen, die Befunde sind zerstört. Beiderseits von dieser Störung jedoch liegt zwischen den Fundamenten der romanischen Türme eine aussagefähige Schichtung. Deutlich heben sich die Fundamentausschachtungen für beide Türme ab, trichterförmig bis auf den gewachsenen Boden durchstoßend beim Nordturm, breit ausladend bis zur oberen Abbruchkante einer älteren (Apsis-)Mauer, an die das romanische Fundament anschließt, beim Südturm. Die zwischen den Turmfundamenten liegenden älteren, horizontal verlaufenden Erdschichten sind für die ältere Bebauung am Ort auswertbar: Auf dem gewachsenen Boden gründet der Unterboden einer Raumheizung, der ältesten Bebauung in diesem Bereich zugehörig. Es handelt sich um den Raum R II der Kastelltherme. Über und zwischen den Heizpfeilerchen mit dem Präfurnium (Schürloch) und der raum-

14) Näheres über die Beurteilung der Schichtenfolge vgl. in: Ausgr. in Deutschland (oben Anm. 8) 88.

15) Die spätrömische Verwaltung der gallisch-germanischen Länder. Abhandl. Preuß. Akad. Wiss. Berlin Phil.-Hist. Kl. 2 (1938) 40 f.

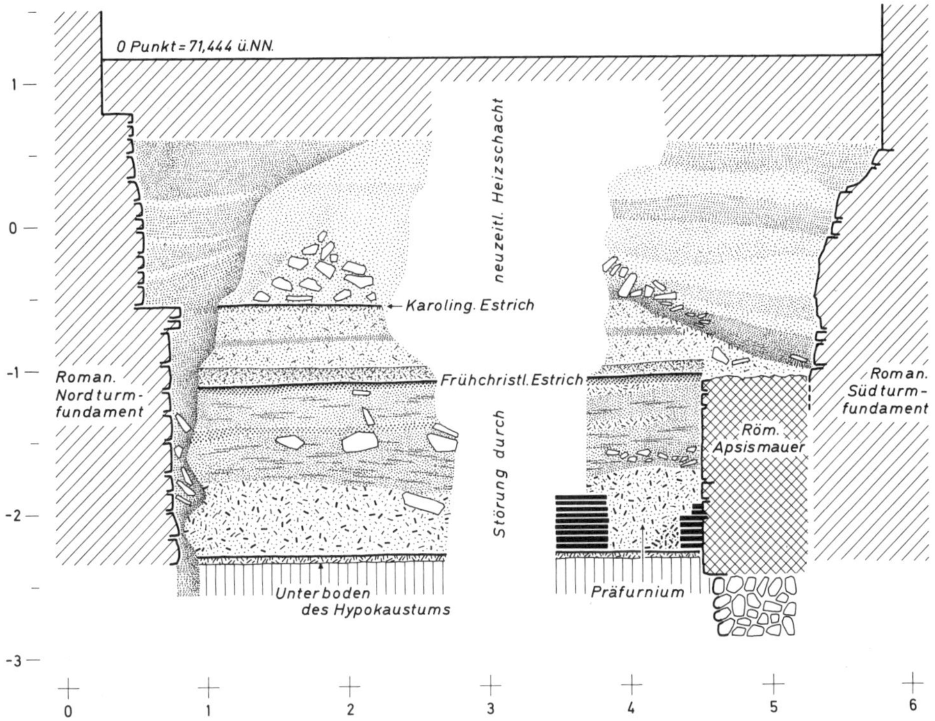

Abb. 5 Boppard. Schichtenprofil zwischen den Chorflankierungstürmen der Severuskirche.

begrenzenden Apsismauer liegt etwa $1/2$ m hoch reiner Bauschutt, der überdeckt wird durch Brandschutt, von verkohltem Holzwerk herrührend, mit Steinen, Lehmbrocken und Kalkresten durchsetzt. Das typische Bild eines zerstörten Gebäudes, dessen Trümmerschutt nach noch verwendbarem Material durchwühlt und für einen Neubau einplaniert wurde. Der Oberboden der Fußbodenheizung fehlt naturgemäß. Er dürfte etwa in der Abbruchhöhe der raumbegrenzenden Apsismauer der Therme gelegen haben. Der Abbruch dieser Mauer erfolgte offensichtlich erst bei der Fundamentierung des Südturmes in romanischer Zeit; sie bildete auch für die Nachfolgebauten der Kastelltherme noch den östlichen Raumabschluß, wie die bis unmittelbar an die Mauerflucht über der Abbruchstelle noch heranreichenden horizontalen Erdschichten mit dem jeweilig erkennbaren Raumniveau dartun. Der untere Raumboden bildete nach Höhenlage und Struktur den Fußboden (aus Stampflehm) der frühchristlichen Kirche, der obere (nur in der linken Bildhälfte noch vorhanden) den einer baulichen Erneuerung in karolingischer Zeit, worüber später noch zu berichten sein wird. Der Stampflehmboden des ersten Nachfolgebaues der Kastelltherme (der frühchristlichen Kirche) konnte in guter Erhaltung (Taf. 18,2) geradezu als Leitfaden in der Ostwestachsenrichtung bis zum Westportal der heutigen Kirche nachgewiesen werden. Er schließt unmittelbar an zwei Objekte

(Ambo und Taufbecken) der Innenausstattung des ersten Nachfolgebaues an und reichte in der Nordsüd-Ausdehnung von der Kastellmauer bis zur südlichen Pfeilerreihe der Kirche.

Wie sah der in der Schichtenfolge gut einzuordnende Nachfolgebau der Therme aus, welche Funktion hatte er und wie ist er zeitlich anzusetzen? Wie ein Vergleich der beiden Baukörper lehrt, wurden die vorhandenen Grundmauern der Therme weitgehend genutzt (Abb. 3 und 4). Aufgegeben wurde der südliche Teil des Kaltbades (R VI) mit dem halbrunden Wasserbecken, dessen nördliche Brüstungsmauer als massive Außenmauer aufgeführt wurde (Taf. 19, 1–2). Aufgegeben wurde ferner der zum Rhein führende Wasserkanal (K) und der gesamte Südosttrakt (R IX und R X) des Baukomplexes mit den Anlagen des Schwitz- und des Warmbades. Wiederaufgebaut wurden die Räume R I bis R VI der Therme, wobei die Räume R I und R II zu einer einzigen Raumeinheit vereinigt wurden. So entstand ein langgestreckter, in Ostwestrichtung orientierter Baukörper entlang der Kastellmauer von maximal 35 m Länge und 17 m Breite mit einem saalartigen Innenraum (32 x 9 m), der im Osten mit einer leicht abgesetzten Apsis abschließt. Im Süden sind diesem Hauptbau vier kleinere Annexräume vorgelagert.

Die Zweckbestimmung dieses auf den Grundmauern der Therme errichteten Nachfolgebaues ergibt sich zweifelsfrei aus zwei Anlagen der Inneneinrichtung, die ein glücklicher Zufall uns erhalten hat. Die neu geschaffene Raumeinheit R I/R II ist eine ostwestorientierte Saalkirche mit apsidialem Abschluß, in deren Längsachse im Osten ein Ambo und im Westen ein Baptisterium angeordnet sind. Beide Anlagen sind feste Bestandteile der Ausstattung frühchristlicher Kirchen, wobei anzumerken ist, daß in der Frühzeit, vor allem im ländlichen Bereich, der christliche Sakralbau noch keineswegs bindende Architekturformen im Grundriß und äußeren Aufbau angenommen hat. Maßgebend waren in erster Linie die Bedürfnisse des Kultes, und man nutzte dabei, wie auch in Boppard zu sehen ist, die örtlichen Gegebenheiten so gut es eben ging [16].

Der Ambo

Der erweiterte Chorraum im Osten, in dem der Stampflehmboden an allen entscheidenden Stellen noch intakt war, hat keine sogenannte Priesterbank und auch keine Spuren eines ortsfesten Altars erkennen lassen, so daß wir wohl eine transportable Mensa in Betracht ziehen müssen [17]. Zum Langhaus hin, das eine Trittstufe tiefer lag, war der Chorraum durch eine Brüstungsmauer abgeschlossen. Aus ihr stieß in Beibehaltung des erhöhten Fußbodens in der Längsachse des Raumes eine rund 2 m breite Anlage von schlüsselförmigem Grundriß 6 m weit in das Langhaus vor (Taf. 19,3). Die kanzelartige

16) Überlegungen über die Frühentwicklung des Kirchenbaues bei A. von Gerkan, Zur Hauskirche von Dura-Europos in: Mullus, Festschrift für Theodor Klauser. Jahrb. f. Ant. u. Christentum. Ergbd. 1 (1964) 143 ff., bes. 148/9.

17) RAC 1 (1950) s. v. Altar III, 343 ff. (J. P. Kirsch).

Verbreiterung am Kopfende hat einen Durchmesser von knapp 2 m im Lichten. Anlagen dieser Art (Ambo mit Solea) dienten im frühchristlichen Kult vor allem dem Wortgottesdienst [18]. Andere Möglichkeiten wie Eucharistie-Austeilung werden in Betracht gezogen. Es ist hier nicht der Ort, auf die liturgische Bedeutung des Ambo oder verwandter Anlagen einzugehen, die vor allem im Bereich der Ostkirche angetroffen werden und in unseren Breiten recht selten sind. Es muß in diesem Zusammenhang die Feststellung genügen, daß sie auf den kultischen Bereich beschränkt sind.

Vom Bopparder Ambo war ebenso wie von der Brüstungsmauer des Chorabschlusses nur die unterste Steinlage erhalten, übrigens mit unmittelbarem Anschluß an den Stampflehmboden des Kirchenschiffes (s. o.), auf dem ein Bohlenbelag als Fußboden gelegen haben wird. Stampflehmboden und Ambo sind wenig sorgfältig auf den einplanierten Bauschutt in Raum II der Kastelltherme gegründet. Vielleicht hat von der Anlage nur der Sockel, der stellenweise noch Außenputz über dem mehrfach ausgebesserten Lehmfußboden trug, aus hammerrechtem Werkstein (Tuffstein in zweiter Verwendung) bestanden. Der übrige Aufbau (Abb. 7), bis in Brüstungshöhe reichend, mag aus Steinplatten oder Holz bestanden haben; die Anlage bot nur für eine beschränkte Anzahl von Personen Platz. Die gangartige Verbindung zum Chor (solea) hatte eine lichte Breite von 1,4 m.

Das Baptisterium

Die frühchristliche Kirche am Bopparder Markt mit dem alten Petruspatrozinium [19] war nicht nur eine Gemeinde-, sondern auch eine Taufkirche. Bei den Ausgrabungen fanden sich eindeutige Spuren eines in den Boden eingelassenen massiven Schwellbalkens im Westteil des Langhauses. Darauf ist wahrscheinlich eine Schranke oder eine Art Lettner eingelassen gewesen (Abb. 7). Auf jeden Fall war, wie immer wir uns den Einbau auch vorstellen mögen, der westliche Teil des Langhauses an dieser Stelle vom übrigen Kirchenschiff abgetrennt und ein rechteckiger Raum von 9 x 6 m Grundfläche geschaffen; die Westwand dieses Raumes bildete zugleich den Westabschluß des Langhauses.

Die Funktion dieses Raumes als Baptisterium ergibt sich einwandfrei aus dem in seiner Mitte angeordneten Einbau, einem 0,50 m über das Fußbodenniveau (der Stampflehmboden schließt allseits an) aufsteigenden, massiv gemauerten Block, in dem wir ein Taufbecken (piscina) zu sehen haben (Taf. 20,1). Das eigentliche Becken ist im Kern

18) RAC 1 (1950) 363 s. v. Ambon u. ebd. 2 (1954) 129 s. v. Bema (A. M. Schneider). – J. Lassus u. G. Tschalenko, Ambons Syriens. Cahiers Arch. 5, 1951, 75 ff. – Über die liturgische Funktion: T. F. Mathews, An early Roman chancel arrangement and its liturgical functions. Riv. Arch. Cristiana 38, 1962, 73 ff. u. J. Jarry, L'ambon dans la liturgie primitive d'église. Syria 40, 1963, 147 ff. Zur *solea* vgl. neuerdings G. Cuscito in: Aquileia Nostra 38, 1967, 87 ff. (Hinweis von V. Bierbrauer).

19) F. Pauly, Siedlung und Pfarrorganisation im alten Erzbistum Trier. Die Landkapitel Piesport, Boppard und Ochtendung. Veröffentl. des Bistumsarchivs Trier 6 (1961) 151 f.

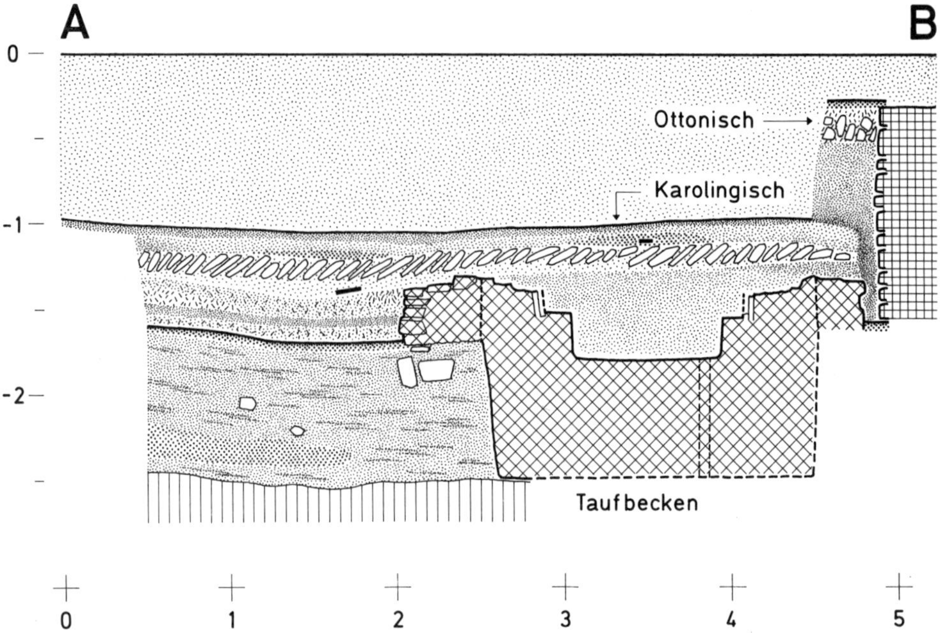

Abb. 6 Boppard. Frühchristliche Kirche. Taufbecken, Schnittprofil.

aus Ziegel-Altmaterial auf massivem Sockel durch die einplanierten Schuttschichten der Kastellzeit hindurch in den gewachsenen Boden gegründet. Die Piscina hat kreisrunde Form und einen oberen Durchmesser von 1,3 m im Lichten. Im Innern ist eine umlaufende Trittstufe angeordnet. Der obere Beckenrand ist zwar schätzungsweise bis zu 15 cm weggebrochen, doch läßt sich noch eine Beckentiefe von 0,60 m errechnen. Auf der nur wenig über dem Fußbodenniveau der Kirche liegenden Sohle ist ein kreisrunder Wasserablauf eingebaut. Das abfließende Taufwasser versickert im Untergrund. Um den Kern des Beckens ist ein Mauerband aus Grauwacke gelegt, das ohne eigene Fundamentierung auf dem Fußbodenniveau der altchristlichen Kirche gründet (Abb. 6). In dieses Mauerband sind insgesamt sieben halbkreisförmige Einbuchtungen von je 0,50 m Durchmesser eingearbeitet. Die zwischen ihnen stehenden sieben Mauerblöcke weisen jeweils noch 30 cm in das Mauerwerk reichende Vertiefungen auf; in ihnen standen früher Holzpfosten, deren Abdrücke sich im Mörtel erhalten haben. Es ist anzunehmen, daß sie einen offenen Oberbau in Form eines Baldachins trugen. Die ganze Anlage war früher innen und außen mit einem sorgfältig geglätteten Putz versehen. Sie muß über einen längeren Zeitraum hin in Benutzung gewesen sein. Der schadhaft gewordene Innenputz des Bekkens ist mehrfach erneuert worden. Der Durchmesser beträgt auf der Sohle 1 m. Die umlaufende Stufe hat einen Auftritt von 20 cm. Man kann also bequem in das Becken steigen. Eine, höchstens zwei Personen können gleichzeitig im Becken stehen. Bei der

Taufhandlung hat infolgedessen nur ein Übergießen des Täuflings *(aspersio)* stattgefunden [19a]. Einen Eindruck vom Aussehen des Baptisteriums im Innenraum der Kirche vermittelt der Rekonstruktionsversuch (Abb. 7).

Im Gegensatz zu den Ambonen sind wir über den Bestand an Baptisterien in der frühchristlichen Welt des 4. bis 6. Jahrhunderts verhältnismäßig gut unterrichtet [20]. Im Westen konzentrieren sie sich naturgemäß um die Anliegerstaaten des Mittelmeeres; sie sind aber auch nördlich der Alpen von Kaiseraugst (bei Basel) bis Köln und Trier, jüngst sogar an der Südostküste Britanniens aufgedeckt worden. In der topographischen und stratigraphischen Situation, aber auch in formaler Hinsicht steht die Piscina auf dem Kölner Domhügel dem Bopparder Taufbecken am nächsten [21]. Dieses zeigt im Grundriß und Aufbau eine starke typenkundliche Bindung an die Piscina eines berühmten Baptisteriums im frühchristlichen Rom. Nahe der Lateransbasilika, der ältesten Bischofskirche der Stadt, liegt das zu ihr gehörige Baptisterium. Es ist über einem älteren, konstantinischen Rundbau unter Papst Sixtus III. (432–440) erbaut worden [22]. Im Mittelraum des Baptisteriums liegt die kreisförmige Piscina, umgeben von acht Säulen, die den Oberbau trugen. Der ringförmige Sockel der Ummauerung der Piscina bietet die gleichen Merkmale wie in Boppard. Das Baptisterium der Mutterkirche Roms hat unbestritten in Gestalt und Form eine starke Ausstrahlungskraft besessen. Die Bopparder Piscina erscheint nach Grundriß und Aufbau ohne die berühmte stadtrömische Vorlage kaum denkbar. Damit ergibt sich für das Taufbecken und in Verbindung mit der Schichtenfolge auch für den Ambo in Boppard ein Baudatum, das frühestens um die Mitte des 5. Jahrhunderts liegen dürfte. Beide Anlagen sind gleichzeitig mit dem Bau der frühchristlichen Kirche eingebaut worden. Beobachtungen in der Schichtenfolge und Überlegungen allgemeinerer Art [23] lassen es geboten erscheinen, den Bau der Kirche nicht allzu sehr vom Ende der Römerherrschaft abzusetzen. Ein Ansatz noch in der zweiten Hälfte des 5. Jahrhunderts dürfte angebracht sein.

Für das Enddatum des frühchristlichen Kultbaues gibt der Befund im Bereich der Piscina einen wichtigen Hinweis. Wie aus der Befunddokumentation (Taf. 20,1 und Abb. 6) ersichtlich ist, wurde das Taufbecken ohne den oberen Rand des Beckenabschlusses angetroffen, als man 60 cm über dem Fußbodenniveau der frühchristlichen Kir-

19a) Cabrol-Leclercq, Dict. VII 1 (1926) 305 f. s. v. immersio (H. Leclercq).

20) RAC 1 (1950) 1157 f. s. v. Baptisterium (F. W. Deichmann). – A. Khatchatrian, Les baptistères paléochrétiens (1962).

21) Zuletzt behandelt von W. Weyres, Die Domgrabung 17. Die Baptisterien östlich des Domchores. Kölner Domblatt 31/32, 1970, 81 ff.

22) A. Tschira, Die ursprüngliche Gestalt des Baptisteriums an der Lateransbasilika. Röm. Mitt. 57, 1942, 116 f.

23) An keiner Stelle fanden sich in den Erdprofilen humöse Ablagerungen als Hinweis darauf, daß der Bereich der Kastelltherme, in dem die frühchristliche Kirche gebaut wurde, viele Generationen brach gelegen hat. Auch wird man den fortschreitenden Schrumpfungsprozeß handwerklicher Traditionen bei der eingesessenen Bevölkerung in Betracht ziehen müssen.

che den Innenboden für den Nachfolgebau verlegte. Dieser Boden, ein Lehmboden über einer Steinstickung (im Chor der Severuskirche ohne letztere, vgl. Abb. 5) enthielt früheste Badorfer Keramik; er dürfte somit spätestens um 800 vorhanden gewesen sein. Offenbar im Zuge einer veränderten Liturgie wurde damals der Taufbrunnen ebenso wie der Ambo in der bisherigen Form nicht mehr benötigt. Der karolingische Fußboden wurde im Langhaus und im Chor an mehreren Stellen angetroffen. Der Grundriß des ihm zuzuordnenden Bauwerkes konnte nicht voll erfaßt werden. Vermutlich deckte er sich weitgehend mit den Außenmauern der frühchristlichen Kirche. Hierzu vergleiche man etwa die Beobachtungen im Chor der Severuskirche (Abb. 5).

Die frühchristliche Kirche in Boppard hat, wenn wir den Grabungsbefund richtig deuten, rund 300 Jahre bestanden. Aus der Benutzungszeit ist bei den Ausgrabungen im Bereich dieser Kirche datierendes archäologisches Fundgut der üblichen Art aus Ton bzw. Metall oder Glas nicht angetroffen worden. Das dürfte in erster Linie mit dem besonderen Charakter des Sakralbaues zu erklären sein, bei dem Kleinfunde, vor allem Keramik im Gegensatz zu Wohnbauten Mangelware sind. Daß aber darüber hinaus im Gegensatz zur späten Römerzeit anschließende Siedlungsfunde der Folgezeit im Grabungsgebiet wie auch im übrigen Kastellbereich bislang nicht zutage gekommen sind, ist eine nicht nur in Boppard zu beobachtende Erscheinung, die zur Zeit nicht zu erklären ist. Die vor zwei Jahrzehnten in den Reichenau-Vorträgen aufgeworfene Frage [24], ob »man etwa vom Ende der römischen Herrschaft an bis zur Zeit des Childerich am Rhein nur wenig Keramik, Bronzen oder Glas produziert hat oder unsere Kleinfunde falsch datiert werden« und die ebendort getroffene Feststellung, »daß die archäologischen Belege für die Zeit von Childerich bis zu den ersten karolingischen und frühromanischen Architekturdenkmälern vorwiegend in Gräbern, aber verschwindend wenig in Siedlungen bestehen«, hat an Aktualität bis heute nichts eingebüßt. In diesem Zusammenhang fällt der frühchristlichen Kirche in Boppard und ihrer aufgrund der Formgebung und der Befunde des Taufbeckens möglichen Datierung eine besondere Bedeutung zu.

Die Gemeinde- und Taufkirche innerhalb des Kastells setzt natürlich voraus, daß spätestens nach dem Abzug der Besatzung die am Ort verbliebene provinzialrömische Bevölkerung hinter den noch halbwegs intakt gebliebenen Festungsmauern Schutz suchte und fand [25]. Sie erhielt nach der Landnahme durch die Franken laufend Zuwachs, da der Kastellbereich, der als spätrömische Garnison dem Fiskus gehört hatte, nun Königs-

24) H. von Petrikovits, Das Fortleben römischer Städte an Rhein und Donau. Studien zu den Anfängen des europäischen Städtewesens. Vorträge und Forschungen 4 (1958) 63 ff. Eine kritische Würdigung und einen erschöpfenden Überblick über den gegenwärtigen Stand unserer Kenntnis der historischen Ereignisse und der kulturhistorischen Zusammenhänge sowie der Auseinandersetzung des Christentums mit der antiken Welt in den Rheinprovinzen im 4. und 5. Jahrhundert gibt neuerdings H. v. Petrikovits, in RAC 10 (1977) 548 ff. Germania (Romana).

25) Im Bereich der romanischen Severuskirche ist die im nördlichen Seitenschiff in den Fundamenten noch angetroffene spätrömische Kastellmauer erst beim Bau dieser Kirche bis in Höhe des Fußbodens abgetragen worden.

Abb. 7 Boppard. Frühchristliche Kirche. Inneres, Rekonstruktionsversuch.

gut geworden war. – Der im Westteil des heutigen Boppard am Ausgang des Mühlenbachtales bei der Remigiuskapelle vermutete, ab 972 mehrfach bezeugte Königshof konnte archäologisch noch nicht nachgewiesen werden.

Das dem Kastellbereich zuzuordnende, leider nicht systematisch untersuchte Gräberfeld liegt 150 m südlich der Kirche unmittelbar vor dem Kastell an der alten Heerstraße in typischer Hanglage im ehemaligen Weinbergsgebiet »im Proffen« (Abb. 1). Es dürfte, vor allem nach Ausweis der zahlreichen, seit über 100 Jahren dort gefundenen frühchristlichen Grabinschriften [26] kontinuierlich belegt sein. Von hier stammt als Neufund die Grabinschrift des Diakons Besontio (aus Besançon – *Vesontio*), der (Abb. 8) ebenso wie der bereits länger durch seinen Grabstein bekannte Presbyter Nonnus [27] mit der frühchristlichen Kirche am Markt von Boppard in Verbindung gebracht werden kann.

Ein zweiter, erst in spätfränkischer Zeit einsetzender Friedhof, wohl einer nahebei gelegenen Hofstelle zugehörig, darf neben dem siedlungsarchäologischen ein besonderes, allgemein kulturgeschichtliches Interesse beanspruchen. Auf ihn soll daher in diesem Zusammenhang hingewiesen werden, obwohl keine neueren Grabungsergebnisse vorliegen. Etwa 700 m flußaufwärts vom Bopparder Kastell wurden im Jahre 1280, wie die Klosterchronik von St. Martin berichtet, bei Erneuerungsarbeiten an der 911 erstmals erwähnten, dem hl. Martin geweihten Kapelle an der alten Rheinstraße menschliche Gebeine aufgedeckt. Da gleichzeitig auch ein Kurzschwert in einem Grabe zutage kam, hat die dem Märtyrer- und Reliquienkult zugewandte Zeit des 12./13. Jahrhunderts in der Waffenbeigabe des fränkischen Kriegergrabes den *gladius* gesehen, *quo martyres Boppardienses ad S. Martinum requiescentes trucidati sunt*. Als Beleg hierfür wurde die Tatsache angeführt, daß eine der aufgefundenen Schädelkalotten Verletzungen aufwies (Taf. 20,2). Fr. Rademacher hat vor 30 Jahren die Bopparder Heiligen ins rechte Licht gerückt [28]. Als kulturgeschichtlich interessantes Dokument ist ein Teil der Funde in der von den Klosterfrauen in der Barockzeit gefertigten Umhüllung heute in der Severuskirche ebenso wie Taufbrunnen, Ambo und Besontio-Stein sichtbar.

Zusammenfassend: Bei der Bopparder Grabung konnte zum ersten Mal in der Grenzzone des Römerreiches nördlich der Alpen eine christliche Gemeinde- und Taufkirche aus der Übergangszeit von der Spätantike zum frühen Mittelalter nicht nur in der grundrißmäßigen Erfassung, sondern zugleich mit kultischen Anlagen der Innenausstattung vollständig in einer Plangrabung untersucht werden. Sie ist nach der Aufgabe des Platzes durch die römische Reichsverteidigung von der eingesessenen romanisierten Bevölkerungsschicht wohl noch in der zweiten Hälfte des 5. Jahrhunderts gebaut worden und

26) W. Boppert, Frühchristliche Inschriften des Mittelrheingebietes (1971), 123 ff. mit älterer Literatur. Dazu F. Pauly, Aus der Geschichte des Bistums Trier I. Veröffentl. des Bistumsarchivs Trier 13/14 (1968) 8 ff.

27) Boppert a. a. O. 138 f.

28) Fr. Rademacher, Ein spätfränkischer Friedhof bei der Martinskapelle in Boppard. Bonner Jahrb. 148, 1948, 299 ff.

Abb. 8 Boppard. Grabstein des Besontio vom Südfriedhof.

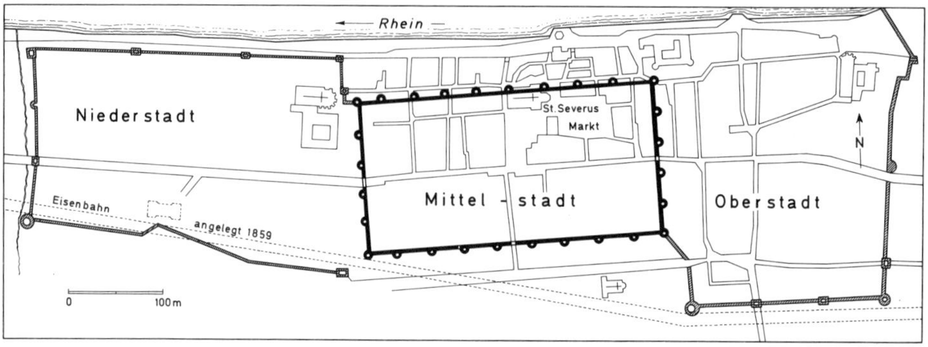

Abb. 9 Boppard. Grundriß der Stadt mit ergänzter römischer und mittelalterlicher Mauerbefestigung.

belegt die wichtige Klammerfunktion des Christentums in der Übergangszeit. Die frühchristliche Kirche in Boppard hat in der beschriebenen Form mit Ambo und Taufbecken rund 300 Jahre dem Kult gedient. Die sakralen Nachfolgebauten der karolingischen und ottonischen Zeit [29] (Taf. 18,2) sind unmittelbare Vorgänger der heutigen spätromanischen Kirche.

Die ungebrochene Siedlungskonstanz spiegelt sich in gleicher Weise im Stadtbild von Boppard wider (Abb. 9). Auch nach dem Ende der römischen Herrschaft gaben die Festungsmauern des Kastells der Bevölkerung für viele Jahrhunderte Schutz. Erst im 14. Jahrhundert wurde das ummauerte Stadtgebiet durch Balduin von Luxemburg wesentlich erweitert, indem die an das Kastell anschließende Ober- und Niederstadt in den Mauerbering mit einbezogen wurde. Der spätrömische Kastellbereich aber blieb Stadtkern bis auf den heutigen Tag.

KARDEN

Vicus, Töpferviertel und Südfriedhof bei der Marienkirche

Der Übergang von der Spätantike zum frühen Mittelalter zeigt im Siedlungsbild vielgestaltige und zudem regional stark differenzierte Ausprägungen. Nach den in Boppard gewonnenen Erkenntnissen an der römischen Reichsgrenze erschien es verlockend, die Verhältnisse in einer geschlossenen und unbefestigten [30] zivilen Siedlung des Hinterlan-

29) Orientierender Überblick vorerst bei T. Oswald, L. Schäfer u. H. R. Sennhauser, Vorromanische Kirchenbauten. Veröffentl. Zentralinstitut für Kunstgeschichte in München 3 (1966) 400 ff. mit Grundrißplan.

30) Die langgestreckte und schmale Siedlungsform schließt eine aufwendige Ummauerung aus. Eine gewisse Schutzfunktion übte zweifellos auch für den *Vicus Cardena* der am jenseitigen Flußufer liegende Zils(= *Cyriacus*)berg mit seiner befestigten spätrömischen Warte aus.

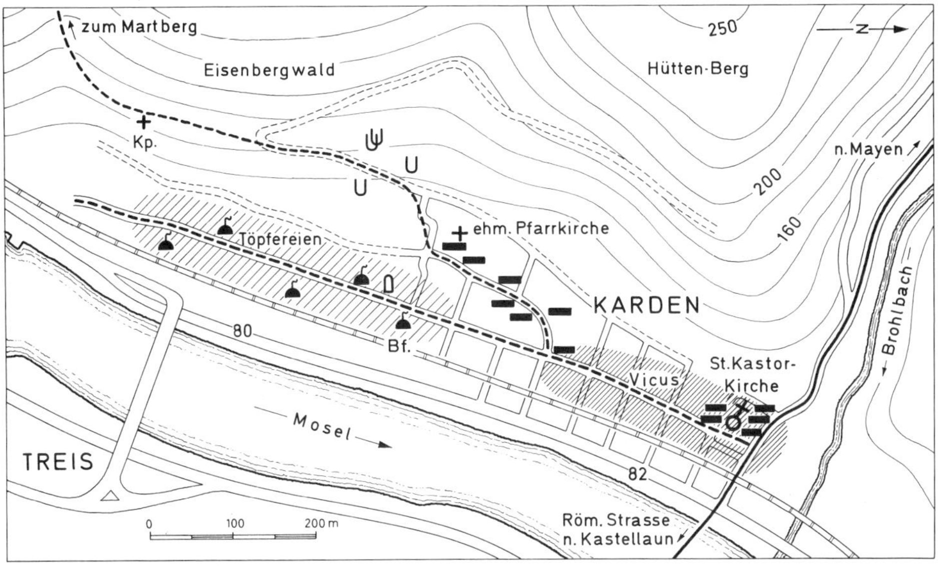

Abb. 10 Karden. Fundsituation im Ortsbereich.

des zu erkunden. Die Gelegenheit bot sich, als in den Jahren 1965 bis 1970 an der unteren Mosel unweit von Cochem im Ortsteil Karden der Verbandsgemeinde Treis die Ortskanalisation in der gesamten Länge der Hauptstraße durchgeführt wurde und die an ihrem Nordende liegende alte Stiftskirche, der »Kardener Dom«, aus statischen Gründen im Untergrund neu gefestigt werden mußte.

Der Ort ist als *Cardena* [31] in der Kosmographie des sogenannten Geographen von Ravenna neben Trier, Neumagen, Bernkastel und Koblenz am Unterlauf der Mosel genannt. Karden liegt am Schnittpunkt einer alten Nordsüdverbindung von der Eifel zum Hunsrück [32] mit der Schiffahrtsstraße der Mosel an einer vor der Kanalisierung in wasserarmen Jahren kaum knietiefen Furt [33].

Seine wirtschaftliche Blüte verdankt Karden während der Römerzeit der Nähe zum Pommerner Martberg. Auf diesem Bergplateau befand sich damals ein bedeutendes Heiligtum, in dem Lenus Mars, der Landesgott der Treverer, verehrt wurde. Aus dem 1865 ausgegrabenen Tempelbezirk [34] stammt als wichtigstes Fundstück die bekannte [35]

31) Ravennatis Anonymi cosmographia (PARTHEY) 4, 26.

32) J. HAGEN, Römerstraßen der Rheinprovinz ^{2}(1931) 309 f. u. 429 f.

33) In dem trockenen Sommer 1921 konnten nach einer Bilddokumentation Kardener Bürger quer durch die Mosel eine Kette bilden. Das Flußwasser erreichte knapp Kniehöhe.

34) J. KLEIN, Der Marberg bei Pommern an der Mosel und seine Kultstätte. Bonner Jahrb. 101, 1897, 62 ff.

35) H. LEHNER, Die antiken Steindenkmäler des Provinzialmuseums Bonn (1918) 242.

bilingue Inschrift (in griechischer und lateinischer Sprache), durch die Tychikos, vielleicht einer der in Karden ansässigen Kaufleute, sich in wohlgesetzten Hexametern bei dem Gott für die Heilung aus schwerer Krankheit bedankt.

Von der Besucherfrequenz dieser Kultstätte auf dem »Heidestiewel« hat Karden offensichtlich profitiert. Unsere Untersuchungen bestätigten den Grundriß eines langgestreckten Straßendorfes, das sich in der Enge des Moseltales nicht wie üblich entlang der römischen Fernstraße, sondern auf dem schmalen Uferstreifen im Flußtal entwickelte (Abb. 10). Durch eine Weihung an den *Genius vicanorum* ist die Ansiedlung als *vicus* bezeugt [36]. Außerhalb des bewohnten Platzes entstand auf der Niederterrasse in Flußnähe ein umfangreiches Töpferviertel (gegen 20 Töpferöfen wurden im Laufe der Jahre angeschnitten), in dem vom 1. Jahrhundert an bis in die römische Spätzeit außer Keramik auch Terrakotten für die Besucher des Tempelbezirkes auf dem Mart hergestellt wurden. Der wohl zur Hauptsache von Händlern, Kaufleuten und Handwerkern bewohnte Vicus ist bis in den Beginn des 5. Jahrhunderts archäologisch nachweisbar. Damals hat nach Ausweis von Grabplatten und -inschriften das Christentum in Karden bereits Fuß gefaßt [37].

Wie zur Römerzeit üblich, war außerhalb des Wohngebietes im Süden am Berghang der Friedhof angelegt. Neben Brandgräbern der frühen und mittleren Kaiserzeit fanden sich beigabenlose Körpergräber, vielfach in Sarkophagen. Auf diesem Gräberfeld wurde im Bereich der späteren Pfarrkirche (Marienpatrozinium) ein saalartiger Bau aufgedeckt [38], der nach dem Grabungsbefund älter ist als darunter aufgedeckte Bestattungen der Merowingerzeit, die ihrerseits wiederum ältere Gräber zerstört hatten. Auch bei vorerst noch zurückhaltender Interpretation wird man die Möglichkeit in Betracht ziehen müssen, daß es sich bei dem Mauerbefund um einen sakralen Bau handelt, der auf dem spätrömisch-frühchristlichen Friedhof im Zusammenhang mit einem besonders verehrten Grabbezirk entstanden ist. Hierzu ist die schriftliche Überlieferung zu stellen, nach der St. Kastor, der Ortsheilige von Karden, im 4. Jahrhundert in einer von ihm gebauten Marienkirche in Karden beerdigt worden ist [39].

36) Weihung zu Ehren des Kaiserhauses und des Vicus an den Genius der *vicani* und alle Götter und Göttinnen. CIL XIII 7655.

37) Frühchristliche Grabplatte aus Marmor. Auf dem Bruchstück u. a. Rest einer Taube. Bonner Jahrb. 142, 1937, 320. Abgebildet bei WACKENRODER a. a. O. (Anm. 39), 419. Dazu Grabinschrift der Eumenia, heute eingemauert in der Pfarrkirche des benachbarten Ortes Müden (WACKENRODER a. a. O. 620), einer alten Filialkirche von St. Kastor in Karden. Vgl. auch F. PAULY, Aus der Geschichte des Bistums Trier 1 (1968) 32.

38) Grabung J. Röder 1955; unveröffentlicht. Kurzer Hinweis bei WACKENRODER a. a. O. (Anm. 39) 8.

39) Einen Überblick über die kirchlichen Verhältnisse gibt F. PAULY in WACKENRODER, Die Kunstdenkmäler des Landkreises Cochem (1959) 19 f. Ausführlicher: DERS., Siedlung und Pfarrorganisation im alten Erzbistum Trier. Das Landkapitel Kaimt-Zell. Rhein. Archiv 49 (1957) 69 ff.

Für die Belegung dieses Friedhofes in der nachrömischen Zeit bleibt festzuhalten, daß die zeitliche Lücke zwischen spätrömischen Körpergräbern und Bestattungen der Merowingerzeit von 150 bis 200 Jahren vorderhand nicht zu schließen ist, wobei allerdings bemerkt werden muß, daß wie so häufig eine systematische Flächengrabung hier nicht stattgefunden hat und wegen der Jahrhunderte langen bis heute andauernden Belegung auch wenig erfolgversprechend sein dürfte. Der Bereich des anschließenden römerzeitlichen *vicus* hat im übrigen bis jetzt noch an keiner Stelle Siedlungsfunde der Merowingerzeit erbracht, obwohl sein Fortbestand bis wenigstens in den Beginn des 6. Jahrhunderts durch den Ravennaten bezeugt ist.

Stiftskirche St. Kastor mit frühmittelalterlichem Friedhof

Im Nordteil des *vicus Cardena* entstand an der Fernstraße das Stift Karden, von dem angenommen wird, daß es aus einem merowingischen Priesterkollegium hervorgegangen ist [40]. Die ältesten, heute noch sichtbaren Bauteile im Stiftsbereich mit der in ihrer Mitte gelegenen Kastorkirche stammen aus romanischer Zeit. Die Möglichkeit zu archäologischen Untersuchungen bot sich, als im Innern von St. Kastor zur statischen Sicherung des Gebäudes in den Jahren 1965 bis 1970 umfangreiche Bauarbeiten durchgeführt wurden. Die Ausgrabungen erstreckten sich nicht nur auf das Innere der Kirche, sondern in großem Umfang auch auf den Kreuzhof sowie auf den freien Platz südlich der Kirche. Der Ausgrabungsbefund hat ergeben, daß hier innerhalb und außerhalb der heutigen Kirche in den halbwegs einplanierten Schichten der römischen Bebauung in fränkischer Zeit ein Friedhof angelegt wurde (Abb. 11). Der zugehörige Hof dürfte knapp 100 m außerhalb des *vicus* im Bereich der Mündung des Brohlbaches gelegen haben, wohl an der Stelle des späteren kurtrierischen Amtshauses [41].

Soviel hier zur allgemeinen und topographischen Situation. Bei der Grabung haben sich im Bereich der Kastorkirche von dem unmittelbaren Vorgänger der romanischen Stiftskirche überraschend viele Mauerzüge erhalten, so daß sich eine gute Vorstellung vom Aussehen dieses Sakralbaues gewinnen läßt. Er hat die gleiche Längsachse wie die romanische Kirche und hält sich in den Maßen in wesentlich bescheidenerem Rahmen (Abb. 12). Es handelt sich um eine dreischiffige Basilika ohne Querbau mit gestelzter Apsis. Unter diesem Bau kamen intensive Spuren der römerzeitlichen Bebauung zutage. Es scheint sich um ein größeres, mehrfach umgebautes Haus des römischen Vicus zu handeln. Besonders gut erhalten war ein in der Längsachse der vorromanischen Kirche angetroffener kellerartiger Raum mit einer wohlerhaltenen Steintreppe als Zugang im We-

40) WACKENRODER a. a. O. 421.
41) Vorberichte des Verf. in: Festschrift für Alois Thomas. Archäologische, kirchen- und kunsthistorische Beiträge. Trier (1967) 109 f. – Ausgrabungen in Deutschland 1950–1975. Monogr. des RGZM 1 (1975) Teil 2, 64 ff.

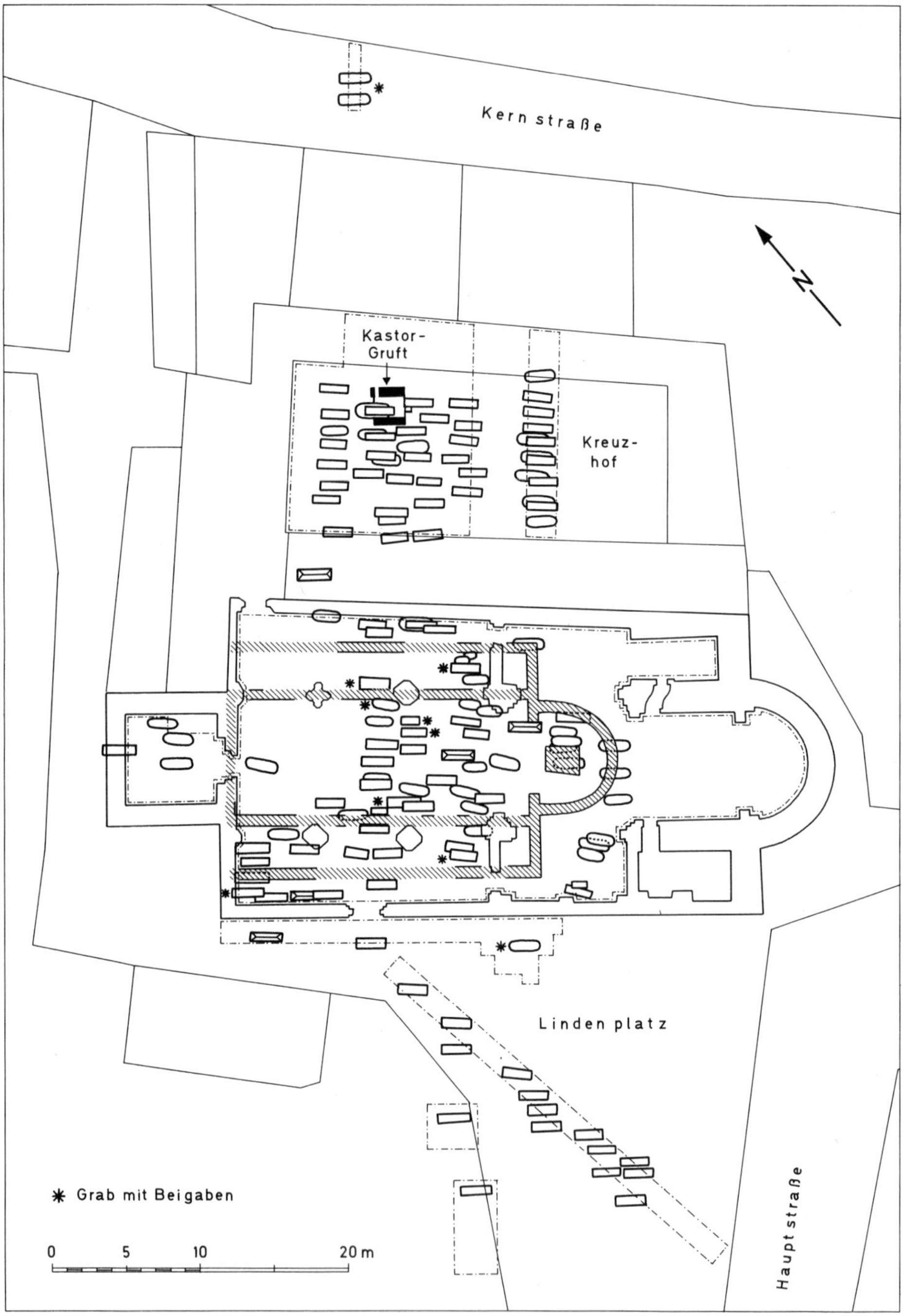

Abb. 11 Karden. Frühmittelalterlicher Friedhof und Sakralbau im Bereich der Kastorkirche.

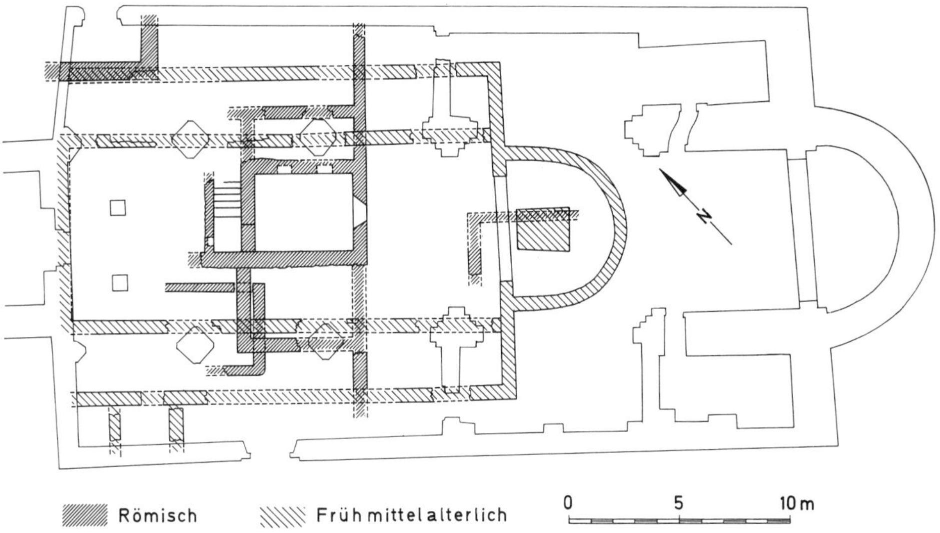

Abb. 12 Karden. Plan der römischen Mauerzüge und des frühmittelalterlichen Kirchengrundrisses unter der Stiftskirche.

sten und Wandnischen an der nördlichen Seiten- und der östlichen Stirnwand. Die Zweckbestimmung als profaner Hauskeller ist völlig gesichert. Einen Zusammenhang etwa im Sinne einer *»cella memoriae«* mit den späteren Sakralbauten an dieser Stelle gibt es nicht.

Die Mauerzüge der vorromanischen Basilika sind lediglich bis auf die Fußbodenhöhe des romanischen Neubaues abgerissen worden; der Rest steckte noch im Boden. Diese Fundamente gaben Anhaltspunkte für die Zeit der Errichtung des Sakralbaues. Es zeigte sich nämlich, daß unter der Außenmauer der Apsis, wie auch unter den Langhausmauern, mit Schieferplatten abgedeckte sowie einfache geostete Erdgräber ohne Beigaben lagen (Taf. 21,1). Sie dürften frühestens ins 7. Jahrhundert gehören. Eine Möglichkeit, diesen Bau mit der Kirche in Verbindung zu bringen, deren Gründung dem Bischof Magnerich von Trier (570–596) zugeschrieben wird, besteht kaum.

Der durch die Grabungen innerhalb und außerhalb der Kastorkirche festgestellte Friedhof hat sich als recht umfangreich erwiesen (Abb. 11). Fast 200 Bestattungen konnten aufgedeckt werden. Die Gräber reichen von dem freien Platz südlich von St. Kastor über den Innenraum der Kirche und den anschließenden Kreuzhof in nördlicher Richtung bis zur alten Fernstraße. Die Anlage erfolgte im aufgegebenen römerzeitlichen Vicusgebiet, eine Beobachtung, die bei fränkischen Friedhöfen im Moseltal, aber auch anderwärts vielfach angetroffen wird. Sie hängt wohl in erster Linie mit der in der Talenge beschränkten Bodenfläche zusammen.

Bei der überwiegenden Mehrzahl der Gräber handelt es sich um beigabenlose Bestattungen. Zum Teil sind die Toten in Holzsärgen beigesetzt worden. Der größere Teil jedoch liegt in vielfach trapezförmigen Gräbern mit Steinschutz (Taf. 21,2). Daneben gibt es auch beigabenlose Erdgräber, die von senkrecht gestellten Steinplatten eingefaßt sind. Seltener liegen die Toten in Sarkophagen zweiter Verwendung, die meist aus römischen Werkstücken gearbeitet sind. Gräber des frühen Belegungshorizontes sind vor allem im nördlichen Teil des Kreuzhofes durch nachfolgende Bestattungen stark zerwühlt worden; Scherben von Tongefäßen und Metallreste fanden sich weithin zerstreut. Nach den wenigen, durch Beigaben datierten, noch intakten Grabfunden (etwa Nr. 1 bis 8 innerhalb der Kirche Abb. 11) hat die Belegung des Friedhofes Anfang des 6. Jahrhunderts begonnen. Tierstilverzierte Beschläge einer Messerscheide und eine massive Gürtelschnalle (Taf. 22, 1–2) stellen hervorragende Erzeugnisse des Kunstgewerbes im 7. Jahrhundert dar.

Die meisten Toten waren mit Sicherheit Christen. In diesen Zusammenhang gehört die Grabplatte des Mädchens Imina (Taf. 22,3), die man wohl noch in das 7. Jahrhundert wird setzen können [42]. Ein weiterer, bereits im 17. Jahrhundert auf diesem Friedhof gefundener Grabstein, der heute verschollen ist, wird durch Alexander Wiltheim, den gelehrten Jesuiten aus dem benachbarten Luxemburg, überliefert [43]. Er ist einer Frau aus dem fränkischen Adel mit Namen Rasnehildis gesetzt; sie wird als *regina* bezeichnet. Dieser allgemeine und summarische Überblick über die Belegung des Friedhofes muß im Hinblick auf die Zielsetzung dieser Ausführungen hier vorerst genügen.

Die Kastorgruft

Im Bereich dieses frühmittelalterlichen Friedhofes, inmitten meist beigabenloser Gräber mit Steinschutz ist im Nordteil des Kreuzhofes der Kastorkirche bei den jüngsten Ausgrabungen ein Befund zutage gekommen, der besondere Beachtung verdient.

Wie oben bereits ausgeführt, ist der frühmittelalterliche Friedhof in den einplanierten Trümmern im Nordteil des römischen Vicus angelegt. Auch im Kreuzhof der Kastorkirche fanden sich vielfach Spuren dieser Bebauung. So lag in seiner Nordostecke ein größerer unterkellerter Raum als Teil eines römischen Wohngebäudes. An die südliche Kellerwand wurde in nachrömischer Zeit mit deutlich erkennbarem bescheidenem handwerklichen Können ein unterirdisches Gelaß mit einer Grundfläche von 2,20 x 1,30 m angefügt (Abb. 11). Die beiden Längsseiten bestehen aus Bruchsteinmauerwerk im Lehmverband. Das auf ihnen ruhende Tonnengewölbe ist in schlichter, um nicht zu sagen unbeholfener Bauweise aus acht einzeln gemauerten und nebeneinander gesetzten Gewölbe-

42) Nach einer vorläufigen Lesung durch W. Boppert (Mainz) wahrscheinlich 7., vielleicht auch noch 8. Jahrhundert.

43) CIL XIII 7660. Den Hinweis verdanke ich H. Ament (Berlin).

rippen aus schiefriger Grauwacke aufgeführt (Taf. 23,1). Bei den Stirnseiten hat man auf eine Mauerung verzichtet; sie sind in den fast steinharten Untergrund eingegraben.

Der winzige Raum hat eine lichte Höhe von nur 1,20 m. In der Mitte der nordöstlichen Stirnwand ist in den steinharten Boden, etwa 80 cm hoch über dem Fußboden ansetzend, ein schmaler und enger Lichtschacht von 50 x 45 cm Grundfläche angeordnet, der über den äußeren Gewölbescheitel hochgeführt war und noch eine Steinlage hoch erhalten ist (Taf. 23,2). Am Ostende der nördlichen Seitenwand befindet sich gleichfalls eine mit einer Schieferplatte abgedeckte rechteckige kleine Öffnung von 60 x 45 cm lichter Weite, die in einem nachträglichen Durchbruch Sichtverbindung zur anschließenden Treppe des römischen Kellers gestattet; ihre Benutzung im Zusammenhang mit dem nachrömischen unterirdischen Raum ist somit gegeben. Dieser ist heute noch vollkommen intakt und in dem Zustand, wie er am Ende seiner Nutzung verlassen wurde. Von seinem ehemaligen Inhalt fand sich keine Spur mehr, er war vollkommen ausgeräumt. Die Anlage wurde konserviert.

Naturgemäß wurde bei der Frage nach der Nutzung des Gelasses zunächst von einem Zusammenhang mit dem römerzeitlichen Keller als Nebengelaß ausgegangen. Davon mußte aber bald Abstand genommen werden. Beide Öffnungen, durch die man gegebenenfalls den Innenraum hätte erreichen können, sind so schmal und eng (50 x 45 bzw. 60 x 45 cm), daß sie für einen halbwegs passablen Zugang nicht in Frage kommen. Gegen eine regelmäßige Benutzung spricht außerdem das völlige Fehlen eines Laufhorizontes im Innern sowie die geringe Raumhöhe von nur 1,20 m. Bei der weiteren Suche nach der Zweckbestimmung des unterirdischen Gelasses verfestigte sich dann im Verlauf der Grabungsarbeiten mehr und mehr der Gedanke, daß es sich bei diesem Befund offensichtlich um eine Gruft handeln müsse, wie wir sie aus frühchristlichen Friedhöfen des Südens, aus Salona [44] etwa, kennen. Hauptpunkte dieser Überlegungen bildeten dabei die folgenden Feststellungen: In dem frühmittelalterlichen Friedhof hat die kleine Kammer ebenso wie alle übrigen Gräber der näheren und weiteren Umgebung die gleiche, leicht verschobene Ostwestorientierung, und die Maßverhältnisse (Grundfläche 2,20 x 1,30 m bei 1,20 m Höhe) passen gut zu einer kleinen Grabgruft. Zudem bietet der ohne Spuren einer regelmäßigen Begehung aufgefundene Raum an der Nordostecke und vor allem an der Stirnseite die Möglichkeit, Einblick in das Innere zu nehmen und gegebenenfalls kleinere Gegenstände bis zum Kammerboden einzuführen; in dem Lichtschacht an der Stirnseite des Kammergrabes wird man eine *fenestella*, ein Fensterchen, zu sehen haben, das im Zusammenhang mit dem Lustrations- und Heilungsritus in der Heiligenverehrung der Frühzeit eine Rolle spielt [45]. Und schließlich: Die Bestattungen im Kreuzhof sind bis ins hohe Mittelalter von nur wenig ansteigendem Niveau aus er-

44) R. Egger u. E. Dyggve, Forschungen in Salona 2 (1926) 36 ff. u. 3 (1939) 6 f.
45) RAC 1 (1950) 343 ff. s. v. Altar III, bes. 345 (J. P. Kirsch).

folgt. Dabei mußte wegen der Raumenge immer wieder durch Beiseiteschieben älterer Skelette Platz für neue Bestattungen geschaffen werden. Die kleine Gruft und ihre unmittelbare Umgebung aber wurden ausgespart und nicht angetastet.

Die Tatsache, daß diese Gruft sich durch die besondere und vergleichsweise aufwendige Form der Anlage gegenüber den anderen Bestattungsarten im Friedhof deutlich abhebt, spricht dafür, daß in ihr eine Persönlichkeit von Rang beigesetzt wurde, der man eine besondere Verehrung zubilligte. Hinzu kommt, daß sich bei den Ausgrabungen in der Bodenstruktur Anhaltspunkte für den Grundriß eines kleinen, wohl hölzernen Memorialbaues über der Gruft ergeben haben [46] (Taf. 23,2). In der Schichtenfolge gehört die Gruft zu der älteren Zeit der Belegung des Friedhofes.

Für die Beantwortung der Frage nach der Person des hier Bestatteten ist die Tatsache wichtig, daß die Gebeine offensichtlich der Gruft bereits in früher Zeit entnommen wurden. Die Sorgfalt, mit der das geschah, und die erkennbare Achtung der Grabstelle (s. o.) schließen eine Wühlarbeit durch Grabräuber bei der Suche nach Schätzen aus. Alles deutet auf eine Entnahme im Sinne einer *translatio*. Auch bei sehr vorsichtiger Interpretation wird man Gruft und Memorialbau mit der Person des hl. Kastor [47] in Verbindung bringen dürfen, der in der schriftlichen Überlieferung mit dem frühen Christentum in Karden eng verbunden ist.

Ob die Gruft im Kreuzhof von St. Kastor für eine Erstbestattung gebaut wurde oder die im Kammergrab ehedem ruhenden Gebeine dorthin – gegebenenfalls vom spätrömisch-frühchristlichen Friedhof südlich vom *vicus* im Bereich der Marienkirche – transferiert wurden, kann mit archäologischen Mitteln naturgemäß nicht entschieden werden. Der späteste Zeitpunkt für die Entnahme der Gebeine aus der Gruft im Kreuzhof von St. Kastor ist das Jahr 836, als nach der Überlieferung die Gebeine des Heiligen geteilt und zur Hälfte nach Koblenz in die damals gebaute Kastorkirche [48] gebracht wurden. Der in Karden verbliebene Teil wurde damals, wie wir aus dem Befund schließen möchten, aus der Gruft genommen und im Chor der vorromanischen Kirche in einem Hochgrab verwahrt (Abb. 12) [49].

46) Die *fenestella confessionis* dürfte sich im Unterbau eines an der Stirnwand des kleinen oberirdischen Memorialbaues (*ecclesiola* in der Karden betreffenden schriftlichen Überlieferung) befunden haben. Von diesem selbst war der Umriß durch die Bodenverfärbung (heller Lehmboden) und Spuren eines Schwellbalkens an der südlichen Längswand zu erkennen. – Zur *fenestella* vgl. auch Cabrol-Leclercq, Dict. III 2 (1914) 2503 f. s. v. confessio u. V 1 (1922) 1355 f. s. v. fenestella (H. Leclercq).

47) Potentinus aus Aquitanien, nach der Überlieferung von dem Trierer Bischof Maximin dem Kastor zugeteilt, kann in diesem Zusammenhang unberücksichtigt bleiben. Seine Gebeine wurden 920 nach dem Kloster Steinfeld übertragen.

48) Am 11. Nov. 836. MG SS II 585 u. 603; ebd. VII, 164.

49) Wie aus dem Grundriß zu ersehen ist, hat der Altarunterbau eine ungewöhnliche Tiefe (2,30 m), die auf andere Weise kaum zu erklären sein dürfte.

Nach dem Ergebnis der Grabungen stellt sich der Besiedlungsablauf im *vicus Cardena* folgendermaßen dar: Im Nordteil des *vicus* im Bereich der Kastorkirche hört mit dem Ende der Römerherrschaft zunächst die Besiedlung auf. Die zugezogenen Franken richten von der in unmittelbarer Nähe, aber außerhalb des *vicus* gegründeten Hofstelle (s. o.) aus für ihre Toten dort im 6./7. Jahrhundert einen Friedhof ein. Erst zu einem späteren Zeitpunkt entsteht auf dem Friedhof die Kastorgruft, aus der im 9. Jahrhundert die Gebeine des Heiligen in die vorromanische Kirche überführt werden. Spätestens zu diesem Zeitpunkt faßt im Gefolge der kirchlichen Organisation auch hier die Besiedlung wieder Fuß und entfaltet sich in der Folge zum neuen Siedlungskern.

Anders die Entwicklung im Südteil von *Cardena*. Der außerhalb des *vicus* in unmittelbarer Nähe des Töpferviertels angelegte alte Begräbnisplatz mit der Sepultur bei der Marienkirche dürfte der einheimischen romanisierten Bevölkerungsschicht zuzurechnen sein. Diese hat zweifelsfrei, wenn auch in beschränktem Umfang, ihr altes Wohngebiet noch nach dem Ende der römischen Herrschaft besiedelt, auch wenn wir hierfür zur Zeit noch keine einwandfrei datierbaren archäologischen Zeugnisse in Form von Kleinfunden zur Verfügung haben. Wie sollten wir sonst die Erwähnung von *Cardena* in der Kosmographie des Ravennaten deuten, falls wir davon ausgehen, daß diese auf älteren, heute verschollenen Vorlagen fußende Schrift Zustände der Merowingerzeit in der 2. Hälfte des 5. Jahrhunderts wiedergibt?

Mayen und Andernach im Übergang von der Spätantike zum frühen Mittelalter

VON HERMANN AMENT

Bei der Erörterung der Kontinuitätsprobleme im mittelrheinischen Raum, wie sie sich die Reichenau-Tagung des Frühjahrs 1977 als Thema gesetzt hatte, durfte eine Betrachtung der beiden wichtigen Fundplätze Mayen und Andernach nicht fehlen. Verf. ist der Bitte, eine Art Forschungsbericht zu beiden Orten zu erstatten, nachgekommen in dem Bewußtsein, daß wohl der thematische Zusammenhang, nicht aber ein neu erreichter Kenntnisstand solches rechtfertige, und möchte diese Bewertung auch auf die folgenden, mit Absicht knapp gehaltenen Darlegungen übertragen wissen. An beiden Fundplätzen harren noch große Forschungsaufgaben der Bewältigung. So ist man bei der Beurteilung des Fundmaterials von Andernach fast ausschließlich auf Publikationen angewiesen, die bis zur Jahrhundertwende erschienen sind; sieht man von der Dokumentation G. Steins zur spätrömischen Kastellmauer ab, so geht alles Jüngere über den Informationsgehalt von Fundnotizen selten hinaus. Eine Neubearbeitung der merowingerzeitlichen Grabfunde ist von Helga Polenz in Angriff genommen worden, und eine Bonner Dissertation von Manfred Hiuskes hat die Geschichte der Stadt Andernach im Mittelalter zu Gegenstand. So wird wenigstens für die frühmittelalterliche Epoche in absehbarer Zeit ein neuer Forschungsstand erreicht sein. Aber auch danach bleiben noch Desiderate, z. B. neue Untersuchungen zu den römischen Grabfunden und zu den frühchristlichen Inschriften. Aus dem reichen Mayener Fundstoff wurden nur die frühmittelalterlichen Grabfunde vollständig publiziert, die spätrömischen immerhin in einer Auswahl. Nicht aufgearbeitet sind die frühgeschichtlichen Siedlungsfunde einschließlich der umfangreichen Relikte des Basaltabbaues und des Töpfereigewerbes. In diesem Zusammenhang müßte auch die Verbreitung der Mayener Produkte weiträumig registriert werden. Nach allem sind für diese beiden bedeutsamen Fundplätze am Mittelrhein zur Zeit nur vorläufige Urteile möglich.

MAYEN (Abb. 1)

Mayen verdankt seine überregionale Bedeutung in der Spätantike und im frühen Mittelalter seinen Steinbruchbetrieben [1] und seinen Töpfereien [2]. Die römische Besiedlung hatte ihren Schwerpunkt nördlich der Nette, welche die heutige Stadt Mayen in östlicher Richtung durchquert [3]. Im Bereich dieser Ansiedlung vom Charakter eines *vicus* sind auch Töpferwerkstätten festgestellt worden [4]. Das Steinbruchgebiet schloß sich im Nordosten an das Siedlungsareal an [5], während sich im Nordwesten in einiger Entfer-

1) Die Ausbreitung der in Mayen gewonnenen Mahlsteine skizziert J. Röder folgendermaßen: Bereits im Neolithikum waren Mayener Steine im Niederrheingebiet verbreitet. Seit der mittleren Hallstattzeit gelangten sie ins Rhein-Main-Gebiet und »in der späteren vorgeschichtlichen Zeit bis in die Schweiz ... In römischer Zeit treten das Neckar- und das obere Donaugebiet, im frühen Mittelalter die Nordseeländer als neue Absatzgebiete hinzu« (Neue Ausgrabungen in Deutschland [1958] 270). Eine Verbreitungskarte frühmittelalterlicher Mahlsteine aus Mayen/Niedermendig hat neuerdings J. Parkhouse vorgelegt: Ber. Rijksdienst Oudheidkundig Bodemonderzoek 26, 1976, 187 Abb. 7.

2) Für die spätrömische Zeit läßt sich die Südausbreitung der Mayener Keramik gut erkennen; die Vorkommen reichen bis zu den Befestigungen am Hochrhein und in deren Hinterland: R. Fellmann, Jahrb. Schweiz. Ges. Urgesch. 42, 1952, 161 ff.; Zu einer Verbreitungskarte der Eifelkeramik vgl. auch G. Pohl, in: Der Lorenzberg bei Epfach. Die spätrömischen und frühmittelalterlichen Anlagen (Epfach II). Münchner Beitr. zur Vor- und Frühgesch. 8 (1969) 165 Abb. 80; M. Martin, in: Ur- und frühgeschichtliche Archäologie der Schweiz, Bd. 5. Die römische Epoche (1976) 177 Abb. 9. Für die Merowingerzeit steht fest, daß Rheinhessen, das Rhein-Main-Gebiet, das Limburger Becken und der Trierer Raum mit Mayener Produkten beliefert wurden (W. Hübener, Absatzgebiete frühgeschichtlicher Töpfereien nördlich der Alpen. Antiquitas, Reihe 3, Bd. 6 [1969] 143 ff.; 301 ff. – K. Böhner, Die fränkischen Altertümer des Trierer Landes. Germ. Denkmäler Völkerwanderungszeit, Ser. B, Bd. 1 [1958] 63 ff.; 256), jedoch anscheinend nicht mehr das südliche Oberrheingebiet (vgl. Hübener a. a. O. 302 zu Funden aus dem Museum Straßburg). Während das Rhein-Main-Gebiet auch noch in karolingischer Zeit mit Mayener Keramik beliefert wurde (O. Stamm, Spätrömische und frühmittelalterliche Keramik der Altstadt Frankfurt a. M. Schr. Frakfurter Mus. Vor- u. Frühgesch. 1 [1962] 146 ff.; 151 ff.), tritt diese im Niederrheingebiet schon seit der jüngeren Merowingerzeit stark zurück (vgl. die bei Hübener a. a. O. 144 Anm. 59 zitierte Literatur). Eine gesamthafte Untersuchung dieser Vorgänge steht noch aus; vgl. einstweilen K. Weidemann, in: Althessen im Frankenreich, hrsg. W. Schlesinger. Nationes 2 (1973) 99 ff.

3) L. Brink, Die Niederlassungen in Mayen bis zum Beginn des Mittelalters. SA aus: Geschichte von Mayen, hsrg. Geschichts- u. Altertumsver. Mayen u. Umgebung (1910) 39. – C. Schumacher, Siedelungs- und Kulturgeschichte der Rheinlande 3 (1925) Taf. 11. – Bonner Jahrb. 133, 1928, Taf. 1. – J. Hagen, Römerstraßen der Rheinprovinz [2] (1931) 286 f.

4) Brink a. a. O. 54 f. – Bonner Jahrb. 117, 1908, 392. – Ebd., 119, 1910, 125. – Ebd., 127, 1922, 277 ff.; 288 ff. – Ebd., 128, 1923, 137; 146. – Ebd., 129, 1924, 270.

5) Brink a. a. O. 51 ff. – F. Hörter, F. X. Michels u. J. Röder, Die Geschichte der Basaltlava-Industrie von Mayen und Niedermendig. Jahrb. Gesch. u. Kunst d. Mittelrheins u. seiner Nachbargebiete 2–3, 1950–1951, 1 ff.; ebd., 6–7, 1954–1955, 7 ff. – O. G. S. Crawford, J. Röder

nung das römische Gräberfeld befand [6]. Siedlungsspuren geringeren Ausmaßes und einige römische Gräber sind auch südlich der Nette im Bereich des heutigen Stadtkernes beobachtet worden [7]. Ebenso wie die römische verteilt sich die frühmittelalterliche Besiedlung auf die beiden Nette-Ufer. Auf dem linken, nördlichen wurden im Distrikt »Auf der alten Eich« bei verschiedenen Gelegenheiten etwa 60 Gräber eines wesentlich größeren Reihengräberfeldes aufgedeckt [8]. Diese merowingischen Bestattungen tangieren im Westen in einem leider durch Raubgrabungen zerstörten Bereich den römischen Bestattungsplatz [9] und überlagern im Osten die baulichen Reste des römischen *vicus* [10]. Da sich die ältesten Gräber vor allem im östlichen Friedhofsteil fanden, lassen sich eine kontinuierliche Belegung seit spätrömischer Zeit und damit ein Zusammenhang zwischen römischer und fränkischer Nekropole nicht beweisen, sind wegen der lückenhaften Ausgrabung aber auch nicht auszuschließen [11]. Kontinuierliche Belegung im Westteil des merowingischen Gräberfeldes vorausgesetzt, müßte man mindestens mit einem sekundären, in der älteren Merowingerzeit begründeten Belegungszentrum in dessen östlichem Teil rechnen [12]. Rechts der Nette wurden an der Stehbach-Straße einige Bestattungen der späten Merowingerzeit gefunden [13]. Der zu diesem Gräberfeld gehörige Siedlungskern ist in dem unfern gelegenen Hof des Stiftes St. Florin zu Koblenz zu erblicken, zu

u. a., The Quern-quarries of Mayen in the Eifel. Antiquity 29, 1955, 68 ff., bes. Abb. 2. – RÖDER, Das Werden der Besitzverhältnisse im Mayener Basaltgebiet. Germania 34, 1956, 248 ff., bes. Abb. 1. – DERS., Antike Steinbrüche in der Vordereifel. Neue Ausgrabungen in Deutschland (1958) 268 ff., bes. Beilage 1.

6) Plan bei W. HABEREY, Spätantike Gläser aus Gräbern von Mayen. Bonner Jahrb. 147, 1942, 249 ff., bes. 250 Abb. 1. Das Lageverhältnis zwischen der südöstlichsten dort kartierten Grabgruppe, der fränkischen Nekropole und dem östlich des Ettringer Weges beginnenden römischen Siedlungsareal wird ersichtlich aus H. AMENT, Die fränkischen Grabfunde aus Mayen und der Pellenz. Germ. Denkmäler Völkerwanderungszeit, Ser. B, Bd. 9 (1976) 142 f. Abb. 15–16.

7) Vgl. Anm. 3 (außer Brink).

8) AMENT a. a. O. 141 ff.; 206 ff. u. ö.

9) BRINK a. a. O. 77; P. HÖRTER, Der Kreis Mayen in ur- und frühgeschichtlicher Zeit [2](1930) 36 f.

10) Die merowingischen Gräber 1–7 und 12–27 (AMENT a. a. O. 207) wurden im Bereich römischer Gebäudereste angetroffen: Bonner Jahrb. 117, 1908, 392; ebd., 119, 1910, Ber. 125; BRINK a. a. O. 56 u. 77.

11) AMENT a. a. O. 141 ff.; 170.

12) Etwa analog zum Gräberfeld von Krefeld-Gellep, das einerseits in bescheidenem Umfang seit römischer Zeit kontinuierlich weiterbelegt, andererseits durch die Neugründung einer fränkischen Sepultur an seiner Peripherie erweitert wurde: BÖHNER, in: Ausgrabungen in Deutschland 1950–1975. RGZM Monogr. 1,2 (1975) 54 f.; R. PIRLING ebd., 173 f. Allgemein H. W. BÖHME, in: Les relations entre l'empire romain tardif, l'empire franc et ses voisins. IXe Congrès UISPP Nice 1976, Prétirage Colloque XXX (1976) 80 f.

13) AMENT a. a. O. 160 f. Abb. 18; 224 ff. u. ö.

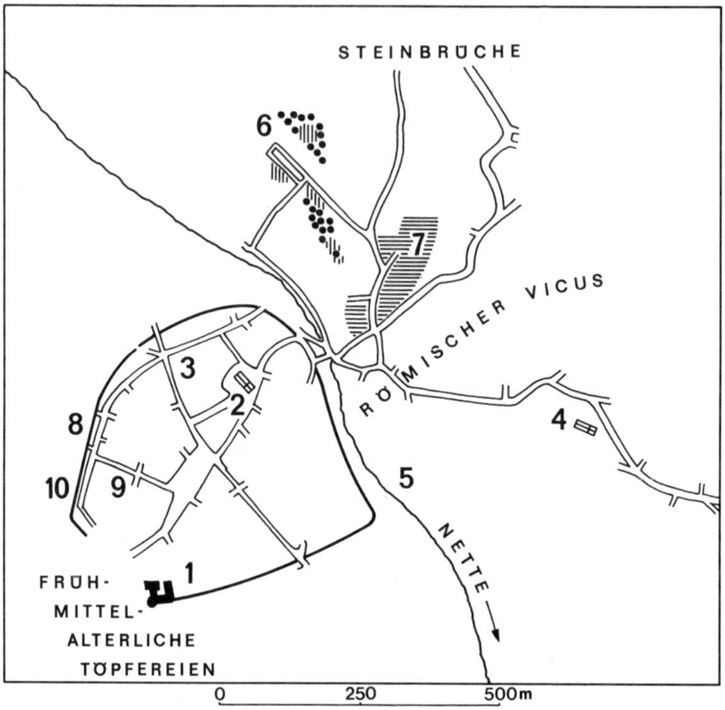

Abb. 1 Topographie von Mayen in römischer und frühmittelalterlicher Zeit.
1 Mittelalterliche Stadtmauer und Burg. 2 St. Clemens. 3 Hof des Stiftes St. Florin zu Koblenz (Zehnthof). 4 St. Veit. 5 Merowingischer Siedlungsfund in der Alleestraße. 6 Römische Brandgräber (Punkte) und Körpergräber (Schraffur) am »Römerhügel«. 7 Frühmittelalterliche Gräber »Auf der alten Eich«. 8 Jungmerowingische Körpergräber und römische Brandgräber an Oberer Ringstraße und Stehbach. 9 Jungmerowingisches Grab in der Töpferstraße. 10 Spätrömische Körpergräber an der Oberen Ringstraße.

dem auch die heutige Pfarrkirche St. Clemens in ihren Anfängen gehört haben muß [14]. Ein entsprechender Siedlungskern links der Nette ist nicht mehr auszumachen; allenfalls wäre hier der in der urkundlichen Überlieferung bezeugte, sonst aber nicht zu lokalisierende Hof des Erzstiftes Trier zu vermuten, der mit der Kirche St. Veit und dem Reihengräberfeld »Auf der alten Eich« eine ähnliche Einheit gebildet haben könnte wie auf dem anderen Nette-Ufer der Hof von St. Florin mit St. Clemens und der Sepultur am Stehbach [15]. Erst der Ende des 13. Jahrhunderts begonnene Ausbau Mayens zu einer

14) Ebd., 159 ff. Zur Ausgrabung in St. Clemens vgl. den Vorbericht von Röder in Germania 29, 1951, 297 ff. Abb. 6.
15) Ament a. a. O. 161 f.

trierischen Stadt [16] hat den Siedlungsschwerpunkt definitiv auf das südliche Nette-Ufer verlagert. Somit stellt der Siedlungszustand des frühen Mittelalters mit den beiden Hofkomplexen rechts und links der Nette eine Übergangsphase dar zwischen dem römischen Vicus auf dem Nordufer und der mittelalterlichen Stadt auf dem Südufer. Im Hinblick auf die Kontinuitätsfrage ist festzuhalten: In der Übergangszeit des 5. Jahrhunderts ist die Produktion von Gefäßkeramik und Mahlsteinen in Mayen zweifellos ohne Unterbrechung weitergeführt worden [17]. Das ist ohne eine Bevölkerungskontinuität von beträchtlichem Ausmaß nicht vorstellbar. Dennoch ist es zu merklichen Veränderungen in der Siedlungsstruktur [18], allem Anschein nach auch zu Zäsuren in der Belegung der Gräberfelder gekommen.

ANDERNACH (Abb. 2)

Während Mayen erst für 1041 als *»Megena«* urkundlich bezeugt ist [19], findet Andernach schon in den antiken Schriftquellen mehrfach Erwähnung [20]. Die wohl unter Julian errichtete Befestigungsmauer (Länge ca. 900 m, Inhalt 5,6 ha) ist das bedeutendste bauliche Relikt aus spätrömischer Zeit [21]. Sonst sind archäologische Aufschlüsse aus dem Siedlungsbereich nur zufälligerweise bekannt geworden [22]; erfolgversprechend wäre vor allem eine Untersuchung im Innern der Liebfrauenkirche im Hinblick auf einen eventuellen spätantiken Ursprung. Die frühmittelalterliche Pfalz, deren Bedeutung mehrfache Aufenthalte merowingischer Könige erkennen lassen, ist durch die Genovefa-Kapelle bei der späteren Propstei von Malmedy im Bereich des Merowingerplatzes lokalisiert [23].

16) Ebd., 158 f.
17) Ebd., 170.
18) Dazu gehört auch die Verlegung der Töpferwerkstätten vom linken Netteufer (vgl. Anm. 4) auf die rechte Talseite in den Bereich um die Burg: BRINK a. a. O. 82 ff.; Bonner Jahrb. 132, 1927, 274; ebd., 148, 1948, 397; HÖRTER a. a. O. 58; H. EIDEN, Zehn Jahre Ausgrabungen an Mittelrhein und Mosel ^{2} (1977) 88 ff.
19) H. BAYER, L. ELTESTER u. A. GOERZ, Urkundenbuch zur Geschichte der ... mittelrheinischen Territorien 1 (1860, Nachdruck 1974) Nr. 178.
20) ITIN. ANTON. 254,1; 371,1: *Antunnaco.* – AMM. MARC. 18,2,4: *Antenacum.* – NOT. DIGN. OCC. 39,11: *Antonaco.* – GEOGR. RAV. IV, 24: *Anternacha.*
21) G. STEIN, Die Bauaufnahme der römischen Stadtmauer in Andernach. Saalburg-Jahrb. 19, 1961, 8 ff. – Einen Überblick über das römische Andernach gibt K. ZIMMERMANN, Das römische Andernach. Rhein. Vierteljahrsbl. 25, 1960, 207 ff.
22) Zuletzt RÖDER, Neue Ausgrabungen in Andernach. Germania 39, 1961, 208 ff. Ältere Fundnotizen: Bonner Jahrb. 104, 1899, 168; ebd., 133, 1928, 270 f.; ebd., 143–144, 1938–1939, 388; ebd., 146, 1941, 319; ebd., 148, 1948, 337.
23) Die Kunstdenkmäler des Kreises Mayen, Bd. 1, bearb. v. J. BUSLEY u. H. NEU (1941) 151 f.; 157.

Wesentlich ergiebiger für archäologische Betrachtungen sind die Gräberfelder vor den Toren der Stadt; mit einer Ausnahme (St. Thomas) wurden sie bereits im vorigen Jahrhundert untersucht, leider nicht immer fachmännisch und mit wissenschaftlichen Intentionen. Hält man sich an die maßgebliche, von H. Lehner 1901 veröffentlichte Fundkarte [24], so sind vier Fundareale zu unterscheiden.

1. Andernach-Kirchberg. Im Süden der Stadt liegt beiderseits des Kirchweges ein römisch-fränkisches Gräberfeld [25]. Es setzt ein mit Brandgräbern der mittleren Kaiserzeit und hat verhältnismäßig zahlreiche Körpergräber der spätrömischen Zeit erbracht. Der Bericht über die Untersuchungen der Jahre 1879–1881 zählt 141 als spätrömisch angesehene Bestattungen auf; die Beisetzung erfolgte meist in einem Holzsarg, seltener in einem Sarkophag [26]. Während die spätrömischen Gräber nur östlich des Kirchweges zutage gekommen sind, fanden sich merowingische beiderseits desselben; vom gesamten Friedhofsareal wird also der Teil westlich des Kirchweges nur von merowingischen Gräbern eingenommen, während sich im östlichen Teil in dessen Mitte das römische und das frühmittelalterliche Belegungsareal überlappen und im äußersten Norden die römischen, im äußersten Süden die merowingischen Gräber wieder isoliert auftreten [27]. Ein detaillierter Plan existiert nicht. Katalogmäßig beschrieben werden die Inventare von 30 nicht beraubten fränkischen Gräbern. Deren Verhältnis zu den beraubten Gräbern der gleichen Zeitstellung wird mit 1:30 angegeben [28]; demnach wären in jenen Jahren gegen 1000 frühmittelalterliche Gräber geöffnet worden. Das chronologische Spektrum der veröffentlichten Funde aus jenen 30 Gräbern deckt vor allem die ältere Merowingerzeit ab, einzelne Inventare gehören aber auch in die jüngere Merowingerzeit [29].

2. Andernach-Martinsberg. Am Martinsberg im Südosten der Stadt gibt es abseits von einem frührömischen Brandgräberfeld [30] auch ein Körpergräberfeld, wel-

24) Bonner Jahrb. 107, 1901, 26 Abb. 21.

25) H. Stoll, Rhein. Vorzeit in Wort u. Bild 2, 1939, 136 Nr. 106 (mit älterer Literatur).

26) C. Koenen, Die vorrömischen, römischen und fränkischen Gräber in Andernach. Bonner Jahrb. 86, 1888, 148 ff., bes. 183–197.

27) Ebd., 198 ff.

28) Ebd., 201.

29) Der Großteil der Funde, abgebildet ebd. Taf. 12, gehört in die ältere Merowingerzeit. Darunter sind Stücke wie die cloisonnierte Schnalle Taf. 12,25 oder der fadenverzierte Tummler Taf. 12,20 besonders früh anzusetzen. In die jüngere Merowingerzeit ist vor allem Grab 25 mit Preßblech- und Goldscheibenfibel (Taf. 12,30–31) zu datieren, vermutlich auch das eine oder andere der mit einem Sax ausgestatteten Männergräber. Den chronologischen Unterschied zu den jungmerowingischen Funden vom Burgtor hat Koenen klar erkannt: Ebd., 229 (vgl. auch Anm. 41).

30) Ebd., 163–178.

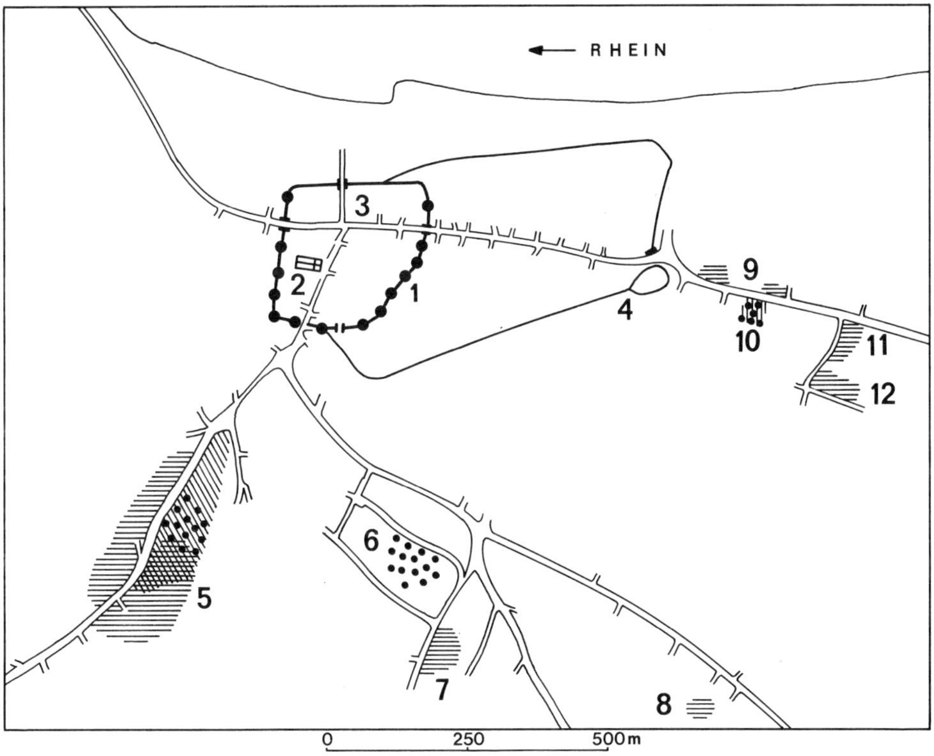

Abb. 2 Topographie von Andernach in römischer und frühmittelalterlicher Zeit.
1 Spätrömische Kastellmauer. 2 Liebfrauenkirche. 3 Bereich der Pfalz (St. Genovefa). 4 Mittelalterliche Stadtmauer und Burg. 5 Gräberfeld am Kirchberg mit römischen Brandgräbern (Punkte) und Körpergräbern (Schrägschraffur) sowie frühmittelalterlichen Körpergräbern (waagrechte Schraffur). 6 Römische Brandgräber am Martinsberg. 7 Merowingische Gräber am Martinsberg. 8 Merowingische Gräber bei St. Stephan/St. Thomas. 9 Jungmerowingische Gräber am Burgtor (1879/81). 10 Römische Brand- und Körpergräber auf dem Grundstück Herfeld (1879/81). 11 Jungmerowingische Gräber auf dem Ziegelfeld (1867). 12 Jungmerowingische Gräber auf dem Hospitalfeld (1897).

ches in fränkischer Zeit belegt worden ist. Veröffentlicht wurden einige, z. T. recht qualitätvolle Beigaben der jüngeren Merowingerzeit [31]. Daß es dort auch spätrömische Bestattungen gegeben hat, ist nicht verbürgt [32].

3. Andernach-St. Thomas. Bei einer Grabung der Nachkriegszeit wurden im Bereich des ehemaligen Klosters St. Thomas Gräber der Merowingerzeit gefunden [33]. Eine nähere Beurteilung ist beim derzeitigen Publikationsstand nicht möglich.

4. Andernach-Koblenzer Straße. Zwischen 1867 und 1897 sind bei verschiedenen Gelegenheiten beiderseits der Andernach in östlicher Richtung verlassenden Rheintalstraße Gräber der späten Römer- und jüngeren Merowingerzeit entdeckt worden. 1879/81 fanden sich 15 spätrömische Brand- und Körpergräber südlich der Koblenzer Straße (Grundstück Herfeld), 34 Gräber mit Beigaben der Merowingerzeit nördlich dieser Straße (Burgtor) sowie acht beigabenlose Gräber des frühen Mittelalters im Bereich der Fundstellen Ziegelfeld und Hospitalfeld [34]. Auf dem Ziegelfeld sind bereits 1867 mehr als 30 fränkische Gräber festgestellt worden, darunter auch ein damals als römisch angesehenes Brandgrab [35]. In dem südlich anschließenden Hospitalfeld wurden 1897 232 frühmittelalterliche Gräber freigelegt, darunter 25, die noch Beigaben enthielten [36]. Wegen zahlreicher Nachbestattungen – der Ausgräber rechnete mit insgesamt

31) Bonner Jahrb. 44–45, 1868, 120 f. – Ebd., 50–51, 1871, 287 f. – Ebd., 86, 1888, 198. – Stoll a. a. O. Nr. 107.

32) Die Eintragung spätrömischer Gräber in der Fundkarte Trierer Zeitschr. 19, 1950, 91 Abb. 4 und ihren Wiederholungen (vgl. Anm. 40) geht offensichtlich (vgl. ebd., 90 Anm. 18) auf eine mißverständliche Angabe Koenens zurück, der Bonner Jahrb. 86, 1888, 182 im Abschnitt über römische Gräber eine Überschrift »Skelet-Gräber vom Martins- und Kirchberg in Andernach« einfügte, unter der aber ausschließlich Gräber vom Kirchberg aufgeführt werden.

33) Germania 31, 1953, 116.

34) Bonner Jahrb. 86, 1888, 178–182; 209–216. Vgl., auch zum folgenden, Stoll a. a. O. Nr. 118.

35) H. Schaaffhausen, Über germanische Grabstätten am Rhein. Bonner Jahrb. 44–45, 1868, 85 ff., bes. 121–123 Taf. 5,1–19. Das Brandgrab ist bei Lehner (vgl. Anm. 24) und in manchen auf ihn zurückgehenden Karten (vgl. Anm. 32) als römisch eingetragen, jedoch ist das als Urne dienende Gefäß (ebd., Taf. 5,12) keinesfalls als römisch, vielmehr als spätmerowingisch bzw. karolingisch anzusprechen, vergleichbar z. B. dem Gefäß aus Minden Grab 3 (Böhner a. a. O. Taf. 6,18). Was den Beisetzungsritus angeht, kann auf einen Fund von Ingelheim-Freiweinheim verwiesen werden (Führer zu vor- und frühgeschichtlichen Denkmälern, Bd. 12 [1969] 61; Abb. S. 63).

36) Koenen, Karlingisches Gräberfeld in Andernach. Bonner Jahrb. 105, 1900, 103 ff. Vgl. auch Stoll a. a. O. Nr. 109. Einzelfunde von Grabbeigaben und vor allem von Grabsteinen sind auch bei späteren Gelegenheiten zutage gekommen: Bonner Jahrb. 138, 1933, 184 f.; ebd., 139, 1934, 215; ebd., 146, 1941, 374; ebd., 148, 1948, 409; Germania 31, 1953, 116. Das Urteil Röders (ebd.), dem Ausgrabungsplan Koenens (a. a. O. Taf. 8) sei »erhebliches Mißtrauen« entgegenzubringen, bezieht sich anscheinend in erster Linie auf die dort verzeichneten Gebäudegrundrisse. Über die auf dem Hospitalfeld geübte Beisetzungsform kann es in Anbetracht der foto-

600 Beisetzungen – waren viele Gräber ihrer Beigaben beraubt. Bei dieser Ausgrabung wurden rund 50 Grabsteine gefunden, teils in originaler Lage über dem Skelett, meist aber in zweiter Verwendung in der Grabummauerung [37]. Sämtliche beigabenführenden Gräber des frühen Mittelalters von den verschiedenen Fundstellen an der Koblenzer Straße (mindestens also 89) gehören der jüngeren Merowingerzeit an [38].

Prüft man die Aussagen der Bodenfunde im Hinblick auf das Kontinuitätsproblem, so ist zunächst festzuhalten, daß an einer ununterbrochenen Besiedlung des ummauerten Areals nicht zu zweifeln ist. Die spätrömische Befestigung bildete den Ausgangspunkt der mittelalterlichen Stadtentwicklung [39], und durch die Existenz der Pfalz wird eine Konstanz in der Funktion des Platzes angedeutet. Auch für das Gräberfeld am Kirchweg im Süden der Stadt ist kontinuierliche Nutzung sehr wahrscheinlich. Das durch die Grabbeigaben vermittelte Fundspektrum ist bis in die jüngere Merowingerzeit lückenlos im Rahmen dessen, was man erwarten kann. Ferner besteht ein räumlicher Konnex zwischen römischen und frühmittelalterlichen Gräbern. Das schließt freilich strukturelle Veränderungen am Übergang zur Merowingerzeit nicht aus. Unklar ist beim derzeitigen Publikationsstand der Charakter der Nekropolen vom Martinsberg und von St. Thomas; es könnte sich um Bestattungsplätze fränkischer Hofsiedlungen im Vorfeld von Andernach handeln. Sehr fraglich ist es schließlich, ob das Bestattungsareal an der Koblenzer Straße kontinuierlich in Benutzung war. Hier ist eine Fundlücke von 200 Jahren zu verzeichnen (5. und 6. Jahrhundert), und es besteht kein nachweisbarer Kontakt zwischen römischen und fränkischen Gräbern. Eine zeitweilige Unterbrechung der Belegung ist freilich nicht die einzige Erklärungsmöglichkeit; die vermißten Gräber des 5. und 6. Jahrhunderts könnten auch näher zu dem antiken Mauerring hin gelegen haben und durch die Bebauung der sich nach Osten ausdehnenden mittelalterlichen Stadt zerstört worden sein. Nicht geteilt wird die von Böhner zuerst 1950 geäußerte Meinung, die Fundlücke des 5.–6. Jahrhunderts sei mit den zahlreichen beigabenlosen Gräbern der

grafischen Dokumentation (ebd., Taf. 9–10) keinen Zweifel geben. Die von Lehner a. a. O. (Anm. 24) am Westrand dieses Gräberareals eingetragenen beiden Signaturen für spätrömische Gräber beziehen sich auf spätrömische Sarkophage (vgl. Koenen a. a. O. 106), die hier aber nur in zweiter Verwendung vorkommen können, da sonst keinerlei spätrömisches Fundmaterial im Bereich des Hospitalfeldes zutage gekommen ist.

37) H. Lehner, Die fränkischen Grabsteine von Andernach. Bonner Jahrb. 105, 1900, 129 ff. – R. Egger, Rheinische Grabsteine der Merowingerzeit. Ebd., 154, 1954, 146 ff., bes. Nr. 4–17, wohl auch Nr. 1–3.

38) Das einzige ältere Stück, eine komponierte Schalenfibel des 4./5. Jahrhunderts (Bonner Jahrb. 86, 1888, Taf. 13,17), fand sich in Grab 18 als offensichtliches Altstück innerhalb eines eindeutig jungmerowingischen Grabinventares.

39) Vgl. K. Zimmermann, Vom Römerkastell Andernach zur mittelalterlichen Stadt. Rhein. Vierteljahrsbl. 19, 1954, 317 ff.

Fundstelle Hospitalfeld zu schließen [40]. Diese Gräber sind zum großen Teil nicht ursprünglich beigabenlos, sondern ihrer Beigaben beraubt. Generell können sie wegen ihres mit den beigabenführenden Gräbern völlig übereinstimmenden Grabbaues und ihrer engen lagemäßigen Verflechtung mit den durch Beigaben datierten Bestattungen nicht anders als diese eingestuft werden und gehören folglich in die jüngere Merowingerzeit, z. T. wohl auch noch in einen späteren Zeitraum. Diese Einordnung entspricht in relativ-chronologischer Hinsicht ganz der des Ausgräbers [41]. Dennoch hat auch dieser Bestattungsplatz einen schon oft in diesem Zusammenhang herangezogenen Beweis für das Fortleben der römischen Provinzialbevölkerung in Andernach erbracht, und zwar in Gestalt der zahlreichen christlichen Grabsteine [42], die auch für die Merowingerzeit eine starke und lebendige, in die Spätantike zurückreichende kulturelle Tradition bezeugen [43].

40) Trierer Zeitschr. 19, 1950, 91 f. – Ders., in: Aus der Schatzkammer des antiken Trier ²(1959) 95 f. – Ders., in: Kulturbruch oder Kulturkontinuität im Übergang von der Antike zum Mittelalter. Wege d. Forsch. 201 (1967) 300 f. – Ders., in: Helvetia Antiqua. Festschr. E. Vogt (1966) 314 f.

41) Koenen hat richtig erkannt, daß das Fundspektrum der fränkischen Grabbeigaben aus dem Bereich der Koblenzer Straße da einsetzt, wo das der Kirchberg-Funde endet: a. a. O. 118, ebenso schon Bonner Jahrb. 86, 1888, 229; ebd., 92, 1892, 210. Mit der generellen Klassifizierung als »karlingisch« ist freilich der Belegungsbeginn zu spät angesetzt. Eine zutreffende Datierung gibt auch Stoll a. a. O.: »Beigaben aus spätester merowingischer Zeit«, Belegung noch in der karolingischen Ära.

42) Dies ist zunächst nur auf den Fundplatz Andernach insgesamt zu beziehen. Wirft man die Frage auf, inwieweit die Gräber vom Hospitalfeld in besonders starkem Maße diese Tradition wahren und deshalb womöglich mit einer romanischen Bevölkerungsgruppe in Verbindung zu bringen sind, so ist zweierlei zu berücksichtigen: 1. Die Massierung von Grabsteinfunden im Bereich Hospitalfeld hängt nicht zuletzt von der dort geübten Sitte der Beisetzung in steinumstellten Gräbern ab. 2. Der Unterschied zum Gräberfeld am Kirchberg, auf dem Grabsteine nicht in diesem Umfang gefunden worden sind, kann zumindest zum Teil aus einem chronologischen Unterschied erklärt werden. Wie oben ausgeführt (Anm. 29 u. 41), gehören die uns vorliegenden merowingischen Funde vom Kirchberg durchweg in die ältere Merowingerzeit, in welcher steinumstellte Gräber im Rheinland nicht üblich waren.

43) Zu dem damit aufgeworfenen Problem des archäologischen Nachweises einer romanischen Restbevölkerung im Rheinland vgl. Ament, Franken und Romanen im Merowingerreich als archäologisches Forschungsproblem. Bonner Jahrb. 178, 1978, 377 ff.

Beiträge zur Frühgeschichte von Kobern-Gondorf an der Mosel

Zur Topographie und Fundstatistik von Kobern-Gondorf (Kreis Mayen-Koblenz)

VON HANS EIDEN

Zwischen Cochem und Koblenz hat sich die untere Mosel bis zu 200 m tief in die devonischen Schichten des linksrheinischen Schiefergebirges eingegraben. Die Flußniederung bildet in der Regel nur einen engbegrenzten, schmalen Streifen zur Siedlung und Bodennutzung. Die das Flußtal begleitenden Steilhänge, oft bis unmittelbar an den Wasserlauf heranreichend, sind – zumal an der sonnenseitigen Hanglage – von altersher der Rebkultur vorbehalten [1]. Nur gelegentlich weitet sich die Talaue zu einer einladenden Siedlungskammer, zumeist dort, wo Wasserläufe vom Bergland her der Mosel zustreben und die Talung ausweiten. Eine ganze Reihe von alten Wohnplätzen liegt in der siedlungsgeschichtlich bedeutsamen Talmündungslage. Eine solche Siedlungskammer bildet der Raum Kobern-Gondorf am Nordrand einer nahezu 10 km langen, nur leicht gewundenen Nordsüdstrecke der Mosel vor den fruchtbaren Ackerflächen des Bimsgebietes im Maifeld.

An der Mosel blieb das Bild der Besiedlung in der Kulturlandschaft bis vor 100 Jahren nahezu unberührt in seinem natürlichen Wachstum. Einen guten Eindruck vermittelt die erste genaue topographische Aufnahme des Moselraumes, die während der französischen Besetzung zu Beginn des 19. Jahrhunderts vorgenommen wurde. Das hier in Betracht kommende Blatt Kobern der sogenannten Tranchotkarte [2] wurde 1810 vermes-

1) Auf die Rebkultur bezügliche Funde, vor allem Winzermesser, aus Kobern-Gondorf zusammengestellt bei S. Loeschcke, Denkmäler vom Weinbau aus der Zeit der Römerherrschaft an Mosel, Saar und Ruwer (1933) 10 ff.

2) Topogr. Aufnahme rheinischer Gebiete durch französische Ingenieurgeographen unter Oberst Tranchot 1803–1813 und durch preußische Offiziere unter Frhr. v. Müffling 1816–1820. Reproduziert mit Unterstützung des Landschaftsverbandes Rheinland i. M. 1:25 000 (1965 f.), Blatt 148 Kobern (1972).

sen. Erst der 1878 begonnene Bau der doppelspurigen Bahnlinie Koblenz – Trier, die bis Cochem unmittelbar dem nördlichen Flußufer folgt, hat rücksichtslos ein breites Band der Zerstörung mitten durch die alten Moseldörfer gelegt. Die vor kurzem durchgeführte Moselkanalisierung, die zugegebenermaßen sehr behutsam in die Landschaft eingriff, und vor allem der im Zusammenhang mit der Flußregulierung erfolgte Neubau der Moseltalstraße haben weitere Schäden angerichtet und in dem uns hier interessierenden Bereich den Raum für künftige archäologische Feldarbeit sehr eingeengt. Viele der zur Zeit noch offenen siedlungskundlichen Fragen werden aus diesem Grunde in Zukunft nur schwer anzugehen sein.

Nachrichten über archäologische Bodenfunde aus unserem Bereich gibt es im übrigen seit der zweiten Hälfte des vorigen Jahrhunderts, zumeist sind sie in den Bonner Jahrbüchern festgehalten [3]. Abgesehen von der bereits 1865 oberhalb von Lehmen zutage gekommenen Grabinschrift des Diakons Deodatus [4] handelt es sich dabei vor allem um Funde, die beim Bahnbau im Moseltal ab 1878 im Umkreis der Ortsteile Gondorf und Kobern angetroffen wurden [5]. Besonders das Gräberfeld bei der Gondorfer Niederburg lockte wegen seiner reichen Funde den Altertumshändler Gräf aus Andernach und in besonderem Maße auf eigenem Grundbesitz im Schloßpark der Niederburg von 1878 bis 1890 die Baronin von Liebieg zur Ausbeute. Letztere richtete auch im Schloß aus selbst ergrabenen und angekauften Fundstücken eine Sammlung ein, deren bedeutendste Fundobjekte 1934/35 vom Bonner Landesmuseum angekauft wurden [6].

3) Die wichtigste ältere Literatur bei J. Hagen, Römerstraßen der Rheinprovinz [2](1936) 307 ff. – Für Kobern vgl. außerdem A. Günther in: Die Kunstdenkmäler des Landkreises Koblenz. Die Kunstdenkmäler der Rheinprovinz hrsg. v. P. Clemen u. W. Zimmermann 16,3 (1944) 203 ff. – Die Druckstöcke des bereits umbrochenen Bandes II der Kunstdenkmäler des Kreises Mayen mit Gondorf (S. 83 ff.) in der gleichen Serie sind während des zweiten Weltkrieges durch Bomben vernichtet worden. Ein Umbruch-Exemplar im Landesamt für Denkmalpflege Rheinland-Pfalz (Mainz). – Eine Zusammenstellung der älteren Literatur über fränkische Funde aus Gondorf bringt F. Rademacher in: Bonn. Jahrb. 143/44, 1938/39, 271. Vgl. auch H. Stoll in: Rhein. Vorzeit in Wort und Bild 2, 1939, Nr. 130 u. 131. – Letzthin hat Frau M. Schulze (Mainz) eine eingehende Bearbeitung des einschlägigen Fundmaterials durchgeführt, die demnächst in der Serie der von K. Böhner hrsg. fränkischen Altertümer des Rheinlandes erscheinen wird.

4) Bonn. Jahrb. 39/40, 1866, 336 bezüglich der Fundstelle: »Zwischen Lehmen und Gondorf an der Mosel auf einem Felde, die alte Kirche genannt.« Demgemäß ist Fundortsangabe und die darauf aufbauende Beziehung zu der 1802 abgebrochenen alten Kastorkirche in Oberlehmen zu berichtigen bei F. Pauly, Siedlung und Pfarrorganisation im alten Erzbistum Trier. Veröffentl. Bistumsarchiv Trier 6 (1961) 286.

5) Schon Rademacher und Günther haben a. a. O. darauf hingewiesen, daß bei den vielfach ungenauen Fundortsangaben meist älterer Zeit eine klare Trennung zwischen den beiden eng benachbarten alten Ortsgemeinden Gondorf (ehedem Kr. Mayen) und Kobern (ehedem Kr. Koblenz) nicht immer möglich ist. Beide Ortsteile wurden 1969 zu der politischen Gemeinde Kobern-Gondorf, Kr. Mayen-Koblenz vereinigt.

6) Die Sammlung wurde nach dem letzten Weltkrieg aufgelöst. Ein Teil wurde vom Landesmuseum Bonn erworben, anderes kam in die Sammlung Hack in Köln.

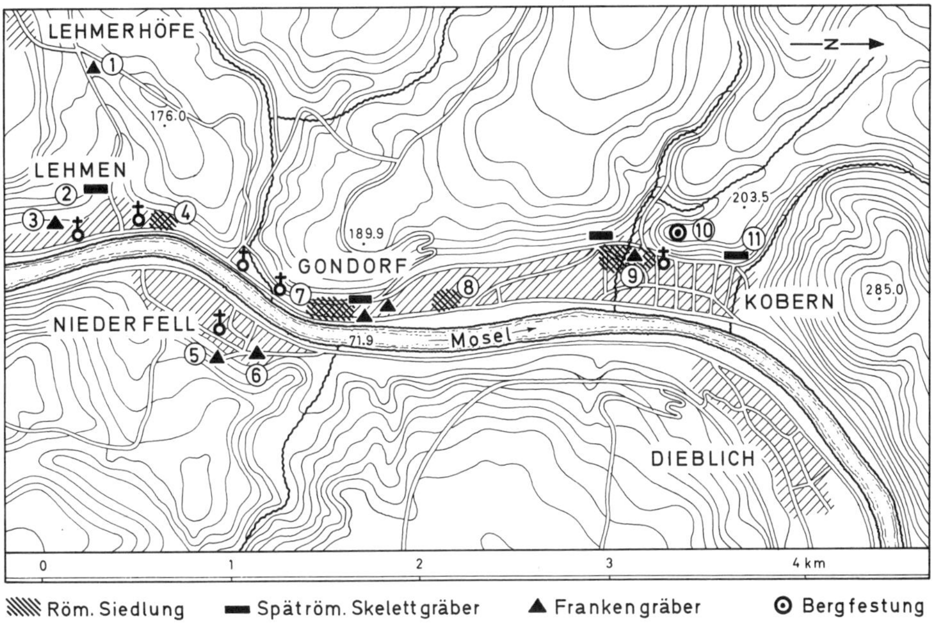

Abb. 1 Gondorf, Kr. Mayen-Koblenz. Fundsituation.

Dieses Institut und ab 1945 das Koblenzer Amt für Vor- und Frühgeschichte führten im Laufe der Jahre im Rahmen ihrer denkmalpflegerischen Aufgaben eine Reihe von Fundbergungen und kleineren Untersuchungen durch. Zu planmäßigen, unseren heutigen Anforderungen entsprechenden Grabungen ist es jedoch zu keiner Zeit gekommen. Diese Fundsituation darzulegen erschien mir wichtig, um die verhältnismäßig schmale und nicht immer tragfähige Basis aufzuzeigen, auf der die topographischen und siedlungsgeschichtlichen Erörterungen notwendigerweise aufbauen müssen. Bei der Besprechung der einzelnen Fundstellen, die im allgemeinen auf die spätantike und frühmittelalterliche Zeit beschränkt wurden, beginnen wir zum besseren Verständnis der Gesamtsituation zweckmäßig im Süden der hier beigefügten Karte (Abb. 1).

Lehmen

(1) Ein fränkischer Friedhof liegt nördlich Höhe 167,4 (TK 25, Bl. 5710 Münstermaifeld) westlich von Lehmen. Dort wurde auf dem Flurbezirk »alte Kirche« bereits 1865 »neben Urnen und Waffen« die wohl noch ins 6./7. Jahrhundert zu datierende Grabinschrift des Diakons Deodatus gefunden. Die zum Friedhof und der mutmaßlichen kleinen Kirche zugehörige Hofsiedlung dürfte unweit südlich im Bereich der alten Lehmner Höfe zu suchen sein. Die Inschrift kann andererseits auch als zusätzlicher Beleg

für die frühe Kirche im nahen Gondorf (s. u.) gewertet werden. – Bonn. Jahrb. 39/40, 1866, 336. Nach F. X. KRAUS, Altchristliche Inschriften der Rheinlande 1 (1890) Nr. 260 mit Taf. 19,3 »gef. auf dem Berge 5 Minuten von Lehmen an der sogenannten alten Kirche, wo Lehmen früher gelegen haben soll und wo seinerzeit Urnen, Schwerter und Waffenreste gefunden sind.«

(2) Im westlichen Ortsteil von Lehmen unmittelbar hinter der »Burg« Weckbecker legte man 1916 sechs spätrömische Skelettgräber am Steilhang frei. – HAGEN, Römerstraßen [2], 308. Die zuzuordnende Wohnsiedlung ist nicht bekannt.

(3) Wenig moselaufwärts am Westhang zur Niederterrasse in Oberlehmen liegt im Bereich einer aufgelassenen römerzeitlichen Gutshofanlage ein weiteres fränkisches Gräberfeld, in dem das Bonner Landesmuseum im Jahre 1926 Funde des 7. Jahrhunderts geborgen hat. Etwa 150 m entfernt zur Mosel hin steht im Ortskern von Oberlehmen der Turm der 1802 abgerissenen alten Pfarrkirche St. Kastor. – Bonn. Jahrb. 132, 1927, 274.

(4) Der Westteil von Niederlehmen stößt hart an die Felsbarriere der Karlshöhe, die bis unmittelbar an das Flußufer reicht und lediglich einem schmalen Durchgang nach Gondorf Raum gibt. Dort wurde vor wenigen Jahren unmittelbar am Flußufer eine kleine, ihrer Zweckbestimmung nach nicht näher einzuordnende römerzeitliche Siedlungsstelle festgestellt. – Beobachtungen des Koblenzer Amtes für Vor- und Frühgeschichte. Noch unveröffentlicht.

Niederfell

(5) Ein Gräberfeld der Merowingerzeit wurde 1933 bei Verbreiterung des Weges zum Fellerhof in der Hanglage angetroffen; es liegt 200 m nördlich der Kirche am Dorfrand (= Abb. 1 Fundnr. 6). TK 25, Bl. 5710 Münstermaifeld. – Bonn. Jahrb. 139, 1934, 223 (NEUFFER). – STOLL, Rhein. Vorzeit 2, 1939, 130.

(6) Aus einem Gräberfeld karolingischer Zeit wenig südlich von (5) wurden 1934 drei Gräber geborgen (= Abb. 1 Fundnr. 5). – STOLL a. a. O. 130, Nr. 61.

Ortsteil Gondorf

Nördlich Lehmen treten die Moselberge auf eine Länge von rund 2 km maximal 400 m vom Flußufer zurück und bilden eine sanft ansteigende, klimatisch begünstigte Ausbuchtung der Talaue. In ihr liegen, jeweils im Mündungsgebiet von Nebenbächen zwei Siedlungsschwerpunkte: Im Süden die Ortslage von Gondorf und im Norden auf dem Schwemmkegel des Mühlbaches der alte Ortskern von Kobern. Beide Orte sind heute zu einer Einheit zusammengewachsen. – TK 25, Bl. 5710 Münstermaifeld und Bl. 5610 Bassenheim.

(7) Am Nordrand von Gondorf liegt auf dem Gelände des Schloßparkes der Niederburg in dem äußerst schmalen Streifen zwischen dem Flußufer (Taf. 24,1) und dem

Steilhang eine römerzeitliche Landsiedlung (Gutshof), die mit Mosaiken und einer Badeanlage ausgestattet war, wie gelegentliche Fundbeobachtungen, zuletzt 1971, erweisen. Nach Ausweis des anschließenden Gräberfeldes war der ausgedehnte Baukomplex bzw. Teile von ihm während der ganzen Römerzeit bewohnt. Auf dem großen, bekannten Friedhof – man glaubt, daß gegen 1400 Einzelbestattungen im Laufe der Zeit aufgedeckt wurden – liegen außer Brandgräbern neben spätrömischen Skelettgräbern mit Schwerpunkt fränkische Bestattungen, zum großen Teil in Tuffsteinsarkophagen, die bis in frühkarolingische Zeit reichen. Zwar ist das Gräberfeld, wie bereits vermerkt, nicht planmäßig untersucht worden, doch gibt es Hinweise dafür, daß die Belegung kontinuierlich erfolgt ist. Dabei ist jedoch zu bedenken, daß man im engen Moseltal bezüglich der Kontinuitätsfrage, wie sie sich aus siedlungsarchäologischen Kriterien darstellt, generell vor besonderen Problemen steht, da die natürlichen räumlichen Gegebenheiten vielfach der Platzwahl nur einen geringen Spielraum lassen.

Im Bereich des Friedhofes wurden eine beachtliche Anzahl von frühchristlichen Inschriften sowie zwei Schrankenplatten gefunden. Hierauf sowie auf anderweitige Beobachtungen gestützt, wird man mit ziemlicher Sicherheit eine frühe Kirche annehmen dürfen, obwohl der genaue Standort archäologisch noch nicht nachgewiesen ist. Spuren der nachrömischen Wohnsiedlung dürften im Mündungsbereich des Gondorfer Baches in der heutigen Ortslage zu suchen sein. – Vgl. die Literaturangaben zu Anm. 2; dazu ferner K. Böhner, Zur Deutung zweier frühmittelalterlicher Steindenkmäler im Rheinischen Landesmuseum Bonn. Bonn. Jahrb. 151, 1951, 110 ff. mit Taf. 6 und J. Werner in seinem hier folgenden Beitrag.

(8) Etwa 500 m weiter nördlich in Richtung Kobern kamen nahe am Flußufer zwei römische Töpferöfen mit benachbarten, unterkellerten Kleinhausbauten beim Bahnhof zutage. Die Befunde dürften im Zusammenhang mit einer in zweiter Verwendung im Gondorfer Friedhof aufgefundenen Weihung an den *Genius Lugnessium* als Beleg für eine dörfliche Ansiedlung *(vicus)* zu interpretieren sein. – CIL XIII 7640; H. Lehner, Die Steindenkmäler des Provinzialmuseums in Bonn (1918) Nr. 141; Rhein. Vierteljahresbl. 23, 1958, 20 (L. Weisgerber).

Ortsteil Kobern

(9) Im Südteil von Kobern liegt am bergseitigen Rand der Niederterrasse und am Auslauf des Mühlbachtales eine offensichtlich recht ausgedehnte römerzeitliche Ansiedlung mit Haupt- und Nebengebäuden, die wiederholt im Laufe der Jahre angeschnitten wurde. Das Gräberfeld schloß hangwärts an. Der Platz war nach Ausweis der Bodenfunde vom 1. bis 4. Jahrhundert bewohnt. In dem römerzeitlichen Wohngebiet wurde ein fränkischer Friedhof des 6./7. Jahrhunderts angelegt, eine im Moseltal recht häufige Beobachtung. Die Qualität der Beigaben steht weit hinter denen vom Gondorfer Friedhof zurück. – Literaturhinweise bei Günther a. a. O. (Anm. 2), 203 f.

(10) Unweit nördlich steht in auslaufender Hanglage auf der Südseite des Mühltales inmitten des Friedhofes der romanische Glockenturm der 1827 niedergelegten Lubentiuskirche. Über die alte Lubentiustradition und die Bedeutung von Kobern als kirchliches Zentrum der Landschaft vgl. den hier folgenden Beitrag Ewig. – Unmittelbar anschließend erhebt sich steil aufragend über dem Ort (Taf. 24, 2) der langgezogene Bergsporn mit den beiden Koberner Burgen (Ersterwähnung 1195). Zu ihrer Geschichte s. Kunstdenkmäler Landkreis Koblenz 211 f.

(11) An der Ostflanke der Bergnase mit der Niederburg wurde 1957 bei Ausschachtungen für einen Neubau am Burggraben ein kleiner spätrömisch-frühfränkischer Begräbnisplatz, leider ohne hinreichende Fundbeobachtungen, angeschnitten. – Funde im Amt für Vor- und Frühgeschichte Koblenz, Fundnr. 784.

Anläßlich seiner Moselreise von Metz über Trier nach Andernach mit dem König Childebert II. im Jahre 588 hat Venantius Fortunatus auch die Örtlichkeit bei *Contrua* (= Gondorf) geschildert [7]. Dazu abschließend aus topographischer Sicht und der archäologischen Fundlage ein paar kurze Worte. Fortunat, der zwischen Trier und Koblenz keinen anderen Ort erwähnt, sieht bei *Contrua* die Mosel mit Kähnen gefüllt – einen Anlege- bzw. Umschlagplatz also – und eine alte »Burg«, die sich rühmlich erhebt *(antiquum nobilitate caput)*. Leider sind die beiden Verse des Venantius etwas unklar. Doch wird man das *antiquum caput* am ehesten im Sinne einer aus früherer Zeit stammenden Bergfestung deuten und eine ähnliche Situation wie die des *castrum* auf dem Schaumberg bei Tholey voraussetzen dürfen, das Adalgisel-Grimo in seinem Testament vom Jahre 634 erwähnt [8].

Als Örtlichkeit für das *antiquum caput* des Fortunat, eine sicherlich in spätrömische Zeit zurück reichende Bergfestung, kommt bei einer eingehenden Analyse der natürlichen Gegebenheiten nur der die Landschaft weithin beherrschende Bergsporn mit den beiden Koberner Burgen, insbesondere der vordere Teil mit der Niederburg (Fundpunkt 10), in Frage; ihr Schutz umfaßte naturgemäß die gesamte Siedlungskammer (Taf. 24,2). Zwar hat eine Überwachung der Erdarbeiten bei der kürzlich im Burgbereich auf dem Plateau durchgeführten Restaurierung infolge der intensiven mittelalterlichen Bebauung keine älteren Spuren erkennen lassen. Inzwischen hat jedoch cand. phil. Gilles (Zell) auf die Örtlichkeit hingewiesen; er fand im oberen Drittel des Westhanges der Niederburg bei einer Geländebegehung, vor allem in einem frisch rigolten Weinberg, spätrömische Keramik des 4. und frühen 5. Jahrhunderts, darunter Rädchensigillata, sowie frühmittelalterliche Irdenware, die nach H. Ament bis ins 6. Jahrhundert zu-

7) Carminum lib. X, 9, 45 f.
8) W. Levison, Trier. Zeitschr. 7, 1932, 69. – J. Steinhausen, Archäologische Siedlungskunde des Trierer Landes (1936) 416.

rückreicht [9]. Die vergleichsweise zahlreichen Einzelfunde stammen fraglos vom engen Raum des Plateaus, von dem sie bei Planierungsarbeiten im Mittelalter abgekippt wurden.

Auf die Bedeutung von Anlagen dieser Art kleinen und kleinsten Ausmaßes in der späten Römerzeit auf den Bergen des Hunsrücks und der Eifel hat bereits H. Lehner seinerzeit aufmerksam gemacht [10]. Ähnliche Anlagen auf den Moselbergen, deren Schutzfunktion für den Fluß als Hauptverkehrsader nicht unterschätzt werden darf, sind in den letzten Jahren wiederholt, so u. a. bei Karden (s. dort) festgestellt worden [11]. Der Wohlstand der Ansiedler, der bereits zur Römerzeit den Raum Kobern-Gondorf auszeichnete und der sich bei Fortunat in den gefüllten Kähnen auf der Mosel kundtut, findet in dem Reichtum der archäologischen Hinterlassenschaft immer wieder bis in jüngste Zeit eine Bestätigung. So ist noch vor wenigen Jahren in der Mosel bei Gondorf die Bronzestatuette eines jugendlichen Herkules zutage gekommen, eine qualitätvolle Arbeit nach griechischem Vorbild [12] (Taf. 25).

Dieser Reichtum ist nicht nur durch den in der Römerzeit betriebenen und ins frühe Mittelalter hinüber geretteten Weinbau zu erklären. Handel und Gewerbe hatten fraglos einen hohen Stand erreicht; so vermutet F. Rademacher in Kobern u. a. eine frühmittelalterliche Werkstatt für Steinbearbeitung [13]. Insgesamt wird man bei der Beurteilung der wirtschaftlichen Bedeutung des Raumes verstärkt das an Naturprodukten – Stein- und Tonindustrie – reiche Hinterland, das fruchtbare Bimsgebiet des Maifeldes heranziehen dürfen. *Contrua* hat offensichtlich als Umschlagplatz für den Westhandel an der Wasserstraße der Mosel für dieses Gebiet eine ähnliche Bedeutung gehabt, wie Andernach sie in der gleichen Zeit für den Rheinhandel besaß.

9) Funde im Amt für Vor- und Frühgeschichte Koblenz.

10) Rhein. Verein für Denkmalpflege und Heimatschutz 15, 1922, 32 ff.

11) Eine Befestigung zur Sicherung der Verkehrswege in der römischen Spätzeit vermutet bei Kobern H. von Petrikovits in: Journal Rom. Stud. 61, 1971, 188, 215 (Ziegelstempel L XXII CV). – Eine Dissertation über spätantike Befestigungen im Moselraum wird derzeit in Frankfurt durch K. J. Gilles vorbereitet.

12) H. Eiden, Zehn Jahre Ausgrabungen an Mittelrhein und Mosel [2] (1977) 49 mit Beilage 4.

13) Bonn. Jahrb. 143/44, 1938/39, 270.

Reliquiarschnalle, Schrankenplatten, frühchristliche Grabsteine aus Gondorf

VON JOACHIM WERNER

Im Jahre 1934 erwarb das Rheinische Landesmuseum Bonn aus der Sammlung der Baronin von Liebieg in Gondorf [1] die hier kurz zu besprechenden Fundstücke, die in den achtziger Jahren des 19. Jahrhunderts auf dem Gelände des Gondorfer Reihengräberfeldes (im Schloßpark der Niederburg) zutage gekommen sind.

1. Verschließbare Reliquiarschnalle (Siggiricus-Schnalle) (Abb. 1)

Herr Direktor Rüger hatte die Großzügigkeit, mir das Original im Herbst 1974 für zwei Monate nach München auszuleihen. Die genaue Untersuchung bestätigte den Verdacht, daß es sich um eine verschließbare Reliquiarschnalle handelt. Mit Genehmigung des Bonner Landesmuseums konnte das Stück im Doerner-Institut München spektralanalytisch untersucht werden. G. Sturm, der Zeichner der Bayerischen Akademie der Wissenschaften, stellte in mehrfacher gemeinsamer Überprüfung mit mir und unter Verwendung der Röntgenaufnahmen die erforderlichen Zeichnungen her. Das Stück wurde in der Augsburg-Publikation neu vorgelegt [2].

Die Schnalle ist stark abgenutzt, Gesamtlänge 10,9 cm, für einen 5,5 cm breiten Gürtelriemen. Die Lasche, die Bügel und Beschläg und die Reste des Eisendorns miteinander verbindet, ist eine grobe spätere Reparatur. Die Spektralanalyse ergab für die Schnalle eine Messinglegierung, für Schwenkarm und Gelenkniet eine abweichende Messinglegierung und für die aufgenietete Ersatzlasche eine zinkhaltige Bronzelegierung, also 2 Reparaturen.

Schauseitenplatte: an Unterseite 3 mm hoher und 4 mm breiter Rahmen mitgegossen. Rückseitenplatte vernietet. Flacher, 2 mm dicker und 5,6 cm langer Schwenkarm. Am Höcker saß ein Plättchen zur Arretierung (90 ° drehbar, mindestens 8 mm lang, verloren). Ursprünglich 2 durchbohrte Scharnierzapfen zur Befestigung des Bügels, wo sich jetzt die ausgefüllten Einbuchtungen befinden, dann: aufgenietete Bronzelasche. Hohlraum von 3 mm Höhe für Phylakterien.

Verfertiger: *Siggiricus fecit.* Der germanische Personenname sagt nichts über germanisches Volkstum aus, sondern ist Ausdruck merowingerzeitlicher Personennamenmode.

1) Bonner Jahrb. 140/141, 1936, 456 f. 460 (Inv. 35,10–16. 158).

2) Die Ausgrabungen in St. Ulrich und Afra in Augsburg 1961–1968, hrsg. von J. Werner. Münchner Beitr. z. Vor- und Frühgesch. 23 (1977) (im folgenden zitiert als Werner, St. Ulrich und Afra) 337–346 mit Taf. 109,1.

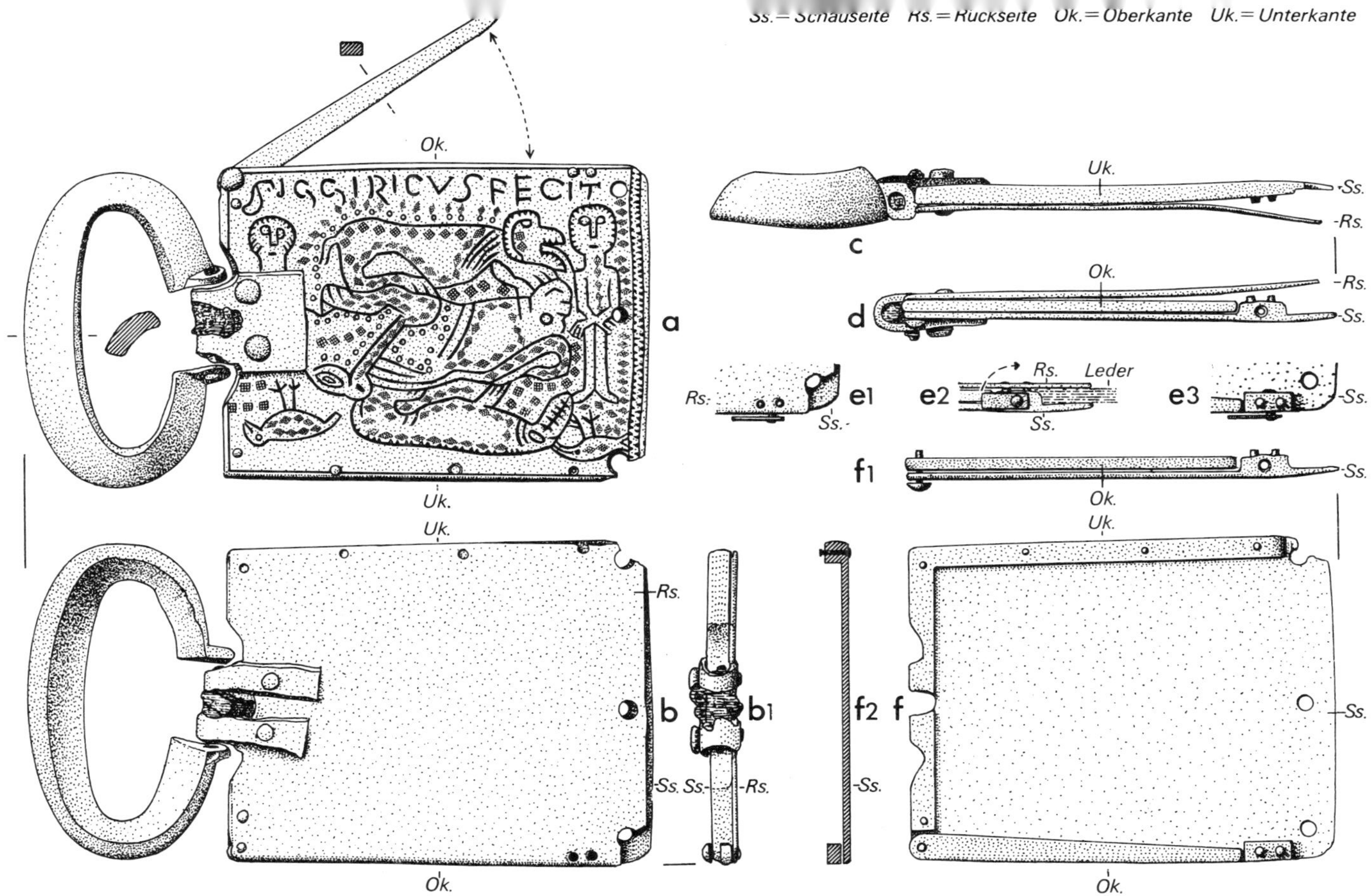

Abb. 1 Verschließbare Reliquiarschnalle aus Messing von Gondorf, Kr. Mayen. Details. a Aufsicht der Schauseite. b Aufsicht der Rückseite. c Ansicht der Unterkante, d Ansicht der Oberkante des Beschlägs, mit Schwenkarm. e Rekonstruktion der Arretierung des Schwenkarms (e1 Aufsicht der Rückseitenplatte. e2 Seitenansicht. e3 Aufsicht der Schauseitenplatte von unten). f Aufsicht der Schauseitenplatte von unten, mit Rahmung und Schwenkarm (f1 Ansicht der Oberkante der Schauseitenplatte mit Schwenkarm. f2 Querschnitt der Schauseitenplatte). M. ca. 3:4.

Die Gondorfer Schnalle ist stark abgenutzt und war zweimal repariert. Sie ist wohl erst im frühen 7. Jahrhundert beigegeben worden.

Darstellung: Was hat Siggiricus eingraviert und eingestempelt? Rademacher und Kühn meinten [3]: Daniel in der Löwengrube. Tatsächlich sind 3 Motive dargestellt (Abb. 2):

a) Daniel-Motiv mit nur einem Löwen (Abb. 2,1). Um 180° gedreht:

b) Krokodil und Schlange (unten) (Abb. 2,3),

c) Jonas mit Seeungeheuer (Mitte) (Abb. 2,2).

Aufgrund der Zusammenhänge mit den übrigen bekannten Reliquiarschnallen und den Schnallen mit lateinischen Inschriften, die hier S. 455 ff. behandelt werden, stammt die Siggiricus-Schnalle aus Nordburgund. Sie gehörte zu einem Klerikergürtel. Man darf aus ihr die Anwesenheit eines nordburgundischen Klerikers in Gondorf in der Zeit um 600 folgern. Sie stammt mit Sicherheit aus einem Grab.

In gleiche Zusammenhänge führen die beiden

2. Schrankenplatten (Taf. 26)

Die beiden Kalksteinplatten sind von K. Böhner 1951 ausführlich behandelt und zutreffend als Schrankenplatten gedeutet worden (87 x 67 cm, für Chorschranken) [4]. Nach Böhner soll nahe beim Gräberfeld früher das Fundament einer kleinen Steinkirche angeschnitten worden sein. Auf der einen Platte (1) ist der bärtige Christus mit Tunica und Pallium mit Buch dargestellt, von zwei Tauben als Vögeln des Paradieses umgeben. In den Zwickeln des rechteckigen Feldes sind Greifenprotome wiedergegeben, ebenfalls Fabelwesen des Paradieses. Die andere Platte (2) ist mit einem Kreuz mit Alpha und Omega verziert, umgeben von Weinlaub des Paradieses. Die Platten sind so singulär, daß ihre schwankende Datierung in der Forschung verständlich ist. Böhner datierte sie Ende 7. bis Anfang 8. Jahrhundert [4], V. Elbern 1962 in die Mitte des 8. Jahrhunderts [5], H. Roth hielt sie 1975 für karolingische Grabsteine [6]. Die Verwandtschaft der heraldischen Greifenprotome (Taf. 26,1) mit entsprechenden Darstellungen an der noch dem 6. Jahrhundert angehörenden Reliquiarschnalle von Yverdon (Waadt) unten S. 453 Abb. 9 [7] führt bei den Schrankenplatten zu einem Datierungsvorschlag um 600, also in

3) F. Rademacher, Fränkische Goldscheibenfibeln aus dem Rhein. Landesmuseum Bonn (1940) 38 Anm. 3. – H. Kühn in Ipek 15/16, 1941/1942, 149 Nr. 20.

4) K. Böhner, Zur Deutung zweier frühmittelalterlicher Steindenkmäler im Rheinischen Landesmuseum Bonn. Bonner Jahrb. 151, 1951, 108–115 (Gondorf S. 110 ff. mit Taf. 6). Die Druckstöcke für Taf. 26 (= Böhner Taf. 6) stellte freundlicherweise das Landesmuseum Bonn zur Verfügung.

5) V. Elbern (Hrsg.), Das erste Jahrtausend 1 (1962) 454 zu Abb. 28.

6) H. Roth in J. Hoops, Reallex. d. german. Altertumskunde 2^2 (1975) 556 zu Taf. 47, a u. c.

7) Werner, St. Ulrich und Afra 307 f. zu Taf. 97,3 u. 98,1.

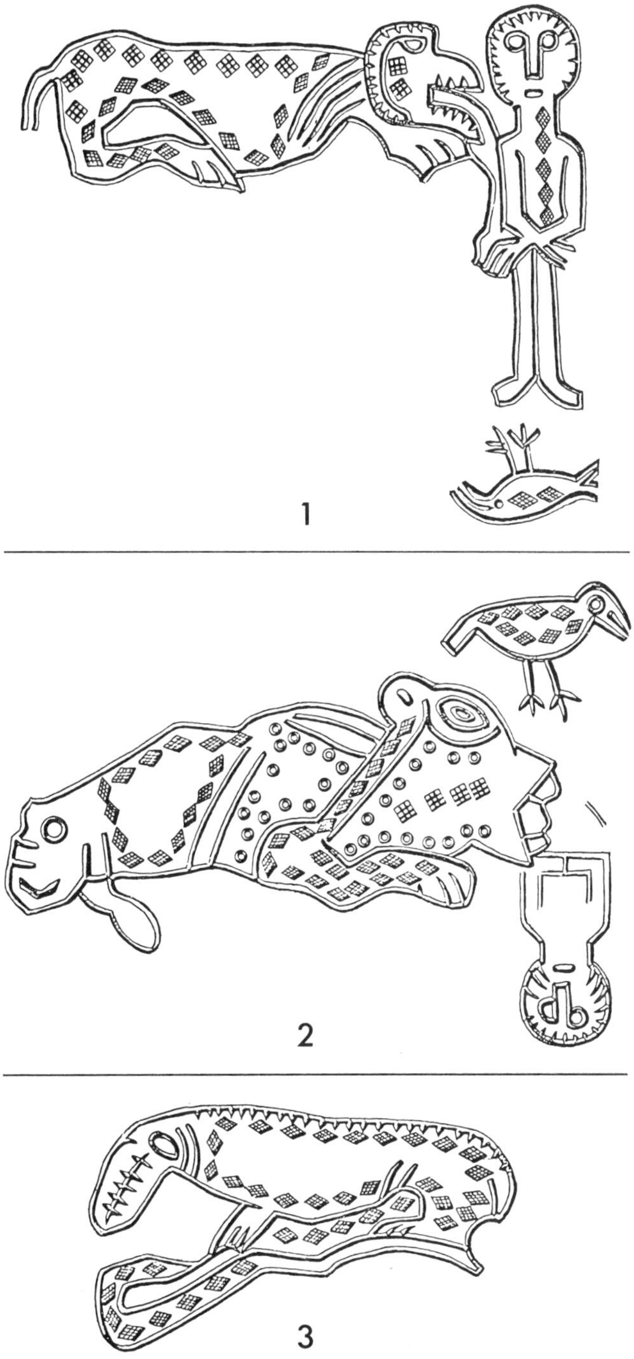

Abb. 2 Die drei Bildmotive der Gondorfer Reliquiarschnalle.
Daniel mit Löwe (1), Jonaswunder (2), Krokodil mit Schlange (3). M. 3:2.

die Zeit der Gondorfer Reliquiarschnalle. Über die Herkunft des Steinmetzen kann man nicht einmal Vermutungen anstellen.

3. Zu den 1934 angekauften Denkmälern gehören auch einige

frühchristliche Grabsteine.

Hier sei auf zwei von ihnen hingewiesen. Grabstein für einen Mauricius [8]. Könnte der Name nach Burgund weisen (St. Maurice usw.)? B. Bischoff (München) schlägt eine epigraphische Datierung ins 6. Jahrhundert vor.

Der zweite Grabstein stammt nicht aus dem Gräberfeld im Schloßpark, sondern wurde 1865 innerhalb des fränkischen Gräberfeldes oberhalb von Lehmen gefunden [9]. Er wurde für einen *vir beatissimus Deodatus diaconus* errichtet und wird nach der Inschrift von B. Bischoff ins späte 6. oder ins 7. Jahrhundert datiert. Damit ist für Gondorf in der fraglichen Zeit ein romanischer Kleriker inschriftlich bezeugt, dessen Personenname Deodatus [10] in die gleiche Namensgruppe wie der Personenname des Diakons Deenatus auf der Reliquiarschnalle von St. Maur in Nordburgund gehört (unten S. 455 f. mit Anm. 21) [11].

Reliquiarschnalle, Schrankenplatten und Personennamen auf den beiden Grabsteinen aus der Zeit um 600 passen eher nach Nordburgund als nach Gondorf. Ob diese bemerkenswerten Zusammenhänge etwas mit der vorübergehenden Vereinigung Austrasiens mit Burgund unter Childebert II. zwischen 585 und 595 zu tun haben könnten, in deren Zeichen ja auch die Moselfahrt des Venantius Fortunatus im Jahre 588 stand [12]?

8) Inv. 35,13. Bonner Jahrb. 140/141, 1936, 456; CIL XIII 7645; Kraus, Christl. Inschriften Nr. 262; Diehl, Inscr. Lat. Christ. Nr. 2917.

9) Inv. 35,16. Bonner Jahrb. 140/141, 1936, 457; CIL XIII 7653; Diehl, Inscr. Lat. Christ. Nr. 1222.

10) Herrn W. Ehlers vom Thesaurus Ling. Lat. (München) habe ich für folgende Expertise vom 12. 4. 1977 zu danken: »Für Deodatus (vgl. Adeodatus) bringt Thesaurus, Onom. III 108, 72 ff. mehrere Belege. Soweit diese datierbar sind, stammt der früheste aus dem J. 495 und gehören die übrigen dem 6. oder 7. Jahrhundert an. Dazu stimmen zwei noch ungedruckte Nachträge (Greg. M. dial. 2,1 p. 76,12 ed. Moricca; Pass. Secundian. 9 s. V/VI). Der Name wird öfters auch De*u*datus geschrieben; zu *Th*eodatus vgl. Schönfeld, Wb. d. altgerm. Personen- u. Völkernamen (1911) 227 f.«

11) Werner, St. Ulrich und Afra 319 f. 325 zu Taf. 105,3.

12) Werner, St. Ulrich und Afra 337 f.

Gondorf - ein merowingischer Münzort

VON EGON FELDER

Unter den Nummern 1632–1634 verzeichnet A. de Belfort [1] drei merowingische Münzen, die er unter Berufung auf P. d'Amécourt zu Contrexéville (Vosges) stellt. Als alte Form des Ortsnamens wird CONTROVACVM angesetzt. Zwei dieser Trienten befinden sich in der Sammlung der Bibliothèque Nationale in Paris und wurden auch von M. Prou in seinen Katalog [2] (Nr. 2541–2542) aufgenommen (Taf. 27,1.3). M. Prou stellt diese Münzen aber zur Gruppe der *Monnaies d'or d'attributions incertaines*. Die Ortsnamenlegende dieser beiden Münzen ist nach A. de Belfort bzw. M. Prou [3] folgendermaßen zu lesen.

	B 1632 = P 2541 Rs.	B 1633 = P 2542 Vs.
Belfort:	CONTROΛVCO	+ CONTROA V
Prou:	CONTROVACO/////CO	+ CONTRO/////

B 1633 = P 2542 verzeichnet A. de Belfort irrtümlicherweise noch ein zweites Mal unter der Nr. 6596 und gibt dort die Ortsnamenlegende mit ꓘO . . . ONꓕ wieder.

Inzwischen ist zu diesen beiden Trienten in der Bibliothèque Nationale noch ein dritter gekommen (Taf. 27,2). Die Lesung der Ortsnamenlegende auf der Rückseite dieser Neuerwerbung lautet [4] C̣ỌNTROVACASTR̤[O]. Da diese Münzseite mit der von B 1632 = P 2541 stempelgleich ist, kann nun auch die Lesung der Rückseitenlegende von B 1632 = P 2541 verbessert werden. Sie lautet CONTROVẠC̤ẠṢTR̤Ọ. Analog kann die Lesung der Vorderseiteninschrift von B 1633 = B 6596 = P 2542 verbessert werden. Sie lautet + C̣ONꓕꓘOΛ̣V̤, was als CONTROVA interpretiert werden kann.

Vom sprachgeschichtlichen Standpunkt aus war bereits die Gleichsetzung von CONTROVACVM mit Contrexéville [5] problematisch, da man für diesen Ort höchstens ein *CONT(E)RICIACVM = *Gundericiacum erwarten würde. Jetzt, nachdem CONTROVA als Ortsname gesichert ist, kann die Lokalisierung von A. de Belfort –

1) A. DE BELFORT: Description générale des monnaies mérovingiennes. Bd. 1–5, Paris 1892–1895.

2) M. PROU: Catalogue des monnaies françaises de la Bibliothèque Nationale. Les monnaies mérovingiennes. Paris 1892. Photomechanischer Nachdruck, Graz 1969.

3) Die Kennzeichnung der Ergänzung bei einzelnen Buchstaben durch Punktieren lasse ich bei der Wiedergabe der Prouschen Lesungen außer acht.

4) Ein Punkt unter einem Buchstaben bedeutet, daß der Buchstabe nur zum Teil überliefert ist. Zwei Punkte unter einem Buchstaben bedeuten, daß nur geringe Reste des Buchstabens erhalten sind.

5) Nach A. DAUZAT-CH. ROSTAING: Dictionaire des noms de lieux de France. Paris 1963, S. 209, *a. 1213 Gundreci villa.*

P. d'Amécourt mit Sicherheit als überholt gelten. Auf der Suche nach einer neuen Lokalisierung bietet sich nun Gondorf, das in den Moselgedichten des Venantius Fortunatus als *Contrua* erscheint [6], förmlich an. Der bisher zweitälteste Beleg für diesen Ort lautet nach M. Gysseling *Contraua* [7]. Diese Schreibung mit *-aua* kann als die direkte Fortsetzung des merowingischen CONTROVA angesehen werden [8].

Weniger klar ist der numismatische Befund, zumindest soweit ich ihn beurteilen kann. Eindeutige stilistische Parallelen, die meine Lokalisierung stützen könnten, habe ich nicht gefunden. Andererseits fehlen auf den drei Münzen aber auch stilistische Anhaltspunkte, die einer Verbindung mit Gondorf widersprechen würden. Da ich nicht in der Lage bin, meinen Lokalisierungsvorschlag numismatisch zu untermauern, sei wenigstens erwähnt, daß Herr Jean Lafaurie, Paris, dem ich diesen Vorschlag mündlich unterbreitet habe, keine numismatischen Einwände gegen Gondorf als Münzort der drei Trienten hat. Mit der freundlichen Erlaubnis von Herrn Lafaurie kann ich hier auch seine mir mitgeteilten Datierungsvorschläge weitergeben. Danach wurden P 2541 = B 1632 und die Neuerwerbung um 620, P 2542 = B 1633 = B 6596 um 640 geprägt.

Trotz einer gewissen Unsicherheit bei der numismatischen Beurteilung der Münzen halte ich die Gleichsetzung von CONTROVA mit Gondorf für gesichert. Von besonderem Interesse dürfte dabei sein, daß Gondorf auf einem der merowingischen Münzstempel als *castrum* bezeichnet wird.

Fraglich bleibt dagegen zunächst, ob auch B 1634 aus CONTROVA-Gondorf stammt. Die Legenden dieser Münze, bei der es sich sicher auch um einen Trienten handelt und die A. de Belfort aus der *Coll. de P. d'Amécourt* kennt, interpretiert A. de Belfort als deformierte Formen von Marculfo bzw. GVNTROVAICO. Da A. de Belfort diese Münze nicht abbildet und mir ihr gegenwärtiger Verbleib unbekannt ist, kann hier keine Sicherheit gewonnen werden. Unterstellt man, daß A. de Belforts Interpretation der Legenden richtig ist, dann könnte GVNTROVA wohl mit CONTROVA gleichgesetzt und ICO als VICO interpretiert werden. Solange B 1634 aber keiner Autopsie unterzogen werden kann, ist diese Überlegung reine Spekulation.

Somit ist der Münzort CONTROVA-Gondorf zunächst nur durch drei merowingische Trienten belegt. Diese drei Trienten verteilen sich auf zwei Münzmeister, nämlich auf AVGEMVNDVS (um 620; P 2541 = B 1632 und die Neuerwerbung mit stempelgleicher Rückseite) und GEROALDO (um 640; P 2542 = B 1633 = B 6596). Statt GEROALDO hat M. Prou SEROALDO und A. de Belfort BEROALDO (B 1633) bzw. SEVOVLDO (B 6596) gelesen. Die Lesung GEROALDO, zu der ich bei meiner Überprü-

6) Carm. X, 9, 45.

7) M. GYSSELING: Toponymisch woordenboek von België, Nederland, Luxemburg, Noord-Frankrijk en West-Duitsland (vóór 1226). Tongern 1960, S. 414: *Contraua, 870 kop.* ± *920.*

8) Zu a statt o *in ahd. Mittel- und Bildungssilben* vgl. W. BRAUNE-H. EGGERS: Althochdeutsche Grammatik. 13. Aufl., Tübingen 1975, § 64 Anm. 1.

fung der Münzen in Paris gelangt bin, ist meiner Ansicht nach eindeutig. Vom ersten Buchstaben fehlt auf der Münze lediglich etwa das untere Drittel. Da ein kleiner Querbalken, der den zu ergänzenden unteren Bogen abschließt, deutlich sichtbar ist, ist die Lesung G wohl die einzig mögliche. Die Lesung der übrigen Buchstaben bietet keine Schwierigkeiten. Die besondere Bedeutung der Form GEROALDO liegt darin, daß sie bis jetzt der einzig sichere Beleg für den althochdeutschen Wandel von ai vor r zu e auf den merowingischen Münzen ist.

Zur Geschichte von Contrua-Gondorf

VON EUGEN EWIG

In dem Gedicht *De navigio suo,* das Venantius Fortunatus 588 bei seinem Aufenthalt am austrasischen Hof verfaßte, beschreibt der Dichter eine Schiffahrt mit Childebert II. und der königlichen Familie von Metz nach Andernach [1]. Nach einer lebhaften Schilderung der moselländischen Weinlandschaft fährt Venantius fort:

Hinc quoque ducor aquis qua se rate Contrua conplet
quo fuit antiquum nobilitate caput (v. 45–46).

Hervorgehoben sind also für »Contrua« zwei Besonderheiten: 1. ein reger Schiffsverkehr. 2. ein *antiquum nobilitate caput.*

Der Herausgeber F. Leo vermerkt im Register zu *Contrua*: *affluens Mosellae prope Confluentes.* Vom Text her ist gegen diese Interpretation nichts einzuwenden. Sie wird auch durch den Aufbau des Gedichts nahe gelegt, da Venantius sonst zwischen Metz und Andernach außer Trier keine Siedlung nennt, sondern nur die Nebenflüsse der Mosel – Orne, Sauer und Saar – und den Rhein. Von der Topographie her erheben sich jedoch schwerwiegende Bedenken. Denn der bei Gondorf in die Mosel mündende kleine Bach fällt aus der Größenordnung der genannten Nebenflüsse heraus. Er kann auch nicht von Schiffen belebt gewesen sein. Da Venantius sonst sehr wohl zwischen Strömen und kleineren Wasserläufen unterscheidet – er bezeichnet etwa den *Rodanus,* d. h. die Dhron,

1) Carmen X 9, MGH, AA IV 242–244. – Zur Datierung: R. Koebner, Venantius Fortunatus. Seine Persönlichkeit und seine Stellung in der geistigen Kultur des Merowingerreiches (Beiträge z. Kulturgesch. des MA und der Renaissance 22), 1915, 109.

ausdrücklich als *parvulus* [2] –, ist m. E. auch an dichterische Übertreibung nicht zu denken. Denkbar wäre indessen, daß die Bachmündung zu einem Moselhafen ausgebaut war, der den Namen des Baches trug. Der rege Schiffsverkehr setzt natürlich eine Siedlung voraus, die offenbar den gleichen Namen führte [3]. Diese Interpretation, die ohne Seitenblick auf die Archäologie gewonnen wurde, würde bestens zu der Annahme Eidens passen, daß die nachrömische Wohnsiedlung im Mündungsbereich des Gondorfer Baches zu suchen sei.

Das Wort *caput* gebraucht Venantius in verschiedenem Zusammenhang, aber stets zur Bezeichnung einer hervorragenden oder gar höchsten Stellung: für den Felsen am Fluß [4], den Bischof als Haupt einer Stadt [5], den Metropoliten als kirchliche Spitze [6], die Metropole als Haupt unter anderen Städten [7]. *Antiquum nobilitate caput* ist demnach wohl als altberühmter Landesmittelpunkt oder als alter, vornehmer Herrensitz zu verstehen. Daß *caput* auch die Lage auf einem Berg oder einer Anhöhe impliziert, ist wahrscheinlich, aber dem Text nicht mit voller Sicherheit zu entnehmen. Das Perfekt *fuit* spielt auf vergangene Größe an. Die Kennzeichnung *nobilitate* [8] schließt m. E. den Bezug auf ein einfaches spätrömisches *refugium* oder eine primitive vorrömische Befestigungsanlage aus. Vergleichbar sind die freilich bedeutsamer hervorgehobenen *culmina prisca senatus* im selben Gedicht, die Steinhausen überzeugend auf das erhöht liegende Schloß Pfalzel bei Trier bezogen hat [9]. Wenn *Controva castro* der Münzen von c. 620 [10] mit dem *antiquum caput* identifiziert werden kann, so müßte dieses wieder in Benutzung genommen worden sein. Denkbar wäre jedoch auch, daß der Hafenort *Contrua* befestigt war.

Fortunats Verse sind nach diesen Überlegungen auf einen belebten Moselhafen an der Mündung des Gondorfer Baches zu beziehen, der eine entsprechende Siedlung voraussetzt. In unmittelbarer Nähe, wahrscheinlich auf einer Anhöhe, lag ein römischer Her-

2) Carmen III 12 p. 64. Parallelstellen zum Schiffsverkehr auf Flüssen habe ich bei Venantius nicht gefunden.

3) Der Name Contrua ist nicht nur im heutigen Gondorf erhalten, sondern auch kontinuierlich durch Mittelalter und Neuzeit bezeugt.

4) *et levat excelsa saxea ripa caput* (III 12,2 p. 64).

5) *urbis dulce caput* (V 7,2 p. 118), *dulce caput Turonis* (V 10,2 p. 120).

6) *Eufronius fulget metropolita sacer ... laetius inde caput, quia sunt sua viscera secum* (III 6, 20–23 p. 55). – *pontificale caput* (V 15,2 p. 122).

7) Bordeaux: *quantum inter reliquas caput haec super extulit urbes, tantum pontifices vincis honore gradus* (I 15,69–70 p. 17). – Trier: *urbs quoque nobilium nobilis aeque caput* (X 9,21 p. 242).

8) Der Ablativ *nobilitate* ist wohl wegen des Versmaßes gewählt und entspricht dem Adjektiv *antiquum*.

9) J. STEINHAUSEN, Palatiolum (Pfalzel bei Trier) und Venantius Fortunatus, in: Aus Mittelalter und Neuzeit, Festschr. G. Kallen, 1957, 303–315. Steinhausen führt in diesem Aufsatz auch den Nachweis, daß Fortunat seine Moselfahrt sehr konkret geschildert hat.

10) Vgl. den Beitrag FELDER in diesem Band.

rensitz oder ein sonst bemerkenswertes römisches Zentrum, das vielleicht befestigt war und (nach 588?) wieder in Benutzung genommen wurde.

Die kirchliche Entwicklung im Raum von *Contrua*-Gondorf hat F. Pauly ausführlich dargelegt [11]. Erstes kirchliches Zentrum der Landschaft war nach der Trierer Tradition der nur zwei km moselabwärts von *Contrua* gelegene Ort Kobern. Nach der ältesten Fassung der Vita s. Maximini aus der Zeit des Königs Pippin (751–768) wirkte hier der Priester Lubentius, ein Schüler des Trierer Bischofs Maximinus (329–346) [12]. Die Vita enthält einige, noch nicht endgültig geklärte Anachronismen. Unbestritten ist jedoch, daß Lubentius in spätrömischer Zeit in Kobern tätig war und dort bestattet wurde. Spätrömisches Christentum ist in und um Kobern durch Grabsteine hinreichend bezeugt. Lubentius wurde an seiner Wirkungsstätte als Heiliger verehrt und – wohl in der 2. Hälfte des 8. Jahrhunderts – von Kobern nach Dietkirchen an der Lahn überführt [13].

Die Landschaft, in der Lubentius wirkte, ist von Eiden als eine etwa 10 km lange Siedlungskammer beschrieben worden. Sie könnte den Namen *vallis* geführt haben [14]. In späterer Zeit war dies Gebiet in die Pfarrsprengel von Kobern (mit Dieblich auf dem rechten Moselufer und Lonnig auf dem Maifeld), Gondorf (mit Niederfell auf dem rechten Moselufer und Dreckenach auf dem Maifeld) und Oberlehmen (mit Oberfell auf dem rechten Moselufer, Nörtershausen auf dem Hunsrück und einem Teil von Moselsürsch auf dem Maifeld) gegliedert. Der Lehmener Sprengel war mit dem der Pfarrei Löf (mit Kattenes auf dem linken, Alken auf dem rechten Moselufer, Mörz und einem Teil von Moselsürsch auf dem Maifeld) so eng verklammert, daß man auch Löf zu dieser Siedlungskammer rechnen möchte. Kennzeichnend für die 4 genannten Sprengel ist das Übergreifen auf das rechte Moselufer und auf das Maifeld. Hier reichten Lehmen und Löf mit Moselsürsch und Mörz bis in die Nähe von Münstermaifeld. Auf dem Hunsrück dürfte die Wasserscheide zwischen Mosel und Rhein die Grenze gebildet haben. Eine größere Tiefe erreichte der Lehmener Pfarrsprengel, der hier den von Löf im Osten einschloß.

Die alte Einheit der Landschaft hat anscheinend noch Spuren in der Gerichtsverfassung des Hoch- und Spätmittelalters hinterlassen [15]. In der kirchlichen Organisation

11) F. Pauly, Siedlung und Pfarrorganisation im alten Erzbistum Trier. Die Landkapitel Piesport, Boppard und Ochtendung (Veröff. Bistumsarchiv Trier 6), 1961, 284–292, insbesondere 289 ff. Die folgenden Ausführungen beruhen auf dieser Arbeit.

12) Vita s. Maximini, Acta SS. Boll. Mai VII 19 ff.

13) Übersicht über den letzten Stand der Forschung: H. Becker, St. Lubentius und Dietkirchen im Lichte neuer Forschungen und Arbeiten, in: Festschrift Alois Thomas, 1967, 13–30.

14) Die Ortsnamen Oberfell und Niederfell könnten darauf hindeuten.

15) Zum Gericht auf den Dreitonnen gehörten Lonnig und Dieblich (Sprengel Kobern) sowie Lehmen, zum Gericht der Vorderen Pellenz Gondorf mit den Filialen Niederfell und Dreckenach sowie Löf mit Moselsürsch und Mörz (Pauly 246). Hier wird eine Bindung an die Grafschaft im Maifeld erkennbar, zu der das untere Moseltal auch nach anderen Zeugnissen gehörte. Ob diese Zuordnung in die Merowingerzeit hinaufreichte, sei dahingestellt.

dieser Zeit ist sie nicht mehr faßbar aber auf Grund der Nachrichten über Lubentius und Kobern mit einiger Gewißheit vorauszusetzen. In diesem Zusammenhang ist der Grabstein des Diakons Deodatus aus Oberlehmen (6./7. Jahrhundert) von Bedeutung. Aufgaben der Diakone waren, wie Pauly ausgeführt hat, Spendung der Taufe und Predigt in untergeordneten Landkirchen. Pauly wies nach, daß die Kirche von Oberlehmen vor 1068 Karden zugeordnet war, in diesem Sprengel aber eine Exklave bildete, da sich der Münstermaifelder Sprengel mit den Orten Moselkern, Hatzenport und Burgen zwischen Lehmen und Karden einschob. Ein Rückschluß aus den Verhältnissen des frühen 11. Jahrhunderts auf die Merowingerzeit scheint mir in diesem Fall nicht zulässig, da zusätzliche Indizien fehlen. Ich halte es für wahrscheinlicher, daß die übergeordnete Kirche für Lehmen im 6./7. Jahrhundert das näher gelegene altchristliche Zentrum Kobern war und der Diakon Deodatus einem dortigen Klerikerkolleg angehörte.

Für die Entwicklung an der unteren Mosel in merowingischer Zeit sind drei Nachrichten von Bedeutung. Die älteste und zuverlässigste betrifft den südlich an die Koberner Siedlungskammer anschließenden Raum. Childebert II. (575–596) übertrug der Kirche von Verdun in der Zeit des Bischofs Agerich († 588) bedeutende Güter an der Mosel, darunter Müden und das gegenüberliegende Gebiet zwischen Lütz- und Beybach auf dem rechten Ufer [16]. Nach jüngerer, aber glaubwürdiger Trierer Überlieferung gründete der Trierer Bischof Modoald (ante 626/27–643/47) Münstermaifeld als kirchliches Zentrum des Mayengaus. Der Sprengel von Münstermaifeld erreichte im Abschnitt Moselkern-Hatzenport die Mosel und griff mit Burgen auch auf das rechte Moselufer über [17]. Auf beiden Ufern wurde Münstermaifeld nördlicher Nachbar von Verdun. Die Trierer Abtei St. Maximin erhielt 893 durch Arnolf von Kärnten u. a. eine Grundherrschaft, die sich nach späteren Zeugnissen mit dem Pfarrsprengel von Löf deckte. Bei dieser Schenkung handelte es sich wahrscheinlich um eine Restitution, da die Klostertradition den Besitz von Löf auf Dagobert I. (623–638/39) zurückführte. Durch die Schenkung von Löf wurde die Koberner Siedlungskammer unmittelbar berührt. Der Einfluß der Trierer Abtei scheint sich bis ins Umland von Kobern ausgewirkt zu haben. Denn das seltene Patrozinium Johannes Evangelist, das die Abteikirche ursprünglich führte, findet sich nicht nur in Hatzenport, sondern auch in Gondorf und Dieblich.

Königsgut ist auch nördlich von Löf bis nach Kobern in späterer Zeit deutlich bezeugt, allerdings nicht in *Contrua*-Gondorf, wo jedoch eine im 10. Jahrhundert nachweisbare Trierer Grundherrschaft auf eine königliche Schenkung zurückgehen kann. Ältestes nachweisbares Herrschaftszentrum im Gebiet von Contrua-Gondorf dürfte die Niederburg gewesen sein [18]. Hier könnte das *antiquum nobilitate caput* Fortunats und das *castrum* der Münzen zu suchen sein.

16) P. E. Hübinger, Die weltlichen Beziehungen der Kirche von Verdun zu den Rheinlanden (Rheinisches Archiv 28), 1935, 10–11.
17) Zum Münstermaifelder Sprengel: Pauly (wie Anm. 10) 248 ff.
18) Pauly 291 n. 63.

Daß Kobern mit dem benachbarten *Contrua*-Gondorf der eigentliche Mittelpunkt der Tallandschaft zwischen Moselkern/Hatzenport und Winningen war, wird durch die Trierer Lubentiustradition in Verbindung mit dem *Contrua*-Zeugnis des Venantius Fortunatus und dem Nachweis einer merowingischen Münzstätte *Controva* um 620 und 640 erhärtet. Im Gegensatz zu dem benachbarten altchristlichen Zentrum Karden und dem merowingischen Zentrum Münstermaifeld ist die Wirkungsstätte des heiligen Lubentius aber nicht zum Mittelpunkt eines kirchlichen Großsprengels geworden. Nach Ansicht Paulys »geriet Kobern zwischen die Steine der Mühlen von Karden, Münstermaifeld und Koblenz« [19]. Vorhandene Wachstumskeime sind wohl im frühen 8. Jahrhundert erstickt worden. Fest steht der Endpunkt der Entwicklung, der durch die Lubentiustranslation nach Dietkirchen in der 2. Hälfte des 8. Jahrhunderts deutlich markiert ist.

Im Einleitungsvortrag wurde das Zeitalter der Königin Brunichild als allgemeiner Horizont für austrasisch-burgundische Beziehungen im Hinblick auf den Mittelrhein herausgestellt. Im Hinblick auf das Bistum Trier lassen sich einige Aussagen präzisieren [20].

Die Königin Brunichild wurde nach der Ermordung ihres Gatten Sigibert I. im Jahre 575 zunächst aus der Regierung des merowingischen Ostreichs ausgeschaltet. Die Regierung des Hausmeiers Gogo sicherte jedoch eine gewisse Kontinuität der austrasischen Politik und ermöglichte der Königinwitwe die Rückkehr ins Ostreich. Es kam 577 zu einer Annäherung an den frankoburgundischen König Gunthram, Brunichilds Schwager, der im Vertrag von Pompierre dem unmündigen austrasischen Neffen Childebert II. bereits die Nachfolge in Frankoburgund in Aussicht stellte. Als Gogo 581 starb, vollzog die neue ausstrasische Regierung des Hausmeiers Wandalenus eine Wendung gegen Gunthram und näherte sich unter dem Einfluß des Reimser Metropoliten Aegidius dem neustrischen König Chilperich. Die Anhänger des alten Kurses fielen in Ungnade: Lupus, *dux* der Champagne, floh zu Gunthram, zu dem auch Dynamius, der Statthalter der austrasischen Provence in Marseille, überging. Marseille wurde zum Streitobjekt zwischen Gunthram und der austrasischen Regierung, die die Rückkehr des Prätendenten Gundowald aus Constantinopel anregte und dessen Usurpation in Südgallien heimlich unter-

19) Ibidem 290.
20) Wenn in den folgenden Ausführungen der politische Rahmen für die burgundisch-austrasischen Beziehungen abgesteckt wird, so soll damit natürlich nicht gesagt sein, daß kulturelle Beziehungen nur in diesem Rahmen möglich waren. Die fränkischen Teilreiche waren nie gegeneinander abgeschlossen, da sie zusammen das regnum Francorum bildeten. Herausgestellt werden soll nur eine durch enge politische Verbindungen besonders günstige Phase für den gegenseitigen Austausch. Für die Daten der politischen Geschichte verweise sich auf meinen Aufsatz »Die fränkischen Teilungen und Teilreiche (511–613), Ak. Wiss. Mainz, Abh. geistes- u. sozialwiss. Kl. 9, 1953 (jetzt auch: Ewig, Spätantikes und fränkisches Gallien, Beihefte der Francia III 1, 1976, 114 ff., speziell 138–171).

stützte. Die Gundowald-Affäre (582–585) belastete die austrasisch-frankoburgundischen Beziehungen aufs schwerste.

Am Hof des Ostreiches war der Einfluß der Königinmutter seit 584 wieder im Wachsen. Die Haltung Brunichilds während des Gundowaldaufstands ist nicht ganz durchsichtig. Als die Königin sich jedoch 585 durchsetzte, kam es zu einem neuen Magnatenschub und zur Aussöhnung mit Gunthram, die 586 durch den Vertrag von Andelot besiegelt wurde [21]. Trotz gelegentlichen Reibungen arbeiteten Gunthram und Brunichild in den folgenden Jahren eng zusammen. Die Verbannten und Flüchtlinge von 581 kehrten ins Ostreich zurück. Gegen Aegidius von Reims wurde 590 in Metz ein Prozeß wegen Hochverrats eröffnet. Der austrasische Metropolit wurde abgesetzt und nach Straßburg exiliert. Das Bistum Reims erhielt Romulf, ein Sohn des 581 geflüchteten und inzwischen zurückgekehrten *dux* Lupus. Als Gunthram 593 starb, trat Childebert II. seine Nachfolge im frankoburgundischen Teilreich an. Die Union der beiden Teilreiche wurde 596 beim Tod Childeberts II. wieder aufgelöst, da der ältere Sohn Theudebert das austrasische, der jüngere Theuderich das frankoburgundische Erbe übernahm. Die beiden *regna* blieben jedoch bis 602 durch eine gemeinsame Politik verbunden. Nach dieser Zeit verschlechterten sich die Beziehungen zwischen Brunichilds Enkeln rapid. 604/5 brach die offene Krise aus, die 612 zum Bruderkrieg und 613 zum Untergang Brunichilds und der zweiten austrasischen Dynastie führte.

Von der politischen Geschichte her waren demnach in der Zeit von 586 bis 602 die besten Voraussetzungen für kulturelle Beziehungen zwischen Burgund und Auster gegeben. In diesem Zeitraum hat nun auch die Trierer Provinz eine besondere Bedeutung im austrasischen Teilreich gewonnen. Die Verlegung der *sedes regni* von Reims nach Metz, die in Fredegars Berichten über die fränkischen Reichsteilungen zum Ausdruck kommt, war wohl 590 beim Prozeß gegen Aegidius von Reims vollzogen. Diese Schwerpunktverschiebung mag sich schon seit längerer Zeit angebahnt haben, doch könnte der Regierungswechsel von 585 – die damit verbundene Distanzierung gegenüber dem Reimser Metropoliten bei gleichzeitiger Annäherung an den in Chalon-sur-Saône residierenden König Gunthram – der konkrete Anlaß für ihre Durchführung gewesen sein.

Im austrasischen Episkopat gehörten Agerich von Verdun († 588), der Taufpate Childeberts II., und Magnerich von Trier (567 – post 590), der Taufpate Theudeberts II., zu den vertrauten Ratgebern Brunichilds [22]. Magnerich nahm sich Theodors von Marseille an, der durch die Gundowald-Affäre schwer kompromittiert war, und vermittelte seine Aussöhnung mit Gunthram. Daß ihm dies gelang, zeugt für sein Ansehen auch bei dem Herrscher Frankoburgunds. Er kann bei diesen Verhandlungen auch persönliche Kontakte mit dem Gefolge Gunthrams angeknpüft und frankoburgundische

21) Datierung des Vertrags (586 statt 587) nach W. A. ECKHARDT, Die Decretio Childeberti und ihre Überlieferung, in: ZSRG germ. 84, 1967.
22) Zu den folgenden Ausführungen vgl. auch EWIG, Trier im Merowingerreich, 1954, 107 ff.

Kleriker für den Ausbau der Diözese Trier gewonnen haben. Burgundischer Abkunft verdächtig ist Wandalenus, der Patron von St. Wendel, den die Vita Magnerici als Zeitgenossen Magnerichs bezeichnet.

Magnerich stammte aus einer Trierer Familie, die vielleicht senatorischer Herkunft war. Er gründete auf Familienbesitz die Trierer Abtei St. Martin [23] und übertrug ihr nach der Klostertradition den Ausbau von Karden zu einem kirchlichen Zentrum an der Mosel [24]. Agerich erhielt von Childebert II. Dusemont mit einem großen Landkomplex, aus dem sich später die Grafschaft Veldenz entwickelte [25], und, wie bereits erwähnt, Müden, das später zum engeren Pfarrbezirk von Karden gehörte. Hier wird vielleicht ein Zusammenwirken beider Bischöfe in einem Moselabschnitt südlich der Koberner Siedlungskammer faßbar.

Von Magnerichs Nachfolger Gundericus ist nur der Name bekannt. Er klingt an den des Elsässer Herzogs Gundoin an, der um 630 im Jura die Abtei Moutier Grandval mit Hilfe des aus Trier stammenden Mönchs Germanus von Luxeuil gründete. Doch wäre es vermessen, allein aus dem Namen auf eine Verwandtschaft mit den »Gundoinen« zu schließen.

Sprechender ist der Name von Gunderichs Nachfolger Sapaudus, der eine eindeutige Herkunftsbezeichnung enthält und, wenn ich recht sehe, sonst nur bei einem Bischof von Arles (551–586) bezeugt ist [26]. Sapaudus von Trier hat die Akten des Pariser Reichskonzils von 614 unterzeichnet und ist vor 626/27 gestorben. Das Jahr seines Pontifikatsantritts ist leider nicht bekannt, aber aus Wahrscheinlichkeitsgründen eher nach 596 resp. 602 anzusetzen. So scheidet ein Einfluß Brunichilds auf seine Erhebung wohl aus. Aber es ist durchaus denkbar, daß Sapaudus in den Jahren 586 bis 596 (oder 575–581) in den Trierer Klerus eintrat und dann unter Theudebert II. Bischof wurde. Jedenfalls dürfte er ein Landsmann und vielleicht auch Altersgenosse jenes unbekannten Klerikers von Contrua-Gondorf gewesen sein, dessen Hinterlassenschaft J. Werner in diesem Band untersucht hat.

23) K. Böhner, Die Anfänge der Abteikirche St. Martin zu Trier, in: Trierer Zs. 18, 1949, 107–131.

24) F. Pauly, Siedlung und Pfarrorganisation im alten Erzbistum Trier. Das Landkapitel Kaimt-Zell (Rhein. Archiv 49), 1957, 103 ff.

25) Hübinger (wie Anm. 16), 9 und 37 ff.

26) L. Duchesne, Fastes épiscopaux de l'ancienne Gaule I, 1907, 259.

Kastellorte und Römerstraßen im frühmittelalterlichen Siedlungsbild des Kaiserstuhls

Archäologische Aspekte fränkischer Herrschaftssicherung im südlichen Oberrheintal

VON GERHARD FINGERLIN

Wenn mit diesem Beitrag das Rahmenthema, das eigentliche Gebiet der Maxima Sequanorum, verlassen wird, findet dies seine Begründung in dem engen Zusammenhang, in dem die östliche Seite des Oberrheintals, das rechte Ufer, in allen vorgeschichtlichen und geschichtlichen Perioden mit der westlichen Seite, dem linken Ufer stand. Dabei sind die Zeiträume nicht ausgeschlossen, in denen der Rhein eine politische Grenze bildete. Auch dann erwies sich die Einbindung beider Talhälften in eine nord-südlich verlaufende Verkehrsachse als wirksam, ebenso behielten die Rheinübergänge ihre Bedeutung zumindest für den Nahverkehr, den wirtschaftlichen und den kulturellen Austausch im Raum zwischen Vogesen und Schwarzwald.

Leider hat eine Forschung, die ihre Ergebnisse mehr oder minder chauvinistisch interpretierte, eine unvoreingenommene Betrachtung dieser Verhältnisse lange Zeit behindert. Tatsächlich trifft auf den Oberrhein in besonderem Maße zu, was an anderen Siedlungsräumen erarbeitet wurde: Nicht Flüsse, sondern schwer passierbare Gebirge bilden in der Regel echte Barrieren, die Siedlungskammern, Sprachräume oder Kulturprovinzen voneinander scheiden. Blieb so die politische Flußgrenze im Oberrheintal an allen geeigneten Stellen durchlässig – für Infiltrationen in beiden Richtungen – so gilt dies wiederum ganz besonders für den Kaiserstuhl, der sich als Brücke für West-Ostverbindungen anbietet [1]. Nicht weniger als drei von den geologischen Verhältnissen vorgezeichnete Flußübergänge liegen auf einer Strecke von knapp 14 Kilometern zwischen Breisach im Süden und Sasbach im Norden (Abb. 1; 2). An beiden Stellen wird die tiefliegende, von zahlreichen Flußarmen durchzogene Niederung durch vulkanische Berge unterbrochen, der stark mäandrierende Strom von Osten her eingeengt und in ein schmaleres Bett gezwungen. Gleiches gilt für die Sponeck bei Jechtingen, Spitze eines weit nach Westen vorspringenden vulkanischen Ausläufers. Anders als an den südlich und nördlich anschließenden Rheinstrecken tritt dem Kaiserstuhl gegenüber das Hochgestade näher an den Hauptstrom heran. Bei Breisach und Jechtingen vor allem werden die durch Brükken und hochwassergefährdete Inselwege zu überwindenden Strecken erheblich reduziert.

1) R. Lais, Der Kaiserstuhl in Ur- und Frühgeschichte. In: Der Kaiserstuhl. Eine Naturgeschichte des Vulkangebirges am Oberrhein (Freiburg 1933) 438.

Ist so die Brückenfunktion des Kaiserstuhls für den West-Ostverkehr vorgezeichnet, kommt ihm für den nord-südlich verlaufenden Talweg eine andere Bedeutung zu, als Kontrollpunkt und, vor allem von Süden her gesehen, als Sperriegel. Besonders dann kam diese topographisch begründete Eigenschaft zur Geltung, wenn eine linksrheinische politische Macht bemüht sein mußte, ihr Vorfeld zu sichern, und den Zugang zu der verwundbaren Stelle der Burgundischen Pforte zu erschweren. Hier teilt sich schon in vorgeschichtlicher Zeit die Rheintalverbindung in mehrere Arme, die durch die Burgundische Pforte ins Rhônetal, über Basel und die Jurahöhen ins Schweizer Mittelland und durch das Hochrheintal in das Gebiet von Zürichsee und Bodensee führen. In römischer Zeit treten uns diese alten Verkehrswege als ausgebaute Fernstraßen entgegen [2]. Ihre Streckenführung läßt erkennen, daß jetzt vom Oberrheintal aus neben Burgund auch Italien auf einem direkten Weg, über den großen Sankt Bernhard oder die Chur-Raetischen Pässe erreicht werden kann.

Eine wirksame Sicherung dieser Linien mußte nördlich von Kembs-Cambete erfolgen, wo die Straße nach Besançon-Vesontio abzweigt. Die einzige Stelle, an der dies in Anlehnung an günstige topographische Voraussetzungen möglich war, ist der Kaiserstuhl. Gleichzeitig war in diesem Raum eine Sperrung der neben Augst und Straßburg wichtigsten Flußübergänge leicht zu bewerkstelligen. Dabei galt es nicht nur, das Überwechseln von einer Talseite auf die andere zu verhindern. Vielmehr wissen wir durch neuere archäologische Entdeckungen, daß die Straße, die aus Lothringen (St. Dié) über die Diepoldshäuser Höhe (Col de Bonhomme), Colmar und Horburg zum Übergang zwischen Artzenheim und Jechtingen führt, östlich des Rheins eine Fortsetzung über den Schwarzwald zum oberen Donautal findet [3]. Damit liegt der Kaiserstuhl zumindest seit frührömischer Zeit im Schnittpunkt wichtiger Fernstraßen, die von den Schweizer Alpenpässen und vom Rhônetal zum Rheinland und aus dem Inneren Frankreichs zum Donauraum führen.

Für die Siedlungsgeschichte des Kaiserstuhls ist daher zu erwarten, daß sie außer durch topographische, klimatische oder hydrographische Gegebenheiten auch von anderen Faktoren beeinflußt wird, vom Verlauf der strategisch bedeutsamen Verkehrswege

2) Römische Straßen in der Schweiz nach der Tabula Peutingeriana. Kartenbeilage zu: G. Walser, Die römischen Straßen in der Schweiz. 1. Teil, Die Meilensteine (1967). – Ur- und Frühgeschichtliche Archäologie der Schweiz, Bd. 5 (1976) Die römische Epoche. Karte 1.

3) Eine Übersicht über die römischen Straßenverhältnisse im Oberrheintal gibt R. Nierhaus, Sweben, Römer und Alamannen am Oberrhein. Oberrhein. Heimat 27, 1940, 165 Abb. 2 (Das Elsass). – Zu der damals noch nicht bekannten Verbindung über den Schwarzwald: G. Fingerlin, Artikel »Riegel« in: Die Römer in Baden-Württemberg (1976) 463. – Ders., Ausgrabungen der archäologischen Denkmalpflege Freiburg im Jahr 1976. Römische Zeit. Arch. Nachr. aus Baden 18, 1977, 8. – Schon vor der Entdeckung römischer Stützpunkte in Sasbach und Riegel war diese Straße von Ph. Filtzinger postuliert worden: Bonner Jahrb. 157, 1957, 181 ff. bes. 197 u. 212 mit Anm. 128. – Vgl. auch Kartenbeilage bei Ph. Filtzinger, Limes-Museum Aalen. Kleine Schr. z. Kenntnis d. röm. Besetzungsgeschichte Süddeutschlands Nr. 7 (2. Aufl. 1975). Dort allerdings Sasbach zu weit nördlich eingezeichnet. Vgl. hier Anm. 32.

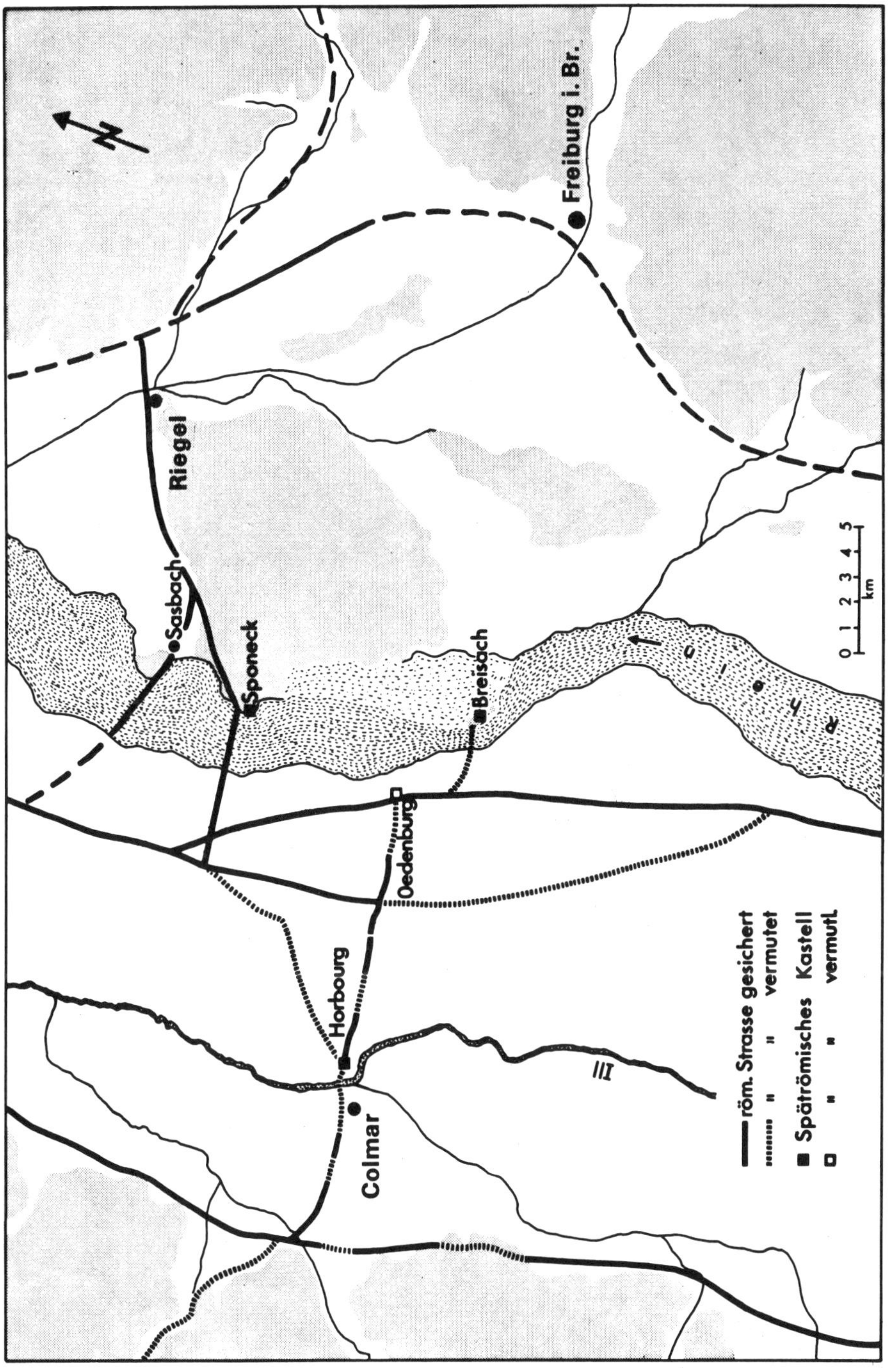

Abb. 1 Römische Fundorte und Straßenverbindungen im Bereich des Kaiserstuhls. Nach Arch. Korrbl. 6, 1976, H. 4. 317 Abb. 6 mit Ergänzungen.

und von Maßnahmen zur Kontrolle der Stromübergänge, aber auch der Sicherung der Fernstraßen und ihrer Zielräume im südlichen und westlichen Hinterland. So kann die Siedlungsgeschichte des Kaiserstuhls hier nur den allgemeinen Rahmen bilden für eine Frage, die in den letzten Jahren auch andernorts stark in den Vordergrund gestellt wurde. Gemeint ist das Problem der sogenannten fränkischen Kolonisation, anders ausgedrückt die Frage, welcher Mittel sich die fränkische Königsmacht bediente, um den in kurzer Zeit gewonnenen riesigen Landzuwachs dem Teilreich Austrasien zu integrieren und die fränkische Herrschaft in den eroberten Ländern zu sichern [4].

Von archäologischer Seite konnte bisher zu diesem Thema nicht allzuviel beigetragen werden, nicht nur deshalb, weil es vielfach sehr schwierig ist, alamannisches und fränkisches Fundmaterial gegeneinander abzugrenzen. Denn selbst, wenn dies möglich erscheint – H. Ament [5] etwa hat dies für die sogenannten Goldgriffspathen nachgewiesen – bleiben im Einzelfall erhebliche Bedenken, ein Grabinventar oder gar einen ganzen Friedhof im alamannischen Raum als fränkisch anzusehen [6]. Es kommt hinzu, daß

4) W. Schlesinger, Zur politischen Geschichte der fränkischen Ostbewegung vor Karl d. Großen. Althessen im Frankenreich. Nationes Bd. 2 (1975) 9. – F. Schwind, Die Franken in Althessen, ebd. 211 ff. – K. Weidemann, Forschungen zur Eingliederung Süddeutschlands in das Frankenreich. Ausgrabungen in Deutschland. RGZM Monogr. 1,2 (1975) 201 ff. – Ders., Die Ausbreitung der fränkischen Herrschaft in den Gebieten rechts des Rheins. ebd. Teil 3, 365 f. mit Karte. – Ders., Frühmittelalterliche Burgen als Zentren der Königsherrschaft in den Mainlanden. Führer zu vor- und frühgeschichtlichen Denkmälern, Bd. 27 (1975) »Würzburg, Karlstadt, Iphofen, Schweinfurt« 134. – H. Jänichen, Baar und Huntari. In: Grundfragen der alemannischen Geschichte. Vorträge und Forsch. Hrsg. v. Inst. f. gesch. Landesforsch. d. Bodenseegebiets in Konstanz, Bd. 1 (1955) 138 ff. 147 (Zeittafel Anfang 7. Jh.).

5) H. Ament, Fränkische Adelsgräber von Flonheim in Rheinhessen. Germ. Denkmäler d. Völkerwanderungszeit, Ser. B 5 (1970) 61 ff. – Mit der Frage ethnischer Bestimmung nach archäologischen Indizien hat sich – in einer Kontaktzone – H. Dannheimer befaßt: Die germanischen Funde der späten Kaiserzeit und des frühen Mittelalters in Mittelfranken. Germ. Denkmäler d. Völkerwanderungszeit, Ser. A 7 (1962) 139 f.

6) Teilweise fränkischen Charakter zeigen z. B. die Funde aus dem Reihengräberfeld von Buggingen im südlichen Oberrheintal. Denkmalpflege in Bad.-Württ. Nachr.bl. d. Landesdenkmalamts 3, 1974 H. 1, 34 ff. bes. tauschierte Garnitur Abb. auf S. 36–37 und Bügelfibeln/Zierscheibe aus Grab 1, Abb. auf S. 38. – Auf fränkische Elemente in der Ausstattung der Stiftergräber in Lahr-Burgheim verweist F. Garscha, Die Alamannen in Südbaden, Katalog der Grabfunde. Germ. Denkmäler d. Völkerwanderungszeit Ser. A 11 (1970) 196, 201. – Einheirat aus dem fränkischen Gebiet hat für einzelne Fälle J. Werner in Betracht gezogen: Das alamannische Fürstengrab von Wittislingen. Münchner Beitr. z. Vor- u. Frühgesch. Bd. 2 (1950) 74. – Zum fränkischen Einfluß in der Nordschweiz: R. Moosbrugger-Leu, Die Schweiz zur Merowingerzeit. Bd. A (1971) 15 Anm. 14 (Basel-Bernerring, Reinach) u. 18 Anm. 5 (Bülach Kirche). – M. Martin, Bemerkungen zu den frühmittelalterlichen Gürtelbeschlägen der Westschweiz. Zeitschr. f. Schweiz. Arch. u. Kunstgesch. 27, 1970, 29 ff. 52. – Eine ethnische Zuweisung von Einzelpersonen oder Gruppen wird sich immer auf mehrere archäologische Indizien stützen müssen. Besonderes Augenmerk sollte dabei der Keramikausstattung, bestimmten Trachteigentümlichkeiten, aber auch dem Grabbrauch gelten. Grundsätzlich: W. Sage, Gräber der älteren Merowingerzeit aus Altenerding, Ldkr. Erding (Oberbayern). 54. Ber. RGK. 1973, 213 ff., 257, 286 f.

»fränkisch« keineswegs einen einheitlich verwendbaren Begriff bildet, und weder zur Kennzeichnung bestimmter Verbreitungsgebiete von Sachgruppen oder Formen herhalten kann, noch zur Definition eines Raumes einheitlicher Tracht und Bewaffnung. M. Martin hat in seiner Auswertung des Gräberfeldes vom Bernerring in Basel gezeigt, daß fränkische Siedler auch Siedler in fränkischem Auftrag sein können [7], möglicherweise Umgesiedelte aus einem anderen, neu in den fränkischen Reichsverband aufgenommenen Gebiet. Schließlich wurden wohl auch im alamannischen Raum von Anfang an einheimische Familien zu fiskalischen, administrativen und politischen Aufgaben herangezogen [8], so daß gar nicht erwartet werden kann, im Fundbild der Gräberfelder ausgeprägte Spuren der Verwaltungsorganisation und der militärischen Sicherung des Landes zu finden. Trotzdem bleibt das Erkennen und Herausarbeiten nichtalamannischer Bevölkerungselemente ein wesentlicher Teilaspekt des Problems. Ohne Zweifel ist auf diesem Gebiet mit den Überlegungen M. Martins, seiner Zuweisung der Adelssippe von Basel-Bernerring an ein nichtalamannisches Ethnikum ein wichtiger Anfang gemacht [9]. Ähnliches läßt sich an manchen Plätzen finden, auch im Kaiserstuhlgebiet, doch wären allzu weitreichende Folgerungen *nur* aus der Aussonderung fremder Elemente im Fundgut wahrscheinlich verfehlt, zumindest aber verfrüht. Aus guten Gründen hat man sich beim Herantasten an diese Fragestellung bisher ganz überwiegend darauf beschränkt, aus jüngeren, urkundlich bezeugten Verhältnissen Rückschlüsse zu ziehen. Allerdings blieben diese aus der Verteilung von Patrozinien, meist nur vermuteten königlichen Territorien und archäologisch noch nicht datierten Burgen gewonnenen Vorstellungen früher Herrschaftssysteme meist unbefriedigend und von allzu vielen schwierig zu wertenden Faktoren abhängig [10]. So bleibt die Gewinnung festeren Bodens der Archäologie überlassen, die in den letzten Jahren nicht zuletzt unter diesem Aspekt umfangreiche Burgengrabun-

7) M. MARTIN, Das fränkische Gräberfeld von Basel-Bernerring (1976) 153 f., 191 f.

8) H. STOLL, Drei außergewöhnliche alamannische Gräberfelder und deren Deutung. Zeitschr. f. Württ. Landesgesch. 5, 1941, 1; 6, 1942, 216. – P. PAULSEN, Alamannische Adelsgräber von Niederstotzingen (Kreis Heidenheim). Veröff. d. Staatl. Amts f. Denkmalpflege Stuttgart, Reihe A H. 12 (1967) 152–154. – Skeptisch äußert sich W. SCHLESINGER zu der Möglichkeit, »einen erkennbaren archäologischen Niederschlag der fränkischen Herrschaft« zu erfassen: Fränkische Ostbewegung (wie Anm. 4) 34. – Nicht angesprochen ist in diesem Zusammenhang der »nichtalamannische« autochthone Teil der Bevölkerung (Romanen).

9) M. MARTIN, Basel-Bernerring (wie Anm. 7) 146 f.

10) G. WREDE, Castrum und Curtis. Forschungsstand im Osnabrücker Land. Studien z. Europ. Vor- u. Frühgesch. Festschr. H. Jankuhn (1968) 329. – Für das hier behandelte Gebiet vor allem H. BÜTTNER, Breisgau und Elsaß, ein Beitrag zur frühmittelalterlichen Geschichte am Oberrhein. Schauinsland 64, 1941, 3 ff. – DERS., Reichsbesitz im nördlichen Kaiserstuhl bis zum 10. Jahrhundert. Schauinsland 64, 1941, 32 ff. – Vgl. auch W. SCHLESINGER, Fränkische Ostbewegung (wie Anm. 4) 38 mit Anm. 190–194.

gen unternommen hat [11]. Welche neuen Aussagemöglichkeiten dabei zu gewinnen sind, zeigen vor allem große Anlagen in Hessen wie Christenberg oder Büraburg, die mit ihren Anfängen ins 7. Jahrhundert zurückreichen und als Befestigung der fränkischen Reichsgewalt anzusehen sind. Möglicherweise gehört auch der Runde Berg bei Urach [12] mit seiner spätmerowingerzeitlichen Phase in den gleichen politischen Zusammenhang. Neue archäologische Feststellungen sind es auch, die es erlauben, für den Kaiserstuhl ähnliche Fragen aufzuwerfen und damit über frühere Überlegungen, etwa die H. Büttners zum Reichsbesitz oder zu den -kirch-Orten [13] hinauszukommen. Mit diesen neuen Entdeckungen soll der Nachweis erbracht werden, daß in diesem verkehrsgeographisch und morphologisch stark vorgeprägten Raum die römischen und fränkischen Eroberer, den gleichen äußeren Bedingungen unterworfen, gleichartige Lösungen zur Sicherung ihrer Herrschaft entwickelt haben. Die Rolle der natürlich vorgezeichneten Wege bei der römischen Okkupation und Grenzsicherung übernehmen im frühen Mittelalter die ausgebauten, und wie sich aus dem Kartenbild entnehmen läßt, intakten Römerstraßen, denen durch die Franken ganz offensichtlich ihre strategische Bedeutung zurückgegeben wird.

Ohne Zweifel geht im Oberrheintal die fränkische Kolonisation vom Elsaß aus, das in seinem südlichen Teil der Provinz Maxima Sequanorum zugehörte. Wir dürfen daher erwarten, daß östlich des Rheins gewonnene Anhaltspunkte eine gewisse Relevanz für den Raum zwischen Rhein und Vogesen besitzen und daß die am Kaiserstuhl faßbaren Auswirkungen der fränkischen Besetzung Rückschlüsse auf das Gebiet erlauben, von dem sie ausgegangen sind. Es ist also die Fragestellung nach dem Hinüberwirken aus der alten römischen Provinz in den ihr vorgelagerten Raum und die daraus sich ergebenden Rückschlüsse auf die Situation innerhalb der Provinzgrenzen, die es uns erlauben, das Kaiserstuhlgebiet in einen engeren Zusammenhang mit dem Rahmenthema zu bringen. Selbstverständlich bleiben die anderen Voraussetzungen zu beachten, die in den seit 496 dem fränkischen Reich einverleibten Provinzen bestehen, die andersartige Struktur mit städtischen Zentren [14], die seit spätrömischer Zeit noch lebendigen Traditionen, schließ-

11) R. Gensen, Frühmittelalterliche Burgen und Siedlungen in Nordhessen. Ausgrabungen in Deutschland, RGZM Monogr. Bd. 1 Teil 2, 313 ff. – Ders. Christenberg, Burgwald und Amöneburger Becken in der Merowinger- und der Karolingerzeit. Althessen im Frankenreich. Nationes Bd. 2 (1975) 121 ff. – J. Werner, Merowingisches vom Glauberg. Fundber. aus Hessen 14, 1974, 389. – Vgl. auch K. Schwarz, Der frühmittelalterliche Landesausbau in Nordostbayern archäologisch gesehen. Ausgrabungen in Deutschland, RGZM Monogr. Bd. 1 Teil 2, 338 ff. mit weiterer Literatur.

12) V. Milojčić, Der runde Berg bei Urach. Ausgrabungen in Deutschland, RGZM Monogr. Bd. 1 Teil 2, 181 ff. 196.

13) H. Büttner, Reichsbesitz (wie Anm. 10). – Ders., Franken und Alamannen in Breisgau und Ortenau. Ein Beitrag zur Geschichte des Oberrheins im 8. Jahrhundert. Zeitschr. f. Gesch. d. Oberrheins N. F. 52, 1939, 323 ff. 354.

14) R. Forrer, L'Alsace romaine (1935). – J. J. Hatt, Strasbourg au Temps des Romains (1953). – H. v. Petrikovits, Das Fortleben römischer Städte an Rhein und Donau im frühen Mittelalter. Trierer Zeitschr. 19, 1950, 72 ff.

lich die grundlegend anderen ethnischen Verhältnisse mit einem anfänglich noch starken Übergewicht des nichtgermanischen Teils der Bevölkerung. Nicht zufällig hält sich die fränkische Expansion zunächst an die Rheinlinie als Grenze und greift damit vorübergehend die spätantike Situation wieder auf.

Die schon erwähnten neuen Entdeckungen am Kaiserstuhl gehören in die frührömische, spätrömische und frühmittelalterliche Periode. Sie ermöglichen uns, ein vollständigeres wie auch stärker differenziertes Bild dieser Landschaft vom 1. vorchristlichen bis ins 7. nachchristliche Jahrhundert zu zeichnen. Trotzdem bedeutet dies noch nicht mehr als eine Zwischenbilanz, da die Untersuchungen keineswegs abgeschlossen sind und die noch ausstehenden großen Terrainveränderungen im Randbereich des Gebirges weitere Ergänzungen, vielleicht auch neue Aspekte erwarten lassen.

Die frührömische Zeit

Nachdem die Entdeckung des Truppenlagers in Dangstetten [15] gezeigt hatte, daß schon in augusteischer Zeit offensive Stützpunkte auf dem rechten Rheinufer angelegt wurden, bedeutete es kaum noch eine Überraschung, daß auch am Ausgangspunkt einer zweiten wichtigen Einfallstraße in den süddeutschen Raum ein Lager dieser Zeitstellung gefunden wurde. Vermutlich im Zusammenhang mit den Angriffsvorbereitungen des Drusus wurde es 12 vor Chr. oder nur wenig früher auf der Hochfläche des Limbergs bei Sasbach angelegt [16]. Dieser Berg, ein allseitig steil abfallender, im Kern vulkanischer Lößrücken mit langgestrecktem Plateau (Taf. 28,1), liegt in geringem Abstand vor der Nordwestecke des Kaiserstuhlmassivs in der Rheinebene. In römischer Zeit verlief ein Flußarm unmittelbar an seinem Fuß entlang, faßte ihn von drei Seiten ein und gab ihm so den Charakter einer Halbinsel. Dagegen ist unwahrscheinlich, daß ein alter östlich vorgelagerter Flußarm noch in geschichtlicher Zeit existierte, so daß der Limberg kaum eine Insellage besaß wie der Münsterberg von Breisach (Taf. 28,2) am Südende des Kaiserstuhls [17]. Maßgebend für die Einrichtung des Lagers an dieser Stelle war ohne Zweifel der Stromübergang und die nach Osten sich öffnende Einfallspforte in den oberen Donauraum. Von hier konnte ein Vorstoß ausgeführt, ebenso eine feindliche Gegenbewegung aufgehalten werden. Man wählte dazu nicht den Platz unmittelbar am Rheinüber-

15) G. FINGERLIN, Dangstetten, ein augusteisches Legionslager am Hochrhein. Vorbericht über die Grabungen 1967–1969. 51.–52. Ber. RGK. (1970–1971) 197 ff.
16) G. FINGERLIN, Ein neues römisches Lager am Oberrhein. Vorbericht über die Grabungen 1971–1972 in Sasbach. Studien zu den Militärgrenzen Roms. Vorträge des 10. Internationalen Limeskongresses in der Germania Inferior (Köln 1977) 131. – DERS., Keltenstadt und Römerlager. Der Limberg bei Sasbach II. Arch. Nachr. aus Baden 15, 1975, 9 ff.
17) H. BENDER, Neuere Untersuchungen auf dem Münsterberg in Breisach (1966–1975) I. Die vorrömische Zeit. Arch. Korrespondenzbl. 6, 1976, 213 ff. – Zur Insellage R. NIERHAUS, Zur Topographie des Münsterberges von Breisach. Bad. Fundber. 16, 1940, 94 ff.

gang, wo später die Limburg für den beschränkten Zweck der Übergangssicherung und Zollerhebung gebaut wurde [18], sondern das Hochplateau, von dem der Blick das ganze Land erfaßte, das von hier aus erobert und gesichert werden sollte. Nach dem Scheitern der Offensive blieb Sasbach wahrscheinlich besetzt. Als Sicherungsposten an der Flußgrenze zwischen Basel und Straßburg hatte es eine wichtige Aufgabe wahrzunehmen, zumal der römische Einflußbereich in den folgenden Jahrzehnten offenbar schon überall den Schwarzwaldrand erreichte [19].

In claudischer Zeit dann tauchen mit Breisach und Riegel die Orte auf der militärischen Karte auf, die in den folgenden Jahrhunderten neben Sasbach als politische Schwerpunkte im Kaiserstuhlraum anzusprechen sind (Abb. 2). Daß in Breisach keine Funde augusteischer Zeit vorliegen, kann ein Zufall sein, kann aber auch damit zusammenhängen, daß von diesem Platz aus keine direkte Verbindung über den Schwarzwald führt. Zwar wird Breisach später Anschlußstelle an die rechtsrheinisch verlaufende Fernstraße, doch spielte diese Nord-Südverbindung im strategischen Konzept der Germanenkriege noch keine Rolle.

Jetzt, in der Zeit der Eroberung Süddeutschlands, in der die zunächst erreichte Donaugrenze durch eine Kette von Kastellen gesichert wird [20], gerät auch im Breisgau die Situation in Bewegung. Neben dem immer noch oder wieder besetzten Sasbach entsteht an der Nord-Ostecke des Kaiserstuhls, in Riegel, ein neues Kastell [21]. Man wählte dafür ein ebenes Terrain am Fuße des Michelsberges, der den äußersten Ausläufer des Gebirges gegen den Schwarzwald bildet. Anders als in Sasbach ist dieses Kastell stärker nach der Straße orientiert, die in dieser Zeit am Nordrand des Kaiserstuhls mit Rheinübergängen bei Sasbach und Jechtingen gebaut wurde (Abb. 2) und sich vermutlich über das Glottertal nach Hüfingen und von dort donauabwärts fortsetzte [22]. Außerdem bot

18) Zur Limburg: PH. RUPPERT, Die Ruine Limburg und das Dorf Sasbach a. Rhein (1888). – A. PETERS, Ortsgeschichte von Sasbach a. K. Teil II (1970).

19) R. NIERHAUS, Zur Bevölkerungsgeschichte der Oberrheinlande unter der römischen Herrschaft. Bad. Fundber. 15, 1939, 91 ff. bes. 97 mit Anm. 16. – DERS., Zwei frühkaiserzeitliche Fibeln aus Bad Krozingen. Bad. Fundber. 17, 1941–1947, 182 ff. 195. – DERS., Das swebische Gräberfeld von Diersheim. Röm. Germ. Forsch. Bd. 28 (1966) 231. – Neuerdings Brandgräber teilweise claudischer Zeitstellung in Bötzingen a. Kaiserstuhl. Unpubliziert, Grabung des Landesdenkmalamts Bad.-Württ., Außenstelle Freiburg.

20) PH. FILTZINGER, Die römische Besetzung Baden-Württembergs. In: Die Römer in Baden-Württemberg (1976) 23 ff. 42 (Kastelle an der oberen Donau) mit Karte Abb. 8.

21) Die Römer in Baden-Württemberg (1976) 462. – Arch. Nachr. aus Baden 14, 1975, 10.

22) Die ältere Diskussion über diese den Schwarzwald querende Verbindung referiert R. NIERHAUS, Römische Straßenverbindungen durch den Schwarzwald. Bad. Fundber. 23, 1967, 117 ff. 133 mit Anm. 15. Die von ihm abgelehnte Straße (»selbst wenn sich eines Tages ein Kastell in Riegel ... bewahrheiten sollte« S. 134) dürfte inzwischen auf Gemarkung Hüfingen doch nachgewiesen sein (vgl. hier Anm. 3). Die Thesen PH. FILTZINGERS, Bonner Jahrb. 157, 1957, 181 ff. erhalten damit neues Gewicht. – Vgl. auch H. SCHÖNBERGER, The roman frontier in Germany: An archaeological survey. Journ. of Rom. Studies 69, 1969, 144 ff. 154 mit Anm. 69.

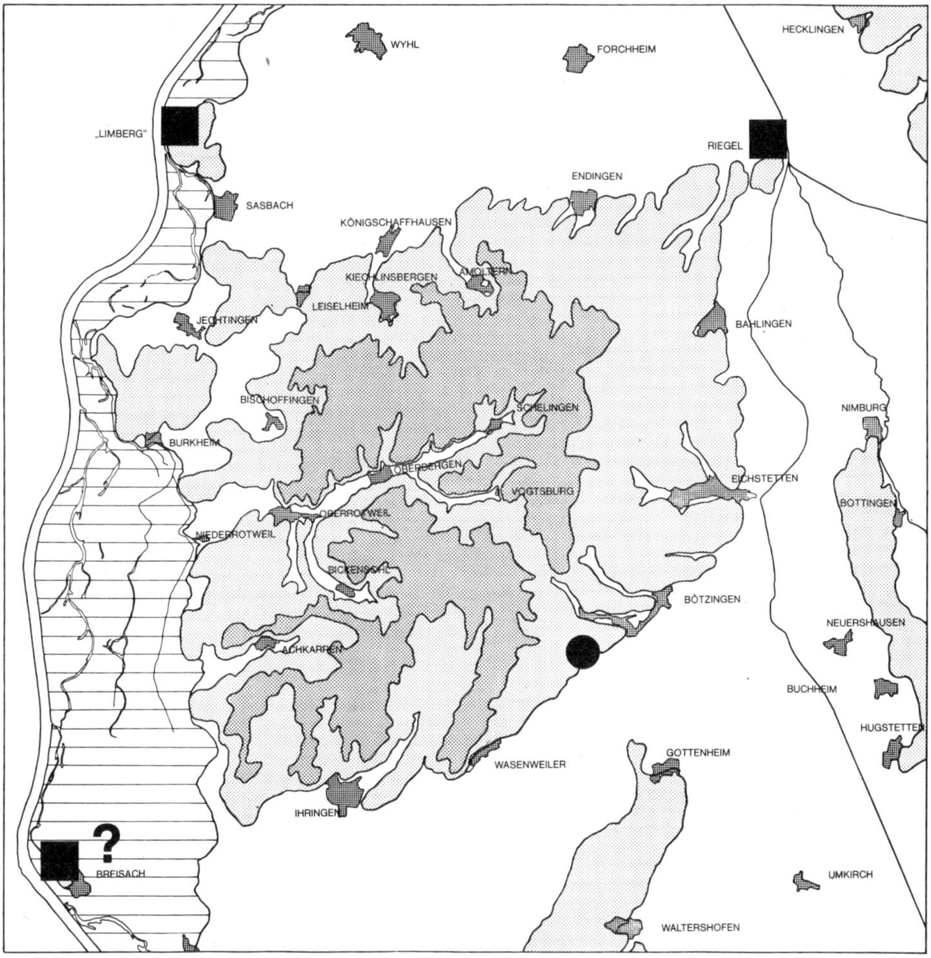

Abb. 2 Der Kaiserstuhl in frührömischer Zeit (1. Jahrh. nach Chr.). Quadrat: Kastell (Breisach nicht gesichert); Punkt: Brandgräberfeld. Auf dieser wie auf den folgenden Kaiserstuhlkarten bedeutet Querschraffur: Bereich der Rheinaue; weiße Fläche: Ebene; heller Raster: Höhe zwischen 200 m (Gebirgsrand) und 350 m; dunkler Raster: Höhe ab 350 m.

sich von hier aus die Möglichkeit, die Engstelle des Rheintals zwischen Kaiserstuhl und Schwarzwaldvorbergzone zu sperren, die auf der rechten Talseite in dieser Zeit den einzigen Durchgang für den Nord-Südverkehr bildete. Diese besondere Aufgabe des Riegeler Kastells wurde noch begünstigt durch die Unwegsamkeit der von mehreren Flußläufen durchzogenen, bis in neueste Zeit stellenweise versumpften und häufig überschwemmten Ebene. Möglicherweise war Riegel unter Claudius Grenzkastell, ähnlich wie die Stützpunkte an der Donau, doch ist die Besetzungsgeschichte des Oberrheintals zwischen Kaiserstuhl und Neckarmündung mit den vielleicht claudischen Kastellen von Heidelberg und Neuenheim noch nicht geklärt [23]. In jedem Fall aber sichert Riegel, zusammen mit Sasbach, den Anschluß der Donaulinie an das römische Reichsgebiet im Westen. Auf dem Breisacher Münsterberg steht in dieser Zeit eine kleinere Truppeneinheit [24]. Für die Sicherung des neugewonnenen Landes hat dieser Platz möglicherweise noch nicht die Bedeutung wie in Zeiten, in denen der Rhein eine Grenze bildet.

Die spätrömische Zeit

Diese Situation ist nach dem Fall des Limes 259/60 wieder gegeben. Nach neueren Grabungen schon in der ersten Hälfte des 4. Jahrhunderts wird auf dem Mons Brisiacus das größte und wichtigste Grenzkastell zwischen Augst/Basel und Straßburg errichtet [25]. Vier Kilometer südwestlich des Kaiserstuhls liegt der vulkanische Münsterberg in der Rheinaue [26]. Er bildet ein nach allen Seiten steil und felsig abfallendes langgestrecktes Plateau (Taf. 28,2), das wie eine natürliche Festung aus der Niederung aufragt. Auf allen Seiten von Wasser umflossen, besitzt er eine ausgesprochene Insellage, die ihn auch in späteren Jahrhunderten fast unangreifbar machte. Den hohen strategischen Wert, der im Mittelalter noch zunahm, verdankt der Platz seiner einmaligen Topographie, die ihn trotz seiner von den wichtigsten Routen etwas abgesonderten Lage zur Hauptfestung dieser Landschaft prädestiniert. »Zwischen den Ufern« gelegen ist der Breisacher Münsterberg der einzige Platz wirklicher spätrömisch-frühmittelalterlicher Kontinuität in dem hier behandelten Raum [27].

23) H. HOFFMANN, Zur Frage der vorflavischen Okkupation des rechten Rheinufers. Mainzer Zeitschr. 6, 1911, 31 ff. – O. ROLLER, Die Oberrheinlande in der Römerzeit. Zeitschr. f. Gesch. d. Oberrheins 117 N. F. 78, 1969, 1 ff. – H. SCHÖNBERGER, Roman frontier (wie Anm. 22) 156. – B. HEUKEMES, Artikel »Ladenburg« in: Die Römer in Baden-Württemberg (1976) 341 ff. 287 rechte Sp. – PH. FILTZINGER, ebd. 43 f. mit Abb. 8.

24) R. NIERHAUS, Münsterberg Breisach (wie Anm. 17) 105 f. mit Anm. 21.

25) G. FINGERLIN, Artikel »Breisach« in: Die Römer in Baden-Württemberg (1976) 248 mit weiterer Literatur. – Zu den neueren Grabungen: H. BENDER u. a. (wie Anm. 17). – DERS., Neuere Untersuchungen auf dem Münsterberg in Breisach (1966–1975). II. Die römische und nachrömische Zeit. Arch. Korrespondenzbl. 6, 1976, 309 ff. – R. M. SWOBODA, Ein Ziegelstempel der Legio I Martia in Breisach. Germania 53, 1975, 177.

26) G. HASELIER, Geschichte der Stadt Breisach am Rhein I (1969) 2 ff.

27) Diese Siedlungs- und Platzkontinuität ist bisher nur erschlossen – u. a. aus der Erwähnung als *Brezecha* beim RAVENNATEN IV 26 – und nicht im strengen Sinn archäologisch nachgewiesen. Allerdings ist auch die urkundlich gut belegte karolingische Zeit auf dem Berg nur in Spuren zu fassen. Archäologischer Nachweis der Kontinuität fehlt beispielsweise auch für Konstanz oder ist in Basel nur über das Gräberfeld, nicht durch Siedlungsfunde zu führen. – Zur Kontinuität von Kastellplätzen in der Nordschweiz: K. BÖHNER, Spätrömische Kastelle und alamannische Ansiedlungen in der Schweiz. Helvetia Antiqua. Festschr. E. Vogt (1966) 307 ff. bes. 310. –

Die Bedeutung des Kaiserstuhls als Brücke wird unterstrichen durch das neuentdeckte spätrömische Kastell auf der Sponeck bei Jechtingen [28], mit dem der Hauptübergang der Kaiserstuhl-Nordstraße (Abb. 3) noch auf dem rechten Ufer gesichert wurde [29]. Unbekannt ist dagegen, was mit dem Rheinübergang bei Sasbach geschah, der wenig später wieder große Bedeutung erlangen sollte. Hier lassen uns vorerst auf beiden Ufern die Funde im Stich. Dagegen zeigen das vermutliche Kastell Ödenburg bei Künheim [30] und das Kastell Horburg-*Argentovaria* dicht vor Colmar [31], mit welcher Sorgfalt der Raum hinter den wichtigen Flußübergängen gesichert wurde, so daß ein Vorstoß über den Rhein an mehreren Punkten durch Befestigungen aufgehalten werden konnte. Besondere Bedeutung kam dabei dem Kastell Horburg zu, bei dem die Straßen von den Rheinübergängen Sponeck und Breisach zusammenlaufen, um dann von hier aus die Vogesen zu überschreiten [32]. Für den Kaiserstuhlraum ergibt sich jedenfalls aus der Lage dieser Kastelle, daß die römischen Straßen noch benutzbar waren, und daß man gerade dem Weg über den Schwarzwald eine besondere Massierung der Verteidigungsanlagen entgegensetzen mußte (Abb. 1).

Auch die völkerwanderungszeitlichen, besser frühalamannischen Fundstellen im Breisgau (Abb. 3) könnte man in einen Zusammenhang mit Verkehrswegen und spätrömischen Grenzplätzen bringen, wenn ihre Zahl für solche Überlegungen nicht einfach noch zu gering wäre. Immerhin haben sich die Fundplätze im weiteren Umkreis von

Grundsätzlich: H. VON PETRIKOVITS, Das Fortleben römischer Städte an Rhein und Donau. In: Studien zu den Anfängen des europäischen Städtewesens. Vorträge u. Forsch. Hrsg. v. Konstanzer Arbeitskr. f. mittelalt. Gesch. Bd. 4 (1970) 63 ff. 75.

28) Seit 1975 führt die Kommission zur archäologischen Erforschung des spätrömischen Raetien der Bayer. Akad. d. Wiss. München (Prof. J. Werner) zusammen mit der Außenstelle Freiburg des Landesdenkmalamts Bad.-Württ. auf der Sponeck bei Jechtingen Grabungen durch. Unter der örtlichen Leitung von Dr. R. M. Swoboda (Graz) wurden bisher wesentliche Abschnitte der Mauer und Teile der Innenbebauung eines spätrömischen Kastells aufgedeckt. Kurze Erwähnung in: Arch. Nachr. aus Baden 16, 1976, 11 und 18, 1977, 11 f. mit Abb. 8. – R. M. SWOBODA, Eine spätrömische Anlage auf der Burg Sponeck. Fundber. aus Baden-Württemberg 4, 1979 (im Druck).

29) K. SCHUMACHER, Neues vom alten Riegel. Schauinsland 28, 1901, 1 ff. 5–6. – K. GUTMANN, Zu den römischen Straßen um Breisach. Germania 2, 1918, 123. – R. LAIS, Das nördliche Kaiserstuhlvorland, seine Bodengestalt, Entstehungsgeschichte und frühe Besiedlung. Schauinsland 61, 1934, 9 ff. Abb. 4–5 auf S. 14.

30) R. CHRISTLEIN, Fundber. aus Baden-Württemberg 1, 1974, 565 ff. 570 f. mit Anm. 34. – Zur Lage: Historischer Atlas Baden-Württemberg, Karte III 6 »Die frühe Alamannenzeit«. – Vgl. auch H. BENDER, Neuere Untersuchungen II (wie Anm. 25) Karte Abb. 6 auf S. 317.

31) E. ANTHES, Spätrömische Kastelle und feste Städte im Rhein- und Donaugebiet. 10. Ber. RGK. 1917, 86 ff. Nr. 22 »Horburg«. – W. SCHLEIERMACHER, Der obergermanische Limes und die spätrömischen Befestigungen am Rhein. 33. Ber. RGK. 1943–1950, 133.

32) Die verkehrsgeographische Situation verdeutlicht eine Karte (fig. 1) bei F. PETRY, Observations sur les vici explorés en Alsace. Bull. Inst. A. Piganiol 11, 1976, 273 ff. 292.

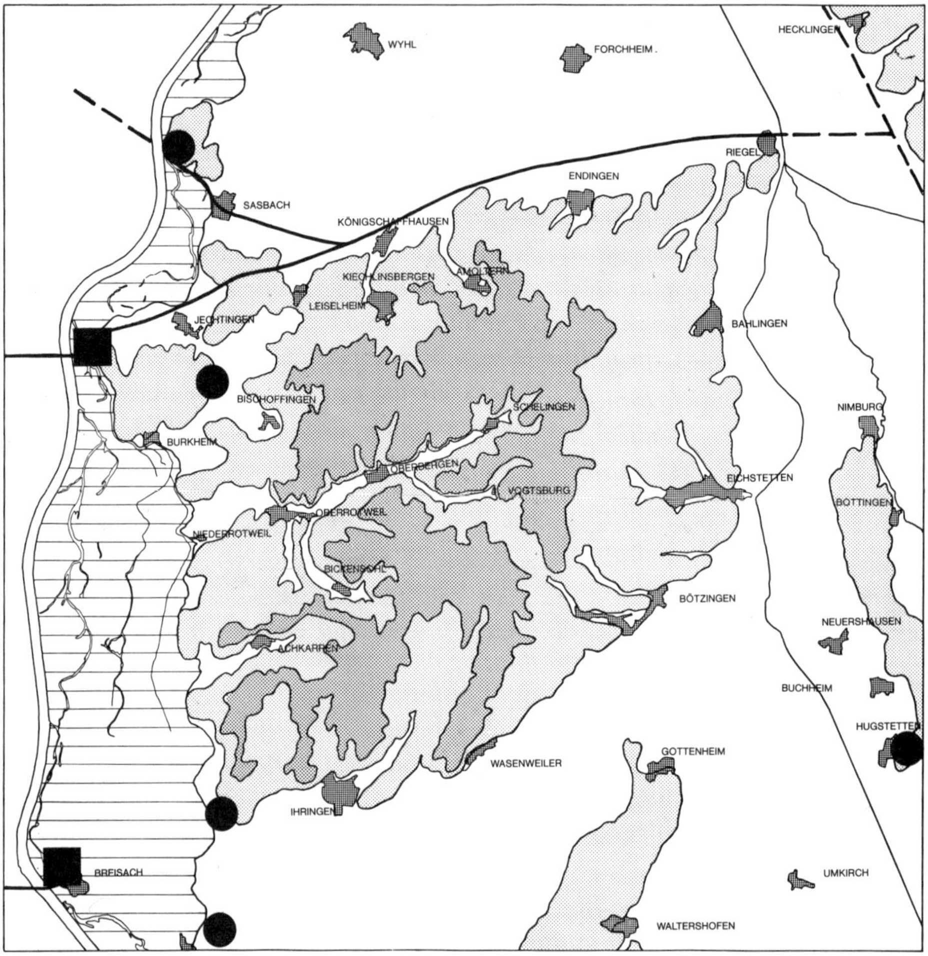

Abb. 3 Der Kaiserstuhl in spätrömischer Zeit (ca. 260–ca. 400 nach Chr.). Quadrat: römisches Grenzkastell; Punkt: frühalamannische Fundstelle (Grab oder Siedlung); gestrichelte Linie: römischer Straßenverlauf nicht gesichert.

Breisach erheblich vermehrt, wobei vor allem die im 3. und 4. Jahrhundert bewohnte Siedlung von Mengen zu erwähnen ist [33], die zu einem großen Teil untersucht werden konnte. Gleichartige Keramik, wenn auch nur in Form weniger Scherben, fand sich auf dem Limberg und belegt dort immerhin die Anwesenheit von Germanen im 4. Jahrhun-

33) Unpubliziert. Funde im Landesdenkmalamt Bad.-Württ., Außenstelle Freiburg. Erwähnt im Arbeitsbericht der archäologischen Denkmalpflege Freiburg für das Jahr 1974. Arch. Nachr. aus Baden 14, 1975, 13.

dert [34]. Allerdings deutet sonst nichts darauf hin, daß der Limberg in die Reihe der frühen alamannischen Höhenburgen einzuordnen wäre, die meist auch weiter im Landesinneren liegen [35]. Zur Vorsicht mahnt auch entsprechende Keramik, die im Grenzkastell auf der Sponeck gefunden wurde [36]. So nahe einer starken Konzentration römischer Militärplätze, in einem als gefährdet angesehenen Bereich, wäre ein solches Sichfestsetzen unmittelbar an der Grenze wohl kaum geduldet worden. Auch läßt die für diese Zeit recht gute geschichtliche Überlieferung an eine nach wie vor bis zum Schwarzwald reichende Einflußzone Roms denken, auch wenn hier in der Mitte des 4. Jahrhunderts, bis zur Schlacht bei Straßburg, gewisse Einbrüche erfolgt sein mögen [37]. Die Brisigavi als Teil des spätrömischen Heeres, die bei Ammianus Marcellinus überlieferte Geschichte des Breisgaukönigs Vadomar zeigen jedenfalls deutlich, daß die Grenzziehung die Verbindung zwischen den beiden Ufern nicht unterbrochen hat, und daß diese Beziehungen doch überwiegend von der römischen Seite bestimmt wurden.

34) Zu den bei F. Garscha, Alamannische Grabfunde (wie Anm. 6) 30 und 173 aufgeführten Fundplätzen Breisach »Kinkelrain« (Siedlung/Grabfund) und Ihringen (Grabfund) sind im weiteren Kaiserstuhlgebiet folgende Fundplätze hinzugekommen: Mengen (Siedlung/Grabfunde), vgl. hier Anm. 33; Biengen (Siedlung), Jechtingen »Lachenmüngle« (Siedlungsfund), Sasbach (Einzelfunde). Die bei Garscha a. a. O. 175 I und 176 IV erwähnten Grabfunde von der Sponeck bei Jechtingen gehören vermutlich zum spätrömischen Kastell (vgl. hier Anm. 28). Das bei Garscha nicht aufgenommene Fragment einer rädchenverzierten Sigillataschüssel aus Hugstetten könnte einen weiteren frühen Platz anzeigen. Bad. Fundber. 20, 1956, Taf. 54c. – Teilweise sind die aufgeführten Fundpunkte in der Karte »Die frühe Alamannenzeit«, Historischer Atlas von Bad.-Württ. enthalten (Karte III 6, bearb. v. R. Christlein). Allerdings bleibt hier, wie auf der Karte F. Garschas, der Grabfund von Breisach »Kinkelrain« unberücksichtigt. Dagegen bei F. Roeren, Zur Archäologie und Geschichte Südwestdeutschlands im 3. bis 5. Jahrhundert n. Chr. Jahrb. RGZM 7, 1960, 214 ff. 244 Fundliste B 5. Das dort B 53 (Sasbach) erwähnte Kindergrab mit handgemachtem Tongefäß, Glaswirtel und kleinem Bronzedrahtring gehört nicht in diesen zeitlichen Zusammenhang.

35) J. Werner, Zu den alamannischen Burgen des 4. und 5. Jahrhunderts. Speculum historiale. Festschr. J. Spörl (1965) 439 ff. mit Karte Abb. 2. – Nachzutragen: Lenensburg, Gem. Kreßbronn (Bodenseekr.). Kulturdenkmale in Baden-Württemberg, Kleine Führer Bl. 6 (1972). Funde des 3.–4. nachchristlichen Jahrhunderts wurden schon 1913 zusammen mit hallstattzeitlichem Material geborgen, jedoch nicht als frühalamannisch erkannt. Fundber. Schwaben 21, 1913, 32 ff.

36) Vgl. E. Vogt, Germanisches aus spätrömischen Rheinwarten. Provincialia. Festschr. R. Laur-Belart (1968) 632 ff.

37) K. F. Stroheker, Die Alamannen und das spätrömische Reich. In: Die Alemannen in der Frühzeit. Veröff. d. Alemann. Inst. Freiburg 34 (1974) 9 ff.

Die Merowingerzeit

Für das 5. Jahrhundert lassen uns, wie anderswo, die Quellen fast völlig im Stich. Erst in der Zeit Childerichs etwa setzen einzelne Reihengräberfelder ein, nicht nur große an verkehrsgünstigen Plätzen wie Sasbach [38], sondern auch kleine, von der Lage her unauffällige wie ein Friedhof auf der Gemarkung von Eichstetten [39]. Der Forschungsstand spielt dabei eine so große Rolle, daß ähnlich wie in der Völkerwanderungszeit das Fundbild nur sehr zurückhaltend interpretiert werden kann. Ungeachtet der Frage, welche Gründe für den Beginn der Reihengräbersitte maßgeblich sein könnten, läßt sich feststellen, daß am Kaiserstuhl und in seinem Umland im ausgehenden 5. Jahrhundert an einzelnen siedlungsgünstigen Plätzen, unabhängig von den Straßenverbindungen, Dörfer oder Höfe angelegt werden [40].

Wenn damit stillschweigend akzeptiert wird, daß der Beginn der Reihengräberfelder mit mehr oder minder starker Verspätung auch den Beginn der zugehörigen Siedlungen markiert, kann sich diese Auffassung zunehmend auf archäologische Befunde stützen. Im südlichen Oberrheintal allerdings bildet die völkerwanderungszeitliche Siedlung von Mengen den vorerst einzigen Beleg dafür, daß sich die Dörfer der Landnahmezeit in der Regel nicht kontinuierlich in den Dörfern der Merowingerzeit fortsetzen. Zumindest in dem hier behandelten Raum scheint sich dafür auch eine recht einfache Erklärung zu bieten: Die Abwanderung der frühalamannischen Bevölkerung in die nicht mehr durch Grenztruppen geschützte römische Provinz, in der günstiges Siedlungsland und städtische Zentren ohne Zweifel eine starke Anziehungskraft besaßen [41].

Wir wissen nicht, welche Rolle in dieser Zeit das spätrömische Kastell auf dem Breisacher Münsterberg gespielt hat. Es fehlt ein Gräberfeld wie etwa in Kaiseraugst oder in Basel (Aeschenvorstadt), das die nachrömische Entwicklung des Platzes widerspiegelt. Ein vereinzelter Fund belegt immerhin die Existenz von Bewohnern [42], während wir

38) Fundber. aus Baden-Württemberg 2, 1975, 264.

39) Arch. Nachr. aus Baden 16, 1976, 14.

40) Die Lage früher Ortschaften an der Grenzlinie zwischen Dauergrünland und Ackerland erläutert J. Tesdorpf, Die Entstehung der Kulturlandschaft am westlichen Bodensee. Veröff. Komm. Gesch. Ldkde. Bad.-Württ. Reihe B Bd. 72 (1972) 80. – Einen anderen Faktor, der im Kaiserstuhl für die Platzwahl entscheidend war, betont W. Deecke, Hydrographie des Kaiserstuhls. Abhandl. Heidelberg, Math. Nat. Kl. 18, 1931, 31 (tiefer Grundwasserspiegel, nur am Gebirgsrand oder an Talflanken durch Brunnen zu erreichen). – Vgl. auch G. Fingerlin, Zur alamannischen Siedlungsgeschichte des 3.–7. Jahrhunderts. In: Die Alemannen in der Frühzeit. Veröff. d. Alemann. Inst. Freiburg 34 (1974) 45 ff. bes. 81.

41) Diese Abwanderung dürfte erst nach dem Tod des Aetius (455) in größerem Umfang eingesetzt haben. Für die Nordschweiz nimmt M. Martin sogar einen Beginn der alamannischen Besiedlung erst »im 4. oder 5. Jahrzehnt des 6. Jahrhunderts« an. M. Martin, Basel-Bernerring (wie Anm. 7) 184.

42) F. Garscha, Alamannische Grabfunde (wie Anm. 6) 29 I Taf. 55,4.

die Weiterexistenz der Befestigung wohl voraussetzen dürfen, nicht nur wegen ihrer wiederholten Erwähnung im 10. Jahrhundert [43].

Breisach, nach wie vor zum linken Ufer orientiert, bildet also eine siedlungsgeschichtliche Konstante. Nichts hat sich an seiner starken und beherrschenden Stellung geändert, weder eine regionale noch überregionale Macht konnte die *civitas munitissima*, das *opidum Alsatie* wie spätere Bezeichnungen lauten, außer Acht lassen. Man kann deshalb mit einiger Sicherheit annehmen, daß nach 496 Breisach als ehemaliges Fiskalgut in den Besitz des fränkischen Königs kam [44]. Seine strategische Bedeutung war so groß, sein Besitz so entscheidend für die Beherrschung und Sicherung beider Rheinufer, daß Breisach niemals vergabt wurde und deshalb, im Gegensatz zu anderem Königsgut in dieser Landschaft, in den für die Rekonstruktion der frühen Besitzverhältnisse aufschlußreichen Testamenten nie genannt wird [45]. Gleiches trifft auch für andere wichtige Plätze zu, was H. Büttner beim Herausarbeiten der zentralen Orte dieses Raumes immer wieder betont hat [46]. Kommt Breisach, wie wir vermuten, schon 496 oder wenig später in königlichen Besitz – was in diesem Fall eine neue militärische Besetzung des Berges bedeutet – so bleibt nach der geschichtlichen Überlieferung das rechte Rheinufer doch noch für einige Jahrzehnte außerhalb der Grenzen Austrasiens. Wie weit für den Breisgau die Aufhebung der ostgotischen Schutzherrschaft tatsächlich eine Änderung der Verhältnisse bedeutet, ließ sich von der Archäologie bisher nicht beantworten. H. Büttner und noch entschiedener R. Sprandel haben an der Rheingrenze bis ins 8. Jahrhundert festgehalten [47]. Es bleibt jedoch wahrscheinlicher, daß auch in dieser Zeit mehr das Gebirge als der Strom eine Grenze gebildet hat. Archäologisch sehen wir jedenfalls das Oberrheintal im 6. Jahrhundert den Einflüßen aus dem linksrheinischen Raum offen, auch wenn die tatsächliche Einbeziehung in das ostfränkische Reich nicht unbedingt mit dem Jahr 537 zusammenfallen muß. Das Kartenbild des Kaiserstuhls (Abb. 4) zeigt für diese Zeit Typisches: Die siedlungsgünstigen Plätze sind besetzt, ganz überwiegend die

43) G. Haselier, Breisach (wie Anm. 26) 59. – Beim nahegelegenen Horburg auf der linken Rheinseite deutet der germanische Name »darauf hin, daß die Germanen Horburg noch als befestigten Platz kennengelernt haben«. – F. Langenbeck, Vom Weiterleben der vorgermanischen Toponymie im deutschsprachigen Elsaß. 1. Bd. (1967) 35.

44) Mit dieser Frage hat sich vor allem H. Büttner beschäftigt. Franken und Alamannen (wie Anm. 13) 350. – Allgemein: K. Böhner, Die Frage der Kontinuität zwischen Altertum und Mittelalter im Spiegel der fränkischen Funde des Rheinlandes. Aus der Schatzkammer des antiken Trier (1959) 85 ff. 92 bes. 96 (Andernach). – Vgl. auch G. Haselier, Breisach (wie Anm. 26) 52, der allerdings die Rolle Breisachs anders sieht (»Zurückstehen des Breisacher Berges hinter dem Ort Ihringen«).

45) G. Haselier, Breisach (wie Anm. 26) 53. – A. Futterer, Kritische Bemerkungen zum Testament Bischofs Heddo von Straßburg im Jahre 762 (1962).

46) H. Büttner, Reichsbesitz (wie Anm. 10) 27 f. 30.

47) R. Sprandel, Der merovingische Adel und die Gebiete östlich des Rheins. Forsch. z. oberrhein. Landesgesch. Bd. 5 (1957).

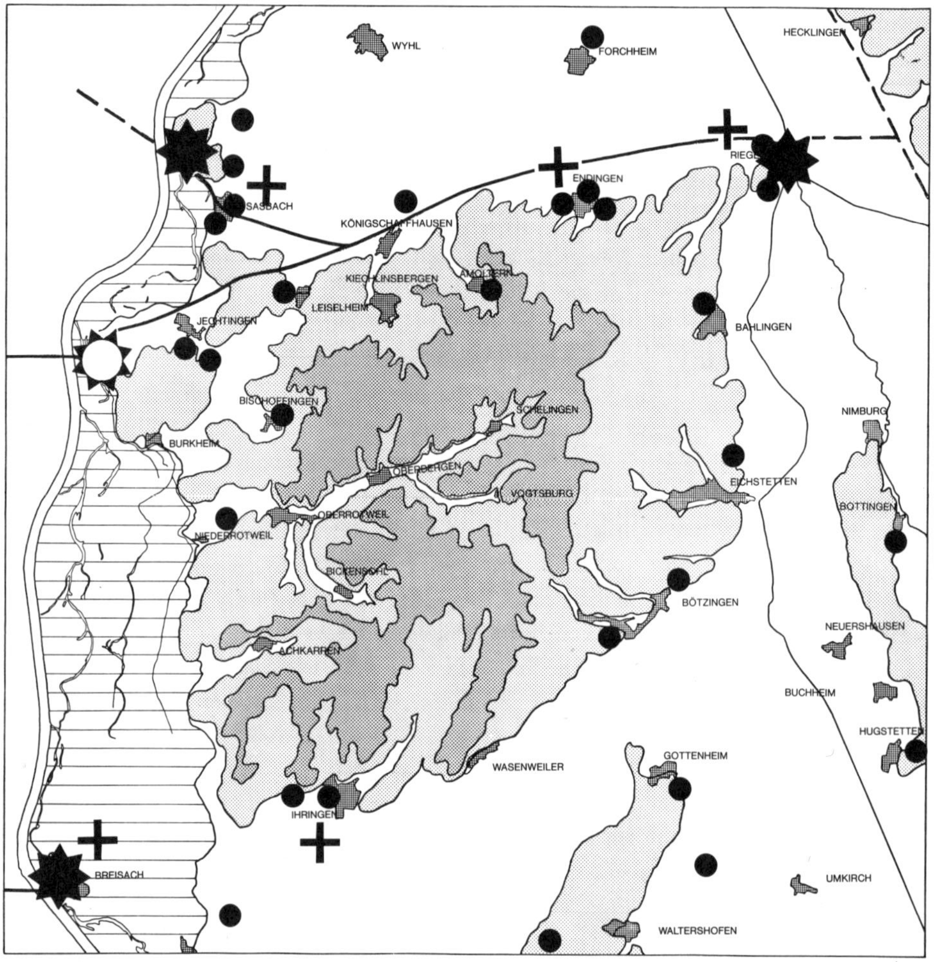

Abb. 4 Der Kaiserstuhl in der Merowingerzeit (spätes 5.–7. Jahrh. nach Chr.). Stern: befestigte Anlage (Sponeck für diese Zeit nicht gesichert); Punkt: Grab- oder Siedlungsfund; Kreuz: Kirche mit Martinspatrozinium.

Talausgänge, während das Innere des Gebirges in der ganzen Merowingerzeit menschenleer bleibt, obwohl die wichtigsten Täler schon von den Römern erschloßen worden waren [48]. Allerdings boten diese Wege immer nur lokale Verbindungen, anders als die Kaiserstuhlnordstraße, die im 6. und 7. Jahrhundert ganz offensichtlich ihre alte Bedeutung

48) Die als Beleg für eine merowingerzeitliche Besiedlung im Innern des Kaiserstuhls gelegentlich angeführten Gräber von Oberbergen (Vogelsangpaß) und von Vogtsburg sind chronologisch nicht einwandfrei zu beurteilen. F. Garscha, Alamannische Grabfunde (wie Anm. 6) 226 erwähnt sie nur mit Vorbehalt.

zurückgewinnt. Jedenfalls häufen sich entlang dieser Trasse auffallende Befunde, die sich aus einem nur den natürlichen Voraussetzungen angepaßten Gang der Besiedlung nicht erklären lassen. Wie schon in römischer Zeit teilt sich die Trasse etliche Kilometer östlich des Rheins. Die südliche Abzweigung setzt bei Jechtingen über den Strom, kreuzt die linksrheinischen Talstraßen und führt weiter über Horburg/Colmar [49], zum Paß des Col de Bonhomme. Dies war die eigentliche Ost-Westverbindung, offenbar bis in spätrömische Zeit die wichtigere Strecke, wie wir der Anlage eines Kastells auf der Sponeck entnehmen müssen. Funde der Merowingerzeit sind zwar auf der Jechtinger Gemarkung bekannt [50], sie stehen aber in keinem Zusammenhang mit Straße oder Flußübergang. Will man nicht annehmen, daß dieser Übergang nicht mehr benutzt wurde, dürfen die merowingerzeitlichen Belege für irgendeine Art der Sicherung noch erwartet werden. Es liegt nahe, dem Befund in Breisach entsprechend, diese Belege im Kastell an der Sponeck selbst zu suchen [51].

Die nördliche Abzweigung der Kaiserstuhlnordstraße, die bei Sasbach den Rhein überquert, um dann via Marckolsheim die Hauptroute nach Straßburg zu erreichen, muß schon in römischer Zeit als Abkürzungsstrecke für den vom Norden kommenden oder dorthin fließenden Verkehr auf der linken Rheinuferstraße gewertet werden. Ihre in der Zeit der Okkupation erkennbare Bedeutung lag in der raschen Verbindung mit dem Truppenstandort Argentorate, zu dem vom Limberg aus direkter Sichtkontakt bestand. Offenbar waren es die gleichen Gründe, die Sasbach mit dem Limberg an der NW-Ecke des Kaiserstuhls in der Merowingerzeit zum Gegenstück Breisachs an der SW-Ecke werden ließen, eine Feststellung, die sich allerdings bei Sasbach auf konkrete archäologische Befunde stützen kann. Zum Dorf Sasbach [52], dessen einer Kern um die Pfarrkirche St. Martin, auf einer kleinen Rheininsel gelegen, im Plan noch deutlich ablesbar ist (Taf. 29), gehören zwei große Reihengräberfelder in geringer Entfernung. Von einem dritten Bestattungsplatz im Ostteil des Dorfes ist nur wenig bekannt. Über seine Größe

49) Zusammenfassend F. LANGENBECK, Toponymie (wie Anm. 43) 104. In Colmar bestand in dieser Zeit vermutlich ein Königshof (823 *fiscum nostrum nomine Columbarium).*

50) F. GARSCHA, Alamannische Grabfunde (wie Anm. 6) 175 II und III.

51) Vgl. hier Anm. 42. – Zu Fundstücken »nach 400« aus spätrömischen Kastellplätzen: J. WERNER, Der Lorenzberg bei Epfach. Die spätrömischen und frühmittelalterlichen Anlagen (1969) 268 und E. KELLER, Die spätrömischen Grabfunde in Südbayern (1971) 188, 191. – Für das Rheinland kennzeichnend die Verhältnisse in den Kastellen von Kreuznach, Bingen oder Andernach. Nach Auffassung K. Böhners haben sich dort innerhalb der Kastellmauern im 5. Jahrhundert Franken niedergelassen, die »mit dem Königshof in Verbindung standen«. Kastelle und Königshöfe sind die »Mittelpunkte der neuen politischen Macht«. K. BÖHNER, Spätrömische Kastelle (wie Anm. 27) 314. – DERS., Kontinuität (wie Anm. 44) 96 f. »... wachsende Bedeutung, die solche spätrömischen Befestigungen als fränkische Königshöfe für die Verwaltung des umliegenden Landes erhielten ...«. Weitere Beispiele für die Abfolge Kastell-Königsgut bieten Remagen und Bonn. – Vgl. hier Anm. 89.

52) L. EBERENZ, Aus der Ur- und Frühgeschichte von Sasbach a. Kaiserstuhl. Teil 1 der Ortsgeschichte von Sasbach (1967). – F. GARSCHA, Alamannische Grabfunde (wie Anm. 6) 247.

wissen wir vorerst ebensowenig wie über die Ausdehnung des merowingerzeitlichen Siedlungsareals oder die Lage weiterer Höfe außerhalb der relativ kleinen »St. Martins-Insel«. Keramikfunde des 8. Jahrhunderts zeigen zumindest ein rasches Wachstum des Dorfes in spätmerowingischer Zeit, weisen vielleicht auf einen weiteren frühen Kern, der mit dem erwähnten Gräberfeld im Ort (an der Wyhler Straße) zusammenhängen könnte [53].

Untersucht wurden vom südlich des Orts gelegenen Friedhof nur kleine Ausschnitte, die aber eine beträchtliche Ausdehnung des belegten Areals erkennen lassen. Man wird hier mit einer Zahl vom 300–400 Bestattungen rechnen müssen. Annähernd 600 Gräber dagegen sind auf der nördlich des Orts im Gewann Behans [54] gelegenen Nekropole schon untersucht. Die durch Sondagen weitgehend gesicherte Ausdehnung und die Belegungsdichte erlauben den Schluß, daß wir hier das größte Reihengräberfeld des Kaiserstuhls mit wohl annähernd 2000 Bestattungen vor uns haben. Allein diese Größenordnung, die in Süddeutschland bisher von Altenerding [55] vertreten wird, hebt Sasbach völlig aus dem archäologischen Rahmen dieser Landschaft, dessen größte dörfliche Siedlung lange Zeit durch einen knapp über 1000 Gräber umfassenden Friedhof in Mengen [56] angezeigt wurde.

In Sasbach beginnt die Belegung im 5. Jahrhundert, ohne daß die bisher bekannten Inventare irgendwelche Besonderheiten des Platzes erkennen ließen. Allerdings muß dabei auf den Stand der Grabungen verwiesen werden. Im 6. Jahrhundert legt eine Adelsfamilie zwei große Kammergräber an (Abb. 5), in deren Umgebung sich eine Anzahl reich ausgestatteter Männer- und Frauengräber durchschnittlicher Größe und Bauart befindet. Leider erwiesen sich die Kammern, die dem kürzlich von M. Martin definierten und zusammengestellten Typ Morken angehören [57], als fast vollständig ausgeraubt. Nach ihrer auch für diese Bestattungsform ungewöhnlichen Größe und Tiefe [58] müssen

53) Jungmerowingerzeitliche Siedlungskeramik aus Sasbach: Bad. Fundber. 22, 1962, 289 Taf. 103,12–13. Ob die im gleichen Bereich angetroffenen beigabenlosen Gräber zu einem schon früher angeschnittenen, durch ein Saxgrab datierten Friedhof gehören ist unsicher. F. GARSCHA, Alamannische Grabfunde (wie Anm. 6) 250 IV A und B.

54) Fundber. aus Baden-Württemberg 2, 1975, 264 mit Abb. 159.

55) W. SAGE, Altenerding (wie Anm. 6) 214, Gräberzahl auf 1700–2000 geschätzt. – Vgl. auch die Zusammenstellung überdurchschnittlich großer Nekropolen bei CHR. NEUFFER-MÜLLER u. H. AMENT, Das fränkische Gräberfeld von Rübenach. Germ. Denkmäler d. Völkerwanderungszeit Ser. B 7 (1973) 152 Anm. 4.

56) Die Untersuchung dieses Friedhofs konnte 1974 mit Unterstützung des Münchner Instituts für Vor- und Frühgeschichte (Prof. J. Werner, örtliche Leitung cand. phil. M. Egger) zum Abschluß gebracht werden. Das umfangreiche Fundmaterial wird von M. Egger als Münchner Diss. bearbeitet. Vgl. Arch. Nachr. aus Baden 14, 1975, 14.

57) M. MARTIN, Basel-Bernerring (wie Anm. 7) 22 mit Fundliste Anm. 18.

58) Grab 156 (Frau): L. 3.20 m, B. 2.20 m, T. 2.80 m und Grab 162 (Mann?): L. 2.70 m, B. 1.65 m, T. 2.50 m.

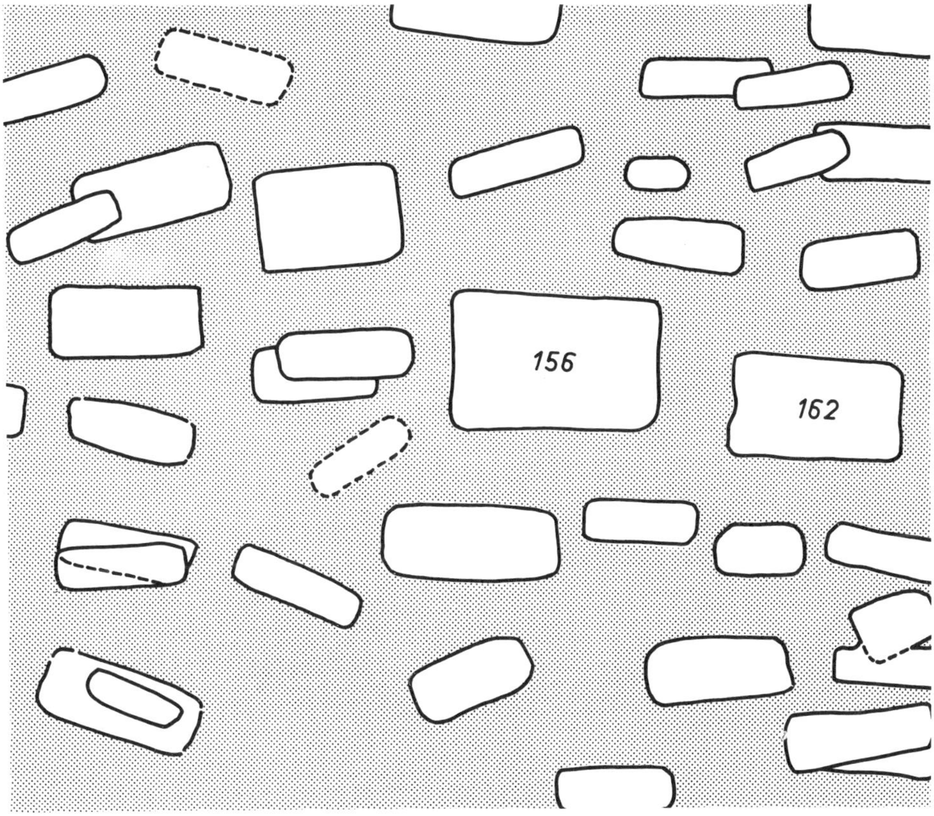

Abb. 5 Ausschnitt aus dem Plan des Gräberfelds Sasbach, Gewann »Behans«, mit den beiden Adelsgräbern Nr. 156 und Nr. 162.

hier ein Mann und eine Frau hohen Standes beigesetzt worden sein. Man könnte in dieser Zeit, wohl in der Mitte des 6. Jahrhunderts, an einen fränkischen Beauftragten mit Gefolge denken, doch ist dies archäologisch nicht zu erweisen. Deutlich zeigen sich dagegen im Fundinventar dieser Zeit Verbindungen zum nördlichen Oberrhein, nach Rheinhessen und Nordgallien, kurz ins reichsfränkische Gebiet. Das gilt, wenn wir in diesem Zusammenhang von den Gläsern absehen, für einige Bügelfibeln, darunter (Taf. 30,1) auch ein Exemplar des Typs Champlieu [59], zu dem es wohl nicht ganz zufällig auf dem gegenüberliegenden Rheinufer, in Mackenheim bei Marckolsheim [60], zwei Gegenstücke

59) J. WERNER, Katalog der Sammlung Diergardt (Völkerwanderungszeitlicher Schmuck) Bd. 1 Die Fibeln (1961) 55 Fundliste 1 mit Verbreitungskarte 1 Taf. 51.
60) H. KÜHN, Germanische Bügelfibeln. IPEK 1932/33, Taf. 22,4. – J. WERNER, Sammlung Diergardt (wie Anm. 59) Fundliste 1 »Bügelfibeln vom Typ Champlieu« Nr. 8.

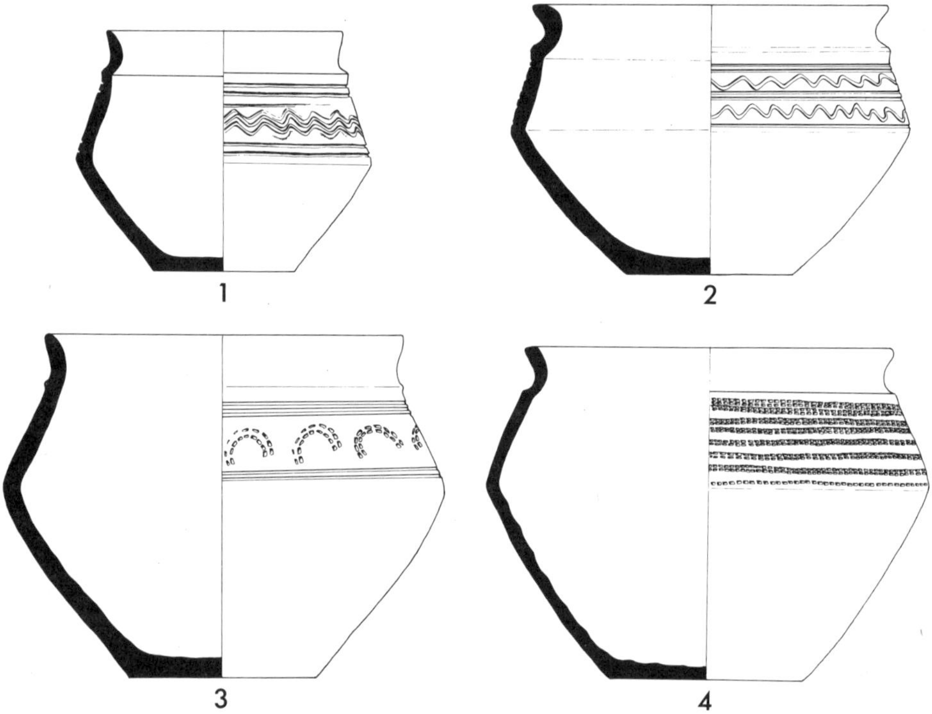

Abb. 6 Fränkische Keramik aus dem Gräberfeld Sasbach »Behans«. Zu verschiedenen Inventaren gehörig. M. 1:4.

gibt. Dies gilt aber ganz besonders für die reichhaltig vertretene Keramik (Abb. 6), da sich in dieser Fundgattung besonders deutlich die wirtschaftlichen Beziehungen eines Platzes spiegeln [61]). Vielfach bilden die hier vertretenen Formen auf der Karte ein Zwischenglied zwischen ihrem rheinhessischen Verbreitungszentrum und ihrem vereinzelten Vorkommen im Gräberfeld von Basel-Bernerring (Abb. 7). M. Martin und vor ihm W. Hübener haben für einen Teil der dort gefundenen Gefäße diese Verbindungen her-

61) Diese Beziehungen werden deutlich an Hand einzelner Verbreitungskarten bei W. Hübener, Absatzgebiete frühgeschichtlicher Töpfereien in der Zone nördlich der Alpen. Beiträge zur Keramik der Merowingerzeit (1969). – Zum Informationswert dieser Karten kritisch U. Koch, Fundber. aus Baden-Württemberg 3, 1977, 647. – Fragen wirtschaftlicher Beziehungen behandelt auch R. Koch, Absatzgebiete merowingerzeitlicher Töpfereien des nördlichen Neckargebietes. Jahrb. Hist. Ver. Heilbronn 27, 1973, 31 ff. bes. 36–38.

ausgestellt [62], die auf eine starke Abhängigkeit vom Rheinweg in der Versorgung mit Gebrauchsgütern hinweisen. Für Sasbach bleiben diese flußabwärts, zum nördlichen Oberrheintal hin gerichteten Kontakte auch im 7. Jahrhundert wesentlich, dokumentiert etwa in »rheinischen« Brakteatenfibeln der Spätzeit. Auch Kreisgräben [63] sind für diese Periode belegt. Dem fränkischen Habitus eines Teils der Grabausstattungen, der ungewöhnlich stark geübten Beigabe von Keramik entspricht, auf einem ganz anderen Gebiet, das im Breisgau seltene Kirchenpatrozinium des Heiligen Martin von Tours. Darauf ist noch zurückzukommen.

Von der Bevölkerungszahl und von den vielfachen ins fränkische Reich gerichteten Verbindungen her war also schon erkennbar, daß Besiedlung und Entwicklung dieses Platzes von Faktoren bestimmt wurden, die von außen einwirkten. Eine neue Entdekkung auf dem Limberg [64] rundete das Bild. Auf der Südspitze des Berges, nur wenige hundert Meter vom römischen Lager entfernt [65], wurde in einer bisher ins 10. Jahrhundert datierten zweiteiligen Burganlage (Abb. 8) eine Riemenzunge des 7. Jahrhunderts gefunden (Taf. 30,2), und zwar hinter dem dreifachen Wall der relativ kleinen Hauptburg. Es kann kaum zweifelhaft sein, daß wir auf diesem exponierten, 80 m über der Ebene gelegenen spornartigen Ausläufer des Limbergs, dessen Flanken an dieser Stelle von römischen Steinbrüchen gebildet werden, ein *castrum* vor uns haben, das in die jüngere Merowingerzeit zurückreicht. Die Wahl des geschützten Sporns anstelle des für die Rundsicht günstigeren Plateaus, auf dem Jahrhunderte früher das römische Lager stand, ergab sich wohl auf Grund der geringeren Kopfzahl einer dauernd hier stationierten Besatzung. Auch mögen die spätrömischen Befestigungen mit ihrer optimalen Ausnutzung aller Geländevorteile für den frühmittelalterlichen Burgenbau beispielhaft gewirkt haben.

Im 781 erstmals genannten Riegel finden wir eine vergleichbare Situation (Taf. 31). An der Notwendigkeit, diesen Punkt militärisch zu besetzen, hatte sich nichts geändert.

62) M. Martin, Basel-Bernerring (wie Anm. 7) 114: Keramik der Gruppen D, F, G, Gefäße aus Grab 5, 8, 27, 46. – W. Hübener, Absatzgebiete (wie Anm. 61) 157 bes. 162. Die Verhältnisse im Oberrheintal verdeutlichen die Karten 15, 20, 23, 29, 30 (auch auf anderen Karten wird der Rheinweg erkennbar). Hübener betont dabei die ornamentalen Zusammenhänge und schließt dabei teilweise Handel über größere Distanzen aus (Gruppe Basel, a. a. O. 132). – Zum Rheinhandel äußert sich H. von Petrikovits, Fortleben römischer Städte (wie Anm. 27) 70. – Zum Flußhandel in der Merowingerzeit: E. Zöllner, Geschichte der Franken bis zur Mitte des 6. Jahrhunderts (1970) 247 Anm. 5 mit weiterer Literatur.

63) Zur Kreisgrabenfrage neuerdings M. Martin, Basel-Bernerring (wie Anm. 7) 20 ff. mit Verbreitungskarte Abb. 11 und Liste Anm. 34. Nachträge: Hüfingen (Schwarzwald-Baar-Kreis), Mengen (Kr. Breisgau-Hochschwarzwald) und Endingen (Kr. Emmendingen).

64) Vgl. hier Anm. 18.

65) Diese Burganlage ist noch weitgehend unerforscht. Ein schmaler Schnitt durch das Wallsystem und eine kleine Grabungsfläche im Inneren erbrachten erste Anhaltspunkte über die Art der Befestigung und Kleinfunde überwiegend aus prähistorischer und aus römischer Zeit. Die hier abgebildete Riemenzunge fand sich im Füllmaterial des innersten Grabens, in sekundärer Lage.

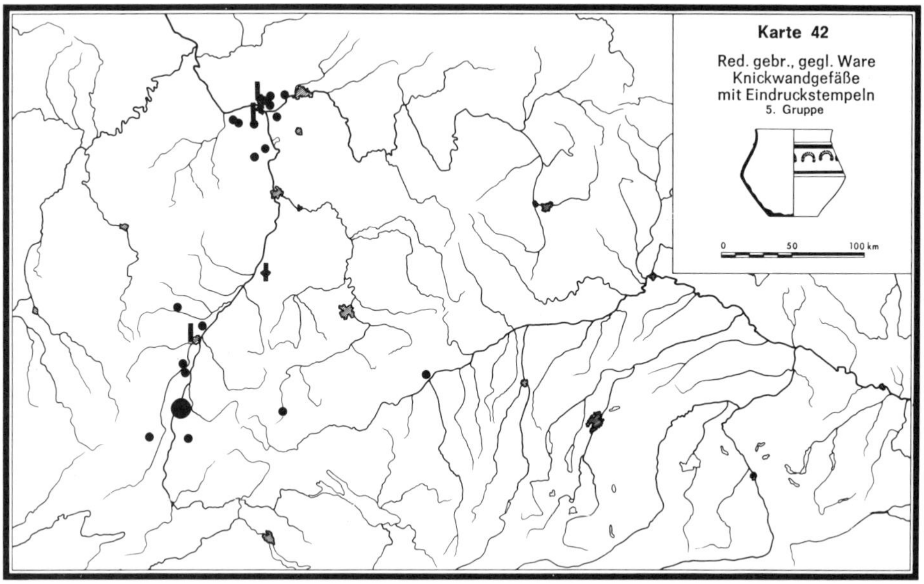

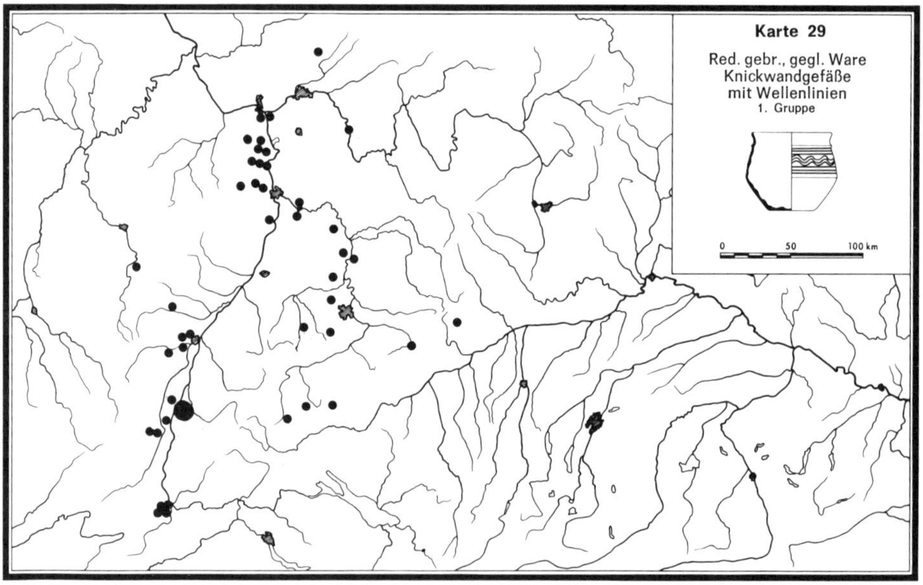

Abb. 7 Verbreitungskarten von zwei in Sasbach vertretenen Gruppen gleichgemusterter Gefäße. Nach W. HÜBENER, Absatzgebiete frühgeschichtlicher Töpfereien in der Zone nördlich der Alpen (1969).

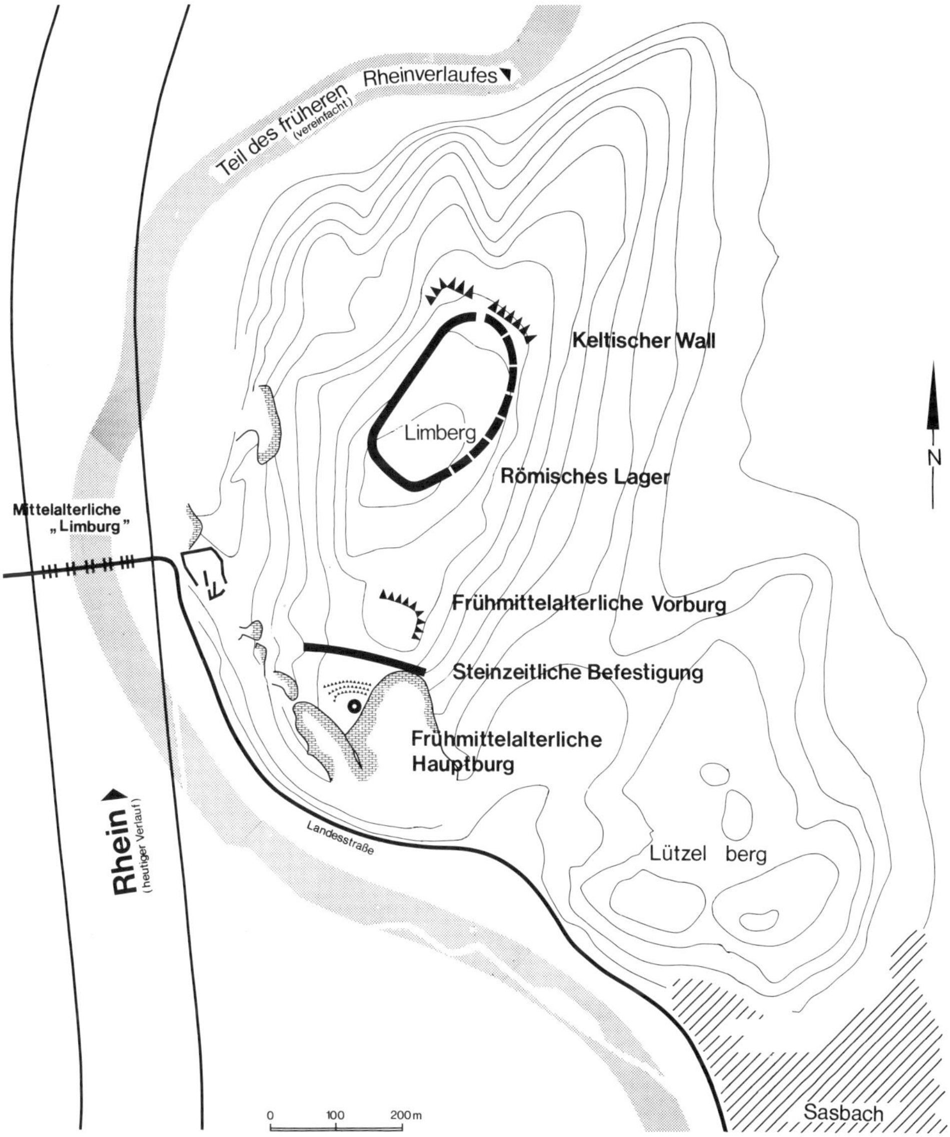

Abb. 8 Historische Topographie des Limbergs bei Sasbach. Nach Unterlagen des Landesdenkmalamts Bad.-Württemberg, Außenstelle Freiburg.

Für die Sicherung des Raumes war nach wie vor die Kontrolle der Straßen das entscheidende Moment. Aber auch in Riegel wählte man nicht den alten Kastellplatz [66] fast in der Ebene, der in unmittelbarer Nähe der Straße lag, sondern befestigte den äußersten, spornartigen Ausläufer des Michaelsberges [67], heute so benannt nach der alten Wallfahrtskapelle St. Michael im Innern einer zeitlich nicht bestimmten dreiteiligen Burg (Abb. 9). Eine Frühdatierung, die sich wie in Sasbach wahrscheinlich nur auf einen Teil der später erweiterten und umgestalteten Holz-Erde-Anlage bezieht, war bisher nicht ohne weiteres vertretbar, trotz des Hinweises, der ohne Zweifel im Michaelspatrozinium [68] liegen kann. Man hat daher nie daran gedacht, merowingerzeitliche Waffengräber [69] im weiteren Vorgelände der Burg zur Beurteilung mit heranzuziehen. Nach dem Befund in Sasbach wird man bisherige Bedenken zurückstellen dürfen, zumal sich am Ost- und Südrand des Michaelsberges kein siedlungsgeeignetes Gelände findet, ein Zusammenhang mit dem außer Sichtweite gelegenen heutigen Dorf andererseits nicht in Betracht kommt. Damit kann auch für Riegel, den dritten römischen Kastellort am Kaiserstuhl, eine im 7. Jahrhundert gebaute Befestigung als erwiesen gelten, wenn auch die archäologische Untersuchung noch aussteht. Siedlungsfunde der späten Merowingerzeit stammen aus dem Ortsbereich, vom Platz des früheren Kastells [70], weit genug vom eigentlichen Ortskern um die Pfarrkirche St. Martin entfernt, um eine selbständige Siedlungseinheit anzuzeigen, vielleicht einen einzelnen Hof, wie er auch für den bisher nicht fündigen Fronhofbuck am Nordrand der Ortschaft vorauszusetzen ist.

Zwischen Sasbach und Riegel liegt das 862 erstmals genannte Endingen, das zwar kein römischer Kastellort ist, das sich aber mit seinen frühmittelalterlichen Befunden (Taf. 32) so gut in unseren Zusammenhang fügt, daß es nicht übergangen werden darf. Heute führt wie im Mittelalter die Straße mitten durch den Ort, eine Folge der Stadtgründung und des sich hier entwickelnden Marktes [71]. Die alte römische Trasse zieht in einigem Abstand nördlich der Stadt vorbei, berührte aber im frühen Mittelalter einen der drei dörflichen Siedlungskerne Endingens, das sog. niedere Dorf, das bei der Anlage

66) Vgl. hier Anm. 21.

67) A. Futterer, Der St. Michaelsberg bei Riegel und seine Kapelle (1927).

68) A. Futterer, St. Michaelsberg (wie Anm. 67) 6 hat allerdings merowingerzeitliche Entstehung der Michaelskapelle – an der Stelle eines von ihm vermuteten Merkurheiligtums – postuliert. Seine Überlegungen und Analogieschlüsse sind jedoch nicht stichhaltig. Die Grabfunde vom Michaelsberg (1934) waren ihm nicht bekannt (vgl. hier Anm. 69). – H. Büttner, Die Entstehung der Konstanzer Diözesangrenzen. Zeitschr. f. Schweizer Kirchengesch. 48, 1954, 225 ff. 247 (zum Michaelspatrozinium von Oberdorf über Solothurn).

69) F. Garscha, Alamannische Grabfunde (wie Anm. 6) 243 II. – Auch in anderen Fällen wurden schon merowingerzeitliche Grabfunde mit Burganlagen in Zusammenhang gebracht, z. B. R. Christlein, Funde des 8. Jahrhunderts von zwei württembergischen Burgen. Arch. Korrespondenzbl. 3, 1973, 455 ff. (Grabhügel von Haldenegg – Burg Hohenhundersingen).

70) Unpubliziert. Grabungen des Landesdenkmalamts Bad.-Württ., Außenstelle Freiburg, in den Jahren 1974 und 1975 im Gewann »Beim Kloster«.

71) Zur Straßenführung: W. Noack in: Der Kaiserstuhl. Landschaft und Volkstum (1939) 114 f.

Abb. 9 Der Michaelsberg bei Riegel mit der Michaelskapelle, von Osten. Ganz rechts Pfarrkirche St. Martin. Federzeichnung von F. Greiner, Schauinsland 28, 1901.

der Stadt nicht in die Ummauerung einbezogen wurde und rasch verödete [72]. Siedlungsspuren der ausgehenden Merowingerzeit belegen seinen frühen Beginn [73]. Die anderen, später in die Stadt aufgenommenen Kernbereiche werden durch die Pfarrkirchen St. Peter und St. Martin (heute ohne Pfarrei) gekennzeichnet. Zu beiden Hofgruppen gibt es ein Reihengräberfeld, eines davon, auf der Hochfläche über St. Peter (Abb. 10), wurde vor wenigen Jahren vollständig untersucht [74]. Trotz starker Störungen durch Grabraub und alte Rebterrassierungen läßt sich der Belegungsvorgang gut beurteilen. Der Friedhof setzt etwas später ein als in Sasbach, wird aber in der gleichen Zeit aufgelassen. Mit ursprünglich etwa 200 Gräbern ist er bedeutend kleiner, zeigt aber in seinem Fundmaterial, vor allem in der Keramik ähnliche Verbindungen zum nördlichen Oberrheintal, wie sie schon in Sasbach festgestellt und kurz umrissen wurden. Eine weitere Besonderheit bilden elf von Kreisgräben umgebene Männergräber des 6. und 7. Jahrhunderts (Abb. 10), die trotz starker Beraubung meist Reste überdurchschnittlicher Ausstattungen erkennen lassen. Mindestens drei dieser schwer bewaffneten Männer waren Reiter. Kreisgräben aber, wahrscheinlich oberirdisch sichtbare ringförmige Einfassungen von Gräbern, sind keine im alamannischen Siedlungsraum entstandene Erscheinung. Für Basel-Bernerring, wo drei große Kammergräber in dieser Weise eingefaßt sind, hat M. Martin auf mittel- und niederrheinische Parallelen verwiesen [75]. Das Festhalten an diesem Brauch über mehrere Generationen hinweg ist eine für Süddeutschland m. W. einmalige Beobachtung und geeignet, bisherige Feststellungen zu den Fernverbindungen dieses Platzes zu unterstreichen. Eine frühe Befestigung allerdings, als dritter Vergleichspunkt neben fränkischer Prägung des Gräberfeldes und Martinspatrozinium, ist auf Endinger Gemarkung nicht nachgewiesen und hier auch nicht unbedingt zu erwarten.

Betrachten wir noch einmal zusammenfassend die Kastellorte Breisach, Sasbach und Riegel (Abb. 4), so erscheint als auffälligste Übereinstimmung, daß an allen Orten in der Merowingerzeit Befestigungen existieren, im Fall des *mons Brisiacus* das weiterbestehende spätrömische Kastell, in Riegel und Sasbach neue Anlagen des 7. Jahrhunderts. In allen drei Fällen stehen diese »Burgen« in Zusammenhang mit wichtigen Flußübergängen oder Verkehrsknotenpunkten, deren Bedeutung schon erläutert wurde. Was für Breisach selbstverständlich ist, gilt damit auch für Sasbach und Riegel: die Befestigungen können nicht aus einem örtlichen Bedürfnis heraus entstanden sein, etwa aus dem Sicherheits- und Abgrenzungsstreben einer hier ansässigen adligen Familie. Vielmehr weist der archäologische Befund sehr deutlich auf die fränkische Reichsgewalt als Initiator von Maßnahmen, die der Sicherung des Landes galten. Diesem Bedürfnis mag zunächst die

72) Historischer Plan der Stadt Endingen bei W. Noack (wie Anm. 71) 147 Abb. 87.

73) Unpubliziert. Grabungen des Landesdenkmalamts bad.-Württ., Außenstelle Freiburg, im Jahr 1971, Gewann »Niederdorf«.

74) Unpubliziert. Grabungen des Landesdenkmalamtes Bad.-Württ., Außenstelle Freiburg, in den Jahren 1972–1973, Gewann »Diehl«. Vgl. hier Abb.10.

75) Vgl. hier Anm. 63.

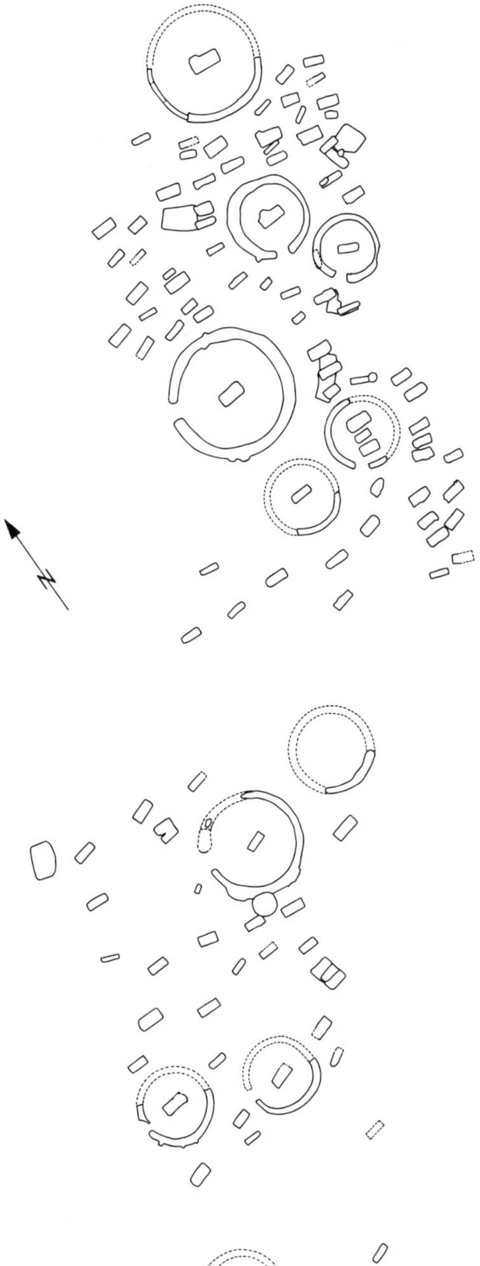

Abb. 10 Endingen, Gewann »Diehl«. Plan des frühmittelalterlichen Friedhofs mit elf Kreisgräben.

Anlage von Königshöfen an den betreffenden Plätzen gedient haben, denen neben Sicherungsaufgaben selbstverständlich auch andere administrative Funktionen zufielen. Aus Gründen, die wir im einzelnen nicht kennen, reichten dann diese Positionen im 7. Jahrhundert nicht mehr aus. Möglicherweise ist dies auch im Zusammenhang mit der in dieser Zeit sehr starken Verselbständigung des alamannischen Herzogtums zu sehen, das seinen Schwerpunkt jenseits des Schwarzwalds besaß. Zwar hat H. Büttner, den Angaben der Gallusvita folgend, in dieser Zeit den Rhein als Grenze zwischen alamannischem und fränkischem Machtbereich angesehen [76], auf Grund von Angaben über Güterkonfiskationen *in ducatu Alamanniae* und von Rückschlüssen aus dem Verlauf der Konstanzer Diözesangrenzen. Er hat dabei aber keineswegs das Zeugnis der Trudpertvita übergangen, nach dem man als das eigentliche Alamannien das Land östlich des Schwarzwalds betrachtete, den Breisgau dagegen in einen engeren Zusammenhang mit dem Elsaß stellte. Als Folgerung ergab sich für ihn, daß die Zugehörigkeit zum alamannischen Herzogtum mehr formaler Natur war, daß die Rheingrenze durchlässig blieb und nach wie vor sehr starke Bindungen zum Elsaß bestanden, so daß für den zeitgenössischen Betrachter der Zusammenhang beider Talseiten stärker ins Auge fiel als die mögliche Zugehörigkeit zu verschiedenen politischen Einheiten. Nach dem archäologischen Befund wird man feststellen dürfen, daß im 7. Jahrhundert das östliche Oberrheintal zumindest noch soweit in der fränkischen Einflußzone lag, daß an strategisch bedeutsamen Punkten Kastelle gebaut werden konnten, und daß sich an der Funktion der Königshöfe offenbar nichts geändert hatte. Wie weit dadurch die Grenzfrage berührt wird, bleibt diskutabel. Die in andere Zusammenhänge eingebundene »Feimlisburg« in der Schwarzwald-Vorbergzone bei Freiburg [77], von der ebenfalls ein Fundstück des 7. Jahrhunderts vorliegt, hat man bisher immer als Beispiel einer »alamannischen« Burg angesehen.

Das archäologische Bild, das sich am Kaiserstuhl heute abzeichnet, wird durch die Verbreitung des im östlichen Oberrheintal seltenen Martinspatroziniums [78] eindrucks-

76) H. Büttner, Breisgau und Elsaß (wie Anm. 10) 5,9.

77) W. Hübener, Die Feimlisburg. Gemeinde Kirchhofen, Landkreis Freiburg. Schauinsland 90, 1972, 197. – In diesem Zusammenhang ist auch auf merowingerzeitliches Fundmaterial von der Heuneburg hinzuweisen, eine Anlage, die E. Gersbach als fränkischen Militärstützpunkt angesprochen hat. Germania 44, 1966, 126. Der hier erwähnte eiserne Sporn abgebildet bei W. Kimmig, Die Heuneburg an der oberen Donau. Führer zu vor- u. frühgesch. Denkmälern in Württemberg-Hohenzollern 1 (1968) Abb. 36. Auf keramische Funde dieses Horizonts, die noch nicht »mit Sicherheit aus der Masse des Jüngeren auszuscheiden« sind, macht W. Kimmig an anderer Stelle aufmerksam: Ausgrabungen in Deutschland. RGZM Monogr. Bd. 1 Teil 1 (1975) 209. – Zum Runden Berg vgl. hier Anm. 12.

78) H. Roth, St. Peter und St. Martin bei Waldkirch (1953) mit Karte der Peters- und Martinskirchen im Breisgau. – H. Büttner, I. Müller, Frühes Christentum im Schweizerischen Alpenraum (1967) 61. – Ein datiertes Beispiel: M. Martin, Das Frauengrab 48 in der Pfarrkirche St. Martin von Schwyz. Mitt. Hist. Ver. Kanton Schwyz 66, 1974, 139 oder R. Koch, Die merowingerzeitlichen Grabfunde aus St. Martin zu Kirchheim unter Teck (Kr. Nürtingen). Fundber. Schwaben NF. 19, 1971, 309 ff. – Vgl. auch H. Ament, Flonheim (wie Anm. 5) 163 Anm. 95.

voll unterstrichen. Sehen wir von Breisach ab, wo sich der fränkische Nationalheilige nur als Patron einer relativ jungen Spitalkirche findet, so ist St. Martin in Ihringen, Sasbach, Endingen und Riegel in Pfarrkirchen vertreten. Nördlich des Kaiserstuhls findet sich dieses Patrozinium erst wieder in Gengenbach an der Kinzigtalstraße, südlich davon etwas häufiger, meist in Ortschaften, die an der alten rechtsrheinischen Talstraße liegen. Am Hochrhein bieten die wichtigen Rheinübergänge Säckingen/Obersäckingen und Kadelburg auffällige Belege. Vom linken Rheinufer seien hier nur Basel, Colmar und Straßburg genannt [79].

Auch wenn ein Zusammenhang mit dem Martinspatrozinium nicht unbestreitbar ist, erstaunt es nicht, daß für die Kastellorte am Kaiserstuhl schon immer frühes Königsgut angenommen wurde, soweit es sich nicht, wie in Sasbach, durch ausdrückliche Erwähnungen dokumentiert. Allerdings ging man davon aus, daß es sich – der Vorstellung von einer Rheingrenze im 7. Jahrhundert entsprechend – durchweg um Güter handeln müsse, die auf Grund der Konfiskationen des 8. Jahrhunderts in königlichen Besitz gekommen seien [80]. Dies kann, wenn wir das archäologische Bild richtig interpretieren, so nicht weiter gelten. Ohne Zweifel lassen sich die Verhältnisse des 9. und 10. Jahrhunderts, faßbar in der Schenkung Ludwigs d. Deutschen (862) und im Guntramsbesitz (952), teilweise auf merowingerzeitliche Wurzeln zurückführen [81]. Sasbach ist seit Ludwig d. Fr. als königlicher *fiscus* nachgewiesen [82]. Offenbar seiner Bedeutung wegen blieb dieser Besitz bis zum Ende des 10. Jahrhunderts geschlossen erhalten. Zu ihm gehörte auch der östlich anschließende Ort Königschaffhausen, von dem bisher keine einschlägigen Funde bekannt sind. In Endingen ist zumindest für den zu St. Peter gehörenden »Salhof« nachgewiesen, daß er vor 862 zum Fiskalgut zählte [83]. In Riegel wird 1004 ein königlicher Fronhof erwähnt [84], in dem mehrere Orte des Breisgaus Abgaben zu entrichten hatten. Nach Meinung H. Büttners war Riegel neben Sasbach der zweite Verwaltungsmittelpunkt für das Reichsgut am Kaiserstuhl. Auch Breisach hat sich wahrscheinlich einige Zeit in königlichem Besitz befunden, sehr lange jedenfalls war es Her-

79) Zu St. Martin in Basel: M. MARTIN, Basel-Bernerring (wie Anm. 7) 193. – St. Martin in Colmar: Oberrhein. Heimat 27, 1940, 303 Abb. (Historischer Plan mit den Kernbereichen um St. Martin und St. Peter). – St. Martin in Straßburg: ebd. 313 Abb. 3 (Rekonstruktionsskizze des Burgums von Straßburg im 12. Jahrhundert).

80) H. BÜTTNER, Reichsbesitz (wie Anm. 10).

81) H. BÜTTNER, Graf Guntram am Oberrhein. Oberrhein. Heimat 28, 1941, 120 ff.

82) Quellen zusammengestellt bei A. KRIEGER, Topographisches Wörterbuch des Großherzogtums Baden II (1904) Artikel »Sasbach«. – A. MARBE, Die Siedlungen des Kaiserstuhlgebirges (1916) 20. – H. BÜTTNER, Reichsbesitz (wie Anm. 10) 27 f.

83) H. MAURER, Die Stift-Andlauischen Fronhöfe im Breisgau. Zeitschr. f. Gesch. d. Oberrheins 34, 1882, 122. – K. WILD, Die Entwicklung Endingens von den Anfängen bis zum Ausgang des Mittelalters (Diss. Freiburg 1928).

84) Quellen bei A. KRIEGER (wie Anm. 82) Artikel »Riegel«. – H. BÜTTNER, Reichsbesitz (wie Anm. 10) 30.

zogsgut, was zumindest für das 7. Jahrhundert das gleiche bedeuten würde: es befand sich in der Hand des Landesherrn [85].

Mit seltener Deutlichkeit spiegeln sich in der Verteilung von Reichsbesitz und alten Patrozinien ebenso wie in der späteren geschichtlichen Entwicklung die merowingerzeitlichen und letztlich die römischen Strukturen des Landes. Die Geschichte Breisachs, seine Rolle in der Zeit Otto I. ist bekannt, und muß hier nicht referiert werden. Sasbach und Riegel bilden Verwaltungsmittelpunkte für königlichen Besitz und garantieren nach wie vor die Sicherheit von Straßenverbindungen und Flußübergängen. Und schließlich wird in der Auseinandersetzung um den Guntramsbesitz deutlich, welcher strategische Wert dem Kaiserstuhl erneut zukam, als es darum ging, die Verbindungen des Reichs nach Burgund und nach Italien dauerhaft zu sichern. Kehren wir noch einmal zum Ausgangspunkt zurück, zur Frage der engen Bindung des Kaiserstuhls als strategisch bedeutsames Vorgelände an die spätrömische Provinz und im folgenden an das fränkisch gewordene Elsaß. Es ist durch archäologische Befunde deutlich geworden, wie ausgeprägt die inneren Beziehungen sind und in welch starker Abhängigkeit voneinander die Entwicklung auf beiden Talseiten verläuft. So erscheint es vertretbar, sich mit Überlegungen, die im Kaiserstuhlgebiet eine feste Grundlage gefunden haben, auch der Situation im Elsaß zu nähern. Die Erkenntnis, daß fränkische Kolonisation im Breisgau römischen Spuren unmittelbar folgt, konsequent die strategischen Straßen nutzt und sogar Kastellorte wieder in ihre alte Funktion einsetzt, an denen sich keine römische Tradition erhalten hat, läßt doch gewisse Schlüsse auf das fränkische Vorgehen in den ehemaligen Grenzprovinzen zu. Es soll hier nicht die erst kürzlich von M. Martin wieder aufgegriffene Frage nach der Ausrichtung bestimmter Siedlungstypen nach den Fernstraßen erörtert werden [86], die Frage, ob der Besetzung des Landes eine systematische Neuansiedlung folgte. Dies ist beim derzeitigen Forschungsstand noch kein Thema der Archäologie. Auch sind manche Prämissen etwa der von F. Langenbeck [87] entwickelten Vorstellungen durchaus noch strittig. Eines aber zeichnet sich in dem dort entworfenen Bild deutlich ab, was auch von archäologischer Seite immer wieder bestätigt wurde: die Bedeutung der Römerstraßen für die innere Struktur des Landes. Früh schon hat man dabei auch an eine militärische Besetzung der spätrömischen Kastelle gedacht, die diese lebenswichtigen Verbindungen beherrschten. H. Büttner u. a. haben darauf hingewiesen, daß an

85) Zu Breisach: H. Büttner, Reichsbesitz (wie Anm. 10) 31. – Ders., Franken und Alamannen (wie Anm. 13) 350 f. – G. Haselier, Breisach (wie Anm. 26) 41 ff.

86) M. Martin, Basel-Bernerring (wie Anm. 7) 189. – Vgl. auch A. Lüthi, Königsgut und Fernstraßen im Aargauer Jura. Vom Jura zum Schwarzwald N. F. 42, 1968, 57 ff.

87) F. Langenbeck, Probleme der elsässischen Geschichte in fränkischer Zeit. Alemann. Jahrb. 1957, 1 ff.

allen diesen elsäßischen Plätzen, mit Ausnahme des »Grenzfalls« Breisach, Königsgut nachgewiesen werden kann [88].

Wenn nun die Beispiele Sasbach und Riegel zeigen, daß sogar außerhalb der Provinz liegende Kastellorte neue Bedeutung für die Sicherung fränkischer Herrschaft erhielten, wenn hier Beauftragte des Königs für ein prinzipiell gleiches Problem Lösungen fanden wie römische Strategen Jahrhunderte früher, dann ist es nur konsequent, an eine entsprechende Nutzung der noch vorhandenen intakten Kastelle zu denken [89], die das Netz der linksrheinischen Römerstraßen und wichtige Flußübergänge sicherten. Gerade dank seiner unterbrochenen römischen Traditionen läßt der Kaiserstuhl deutlicher als die ehemalige Provinz erkennen, daß die Franken im Bemühen, ihre Herrschaft in neu gewonnenen Gebieten zu erhalten, ganz bewußt römischen Grundsätzen und Erfahrungen gefolgt sind [90].

Wenn es damit auch fast zur Gewißheit wird, daß die fränkischen Eroberer bei der Einnahme des Elsaß die Kastelle nicht einfach ihren seitherigen Bewohnern überließen, sondern als Stützpunkte in einer neuen militärischen und administrativen Ordnung des Landes benutzten, bleibt doch die Entscheidung in jedem Einzelfall der Archäologie überlassen. Die Ergebnisse am Kaiserstuhl haben gezeigt, daß systematische Grabungen auch im scheinbar gut erforschten Raum der ehemaligen Germania Prima und der Maxima Sequanorum aussichtsreich sind und geeignet, in der Diskussion vorkarolingischer Verhältnisse neue Akzente zu setzen.

88) H. Büttner, Reichsbesitz (wie Anm. 10). – Zur Frage von Königsgut in Breisach G. Haselier, Breisach (wie Anm. 26) 54. – Die Zusammenhänge Königsgut-Herzogsgut beleuchtet A. M. Burg, Das elsässische Herzogtum. Oberrhein. Studien 1, 1970, 83 ff. bes. 93 f. – Zu diesem Thema auch H. Dachs, Römerkastelle und frühmittelalterliches Herzogs- und Königsgut an der Donau. In: Aus Bayerns Frühzeit. F. Wagner zum 75. Geburtstag (1962) 293 ff. – H. Dannenbauer, Bevölkerung und Besiedlung Alemanniens in der fränkischen Zeit. Wiederabdruck in: Wege der Forschung Bd. 100 (1975) Zur Geschichte der Alemannen, 91 ff. 109.

89) Vgl. hierzu K. Schmid, Königtum, Adel und Klöster zwischen Bodensee und Schwarzwald. In: Studien und Vorarbeiten zur Geschichte des großfränkischen und frühdeutschen Adels. Forsch. z. Oberrhein. Landesgesch. 4 (1957) 225 ff. 310 f. Anm. 9, 12 (Zürich!).

90) G. Tellenbach, Der großfränkische Adel und die Regierung Italiens in der Blütezeit des Karolingerreiches. In: Studien und Vorarbeiten (wie Anm. 89) 40 f.

Die spätrömisch-frühmittelalterliche Besiedlung am Hochrhein und im schweizerischen Jura und Mittelland

VON MAX MARTIN

Der derzeitige Kenntnisstand der spätrömisch-frühmittelalterlichen Besiedlung am Hochrhein und im Schweizerischen Jura und Mittelland vom Bielersee im Westen bis in die Gegend des Zürichsees im Osten, d. h. in einem etwa 6000 km^2 großen Gebiet im Nordosten der spätantiken Provinz Maxima Sequanorum, läßt sich in vier eigenen, selbstverständlich miteinander zusammenhängenden Aspekten darstellen. Manches, was im folgenden dazu gesagt wird, ist allerdings – dem jetzigen Forschungsstand entsprechend – erst eine Arbeitshypothese oder, insbesondere was das am Schluß zu behandelnde Problem der Kontinuität und Diskontinuität von Siedlungsstellen und Siedlungskammern betrifft, sogar eine erstmalige Fragestellung und Probe eines Untersuchungsmodells [1)].

1. Die spätrömische Besiedlung

Wie andere Abschnitte der römischen Grenzprovinzen ist auch das Gebiet zwischen Hochrhein und Voralpen während der frühen und mittleren Kaiserzeit dicht besiedelt. Zentren sind die Koloniestädte *Augusta Rauracorum* (Augst) und *Aventicum* (Avenches) sowie etliche *vici,* z. B. *Turicum* (Zürich), *Aquae Helveticae* (Baden), *Lindomagus?* (Lenzburg), *Salodurum* (Solothurn), *Petinesca* (Studen bei Biel) usw. Die ländliche Besiedlung bestand, soweit wir heute wissen, ausschließlich aus einem dichten Netz von Gutshöfen, den *villae rusticae,* sowohl im Mittelland wie im Jura, hier allerdings nur

1) Eine ausführliche Darstellung hat der Verf. soeben veröffentlicht in: W. DRACK (Hrsg.), Ur- und frühgeschichtliche Archäologie der Schweiz 6: Das Frühmittelalter (1979) 97 ff. Einen ersten Zwischenbericht gab der Verf. an einem 1974 am Römisch-Germanischen Zentralmuseum in Mainz veranstalteten Kolloquium über das Thema: Der Stand archäologisch-historischer Forschung zum Kontinuitätsproblem in der Germania und Belgica vom 4. bis 8. Jahrhundert.

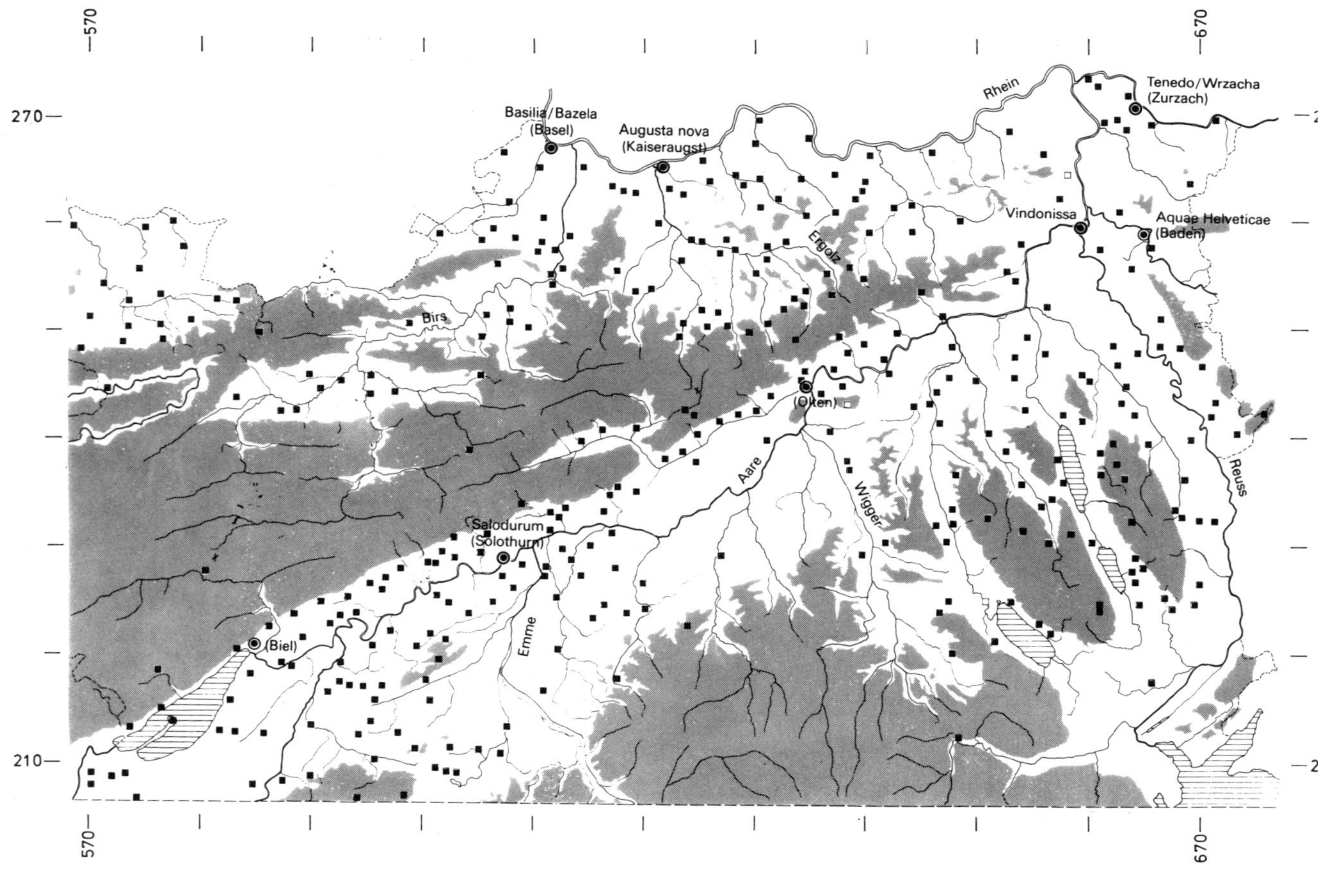

Abb. 1 Die Verbreitung der römischen Gutshöfe in der Nordwestschweiz. Gerasterte Flächen: über 600 m ü. M. Miteingetragen die größeren Flüsse und die wichtigsten frühmittelalterlichen Zentren. – Vgl. Anm. 2.

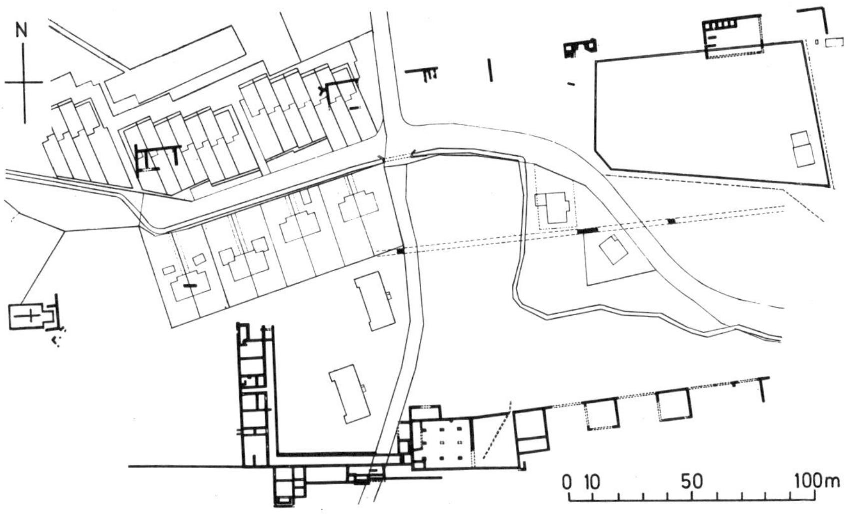

Abb. 2 Der römische Gutshof von Liestal-Munzach (vgl. Abb. 18). M. 1:3000. Nach Drack (wie Anm. 4) Abb. 4 (zusätzlich eingezeichnet die Kirche Munzach).

selten in Höhen über 600 m ü. M. (Abb. 1) 2). Hier wie dort entfallen nach dem bisher Bekannten auf einen Gutshof im Mittel etwa 10 km^2 Land, doch wird man in den dichter bevölkerten Räumen mit etwa knapp der Hälfte, mit 3 bis 4 km^2, rechnen dürfen 3). Die Mehrzahl dieser Gutshöfe bestand aus zwei Teilen, der *pars urbana* mit der eigentlichen *villa,* in der der Besitzer oder Pächter wohnte, und der umfangreicheren *pars rustica,* dem Wirtschaftstrakt, die nicht selten von einer Hofmauer zusammengefaßt und gegen außen abgeschlossen waren (Abb. 2) 4). Die Gesamtzahl der auf einem dieser möglichst autark organisierten Gutshöfe lebenden Bewohnerschaft mag 30 bis 40 Personen bei kleineren und mittleren, 80 bis 100 Personen bei großen Anlagen umfaßt haben.

2) Die Karten der Abb. 1 und 4 wurden erstellt anhand des Katalogs römischer Siedlungen, Münzen und Münzschätze bei R. Degen, Römische Villen und Einzelsiedlungen in der Schweiz (ungedr. Diss. Basel 1970) sowie der Fundberichte in den Jahrb. Schweiz. Ges. Urgesch. – Die am Rande dieser und nachfolgender Karten und Abbildungen angegebenen Koordinatenzahlen beziehen sich auf das in allen schweizerischen Landeskarten eingetragene, nach den Himmelsrichtungen orientierte Koordinatennetz mit den in Bern (Sternwarte) sich kreuzenden Koordinaten 600 (N–S) bzw. 200 (W–O). So liegt z. B. der Gutshof Liestal-Munzach/BL (Abb. 2 und 18) mit den (abgerundeten) Koordinaten 621/260 21 km östlich und 60 km nördlich von Bern.

3) Vgl. dazu und zur folgenden Schätzung über Bewohnerzahl der Gutshöfe: S. Martin-Kilcher, Das römische Gräberfeld von Courroux im Berner Jura. Basler Beitr. z. Ur- u. Frühgesch. 2 (1976) 102 f., 139 ff.

4) Vgl. jetzt eine vorzügliche Übersicht über die römischen Gutshöfe der Schweiz nebst einer Interpretation ihrer Grundrisse durch W. Drack, in: Ur- und frühgeschichtliche Archäologie der Schweiz 5: Die römische Epoche (1975) 49 ff.

Trifft dies in etwa zu, so erhält man für das fragliche, zu einem guten Fünftel nicht (ständig) besiedelte Gebiet eine ungefähre Bevölkerungsdichte von etwa 10 Personen pro km².

Unsere Kenntnisse von den *villae rusticae* – dies muß angesichts der so vielen ausgegrabenen, aber meist nur im Grundriß und ohne das zugehörige Fundmaterial veröffentlichten Gebäude besonders betont werden – ist leider noch gänzlich ungenügend. Aufgedeckt wurde in den meisten Fällen das in der *pars urbana* gelegene Herren- oder Pächterhaus, vielleicht noch oder an seiner Stelle das angebaute oder nahebei stehende separate Badegebäude, nur ganz selten aber Teile der *pars rustica* und der dort gelegenen Speicher, Werkstätten und Wohnungen des Gesindes. Begreiflicherweise sind es eben die fast nur in den Herrenhäusern zu findenden Mosaiken, Wandmalereien, Hypokauste und Baderäume, die seit dem 18. Jahrhundert und bis in unsere Zeit hinein die Ausgräber anziehen.

Unserem Bild vom Aussehen, von der zeitlichen Dauer der damaligen Besiedlung des offenen Landes liegen darum streng genommen weitgehend die Befunde der Villengebäude zugrunde. Man wäre versucht zu sagen, daß wir wohl das Leben der sozial höherstehenden Schicht der provinzialrömischen Bevölkerung, ihren Aufstieg und Niedergang kennen, in nur geringem Ausmaß hingegen die entsprechenden Angaben über das Gesinde, die große Mehrheit der Bewohner, besitzen.

Im Verlaufe der zweiten Hälfte des 3. Jahrhunderts wird eine große Zahl von Gutshöfen bei den Einfällen der Alamannen und zweifellos auch im Gefolge innerer Wirren wie sozialer Unruhen und Aufstände geplündert und zerstört. Die bisher entdeckten Münzdepots auf schweizerischem Gebiet – von 250 bis 270 knapp eines, von 270 bis 282 fast zwei pro Jahr – häufen sich in den dichter besiedelten Regionen rings um die städtischen Zentren zwischen Augst und Basel, um Vindonissa, zwischen Lausanne und Genf, fehlen jedoch merkwürdigerweise noch um Avenches (Abb. 3) [5].

Zumindest das Herrenhaus, die *pars urbana* überhaupt, ist damals an vielen Orten nach Ausweis der Funde, die ja zur Hauptsache jeweils aus diesem Gutshofteil stammen, für immer verlassen worden. Die unsichere Zeit des späteren 3. Jahrhunderts lockte weder zum Wiederaufbau, geschweige denn zu den bei solchen Anlagen immer wieder notwendigen neuen Investitionen. Wir dürfen vermuten, daß ein beträchtlicher Teil der Oberschicht sich aus den unsicheren Grenzprovinzen ins Innere des Reichs zurückgezogen hat.

Können wir bei dem skizzierten Forschungsstand den gleichen Schluß auch für die jeweilige *pars rustica* ziehen? Ich glaube nicht. Zweifellos ging in jener Zeit die Bevölkerungszahl stark zurück, und die Siedlungsweise hat sich, worauf E. Vogt mit Nach-

5) Vgl. dazu H. M. von Kaenel a. a. O. (wie Anm. 4) 118 m. Abb. 20. – Zu den Zerstörungen dieser Jahrzehnte vgl. F. Stähelin, Die Schweiz in römischer Zeit³ (1948) 260 ff. sowie – auf F. Stähelins differenzierte Darstellung nicht eingehend – L. Berger, Jahrb. Schweiz. Ges. Urgesch. 59, 1976, 201 ff.

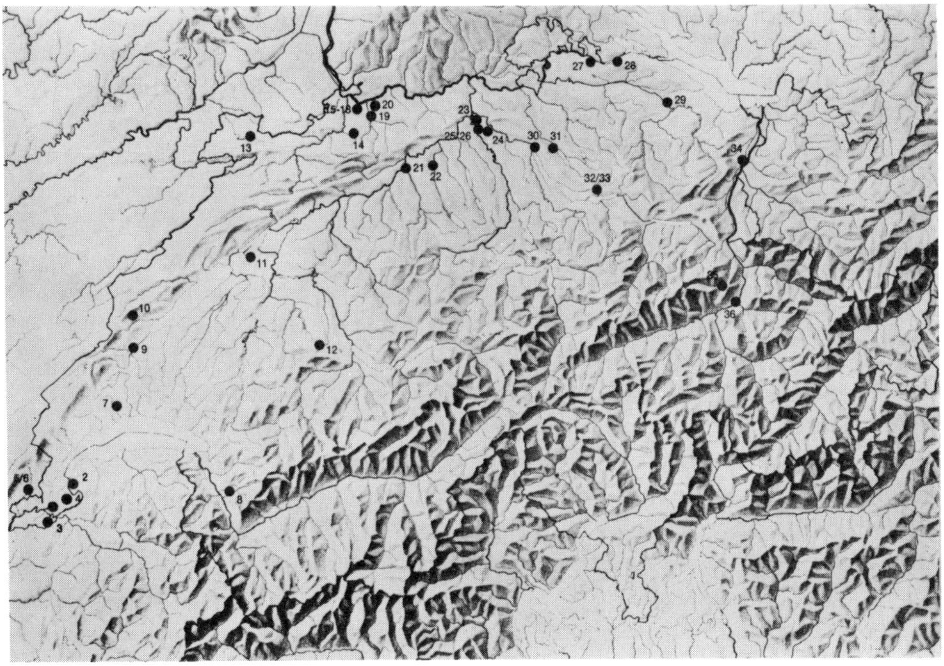

Abb. 3 Münzdepots mit Schlußmünzen der Zeit von 249–282 in der Schweiz (Nr. 20 ist zu streichen). Nach H. M. von Kaenel (wie Anm. 4) Abb. 20.

druck hingewiesen hat [6], erheblich verändert, doch muß dieser Wechsel differenzierter nach seinen Komponenten – sozialer Aspekt, zeitliche und räumliche Momente – untersucht und auch wirklich belegt werden. Was vor allem not tut, ist eine gründliche, möglichst umfassende Publikation des seit Jahrzehnten angehäuften Fundstoffs, der häufig noch, wie etwa im Falle des in den 1930er und 1950er Jahren ausgegrabenen Gutshofs von Oberentfelden/AG [7] – eine der drei ganz freigelegten Anlagen der Schweiz – noch unausgepackt und unbearbeitet in Kisten liegt!

So wie in den Gutshöfen des offenen Landes die leitende Oberschicht seit dem späten 3. Jahrhundert nicht mehr faßbar ist – Ausnahmen wie etwa die noch in spätrömischer Zeit bewohnte Villa von Oberkulm/AG sind sehr selten –, zerfielen auch allmählich das städtische Leben und die städtischen Funktionen in den großen Zentren Augst, Avenches usw. An die Stelle dieser offenen, unbefestigten Plätze traten seit dem frühen 4. Jahrhundert als neue Zentren die massiv befestigten Kastelle, die *oppida vel castella*,

6) E. Vogt, in: Provincialia. Festschr. R. Laur-Belart (1968) 632 ff.
7) Drack a. a. O. (wie Anm. 4) Abb. 1.

wie sie Eugipp in der Vita Severini nennt [8]. Fortan blieb städtisches Leben für Jahrhunderte auf befestigte Orte beschränkt. Nebst den militärischen Garnisonen fand hier auch ein guter Teil der früheren, zahlenmäßig reduzierten Landbevölkerung Aufnahme.

Welche archäologischen Funde kennen wir zur Zeit aus diesen befestigten Plätzen sowie aus den ländlichen Siedlungen aus der Zeit zwischen 300 und 500? Eine zweite Karte (Abb. 4) zeigt die Kastelle [9] an Rhein, Aare und Limmat; nicht kartiert sind die spätrömischen Höhensiedlungen, die im Jura mehrerenorts bekannt sind. Aus allen diesen Kastellen liegen selbstverständlich spätrömische Funde vor. Daneben sind nun von den in Abb. 1 eingetragenen Gutshöfen des 1. bis 3. Jahrhunderts jene markiert, aus deren Areal zur Zeit Kleinfunde der Zeit nach 300 bezeugt sind [10]. Dabei handelt es sich in wenigen Fällen um Keramik, vereinzelt auch andere Objekte, mehrheitlich aber um Kupfermünzen, also Kleingeld des 4. Jahrhunderts. Gutshöfe, aus denen Münzen (auch) des letzten Drittels des 4. Jahrhunderts stammen, liegen in den gleichen Regionen wie solche mit anderen Kleinfunden des 4. Jahrhunderts. Dies ist vielleicht kein Zufall, sondern könnte darauf hinweisen, daß sich die Besiedlung des offenen Landes im Verlaufe des 4. Jahrhunderts auf jene Gebiete zurückgezogen oder doch konzentriert hat. Bei einigen Gutshöfen ist erst kürzlich erkannt worden, daß ihr Fundmaterial auch spätrömische Keramik enthält. Entgegen früherer Ansicht sind darum die Kupfermünzen des 4. Jahrhunderts kaum nur Belege für eine gelegentliche Begehung der Areale, sondern viel eher Beweise, daß im entsprechenden Gutshof auch nach 300 gesiedelt wurde. Die weit verstreuten Fundorte der in konstantinischer Zeit bzw. um 350 vergrabenen Münzdepots legen ebenfalls nahe, daß das offene Land auch im 4. Jahrhundert auf weite Strecken noch besiedelt war.

Ein ganz anderes Bild zeichnen die bisher bekannt gewordenen spätrömischen Grabfunde, die – von drei bis vier Ausnahmen abgesehen – stets in unmittelbarer Nähe, meist vor den Toren einer spätrömischen Befestigung liegen. Die im Verlaufe des 4. Jahrhunderts abgehende Sitte, Tote mit Beigaben zu bestatten, beraubt uns der Möglichkeit, Gräber dieser und späterer Zeit zu erkennen, da beigabenlose Bestattungen sel-

8) Vgl. F. Lotter in diesem Band S. 57 f.

9) Außer den bekannten Kastellen von Basel, Kaiseraugst, Zurzach, Baden, Windisch, Altenburg, Olten und Solothurn wurden zwei (noch) nicht nachgewiesene Kastelle eingetragen in Mett bei Biel (wegen spätrömischem Gräberfeld mit späterer Friedhofskirche, Ziegelfunden mit Stempel der Legio I Martia sowie geographischer Situation unbedingt vorhanden) und am Rhein bei Säkkingen (Ammian. Marcell. 21,3,3: *prope oppidum Sanctionem;* nach der verkehrsgeographischen Lage – bei Säckingen erreicht die Straße *Vindonissa-Castrum Rauracense* den Rhein – und wegen weiterer Befunde, die Verf. später zu veröffentlichen gedenkt, ist dieses *oppidum,* d. h. Kastell, wie schon in den Texteditionen des Ammian vermutet, in Säckingen zu lokalisieren).

10) Dazu und zum folgenden erste Überlegungen bereits bei Martin a. a. O. (wie Anm. 4) 171 ff.; die Karte ebd. Abb. 1 hier als Abb. 5 wiederholt, mit Ergänzungen nach M. Hartmann, in: Festschrift Walter Drack (1977) 104 ff.

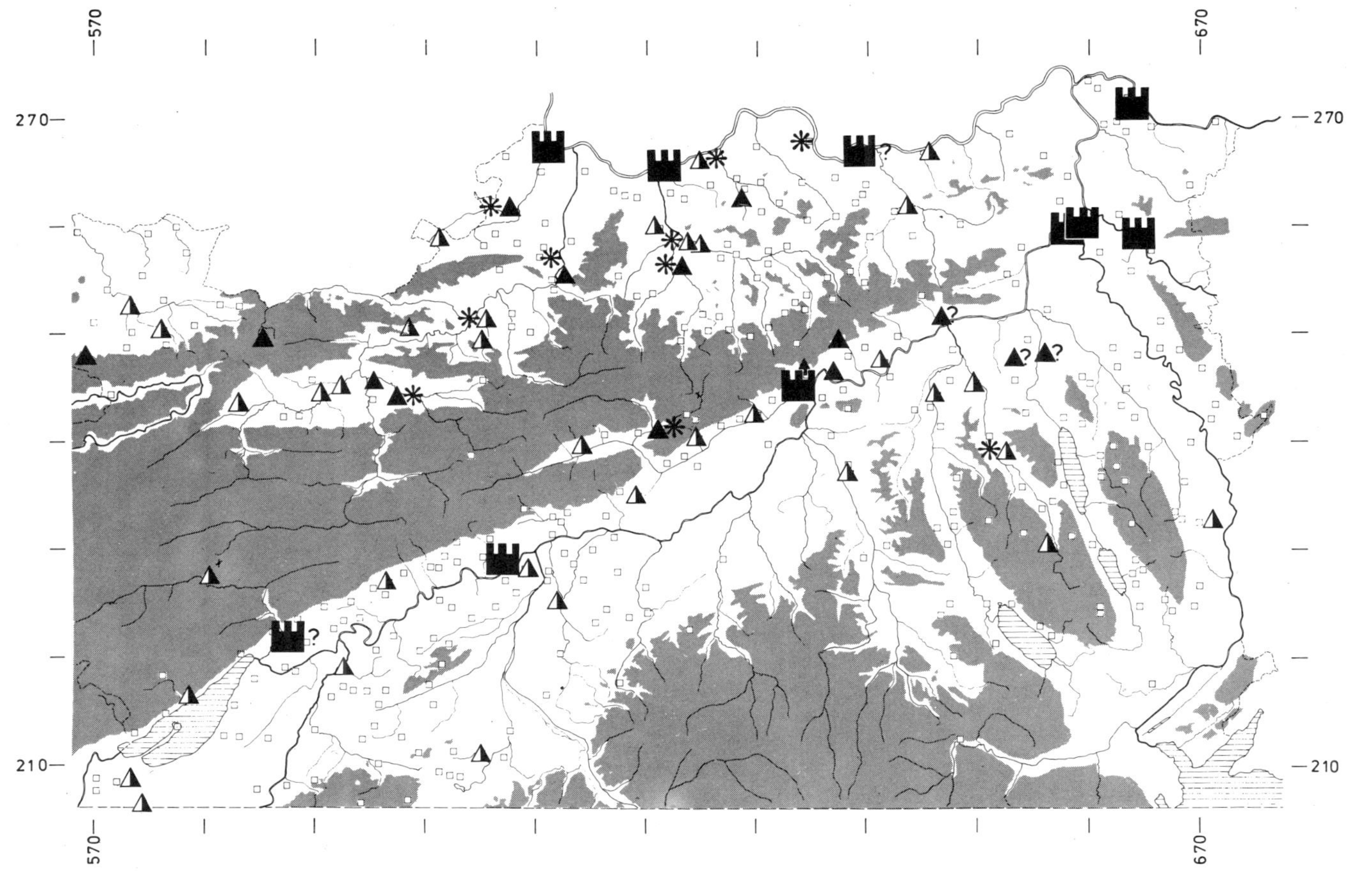

Abb. 4 Spätrömische Kastelle der Nordwestschweiz und römische Gutshöfe, aus deren Areal Funde des 4. Jahrhunderts (Rosette: Keramik u. a.; halbgefülltes Dreieck: Münze[n] bis 364; volles Dreieck: Münze[n] nach 364) bekannt sind. Leere Quadrate: Gutshöfe ohne spätrömische Funde. Gerasterte Flächen: über 600 m ü. M. Vgl. Anm. 2 und 9.

ten datiert werden können. Es ist in dieser Frage auch daran zu erinnern, daß auch von den unzähligen Gutshöfen des 1. bis 3. Jahrhunderts nur in wenigen Fällen die zugehörigen Bestattungsplätze bekannt sind [11].

Mit dem Erlöschen der Beigabensitte um 400 gehen wir der seltenen geschlossenen Funde spätrömischer Zeit verlustig. Zur gleichen Zeit, kurz nach 400, versiegt auch der Zustrom neuen Kleingeldes in unser Untersuchungsgebiet, aber auch in die benachbarten Grenzprovinzen völlig (s. u.). Somit entfallen für das 5. Jahrhundert jene beiden Fundgruppen, die schon für das vorangehende die zahlreichsten waren, wohlgemerkt nur durch »äußere Umstände« und ohne daß wir deswegen einen nochmaligen Bevölkerungsrückgang postulieren müßten. Ob der spärliche andere spätrömische Fundstoff aus den Gutshöfen und Kastellen, von exakt datierbaren Kategorien wie Münzen und Argonnensigillata (?) abgesehen, nun durchweg noch dem 4. Jahrhundert angehört, wie man mit einem Blick auf die jeweils zugehörige, spätestens kurz nach 400 endende Münzreihe anzunehmen pflegt, oder nicht zum Teil erst der Zeit nach 400, ist beim Fehlen geschlossener Funde (Gräber, Siedlungsschichten) oder Münzen zur Zeit noch nicht klar. So oder so muß man abschließend betonen, daß bereits Münzen des 4. Jahrhunderts nur noch aus einer Minderheit der ehemaligen Gutshöfe bekannt sind, die Siedlungsfläche also sicher erheblich reduziert wurde (Abb. 4). Dennoch werden die Aufarbeitung des größtenteils nicht untersuchten Fundstoffs der Gutshöfe, der zum größten Teil aus der *pars urbana* stammt, und Ausgrabungen in den überall vernachlässigten *partes rusticae* das in Abb. 4 gezeigte Verbreitungsbild wenn nicht verändern, so doch zweifellos verdichten.

2. Das Kastell Kaiseraugst (Castrum Rauracense) als Beispiel eines von Romanen bewohnten städtischen Zentrums

Apud Sequanos Bisontios videmus et Rauracos, aliis potiores oppidis multis (Ammian. Marcellinus 15,11,11). Besançon und Kaiseraugst seien, so sagt der spätrömische Historiker in seinem im letzten Viertel des 4. Jahrhunderts erschienenen Werk, die bedeutendsten unter den vielen anderen Städten der Maxima Sequanorum (Abb. 5). *Rauraci,* in der Notitia Galliarum *Castrum Rauracense* genannt, war mit gut 3 ha Innenfläche hinter Genf und Basel die drittgrößte Befestigung der Schweiz (Abb. 6). Noch zumeist unveröffentlichte Grabungen [12] der letzten Jahre haben die Reste größerer Gebäudekomplexe (Lagerhäuser, Kirche mit Baptisterium, Thermen) zutage gefördert. Neuere Erkenntnisse

11) Vgl. L. Berger u. S. Martin-Kilcher a. a. O. (wie Anm. 4) 147 ff.
12) Vgl. vorläufig: R. Laur-Belart, Ur-Schweiz 29, 1965, 21 ff.; 30, 1966, 51 ff., und A. Gerster, Ur-Schweiz 31, 1967, 47 ff. (frühchristliche Kirche und Baptisterium). – R. M. Swoboda, in: Ausgrabungen in Augst 4 (1974) 71 ff. (Ausgrabungen beim Westtor).

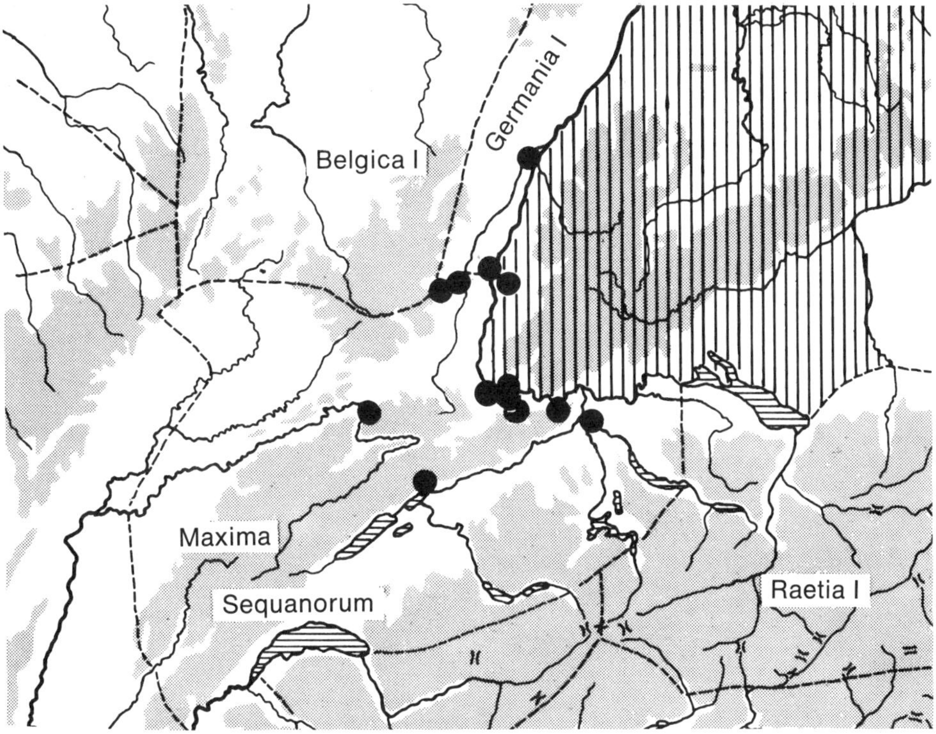

Abb. 5 Die spätrömische Provinz Maxima Sequanorum und die Fundorte der gestempelten Ziegel der Legio I Martia. Vgl. Anm. 10.

zur Geschichte des Kastells im 4. Jahrhundert verdanken wir R. M. Swoboda [13]. Zur Frage der Siedlungskontinuität von der Spätantike bis ins frühe Mittelalter, die im architektonischen Bereich etwa durch die Kirchenanlage mit ihrem Baptisterium belegt wird, sind vor der systematischen Vorlage der Grabungsbefunde und Kleinfunde keine konkreten Angaben zu machen.

Daß der Platz kontinuierlich bewohnt blieb, läßt sich zur Zeit anhand der zugehörigen spätrömisch-frühmittelalterlichen Kastellnekropole, deren Veröffentlichung im Gange ist, belegen [14]. Von der ursprünglich wohl gegen 2000 Gräber zählenden Nekropole, die um die Mitte des 4. Jahrhunderts – wohl nach den damaligen Alamanneneinfällen – angelegt und bis ins späte 7. Jahrhundert benützt wurde, wurden bei den Ausgrabun-

13) R. M. Swoboda, Jahrb. Schweiz. Ges. Urgesch. 57, 1972/73, 183 ff.

14) M. Martin, Das spätrömisch-frühmittelalterliche Gräberfeld von Kaiseraugst, Kt. Aargau. Basler Beitr. z. Ur- u. Frühgesch. 5 B: Katalog und Tafeln (1976). Teil 5 A (Text) ist in Vorbereitung. Vgl. vorläufig Martin a. a. O. (wie Anm. 4) 174 f.

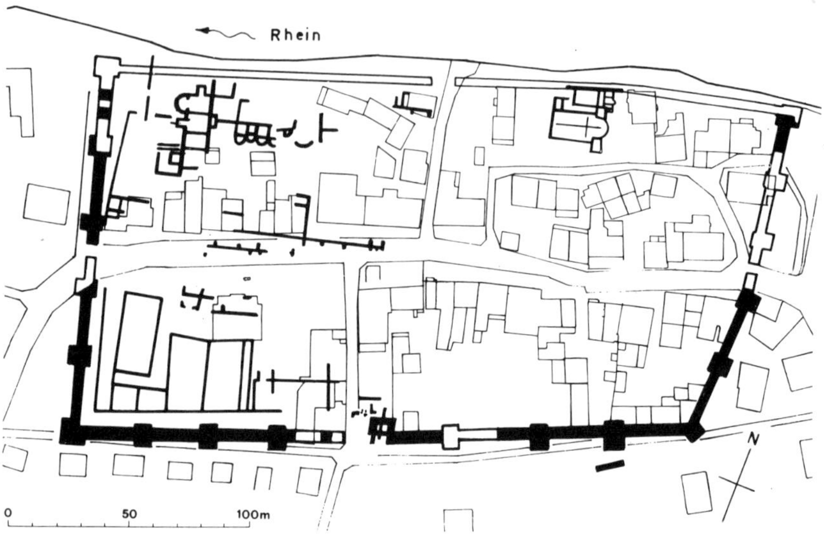

Abb. 6 Kastell Kaiseraugst. Gesamtplan M. 1:3000 (Stand 1975). Nach M. Hartmann (wie Anm. 4) Abb. 25.

gen des Schweizerischen Landesmuseums in den Jahren 1909–1913 gegen 1300 Gräber untersucht und planmäßig erfaßt. Die Beigaben und der Plan dieser Gräber (Abb. 7–9) bilden die Grundlagen für den Nachweis, daß in Kaiseraugst bis ins 7. Jahrhundert hauptsächlich *Romani vel Provinciales* – so nennt Eugipp in der Vita Severini die Nachkommen der provinzialrömischen Bevölkerung – lebten. Das Areal der spätrömischen Bestattungen mit Beigaben der zweiten Hälfte des 4. und des beginnenden 5. Jahrhunderts befindet sich im Mittel- und Ostteil des Friedhofs (Abb. 7). Zu den kartierten Gräbern ist eine größere Zahl beigabenloser Bestattungen hinzuzudenken, die wegen der im 6. und 7. Jahrhundert erfolgten Wiederbelegung dieser Friedhofsteile mehrheitlich nicht mehr auszusondern, aber aufgrund der nach 350 nur noch partiell geübten Beigabensitte unbedingt vorhanden gewesen sind. Drei, vielleicht vier germanische Bestattungen des 4. bzw. früheren 5. Jahrhunderts abseits von den Gräbern der provinzialrömischen Bevölkerung am Südrand der Nekropole (Abb. 7) zeigen, daß damals in Kaiseraugst wahrscheinlich keine größere Zahl germanischer Siedler einquartiert war, sondern höchstens kleine, nicht in die Gesamtbevölkerung integrierte Gruppen.

In Abb. 8 erscheint das Bestattungsareal des 5. und – grob gesagt – der ersten Hälfte des 6. Jahrhunderts. Kartiert sind diejenigen Gräber, deren Tote als alleinige Beigabe einen Münzobolus, fast ausnahmslos Kupfermünzen des 4. Jahrhunderts, ins Jenseits miterhielten. In den Kaiseraugster Gräbern mit spätrömischen Beigaben erst selten belegt, muß dieser Brauch zu einem nicht exakt zu bestimmenden Zeitpunkt nach 400

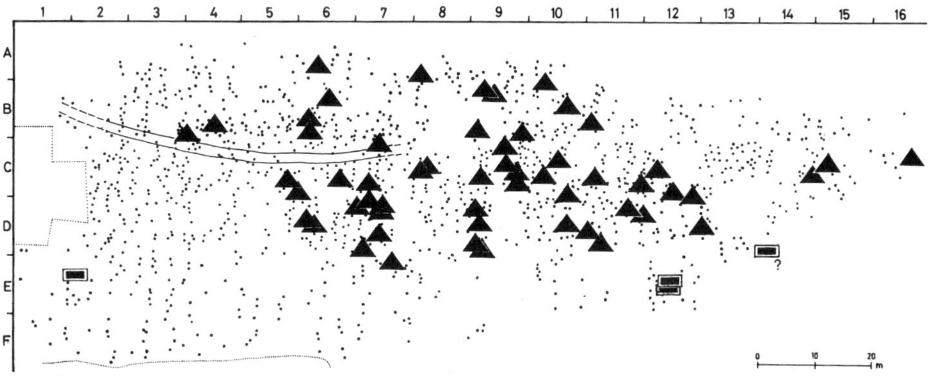

Abb. 7 Kastellnekropole von Kaiseraugst: Verbreitung der Gräber mit spätrömischen Beigaben (Dreieck) sowie der germanischen Gräber des 4. bzw. frühen 5. Jahrhunderts (Rechteck). Vgl. Anm. 14.

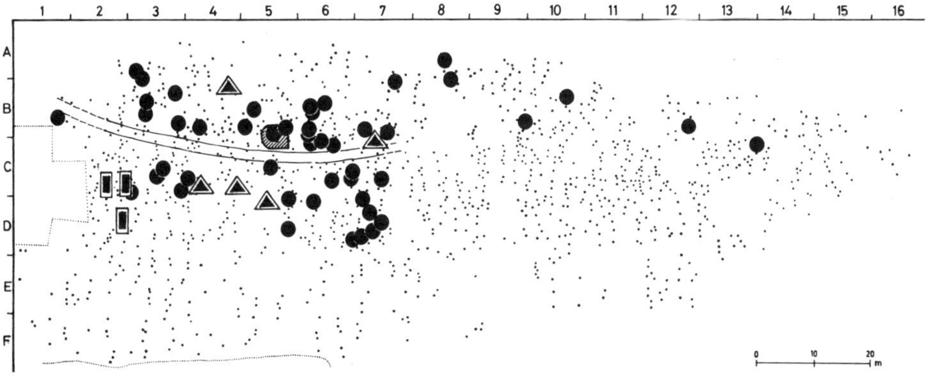

Abb. 8 Kastellnekropole von Kaiseraugst: Verbreitung der Gräber des 5. und 6. Jahrhunderts mit Münzobolus als alleiniger Beigabe (Punkt) sowie der Gräber des 6. Jahrhunderts mit silberner Haarnadel (Rechteck) bzw. eisernem Armring (Dreieck). – Am Zugangsweg ein Grabgebäude mit Apsis (schraffiert). Vgl. Anm. 14.

beliebt geworden sein. Die Belege verraten, daß der Gräberplatz beidseits des Zugangswegs zum Kastell hin sich verlagert und ein an diesem Weg errichtetes Grabgebäude mit halbrunder, nach Westen gerichteter Apsis im Zentrum dieser »Münzgräber« offenbar dem 5. Jahrhundert angehört. Mitkartiert sind in Abb. 8 Bestattungen im 6. Jahrhundert mit silbernen Haarnadeln bzw. eisernen Armringen, beides Bestandteile der spätrömischen Tracht, die mit dem allmählichen Wiederaufleben der Beigabensitte des früheren 6. Jahrhundert für kurze Zeit noch einmal faßbar werden. Sie stehen stellvertretend für eine größe Zahl von Gräbern des 6. und frühen 7. Jahrhunderts, die sich rings um die »Münzgräber« legen und die kontinuierliche Weiterbenützung der Nekropole über das beigabenlose 5. Jahrhundert bis ins frühe Mittelalter nachweisen.

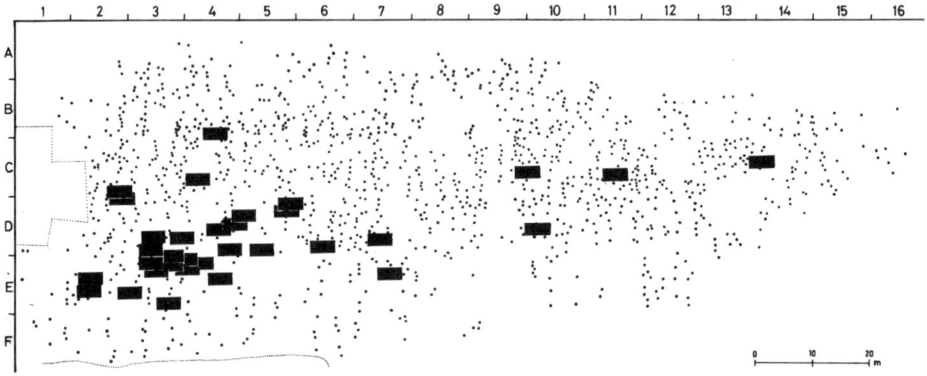

Abb. 9 Kastellnekropole Kaiseraugst: Verbreitung der Deckplattengräber des 6. und 7. Jahrhunderts. Vgl. Anm. 14.

Im 7. Jahrhundert weitet sich das Gräberareal vor allem gegen Süden kräftig aus, wie etwa die Verbreitung derjenigen Gräber zeigt, die mit einer oder mehreren Deckplatten aus Stein, ohne Steineinfassung, offensichtlich ebenerdig abgedeckt sind (Abb. 9). Diese Deckplattengräber repräsentieren zugleich eine typisch romanische Grabform, die im Süden, in den Alpentälern, im Rhonetal und in Italien weit verbreitet, nördlich der Alpen jedoch nur gerade in Kaiseraugst in größerer Zahl bezeugt ist [15].

Was den frühmittelalterlichen Grabbau in Kaiseraugst betrifft, so sind weitere Formen belegt, die wir auf germanischen Reihengräberfeldern vergeblich suchen, wie etwa – bis in die Zeit um 600 – Ziegelgräber nach antiker Art sowie vereinzelte Sarkophage. Bekannt sind die zum Teil bereits im 19. Jahrhundert gefundenen Grabplatten mit christlichem Kreuz bzw. mit Inschrift des Baudoaldus, eine Grabstele mit Kreuz sowie die Grabinschrift der Radoara, die dem 6. und 7. Jahrhundert angehören (Abb. 10) [16].

Von den frühmittelalterlichen Grabbeigaben, die dank der nach fränkischem Vorbild wieder auflebenden Beigabensitte zuerst nur spärlich, dann etwas ausgiebiger den Toten ins Grab mitgegeben werden, ist nur weniges spezifisch romanisch (s. o.). Der größte Teil davon – es handelt sich um Gürtelteile, Schmuck, Waffen und andere Geräte, also sensu stricto nicht um echte Beigaben – findet sich in gleicher Form auf germanischen Reihengräberfeldern wieder, z. B. in den alamannischen Friedhöfen von Herten, am rechten

15) Parallelen z. B. aus Walenstadt/SG (Jahrb. Schweiz. Ges. Urgesch. 30, 1938, 135 m. Abb. 30), Conthey-Premploz/VS (D. Viollier, Anz. Schweiz. Altkde. N. F. 10, 1908, 283 f. m. Abb. 124) und Lyon-Choulans (P. Wuilleumier u. a., L'église et la nécropole de Saint-Laurent dans le quartier lyonnais de Choulans. Mém. Doc. de l'Inst. des études rhodaniens de l'Univ. de Lyon 4 [1949] 18 m. Abb.).

16) Abb. 10 nach R. Moosbrugger-Leu, Die Schweiz zur Merowingerzeit, Bd. B (1971) Taf. 4.

Abb. 10 Kastellnekropole Kaiseraugst: Christliche Grabmonumente des 6. und 7. Jahrhunderts. Nach Moosbrugger (wie Anm. 16) Taf. 4.

Rheinufer unmittelbar gegenüber von Kaiseraugst, oder Bülach in der Ostschweiz [17]. Nicht selten dürften hier wie dort einzelne Gegenstände aus denselben Werkstätten stammen!

Eine differenzierte Analyse der Bestattungs- und Beigabensitte kann aber hinsichtlich der Häufigkeit der Mitgabe sowie dem Vorhandensein bzw. Fehlen bestimmter Objekte usw. deutliche Unterschiede zwischen romanischer und germanischer Bevölkerung aufzeigen. Die Beigabensitte an sich wird in Kaiseraugst, aber auch an anderen von Romanen besiedelten Plätzen in der benachbarten Burgundia, wie etwa die vollständig oder doch zu großen Teilen freigelegten Gräberfelder von Avusy-Sézegnin/GE, Monnet-la-Ville (Dép. Jura) und Curtil-sous-Burnand (Dép. Saône-et-Loire) [18] zeigen, erheblich reduzierter und anders ausgeübt als in den Friedhöfen von Herten, Bülach und Marktoberdorf [19]. Dies verdeutlicht etwa ein Vergleich der Waffenbeigabe: Keines der 57 Kaiseraugster Waffengräber des 6. und 7. Jahrhunderts (3 Männer mit Spatha, 54 Männer mit Sax) besitzt eine vollständige Waffenausrüstung, da ihnen Schild und Lanze durchwegs fehlen; Pfeil und Bogen sind selten. Der z. T. nur ungefähr errechenbare Anteil der Waffengräber in einigen der genannten Friedhöfen schwankt stark: In Curtil-sous-Burnand finden sich auf 400 Bestattungen lediglich 10 mit einer Waffe, stets dem Sax. In Herten, Bülach und Marktoberdorf, wo etwa 20–30 % aller Bestattungen mehrere oder wenigstens eine Waffe ins Grab erhielten, sind von den Waffen 13–19 % Spathen, 52–68 % Saxe, 14–17 % Lanzen und 3–13 % Schilde. Kaiseraugst mit seinen drei Spathagräbern und 54 Saxgräbern steht der romanischen Burgundia viel näher als den benachbarten alamannischen Siedlungen. In Kaiseraugst beträgt das Verhältnis zwischen Spatha und Sax 1:18 (3/55), in Bülach 1:5 (10/50) und in Marktoberdorf sogar 1:3 (24/68).

Markante Unterschiede ergeben sich auch beim Vergleich des Schmucks und Trachtzubehörs: Die Kaiseraugster Nekropole wie auch der Friedhof von Curtil-sous-Burnand haben kein einziges Frauengrab erbracht, dessen Tote mit Bügelfibeln oder Kleinfibeln ausgestattet gewesen wäre. Beide Fibelarten, meist paarweise zu einer Vierfibeltracht vereinigt, sind der charakteristische Trachtschmuck der fränkischen, alamannischen, burgundischen (nur bis um 500!), thüringischen und langobardischen Damen der Ober-

17) Herten: F. Garscha, Die Alamannen in Südbaden. Germ. Denkmäler der Völkerwanderungszeit Ser. A, 11 (1970) 86 ff. – Bülach: J. Werner, Das alamannische Gräberfeld von Bülach. Monogr. z. Ur- u. Frühgesch. d. Schweiz 9 (1953).

18) Avusy-Sézegnin: Ch. Bonnet u. B. Privati, Helvetia Arch. 6, 1975, 98 ff. – Monnet-la-Ville: C. u. M. Mercier, Le cimetière burgonde de Monnet-la-Ville. Ann. Univ. Besançon Arch. 25 (1974). – Curtil-sous-Burnand: M. Lafond, Nécropole mérovingienne de Curtil-sous-Burnand (1965); weitere, zwischen 1948 und 1961 erschienene Vorberichte in den Zeitschriften Gallia und Revue Arch. Est et Centre-Est. – Die Kenntnis der im Mus. Chalon-sur-Saône aufbewahrten Grabfunde verdanke ich der Freundlichkeit von L. Bonnamour.

19) R. Christlein, Das alamannische Reihengräberfeld von Marktoberdorf im Allgäu. Materialh. z. bayer. Vorgesch. 21 (1966).

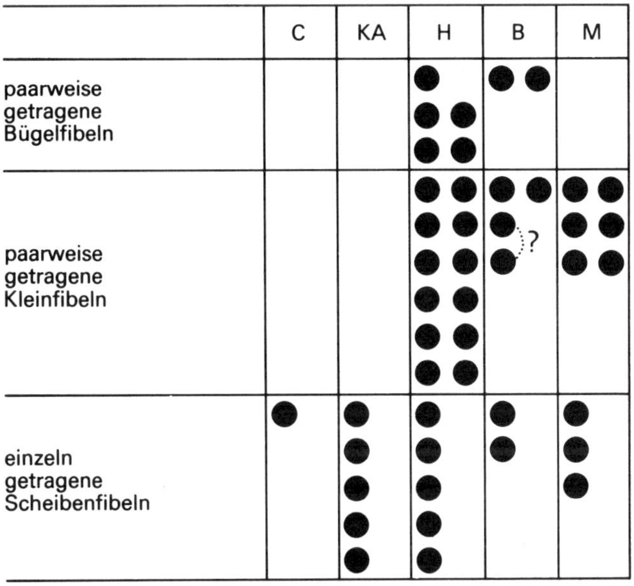

Abb. 11 Das Vorkommen der Bügel- und Kleinfibeln bzw. Scheibenfibeln in den Gräberfeldern von Curtil-sous-Burnand (C), Kaiseraugst (KA), Herten (H), Bülach (B) und Marktoberdorf (M). Vgl. Anm. 14. 17–19.

schicht des 5. und 6. Jahrhunderts. Die im Grabe im Becken oder zwischen den Oberschenkeln gefundenen Bügelfibeln verschlossen nicht, wie lange vermutet wurde, das Leichentuch der Toten, sondern an der im Grabe beobachteten Stelle ein Kleidungsstück, waren demnach echte Trachtbestandteile [20]. Diese Fibeln werden in der fränkischen und alamannischen Frauentracht von der einzeln oder paarweise getragenen Scheibenfibel abgelöst, die letztlich der spätantik-romanischen Welt entstammt [21] und darum nicht nur in Herten, Bülach und Marktoberdorf, sondern auch in Curtil-sous-Burnand und Kaiseraugst zu finden ist (Abb. 11).

Charakteristisch ist auch folgender Unterschied: Während an dem von der linken Hüfte herabhängenden Gürtelgehänge der germanischen Frauen Amulette in Form von großen Glasperlen, Bärenzähnen und Tigerschnecken vorkommen [22], so etwa auch in Herten, Bülach und Marktoberdorf, bleiben die sonst in gleicher Weise getragenen Gehänge der Romaninnen von solchen offenbar doch abergläubisch-»heidnischen« Dingen frei (Abb. 12).

20) M. Martin, Das fränkische Gräberfeld von Basel-Bernerring. Basler Beitr. z. Ur- u. Frühgesch. 1 (1976) 38 f.
21) Vgl. dazu K. Böhner, Kölner Jahrb. Vor- u. Frühgesch. 9, 1967/68, 127 f.
22) Vgl. dazu etwa Martin a. a. O. (wie Anm. 20) 39, 93 ff.

	C	KA	H	B	M
Glasperle			△?	△ △	△
Bärenzahn			△ △ △ △ △	△ △	△?
Tigerschnecke				△	△

Abb. 12 Das Vorkommen von Amuletten in den Gräberfeldern Curtil-sous-Burnand (C), Kaiseraugst (KA), Herten (H), Bülach (B) und Marktoberdorf (M). Vgl. Anm. 14. 17–19.

Noch sichtbarer war der Unterschied in der Gürteltracht des 7. Jahrhunderts: Bei den alamannischen Frauen – selbst bei Damen der sozialen Oberschicht – bildet vom 5. bis ins späte 7. Jahrhundert eine kleine, fast immer eiserne und beschläglose Schnalle von derart einfacher Machart den Gürtelverschluß, daß man annehmen darf, die alamannische Frau habe ihren Gürtel nie sichtbar getragen [23]. Anders verhält es sich damit im Westen: Hier ist in der größtenteils von Romanen bewohnten Burgundia seit spätantiker Zeit bei der Frauentracht, interessanterweise auch bei den Klerikern, ein Gürtelverschluß mit quadratischer oder rechteckiger, nicht selten verzierter Beschlägplatte (sog. Typus D bzw. B) bekannt, der zweifellos mitsamt dem Gürtel sichtbar getragen wurde; dieser konnte, wie ausnahmsweise erhalten gebliebene Reste zeigen, eine kunstvoll geflochtene Lederarbeit ähnlich den heutigen Maroquineriearbeiten sein. Die von antiken und frühmittelalterlichen Autoren hervorgehobene Bedeutung des Gürtels an sich illustrieren auch die bekannten Gürtelschnallen mit Reliquienbehältnis [24].

Auch im fränkischen Kreis wird mit dem Aufkommen von breiteren, mit Beschlägen versehenen Gürteln bei den Männern auch in der Frauentracht eine sichtbar getragene Gürtelschnalle mit trapezförmigem Beschläg (sog. Typus A), mitunter ergänzt durch ein symmetrisches Gegenbeschläg oder sogar eine Rückenplatte, allgemein üblich [25]. Ob im fränkischen Bereich wie in der Burgundia alle wohlhabenden Frauen der gesamten Bevölkerung diese zum Teil aufwendig verzierte Gürteltracht trugen, muß noch genauer untersucht werden. Schon jetzt fällt auf, daß diese Gürtel vor allem im westfränkischen

23) Christlein a. a. O. (wie Anm. 19) 74 f.

24) Dazu und zu den Gürtelbeschlägen der Burgundia vgl. jetzt J. Werner in diesem Bande S. 447 ff.

25) Dazu und zum folgenden vgl. M. Martin, Zeitschr. Schweiz. Arch. u. Kunstgesch. 28, 1971, 50 ff.

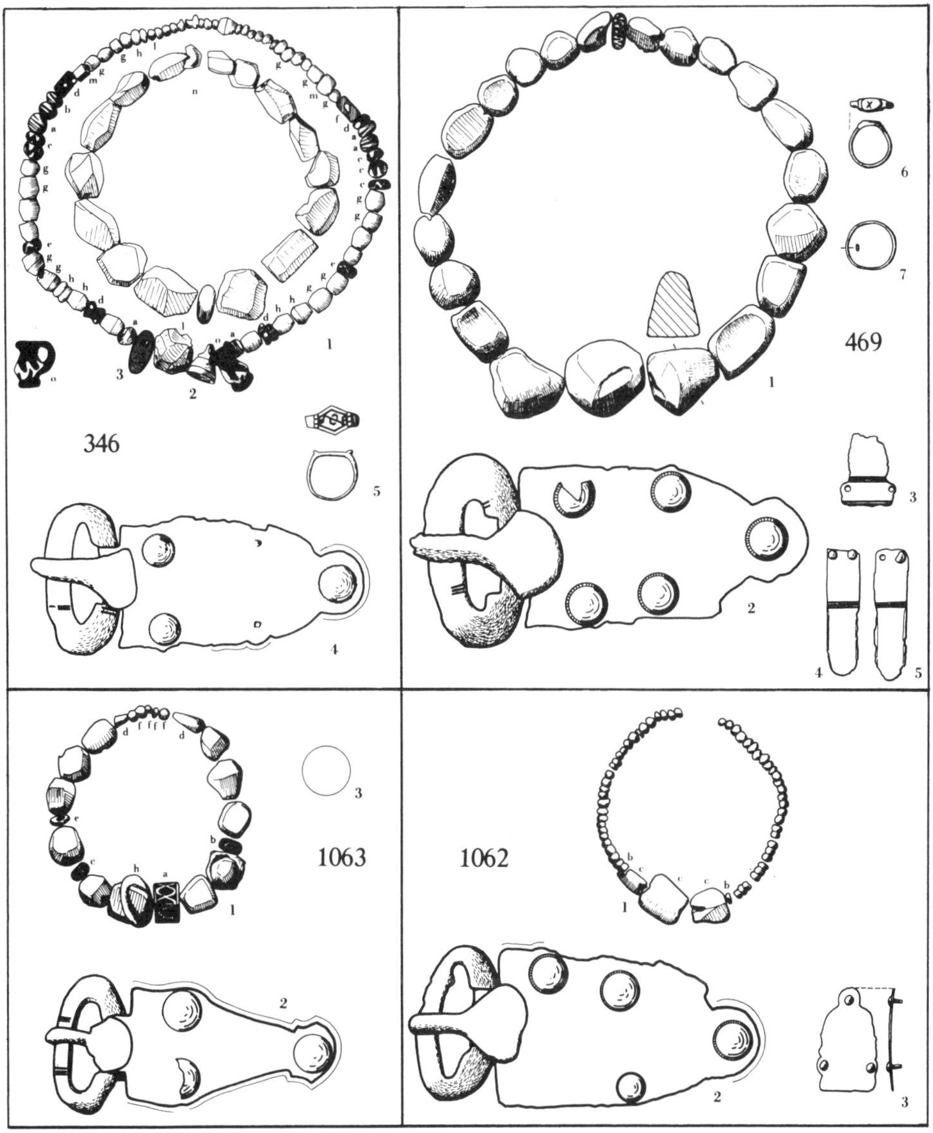

Abb. 13 Kastellnekropole Kaiseraugst: Die Frauengräber 346, 469, 1062 und 1063 mit romanisch-fränkischer Gürteltracht. M. etwa 1:3. Nach Martin (wie Anm. 14).

und den westlichen Teilen des ostfränkischen Gebiets, im großen ganzen also nur westlich der heutigen Sprachgrenze verbreitet sind und nur selten etwa in den Rheinlanden vorkommen. Angesichts des bedeutend höheren Anteils romanischer Bevölkerung in jenen westfränkischen Regionen kann an der romanischen Wurzel bzw. Komponente auch der fränkischen Frauengürteltracht des 7. Jahrhunderts kaum gezweifelt werden.

Die Kaiseraugster Bevölkerung folgt auch hier ganz dem Westen: Drei Gürtelschnallen mit Beschläg vom Typus B sind Ausnahmen und darum mit ihren Trägerinnen aus der romanischen Trachtprovinz Burgunds an den Hochrhein gelangt. Hier ist vielmehr der Gürtel mit drei- bzw. fünfnietigem Beschläg vom »fränkischen« Typus A üblich (Abb. 13), selten ergänzt durch ein symmetrisches Gegenbeschläg. Diese Gürteltracht findet sich auch in Frauengräbern der übrigen Nordwestschweiz und im benachbarten Ostfrankreich [26] nördlich des Doubs, vereinzelt aber auch im Schweizerischen Mittelland, so etwa in drei Frauengräbern des Bülacher Friedhofs, deren Tote darum wohl als Romaninnen oder fränkisch-romanische Gürteltracht tragende Fränkinnen angesehen werden können [27].

Kaiseraugst, um 400 *Castrum Rauracense*, im Jahre 825 *civitas Augst* genannt, war nach dem Zeugnis seiner Nekropole ein von der Spätantike durchs frühe Mittelalter hindurch kontinuierlich besiedeltes städtisches Zentrum mit romanischer, christianisierter Einwohnerschaft, das noch im 6. und 7. Jahrhundert eigenständige, zum Westen hinweisende Züge trägt. Erst im 7. Jahrhundert können alamannische Zuzüger anhand einiger Grabfunde nachgewiesen werden.

3. Romanische Weitersiedlung und germanische Zuwanderer im 5. bis 7. Jahrhundert

Weit besser als der hier im Vordergrund stehende nordöstliche Teil der Maxima Sequanorum ist in der Zeit nach 400 der im Süden angrenzende Abschnitt der Provinz zu beurteilen. Hier werden bekanntlich 443 die Überreste der Burgunder in der Sapaudia inmitten der dort weiterlebenden *indigeni* angesiedelt. Die Verbreitung der echt burgundischen Spuren der zweiten Hälfte des 5. und des frühen 6. Jahrhunderts (Bestattungen mit künstlich deformiertem Schädel; Nomadenspiegel und germanische Fibeln) beschränkt sich auf das Gebiet zwischen Genf und Yverdon und die westlich anschließenden Täler der Rhône, des Ain usw. [28]. Die Spärlichkeit der Funde bestätigt die von der

26) Z. B. im Gräberfeld von Lavoye (Dép. Meuse): R. Joffroy, Le cimetière de Lavoye (1974) Taf. 2 (Grab 21); 6 (Grab 62); 13 (Grab 114); 28 (Grab 282).

27) Werner a. a. O. (wie Anm. 17) Gräber 66, 79 und 249.

28) Vgl. dazu demnächst M. Martin, Burgunden, in: Reallexikon Germ. Altkde. 4 (im Druck).

historischen und sprachhistorischen Forschung hervorgehobene geringe Zahl der Zuwanderer und deren rasche Assimilierung. Hinter den meist dem 6. und 7. Jahrhundert angehörenden Funden der zahllosen »cimetières burgondes« stehen – ungeachtet des (politischen) Königtums Burgund (bis 532) – nicht mehr die Burgunder im ethnischen Sinne, sondern die gesamte, vorwiegend romanische Bevölkerung dieses fränkischen Teilreichs.

Erheblich schwieriger zu beurteilen ist die Situation zwischen Hochrhein und Voralpen. Der Fundstoff ist sehr spärlich, Grab- und Münzfunde dieser Zeit fehlen (s. o.). Wie aus Kaiseraugst (Abb. 7) sind seit 1975 auch aus der Kastellnekropole des *Castrum Vindonissense* Grabfunde des frühen 5. Jahrhunderts bekannt, die vielleicht als Bestattungen germanischer Foederati interpretiert werden dürfen [29]. Es ist vielleicht kein Zufall, daß diese möglichen Foederatengräber hier wie dort derselben Zeit angehören und anscheinend keine Nachfolger besitzen. Obwohl die vorgeschlagene Interpretation noch auf unsicheren Füßen steht und die Veröffentlichung der Windischer Grabfunde abgewartet werden muß, darf man doch schon jetzt an einige Grabgruppen reicher, zweifellos germanischer Bestattungen derselben Zeit erinnern, die im letzten Jahrhundert bei Bretenières, Neuilly und Rouvres im Dép. Côte-d'Or zum Vorschein gekommen sind. H. Zeiss, der 1938 diese Gräber zuletzt zusammenfassend besprochen hat [30], glaubte darin burgundische Grabfunde aus »der Zeit der Landnahme«, d. h. aus der Zeit unmittelbar nach der Einquartierung der Burgunder in der Sapaudia vor sich zu haben. Dies läßt sich aber aufgrund neuerer Forschungen und Funde nicht aufrechthalten. Da die Burgunder als ostgermanischer Stamm nie Waffen ins Grab mitnahmen, sprechen die in jenen Gräbern gefundenen Spathen, Lanzen und Schilde eindeutig gegen eine burgundische Herkunft der Bestatteten. Zudem gehören die Gräber nach ihren Beigaben noch in das erste Drittel des 5. Jahrhunderts und nicht erst in die Zeit nach 443. Nicht beachtet wurde bisher, daß ihre Fundorte höchstens 6 km voneinander und lediglich 6–12 km vom Zentrum des spätantiken *Castrum Divionense* (Dijon) entfernt sind. Diese Nachbarschaft läßt keine Zweifel daran, daß vor den Toren des nebst *Cabillonum* (Chalonsur-Saône) größten befestigten Zentrums der Lugdunensis I, dessen Innenfläche etwa dreimal so groß war wie die des Kaiseraugster Castrums, im frühen 5. Jahrhundert ein beachtliches Kontingent germanischer Truppen stationiert war.

Daß auch die oben erwähnten Kaiseraugster und Windischer Grabfunde trotz ihrer bescheideneren Ausstattung in ähnliche Zusammenhänge gehören, läßt sich durch weitere Überlegungen wahrscheinlich machen. Für das benachbarte Raetien sind barbarische Foederaten für die ersten drei Jahrzehnte des 5. Jahrhunderts anhand der schriftlichen Überlieferung zu erschließen. J. Werner, der sich anläßlich der Publikation der Ausgrabungen auf dem Lorenzberg bei Epfach damit befaßte, hat auch wahrscheinlich gemacht, daß die Goldmünzen des späten 4. und frühen 5. Jahrhunderts, die zwischen

29) Vindonissa-Museum Brugg.

30) H. Zeiss, Studien zu den Grabfunden aus dem Burgundenreich an der Rhone. Sitzber. Bayer. Akad. Wiss. Phil.-hist. Abt. 1938, H. 7 (1938) 8 ff., 18.

Bodensee, Donau und Inn vornehmlich in oder in der Nähe befestigter spätrömischer Plätze gefunden wurden, »als Soldzahlungen an Truppen oder barbarische Foederaten nach Raetien gelangt sein dürften«[31]. Von zehn mir beiläufig bekanntgewordenen Goldmünzen der Zeit von 364–450 vom Gebiet der heutigen Schweiz stammen 5 aus den befestigten Plätzen Yverdon (1), Olten (2), Vindonissa (1) und Chur (1); von 6 weiteren aus einer alten Augster Sammlung ist nicht sicher, ob alle oder doch ein Teil derselben wirklich in Augst bzw. Kaiseraugst gefunden wurden.

Im Unterschied zum Edelmetallgeld, von dem auch nach 400 weiterhin neue Prägungen in die Raetia I und in die Maxima Sequanorum gelangten, hört der Zustrom neuen Kleingelds in den ersten Jahren nach 400 abrupt auf. Unter den 15 in Abb. 4 kartierten Gutshöfen mit Münzen nach 364 haben nur zwei im Jura gelegene sowie drei fragliche südwestlich von Vindonissa Prägungen der Zeit nach 388 ergeben. Ist auch unsere Zusammenstellung mangels Aufarbeitung der Fundmünzen der Schweiz – ein dringendes Desideratum der provinzialrömischen Forschung – sicher nicht vollständig, so darf doch jetzt schon als sicher gelten, daß nach 388 Münzen praktisch nur noch in die Kastelle gelangten – und von dort aus kaum noch ins offene Land verbreitet wurden. In den 48 Münzgräbern der Kaiseraugster Nekropole (Abb. 8) sind 17 der 66 (in einigen Fällen nicht exakt datierbaren) mitgegebenen Kupfermünzen Prägungen der Zeit nach 388, die jüngste ein Halbcentenionalis des Arcadius aus Trier, geprägt zwischen 395 und 402[32]. Sicher jüngere Stücke sind nicht vorhanden, so wie auch in Vindonissa laut Th. Pékary die Münzreihe mit einer Prägung des Honorius nach 393 schließt[33]. Von den dortigen über 800 Fundmünzen der Zeit nach 364 gehören nur noch gerade 80, d. h. knapp 10 %, in die Jahre nach 388. Die Chance, daß von diesen wenigen Münzen überhaupt noch etwas aufs offene Land gelangen konnte, war gering. Zudem wird seit dem späten 4. Jahrhundert, höchstwahrscheinlich schon seit der Jahrhundertmitte, der mit Kleingeld versehene und handelnde Teil der Bevölkerung ganz auf die städtischen Zentren beschränkt gewesen sein. Könnte darum das so uniforme Abbrechen der Münzreihen in den befestigten Plätzen der Maxima Sequanorum und Raetia I nicht doch auf eine einschneidende Veränderung der militärischen Verhältnisse und der politischen Lage überhaupt zurückgehen?

Um 394/395 wurde die Kaiserresidenz des weströmischen Reichsteils, die sich im 4. Jahrhundert fast immer in Trier befunden hatte, für immer nach Italien verlegt. Als Ersatz für die damit nach Italien abgezogenen kaiserlichen Elitetruppen, die weitgehend aus barbarischen Söldnern bestanden, wurden in der Folge von Honorius und seinem

31) J. Werner, Der Lorenzberg bei Epfach (Epfach 2). Münchner Beitr. z. Vor- u. Frühgesch. 8 (1969) 267 f.

32) Martin a. a. O. (wie Anm. 14) 79 (aus Grab 1009, zusammen mit 8 weiteren Prägungen nach 388) m. Taf. 89, 14–22.

33) Th. Pékary, Die Fundmünzen von Vindonissa. Von Hadrian bis zum Ausgang der Römerherrschaft. Veröffentl. Ges. Pro Vindonissa 6 (1971) 23.

Heermeister Stilicho, wie D. Hoffmann gezeigt hat [34], zahlreiche neue, ganz aus Barbaren zusammengesetzte und diesen sogar vorbehaltene Truppeneinheiten aufgestellt. Das bewegliche Heer bestand fortan aus (west)germanischen Söldnern, die ihren Sold in gemünztem Edelmetall erhielten. Im Jahre 395 wurde das Gesetz der *hospitalitas* erlassen, das die Ansiedlung fremder Stämme im Reich regelte. 395 erneuerte Stilicho am Rhein Bündnisse mit den Germanen.

Welche konkreten politischen oder siedlungsgeschichtlichen Folgen diese Maßnahmen und Vereinbarungen im einzelnen hatten, ist noch nicht klar. Um 400 war man offenbar von der Vorstellung und vom System der festen, befestigten Grenze, wie sie um 370 Valentinian mit seinem gewaltigen Befestigungswerk noch vor Augen hatte, abgekommen. Dies zeigen jedenfalls die Maßnahmen nach dem Einfall der Wandalen, Alanen und Sueben nach Gallien im Jahre 406, bei dem die Städte Mainz, Worms, Speyer und Straßburg zerstört wurden. Wie H. Nesselhauf und D. Hoffmann nachgewiesen haben [35], fanden die Grenzgarnisonen dieser Städte und des zugehörigen Grenzabschnitts dabei den Untergang. Die intakt gebliebenen Truppenverbände der damals nicht zerstörten Grenzabschnitte rheinabwärts unterhalb von Bingen (und offenbar auch rheinaufwärts oberhalb von Straßburg), die wie die aufgeriebenen Garnisonen seit valentinianischer Zeit die feste, stationäre Grenzwehr gebildet hatten, wurden nach 406 als pseudocomitatensische Truppen dem Bewegungsheer eingegliedert. Nach D. Hoffmann bedeutete diese Maßnahme »die Aufhebung der bisherigen Grenzorganisation in den fraglichen Distrikten« [36]. Sie erfolgte durch den Usurpator Constantinus III., der sich von 407 bis 411 als Gegenkaiser in Gallien halten konnte dank Verträgen, die er mit Franken, Alamannen und Burgundern abschloß. Ein Teil dieser Germanen aber erhob, noch bevor der in Arles von Honorius eingeschlossene Constantinus III. gefangen und in Ravenna hingerichtet wurde, in Mainz den gallischen Adligen Iovinus zum Kaiser, doch konnte sich dieser im Süden Galliens ebensowenig durchsetzen und wurde bereits 413 in Narbonne getötet.

Die Zentralgewalt des weströmischen Reiches scheint in Gallien weder unter Honorius (bis 423) noch unter Johannes (423–425) oder Valentinianus III. (425–455) die Möglichkeit oder den Willen gehabt zu haben, die in den Jahren nach 406 von den genannten Usurpatoren getroffenen Maßnahmen und erfolgten Veränderungen rückgängig zu machen. Nach dem Ende Jovins blieben nach dem Urteil D. Hoffmanns »die Barbaren in den diesseitigen Grenzgebieten am Rhein eine Realität, die sich, anders als sechzig Jahre zuvor, nicht mehr beseitigen ließ. In der Tat ist gerade im Falle der Burgunder ausdrücklich bezeugt, daß diesem Volke eben im Jahre 413 offiziell Wohnsitze am Rhein, d. h. genauer im Raume von Worms, zugewiesen wurden, und allgemein deutet

34) D. Hoffmann, Das spätrömische Bewegungsheer und die Notitia Dignitatum. Epigraphische Studien 7/I (1969) 139, 143, 168 f., 358 f., 366.

35) Vgl. dazu und auch zum vorigen jetzt D. Hoffmann, Nass. Ann. 84, 1973, 1 ff., bes. 13 ff.

36) Hoffmann a. a. O. (wie Anm. 35) 17.

nichts darauf hin, daß der römische Rheinlimes in der Folgezeit je wieder aufgebaut worden wäre. Vielmehr dürfte die Bewachung der Grenzzone aufgrund von Bündnissen nunmehr in die Hände der obengenannten germanischen Völkerschaften (Alamannen, Burgunder, Franken und Alanen, M. M.) gelegt worden sein, und nur noch das Innere Galliens ist eine Zeitlang unter unmittelbarer römischer Kontrolle geblieben« [37)].

Spätestens mit dem Jahre 406 endet in den gallischen Münzstätten Trier, Lyon und Arles die kontinuierliche Prägung von Kupfergeld [38)]. Sowohl Constantinus III. wie auch Iovinus prägten danach nur Münzen aus Edelmetall, vorab für ihre germanischen Truppen [39)]. Nach ihrem Ende wurden noch einmal Kupfermünzen in Lyon (zwischen 413 und 423), in Arles (zwischen 413 und 425) und – allerdings nur vereinzelt – in Trier (zwischen 425 und 430 bzw. 450) geprägt, danach nicht mehr. Auch in den zentraler gelegenen Münzstätten von Aquileja und Siscia bricht zwischen 408 und 423 die Prägung von Kupfergeld für immer ab, ein Beweis, wie tiefgreifend die Veränderungen in den Jahren um 400 gewesen sein müssen.

Angesichts der neuen Erkenntnisse der historischen Forschung wird man vielleicht doch wieder – wie früher – annehmen dürfen, das Ausbleiben neuen Kleingeldes zu einem noch nicht exakt bestimmten Zeitpunkt nach 395 [40)] – die damaligen westlichen Prägungen des Arcadius (383–408) und Honorius (393–423) sind zwischen 394 und 402 bzw. 408 zeitlich nicht zu untergliedern – hänge mit der genannten definitiven Auflösung der militärischen Grenzorganisation nach 406 zusammen, für deren Verbände der letzte Zustrom von Kupfergeld bestimmt war [41)].

Es ist also durchaus möglich, daß nach 406 bzw. 413 die Grenzabschnitte der Maxima Sequanorum durch germanische Foederaten »geschützt« oder beherrscht wurden, doch läßt sich dies zur Zeit archäologisch nur vermutungsweise belegen. In dieser Frage ist eine weitere Veränderung im archäologischen Fundstoff von Bedeutung: Wie am Niederrhein finden sich auch am Ober- und Hochrhein im 5. Jahrhundert, anders als noch im 4. Jahrhundert, beidseits der Reichsgrenze gleiche Gerätschaften wie z. B. Gürtelgarnituren, Gefäße usw. Nach R. Christlein, der darauf hingewiesen hat, wurde das »archäologische Fundgut, im wesentlichen Gebrauchsgut, im gesamten Bereich ... weitgehend nivelliert«, offensichtlich eine Folge der Aufhebung des Grenzlimes [42)].

37) Hoffmann a. a. O. (wie Anm. 35) 17.

38) Vgl. dazu z. B. R. A. G. Carson, P. V. Hill u. J. P. C. Kent, Late Roman Bronze Coinage (1960).

39) Dazu und zu den Ereignissen im frühen 5. Jahrhundert J. Werner, Bonner Jahrb. 158, 1958, 400 ff., und H. W. Böhme, Germanische Grabfunde des 4. bis 5. Jahrhunderts. Münchner Beitr. z. Vor- u. Frühgesch. 19 (1974) 204 ff.

40) Zum Ende des Münzzustroms an verschiedenen spätrömischen Plätzen vgl. Werner a. a. O. (wie Anm. 31) 267 m. Anm. 42 sowie Böhme a. a. O. (wie Anm. 39) 151.

41) Pékary a. a. O. (wie Anm. 33) 23. – Vgl. dazu etwa bereits H. A. Cahn, Jahrb. Schweiz. Ges. Urgesch. 33, 1942, 139.

42) R. Christlein, in: Historischer Atlas von Baden-Württemberg, Erläuterungen (zu Karte III,6) 3. Lfg. (1974) 2.

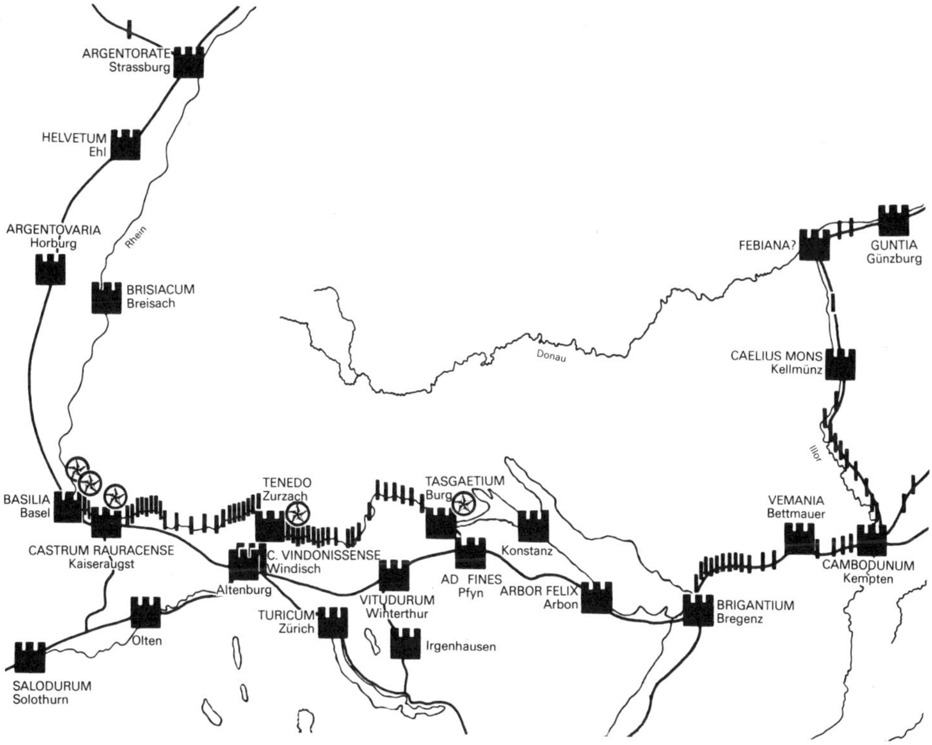

Abb. 14 Die spätantiken Kastelle im Elsaß, in der Nordschweiz und zwischen Bodensee und Oberer Donau sowie die alamannischen Reihengräberfelder (Stern) mit reichen Grabfunden des 5. und frühen 6. Jahrhunderts am rechten Hochrheinufer. Kastelle und Warten umgezeichnet nach Garbsch (wie Anm. 45).

Es ist zu fragen, ob in einer zweiten, vertragslosen (?) Phase das Elsaß und die Nordschweiz, von den Alamannen wenn nicht besiedelt, so doch politisch beherrscht wurden, wie dies die Zeugnisse des Sidonius Apollinaris carm. 7, 372 ff. und des Geographen von Ravenna nahelegen [43]. Vielleicht darf man sich nach 450 eine ähnliche Symbiose zwischen Romanen und Alamannen vorstellen, wie sie uns durch die Vita Severini des Eugipp für Romanen und Rugier im ufernorischen Grenzabschnitt geschildert wird [44]. Dort gewannen die nördlich der Donau wohnenden Rugier im Verlaufe der zweiten Hälfte des 5. Jahrhunderts de facto, aber nicht de iure allmählich die Kontrolle und »Herrschaft« auch über die mit ihnen Handel treibenden und in einer Art Koexi-

43) Frühere Beurteilungen bei Stähelin a. a. O. (wie Anm. 5) 321 ff. Vgl. jetzt K. F. Stroheker, Die Alamannen und das spätrömische Reich, in: Zur Geschichte der Alemannen. Wege der Forschung 100 (1975) 20 ff., bes. 42 ff.

44) Zum ersten Moosbrugger a. a. O. (wie Anm. 16) 16 f., zu Noricum vgl. F. Lotter in diesem Bande S. 72 ff.

stenz lebenden Romanen der Kastelle Ufernoricums. Die Rugier blieben bis zu ihrem Untergang stets nördlich der Donau wohnhaft; ihr Königssitz lag dem wichtigsten Zentrum der Romanen am jenseitigen Donauufer unmittelbar gegenüber.

Die archäologische Fundsituation am Hochrhein mutet nun tatsächlich wie eine Illustration zu dieser historisch überlieferten Lage an der Donaugrenze an: Den Kastellen jeweils gegenüber kennen wir alamannische Gräberfelder mit frühen, überdurchschnittlich reichen Grabfunden (Abb. 14) [45]. Wie an wichtigen modernen Grenzübergängen lagen sich jeweils ein romanisches städtisches Zentrum und eine bedeutende alamannische Siedlung gegenüber. Von besonderer Wichtigkeit ist die Tatsache, daß vergleichbare reiche germanische Grabfunde derselben Zeit, aus der zweiten Hälfte des 5. und dem früheren 6. Jahrhundert, bisher südlich des Hochrheins überhaupt nicht bezeugt sind, eine allfällige alamannische »Herrschaft« archäologisch nicht zu belegen ist. Aufgrund der bisher bekanntgewordenen frühmittelalterlichen Grabfunde zwischen Hochrhein und Voralpen kann man andererseits annehmen, daß eine eigentliche alamannische Besiedlung dieser Gebiete erst im mittleren Drittel des 6. Jahrhunderts, wohl im Gefolge der Eingliederung der Nordschweiz ins fränkische Reich im Jahre 536 einsetzte. Auch dies sollte jedoch wie vieles andere durch eine umfassende Edition der hier stets nur apostrophierten frühmittelalterlichen Grabfunde – ein weiteres Desiderat der Forschung – überprüft und belegt werden.

4. Zur Kontinuität und Diskontinuität von Siedlungsstellen und Siedlungskammern

Der Verbreitung von Gutshöfen mit spätrömischen Funden (Abb. 4) entspricht etwa die Verteilung der heutigen Ortsnamen romanischer Herkunft in der Nordwestschweiz (Abb. 15) [46], wenn man von ihrem wesentlich dichteren Vorkommen rings um den Bie-

45) Vgl. dazu und zum folgenden jetzt MARTIN a. a. O. (wie Anm. 1) 105 ff. – In Abb. 15, einer Umzeichnung nach J. GARBSCH, Der spätrömische Donau-Iller-Rhein-Limes. Kleine Schriften zur Kenntnis der römischen Besetzungsgeschichte Südwestdeutschlands 6 (1970) Beilage, sind mit Stern eingetragen die Gräberfelder von Basel-Kleinhüningen und Basel-Gotterbarmweg (gegenüber von Basel), Herten (gegenüber von Kaiseraugst), Rheinheim (gegenüber von Zurzach) und Stein a. Rhein (gegenüber von Eschenz). – Nachzutragen wären die Kastelle von Baden, Säkkingen und Mett b. Biel, vgl. Anm. 9.

46) Die romanischen Namen wurden vor allem kartiert nach: B. BOESCH, Das Frühmittelalter im Ortsnamenbild der Basler Region. Onoma 20, 1976, 164 ff. M. MARTIN, Das Fortleben der spätrömisch-romanischen Bevölkerung von Kaiseraugst und Umgebung im Frühmittelalter auf Grund der Orts- und Flurnamen, in: Provincialia. Festschr. R. Laur-Belart (1968) 133 ff. H. SCHWAB, Waren Murtenbiet und Seeland im frühen Mittelalter Grenzland-Niemandsland-Ödland? Freiburger Geschbl. 57, 1970/71, 21 ff. P. ZINSLI, Ortsnamen [2] (1975) 22 ff. m. Taf. 1.2 (m. Lit.). DERS., Über Ortsnamen im Amt Erlach, in: Aus der Geschichte des Amtes Erlach (1974) 67 ff.

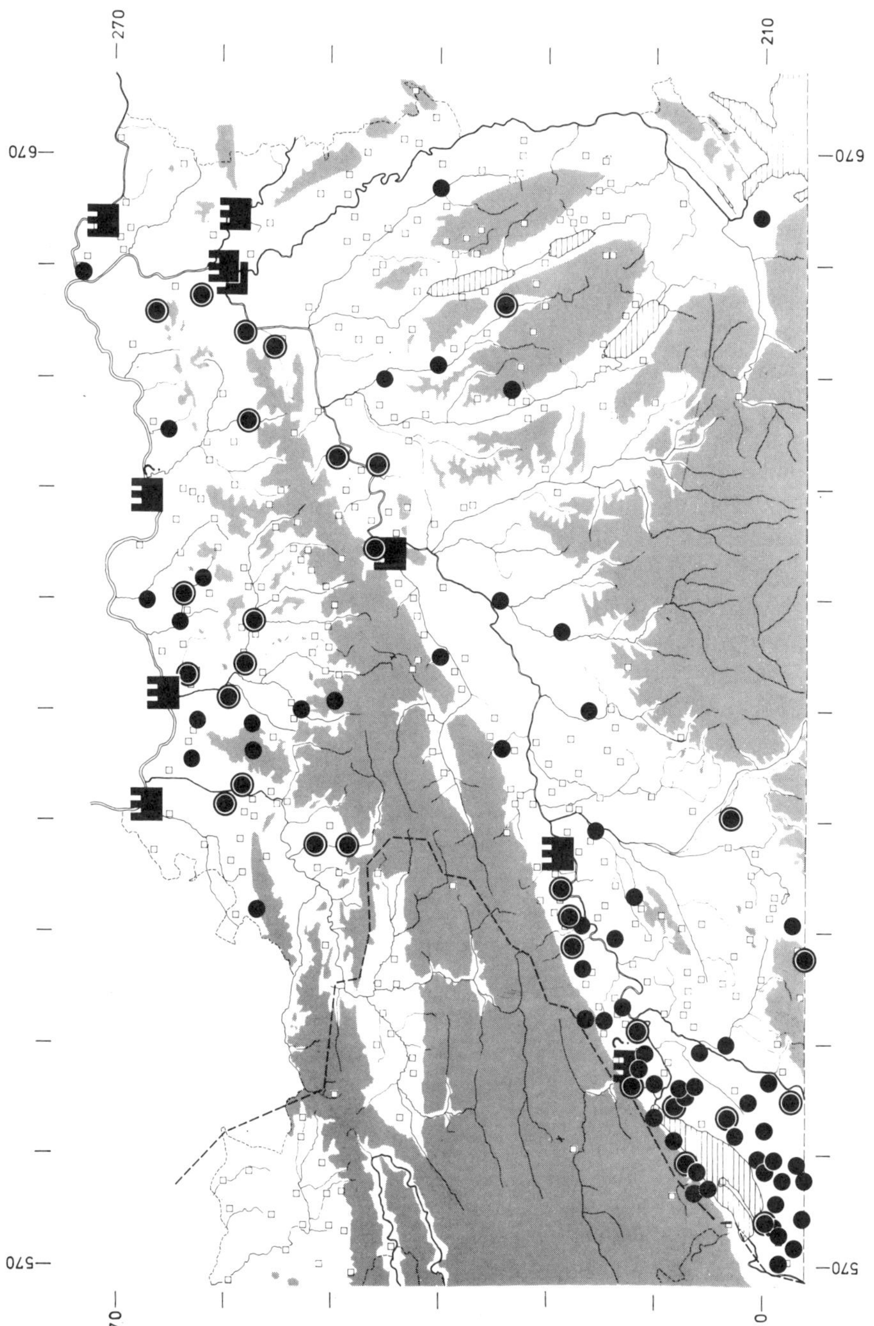

Abb. 15 Verbreitung der heutigen Ortsnamen (einschließlich dreier Wüstungen) romanischer Herkunft (Kreisauge: mit Namenendung -acum; Punkte: übrige). Gerasterte Flächen: über 600 m ü. M. Vgl. Anm. 46, 47.

lersee und im (nicht kartierten) Jura westlich der jetzigen Sprachgrenze absieht. Im Hinterland von Kaiseraugst und westlich von Vindonissa herrschen Namen auf -acum vor, nicht jedoch am Bielersee [47]. Daß sich in der Verbreitung dieser Namen südlich von Kaiseraugst das von den Romanen besiedelte oder doch genutzte Hinterland des Kastells abzeichnet, zeigt die Detailkarte Abb. 17.

Im folgenden soll in einem erstmaligen, provisorischen Versuch überprüft werden, ob im ganzen Untersuchungsgebiet zwischen dem namenkundlichen, im großen ganzen vollständig bekannten und dem selbstredend erst unvollständigen Befund der Siedlungsarchäologie eine Relation besteht, die die Erkenntnisse der beiden Disziplinen stützen oder erklären kann.

Die Orte mit germanischer Namenendung auf -ingen (Abb. 16) [48] treten östlich der Sprachgrenze in einzelnen, lockeren Gruppen auf: im Birstal, am Bielersee, südöstlich von Solothurn rechts der Emme, rings um Olten und im weiteren Umkreis von Vindonissa, Baden und Zurzach. Überall halten sich diese zu Recht als frühe Ortsnamen angesehenen Namen – jüngere, mittelalterliche Bildungen, die es auch gibt, sind weggelassen – an Areale, die schon die römische Besiedlung des 1. bis 3. Jahrhunderts (Abb. 1) belegt hat. Durch romanische wie auch durch -ingen-Namen kaum belegt sind die zur Römerzeit dicht besiedelten Täler von der Wigger bis zur Reuss. Hier, aber auch in anderen, höher gelegenen Partien des Jura hat erst der etwa durch die Ortschaften mit der Namenendung -villare charakterisierte Landausbau des 7. und 8. Jahrhunderts das römerzeitlich bewohnte Gebiet wieder erschlossen und dann auch ausgeweitet [49].

Ein Vergleich von Abb. 15 mit Abb. 16 zeigt, daß die Formulierung, die älteste germanische »Landnahme« meide die Kastelle, nur bedingt richtig ist. Diese städtischen Plätze stehen, wie Abb. 17 deutlich macht, in der Regel nicht im luftleeren Raum, sondern sind Zentren eines zugehörigen Siedlungs- und Wirtschaftsraumes, allerdings offenbar nicht überall: Wenn nämlich z. B. südlich von Basel, südlich von Olten und zwischen Zurzach und Vindonissa die -ingen-Orte unmittelbar an die Kastelle anschließen, darf man daraus folgern, daß hier wohl kein alt, d. h. romanisch besiedeltes Vorgelände mehr bestand, als die -ingen-Orte gegründet wurden.

Gute, umfassende siedlungsarchäologische Befunde im Bereich der römischen Gutshöfe einerseits und der hier herangezogenen heutigen Ortsnamen bzw. Ortschaften andererseits sind leider noch selten. Schon immer wurde von der Forschung hervorgehoben, daß heutige Dorfkirchen – nicht nur in unserem Untersuchungsgebiet – sehr oft auf

47) Hier sind in Abb. 15 auch kleinere Siedlungen und Weiler mit romanischen Namen eingetragen, die wohl erst dem (am Bielersee von Romanen getragenen) späteren Landausbau angehören, wie auch ein Vergleich mit Abb. 1 vermuten läßt; vgl. Martin a. a. O. (wie Anm. 1) 127.

48) Zinsli a. a. O. (1975) (wie Anm. 46). B. Boesch, Alamann. Jahrb. 1958, 1 ff. und dessen Karte in: H. Ammann u. K. Schib, Historischer Atlas der Schweiz² (1958) Karte 11. Ders., in: Die Alpen in der europäischen Geschichte des Mittelalters². Vorträge u. Forsch. 10 (1976) 185 ff., 190 f.

49) Boesch a. a. O. (1976) (wie Anm. 48) 192 f.

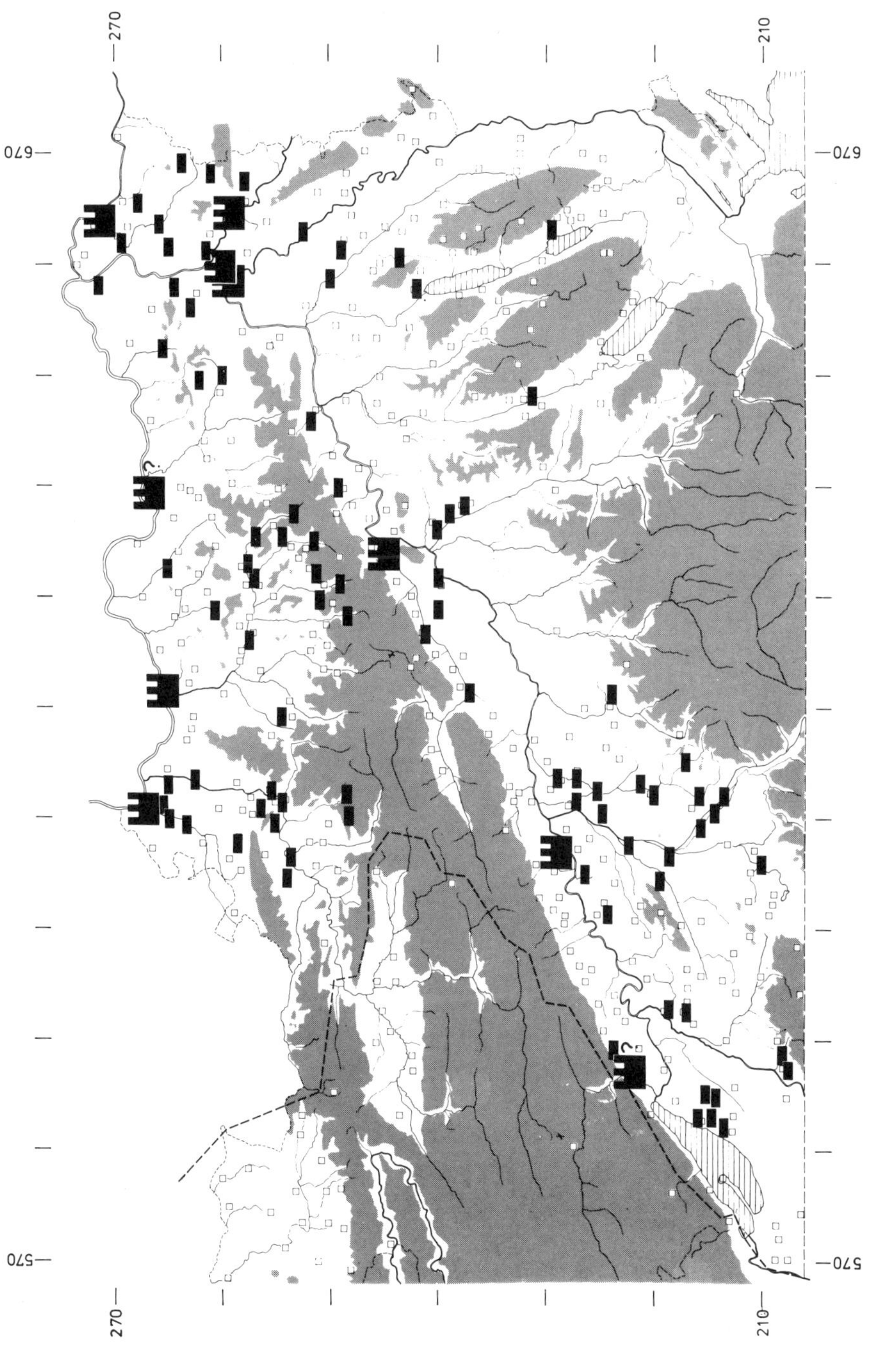

Abb. 16 Verbreitung der Ortsnamen mit Endung -ingen. Gerasterte Flächen: über 600 m ü. M. Vgl. Anm. 48.

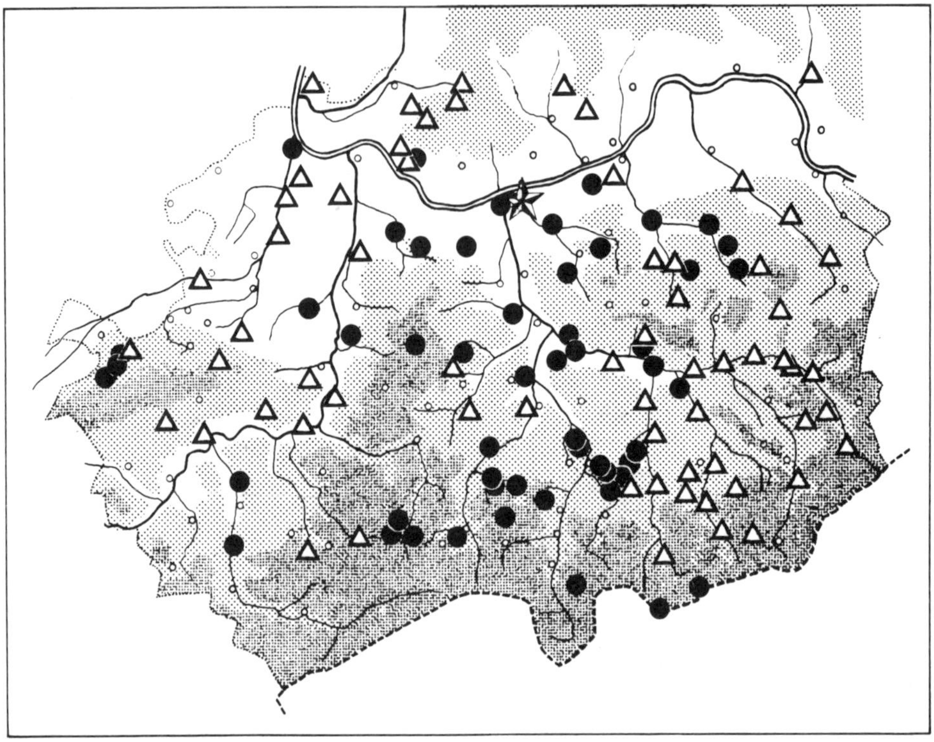

Abb. 17 Verbreitung der romanischen Orts- und Flurnamen (Punkte) und der germanischen Ortsnamen (Dreiecke) im Hinterland von Kaiseraugst (Stern). Nach Martin (wie Anm. 46).

römischen Ruinen stünden [50]. Unter vielen dieser Kirchen sind in den letzten Jahrzehnten durch archäologische Untersuchungen bis ins frühe Mittelalter zurückreichende Vorgängerbauten nachgewiesen worden [51]. Allgemeine Lehrmeinung war und ist vielfach heute noch, diese römischen Ruinen – es sind fast immer solche eines Gutshofs – hätten entweder als Steinbruch gedient oder seien, da landwirtschaftlich nicht nutzbar, als Standort eines Kirchengebäudes oder Friedhofs [52] gewählt worden. Frühere Zeiten haben aber, wie dies gerade auch Sagen im Zusammenhang mit Kirchenstandorten zeigen, der Lage einer Kirche zweifellos mehr Bedeutung zugemessen als unser rationali-

50) B. Ita, Antiker Bau und frühmittelalterliche Kirche. Geist und Werk der Zeiten 6 (1961). G. J. Wais, Die Alamannen in ihrer Auseinandersetzung mit der römischen Welt² (1943) 155, Anm. 4; 164, Anm. 1. – Vgl. auch Drack a. a. O. (wie Anm. 4) 49 und Vogt a. a. O. (wie Anm. 6) 633.

51) H. R. Sennhauser, in: Vorromanische Kirchenbauten. Veröffentl. Zentralinst. Kunstgesch. München 3 (1966) passim.

52) Der Überlagerung frühmittelalterlicher Friedhof – römischer Gutshof soll an anderer Stelle nachgegangen werden.

stisch denkendes Jahrhundert und den Platz eines Sakralbaus in der Regel nicht derartigem Nutzdenken untergeordnet. Anstelle von »Ruinenkontinuität« ist deshalb bei solchen Überlagerungen zuerst nach anderen Erklärungsmöglichkeiten zu suchen. Man muß auch bedenken, daß ein (steinerner) Kirchenbau, wird er nicht vollständig auf römische Mauerfundamente gelegt, viel einfacher neben als in und über einem alten Mauersystem errichtet werden kann, da bei ungleichem Baugrund das Vermeiden von Setzrissen u. a. zusätzlichen Aufwand erfordert. Haben darum nicht in der Regel die römischen Gebäudeteile und -mauern viel direkter Lage und Bau dieser ältesten Kirchen bestimmt?

Statt hier mit Meinungen und logischen Argumenten weiter zu fechten, muß das ganze Problem auf breiterer Basis untersucht und in größerem Zusammenhang gesehen werden. Bisher ging man bei den Erklärungsversuchen der Überlagerung Kirche – römischer Bau stets nur von diesen beiden Komponenten aus. Auch in unserem Untersuchungsgebiet gilt aber als größtenteils befolgte Regel, daß »die Kirche im Dorf bleibt« bzw. steht. Die unter den heutigen Dorfkirchen entdeckten frühmittelalterlichen Sakralbauten lagen darum normalerweise, wie der topographische Befund zeigt, auch in oder unmittelbar neben der zugehörigen frühmittelalterlichen Siedlung, was bisher merkwürdigerweise weder vom Feldarchäologen noch vom Kirchenausgräber überprüft, geschweige denn diskutiert wurde [53].

Im Hinterland von Kaiseraugst, etwa 11 bzw. 15 km vom Castrum entfernt, stand nordwestlich des im Mittelalter zur Stadt aufsteigenden Ortes Liestal (1189 *Lihstal*; mit Stadtkirche St. Martin) sowie nördlich des Dorfes Lausen (1275 *Langenso)* je ein römischer Gutshof (Abb. 18) [54]. Die gut bekannte Anlage in der heutigen Flur Munzach bei Liestal war etwa 300 x 170 m groß (Abb. 2). Auf einer Anhöhe westlich des Herrenhauses, etwa 70 m davon entfernt, fanden sich die Reste eines – wie man bisher vermutete – gallorömischen Vierecktempels, vielleicht aber eher die Reste eines Grabmals der Besitzer oder Pächter des Gutshofs, wie zwei 1765 daselbst entdeckte Grabsteine und eine dabei gefundene *Todten Urne von 2 Fuß im Diameter und rund wie ein Mörser* vermuten lassen [55]. Aus dem Areal des Gutshofs, von dem bisher erst der Plan und einige Kleinfunde publiziert sind, stammen u. a. Münzen des 4. Jahrhunderts; Vorberichte sprechen von Gebäuderesten aus karolingischer und mittelalterlicher Zeit [56]. Neben der ältesten ergrabenen Steinkirche St. Laurentius, deren Rechteckchor auf allen Seiten von den Mauern des erwähnten Tempels bzw. Grabmals umgeben ist und in deren Innerem – als Beigabe eines zerstörten Grabes – ein Bronzearmring des 6. Jahrhunderts zum

53) Ausgezeichnet jetzt J. PERCIVAL, The Roman Villa. An Historical Introduction (1976) bes. 166 ff., der die Aspekte römische/nachrömische Siedlungsstelle – Sakralbau – Bestattungsplatz gesamtheitlich und vorsichtig abwägend behandelt.

54) Liestal-Munzach: DRACK a. a. O. (wie Anm. 4) 53, 71 m. Abb. 4. DEGEN a. a. O. (wie Anm. 2). – Lausen-Bettenach: DEGEN a. a. O. (wie Anm. 2).

55) TH. STRÜBIN, Aus der Geschichte der Kirche von Munzach bei Liestal. Baselbieter Heimatb. 6 (1954) 250 ff.

56) DEGEN a. a. O. (wie Anm. 2). Jahrb. Schweiz. Ges. Urgesch. 56, 1971, 220; 58, 1974/75, 192.

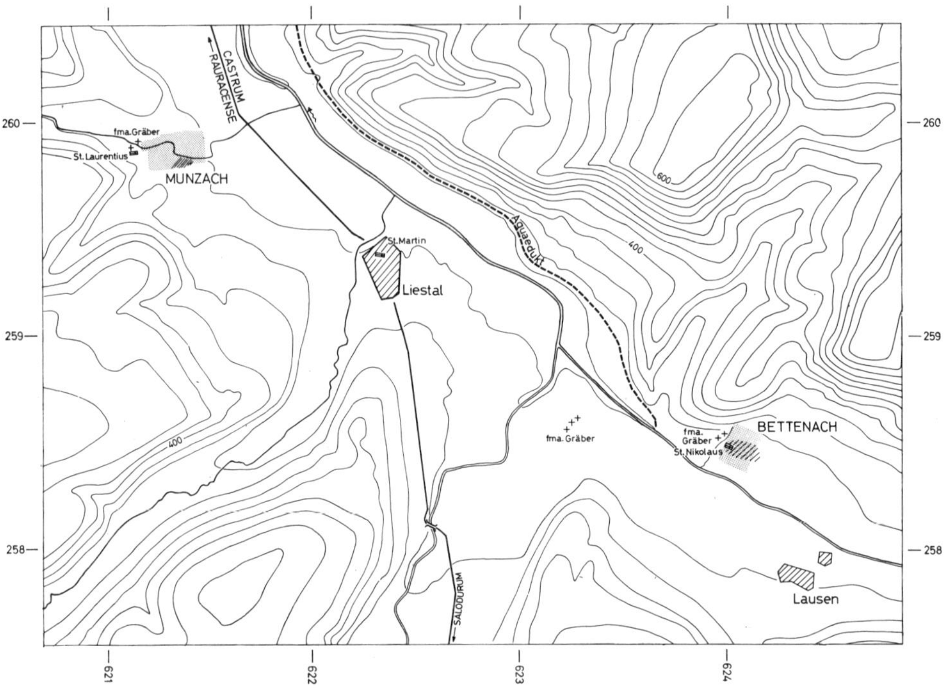

Abb. 18 Die römischen Gutshöfe (Punktraster) von Liestal-Munzach/BL und Lausen-Bettenach/BL und die in ihrem Areal liegenden Wüstungen (nur ungefähr eingetragene schraffierte Flächen). Vgl. Abb. 2 sowie Anm. 2.

Vorschein kam, lag als zugehörige Siedlung das Dörfchen Munzach (752 *Monzacha*, 825 *Munciacum*). Munzach wurde im unruhigen 15. Jahrhundert verlassen und zur Wüstung; seine Kirche wurde 1765 abgebrochen [57].

Vom Gutshof bei Lausen sind bis heute erst wenige Mauerzüge und einige Funde bekannt, darunter Argonnensigillata und ein Kamm des 4. Jahrhunderts sowie eine Münze Konstantins d. Gr. [58]. Eine älteste, dem 9. Jahrhundert zugewiesene Steinkirche orientierte sich noch nach den Achsen des römischen Gutshofs, wogegen ihre größeren Nachfolgerbauten sich gezwungenermaßen dem schwach abfallenden Gelände anpaßten [59]. Nördlich und östlich der Kirche lag mitten im Areal des Gutshofs das zugehörige Dorf, von dem zahlreiche Keramikfunde des 8./9. bis ins beginnende 13. Jahrhundert und anderes mehr zeugen [60]. Im Verlaufe des 13. Jahrhunderts wird das Dorf verlassen. Etwa 500 m weiter südöstlich entstand, am linken Ufer der Ergolz, das Dorf Lausen. Die alte,

57) Zu Kirche und Dorf Strübin a. a. O. (wie Anm. 55) und H. R. Heyer, Die Kunstdenkmäler des Kantons Basel-Landschaft 2: Der Bezirk Liestal (1974) 302 ff.

58) Jahrb. Schweiz. Ges. Urgesch. 47, 1958/59, 190; 54, 1968/69, 143; 58, 1974/75, 188. – Frühmittelalterliche Gräber: Jahrb. Schweiz. Ges. Urgesch. 48, 1960/61, 193 f.

59) Heyer a. a. O. (wie Anm. 57) 144 ff.

60) Fundbergungen des Verf., noch unveröffentlicht.

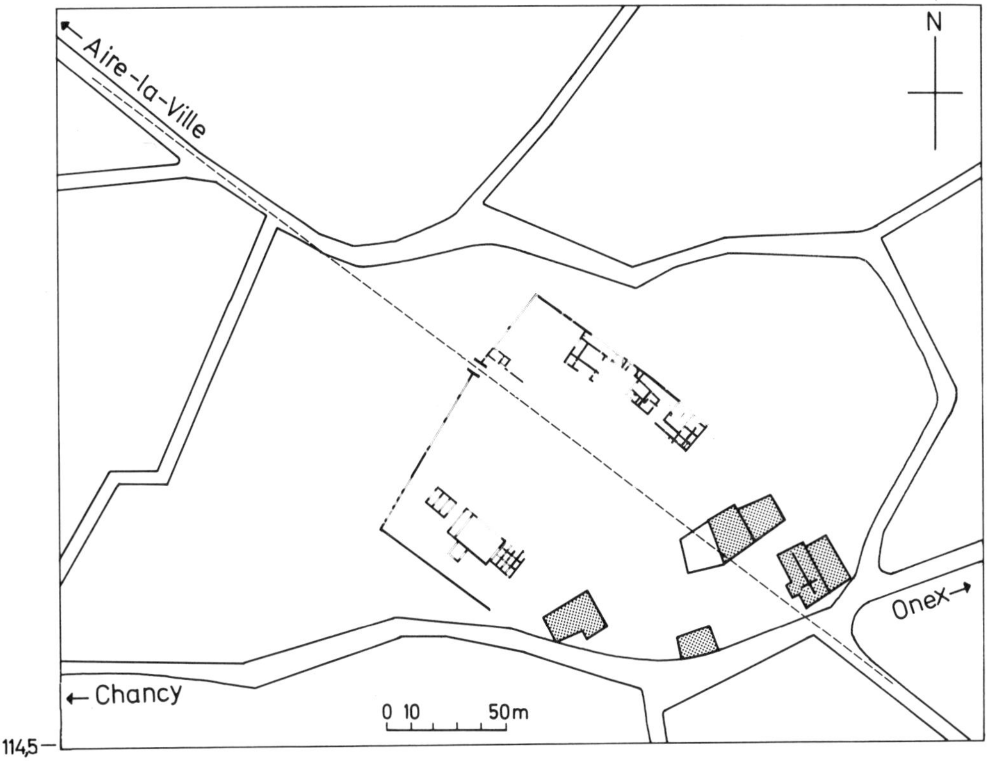

Abb. 19 Römischer Gutshof von Bernex/GE und Teile des heutigen Dorfes mit der alten Dorfkirche. M. 1:3000. Nach Paunier (wie Anm. 64). Vgl. Anm. 2.

dem St. Nikolaus geweihte Kirche blieb hier bestehen, doch gab ihre ungewöhnliche Lage abseits des Dorfes bezeichnenderweise Grund zu einer Sage [61]. Dank einer Urkunde aus dem Jahre 1329, in der *ein aker und ein matte vor dem Heidenloche an Bettenachvelde* [62], d. h. Landstücke beim oberen Ende des alten römischen Aquaedukts (Abb. 18) angeführt werden, ist uns mit großer Wahrscheinlichkeit auch der Name dieser nach 1200 abgegangenen Siedlung bei der Kirche, Bettenach, überliefert.

Daß nun wie in diesen beiden und in anderen, leider noch nicht so gut bekannten Fällen über römischen Gutshöfen liegende Dörfer mit Kirche im Verlaufe des Mittelalters aufgelassen und zu Wüstungen werden, ist aber keineswegs etwa die Regel. In Vicques (866 *Vicum*) im Delsberger Becken steht das heutige Dorf mit seiner Kirche auf dem nördlichen Ende des dort in den 1930er Jahren auf weite Partien aufgedeckten rö-

61) P. Suter u. E. Strübin, Baselbieter Sagen. Quellen u. Forsch. z. Gesch. u. Landeskde. Kt. Baselland 14 (1976) 93. – Ähnliche Sagen auch von anderen Orten, z. B. von Stüßlingen/SO: Baselbieter Heimatbl. 2, 1941–45, 263.

62) H. Boos, Urkundenbuch der Landschaft Basel 1 (1881) 232 (Nr. 287).

mischen Gutshofs [63]. Eine ähnlich enge Beziehung zwischen römischem Gutshof und jetziger, in der Regel nach Urkunden und alten Gebäuden seit dem Mittelalter, seltener seit dem Frühmittelalter bezeugter Siedlung findet sich in den Juratälern und am Jurasüdfuß entlang der Aare noch an vielen Orten, ist aber zur Zeit fast überall noch nicht so klar faßbar. Die Orte tragen Namen teils romanischer, teils aber auch germanischer Herkunft (s. u.).

Im westlichen Teil der alten Maxima Sequanorum sind derartige Überlagerungen noch häufiger: In Bernex/GE (Abb. 19) lag das ehemals kleine Dorf mit seinem westlichen Teil im Areal eines römischen Gutshofs, aus dem neuere Grabungen unter anderem Münzen des 4. Jahrhunderts und Keramik des 5. Jahrhunderts zutage gefördert haben [64]. Nur wenig neben der durch das Hoftor markierten Längsachse des Gutshofs, der nach Nordwesten die heutige Straße nach Aire-la-Ville folgt, liegt auf der anderen Seite die 1867 abgebrochene Vorgängerin der heutigen Dorfkirche, unter der der Ausgräber D. Paunier wohl zu Recht das Herrenhaus der römischen Anlage vermutet.

Noch besser sind, was die Überlagerung Herrenhaus–Kirche betrifft, die Verhältnisse in Commugny/VD bekannt (Abb. 20) [65]: Hier steht die dem 6./7. Jahrhundert zugewiesene erste faßbare Kirche derart in bzw. auf den Mauern des Villengebäudes, daß man annehmen darf, ein älterer Kirchenbau sei nur darum nicht faßbar, weil er – grob gesprochen – mit den römischen Räumen selbst (Halle als größter Raum nebst westlich anschließendem Korridor) identisch ist. Das heutige Dorf Commugny liegt westlich der Kirche im Areal des römischen Gutshofs.

Leider sind aus der Westschweiz erst wenige weitere Befunde ähnlicher Art bekannt, doch ist dies in erster Linie auf das Fehlen größerer Grabungen und publizierter Pläne bzw. Lageangaben zurückzuführen. Durchgeht man nämlich bisherige Zusammenstellungen römischer Siedlungsreste beispielsweise des Kantons Waadt, so wird sehr bald deutlich, daß sie mehrheitlich unter oder direkt neben den heutigen Orten liegen [66]. Ähnliches berichtet auch die sehr gründliche, aber ohne Pläne arbeitende ältere landeskundliche Forschung der Bourgogne [67]. In der Westschweiz und im benachbarten Ostfrankreich, wo eine kontinuierliche Weitersiedlung der *indigeni*, d. h. der Romanen ja außer Frage steht, dürften demnach die römischen Siedlungsstellen in großem Ausmaß auch nach 400 als frühmittelalterliche Siedlungen und Mittelpunkte der zugehörigen Fluren fortbestanden haben. Mögen selbst hier bei drohenden Gefahren im 3. bis ins 5. Jahrhundert Siedlungen temporär verlassen worden sein, so gab es doch im allgemeinen keine

63) Drack a. a. O. (wie Anm. 4) 53 m. Abb. 16,5. Jahrb. Schweiz. Ges. Urgesch. 28, 1936, 76; 30, 1938, 116.

64) D. Paunier, Helvetia Arch. 1, 1970, 12 ff.; 4, 1973, 12 ff. – Ders., Jahrb. Schweiz. Ges. Urgesch. 56, 1971, 139 ff. – Weitere Fundberichte: Jahrb. Schweiz. Ges. Urgesch. 58, 1974/75, 187; 59, 1976, 249 f.

65) Sennhauser a. a. O. (wie Anm. 51) 54 f. H. Chatelain, Helvetia Arch. 7, 1976, 39 ff.

66) Degen a. a. O. (wie Anm. 2) Katalog.

67) Vgl. demnächst Martin a. a. O. (wie Anm. 28).

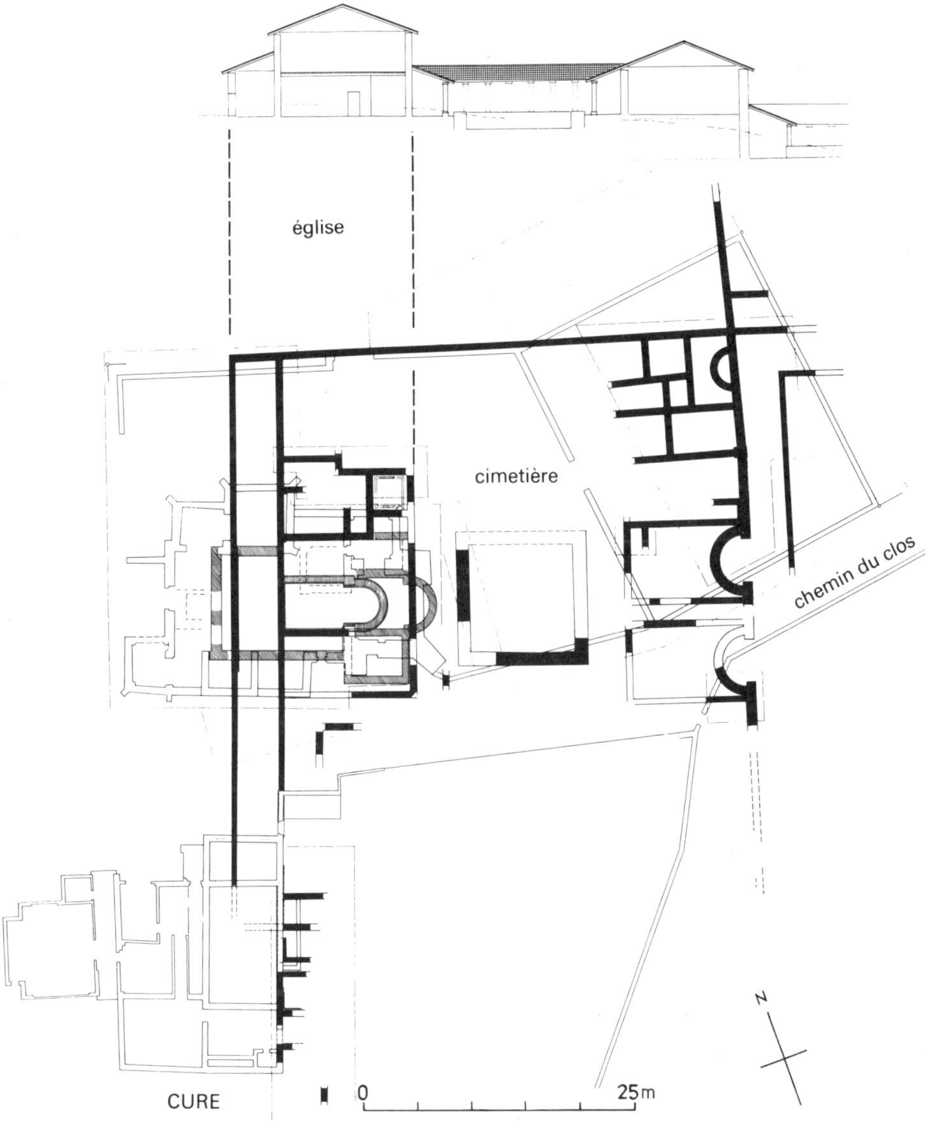

Abb. 20 Pfarrkirche (schraffierter Grundriß) von Commugny/VD im Herrenhaus eines römischen Gutshofs. Nach Châtelain (wie Anm. 65).

zwingenden Gründe, derartige, erst nach generationenlangen Unterbrüchen unbrauchbar und wüst werdende Siedlungsplätze aufzugeben. Trotzdem kennt man selbstverständlich auch in der Westschweiz römische Gutshöfe, die außerhalb und teilweise weitab von den heutigen Orten liegen. Dies scheint aber doch seltener vorzukommen als in der Nordwestschweiz, der wir uns wieder zuwenden wollen.

In unserem Untersuchungsgebiet finden sich römische Gutshöfe sowohl unter Ortschaften mit romanischem wie auch germanischem Namen, wie nachfolgende Tabelle zeigt:

Bestehende Orte über römischen Gutshöfen (ON = Ortsname):

ON romanisch	n = 35	38 %	(davon 3 Wüstungen)
ON -ingen	n = 9	10 %	
ON -villare	n = 15	16 %	
ON -inghofen	n = 6	10 % (zus. mit -stetten)	
ON -stetten	n = 3		
ON diverse, german.	n = 16	17 %	
ON -dorf/-court, Court-	n = 8	9 %	
	n = 92	100 %	

Daß römische Gutshöfe häufiger durch Siedlungen mit germanischen Namen (53 % bzw. einschließlich den -dorf/-court-Namen 62 %) als durch solche mit romanischem Namen (38 %) überlagert sind, überrascht angesichts der bedeutend größeren Zahl germanischer Namen keineswegs: Nicht selten wird ein zur Römerzeit als günstig erachteter Siedlungsplatz auch einem Siedlungs»gründer« germanischer, d. h. meist alamannischer Herkunft geeignet erschienen sein, insbesondere wo fließendes Wasser nicht durch Kunstbauten [68] hergeleitet werden mußte. Eine zweite Tabelle zeigt darum den Anteil der Überlagerungen an der Gesamtzahl der einzelnen Ortsnamengruppen:

Bestehende Orte (nur in jetzt deutschsprachigem Gebiet):

	Gesamtzahl:			über römischen Gutshöfen:		
ON romanisch, -acum	n = 30	n = 88	(15 %)	n = 16 (53 %)	n = 32	(36 %)
ON romanisch, übrige	n = 58			n = 16 (27 %)		
ON -ingen		n = 87	(15 %)		n = 9	(10 %)
ON -villare		n = >120	(>20 %)		n = 15	(<13 %)
ON -inghofen -stetten -dorf/-court verschiedene		n = >300	(>50 %)		n = 30	(<10 %)
		n = >600	(100 %)		n = 86	(<15 %)

68) Dazu Drack a. a. O. (wie Anm. 4) 64, 71 (Lit.).

Daß von den in unserem Untersuchungsgebiet bisher bekannten rund 350 römischen Gutshöfen (Abb. 1) nur 86, d. h. ein knappes Viertel durch heutige Siedlungen überlagert werden, zeigt mit aller Deutlichkeit, wie sehr sich das Siedlungsbild des frühen Mittelalters gegenüber dem römerzeitlichen veränderte und sich von ihm unterschied. Neue Funde und Ausgrabungen mögen die genannten Zahlen verändern, nicht aber die Zahlenverhältnisse, auf die es hier vor allem ankommt.

Ortschaften mit romanischem Namen liegen etwa dreimal so oft wie andere über römischen Gutshöfen. Dies muß auf einer engeren Beziehung beruhen. Wie bereits gesagt, kann die Lage der Kirche hierin keinen entscheidenden Einfluß gehabt haben. Von allen anderen Orten des Untersuchungsgebiets liegt nur etwa jeder zehnte über einem römischen Gutshof.

Von besonderer Bedeutung ist die Tatsache, daß bei den »romanischen« Orten über römischem Gutshof jene mit Namenende auf ein altes -acum überwiegen [69]. Sie liegen doppelt so oft (53 %) wie die restlichen »romanischen« Orte (27 %) über einer römischen Siedlungsstelle. Namen der Endung -acum waren in römischer Zeit die typischste Bezeichnung der Landgüter [70]. Ihre ursprüngliche vollständige Form lautete etwa im Falle von Munzach (Abb. 2) *fundus Monciacus bzw. *praedium Monciacum, aus dem dann abgekürzt Monciacum (825 Monciaco, 1339 Munzach) hervorging. Die 16 über römischem Gutshof gelegenen Siedlungen vom Typ Munzach sind mit großer Wahrscheinlichkeit von der römischen Zeit an bis heute bzw. bis zu ihrer Wüstwerdung kontinuierlich bewohnt worden; kurzfristige Siedlungsunterbrüche von bis zu einigen Jahrzehnten dürfen selbst für diese Plätze nicht ausgeschlossen werden, doch müßte dann eine Wiederbesiedlung von der romanischen Bevölkerung ausgegangen sein. Dem Typ Munzach entsprechen in der Westschweiz die dort viel häufiger vorkommenden Siedlungen vom Typ Bernex (Abb. 19).

Weitere 16 Siedlungen über römischem Gutshof, deren Namen entweder vorrömisch sind oder dann auf lateinische Flur- und Stellenbezeichnungen zurückgehen, könnten ihre Existenz derselben Kontinuität wie die der ersten Gruppe verdanken, zum Teil jedoch auch erst durch romanischen Landausbau im 6./7. Jahrhundert (?) oder in späterer Zeit entstanden sein. Wohl nicht ohne Grund liegt diese zweite Gruppe – bei gleichem Forschungsstand – nur noch halb so oft über einem römischen Gutshof wie die erste.

Nicht vergessen werden darf auch, daß von archäologischer Seite noch offen bleibt, wie die 56 Orte romanischen Namens, unter denen (zur Zeit noch) keine römerzeitlichen Siedlungsreste bekannt sind, erklärt werden müssen.

Selbst beim jetzigen noch unbefriedigenden Forschungsstand dürfte es kaum Zufall sein, wenn die Gruppe der -villare-Orte etwas häufiger als -ingen-Orte – und dies trotz jüngerer Entstehung – und auch häufiger als zeitgleiche Ausbausiedlungen anderen Na-

69) Vgl. dazu und zum folgenden MARTIN a. a. O. (wie Anm. 1).
70) PERCIVAL a. a. O. (wie Anm. 53) 31 ff.

mens über römischen Siedlungsplätzen liegen. Von den sechs -villare-Siedlungen, die zwischen Wigger und Reuss an römische Siedlungen anknüpfen, sind drei mit Martinskirchen bzw. -kapellen ausgestattet. Die beidseits der Sprachgrenze häufigen Ortsnamen mit der Endung -villare, deren älteste urkundliche Belege dem frühen 7. Jahrhundert angehören, sind Modenamen des fränkischen Reiches, wo sie auch entstanden sein müssen [71]. Der durch sie bezeugte Landausbau dürfte anders oder doch weit mehr als der durch -ingen-Orte belegte Siedlungsvorgang nach reichsfränkischem Vorbild erfolgt sein. Aufgrund der zur Zeit bekannten Grabfunde in Kirchen und Feldfriedhöfen muß dieser Landausbau auch in unserem Gebiet, dem frühesten urkundlichen Nachweis des Ortsnamentyps etwa entsprechend, bereits im mittleren Drittel des 7. Jahrhunderts, vereinzelt vielleicht ein wenig früher begonnen haben. Wie der Unterschied in der Verbreitung der Ortsnamen romanischer Herkunft (Abb. 15) und der der -villare-Orte zeigt, sind diese Ausbauorte in der Regel in Tälern gegründet und über römerzeitlichen Siedlungsstellen angelegt worden, die seit spätrömischer Zeit verlassen waren oder nur noch äußerst spärlich bewohnt gewesen sein können [72].

Zusammenfassend läßt sich, mit aller Vorsicht, zur spätrömisch-frühmittelalterlichen Besiedlungsgeschichte unseres Untersuchungsgebiets folgendes festhalten: Nach einem Vergleich zwischen den Abb. 1 und 4 dürften sich die etwa 350 ländlichen Siedlungsstellen des 1. bis 3. Jahrhunderts im Verlaufe des späten 3. und des 4. Jahrhunderts – in einem kleiner werdenden Areal – auf grob geschätzt höchstens 150 reduziert haben. Von diesen Plätzen kann laut Aussage des namenkundlichen Materials etwa ein Fünftel einigermaßen kontinuierlich bis ins frühe Mittelalter bzw. bis heute besiedelt gewesen sein.

Auch wenn diese Schätzungen noch vage sind und weitere prinzipielle Gesichtspunkte wegen der noch ausstehenden Edition des gesamten frühmittelalterlichen Fundstoffs noch nicht diskutiert werden können, wird doch etwas deutlicher als bisher faßbar, wie stark selbst in diesem im Westen an romanisch besiedelte Landschaften und an die heutige deutsch-französische Sprachgrenze anstoßenden Gebiet das römerzeitliche Siedlungsbild im Laufe des 3. bis 7. Jahrhunderts verändert worden ist.

71) V. Bruppacher, Vox Romanica 20, 1961, 138 ff.

72) Vgl. Martin a. a. O. (wie Anm. 1). – Die aus der Ostschweiz und aus Süddeutschland bekannten Überlagerungen – zu letzteren vgl. etwa Wais a. a. O. (wie Anm. 50) – dürften wie unsere -villare-Orte über römischem Gutshof wohl durchwegs solchem Wiederanknüpfen an verlassene römerzeitliche Plätze ihre Entstehung verdanken.

Die romanische Trachtprovinz Nordburgund im 6. und 7. Jahrhundert

VON JOACHIM WERNER

In der Erforschung der frühmittelalterlichen Bodenfunde auf dem Territorium des fränkischen Reichsteils Burgund ist zu Beginn dieses Jahrzehnts eine entscheidende Wende eingetreten, jedenfalls soweit es den Anteil der welschen Schweiz betrifft. Von den laufenden Untersuchungen in St. Maurice [1] abgesehen, sind erstmals mit modernen Methoden und systematisch große Friedhöfe untersucht worden, deren archäologische und anthropologische Analysen zwar noch ausstehen, die aber wichtige Ergebnisse für die Bevölkerungsgeschichte und Siedlungsgeschichte versprechen. Ich nenne den offenbar vom 4. Jahrhundert bis ins 7. Jahrhundert kontinuierlich belegten Friedhof von Sézegnin, Gemeinde Avusy, Kt. Genf, direkt an der französichen Grenze, mit 280 Gräbern und – besonders interessant – einer zugehörigen Siedlung, bisher bekannt durch einen Vorbericht von Charles Bonnet und Béatrice Privati von 1975 [2]. Vor allem aber sind es die Untersuchungen, die Frau Dr. Hanni Schwab, Kantonsarchäologin des Kt. Freiburg, seit 1974 mit Energie und großem Erfolg in Riaz/Tronche-Bélon [3] (430 Gräber) und in kleineren Friedhöfen dieses Kantons durchführte [4]. Auch hierüber gibt es bereits Vorberichte. Wenn die neuen Materialien erst einmal ediert und kommentiert sein werden, werden sich auch die alten, in den letzten hundert Jahren unsystematisch geborgenen Funde sehr viel besser auswerten lassen, und es wird dann im Zusammenhang mit provinzialrömischer Archäologie und Orts- und Flurnamenkunde eine frühmittelalterliche Siedlungsgeschichte der Westschweiz geschrieben werden können. In den westlich angrenzenden französischen Gebieten zeichnet sich ein entsprechender neuer Forschungsansatz leider noch nicht ab. Einen gewissen Abschluß des älteren Forschungsstadiums, in

1) P. Eggenberger, W. Stöckli, Ch. Jörg, La découverte en l'Abbaye de Saint-Maurice d'une épitaphe dédiée au moine Rusticus. Helvetia Arch. 6, 1975, 22–32.

2) Ch. Bonnet u. B. Privati, Nécropole et établissement barbares de Sézegnin. Helvetia Arch. 6, 1975, 98–114.

3) Vorberichte: H. Schwab, Jahrb. Schweiz. Ges. Urgesch. 58, 1974/75, 167–176 und H. Spycher, Mitteilungsblatt SGUF 7, 1976 (Heft 1), 35–47.

4) Ried-Mühlehölzli bei Kerzers (mit 99 Gräbern vollständig ausgegraben) vgl. H. Spycher a. a. O. 48–54. Ferner nach freundlichen Angaben von H. Schwab: Vuippens/La Palaz (mit 179 Gräbern, dabei sehr vielen Doppel- und Mehrfachbestattungen, vollständig freigelegt), Galmiz/Gassenfeld (22 Gräber) und St. Ursen/Schürmatte teiluntersucht.

dem mangels moderner Grabungen zwangsläufig die Auswertung einzelner, aussagefähiger Typen des Trachtzubehörs usw. im Vordergrund stand, bildet das Résumé von 1976 über die spärlichen archäologischen Spuren der 443 in der Sapaudia angesiedelten und nach wenigen Generationen romanisierten Burgunder von Max Martin [5]. Im Anschluß an die Arbeit von Rudolf Moosbrugger-Leu über die frühmittelalterlichen Gürtelbeschläge der Schweiz (1967) hat dann Max Martin in einem grundlegenden Aufsatz in der Zeitschrift für schweizerische Archäologie und Kunstgeschichte von 1971 die merowingerzeitlichen Gürtelbeschläge der Westschweiz neu analysiert [6]. Seine Untersuchungen konnte ich in der Veröffentlichung über die Grabfunde von St. Ulrich und Afra in Augsburg (1977) weiterführen [7], worüber ich hier berichten möchte. Ich hatte diesen Bericht bereits im Vorjahr konzipiert, um ihn sowohl auf dieser Tagung wie vor einem ganz anderen Hörerkreis beim 9. internationalen Prähistoriker-Kongreß in Nizza im September 1976 vorzutragen. In Nizza ist er im Prétirage des Colloque XXX kongreßintern abgedruckt worden [8].

M. Martin hat zunächst einmal für die großen eisernen, an breiten Gürteln fixierten Schnallen des 7. Jahrhunderts mit silbertauschierten oder plattierten rechteckigen Beschlägen vom sogenannten Typus B nach der Klassifizierung von H. Zeiss [9] (Abb. 1) gravierte Vorläufer des 6. Jahrhunderts nachweisen können (Abb. 2). Er hat ferner mit Recht für die Schnallenform als solche mediterranen Ursprung angenommen. Vor allem aber konnte er sicherstellen, daß diese fast immer ohne Beifunde in den Gräbern auftretenden Eisenschnallen mit sogenannten B-Beschlägen zur weiblichen Gürteltracht gehörten [10]. Auch die Masse der aus Bronze oder Messing gegossenen, langrechteckigen Gürtelschnallen des 6. Jahrhunderts aus der Westschweiz (Greifenschnallen, Danielschnallen, Adorantenschnallen usw.) möchte Martin der Frauentracht zurechnen, mit Ausnahme der von Geistlichen getragenen Exemplare [11]. Da die letztere Beobachtung nach meinen

5) M. Martin, Die Ansiedlung der Burgunder in der Sapaudia. Mitteilungsblatt SGUF 7, 1976 (Heft 2). 17. – In diesem Band S. 428 f.

6) M. Martin, Bemerkungen zu den frühmittelalterlichen Gürtelbeschlägen der Westschweiz. Zeitschr. Schweiz. Arch. u. Kunstgesch. (ZSAK) 28, 1971, 29–58.

7) Die Ausgrabungen in St. Ulrich und Afra in Augsburg 1961–1968, hrsg. von J. Werner. Münchner Beitr. z. Vor- u. Frühgesch. 23 (1977) (im folgenden zitiert: Werner, St. Ulrich u. Afra) 321–337. Hier ausführliche Behandlung mit allen Nachweisen und Fundlisten. Fast alle in diesem Bericht wiedergegebenen Abbildungen und Karten sind der Augsburg-Publikation entnommen.

8) 9. Congrès Union Internat. des Sciences Préhist. et Protohist. (UISPP) Colloque XXX: Les relations entre l'empire romain tardif, l'empire franc et ses voisins (Prétirage Nice 13.–18. 9. 1976) 228–244.

9) H. Zeiss, Studien zu den Grabfunden aus dem Burgunderreich an der Rhône. Sitzungsber. Bayer. Akad. d. Wiss. Phil.-Hist. Abt. 1938 (Heft 7) 39 ff.

10) M. Martin a. a. O. 1971, 33.

11) M. Martin a. a. O. 1971, 42 mit Verweis auf die Knochenschnallen mit rechteckigem Beschläg, die Caesarius-Schnalle von Arles und die Bronzeschnalle von Saint-Quentin.

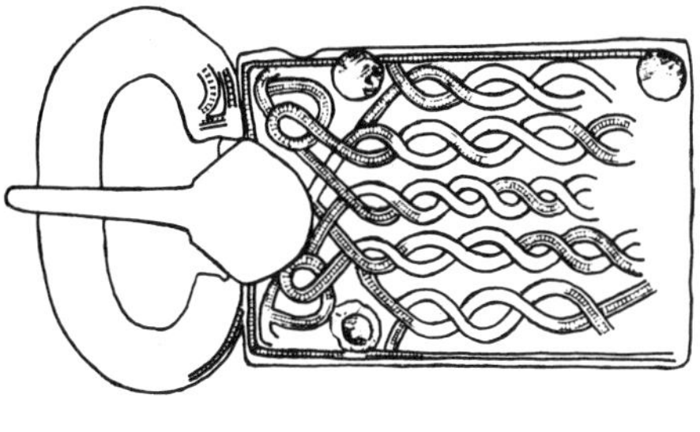

Abb. 1 Silbertauschierte Eisenschnalle mit B-Beschläg von Pieterlen, Kt. Bern. 1:3. Nach O. Tschumi (1945).

Abb. 2 Gravierte Eisenschnalle mit B-Beschläg von Lausanne-Bel-Air. 1:2. Nach M. Martin (1971).

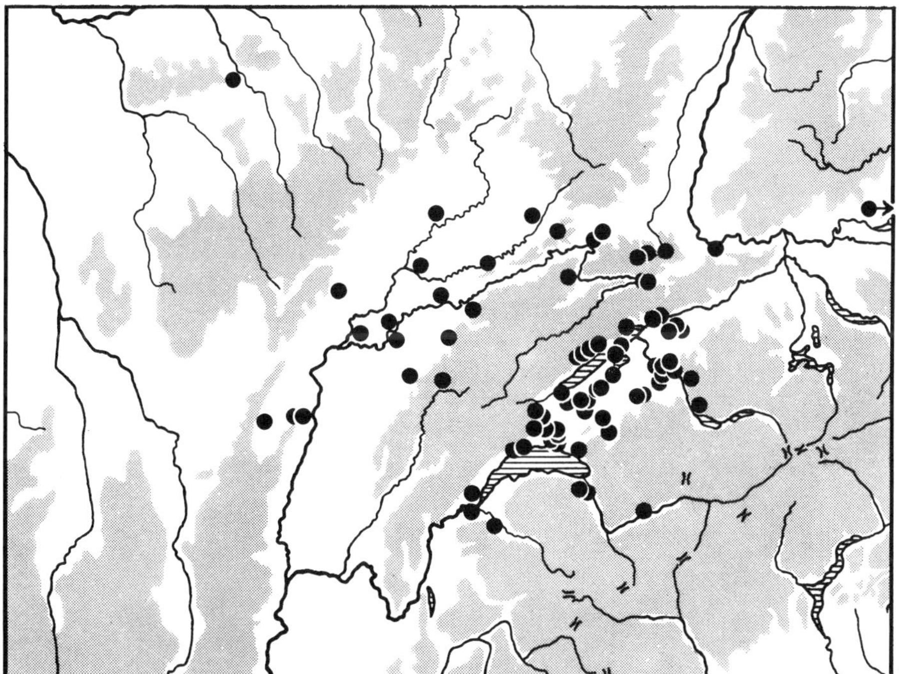

Abb. 3 Verbreitung der tauschierten B-Beschläge des 7. Jahrhunderts. Nach M. Martin (1971).

Abb. 4 Bronzene Greifenschnalle aus Testona. 1:1.

eigenen Untersuchungen sicher zutrifft, liegt eine Übereinstimmung zwischen breiten Frauengürteln und breiten Klerikergürteln vor, die sich nach Gewicht und Vernietung der B-Beschläge auch auf das Material der Gürtel, nämlich Leder, erstreckt haben muß [12], wobei die Breite der Gürtel zwischen 5 cm und 7,5 cm schwankte. Zu seiner Kartierung der tauschierten B-Beschläge des 7. Jahrhunderts (Abb. 3) bemerkte M. Martin im Jahr 1971 [13]: »Die Gesamtverbreitung der tauschierten B-Beschläge (Abb. 3) überrascht durch ihre Geschlossenheit, da andere Gürtelformen des Frühmittelalters bedeutend weiter streuen. Die Funde konzentrieren sich auf die Westschweiz und die Einzugsgebiete von Saône und Doubs, wobei die dünner besiedelten Juralandschaften nur vereinzelte Funde geliefert haben. Auf die gleichen Gebiete beschränken sich auch die untauschierten Gürtelplatten dieser Form, die viel zahlreicher sind, als die Publikationen vermuten lassen. Nur wenige tauschierte Stücke liegen außerhalb der geschlossenen Fundregion, in Isle-Aumont (Dép. Aube), in Kaiseraugst (Kanton Aargau) und in Bad Reichenhall (Bayern). Als Trachtbestandteile sind sie nicht durch Export, sondern mit ihren Trägerinnen dorthin gelangt. Außerdem war in den Landschaften, die im Nordwesten, Norden und Osten an den in Abb. 3 dargestellten Trachtenkreis angrenzen, nach Ausweis der dortigen Frauengräber eine andere Gürteltracht üblich, welche das B-Beschläg nicht kannte. Nach diesen Seiten hin liegen also echte Grenzen vor, nicht jedoch gegen Süden und Westen. Schon am Unterlauf der Saône und an der Bresse sind frühmittelalterliche Grabfunde mit Beigaben sehr selten, da hier und weiter südlich die Beigabensitte in spätrömischer Zeit für immer erlosch. Die echten Grenzen decken sich im Norden und Osten etwa mit jenen des damaligen fränkischen Teilreichs Burgund.«

12) Lederreste sind bisher in Gräbern mit B-Beschlägen noch nicht nachgewiesen worden. Zur anders geformten, schweren Gürtelgarnitur des Arnegundis-Grabes in St. Denis gehörte ein 6,5 cm breiter Ledergurt. Vgl. Germania 40, 1962, 347 Taf. 37,2.

13) M. MARTIN a. a. O. 1971, 33 f.

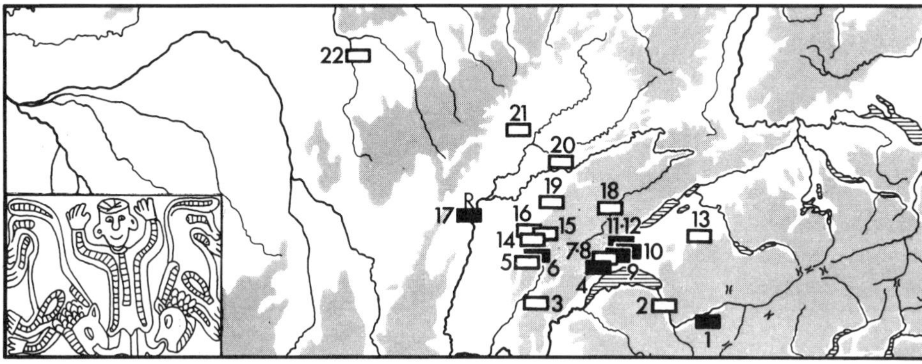

Abb. 5 Verbreitung der Schnallen mit Daniel, dem ein Löwenpaar die Füße leckt.

Abb. 6 Verbreitung der Schnallen vom Typ Barésia/Lussy (K = Knochen).

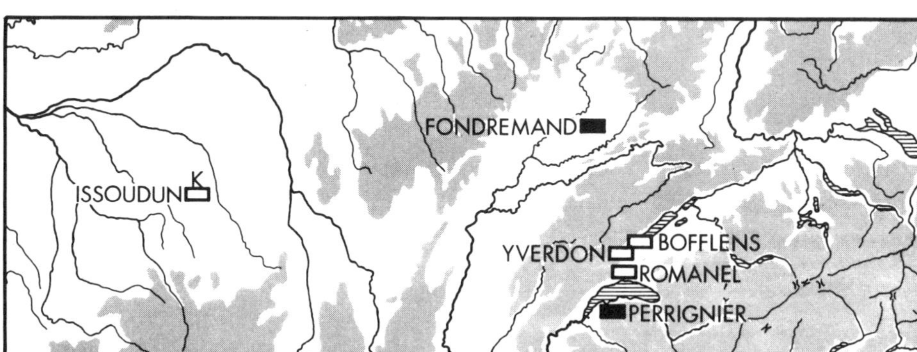

Abb. 7 Verbreitung der Schnallen vom Typ Fondremand (K = Knochen).

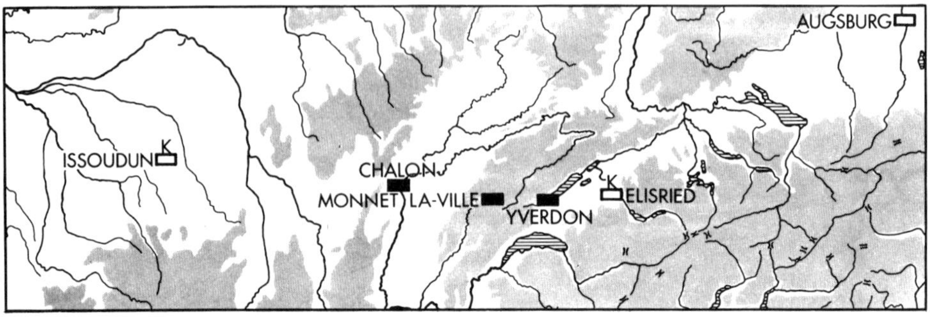

Abb. 8 Verbreitung der verschließbaren Reliquiarschnallen (K = Knochen).

Im Anschluß an diese sehr richtigen Feststellungen wäre zu betonen, daß der in der Verbreitung der B-Beschläge zum Ausdruck kommende »Trachtenkreis« die Zusammengehörigkeit der Gebiete zu beiden Seiten des Jura im 6. und 7. Jahrhundert widerspiegelt, ein Faktum, das durch die gleichartige Streuung der Bronzeschnallentypen des 6. Jahrhunderts bestätigt wird. Bereits die Greifenschnallen (Abb. 4) zeigen eine deutliche Konzentration in Nordburgund und streuen sonst nur locker über das gesamte Verbreitungsgebiet der Beigaben führenden Reihengräberfelder zwischen Loire und Rhein. Nach Beifunden gehörten sie zur Frauentracht, nach anthropologischen Bestimmungen sowohl zur Frauen- wie zur Männertracht [14]. Ganz eindeutig nordburgundische Typen sind die Schnallen mit Daniel, dem ein Löwenpaar die Füße leckt (Abb. 5), die Schnallen vom Typ Barésia/Lussy (Kühns »Beterschnallen«: Abb. 6), die Schnallen vom Typ Fondremand (Abb. 7 u. 11) und die zu Klerikergürteln gehörigen verschließbaren Reliquiarschnallen (Abb. 8–9). Die Schnallen mit sogenanntem »Vasen-Daniel« (Taf. 33,1) sind bisher nur aus der Westschweiz belegt. Dank den anthropologischen Bestimmungen in dem von H. Schwab seit 1974 aufgedeckten Gräberfeld Riaz/Tronche-Bélon (Kt. Freiburg) lassen sich eine Schnalle mit »Vasen-Daniel« in Grab 8 (Taf. 33,1) und eine sogenannte »Beter-Schnalle« im Grab 127 weiblichen Bestattungen (Sterbealter 60 bzw. 45/50 Jahre) zuweisen, Angaben, die ich H. Schwab verdanke. Im Gegensatz zu den Greifenschnallen und den Schnallen mit »Vasen-Daniel«, deren Datierung ins 6. Jahrhundert V. Bierbrauer stilistisch festlegen konnte [15], im Gegensatz aber auch zu den tauschierten B-Beschlägen des 7. Jahrhunderts gibt es bei allen übrigen Schnallengruppen Stücke mit lateinischen Inschriften, die auf den Verbreitungskarten (Abb. 5–8) durch gefüllte Signaturen gekennzeichnet sind. Formal und auf Grund der christlichen Bildmotive hängen alle diese Schnallen mit den Knochenschnallen des Rhônegebietes zusammen (vgl. Abb. 10),

14) In Lussy (Kt. Freiburg) und in Molsheim (Bas-Rhin) mit Perlen und Goldscheibenfibeln, in Altenerding Grab 245 Frau, in Riaz/Tronche-Bélon (Kt. Freiburg) Grab 120/1975 Mann (Mitt. H. Schwab).

15) V. Bierbrauer, Zeitschr. Schweiz. Arch. u. Kunstgesch. 31, 1974, 196 mit Abb. 2.

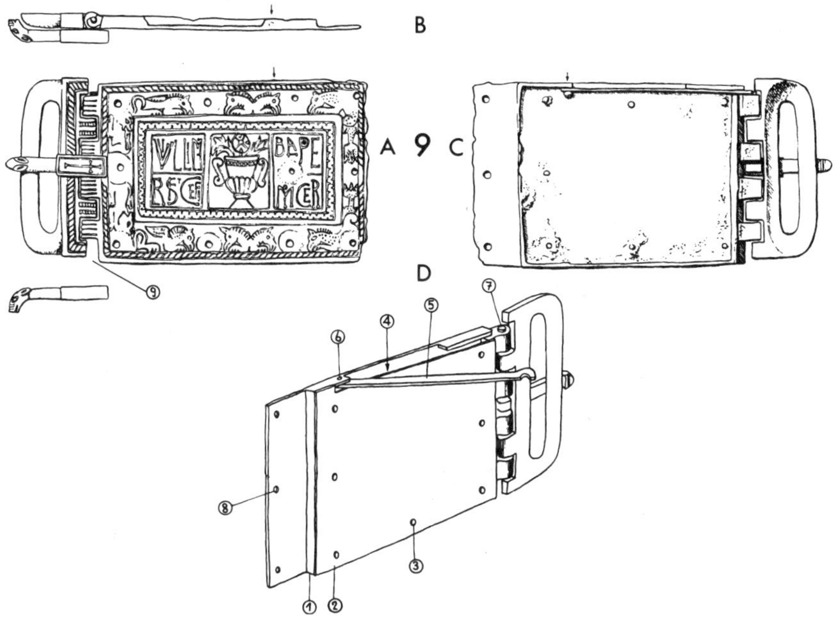

Abb. 9 Bronzene Reliquiarschnalle von Yverdon. 1:3. Nach Moosbrugger-Leu (1967).

die wiederum in der Deszendenz der elfenbeinernen Caesarius-Schnalle von Arles stehen (vor 542) [16]. Ohne die tauschierten eisernen B-Beschläge als echtem Trachtzubehör hätte man bei den besprochenen Bronzeschnallen wohl auch von »Absatzgebieten« gewisser Werkstättenkreise oder Wanderhandwerker sprechen können. Der Trachtenkreis am Oberlauf von Saône und Doubs und in der französischen Schweiz ist, wie lateinische Inschriften auf den Bronzeschnallen zeigen werden, der überwiegend romanischen Bevölkerung in diesen zum fränkischen Teilreich Burgund gehörenden Landschaften zuzuweisen. Es empfiehlt sich daher, den ganzen Raum ohne Rücksicht auf die moderne schweizerisch-französische Grenze als eine Einheit zu sehen, durch den Jura verbunden und nicht getrennt, was sowohl für archäologische wie für historische Fragestellungen zu berücksichtigen ist (vgl. Abb. 3 und 13).

Die Problematik, die mit der Südgrenze des Trachtenkreises der tauschierten B-Beschläge verbunden ist, gilt natürlich ebenso für die Bronzeschnallen mit christlichen Motiven im weiten Sinne, für die Reliquiarschnallen und für die Knochenschnallen. Die Caesariusschnalle von Arles war keine Grabbeigabe und die Knochenschnalle von Candau bei Avignon (Abb. 10) [17] ist an der unteren Rhône als Grabfund eine Ausnahme von der Regel. Bei den figürlich verzierten Bronzeschnallen (Greifenschnallen usw.) vermutete H. Zeiss eine Herkunft aus Werkstätten, die in den städtischen Zentren an der

16) Hierzu auführlich Werner, St. Ulrich u. Afra, 287–298.
17) Werner, St. Ulrich u. Afra, 289 mit Abb. 7.

Abb. 10 Knochenschnalle von Candau, Arr. Nîmes. 3:4.

Rhône tätig gewesen seien (Lyon, Genf usw.)[18]. Für eine solche Annahme gibt es aber bisher keine Anhaltspunkte. Da bei den tauschierten B-Beschlägen nie bezweifelt wurde, daß sie als Trachtzubehör für eine ländliche Bevölkerung innerhalb ihres Verbreitungsgebietes hergestellt wurden, ist dies für die Bronzeschnallen mit gleicher Verbreitung ebenfalls recht wahrscheinlich. Wären alle diese Schnallen, vergleichbar den tauschierten B-Beschlägen, stumme Zeugnisse einer »Volkskunst« des 6. und 7. Jahrhunderts, so würde man sich mit einer solchen Arbeitshypothese begnügen müssen, denn »Werkstätten« für Metallarbeiten sind bisher nicht entdeckt worden und direkte Zeugnisse über die Organisation des Handwerks, das für Bronzeschnallen und B-Beschläge in diesen Gebieten zuständig war, gibt es ebenfalls nicht.

Für die Reliquiarschnallen, die von Klerikern getragen wurden, könnte man zunächst vermuten, daß sie von ihren Besitzern an jenen Wallfahrtsorten erworben wurden, von denen ihr Inhalt an Phylakterien und Berührungsreliquien herstammt. Daß Geistliche, welche ihr Leben lang den Klerikergürtel mit Reliquiarschnalle trugen, ihre Gürtel an einem Wallfahrtsort erworben haben sollten, ist allerdings mehr als unwahrscheinlich. Eher ist daran zu denken, daß sie den Gürtel, der ein Bestandteil ihres geistlichen »Ornats« war, an einem Bischofssitz oder in einem Kloster erhielten, möglicherweise anläßlich ihrer Priesterweihe. Die Phylakterien wurden dann erst im Laufe der Zeit auf Pilgerfahrten gesammelt. Über Spekulationen kommt man bei diesen Überlegungen natürlich nicht hinaus, allenfalls kann man den Erwerb der Gürtel mit Reliquiarschnallen an Wallfahrtsorten als sehr unwahrscheinlich bezeichnen.

So bleibt als einzige Möglichkeit, in dieser Frage weiterzukommen, die Interpretation der Inschriften, die auf Reliquiarschnallen und anderen Bronzeschnallen im fränkischen Teilreich Burgund vorkommen.

Es gibt bisher, wenn man von der Beinschnalle von Candau bei Avignon (Abb. 10) absieht, im fränkischen Teilreich Burgund 22 bronzene Gürtelschnallen mit lateinischen

18) H. Zeiss (vgl. Anm. 9) 58 f.

Abb. 11 Bronzeschnalle von Fondremand, Arr. Vezoul. 4:5.

Abb. 12 Bronzeschnalle von Saint-Marcel-en-Tarentaise. 1:2.

Inschriften[19]. Ihre Verbreitung (Abb. 13) entspricht der Verbreitung der B-Beschläge (Abb. 3) und deckt sich mit dem »Trachtenkreis« zu beiden Seiten des Jura. Hieraus folgt, daß die romanische Bevölkerung dieses Raumes zumindest im 6. Jahrhundert noch an jener epigraphischen Latinität Anteil hatte, die sich weiter südlich, von Aoste (Dép. Isère) an der Rhône über Lyon, Valence, Avignon bis Arles, allein durch Inschriften auf Grabsteinen manifestierte (Abb. 14)[20]. Es kann nicht Aufgabe meines Referates sein, diese 22 lateinischen Inschriften epigraphisch, sprachgeschichtlich und namenkundlich auszuwerten. Nur die Frage nach Hersteller und Besitzer der betreffenden Schnallen bzw. Gürtel soll hier kurz behandelt werden.

Bei den Reliqiarschnallen[21] gibt es Inschriften auf den Exemplaren von Monnet-la-Ville (Abb. 15), Yverdon (Abb. 9) und Chalon-sur-Saône. Ihnen wird als

19) Ausführliche Behandlung WERNER, St. Ulrich u. Afra, 323–337.

20) J. HEIDRICH, Südgallische Inschriften des 5.–7. Jahrhunderts als historische Quellen. Rheinische Vierteljahresbl. 32, 1968, 167 ff. Karte S. 175.

21) Alle Angaben zu den hier besprochenen Reliquiarschnallen WERNER, St. Ulrich u. Afra, 301–311 u. 324–328. – Zum Namen des Diakons Deenatus auf der Schnalle von St. Maur die folgende Mitteilung von W. Ehlers vom Thesaurus Ling. Lat., für die ich sehr zu danken habe: »Erstaunlicherweise findet sich der Name Deonatus weder im gedruckten Thesaurus (Onom. III) noch in den Nachträgen, und Dee – statt Deo- scheint auch in anderen Zusammensetzungen bisher überhaupt nicht belegt zu sein. Zweifel an der Lesung sind gewiß unangebracht, zumal die Wortbildung selbst kaum einen Anstoß bietet (vgl. Theogenes u. ä.).«

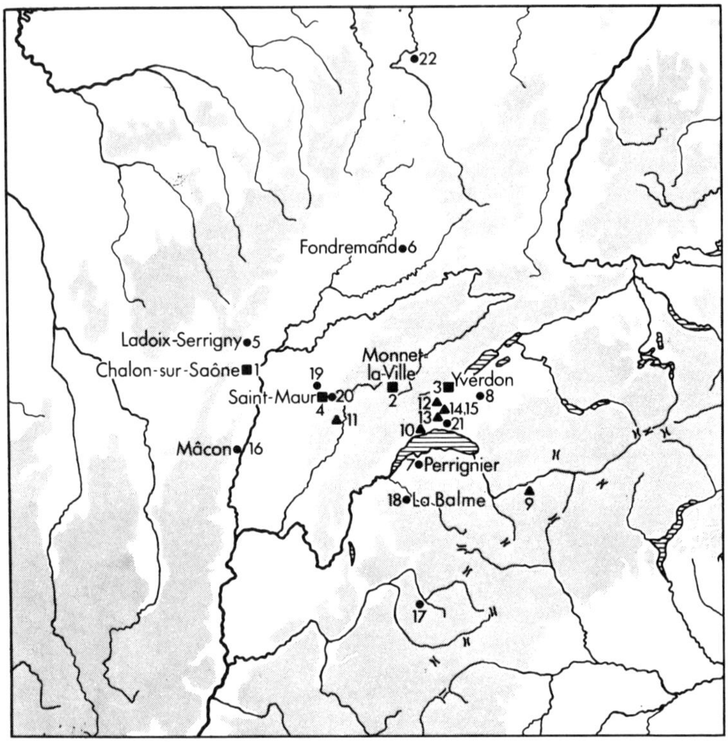

Abb. 13 Verbreitung der Bronzeschnallen mit lateinischen Inschriften. Quadrate: Reliquiarschnallen; Dreiecke: Danielschnallen.

mögliche Reliquiarschnalle ein Stück von St. Maur bei Lons-le-Saunier zugerechnet. Die Inschrift von Chalon DANFE PROFETA/ABBACV PROFETA erläutert die Darstellung des Propheten Daniel und seines Gehilfen Habakuk im Bildfeld der Beschlägplatte. Auf der Schnalle von Yverdon ist nur der (burgundische) Personenname Willimer sicher zu lesen, die ganze Inschrift ist bisher nicht entziffert. Bei der Schnalle von St. Maur mit dem Danielmotiv ist auf dem gegossenen Beschläg eingraviert DE ENATVS DEACONVS VIVAT . . . /DEO IM PACE ANNVS CEN (der Diakon Deenatus möge im Frieden Gottes hundert Jahre leben) [21]. Der Besitzer der Schnalle war folglich ein Kleriker, die Inschrift wurde ad personam für den Diakon eingraviert. Auch auf der Reliquiarschnalle von Monnet-la-Ville (Abb. 15) werden in Gravur sowohl der Besitzer wie der Hersteller genannt: TONANCIVS VIVA(T)/Q MAXO M/EQ FECIT OPDIME/FECI Q FACIO/Q ([der Besitzer] Tonancius möge leben, Maxo hat mich [die Schnalle] sehr gut gemacht. Ich habe hergestellt, ich stelle her). Beide Personennamen sind romanisch. Tonancius, ein jüngerer Mann, der im Grab 20 des Friedhofs

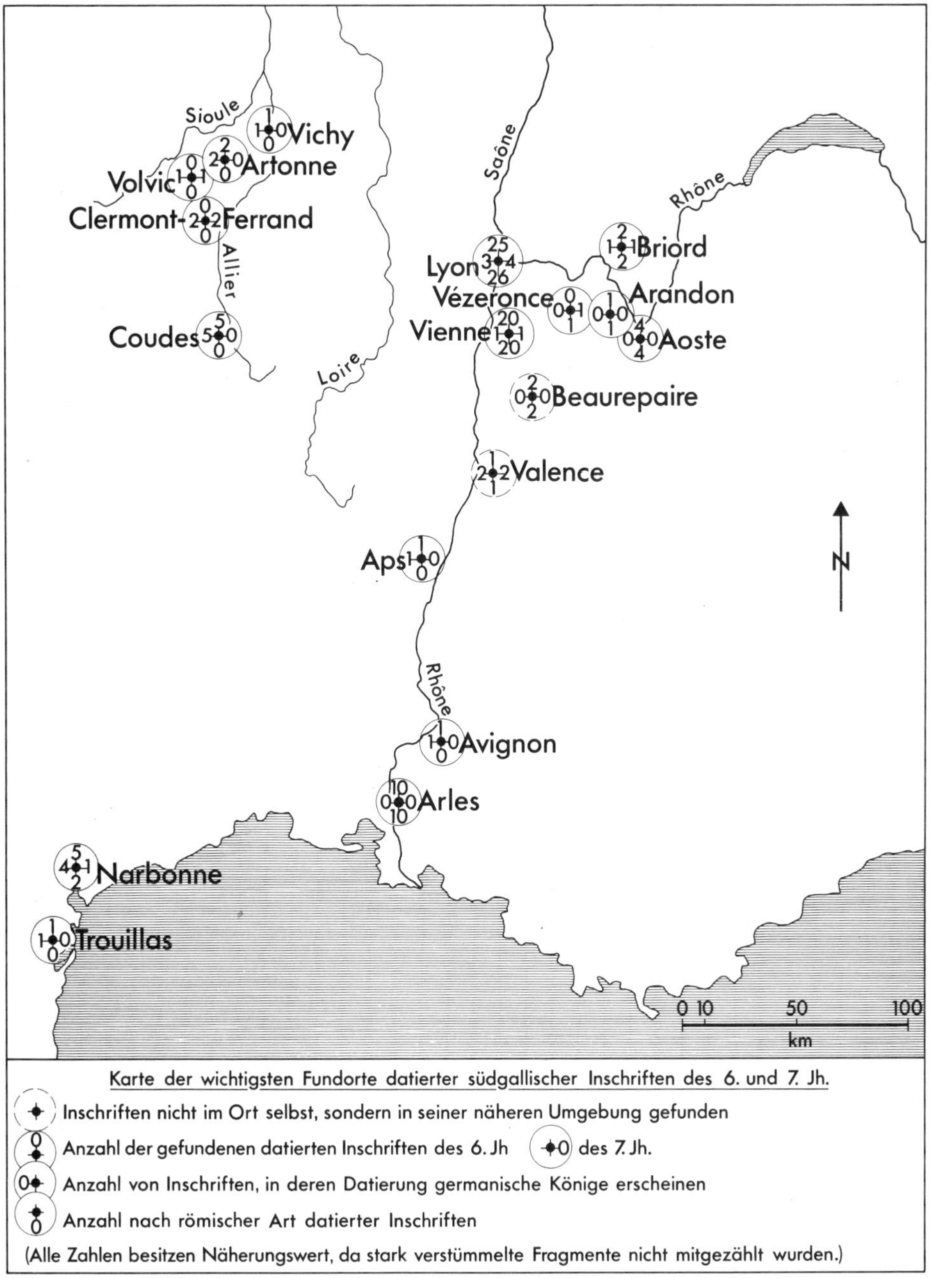

Abb. 14 Verbreitung der datierten südgallischen Inschriften des 6. und 7. Jahrhunderts. Nach J. Heidrich (vgl. Anm. 20).

Abb. 15 Reliquiarschnalle von Monnet-la-Ville. 1:1.

von Monnet-la-Ville bestattet wurde, war als Träger eines Gürtels mit Reliquiarschnalle zweifellos ein Kleriker. Ob er selbst als Pilger im Heiligen Lande war oder die Baumwoll-Blütenkapsel, die sich in der Schnalle fand, als Reliquie von jemand anderem erworben hat, muß offen bleiben. Seine Stellung innerhalb der Gemeinschaft, auf deren Friedhof er beigesetzt wurde, ist gleichfalls unbekannt, ebenso seine Herkunft und sein sozialer Rang. Der Kleriker Tonancius, ein Romane, hat in der zweiten Hälfte des 6. Jahrhunderts gelebt. Monnet-la-Ville an der Combe d'Ain, der Ort, auf dessen Friedhof Tonancius begraben wurde, liegt 20 km Luftline nordöstlich von St. Maur, wo in einem Steinsarg bei der Mauritiuskirche der Diakon Deenatus, ebenfalls ein Romane, die letzte Ruhe fand. Beide könnten Zeitgenossen gewesen sein. Die Orte ihres letzten Wirkens am Oberlauf des Ain sind nicht mehr als 40 bis 50 km von den drei Juraklöstern Lauconnus (St. Lupicin), Condadisco (St. Claude) und Balma (Saint-Romain de Roche) entfernt (Abb. 16). Für diese an der Bienne um die Mitte des 5. Jahrhunderts von den Brüdern St. Lupicinus und St. Romanus gegründeten Klöster waren die Landschaften am Oberlauf des Ain das natürliche Hinterland. Die Juraklöster [22)], die im Sprengel des Bistums Besançon lagen, müssen im 6. Jahrhundert für die Gebiete westlich des Jura ebenso große Bedeutung besessen haben wie St. Maurice d'Agaune für den Raum östlich des Jura. Saint-Romain de Roche (Balma) mit dem Grabe des Hl. Romanus war im 6. Jahrhundert eine Wallfahrtstätte, bis im 7. Jahrhundert die Gebeine des Heiligen nach St. Claude (Condadisco) überführt wurden. Da eine zusammenfassende, moderne Bearbeitung der Bischofssitze und Klöster des 6. und 7. Jahrhunderts in den Diözesen Chalon, Dijon, Besançon, Genf und Lausanne, d. h. im Nordosten des fränkischen Teilreiches Burgund, noch aussteht [23)], kann man die kirchliche Organisation dieses Raumes,

22) WERNER, St. Ulrich u. Afra, 326 und G. MOYSE in diesem Band S. 470, 474 f.
23) Vgl. für die Diözese Besançon jetzt G. MOYSE in diesem Band S. 483 ff.

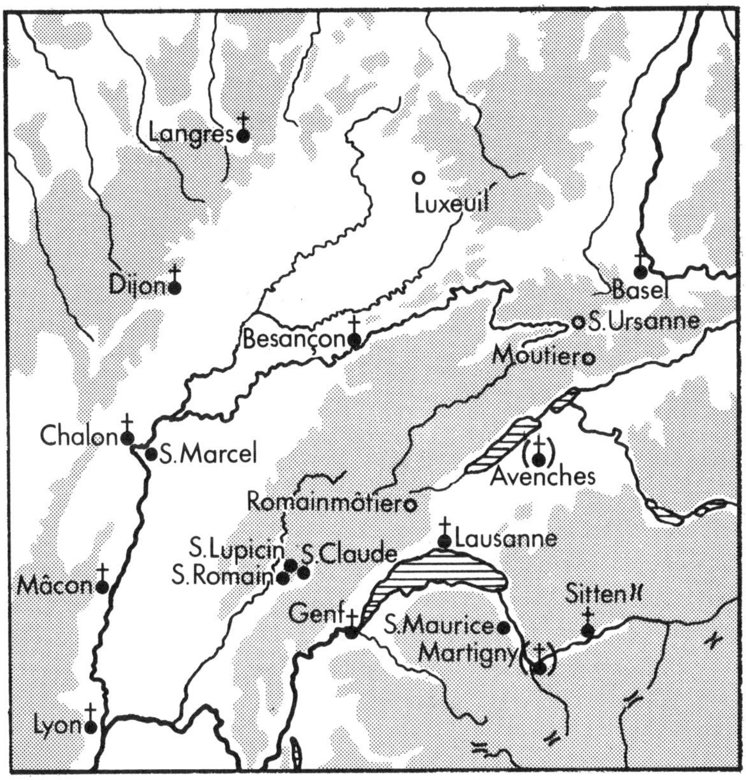

Abb. 16 Bistümer (†●) und Klöster des 6. (●) und 7. (O) Jahrhunderts in Nordburgund.

der archäologisch als Trachtenkreis der tauschierten B-Garnituren (Abb. 3) und der bronzenen Gürtelschnallen mit lateinischen Inschriften (Abb. 13) in Erscheinung tritt, kaum beurteilen. Kamen der Diakon von St. Maur und der Kleriker mit Reliquiarschnalle von Monnet-la-Ville aus monastischen Gemeinschaften oder von den Bischofssitzen in Chalon oder Besançon? Dieselbe Frage stellt sich für die Besitzer der Reliquiarschnallen von Issoudun, Yverdon, Elisried und Chalon-sur-Saône, die alle in der zweiten Hälfte des 6. Jahrhunderts lebten.

Aus der Inschrift auf der Reliquiarschnalle von Monnet-la-Ville darf man folgern, daß sowohl der Kleriker Tonancius wie der Hersteller Maxo des Lesens und Schreibens kundig waren. Ihre Namen stehen gewissermaßen gleichberechtigt auf dem Schnallenbeschläg, und Maxo hat laut Inschrift die Schnalle für Tonancius persönlich angefertigt. Würde es sich bei dieser Reliquiarschnalle nicht um ein Werk des 6. Jahrhunderts, sondern um eines aus karolingischer Zeit handeln, müßte man ohne weiteres annehmen, daß der Hersteller Maxo Angehöriger derselben klösterlichen Gemeinschaft war, da eben im Kloster von den Mönchen alles für den Eigenbedarf hergestellt wurde. Auch für das

6. Jahrhundert ist es sehr unwahrscheinlich, daß Reliquiarschnallen mit zugehörigem Klerikergürtel bei städtischen Handwerkern oder Wanderhandwerkern aus dem Laienstande gekauft oder in Auftrag gegeben wurden. So liegt es am nächsten, die für Kleriker bestimmten Reliquiarschnallen als Erzeugnisse kirchlichen, d. h. klösterlichen Handwerks anzusehen, nach der Benediktinerregel: *artifices, si sunt in monasterio, cum omni humilitate faciant ipsas res, si permiserit abbas.* Als Herkunftsorte kommen in der zweiten Hälfte des 6. Jahrhunderts neben den Juraklöstern und St. Maurice d'Agaune auch das von König Gunthram († 592) gegründete Kloster St. Marcel östlich von Chalon und die Klöster am Bischofssitz Besançon in Betracht. Als Luxeuil unter Columban und Eustasius seine missionarische Wirksamkeit nach neuen, strengen Regeln entfaltete, verzichtete man dort offenbar auf die Herstellung von Klerikergürteln mit Reliquiarschnallen, wie sie vorher bei den Geistlichen des burgundischen Teilreichs üblich waren.

Von den 22 bekannten Schnallen mit Inschriften gehören vier zu den Reliquiarschnallen und sind Klerikern zuzuweisen (Chalon-sur-Saône, Monnet-la-Ville, Yverdon, St. Maur). Zwei gehören dem à jour gearbeiteten Schnallentyp Fondremand an (Abb. 11; Verbreitung Abb. 7) [24]. Von ihnen trägt die Schnalle von Perrignier in Savoyen eine unleserliche Trugschrift, die Schnalle von Fondremand, Arr. Vesoul (Abb. 11) hingegen eine auf die Darstellung bezogene eingepunzte Legende, in der Christus unter der Bezeichnung Emmanuel mit den Aposteln Paulus und Petrus genannt wird. Über dem Feld mit dem Haupte Christi zwischen den Adoranten steht + EMMANVHI + (die hebräische Bezeichnung des Messias), an den Längsseiten CACTUS DAULUS (*Sanctus Paulus*, links) bzw. SANCTUS PETRUC (rechts). Im oberen Feld ist folglich Christus zwischen den anbetenden Aposteln Paulus und Petrus dargestellt. Greif und Kreuz werden durch die Zeile PROUS VIVĀDŌ *(pro[no]us vivat in deo)* getrennt, unter dem Kreuz bzw. über den Scharnierzapfen steht + SANCTUS DEI +. Wenn man die Form des Dorns als Datierungskriterium nimmt, so gehört die Schnalle noch in das mittlere 6. Jahrhundert.

Wer die Schnallen vom Typ Fondremand trug – Männer, Frauen, Kleriker –, ist unbekannt. Man weiß dies auch nicht bei den Adorantenschnallen vom Typ Barésia/Lussy (Verbreitung Abb. 6), unter denen das Exemplar von Lussy, Kt. Freiburg, Trugschrift in der Randborte aufweist [25]. Während es unter den zahlreichen Greifenschnallen (Abb. 4) [26] keine einzige mit einer Inschrift gibt, haben von 24 Schnallen mit dem Bilde Daniels, dem ein Löwenpaar die Füße leckt (Abb. 5) [27], sieben Inschriften, die sich auf den Propheten und seine Rettung beziehen. In einem Falle, bei der Schnalle von Lavigny, Kt. Waadt, ist der Besitzer der Schnalle genannt (NASVALDVS

24) Zu diesem Schnallentyp vgl. WERNER, St. Ulrich u. Afra, 299 f.

25) Hierzu WERNER, St. Ulrich u. Afra, 298 f. Ein Neufund aus Riaz/Tronche-Bélon (Kt. Freiburg) stammt aus dem Frauengrab 127 (vgl. oben S. 452 mit Anm. 3).

26) Hierzu ausführlich WERNER, St. Ulrich u. Afra, 282–287 mit Fundliste 349 f.

27) Hierzu WERNER, St. Ulrich u. Afra, 310 f. mit Fundliste 351.

NANSA – VIVAT DEO VTERE FELEX DANI NIL). Auch zu den Danielschnallen gibt es weder Beifunde noch anthropologische Bestimmungen der mit solchen Schnallen Bestatteten [28]. Unter den großen Bronzeschnallen mit Adorantenbild auf mit Rillenbündeln scharriertem Hintergrund, deren Beschläg in Vogelkopfpaaren endet, gibt es ein vereinzeltes Exemplar mit Inschrift auf dem Schnallenbügel. Es wurde in Saint-Marcel, Ct. Moutiers-Tarentaise in Savoyen (Abb. 12) [29], nicht weit von den Juraklöstern entfernt, gefunden. Die Inschrift SPE/SPE könnte die Hoffnung auf Auferstehung ausdrücken *(in spe resurrectionis?)*. Eine Schnalle gleicher Form von Etrembières (Savoyen) stammt nach dem anthropologischen Befund aus einem Frauengrab [29]. Weitere Bronzeschnallen mit Inschriften, die auf Abb. 13 kartiert sind, muß ich hier übergehen, um zwei wichtige Stücke eingehender zu besprechen.

Wie bei der Reliquiarschnalle von Monnet-la-Ville (Abb. 15), auf der sowohl der Besitzer Tonancius wie der Verfertiger Maxo genannt sind, bringt die Umschrift einer langrechteckigen Schnalle von La Balme bei La Roche in Savoyen (Taf. 33,2) [30] die Namen des Verfertigers (Achvinus) und der Besitzerin (Justina): ACHVINVS FECIT BENE/VIVO IN TE DOMINVS + IVSTINA OTE +. Die Schnalle wurde also von einer Frau getragen, wie ein mustergleiches inschriftloses Stück von der Hand desselben Meisters Achvinus, das ebenfalls im Reihengräberfeld von La Balme gefunden wurde. Die beiden Erzeugnisse des Achvinus von La Balme sind ganz im Stil der übrigen nordburgundischen Arbeiten des 6. Jahrhunderts gehalten, selbst mit Reliquiarschnallen wie der beinernen aus Issoudun lassen sie sich vergleichen. Von ganz anderer Art ist eine große Bronzeschnalle mit rechteckigem Beschläg, deren Hersteller ebenso wie Achvinus von La Balme einen germanischen Personennamen trägt: die Schnalle des Landelinus von Ladoix-Serrigny [31].

Die Bekanntgabe der 1971 bei Ladoix-Serrigny in der Côte-d'Or gefundenen Schnalle (Taf. 34,3) [32] bringt dank der Inschrift unerwartete Informationen. Die Inschrift lautet:

LANDELINVS FICIT	
NVMEN	(zweizeilig im Bildfeld)
QUI ILLA PVSSEDIRAVIT VIVA	
VSQVI ANNVS MILI IN D(E)O	(zweizeilig im unteren Randstreifen)

»Landelinus hat das Numen (die Gottheit) dargestellt. Wer dies besitzen wird, möge in Gott bis zu tausend Jahre leben«.

28) Eine Schnalle mit »Vasen-Daniel« (vgl. Anm. 15) stammt aus dem Frauengrab 8 von Riaz/Tronche-Bélon (vgl. oben S. 452 u. Taf. 31,1).

29) Werner, St. Ulrich u. Afra, 330.

30) Werner, St. Ulrich u. Afra, 331 f.

31) Ausführliche Behandlung Werner, St. Ulrich u. Afra, 332–336.

32) S. Deyts u. C. Rolley, Une plaque-boucle mérovingienne inscrite. Revue Arch. Est et Centre-Est 22, 1971, 403 ff.

Die Darstellung im Bildfeld, auf die noch zurückzukommen ist, wird von Landelinus »Numen« genannt. Er hat also die Gottheit, d. h. Christus abgebildet [33]. Landelinus bediente sich mit »pussediravit« bereits des romanischen Futurs [34], er sprach, wie die Inschrift zeigt, trotz seines germanischen Personennamens romanisch. Wie bei den merowingischen Münzmeisternamen des späten 6. und 7. Jahrhunderts sagt in unserem Fall ein germanischer Personename über Sprache und Volkstum seines Trägers nichts aus. Auch Achvinus von La Balme, der für eine Justina arbeitete, war wohl ein Romane. Und schließlich: Landelinus hat Schnalle und Numen nicht für einen bestimmten »Auftraggeber« hergestellt – wie Maxo die Reliquiarschnalle von Monnet-la-Ville für Tonancius oder Achvinus die Schnalle von La Balme für die Justina –, sondern er hat sie für einen anonymen künftigen Besitzer (Besitzerin) gegossen und graviert, noch dazu mit der Anpreisung, daß dieser in Gott tausend Jahre leben möge. Folglich hat Landelinus Schnallen für den Verkauf angefertigt und einer der Käufer (oder Käuferinnen) hat eine seiner Schnallen in Ladoix-Serrigny mit ins Grab beigegeben erhalten. Dieser zufällig inschriftlich überlieferte Tatbestand ist für die Beurteilung der sozialen und rechtlichen Stellung des Landelinus und seiner Kollegen von erheblicher Tragweite.

Die Schnalle von Ladoix-Serrigny (Taf. 34) – als Trachtzubehör einem Frauengrab zuzuweisen – zeigt auf der Schauseite noch Spuren eines Weißmetallüberzuges. Sie war mit vier mitgegossenen Heftösen in den Ecken des Beschlägs auf einem 6,7 cm breiten Ledergürtel befestigt. Das Beschläg ist auf der Rückseite flach eingetieft. Man muß daher annehmen, daß die fünf Niete mit gekerbten Rändern auf der Schauseite (Dm. 6 mm) keine reinen Zierniete waren, sondern die Funktion hatten, eine Einlage zwischen Platte und Leder zu fixieren, wohl ein Futter aus organischem Material. Die Gravierung im Bildfeld mit locker verteilten, eingepunzten Würfelaugen wirkt wie eine Kinderzeichnung. Mit dem »Numen« ist ohne jeden Zweifel, wie sich aus einem Hinweis von K. Hauck (Münster) ergab, der bewaffnete Christus zu Pferde dargestellt. S. Deyts und C. Rolley [32] meinten, es handle sich um den Reiterheiligen, der den Drachen bekämpfe, der aber merkwürdigerweise statt der Lanze als Waffen eine Axt und einen Pfeil in den Händen halte. Versucht man, die Szene zu analysieren, so steht ein vierbeiniges Tier mit Rückenmähne (ein Hund?) gewissermaßen abseits rechts oben im Feld, während der große Hengst mit überdimensionalem Geschlechtsteil [35] nach links gerich-

33) Zu Numen für Christus vgl. die Expertise von W. Ehlers bei Werner, St. Ulrich u. Afra, 333 Anm. 169.

34) Hierzu jetzt H. Stimm, Ein neuer früher Beleg des synthetischen Futurs. Zeitschr. f. französ. Sprache u. Lit. N. F. 5, 1977 (Beiheft).

35) Christus als Sieger über Basilisk und Schlange (Psalm 90,13) wurde etwa zur gleichen Zeit auf einer gestempelten Ziegelplatte von Grésin (Dép. Puy-de-Dôme) dargestellt. Dieser Christus, der die beiden Tiere zu Fuß mit Schwert, Schild und Lanze bekämpft und über dem Haupt ein Christogramm zwischen Alpha und Omega zeigt, ist phallisch wiedergegeben, was doch wohl ewige Lebenskraft symbolisiert. Vgl. R. Lantier, Jahrb. RGZM 1, 1954, 237–244 Taf. 21. Vgl. Werner, St. Ulrich u. Afra, 334 Anm. 175.

tet die ganze Breite des Bildfeldes ausfüllt. Sein weit geöffnetes Maul scheint nach dem Kreuz mit den vier Hasten zu schnappen, das zugleich vor dem Namen Landelinus steht, aber auch die Stelle des sonst vor dem Pferd stehenden Lebensbrunnens einnimmt.

Zwischen den Ohren des Hengstes ist das christliche Heilszeichen eingraviert, die Spitze des Kreuzes ist zu einem R gestaltet, an den Querhasten hängen seitenverkehrt Alpha und Omega. Auch das Christogramm auf dem Schilddorn der Schnalle ist von einem R gekrönt, was in beiden Fällen nahelegt, daß das griechische Rho (P) vielleicht absichtlich durch das lateinische R (= Rex) ersetzt wurde. Der en face wiedergegebene Reiter mit Kinnbart, abstehenden Ohren und betonten, abgewinkelten Armgelenken hält in der Rechten eine Axt und in der Linken eine Lanze mit Widerhaken. Wie schon das Rex des Christogramms vermuten läßt, handelt es sich um die Darstellung des bewaffneten Christus hoch zu Roß als *rex regum* der Apokalypse, dessen Reittier zugleich aber auch mit Attributen der Lebenskraft [35] ausgestattet und von solchen des ewigen Lebens (Kreuz für Lebensbrunnen, Kreuz mit Alpha und Omega) umgeben ist. Das »Numen«, welches Landelinus um die Mitte oder in der zweiten Hälfte des 6. Jahrhunderts in das von ihm gegossene Schnallenbeschläg gravierte, ist der siegreiche, mit Axt und Lanze bewaffnete Christus als Garant des ewigen Lebens, mit der Verheißung in der Inschrift, daß der Besitzer dieses Christusbildes tausend Jahre leben möge. Die naive Anpreisung, welche andere Wunschformen für ein langes Leben, wie etwa die hundert Jahre für den Diakon Deenatus von St. Maur (vgl. oben S. 456), bei weitem übertrifft, mag eine gebräuchliche Floskel gewesen sein. Wichtiger wäre es zu wissen, wo man damals Werke kirchlicher Kunst (Fresken, Elfenbeinarbeiten o. ä.) in Nordburgund sehen konnte, auf denen der bewaffnete Christus der Apokalypse dargestellt war. Denn dieses Christusbild mit allen seinen Attributen war keine Schöpfung des Landelinus.

Ich hatte bereits angedeutet, daß die Inschrift auf der Schnalle von Ladoix-Serrigny in dem Sinne zu interpretieren sei, daß der Hersteller Landelinus Schnallen zum Verkauf anfertigte. Gemäß Kapitel 21,2 der Lex Burgundionum (in der unter König Sigismund von 517 überlieferten Fassung) müßte man Landelinus als *faber aerarius* (Bronzegießer) bezeichnen. Nach diesem Kapitel konnten Gold- und Silberschmiede, Eisenschmiede, Bronzehandwerker, Schneider und Schuster, die samt und sonders Knechte *(servi)* waren, von ihren Herren die Erlaubnis erhalten, ihr Handwerk *(adtributum artificium)* öffentlich *(in publico)* auszuüben. Sie durften also ihre Waren öffentlich verkaufen. Wenn sie Rohmaterial, das ihnen ein Auftraggeber zur Verfügung gestellt hatte, unterschlugen, dann mußte ihr Herr diesen Kunden entschädigen, falls er ihm nicht den *servus* selbst zum Ausgleich des Schadens übereignete. Da sich in der Rechtsstellung der einzelnen Stände Nordburgunds unter fränkischer Herrschaft nichts gegenüber den Verhältnissen der burgundischen Zeit um 517 geändert hatte, war der *faber aerarius* Landelinus aus der Mitte und zweiten Hälfte des 6. Jahrhunderts ein unfreier Romane. Er hat seinen eigenen und nicht etwa den Namen seines Herrn auf der Schnalle von Ladoix-Serrigny eingraviert. Er war nicht freizügig, durfte zwar eigenverantwortlich »in publico« für fremde Kunden arbeiten, die ihm Metall zur Verfügung stellten, konnte sich aber von dem Wohnsitz seines Herrn nicht so weit entfernen, als daß er bei eventuellem Unterschleif von Metall nicht belangt werden konnte. Landelinus war, wie das von ihm geritzte »Numen« (Christusbild) zeigt, kein Künstler, sondern ein mäßiger Handwerker. Aber er war des Lesens und Schreibens kundig und verstand es, christliche Zeichen und Bildinhalte in einer für seine Kunden offenbar attraktiven Weise zu kombinieren. Es ist anzunehmen, daß zahlreiche Kunden die von ihm verfaßte Inschrift lesen und das »Numen« deuten konnten. An welchem Ort oder an welchen Orten Landelinus »in publico« arbeitete, ob in einer Stadt (Dijon oder Chalon-sur-Saône) oder an Märkten auf dem Lande, entzieht sich unserer Kenntnis. Hierfür müßte man wissen, ob sein Herr Grundbesitzer oder Städter war und wo er wohnte.

Es liegt nahe, auch die vielen inschriftlosen Bronzeschnallen des 6. und frühen 7. Jahrhunderts aus den Reihengräberfeldern der einheimischen Bevölkerung Nordburgunds als Erzeugnisse unfreier *fabri aerarii* vom Schlage des Landelinus anzusprechen. Ferner wäre zu bedenken, daß die Kunden dieser unfreien Handwerker sich aus allen Bevölkerungsschichten rekrutiert haben dürften. Wer dem Handwerker Metall zur Verfügung stellen und seine Arbeit bezahlen konnte, kam als Käufer »in publico« in Frage, auf dem Lande wie in der Stadt. Man wird daher abschließend die Frage stellen müssen, ob zu den Käufern nicht auch Kleriker gehörten, die sich bei den *fabri aerarii* Reliquiarschnallen und bei den ebenso unfreien *sutores* ihre ledernen Klerikergürtel anfertigen ließen. Auf die Inschrift der Reliquiarschnalle von Monnet-la-Ville (Abb. 15) bezogen, würde dies bedeuten, daß der Name des unfreien Handwerkers Maxo neben dem Namen des freien Klerikers Tonancius stünde, wobei Maxo sogar Unfreier eines Klosters gewesen sein könnte. Entsprechendes würde für alle Reliquiarschnallen gelten. Die Alternative, die ich oben S. 460 unter Verweis auf die Benediktinerregel vorschlug, rechnete mit einer für das 6. und 7. Jahrhundert bisher nicht beweisbaren »Eigenversorgung« der monastischen Gemeinschaften, wie sie archäologisch erst für das 8. Jahrhundert bezeugt ist. Arbeiten wie die berühmte Caesarius-Schnalle von Arles waren zweifellos nicht Erzeugnisse von »in publico« tätigen unfreien Handwerkern. Warum sollte, was für diese Werke gilt, nicht auch für die beinernen und bronzenen Reliquiarschnallen gelten? Der Gesichtspunkt der Eigenversorgung der frühen merowingischen Klöster, nicht nur an Nahrungsmitteln, sondern an Textilien, Lederwaren, Holzgeräten, liturgischen Gewändern und Zubehör des Kultus ist bei der Auswertung der schriftlichen Überlieferung bisher noch unberücksichtigt geblieben. Zwar ist es ganz unwahrscheinlich, daß in der Gesellschaft Nordburgunds im 6. Jahrhundert die unfreien *fabri aerarii* ein Monopol in der Herstellung gegossener Bronzeobjekte besaßen, aber der Beweis für Klosterwerkstätten, in denen ein Mönch Maxo für den Kleriker Tonancius eine Reliquiarschnalle goß und mit einer Inschrift versah, zu der dann ein anderer Mönch den ledernen Klerikergürtel anfertigte, läßt sich natürlich nicht erbringen.

Die Schnallen mit lateinischen Inschriften, im Besitz von Laien wie von Klerikern, werfen für die »Produktionsverhältnisse«, unter denen diese Schnallen hergestellt wurden, mehr Fragen auf als sich beim heutigen Stand der Forschung beantworten lassen. Desto bedeutsamer ist ihr Aussagewert für die Existenz einer romanischen Trachtprovinz Nordburgund im 6. Jahrhundert. Lateinische Schriftlichkeit – wenn auch mit Zügen starker Barbarisierung – verbunden mit christlichen Heilsbildern auf den Gürtelschnallen sind eindeutige Kennzeichen für das Romanentum dieser Trachtprovinz. Daran ändert die allgemein merowingische, germanische Personennamenmode in lateinischem Gewande so wenig wie die Bestattungssitte der Frauen in Tracht mit ins Grab gegebenen Gürteln und Gürtelschnallen. Im 7. Jahrhundert verschwinden die lateinischen Inschriften ebenso wie die christlichen Heilsbilder, die tauschierten B-Beschläge kennen beides nicht, von »auslaufenden« Daniel-Darstellungen abgesehen. Aber die Verbreitungskarten zeigen, daß Gürteltracht der Frauen und Bestattungssitte in den Landschaften beiderseits des Jura gegenüber den Verhältnissen des 6. Jahrhunderts unverändert bleiben. Die nordburgundische Trachtprovinz persistiert. Ihre Grenze nach Süden, zum Raum von Lyon und zur unteren Rhône, ist in beiden Jahrhunderten wohl vornehmlich eine Grenze des Grabbrauchs. Wir können uns abschließend Max Martins wohlbegründete Sicht zu eigen machen [36]: »Der Archäologe sollte deshalb besser die ganze Bevölkerung der Burgundia als Burgunder und burgundisch im Sinne des ›Herkunftsgebietes‹ nach H. Zeiss bezeichnen und nur, wenn bestimmte Indizien vorhanden sind, von einer romanischen bzw. burgundisch-germanischen Fundgruppe, Grabsitte, Bestattung usw. sprechen. Auch wenn noch in den schriftlichen Quellen des 7. Jahrhunderts romanische oder altburgundische Abstammung wiederholt bezeugt wird und sich demnach Teile der Bewohner Burgunds noch zu dieser Zeit ihrer unterschiedlichen Herkunft bewußt waren, kann die in den Grabfunden faßbare materielle Kultur, aber auch Tracht und Sitte bereits früher einheitlich geworden sein.« Ich möchte hinzufügen: einheitlich romanisch. Auch das andersartige alamannische Formengut im Norden und der sehr spärliche echt germanische Fundstoff aus der ersten Hälfte des 6. Jahrhunderts innerhalb der Grenzen Burgunds lassen keinen Zweifel daran, daß die Trachtprovinz Nordburgund, wie sie hier umschrieben wurde, nicht von germanischen Burgundern, sondern von einheimischen Romanen ausgebildet und getragen wurde.

36) M. Martin a. a. O. 1971, 42.

La Bourgogne Septentrionale et particulièrement le Diocèse Besançon

de la fin du monde antique au seuil de l'âge carolingien (Ve–VIIIe siècles)

PAR GÉRARD MOYSE

L'intérêt majeur qui s'attache aux trois siècles reliant, en Gaule, le crépuscule romain à l'aube carolingienne tient avant tout au jeu des répercussions des migrations germaniques sur le vieux fonds des populations gallo-romaines. S'agissant de la *Provincia maxima Sequanorum,* où les Celtes romanisés depuis cinq siècles vécurent alors au contact, successivement ou simultanément, des Alamans, des Burgondes et des Francs, l'étude de ces répercussions est sans aucun doute exemplaire. Tel voudrait être en tout cas le fil conducteur de la présente communication, restreinte toutefois à la partie saônoise et jurassienne de la Séquanie *(civitas Vesontionensis),* et limitée aux aspects politiques, institutionnels et religieux [1] du problème, tels qu'ils ressortent de l'examen des seules sources écrites: les aspects archéologiques, qui nous sont du reste moins familiers, n'ont-ils pas en effet été évoqués déjà par les précédents orateurs, et magistralement?

Initialement encore délimités par la vieille *civitas* gallo-romaine de Séquanie, où la colonisation humaine restait toujours défiée par la rudesse de la nature, croissante en direction du sud-est, les pays de la Saône et du Jura ont vécu plus originalement peut-être qu'on n'a tendance à l'imaginer les Ve–VIIe siècles. En effet, la période plus que deux fois séculaire, profondément marquée par l'impact des migrations germaniques, ne commença véritablement ici qu'après le milieu du Ve siècle.

Ce n'est pas à dire qu'avant 450 la *civitas* ait été indemne de tout contact avec les ethnies germaniques. Sans revenir ici sur les troubles de la fin du IIe siècle et du IIIe [2], ni sur la très hypothétique incursion alamanne dans les marges occidentales du diocèse

1) Pour l'aspect proprement religieux de la question, nous nous sommes borné, au cours de la présente communication, à reprendre, sous une forme abrégée, le contenu de deux études, auxquelles nous renverrons très fréquemment dans les notes suivantes, par les indications: Vregille, ou: Moyse; nous précisons ici une fois pour toutes qu'il s'agit de: B. DE VREGILLE, Les origines chrétiennes et le haut moyen âge, dans Histoire de Besançon ... sous la direction de Cl. Fohlen, t. 1, Paris, 1964, p. 145 sqq., et G. MOYSE, Les origines du monachisme dans le diocèse de Besançon (Ve–Xe siecles), dans Bibl. de l'Ecole des chartes, t. 131 (1973), p. 21–104 et 369–485.
2) C. F. L. LERAT, dans Histoire de Besançon, op. cit., p. 123–128, et dans Histoire de la Franche-Comté, Toulouse, 1977, p. 61–63.

au milieu du IVe siècle, transmise par le récit trop peu sûr du martyre de Valerius à Port-sur-Saône [3], rappelons néanmoins que les colonies barbares de «lètes» *Chamavi*, implantées par Constance Chlore dans la «cité» de Langres à la fin du IIIe siècle, ont vraisemblablement débordé ensuite ce territoire pour atteindre la rive orientale de la Saône [4]. Mais ce n'est là qu'implantation pacifique et, en dépit des légendes et hypothèses trop vite transformées en certitudes par l'histoire de jadis volontiers dramatisante, il ressort des seules et rares sources dignes de foi que les Gallo-romains de Séquanie ont continué à vivre dans l'orbite romaine durant toute la première moitié du Ve siècle. Permanence paradoxale peut-être dans un territoire apparemment exposé, tant par la proximité du *limes* germanique que par sa position à la croisée des deux importantes voies reliant, par l'Helvétie, le nord de l'Italie au Bassin parisien et, par la porte d'Alsace, puis la vallée inférieure du Doubs, la Germanie précisément et la Gaule lyonnaise.

En fait, des deux grandes invasions de cette période, toutes deux provenant de zones situées nettement au nord de la Séquanie, aucune n'eut à emprunter ces axes: la première, celle que les Vandales, principalement, déclenchèrent en décembre 406 vers Mayence, ou bien se stabilisa vers le Rhin, ou bien se dirigea vers l'Espagne et ne fit au pire qu'effleurer la Séquanie [5] (le texte du martyre de l'évêque Germain, qu'on pourrait rapporter à cette date, n'a que peu de valeur) [6]; la seconde, l'expédition d'Attila de 451, passa nettement au delà du diocèse, pour atteindre Orléans, par Mayence, Metz, Verdun et Reims notamment [7], et de même au retour; quant aux raids hunniques secondaires en Alsace, ils n'ont pas dépassé Bâle, voire Strasbourg, au sud [8]. Les pays situés à l'est de la Saône, Besançon en particulier, n'ont donc pas été désolés par les Huns, contrairement aux prétentions d'une tradition hagiographique (ensuite admise comme historique), qui ne remonte pas au-delà du IXe siècle, et ne s'est trouvée amplifiée qu'au XIIe [9].

3) Sur ce texte hagiographique, cf. Moyse, p. 20.

4) Cette hypothèse a pour principal auteur Th. Perrenot, La toponymie burgonde, Paris, 1942, p. 271; la citation d'Eumène, sur laquelle elle repose, et l'établissement des *Chamavi* sont en tout cas bien assurés, L. Musset, Les invasions: les vagues germaniques, Paris, 1965, p. 224.

5) C. Courtois, Les Vandales et l'Afrique, Paris, 1955, p. 45–47, n'exclut pas l'hypothèse d'un passage des Vandales par Besançon.

6) Moyse, p. 20; Vregille, p. 170.

7) Tel est l'itinéraire rapporté par Odet Perrin, Les Burgondes – Leur histoire, des origines à la fin du premier royaume (534), Neuchâtel, 1968, p. 308–324, plus détaillé à cet égard que F. Altheim, Geschichte der Hunnen, 5 vol., Berlin, 1959–1962, en particulier t. 4. Ce qu'il y a de sûr, c'est qu'aucune des sources de première main, telles que Jordanès, Getica; Idace, Chronicon; la Chronica gallica; Sidoine Apollinaire, Carm. VII, 319–338 et Epist. VII, 12 et VIII, 15, ni même les sources hagiographiques les plus sûres, comme les Vitae de sainte Geneviève et saint Aignan, ne mentionnent l'est de la Saône comme passage des Huns.

8) Odet Perrin, op. cit., p. 316.

9) Vregille, p. 170–171.

De cette permanence romaine en Séquanie jusque vers 460, une preuve décisive nous est d'ailleurs fournie par l'évolution de l'évangélisation de cette région, activement poursuivie durant ce même demi-siècle, et dont tous les aspects connus montrent alors un phénomène aux attaches encore étroites avec les courants lyonnais et rhodaniens. Menée en effet à partir de Lyon, on le sait, dès le IIIe siècle, cette évangélisation avait été suffisamment efficace pour permettre l'établissement à Besançon d'un siège épiscopal. Les titulaires de ce siège, à en croire leur liste reconstituée avec soin au XIe siècle [10], se sont succédés régulièrement jusqu'en ce milieu du Ve siècle, sous les noms de Linus, Maximinus, Paulinus, pour la seconde moitié du IIIe siècle; Eusebius, Hilarius, Pancharius, pour la première moitié du IVe; Justus, Anianus, Fronimius, Desideratus, pour la seconde moitié du IVe; Germanus, Leontius et Celidonius enfin [11].

Cette évangélisation, urbaine en ses principes, n'avait tout d'abord que modestement touché les campagnes séquanaises: légende, bien sûr, que les passages dans le diocèse de l'évangélisateur des campagnes par excellence, saint Martin [12]; et qu'ils sont encore précis, les souvenirs des vieux cultes païens des confins méridionaux du diocèse, qui se sont transmis à l'auteur de la Vie des Pères du Jura, au début du VIe siècle [13]! La christianisation avait en tout cas, au sein de la province séquanaise, dépassé la seule *civitas* bisontine: non seulement, parmi les autres cités de la province, Bâle apparaît comme le siège d'un évêché dès 343, (Justinianus figure au titre de ce siège parmi les adhérents aux actes du concile de Sardique) [14], mais, surtout, il est avéré que des prérogatives métropolitaines furent attachées au siège bisontin au début du Ve siècle au moins. C'est en effet de ce titre que l'on voit qualifié le pasteur bisontin en 444–445, Célidoine, au cours d'un conflit qui l'opposait alors à Hilaire d'Arles, et dont il sortit vainqueur, appuyé qu'il fut par le pape Léon le Grand et l'empereur Valentinien III [15]. Ces interven-

10) Sur la valeur de la liste épiscopale de Besançon, mise au point finalement sous Hugues de Salins (1031–1066), cf. VREGILLE, p. 147–150, et dans Saint-Claude, vie et présence, Paris, 1960, p. 55–58.

11) VREGILLE, p. 150–151.

12) C'est ce qui ressort de la Vie de saint Martin de S. Sévère, éd. et comment. J. FONTAINE, Paris, 3 vol., 1967–1969. En revanche, le culte de saint Martin est relativement ancien dans les pays du Jura, puisqu'il est attesté au Ve siècle à Condat (Vie des Pères du Jura [ci-après abrégée: V. P. J.], éd. et trad. F. MARTINE, Paris, 1968, 88–89, 159–160 et 163). Les titulatures de certains monastères mérovingiens de la région se réfèrent aussi à Martin, mais un peu plus tard (*Dornatiacum*, Lure, Luxeuil, Bregille à Besançon); cf. aussi l'oratoire Saint-Martin à Saint-Dizier, mentionné pour la première fois par la *Passio Desiderii et Reginfredi diaconi*, du début du IXe siècle, mais rapportant des événements vieux d'un siècle seulement (MOYSE, p. 20–21); on a aussi émis l'hypothèse que l'église primitive de Vesoul, dédiée à saint Martin, remonterait à l'époque mérovingienne, J. DE TRÉVILLERS, Histoire de Vesoul, Vesoul, 1965, p. 18–19.

13) V. P. J., 120, 5–6.

14) Actes du pseudo-concile de Cologne dans CONCILIA GALLIAE, t. 1, Tournai, 1963, p. 26 (CORPUS CHRISTIANORUM, 148).

15) L'exposé le plus récent sur la question se lira dans VREGILLE, p. 152–153.

tions arlésienne et romaine témoignent clairement de l'emprise toujours forte des autorités méridionales traditionnelles en Séquanie à une date avancée.

Mais, déjà, l'aspect urbain originel de l'évangélisation n'était plus exclusif, complété qu'il commençait à être dans les campagnes par l'évangélisation monastique [16], inaugurée sur le sol séquanais une décennie auparavant, – mais pas plus tôt, car, de monastères des IVe ou Ve siècles à Besançon, il n'y en eut jamais que dans l'imagination de certains historiens de l'ancien régime (Saint-Pierre, Saint-Maurice, Chaudanne). C'est en 430–435, en effet, que, premier tenté de sa famille, et initié à Lyon au monachisme provençal de Lérins, Romain décida de se retirer du monde et de vivre tout d'abord en ermite dans les forêts et les montagnes jurassiennes peu fréquentées jusqu'alors, mais suffisamment pourtant pour que le lieu de l'ermitage de Romain portât un nom celtique, Condat. De cet ermitage, l'arrivée du frère de Romain, Lupicin, puis d'autres disciples, fit bientôt un véritable monastère qui, devant l'affluence croissante, dut essaimer. Ainsi naquirent, dès avant 460, trois autres établissements au moins, l'un à Lauconne, œuvre personnelle de saint Lupicin, qui y fut enseveli et lui laissa son nom; l'autre à La Balme, peuplé de moniales dirigées par la sœur des deux initiateurs, et où reposa Romain; le troisième, enfin, à Romainmôtier, en rapport, très mal connu, avec les toutes premières expériences monastiques d'Agaune.

Sans amplifier bien sûr à outrance l'étendue de ce mouvement (renonçons en particulier à voir des fondations san-claudiennes dans des établissements tels que Saint-Hymetière, Le Lieu [lac de Joux] ou Saint-Imier, trop tardivement attestés), il convient d'en souligner l'originalité et la vigueur. Songeons à la coloration provençale nettement affirmée de ses usages, orientale même par certains côtés primitifs, tels que l'anachorétisme (logements séparés pour les moines), qui s'y perpétua deux générations durant. Songeons enfin aux relations humaines avec la vallée du Rhône, fréquemment citées par notre source primordiale, le précieux récit des Vies des trois premiers grands abbés de Condat, composé avec talent peu avant 515 par un familier du monastère. Au total donc, en ce milieu du Ve siècle, la *civitas* séquanaise se trouvait en position contrastée, tout à la fois à l'avant-garde, par certains aspects, dans le domaine des mutations religieuses, et à l'arrière-garde dans celui des mutations politiques et ethniques.

De ces mutations, les pays entre Saône et Jura, passé 450, finirent néanmoins par subir l'impact. Le signe en est la liste des évêques de Besançon qui, telle qu'on la restitua au XIe siècle, devient alors confuse et lacunaire [17], marquant le début d'une période de désorganisation, de rupture avec le monde traditionnel. Pour un siècle et demi, s'instaurait en effet une période d'arrivées successives des vagues germaniques. Ce fut d'abord

16) Sur les débuts du monachisme bisontin et, surtout, jurassien, cf. sources et détails dans Moyse, p. 53–70.
17) Vregille, p. 172.

la vague alamanne, mal connue, mais qui, malgré un coup d'arrêt subi vers 454 [18], se serait étendue alors finalement, par la porte d'Alsace, au cours des années 450–460, jusqu'à Mandeure, Langres et même Nantua, si telle doit être, du moins, l'interprétation, toujours délicate, des notations de la Cosmographie de Ravenne, tellement laconique, citant ici comme source un certain «philosophe» goth Athanarit, inconnu par ailleurs [19]. C'est à cette occupation alamanne qu'il est tentant de rapporter l'établissement de ces *Scodingi* qui auraient alors donné leur nom à toute la zone montueuse du sud de la *civitas*, l'*Escuens* [20]. Enfin, cette invasion s'est vu prêter un caractère suffisamment violent pour qu'on lui imputât le martyre, en vérité plus que problématique, de l'évêque Antide, à Ruffey-sur-l'Ognon [21].

Il n'est guère douteux que ce sont ces incursions alamannes en Séquanie qui placèrent l'empereur Majorien dans la nécessité de concéder le contrôle de ce territoire à d'autres Germains, alliés de Rome, les tout proches Burgondes: d'alors date la véritable germanisation de la région [22]. Ce qui les détournait d'ailleurs du même coup (passagèrement) de la Lyonnaise, qu'ils venaient d'occuper illégalement (457–458), depuis cette Savoie élargie où, au terme de leur épique migration depuis la Scandinavie, les avait installés Aetius en 443, au double titre de colons et d'auxiliaires militaires du pouvoir romain à l'affût de bras pour défendre ses frontières (ici les Alpes), ne fût-ce qu'en les peuplant.

Ce caractère militaire anti-alaman de l'implantation, – primitive au moins –, des Burgondes en Séquanie semble attesté tout d'abord par un passage de la loi Gombette, qui nous transmet le souvenir de combats entre Alamans et Burgondes vers 500 [23]. En outre, de l'examen archéologique de l'implantation burgonde en Séquanie dû à J. G. Ebersolt [24] ou, encore, de l'examen toponymique de celle-ci, antérieurement mené

18) L. Musset, op. cit., p. 133.

19) Gallia ab anonymo Ravennate descripta, éd. A. Jacobs, Paris, 1858, caput III, p. 31.

20) M. Chaume, Les origines du duché de Bourgogne, Dijon, 1925–1937, t. II[1], p. 156 et 210, n. 1 et 5, est le promoteur de cette hypothèse.

21) Moyse, p. 19–20. En réalité, aucun document véritablement historique ne permet de préciser nettement cette invasion; les raisons avancées par A. Jahn, Die Geschichte der Burgundionen ..., Halle, 1874, t. 1, p. 514 et 518; t. 2, p. 537, pour dater de 472 l'occupation alamanne en Séquanie, sont trop vagues.

22) En dehors des problèmes archéologiques, l'histoire des Burgondes n'a, à ce jour, donné lieu à aucune étude pleinement satisfaisante. Plutôt que de recourir au vieux A. Jahn, bien dépassé, il faut se satisfaire de Odet Perrin, op. cit., récent, très sérieusement documenté et paré de quelques idées neuves fort intéressantes: cf. ses p. 336–353, dont ces lignes sur l'arrivée des Burgondes en Séquanie ne sont que le reflet.

23) Liber constitutionum sive lex Gundobada, éd. R.-L. de Salis, M. G. H., Leges, II[1], Hanovre, 1892, titre LVI, p. 91.

24) J. G. Ebersolt, Les cimetières burgondes du Doubs et du Jura à l'époque barbare, Besançon, 1950.

par Perrenot et, récemment, par R. Schmittlein [25], se dégageait naguère l'impression qu'il fallait voir là, très nettement, l'établissement d'un contrôle stratégique sur une région menacée en priorité sur l'est, par les Alamans. En réalité, ces conclusions ne doivent plus être citées que pour mémoire: en raison du caractère souvent hasardeux des trouvailles recensées par le premier (sans parler de la constante évolution de la typologie du mobilier funéraire du haut moyen âge), et du caractère aventuré qui entache les théories toponymiques (tributaires, en outre, de toponymes souvent attestés bien longtemps après la période étudiée), il n'en faut user aujourd'hui qu'avec une extrême prudence. Il reste que cet antagonisme entre Burgondes et Alamans rivalisant pour l'occupation de la Séquanie septentrionale, s'il ne ressort que très douteusement de l'archéologie et de la toponymie, se déduit logiquement des rares sources écrites utilisables. N'est-il d'ailleurs pas comme symbolisé par la Cosmographie de Ravenne qui, après avoir rattaché cette zone à l'*Alamannia*, on l'a vu, situe un peu plus loin les mêmes lieux ou presque (Besançon, Mandeure, Port [-sur-Saône?]), dans la *Burgundia* [26], et cela sans sourciller sur cette apparente contradiction? Dans l'ignorance où l'on est de l'époque où vécut le «philosophe» Castorius allégué comme source de ces derniers renseignements, qui ne peuvent qu'être postérieurs aux premiers, il est malheureusement impossible de décider si, comme le veut l'opinion traditionnelle [27], ils visent l'expansion burgonde du Ve siècle contre les Alamans ou seulement, – pourquoi pas? –, le royaume mérovingien de Bourgogne du VIe ou même du VIIe siècle, puisque tel est le terminus ad quem généralement fixé à la compilation du Cosmographe anonyme. En tout cas, le succès de cette prise en main burgonde contre les Alamans en Séquanie ne dut être ni complet, ni surtout immédiat, si l'on songe à telle mention de la Vie des Pères du Jura évoquant, peu avant 500 encore, alors que le pouvoir burgonde était à son apogée sous Gondebaud, la bestialité de fréquents raids alamans dans le sud de la région: *«qui inopinatis viantibus non congressione in comminus, sed ritu superventuque solerent inruere bestiali»* [28].

Sur les territoires burgondes parvenus alors à leur extension maximum sur tout le quart sud-est de la Gaule, au terme d'accroissements en théorie respectueux de la légalité romaine (délégation au roi Gondioch des pouvoirs de maître des armées en Gaule par son beau-frère le patrice Ricimer, tout-puissant à Rome après 461; actes d'allégeance à l'empereur d'Orient après 476), s'exerça périodiquement une sorte de double monarchie. Par suite des meurtres ou des hasards dynastiques au sein de la famille royale, en effet, à trois reprises deux frères seuls survivants se partagèrent le pouvoir (jusqu'à ce que la mort de l'un en ramenât la plénitude entre les mains de l'autre): l'aîné siégeait à Lyon, revêtu de l'autorité romaine (Gondioch, mort vers 470, puis son fils Gondebaud, mort

25) TH. PERRENOT, op. cit.; R. SCHMITTLEIN, La frontière entre les Burgondes et les Alamans dans la Haute-Alsace, dans Bull. phil. et hist. du Comité des trav. hist., 1967, I, p. 205–231.
26) A. JACOBS, op. cit., caput V, p. 40.
27) VREGILLE, p. 172.
28) V. P. J., 157, 5–7.

en 516, enfin le fils de celui-ci, Sigismond, tué en 524), le cadet résidait au cœur même du royaume, à Genève (Hilpéric Ier, frère de Gondioch, mort vers 480, puis Godégisèle, frère de Gondebaud, mort en 500, enfin Godomar, frère de Sigismond, disparu en 534) [29].

Dépendant plutôt de ce dernier, la cité de Besançon, bastion nord-est du royaume tourné contre les Alamans, était administrée, selon les lois compilées ou édictées par Gondebaud peu après 500 *(Loi Gombette)*, par un comte burgonde ayant la haute main sur les affaires, mais, souci égalitaire, flanqué d'un homologue romain [30]. Il est bien sûr impossible de fournir pour cette période burgonde le nom d'un comte ayant eu à s'occuper précisément de la *civitas Vesontionensis* ou de la Bourgogne d'outre Saône. Relevons toutefois, parmi la liste des trente-et-un comtes ayant souscrit le *Liber constitutionum* de Gondebaud, des noms que l'on retrouvera plus tard dans les mêmes régions, à la fin du VIe siècle ou au VIIe, comme Aunemundus, Audericus, Vulfia, et qui pourraient témoigner d'attaches familiales [31].

En cette zone de peuplement privilégié par les Burgondes au sein de leur royaume, s'appliqua particulièrement en faveur des colons germaniques un régime d'«hospitalité» atténué, où le propriétaire gallo-romain ne dut céder au Burgonde la moitié (puis les $^2/_3$) des biens-fonds que du seul domaine directement exploité (à bras d'esclaves ...), conservant donc la jouissance des domaines exploités à ferme [32]. Mais, cette part avantageuse faite par les Burgondes aux Gallo-romains transparaît aussi au niveau politique. Nous n'en voulons pour preuve locale que l'évocation pittoresque par la Vie des Pères du Jura d'un grand propriétaire gallo-romain *honore dignitatis aulicae tumens*, détenteur donc d'une charge à la cour genevoise d'Hilpéric Ier (et en abusant d'ailleurs pour opprimer ses gens) [33].

Ce respect des Burgondes pour les institutions préexistantes, ainsi suggéré en matière politique et juridique en Séquanie, y transparaît-il aussi en matière de religion? On imaginerait volontiers, tout d'abord, que l'hérésie arienne d'origine gothique, dont ils faisaient alors officiellement profession, les ait poussés à des persécutions contre les chrétiens «orthodoxes», comme ce fut le fait d'autres peuples ariens [34]. Certes, une tension peut se constater dans la hiérarchie religieuse du diocèse: la liste épiscopale reste confuse pour

29) Tout ce passage se borne à résumer ODET PERRIN, op. cit., p. 406–456 et 507–537.
30) Ibid., p. 467–486.
31) Liber constitutionum ..., op. cit., p. 34, souscriptions no 2, 8, 11, 12 et 21.
32) ODET PERRIN, op. cit., p. 367, au terme d'une démonstration bien menée.
33) V. P. J., 92, 7.
34) En réalité, les Burgondes posent un problème religieux: en 416, ils étaient catholiques et, une fois installés dans la vallée du Rhône, ils devinrent ariens, et même bonosiens; on a donc expliqué cette volte-face par une influence des Goths, L. MUSSET, op. cit., p. 112, n. 1; J. ZEILLER, Les origines chrétiennes dans les provinces danubiennes de l'empire romain, Paris, 1918, p. 579, n. 3 et p. 580, n. 1 (Bibl. des Ecoles françaises d'Athènes et de Rome, 112); A. JAHN, op. cit., t. 1, p. 111–122.

l'époque burgonde (elle ignore par exemple le nom d'Amantius, attesté pourtant vers 500)[35], et, surtout, il est tentant de voir en la personne d'un Chelmégésile, qui y figure et fut ensuite rejeté par la tradition bisontine, un évêque au nom gothique, et qui pourrait être un arien installé de force sur un siège[36] dont, de surcroît, les privilèges métropolitains ont disparu, au profit d'une centralisation lyonnaise: ainsi en témoignent les souscriptions du pasteur bisontin Claude aux conciles tenus dans le royaume à Epaone (517), puis à Lyon (vers 520)[37].

Mais, déjà, ces conciles estompent les quelques indices d'une crise religieuse séquanaise: réunis à l'instigation du roi Sigismond, ils rappellent en effet les soucis de réforme et d'action chrétienne de ce roi, converti à l'orthodoxie avec une partie de la famille royale (par exemple, sa cousine Clotilde). C'est là un signe non négligeable de l'influence des dignitaires orthodoxes du royaume, symbolisés par la célèbre figure de saint Avit, véritable conseiller politique des rois burgondes. Ce zèle chrétien de la famille royale trouve son écho dans notre région par la poursuite de l'élan monastique jurassien[38]. C'est, tout d'abord, le monachisme développé autour de Condat, qui, favorisé par la royauté burgonde (l'oncle de Sigismond, Hilpéric Ier, dota et honora le monastère)[39], vit alors son rayonnement s'amplifier dans la vallée du Rhône et jusqu'en Helvétie: la part des moines du Jura est en effet considérable dans l'établissement solennel voulu par Sigismond d'un monastère chargé de la louange divine perpétuelle, à Saint-Maurice d'Agaune, en 515. L'une des sept *turmae* formées à cet effet ne portait-elle pas le nom de *jurensis*, représentant sans soute un apport direct de Condat, tandis qu'une autre *turma*, qualifiée de *valdensis*, ne rappelait-elle pas le souvenir des moines de Romainmôtier, appelés eux aussi pour peupler Agaune? En revanche, si l'influence du monachisme jurassien sur celui d'Agaune est à peu près évidente, celle d'Agaune sur les pays entre Jura et Saône au VIe siècle est très problématique; en particulier, on ignore tout des possessions reçues par Agaune dans le diocèse de Besançon en 515: les noms de Salins, Bracon ou Mièges n'apparaissent pas comme tels avant le Xe siècle dans des actes authentiques[40].

35) Vregille, p. 173.
36) Zeiller, op. cit., p. 580, n. 1; Vregille, p. 150, n. 1.
37) Vregille, p. 173.
38) Pour plus de détails sur l'essor et l'évolution du monachisme jurassien, cf. Moyse, p. 56–79.
39) Moyse, p. 468.
40) Pour plus de détails sur les rapports entre Agaune et la région qui nous occupe ici, cf. Moyse, p. 70–76. L'examen de l'influence d'Agaune sur le diocèse de Besançon gagnerait sans doute beaucoup à une étude des titulatures anciennes Saint-Maurice qui y apparaissent; à défaut de cette étude, signalons, par exemple, le titre Saint-Maurice attesté dès 893 à *Coldranico* (vraisemblablement Cordonnet, Haute-Saône, canton de Rioz, et non pas Chauvirey, comme l'identifie, à la suite de P.-Fr. Chifflet, le dernier éditeur), cité dans l'acte n° 4 de Th. Schieffer, Die Urkunden der burgundischen Rudolfinger, M. G. H., 1977, p. 98–99; cf. aussi ci-dessous p. 479, le lieu-dit Saint-Maurice signalé à Chassey-lès-Montbozon.

Mais le caractère de ce monachisme jurassien évoluait sous l'action de saint Oyend, successeur, après Minausius, des deux fondateurs (vers 485–vers 513): son abbatiat, au cours duquel les anachorètes devinrent véritablement des moines communautaires (dortoir, réfectoire), fut si marquant que son nom même remplaça bientôt celui de Condat. Et, tandis que brillait au sud ce premier monachisme, un second était né sur la bordure ouest du Jura, à Silèze, où, venu après 450 de Bourgogne (Autun?), imprégné d'usages proches de ceux de Condat, l'ermite Lautein attira des disciples si nombreux qu'au début du VIe siècle ils avaient dû essaimer à Mesmay (?).

Mais les efforts des Burgondes pour s'insérer au mieux dans les mœurs institutionnelles et religieuses du pays, dont ces libres jaillissements monastiques sont le signe, ne suffirent pas à en maintenir entre leurs mains les guides de la domination politique. Depuis le début du siècle, en effet, leurs territoires excitaient la convoitise des Francs de Clovis en pleine expansion. Mais il ne fallut pas moins de trois campagnes militaires, en 500, 523 et 534, pour que Clovis, tout d'abord, forçât Gondebaud à s'allier à lui (mariage de Clotilde; campagne contre les Wisigoths), puis, que ses fils, Clodomir, Childebert, Clotaire et, plus tard, Thierry, vinssent progressivement à bout de la conquête du royaume de leurs cousins burgondes, Sigismond, puis Godomar [41].

Les pays séquanais subirent dès lors pleinement la troisième vague, franque, de leur germanisation. Sans réticence notoire d'abord, à en juger du moins sur les rares indices qui, de ce VIe siècle, le plus obscur sans doute de l'histoire comtoise, ont pu nous parvenir; ainsi, de la présence régulière des évêques de Besançon aux conciles tenus de 549 à 585 à Orléans, Paris, Mâcon ou Lyon, successivement Urbicus, Tetradius et Silvester, ce dernier connu en outre par une inscription qui permet de fixer le terme de son épiscopat à 592–595 [42]. Pour le reste, nous ne pouvons qu'évoquer ici les répercussions des avatars dynastiques mérovingiens [43].

Pendant une génération, la région fut le lot des rois d'Austrasie, descendants de Thierry, l'ambitieux Théodebert (534–547), puis son fils Théodebald. Très passagèrement (555–561) intégrée dans l'éphémère royaume unifié de Clotaire Ier, elle fut, à la mort de celui-ci, dévolue à son fils Gontran, qui, de 561 à 592, régna sur un vaste ensemble burgondo-orléanais. Mais, en matière d'influence, cette conjonction changeait d'autant moins de choses que, dès 592, la Bourgogne se retrouva officiellement sous la

41) Lire le détail de ces luttes dans Odet Perrin, op. cit., p. 507–540.

42) Vregille, p. 174–175.

43) Pour le détail des partages mérovingiens, il faut, bien sûr, se reporter à: E. Ewig, Die fränkischen Teilungen u. Teilreiche, 511–613, dans Akademie der Wissenschaften u. der Literatur in Mainz. Abh. der geistes- u. sozialwissenschaftlichen Klasse, Jahrg. 1952, Nr. 9, p. 651–715, et, Die fränkischen Teilreiche im 7. Jahrhundert, 613–714, dans 22. Jahrg. Trierer Zeitschrift für Geschichte u. Kunst des Trierer Landes, Heft 1–2, p. 85–144 (ci-après désignés par les termes de: Ewig I, et: Ewig II).

domination de la lignée austrasienne, dont Gontran, très tôt, avait fait son héritière, en la personne de Childebert II († 595), puis de son fils Thierry II, tous deux sous la coupe de leur mère et grand-mère Brunehaut.

Le véritable changement d'influence n'eut lieu qu'en 613, lorsque la maison neustrienne l'emporta définitivement, absorbant, avec l'Austrasie, la Bourgogne, et celle-ci même prioritairement, comme le révèlent les derniers partages mérovingiens effectués entre 639 et 679: c'est toujours à la Bourgogne, et non à l'Austrasie, que la Neustrie se trouve unie sous un même roi. Mais, tout au long d'un VIIe siècle nettement mieux documenté pour nous que le précédent, ces rattachements successifs à l'Austrasie, puis à la Neustrie, d'un retentissement certain, on le verra, sur certains aspects religieux de l'histoire comtoise, n'empêchèrent en rien l'ensemble burgonde de conserver une indéniable autonomie. Ainsi en témoigne la liste des quelque dix maires du palais connus qui, sauf entre 627 et 642, eurent, de la fin du VIe au début du VIIIe siècle, la charge locale du royaume bourguignon [44]. Au sein de celui-ci, notre région doit désormais perdre sa désignation romaine de «cité» au profit de la nouvelle circonscription, dont elle paraît relever dès la fin du VIe siècle, le *pagus* d'Escuens et Outre-Jura.

Un examen, auquel nous nous sommes livré en son temps et que nous ne reprendrons pas ici [45], de la documentation comparée livrée sur cet *honor* et ses divers titulaires par la chronique du pseudo-Frédégaire, d'un côté, et par la *Vita Columbani* de Jonas de Bobbio, de l'autre, laisse en effet entrevoir la constitution, durant la première moitié du VIIe siècle au moins, à cheval sur les deux versants du Jura, d'une sorte de marche militaire, sous le commandement d'un *dux*, dont l'autorité est attestée par une dizaine de titulaires repérés dès avant 590 et jusqu'à la fin du VIIe siècle: Theudefredus (I) († 590) [46], Wandalmarus (I) († 603/604) [47], Protadius († 604/605) [48], Eudila (jusqu'en 613/614) [49], Herpo († 613/614) [50], Waldelenus (après 614 – avant 636) [51],

44) Warnacharius (I) († 598/599), franc, EWIG I, p. 707, n. 3–4; Bertoaldus († 603/604), franc, ibid.; Protadius, romain († 604/605), ibid.; Claudius (à partir de 604/605), romain, ibid.; Warnacharius (II) († 626/627), franc, ibid.; Flaochadus (dès 642), franc, EWIG II, p. 118–119; Radobertus (?) (cité en 654), franc, id., p. 119–120; Ebroinus (664/665–680), franc, id., p. 123–129; Nordebertus (dès 687), fidèle de Pépin II, Liber historiae Francorum, éd. B. KRUSCH, dans M. G. H., S. R. M., t. II, 48, p. 323; Drocus/Drogo (vers 697–708), fils de Pépin II, EWIG II, p. 142–143.

45) MOYSE, p. 96, n. 2.

46) Chronicarum quae dicuntur Fredegarii scholastici libri IV, éd. B. KRUSCH, dans M. G. H., S. R. M., t. II (ci-après abrégé: Fredeg.), IV, 13, p. 127.

47) EWIG I, p. 707, n. 3.

48) cf. ci-dessus, n. 44.

49) EWIG I, loc. cit.

50) Ibid.

51) MOYSE, p. 96, n. 2.

Chramnelenus (connu de 636 à 642) [52], Wandalmarus (II) (cité en 653/654) [53] et Theudefridus (II) (sous Ebroïn) [54]. Ajoutons que, dans cette marche jurassienne, en dehors de ces *duces*, étaient actifs des *comites*: Frédégaire nous en fait connaître trois au moins, Abbelenus et Herpinus en 609/610 [55] (ce dernier, à nouveau nommé en 613/614 [56], pouvant être le futur *dux* Herpo) et, en 642, Bertharius [57]. Cette marche s'étendait tant au delà du Jura (Outre-Jura, autour d'Avenches, Orbe et Sion) qu'en deçà (Escuens, englobant la majeure partie du diocèse de Besançon). La zone cisjurassienne, gouvernée de Besançon, y constituait, bien sûr, tout à la fois un terrain de repli et une base de contre-attaque contre les agressions venant alors de l'est, de nouveau celles des Alamans.

A la charnière des VIe et VIIe siècles une recrudescence de leurs incursions se produit en effet, non seulement vers Avenches en 610, le fait est connu [58], mais jusqu'au nord de notre région, vers Luxeuil, au témoignage de Jonas de Bobbio, qui y mentionne la présence de *Suevi* entre 590 et 610 [59]. Au même moment, apparaît dans les textes une nouvelle tribu germanique, celle des Warasques, originaire de Bavière aux dires de la *Vita Ermenfredi* – dont l'ancienneté et la véracité ne sont pas évidentes –, et localisée par elle entre Mandeure, Cusance et Rantechaux [60]. Leur établissement y était sans doute d'assez fraîche date. Lorsque Eustasius, se rendant en Bavière précisément, entreprit leur évangélisation, en 614–615, il trouva en effet devant lui non seulement des tenants du bonosisme et du photinisme, mais encore des païens [61]: dans un pays comme le diocèse de Besançon, où la christianisation était une tradition déjà séculaire, on concevrait mal que ce paganisme fût d'importation très ancienne et qu'il eût pu résister longtemps. La réalité est donc que ces Warasques, en ce début du VIIe siècle, étaient assez récemment arrivés de Bavière. C'est d'ailleurs en Bavière, où elle était une importation de Lombardie [62], que l'hérésie bonosienne avait dû les toucher, car il serait extraordinaire que cet-

52) Ibid.
53) Ewig II, p. 126, n. 161.
54) Ibid.
55) Fredeg., IV, 37, p. 138.
56) Fredeg., IV, 43, p. 142; cf. aussi en 613 un Erpo, *comestabolis de pago Ultrajorano*, ibid, 42, p. 141.
57) Fredeg., IV, 90, p. 167.
58) Fredeg., IV, 37, p. 138.
59) Vitae Columbani abbatis discipulorumque ejus libri II, éd. B. Krusch, dans M. G. H. in usum scholarum, Hanovre-Leipzig, 1905 (ci-après abrégé: V. Col.), I. 8, p. 167, l.1.
60) Vita Ermenfredi (B. H. L. 2608), dans Acta sanctorum, 3e éd., Paris–Rome, 1863–1867, Sept., VII, p. 107, 1–3, p. 108, 4 et 10; sur la valeur discutable de cette Vita (ci-après abrégée V. Erm.), cf. Moyse, p. 48. – Rantechaux, Doubs, canton de Vercel-Villedieu.
61) V. Col., II, 8, p. 243–244; Moyse, p. 94, n. 4.
62) Zeiller, op. cit., p. 579, n. 2–3.

te même hérésie, attestée au Ve siècle chez les Burgondes, eût survécu en *Burgundia* un siècle au moins, et que ce fût donc une fois établis sur le Doubs que ces *Warasci* l'eussent contractée.

Quant à l'allusion de la *Vita Ermenfredi* à une première défaite devant les Burgondes, elle pourrait se référer au refoulement des Alamans par les Burgondes à la fin du Ve siècle, évoqué plus haut, tandis que la seconde poussée, couronnée de succès, concorderait avec les raids alamans attestés à la charnière des VIe et VIIe siècles. Mais il ne s'agit certes pas ici d'assimiler l'ethnie représentée par les Warasques à celle des Alamans, comme on serait tenté de le faire [63] en se fondant sur la seule coïncidence chronologique entre l'apparition des Warasques dans les textes et le déclenchement des raids alamans vers 600, connus par ailleurs. Ce qui s'y oppose est, bien sûr, l'origine bavaroise que leur prêtent les textes et, semble-t-il, la consonance même de leur nom, assimilable à celui des *Naristae* ou *Varistae* de Tacite [64]. Tout au plus peut-on penser à une communauté de destin entre Alamans et Warasques, ceux-ci profitant de la percée de ceux-là pour franchir Rhin puis Doubs. Quoi qu'il en soit, c'est bien là l'ultime vague décelable d'un processus de germanisation subi durant un siècle et demi au moins, au terme duquel la Cisjurane, ayant à cet égard amplement comblé son retard primitif, apparaît comme un véritable réceptacle d'ethnies. Mais, en cet amalgame de populations finalement observable au VIIe siècle, et, archéologiquement parlant, jusqu'au VIIIe, quelles étaient l'importance et la solidité d'implantation de chaque groupe, quels rapports de force pouvaient-ils entretenir entre eux, quel effet enfin ces apports, parfois païens et parfois ariens, ont-ils eu sur la christianisation activement menée au Ve siècle?

Détenteurs définitifs de l'autorité sur cette marche, les Francs se trouvaient pourtant confrontés, davantage encore que les Burgondes précédemment évincés, à une situation humaine qui leur était défavorable. En premier lieu, leur implantation archéologique y apparaît nulle, ou presque. Ainsi, pour le Doubs et le Jura, pas de trouvailles franques caractéristiques [65]. De même en Haute-Saône, seule une région très limitée semble avoir fourni quelques objets francs, celle de Montarlot-lès-Champlitte et Fouvent: encore faudrait-il y conclure à des commandements francs à la tête de garnisons burgondes [66]. Il n'est donc pas douteux que les Francs n'ont pas véritablement influé sur le peuplement séquanais.

63) Telle semble bien la tendance, de moins en moins nuancée, qui, de PERRENOT, op. cit., se retrouve dans CHAUME, op. cit., II¹, p. 120, et enfin chez L. MUSSET, op. cit., p. 134 et 178.

64) L'allusion la plus récente aux origines ethniques des Warasques semble celle de E. ZÖLLNER, Die Herkunft der Agilulfinger, dans Zur Geschichte der Bayern, Darmstadt, 1965, p. 119 (et n. 47).

65) C'est ce qui ressort du répertoire cité de J. G. Ebersolt: mais il est permis de discuter et du but poursuivi par ce répertoire, et de la typologie y employée.

66) A. THEVENIN, Les cimetières mérovingiens de la Haute-Saône, Paris, 1968, notamment sous le n° 23. – Montarlot et Fouvent, Haute-Saône, canton Champlitte.

Il n'en est pas de même des autres vagues germaniques, et de la vague alamanne tout d'abord. Présents, on l'a vu, dès la seconde moitié du Ve siècle, ces Alamans arrivent encore au début du VIIe. Certes, cette présence fut intermittente et contrariée. Malgré tout, outre le sud de la région, où des Alamans auraient au moins laissé leur nom [20] (Scotingi = Escuens, mais, précisément, le caractère alaman de ce toponyme est douteux), il semble possible d'isoler un territoire où des influences alamanes apparaissent dans le matériel archéologique connu, celui qu'embrassent la boucle du Doubs et la porte de Belfort, ce qui ne devrait pas surprendre, puisque là se trouve le passage obligé des incursions alamannes évoquées plus haut. Là, si les origines alamannes de la population warasque sont, on l'a vu, loin d'être assurées, quelques découvertes semblent bien relever du domaine artisanal alaman: à Bourogne et Chagey [67], par exemple, et, dénotant une poussée assez profonde vers l'ouest, à Chassey-lès-Montbozon (sablière de Bonnal), dans les fondations récemment dégagées et fouillées d'une chapelle que le matériel retrouvé permet de dater des VIe–VIIe siècles et, indice d'ancienneté intéressant, localisée en un lieu-dit Saint-Maurice (sur le cadastre moderne bien sûr, d'où le problème qui se pose de la date exacte d'adoption de cette titulature) [68]. Mais, comme en témoigne, par exemple, le succès rapide, entre 614 et 629, de l'évangélisation des Warasques par Eustasius, c'est-à-dire, on le verra, par le monachisme irlandais soutenu par le pouvoir neustrien, ces Alamans, ou ces Germains non Burgondes, n'ont pas dû constituer longtemps une gêne pour la domination franque.

La population burgonde, elle, se montra moins patiente. De fait, les caractères originaux de ce peuple, le moins faiblement implanté, en définitive, de tous ces immigrants germaniques, persistèrent jusqu'à l'époque carolingienne: par exemple leurs lois, dont l'application est encore mentionnée au IXe siécle, par Agobard [69]. Sans doute est-ce cette imprégnation burgonde qui se traduit dans les faits ponctuels du siècle par trois sursauts de «nationalisme» burgonde contre le pouvoir neustrien. D'abord, au lendemain de l'annexion facile de la *Burgundia* par Clotaire II, entre 613 et 616, par la révolte et les complots d'une faction burgonde conduite par le patrice Aletheus (il descendait de la famille royale burgonde), l'évêque de Sion Leudemundus et le *dux in pago Ultrajurano* Eudila, burgonde par exception. Le complot échoua, mais Leudemundus fut traité avec douceur par Clotaire, cela sur intervention de l'abbé de Luxeuil, Eustasius [70], ce qui montre que, dans la région, existait un courant favorable, et que le roi n'était pas en mesure de réprimer ces mouvements locaux. Cette opposition apparaît encore en 626/627: après la mort du maire du palais de Bourgogne Warnacharius (II), Clotaire dut se

67) Bourogne, Territ. de Belfort, canton Delle; cf. THEVENIN, op. cit., p. 113, n. 1; Chagey, Haute-Saône, canton Héricourt, ibid., p. 45 (plaque trapézoïdale identifiée p. 123).

68) Cf. comptes-rendus sommaires de cette importante fouille récente dans Gallia, t. 26 (1968), p. 437–440; 28 (1970), p. 350–351; 30 (1972), p. 424–426; 32 (1974), p. 417; 34 (1976), p. 430. Chassey-lès-Montbozon, Haute-Saône, canton de Montbozon.

69) L. MUSSET, op. cit., p. 114.

70) FREDEG., IV, 43–44, p. 142–143.

résigner à ne pas lui donner de successeur, cela pour répondre aux vœux des grands de *Burgundia* 71). Le dernier sursaut burgonde eut lieu en 642, quand la reine Nantilde rétablit un maire du palais en Bourgogne, en la personne du franc Flaochad. Aussitôt un parti burgonde se souleva, sous la conduite du patrice Willebaldus, descendant, semble-t-il, des anciens rois burgondes. Ce soulèvement se termina par une véritable bataille sous les murs d'Autun, où les Burgondes furent défaits 72).

Quoi qu'il en soit de ces sursauts burgondes malheureux, nulle implantation germanique ne semble avoir suffi à modifier de façon décisive le vieux fonds de population gallo-romaine du pays, si bien qu'un motif essentiel du succès du pouvoir franc minoritaire sur cette population traditionnelle majoritaire doit être recherché dans l'alliance que les Mérovingiens nouèrent dans la pratique avec les couches dominantes de cette population, l'aristocratie, au niveau de laquelle se constate une indéniable permanence gallo-romaine. Il ne faudrait pourtant pas s'imaginer que les dignitaires mérovingiens du *pagus ultrajoranus (et Scodingorum)* furent avant tout choisis parmi les Gallo-romains: le pouvoir politique, autant que faire se pouvait, était confié à des Francs. Ainsi, parmi les *duces* connus au VIIe siècle, plus de moitié furent francs: Theudefredus (I) 46), Wandalmarus (I) 47), Herpo 50), Wandalmarus (II) 53) et Theudefridus (II) 54). Il reste que l'un d'eux fut burgonde, Eudila 49), et trois autres romains, Protadius 48) et, plus tard, Waldelenus et Chramnelenus 51). Précisément, ce que nous savons des familles de ces derniers *duces* permet, pour une fois, de saisir de près la continuité de l'aristocratie gallo-romaine aux rênes du pouvoir dans les pays du Jura et les liens tissés avec le pouvoir mérovingien.

Le premier *dux* gallo-romain connu, Protadius, déjà maire du palais sous Thierry II, et en grande faveur auprès de Brunehaut, fut assassiné au bout d'un an par l'armée royale révoltée (605) 73). Mais sa famille était bien établie dans son *pagus*, car il est vraisemblable que l'évêque de Besançon, Protade, connu en 614, en faisait partie 74).

La même continuité gallo-romaine au pouvoir, en même temps que la fusion avec les nouvelles ethnies, se recontrent dans la famille de Waldelenus, connue par ses rapports étroits avec le colombanisme. Dans cette famille, romaine au moins par la mère Flavia, Waldelenus le père, et le second fils, Chramnelenus (noms à première vue révélateurs d'attaches germaniques, mais Frédégaire précise sans équivoque possible la qualité de *romanus* de Chramnelenus), furent, on l'a vu, successivement, gouverneurs de la marche jurassienne, de 615 à 650 environ. Le fils aîné lui, Donat, dû à l'intercession de Colomban et son filleul, devint le premier grand pasteur connu de Besançon, entre 625 et 660 environ. Mais ce personnage n'est pas la seule illustration chrétienne de la famille: Flavia fonda Jussa-Moutier à Besançon, dont sa fille Sirudis fut la première abbesse, tandis que

71) Fredeg., IV, 54, p. 147–148.
72) Fredeg., IV, 89–90, p. 165–168.
73) Fredeg., IV, 26–27, p. 131–132.
74) Vregille, p. 177–179.

Chramnelenus restaurait Romainmôtier [75]. Le tableau généalogique de cette importante famille peut en définitive se restituer ainsi:

Waldelenus (attesté dès 590–597) [76]
dux in pago Ultrajorano (après 614– avant 636) [77]
inhumé à Saint-Paul de Besançon [78]
épouse
Flavia (attestée dès 590–597) [76]
fonde Jussa-Moutier après la mort de son mari [79]

- Donatus, fils aîné
  né en 590–597 [76]
  moine à Luxeuil [80]
  évêque de Besançon (625–660 environ) [81]
  fonde Saint-Paul (vers 625–630) [82]
  y est inhumé [78]

- Chramnelenus, *romanus* [83]
  dux in pago Ultrajorano (avant 636– après 642) [84]
  construxit Romainmôtier [85]
  épouse Ermentruda [86]

- Deux filles [87], dont: Sirudis [88]
  abbesse de Jussa-Moutier
  († avant 655–660) [89]

75) Sur l'action religieuse de cette famille, cf. VREGILLE, p. 182–185, et MOYSE, p. 372–375.
76) La première attestation du fils aîné, Donat, est de 626/627 (concile de Clichy): si l'on déduit les 30 ans de l'âge épiscopal canonique, on obtient 597, ce qui concorde parfaitement avec les dates de séjour à Luxeuil de Colomban (auquel recoururent Waldelenus et Flavia pour obtenir une progéniture, V. COL., I, 14), entre 590 et 610, MOYSE, p. 83; à l'exeption du nom de Sirudis, tous les liens de parenté sont donnés par V. COL., loc. cit.
77) MOYSE, p. 96, n. 2.
78) VREGILLE, p. 182–183.
79) V. COL., I, 14, p. 176, l.11–12; MOYSE, p. 405.
80) Ibid., p. 175, l.19.
81) Donat est attesté du concile de Clichy, déjà cité, jusqu'à l'acte de 658 par lequel Adalsinda, sœur de Waldelenus, abbé de Bèze, et fille d'Amalgarius et Aquilina, cède à son frère le *monasterium Dornatiacum,* acte transmis par la Chronique de Bèze, éd. J. GARNIER, Dijon, 1875, p. 240–241.
82) V. COL., I, 14, p. 175, l.22 – p. 176, l.1; et VREGILLE, p. 182.
83) FREDEG., IV, 78, p. 160, l.3.
84) Ibid., loc. cit. (636/637) et 90, p. 166–167 (642).

La preuve des alliances entre de telles familles et le pouvoir mérovingien réside dans le soutien que Chramnelenus apporta en 642 au maire du palais de Bourgogne pour mater à Autun le soulèvement burgonde [84]. Bien plus, de telles alliances survivaient aux changements dynastiques, un même dignitaire pouvant servir successivement Brunehaut, puis Clotaire II; ainsi l'évêque Protadius, qui dut sans doute son siège à cette reine, mais dont la *Vita* a gardé aussi le souvenir de relations amicales avec ce roi [90]. Cette permanence des mêmes familles est telle que, plus que d'un recours de ces familles au pouvoir mérovingien, il convient de parler d'un recours obligé du pouvoir mérovingien à ces familles, sans lesquelles contrôler un pays eût été impossible. Tactique d'autant plus nécessaire que leurs ramifications familiales dépassaient le cadre local.

Un apparentement de la famille des *duces* d'Outre-Jura a en effet été avancé avec au moins deux autres familles où se rencontrent des homonymes: mais est-il besoin d'insister sur la prudence qu'il convient d'observer en matière d'homonymie? Malgré tout, l'une de ces familles, selon les hypothèses du chanoine Chaume [91], – qui ont toute la fragilité de la problématique *Vita Ermenfredi* sur laquelle elles reposent –, serait celle d'Ermenfroi, moine à Luxeuil sous Walbert (après 629), et premier abbé de Cusance restauré par ses soins et ceux de son frère Waldalenus, référendaire à la cour de Clotaire II (613–629), tous deux fils d'un Ermenricus et d'une Waldalena, d'origine warasque [92]; l'autre famille apparentée à celle de Donat, selon la *Chronique* de Bèze du XIIe siècle (et contrairement à la tradition bisontine, qui établit ici une nette séparation entre les deux familles) [93], serait, outre-Saône, celle du premier abbé de Bèze, Waldalenus, fils des fondateurs, Aquilina et Amalgarius, et frère d'Audalricus, ces deux derniers personnages successivement *duces in Burgundia*. Un dernier membre de cette famille proche de Bèze est encore connu en la personne d'Adalsinda qui, en 658, fit donation à son frère Waldalenus du monastère non identifié de *Dornatiacum* (diocèse de Besançon), à la tête

85) V. Col., I, 14, p. 176, l.6–8.
86) F. Prinz, Frühes Mönchtum im Frankenreich, Munich-Vienne, 1965, p. 150, n. 141.
87) V. Col., I, 14, p. 176, l.9.
88) Moyse, p. 373, n. 2.
89) Date vraisemblable de la *Regula Donati*, adressée à une abbesse de *Jussanum* qui n'est plus Sirudis, mais Gauthstrudis, cf. Moyse, p. 121.
90) Vregille, p. 178.
91) Chaume, op. cit., II^1, p. 211–212.
92) V. Erm., 3–5, p. 107–108.
93) Cf., par exemple, J. J. Chifflet, Vesontio . . ., Lyon, 1618, II, p. 155–156.

duquel elle se trouvait jusqu'alors. La généalogie de cette famille, étrangement parallèle à celle de Donat, serait la suivante:

Amalgarius
dux in Burgundia (attesté de 629 à 642) 94)
fondateur de l'abbaye de Bèze avec son épouse Aquilina 95)

— Audalricus
dux après son père 96)

— Waldalenus
moine à Luxeuil 96)
abbé de Bèze (attesté en 658 et 677) 97)

— Adalsinda
abbesse de *Dornatiacum* jusqu'en 658 95)

Mais, en dehors de ces familles aux ramifications étendues, pour contrôler le *pagus* d'Escuens, le pouvoir mérovingien s'appuyait aussi sur les responsables de la christianisation, eux-mêmes liés à ces familles. Perturbée au cours du VIe siècle, cette christianisation reprit activement dès la fin du siècle. Tandis que le catalogue épiscopal se trouvait dès lors régulièrement tenu, et peut-être même étoffé en un *Bisontinorum antistitum chronicon* par les soins de l'évêque Terniscus 98), qui serait alors le précurseur de l'historiographie et de l'hagiographie bisontines, dès Protade, au moins, les pasteurs bisontins retrouvèrent leur prééminence métropolitaine, à en juger par leur rang dans les souscriptions conciliaires ou des privilèges épiscopaux: Protade au concile de Paris en 614, Donat à ceux de Clichy (626/627) et Chalon (650), et dans les privilèges pour Rebais (637) et Saint-Maur (645), et Terniscus à Mâlay (679/680) 99).

Bien plus, leurs soucis règlementaires se traduisirent dans l'élaboration par Protade d'un Rituel (perdu à l'exception du *Prologue*), destiné à unifier les usages liturgiques de

94) FREDEG., IV, 58, p. 150 (629/630) et 90, p. 166 (642).
95) Donation de 658, citée ci-dessus, n. 81.
96) CHRONIQUE DE BÈZE, op. cit. Ces précisions ne sont pas vérifiables. En particulier, FREDEG., IV, ne souffle mot d'un *dux in Burgundia* Audalricus. Mais A(u)dalricus est cité comme frère d'Adalsinda dans la donation de 658, et ce nom ne devait pas être inconnu en *Burgundia*, depuis le comte Audericus, dont la souscription s'est conservée dans le LIBER CONSTITUTIONUM, op. cit., p. 34, n° 11.
97) Donation de 658, citée ci-dessus, et acte de 677 dans PERTZ, Diplomata ..., M. G. H., Diplomatum, t. 1, Hanovre, 1872, n° 46.
98) Tradition publiée par CHIFFLET, op. cit., II. p. 165, qui démarque, comme il en a l'habitude dans son livre, les *Gesta Crisopolitanae Ecclesiae* du début du XVe siècle, attribuables à un certain Guido, moine de Saint-Paul de Besançon, Paris, Bibl. nat., nouv. acq. lat. 1696.
99) Cf. références dans VREGILLE, p. 177–179, 182–187 et 201.

son chapitre [100]. D'alors encore date la fortune temporelle de la cathédrale de Besançon, dotée sous Donat, successeur de Protade, de domaines à Arlay et Domblans [101], dans cet Escuens producteur de sel où elle resta implantée jusqu'au IXe siècle au moins [102]. En revanche, elle ne parvint pas à s'imposer en territoire warasque, vers Cusance, d'où l'évinça la jeune influence luxovienne [103].

Le moteur principal de la christianisation restait en effet, comme au Ve siècle, le monachisme: c'est sur lui que s'appuyait en priorité le pouvoir royal, tant le vieux monachisme jurassien, encore favorisé en 698–699 par Childebert III [104] au moins, qu'un tout nouveau monachisme, fort différent, et dans son implantation première aux confins septentrionaux de la région, et dans ses usages de coloration irlandaise, et dans son rayonnement finalement étendu à toute la Gaule [105]. C'est en effet au pied des Vosges qu'il prit naissance dans le dernier quart du VIe siècle, quand, voyageant pour le Christ depuis l'Irlande pour évangéliser le monde, Colomban et ses compagnons obtinrent du souverain, bourguignon ou austrasien, concerné la permission d'établir leur communauté, vite florissante, à Annegray, puis à Luxeuil et à Fontaine-lès-Luxeuil. C'était là une région certes fort dépeuplée au sortir des troubles des IIe–IIIe siècles, puis des Ve–VIe siècles, mais où, néanmoins, déjà, une expérience monastique celtique préexistait, à *Salicis* (Saulx?), sous un certain Carantoc, vite oblitérée par celle de Colomban.

La nouveauté des usages luxoviens, où, sans doute dès avant 610 (départ de Colomban), les codifications éthiques d'Irlande se trouvèrent assises sur les règlementations communautaires de saint Benoît en provenance de la cour pontificale, explique les débuts brillants du colombanisme, attestés par son succès auprès de l'aristocratie locale lui confiant dès les origines la formation spirituelle et intellectuelle de ses enfants, tel Donat, fils du gouverneur du pays. En réalité, la véritable expansion de ce monachisme est postérieure à Colomban, et suit en définitive la courbe de la faveur politique dont jouirent les responsables luxoviens. Les contacts de Colomban avec la cour burgondo-austrasienne de Brunehaut se détériorèrent en effet vite: incompatibilité de caractère, mais, surtout, de mœurs institutionnelles par rapport à la hiérarchie ecclésiastique gauloise tenue à l'écart par ces Irlandais habitués à la suprématie de l'ordre régulier sur l'ordre séculier, et même à leur confusion, réalisée peu après à Besançon, quand Donat devint évêque. Cette détérioration aboutit à l'expulsion de Colomban en 610, ne laissant derrière lui que les trois établissements primitifs.

100) B. DE VREGILLE, Le «Rituel de saint Prothade» et l'Ordo canonicorum de Saint-Jean de Besançon, dans Revue du moyen âge latin, t. 5 (1949), p. 97–114.
101) VREGILLE, p. 187.
102) C'est ce qui ressort des diplomes I–II et IV cités dans MOYSE, p. 25.
103) V. ERM., 7–8, p. 108.
104) MOYSE, p. 469.
105) Pour plus de détails sur le monachisme colombanien dans le diocèse de Besançon, cf. MOYSE, p. 83–104 et 369–387.

Ce n'est qu'au renversement de la prépondérance austrasienne en 613 par la Neustrie de Clotaire II, protecteur de Colomban contre Brunehaut, que les moines de Luxeuil, fort en cour auprès de l'aristocratie neustrienne, durent leur fortune. Ce n'est donc que sous l'abbatiat d'Eustasius (vers 612–629) et, les oppositions doctrinales ne s'étant apaisées qu'après 627, plus encore sous celui de Walbert (629–670), poursuivi par Ingofroi, que l'on assiste à la floraison véritable du colombanisme. Et, tandis qu'affluaient à Luxeuil non plus seulement les enfants de l'aristocratie bourguignonne (Eustasius lui-même), mais dès lors aussi d'Austrasie (saint Germain; les fondateurs de Remiremont) et de Neustrie (Walbert), et jusqu'à l'apogée du rôle politique de Luxeuil en 673–675, véritable prison d'Etat de Childéric II pour y enfermer Ebroïn et Léger, ainsi se présentent les fastes colombaniens limités à la région comtoise: en 614–615 naît à Cusance une éphémère communauté de moniales, résultat de l'évangélisation en territoire warasque d'Eustasius, initiateur du colombanisme féminin, établissement relayé avant 629 par un monastère d'hommes sous Ermenfroi, vite dominé par Luxeuil; vers 625–630 Donat, devenu évêque, érige Saint-Paul à Besançon et, quelques années plus tard, toujours à Besançon, sa mère institue Jussa-Moutier. Citons encore, aux confins helvètes, la restauration de Romainmôtier par le frère de Donat, Chramnelenus, avant 642 et, vers 660, la fondation par saint Germain de Moutier-Grandval.

Là, en effet, se borne une liste authentique des fondations luxoviennes comtoises. Les origines de Lure ou de Saint-Ursanne, légendairement situées au moment du départ de Colomban vers Bobbio, nous sont en vérité inconnues avant le IXe siècle, mais certaines expériences monastiques n'y sont pas impensables au VIIe. Tout aussi mal connues sont les origines de Baume-les-Dames, dont il est impossible de décider si elles remontent vraiment au deuxième tiers du VIIe siècle ou au troisième du VIIIe seulement, tout reposant ici sur la *Vita Ermenfredi*, dont la véracité, on l'a vu à plusieurs reprises déjà, n'est pas évidente. Encore ne sont-ce là que les moins fantaisistes parmi les attributions colombaniennes jadis aventurées.

Cette prise directe du colombanisme en ces régions, finalement réduite à six ou sept établissements, dont deux ou trois seulement importants, contraste donc fort avec la pluie contemporaine sur le reste de la Gaule des fondations irlandaises. Plutôt que d'un terrain où s'épanouit largement le monachisme, notre région offre donc davantage l'aspect d'un creuset où se préparent les moines pour essaimer au loin.

Il n'est que juste, en revanche, pour compléter cette vue de la christianisation monastique, en deçà du Jura sous la domination franque, d'évoquer un regain de l'influence bourguignonne [106]. Non que les attributions à Gontran des origines de Saint-Amour ou

106) Pour les justifications et précisions sur l'influence bourguignonne, en matière monastique, dans le diocèse de Besançon, aux VIe–VIIe siècles, notamment à propos des relais entre Agaune et Dijon ou Chalon, cf. Moyse, p. 74–76 et 79–81.

Baume-les-Dames, et à Brunehaut celles de Colonne, soient recevables. Mais on peut faire remonter à l'action des rois mérovingiens de Bourgogne, et principalement à Gontran, l'établissement de relais appartenant soit à Saint-Maurice d'Agaune, soit à un monastère bourguignon, Saint-Benigne de Dijon en l'occurrence, à Orbe et Pontarlier (Saint-Bénigne), La Chaux et Usier (Agaune), Bulle ou Boujailles (Saint-Bénigne), Aresches (Agaune), Paroy ou Aiglepierre (Saint-Bénigne), et Chamblay (Agaune). Ces stations alternaient donc sur la voie reliant, à travers le Jura, le Valais (où Gontran voulait apparaître comme le successeur des rois burgondes et trouver un appui contre les Lombards), et la Bourgogne, où, en 584, le même Gontran fondait, dans le *suburbium* de Chalon (zone relevant alors, semble-t-il, du diocèse de Besançon) [107], le monastère de Saint-Marcel, placé en confraternité avec celui d'Agaune, tandis que les dotations de ce roi furent nombreuses en faveur de l'église Saint-Bénigne de Dijon (sans que, toutefois, des moines y soient attestés avant 620–630).

Surtout, concernant les monastères féminins, c'est une authentique influence bourguignonne que celle de Bèze (et même colombanienne au second degré), responsable de la fondation en Attuyer, mais dans le diocèse de Besançon, de l'obscur *Dornatiacum* disparu dès 658 [108], ou que celle de Flavigny, colombanienne au troisième degré, à qui on peut attribuer la fondation du monastère de Faverney, au début du VIIIe siècle [109]. Quant à Château-Chalon, rien n'empêche d'y voir aussi une fondation bourguignonne du VIIe siècle avancé [110]. C'est donc, au total, par une douzaine de nouvelles communautés monastiques, urbaines ou rurales, masculines ou féminines, que la christianisation s'est trouvée, au cours du VIIe siècle, étendue à toute la moitié nord de la Cisjurane, ne fût-ce que par l'usage et la diffusion de règles de conduite communautaire exemplaires. Ces usages, il faut se les représenter d'une foisonnante diversité alors, car chaque monastère puisait dans les recueils de Colomban, de Benoît, des Provençaux (Césaire) ou des Orientaux, pour se composer un code particulier bien adapté: ainsi fit Donat à la fin de sa carrière pour Jussa-Moutier [111].

Mais, plus ouvertement tourné au VIIe siècle sur le monde qu'au Ve, ce monachisme exerça aussi une action sur l'environnement humain et naturel. A lire les récits circonstanciés des Vies des Pères du Jura ou de Colomban, il est en effet indéniable que ces communautés formaient de véritables cellules de colonisation. D'une part, le monastère devait assurer son existence, exploiter les terres environnantes et son patrimoine foncier qui, déjà, pouvait atteindre des distances considérables: Walbert, par exemple, légua à

107) Si telle doit être du moins l'interprétation du passage de FREDEG., IV, 1, l. 7–8 p. 124: *suborbanum Cabilonninsum, sed quidem tamen Sequanum est territurium.*
108) MOYSE, p. 375–376.
109) MOYSE, p. 390–393.
110) MOYSE, p. 387–390.
111) Pour un exposé détaillé de ces problèmes d'usages et règles monastiques, cf. MOYSE, p. 394–424.

Luxeuil des biens en Ponthieu. D'autre part, ces cellules de production alimentaire, parfois suffisamment excédentaires pour constituer des réserves, de surcroît centres de vie exemplaire et de science, – évoquons au moins l'activité des scribes de Luxeuil, diffuseurs d'un type d'écriture conservé dans une trentaine de manuscrits des VIIe–VIIIe siècles –, agissaient comme des phares sur ces populations soucieuses de leur salut, voire de leur survie en temps de famine. C'est donc en définitive des foyers de peuplement que ces monastères durent constituer dans les régions sauvages qu'ils affectionnaient pour la plupart [112]. Pourtant, le caractère très ponctuel de leur implantation, et leur nombre somme toute limité, explique sans doute que leur action colonisatrice ne soit pas sensible au niveau archéologique durant le haut Moyen âge: à l'orée de l'ère carolingienne, en effet, l'archéologie nous montre l'implantation humaine toujours détournée des parties les moins clémentes des pays séquanais [113].

De même qu'on peut voir dans cette stagnation de la colonisation humaine au cours des Ve–VIIe siècles un signe de la faiblesse numérique, ou de la lenteur, de la germanisation des pays compris entre Saône et Jura, il est permis de découvrir un dernier témoignage de ces retards jurans dans la date tardive d'apparition qui s'y constate d'une institution aux origines souvent admises comme anciennes, sinon romaines ou même gauloises (la théorie en a été soutenue), du moins germaniques: nous voulons parler du *pagus* au sens restreint du terme, subdivision administrative nettement caractérisée de la *civitas,* avec *comes* à sa tête et tout ce qui s'ensuit. En ce qui concerne le diocèse de Besançon, en effet, héritier de la *civitas Vesontionensis,* il convient d'adopter une attitude très réticente vis-à-vis d'une prétention à une telle ancienneté. En effet, les seuls textes authentiques à notre disposition pour le haut Moyen âge montrent nettement que les cinq *pagi* «restreints» recensés dans notre région (Amous au nord-ouest, Escuens au sud, Varais au centre-est, Ajoye au nord-est et Portois au nord) [114] n'apparaissent en tant que tels qu'à l'extrême fin de l'époque mérovingienne, sinon même à l'époque carolingienne. Ainsi, les premières mentions des *pagi* d'Ajoye, d'Amous et de Portois ne se ren-

112) Tout cela n'est que le résumé de MOYSE, p. 424–460 notamment.

113) Telle est du moins l'impression qui se dégagerait de la carte – très grossière –, que l'on pourrait dresser du peuplement des pays jurassiens au haut moyen âge à partir des fouilles ou trouvailles advenues jusqu'à présent, et qui ne serait pas sensiblement différente d'une carte du peuplement gallo-romain de la même région.

114) Préciser la localisation et, surtout, l'étendue de ces circonscriptions civiles carolingiennes demanderait une étude exhaustive des mentions de lieux cités dans les textes mêmes avec précision de leur *pagus.* En raison de son ampleur, une telle étude serait ici déplacée. Qu'il suffise de dire qu'elle montrerait combien la théorie de l'adéquation des circonscriptions religieuses médiévales (en l'occurence les doyennés ecclésiastiques connus par les pouillés des XIIe–XIIIe siècles) aux circonscriptions civiles antérieures que sont les *pagi,* théorie satisfaisante peut-être au niveau des grandes lignes, ne se vérifie pas toujours dans le détail, notamment entre Escuens et Varais (problème du doyenné de Salins) et autour de Besançon (doyenné de Sexte).

contrent pas avant le début du VIIIe siècle (encore celles d'Amous et Portois se lisent-elles en un texte quelque peu suspect) [115], tandis que celles des *pagi* de Varais et d'Escuens (il ne s'agit plus ici du grand *pagus* d'Escuens-Outrejura) n'apparaissent qu'au IXe siècle [116].

Comme semblerait donc l'indiquer pour sa part la date tardive d'apparition de l'institution du *pagus* «classique» entre Saône, Vosges et Jura, les mutations germaniques et chrétiennes des VIe–VIIe siècles, n'y ayant modifié qu'en qualité le fonds autochtone, n'y ont donc pas fait progresser spectaculairement la colonisation humaine. Par suite, cette germanisation peu massive avait-elle abouti à couper véritablement du monde méditerranéen cette région jadis étroitement liée à lui? Aux fréquents échanges avec l'Italie, ou seulement avec la vallée du Rhône, qui, sous l'Empire, découlaient des voies romaines sillonnant la *civitas*, et encore attestés jusqu'au début du VIe siècle pour Saint-Oyend (ce monastére se ravitailla une fois au moins en sel sur les bords de la Méditerranée) [117], s'opposent certes largement, au VIIe, des influences septentrionales comme celle du colombanisme. Mais gageons que les contacts avec le midi ne furent pas totalement interrompus: l'utilisation de l'axe de communication entre le Valais (Agaune) et la Bourgogne (Dijon, Chalon) à travers tout le Jura nous y engage.

115) Ajoye: *in pago Alsegaugensi*, dans la deuxième donation du comte Eberhard à Murbach, éd. TROUILLAT, Monuments de l'histoire de l'ancien évêché de Bâle, t. 1, Porrentruy, 1852, p. 71, daté à tort de 728, en fait 735/736, cf. CHR. WILSDORF, Le monasterium Scottorum de Honau et la famille des ducs d'Alsace au VIIIe siècle, tiré-à-part de Francia, Bd. 3 (1975), p. 67. – Amous: acte de fondation, en 719, de Saint-Prix de Flavigny par Wideradus, éd. J.-M. PARDESSUS, Diplomata..., Paris, 1843–1849, p. 399–402 (cf. critique par J. MARILIER, Notes sur la tradition textuelle des testaments de Flavigny, dans Mémoires de la Société pour l'histoire du droit et des institutions des anciens pays bourguignons..., t. 23 [1962], p. 185–199). – Portois: testament de Wideradus (722), éd. J. MARILIER, Testamentum Wideradi..., dans Mém. Soc. pour l'hist. du droit et des institutions..., t. 30 (1970–1971), p. 61–69 (critique du même auteur, ibid., p. 57–60, et art. cité n. précédente).

116) Varais: Comitatum Wirascorum, en 839, DIVISIO IMPERII, dans M. G. H., Capitularia, t. II, p. 58, 1.19. – Escuens: Comitatum Scudingium, à la même date, ibid., l.18.

117) V. P. J., 157, 9–11.

Zusammenfassung: Germania I und Maxima Sequanorum

VON VLADIMIR MILOJČIĆ*

* Der Autor dieser Zusammenfassung, die den Band XXV der Vorträge und Forschungen beschließt, Professor Dr. Vladimir Milojčić, Ordinarius der Vor- und Frühgeschichte an der Universität Heidelberg, ist am 19. Februar 1978 plötzlich verstorben. Seine Kollegen und Freunde, die ihn in seiner temperamentvollen Art auf der Reichenau-Tagung im Frühjahr 1977 erlebten, werden diesem vielseitigen Gelehrten ein dankbares Andenken bewahren. Was dieser Mann für die europäische Vor- und Frühgeschichtsforschung bedeutete, zeigen der Nachruf von W. Krämer in der Prähist. Zeitschr. 53, 1978, 1–6 und der Gedenkvortrag von J. Werner: Vladimir Milojčić, Lebensweg und Werk in Sitzungsber. d. Heidelberger Akad. d. Wiss. Phil.-Hist. Klasse, Sonderabh. 1978, 12–27.

Wenn man nach zweieinhalb Tagen des intensiven und eindringenden Zuhörens vor der Pflicht steht, eine Zusammenfassung des Gehörten, der dabei gewonnenen persönlichen Eindrücke und Belehrungen zu erstellen, wundert man sich zuerst über den eigenen Leichtsinn, zugesagt zu haben und es nun tun zu müssen. Als mich andererseits mein Freund J. Werner für die Reichenau aufforderte, eine Zusammenfassung des von ihm, seinen Schülern, Mitarbeitern und Kollegen Vorgetragenen zu erstellen, dachte ich mir, daß er sich des Risikos auch bewußt war, das er sich selbst und den übrigen Teilnehmern dieser Tagung zumutete. Bei den Vorträgen der Kollegen von der Geschichte fällt mir als Fachfremder eine kurze Zusammenfassung leichter.

Immerhin verbrachte ich zehn Jahre im Münchener Institut, und es war für mich einmal wieder eindrucksvoll zu erleben, welche unbändige Schaffenskraft und Arbeitswilligkeit noch immer in München herrschen: Ohne die Persönlichkeit Werners wäre der große Bogen von Vranje bei Ljubljana in Slovenien bis nach Boppard am Mittelrhein nicht zu spannen gewesen. Freilich konnte die imposante Weite des Umfaßten nur streckenweise deutlich werden, da die Zeit für die gleichmäßige Behandlung des nie zu erschöpfenden Themas: »Von der Spätantike zum frühen Mittelalter« flächenmäßig nicht zu bewältigen war und somit »Versuchsfelder« – wie es Werner nannte – ausgewählt werden mußten.

Herr Werner war so freundlich, mir den Text seines Einführungsvortrages vom letzten Herbst zur Verfügung zu stellen; Frau Hildebrandt wiederum war so liebenswürdig, mir die fast vollständigen Kurzfassungen der letztjährigen Referate zugänglich zu machen. Darunter fand ich die Zusammenfassung Herrn Zöllners über die vorige Tagung, die mir Mut gab, doch noch die Erstellung der Zusammenfassung dieser Tagung zu wagen und sie dort anzuschließen, wo er aufhörte. Freilich vermißte ich persönlich bei dieser Tagung die immer wieder lehrreichen, scharfsinnigen Begleitausführungen Herrn Schlesingers, der uns allen hier gefehlt hat. Meine Wünsche gehen zu ihm in der Hoffnung, ihm hier bald wieder begegnen zu dürfen.

Herr Zöllner hat bereits hervorgehoben, daß im letzten Herbst in zwei von vier regionalen »Versuchsfeldern« das Kontinuitätsproblem behandelt wurde. Standen damals Raetia I und Noricum im Mittelpunkt, so wurden dieses Mal die Westschweiz und das Moselgebiet vorgeführt. Freilich mußte bei diesem Bogen der regionalen und punktuellen Versuchsfelder mehr oder weniger vieles in den behandelten Räumen, aber auch insbesondere im Voralpenland und im weiteren Umland ausgespart bleiben, weil – wie es Herr Werner darstellte – nichts wesentlich Neues veröffentlicht wurde oder gar nichts Neues entlang des Donau-Limes, von Budapest bis Ulm, im letzten Jahrzehnt zu verzeichnen ist. Wir bedauern in diesem Zusammenhang sehr, daß die Herren Bóna, Vetters, Dannheimer, Petrikovits, Böhner und einige mehr verhindert waren, an der Tagung teilzunehmen. Gewiß ist das von Herrn Werner mit seinen »Versuchsfeldern« eingeschlagene Verfahren legitim, wenn man auch immer wieder gerne erfahren würde, was sich eigentlich im Voralpenland in der Zeit von etwa 450 bis zum Einsetzen der Reihengräberfelder um 530, nach Werner, abspielte. Wir haben allerdings gesehen, daß auch in den Versuchsfeldern dieses Problem nicht mehr überall als umstritten gelten kann und anderswo, wie am Kaiserstuhl oder noch besser in und um Kaiseraugst, die Frage der archäologischen Kontinuität überschaubarer geworden ist. So sollten lokale Entmutigungen uns nicht hindern, weiter zu forschen.

Herr Werner hat Dopsch und Zeiß in einen gewissen Gegensatz zueinander gebracht, die übrigens von Haus aus beide Historiker waren. Der Gegensatz der Ansätze beider ist freilich in der Forschung bis heute unverändert geblieben, und die Parole, getrennt zu marschieren und vereint zu schlagen, ist leichter auszugeben als durchzuhalten. Für einen Historiker, insbesondere wenn er sich an das Motto: »Quod non est in carta, non est in mundo« hält, ist sie gewiß noch immer leichter durchzuhalten als für einen Denkmälerforscher, der seine Befunde und Funde erst finden, dann analysieren und sie schließlich durch die Präsentierung zum Sprechen bringen muß. Kümmert er sich nicht um die historisch-literarische Überlieferung und ihre Auswertung durch den Historiker, ist die Gefahr des Abgleitens in das rein Mechanische sehr groß und der Nutzen der Aussage wird zu gering oder die Aussage fällt gar primitiv oder absurd aus. Andererseits ist beim Wissen um die historischen Möglichkeiten für Denkmälerforscher die Verführung zur Anpassung der Denkmäler an das historische Bild unmenschlich hart. Hier wurde ihr in den letzten Tagen mutig entsagt – oder täusche ich mich angesichts dessen, daß wir Zeugen waren eines vielfältigen Sterbens mancher noch bis gestern gültigen Thesen, nicht zuletzt solcher des Kollegen Werner selbst?

Es wäre von mir gewiß überheblich, mich zu den Vorträgen der Herren Ewig und Heyen kritisch zu äußern, aber eines gewissen Gefühls der Unsicherheit kann man sich angesichts mancher Unstimmigkeit auch innerhalb des eigenen Faches nicht erwehren. Herr Ewig hat in einer so konzentrierten Form den Geschichtsverlauf zwischen Selz und Andernach in der Zeit vom 5. bis zum 7. Jahrhundert gebracht, daß man erst später, bei gedruckter Vorlage, der dankbare Nutznießer dieser vielseitigen Darstellung wird werden können. Beeindruckt hat mich, wie man doch letztlich vom Römischen zum Fränkischen schrittweise hinüberglitt, nachdem die Alamannen zurückgedrängt worden waren. Freilich fragt man sich immer wieder, wo die archäologischen Spuren der angeblich in Massen weit nach Südwesten und Westen ausgreifenden Alamannen im 4. und 5. Jahrhundert geblieben sind? Mit ihrem archäologischen Nachweis steht es allerdings für diese Zeit auch im südwestdeutschen Raum Baden-Württemberg nicht viel besser. Andererseits ist auffällig, daß nach Martin die Alamannen auch in der Schweiz vor 530 nicht richtig zu fassen sind. – Oder ist das in beiden Fällen nur der augenblickliche Stand der archäologischen Erforschung?

Trotz einzelner Kriegszüge der Alamannen, Burgunder, Hunnen, Vandalen und anderer Völker hat man angesichts der geschilderten Entwicklung an der Mosel und am Rhein, zwischen Selz und Bonn, Bodensee und Basel als Zuhörer der historischen Daten und ihrer Interpretationen das Gefühl, als ob hier das Leben trotz allen Anfechtungen eben weiter ging und das Land und die Menschen da waren, um welche die einzelnen Bistümer in all diesen Stürmen sich immer wieder bemühen konnten. Es war unverkennbar, daß Herr Heyen über die Tätigkeit und Wirkung der Trierer Bischöfe z. T. eine erheblich andere Meinung hatte und den Raum am Mittelrhein doch durch Ereignisse stärker betroffen sah als Herr Ewig, wenn er auch an der Weiterexistenz der Siedlungen der einheimischen Romanen nicht im geringsten zweifelte; den Zusammenbruch der kirchlichen Organisation auf Diözesanebene hält Herr Heyen aber dennoch für wahrscheinlich.

Hier scheinen mir die vorbildlichen, glücklichen und wirklich weiterführenden Grabungen von Herrn Eiden in Boppard und Karden ein höchst effektives, neues, eindeutiges Befundmaterial beigesteuert zu haben, wenn auch nicht alles schon jetzt voll aus historischer Sicht zu beurteilen ist. Außer Zweifel steht, daß nach einem Brand in Boppard, an der Stelle des abgebrannten öffentlichen Bades (bei dem ich in einem spätrömischen Kastell, in dem spätestens seit 400 die Zivilbevölkerung mitlebte, ungern von einer militärischen Anlage sprechen möchte) ein neues öffentliches Gebäude, und zwar diesmal eine große Kirche mit Baptisterium erbaut wurde. Die eigenartige Form des Baptisteriums verbietet es, seine Errichtung vor die des Baptisteriums im Lateran (ca. 440/50), dessen Nachahmung es ist, zu datieren. Damit gelang es Eiden, den unbestreitbaren Beweis zu erbringen, daß das Kastell in der zweiten Hälfte des 5. Jahrhunderts von einer christlichen Gemeinde mitbesiedelt war. Ob jedoch der Brand des Bades mit den Ereignissen von 406/7 am Rhein zusammenhängt, müßte noch durch Fundmaterial belegt werden, da es durchaus auch ein ganz alltäglicher Brand gewesen sein kann, an welchen es bekanntlich in den Dörfern und Städten im Altertum und Mittelalter nicht gefehlt hat. Unbestreitbar bleibt angesichts der vielfachen Renovierungen des Estrichbodens auch die Kontinuität des Kirchenplatzes bis in die frühkarolingisch-ottonische Zeit. Gern würde man durch weitere Grabungen im eigentlichen Siedlungsbereich des Kastells stratigraphisch belegte Funde des späten 5., 6. und 7. Jahrhunderts kennen lernen.

Die Grabungen Eidens in Karden scheinen mir mit ihren zwei Gräberfeldern, dem verbrannten Vicus und der fränkischen Kirchen- und Hofneugründung mehr als deutlich die Kontinuität im Sinne Böhners beispielhaft zu veranschaulichen. Die Kontinuität des alten Gräberfeldes oberhalb des Vicus, entlang eines aufsteigenden Weges, von den römischen Brandgräbern bis in die Merowingerzeit mit der alten Pfarrkirche, sowie die Neuanlage eines fränkisch-merowingischen Friedhofs in den Ruinen des Vicus im frühen 6. Jahrhundert und des vermuteten Gehöfts an der Mündung des Brohlbaches sind ein klassisches Beispiel dafür. Freilich sind auch hier das Gehöft, aber auch die Nachfolgewohnbauten der Bewohner des verbrannten römischen Vicus noch nicht durch Grabung erfaßt und damit noch vielfach wichtige Fragen zu klären übrig geblieben.

Die mutigen und selbstüberzeugt vorgetragenen Ausführungen von Herrn Ament werden gewiß eine genauere Überprüfung der bisherigen Beweisführung für oder gegen Kontinuität in der Belegung von Friedhöfen, vor allem Böhners, aber auch Aments selbst, veranlassen. Freilich hätte es zum vollen, methodisch einwandfreien Beweis der Neu-Interpretation der Befunde von Mayen, Andernach und vor allem von Ehrang noch des Nachweises der Gräber des 5. und 6. Jahrhunderts an anderen Stellen bedurft, falls die von Herrn Ament behauptete Diskontinuität an den vorgeführten Fundstellen von ihm zu Recht angenommen wurde. Dies schon deswegen, weil Herr Ament selbst an einer wirtschaftlichen und damit an einer Bevölkerungskontinuität gar nicht zweifelt und bei den vorgezeigten Lichtbildern manches Stück des 5. und 6. Jahrhunderts zu sehen war. Da es – nach Ament – außer den merowingischen Gräbern des 7. Jahrhunderts in Ehrang an römischen nicht fehlt, müßten die Gräber des 5. und 6. Jahrhunderts irgendwo anders zu suchen sein, wenn es jene beigabenlosen Gräber, wie Böhner interpretierte, nicht sind. Methodisch äußerst bedenklich erscheint mir der Versuch, mittels der wenigen steingemauerten Gräber mit Beigaben des 7. Jahrhunderts die vielen beigabenlosen Gräber gleicher Bauweise ebenfalls ausschließlich in das 7. Jahrhundert zu datieren, desto mehr, als entgegen der Behauptung Herrn Aments mindestens aus Trier und Köln steingemauerte Gräber des 4. bis 6. Jahrhunderts bekannt sind. Solange der Nachweis, daß die Gräber des 5. und 6. Jahrhunderts in Mayen, Andernach und Ehrang an anderer Stelle lagen, nicht erbracht ist, scheint mir das letzte Wort über die Thesen Böhners, wie Herr Ament meint, nicht gesprochen zu sein.

In einen erfreulich vielseitigen und ungewöhnlich interessanten Fundplatz verwandelte sich durch die interdisziplinäre Zusammenarbeit der Komplex Gondorf. Die vier aufeinander bezogenen, aber selbständigen Beiträge der Herren Eiden, Werner, Felder und Ewig ließen nicht nur ein interessantes, sondern offensichtlich hochbedeutendes merowingisches Zentrum plastisch vor unsere Augen treten, ein Zentrum, bei dem sich gewiß in Zukunft eine eingehendere und moderne Erforschung lohnen würde. Den schönen Versen des Venantius Fortunatus folgen merkwürdig dürre schriftliche Nachrichten, und nur Herrn Ewig gelingt es, durch seine vorzügliche Interpretation daraus doch noch ein bewegtes Bild der einstigen Bedeutung des Ortes zu zeichnen. Die Schilderung der Topographie durch Herrn Eiden machte den Fundreichtum zwischen Kobern und Gondorf deutlich und zugleich verständlich, warum Venantius Fortunatus von diesem Platz so beeindruckt war. Herrn Werner gelang es, von einer verschließbaren Reliquiarschnalle ausgehend, überzeugend nachzuweisen, daß ein aus Nordburgund stammender Kleriker sich in Gondorf gegen Ende des 6. Jahrhunderts aufhielt und daß unter künstlerischem Einfluß aus dem gleichen Raum hier große steinerne Chorschrankenplatten für eine bedeutende Kirche, und zwar – wie Herr Werner überzeugend darlegte – in der Zeit um 600 angefertigt worden sind. Es ist ein glücklicher Zufall, daß zur gleichen Zeit es jetzt Herrn Felder gelang nachzuweisen, daß Gondorf nur wenige Dezennien später (ca. 620–640) ein merowingischer Münzort war, was die Bedeutung der damaligen Siedlungsstätte nur unterstreicht.

Die glückliche Zusammenstellung der Vorträge dieses ersten Tages beleuchtete mit einzelnen Schlaglichtern die Frage des Übergangs von der Spätantike zum frühen Mittelalter an einigen ausgewählten Punkten, wobei der Beitrag von Herrn Ament zeigte, daß einzelne Forscher meinen, durchaus noch anderer Auffassung sein zu können, ohne dieses m. E. ausreichend zu belegen.

Der zweite Tag führte uns zum Kaiserstuhl und in den Raum südlich des oberen Rheins, zwischen Basel und Bodensee. Hierbei scheint mir Herr Fingerlin sauber und deutlich vorgeführt zu haben, wie an von Natur aus wichtigen Plätzen, wenn man es so sagen will, das linksrheinische Ufer immer wieder auf das rechtsrheinische hinübergriff, um die kürzeren Verbindungswege zu erschließen. Freilich bedürfen die erst begonnenen systematischen Forschungen noch weiterer Bemühungen, um die These einer Kontinuität, egal wie geartet, zu erhärten. Vorerst ist die Lücke zwischen römischen und möglicherweise spätmerowingischen Befestigungsanlagen doch noch zu groß. Gewiß ist aber durch Herrn Fingerlin geworden, daß diese natürlichen Knotenpunkte ständig genutzt waren und von jeder Herrschaft Beachtung forderten.

Die Ausführungen von Herrn Martin waren ein deutliches Zeugnis dafür, was systematische Forschung im Gelände und an Befunden an eindringlichen Ergebnissen bringen kann. Wir müssen in Kaiseraugst endgültig zur Kenntnis nehmen, daß die dortige Kastellnekropole ununterbrochen von der Spätantike bis ins frühe Mittelalter fast ausnahmslos von Romanen belegt wurde und damit das dortige römische Kastell kontinuierlich bewohnt geblieben ist. Diese Tatsache an sich und die Möglichkeit, auf Grund der zahlreichen Gräber und ihrer spärlichen Beigaben die Unterschiede zu den germanischen Nekropolen der Umgebung herauszuarbeiten, wird für die Zukunft ein Modell bleiben. Methodisch ist von höchster Wichtigkeit, daß die Gräber des 5. Jahrhunderts wegen des Mangels an jüngeren Kupferprägungen durchaus noch die Kupfermünzen des 4. Jahrhunderts führen. Dies bedeutet auch für manch andere ähnliche Nekropole bei römischen Siedlungen, daß die Gräber mit solchen Münzen auch dort tief ins 5. Jahrhundert reichen können und somit jene oft hervorgehobene »Gräberlücke« des 5. Jahrhunderts bei einer methodischen Auswertung nach der Art von Martin gar nicht existiert zu haben braucht. Von hier aus gesehen wird man die Gräberfelder des Mosel-Gebietes und des Rheinlandes neu überprüfen müssen.

Noch mehr beeindruckte mich, daß offenbar im südlichen Hinterland von Kaiseraugst durch die Namenforschung und durch das Fehlen der typischen germanischen Reihenfriedhöfe so etwas wie eine geschlossene Landschaftskammer mit einheimischer romanischer Bevölkerung weiter zu existieren vermochte und nur um Basel und ab Schaffhausen sich die Germanen mit ihren typischen beigabenreichen Reihenfriedhöfen ab etwa 530 in das Gebiet südlich des Rheins vorzuschieben vermochten. Der Befund erinnert an jenes Modell, das Böhner für den Trier-Mosel-Raum erarbeiten konnte und für den auch die Historiker den Beweis zu erbringen vermochten, daß dort bis ins 11. Jahrhundert romanisch gesprochen wurde, ein Beweis, der für das Kaiseraugster Hinterland allerdings noch aussteht. Schließlich wirft die Datierung dieser wohl alamannisch-fränkischen Erschließung des Landes südlich des Rheins um 530 doch die Frage auf, ob dieser Vorgang nicht auf die Aufgabe dieses Landstriches durch die Ostgoten im Osten (ca. 537) und durch die fränkische Expansion gegen das Burgunderreich (532) zurückzuführen ist. Auch hier ergibt sich die ungemütliche Tatsache, daß von dem so oft angenommenen alamannischen Drang der früheren Jahrhunderte nach Süden und Südwesten so wenig oder gar nichts archäologisch erfaßbar ist.

Der Befund der römischen Villen mit viel späterer Wiederbelegung eines großen Teils derselben – es ist immerhin fast ein Drittel nach Martin – scheint ein echtes archäologisches Problem bei der gegebenen oder vorgetäuschten, meist einhundertfünfzig und mehr Jahre währenden Diskontinuität zu sein. Bei einer Diskontinuität von ein- bis zweihundert Jahren müßten diese Villen, aber auch das umliegende einstige Ackerland, hoffnungslos mit Busch und Wald überdeckt gewesen sein. Wer rodet schon die Ruinenfelder, wenn er am Steinmaterial und an noch stehenden Gebäuderesten kein Interesse hat, da er in Holzbauten und in Wohngruben haust? Waren aber die Ruinen und das Ackerland noch frei, dann ist die Frage erlaubt, wer es vom Busch frei hielt und ob es nicht vielleicht die romanischen Altbesitzer waren, die sich in geregelten Zeiten wieder z. B. aus den Kastellen wie Kaiseraugst aufs Land wagten? Es wäre vielleicht lohnend, die Funde und Befunde aus diesen wiederbesiedelten Villen und den dabeiliegenden Gräberfeldern daraufhin zu überprüfen, ob sie mehr mit den normalen germanischen Reihenfriedhöfen oder mit jenen der Kastelle wie Kaiseraugst übereinstimmen.

In jedem Fall bekommen wir mit den Forschungen von Herrn Martin ein völlig neues Bild der Merowingerzeit in der Nordwestschweiz vorgeführt, das sich grundlegend von älteren Vorstellungen unterscheidet. Paradoxerweise haben wir jetzt in der Nordschweiz archäologisch mit erheblicher partieller Kontinuität des Romanentums zu rechnen, in einem Gebiet also, wo sie historisch nicht belegbar ist, während sie im Trier-Koblenzer-Raum, wo sie historisch faßbar ist, laut der von Herrn Ament angewendeten Arbeitsmethode und seinen Ergebnissen archäologisch nicht bewiesen werden kann. Gewiß ein Problem für jeden Frühgeschichtler, oder eine Fehlinterpretation des einen oder des anderen Forschers?

Schon Hans Zeiß sah sich in seiner bekannten Untersuchung von 1938 berechtigt, die Ansicht aufzugeben, daß die Gräberfelder des 6. und 7. Jahrhunderts im Südwesten des heutigen deutschen Sprachraums den Burgundern zuzuweisen seien. Herr Martin war dieser Auffassung gefolgt. So bedeutete der Vortrag von Herrn Werner keine Umwandlung des bisherigen Interpretationsbildes, sondern dessen Absicherung durch eine Neuinterpretation der gegossenen bronzenen Schnallentypen des 6. und der eisernen rechteckigen Gürtelbeschläge des 7. Jahrhunderts des fränkischen Reichsteils Nordburgund mittels der darauf befindlichen lateinischen Inschriften und christlichen Symbole. Die Thesen, daß die Masse der Bronzeschnallen des 6. Jahrhunderts in Nordburgund von unfreien *fabri aerarii* zum öffentlichen Verkauf hergestellt wurden, während die Reliquiar-Schnallen für Klerikergürtel wohl in Klöstern selbst produziert wurden, sind gewiß einleuchtend. Erstaunlich aber ist, wie zahlreich lateinische Inschriften auf ihnen vorkommen, die für uns lesbar und verständlich sind. Dies dürfte trotz aller orthographischer Fehler gegen ein Analphabetentum in jener Zeit sprechen. Die Gegenüberstellung dieser gegossenen Bronzeschnallen mit den späteren grundsätzlich verwandten tauschierten Eisenschnallen des 7. Jahrhunderts von der gleichen Verbreitung ergibt nach Werner, daß auch diese nicht von germanischen Burgundern, sondern von einheimischen Romanen angefertigt und getragen wurden. Freilich werden sich hier noch Auswirkungen auf das Verständnis der Ornamentik dieser Schnallen ergeben, die bisher als germanischer Tierstil interpretiert worden ist. Es soll auch nicht vergessen werden, daß auf einer Reihe von im östlichen Alamannien gefundenen Gürtelgarnituren des 7. Jahrhunderts mit der üblichen Tierstil-Verzierung lateinische Bibelzitate vorkommen. Soll sich auch hier, so weit im Norden, ein bisher unbekannter Rest des Romanentums entlang der Iller bis ins Ries gehalten haben? Oder sind diese Gürtelgarnituren »Import« aus dem langobardischen Italien? Gewiß ist, daß durch Werners Neuinterpretation manches in Bewegung geraten ist.

In diesem Zusammenhang überrascht auch nicht der Vortrag von Herrn Moyse über Nordburgund, insbesondere über die Diözese Besançon, der in der These gipfelte, daß trotz der vier germanischen Wellen sich aus der Sicht der historischen Quellen im Jura die einheimische romanische Bevölkerung weitgehend zu halten vermochte, wenn auch die früheren politischen und kulturellen Beziehungen zum Süden später zugunsten jener nach Norden aufgegeben wurden. Es war dabei aufschlußreich zu erfahren, welch große Rolle die Klöster bei dem Zustandekommen einer »richtigen« römisch-katholischen, kirchlichen Gesinnung spielten und wie sie mittels der lateinisch vorangetriebenen Kulturarbeit zur völligen Romanisierung des Raumes beigetragen haben.

Kommt man am Schluß der Zusammenfassung wieder zurück zu Herrn Werners Einführungsvortrag, so ist es ihm zusammen mit seinen Schülern und Mitarbeitern gewiß gelungen, eine eindrucksvolle Präsentation der neuen, gelegentlich umstürzenden Thesen in exemplarischen Fällen vorzuführen. Freilich bin ich mir nicht sicher, ob sie eine Peregrinatio von Ort zu Ort, wie sie seinerzeit Dopsch versucht hat, überflüssig machen. Gewiß ist der lokale Forschungsstand außerordentlich uneinheitlich, aber nicht zuletzt durch Herrn Werner und seine Schüler, die die Reihengräberfelder in Süddeutschland weitgehend aufgearbeitet haben, ist er heute ein ganz anderer, viel breiter und zuverlässiger. Ganz abgesehen davon werden die hier vorgeführten Exempla sich gewiß als Vorbilder erweisen und die laufende lokale Forschung dazu anregen, entsprechend vorzugehen. Insofern wäre es zu wünschen, daß die Vorträge beider Tagungen möglichst bald gedruckt vorliegen, um sie einer methodischen, fachlichen Überprüfung unterziehen zu können, so daß ihre Benützung und weitere Auswertung dann uneingeschränkt erfolgen kann.

Passau, Kastell *Boiotro*.
Oben: Ansicht von St. Severin mit dem Westteil der Innstadt. Federzeichnung von Alois Kurz, um 1825. Oberhausmuseum Passau Inv. Nr. 1889.
Unten: Luftbild des Westteils der Innstadt mit St. Severin (am rechten Bildrand) und dem Kastellgelände von *Boiotro* (im linken Bilddrittel). Blick von Norden. Freigegeben durch die Regierung von Oberbayern unter Nr. GS 300/7561.

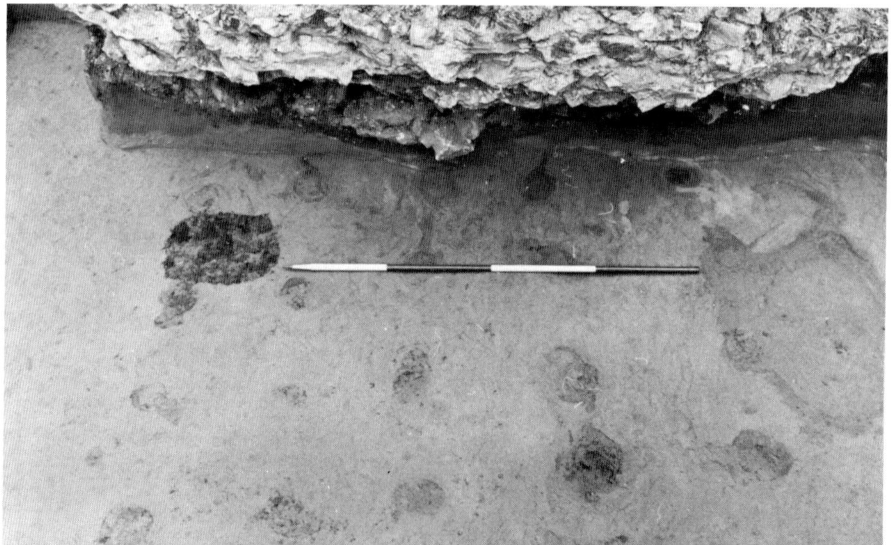

Passau, Kastell *Boiotro*.
Oben: Innenansicht der westlichen Außenmauer mit mittelalterlichen Ausbesserungen.
Unten: Schnitt durch das Südmauerfundament mit den Pfostenlöchern des Pfahlrostes.

Passau, Kastell *Boiotro,* südwestlicher Eckturm.
Oben: Ansicht von Norden mit Ausbruchschutt und mittelalterlichen Störungen.
Unten: Ansicht von Norden mit freigelegtem Pfahlrost.

Passau, Kastell *Boiotro.*
Oben: Spätrömischer Brunnen XII mit mittelalterlich/neuzeitlichen Ausbesserungen. Blick von Westen. – Unten: Oberer Fundamentbereich des Innenpfeilers VI.

Ajdovski Gradec von Vranje. a Ansicht von Süden, b Ansicht von Norden.

Ajdovski Gradec von Vrańje, Baptisterium von Osten. a mit intaktem späteren Fußboden, b mit abgetragenem späteren Fußboden. Es wird die Begrenzung des profanen Raumes sichtbar.

Ajdovski Gradec von Vranje. a Profil im späteren Baptisterium. Sichtbar: ältester Boden, Auffüllung und beide Heizkanäle in verschiedenem Niveau. b Raum unter Baptisterium mit ältestem Fußboden und Fundierung des Taufbeckens.

Ajdovski Gradec von Vranje. Frühchristliche Kirchenanlage, Gesamtaufnahme (Fotomontage).

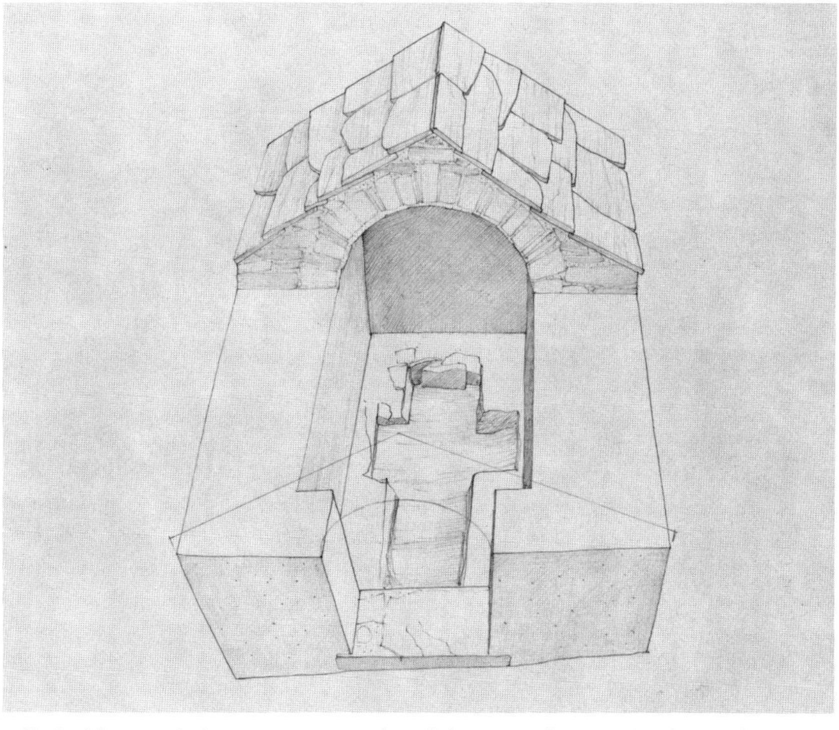

Mistail, Grabbau. Aufnahme von Osten während der Ausgrabung und Rekonstruktionsversuch.

S. Vittore (Misox), Rotunde S. Lucio 1975.

Chur, Kathedrale. Marmorner Reliquiensarkophag aus dem Sepulchrum des Hochaltares.

Chur, Kathedrale. Gipsabguß eines Medaillons mit Darstellung der huldigenden Magier, 6./7. Jahrhundert.

Chur, Kathedrale. Reliquienkästchen mit Öse für ein Tragband, 8. Jahrhundert.

Paspels. Teilweise vergoldetes Silberkästchen, Anfang 5. Jahrhundert.

Paspels. Hirschhorn-Pyxis aus dem Altarsepulchrum, 7./8. Jahrhundert.

Paspels. Zerlegtes Reliquiensärglein, frühmittelalterlich.

1 Boppard. Grabungsbeginn auf dem Markt von Boppard. Im Hintergrund die Severuskirche.

2 Boppard, spätrömisches Bad. Kaltwasserbecken in Raum VI.

1 Boppard, spätrömisches Bad. Raum IX der Therme. Hypokaustheizung und Wanne mit Abflußrohr. Von Osten.

2 Boppard. Schichtenfolge im Mittelschiff der Severuskirche. Südliche Pfeilerreihe, Ansicht von Norden. Fußböden: A frühchristlich, B karolingisch, C ottonisch, D spätromanisch.

1 Boppard, spätrömisches Bad. Nördl. Brüstungsmauer des Wasserbeckens im Kaltbad (R VI) der Therme zwischen a und b. Ansicht von Südosten.

rechts oben:

2 Boppard, frühchristliche Kirche. Gleicher Bildausschnitt wie Taf. 19,1 von Nordosten. Das Ziegelmauerwerk der Therme ist zwischen a und b auf die Stärke der anschließenden Mauer gebracht und in Bruchsteinen als südliche Längswand der frühchristlichen Kirche hochgeführt.

3 Boppard, frühchristliche Kirche. Solea mit Ambo in Fundlage, oben Chorabschluß.

1 Boppard, frühchristliche Kirche. Taufbecken in Fundlage.

2 Boppard, St. Severus. Schädelkalotte mit Verletzung, in Umhüllung des 18. Jahrhunderts. Aus dem spätfränkischen Friedhof bei St. Martin.

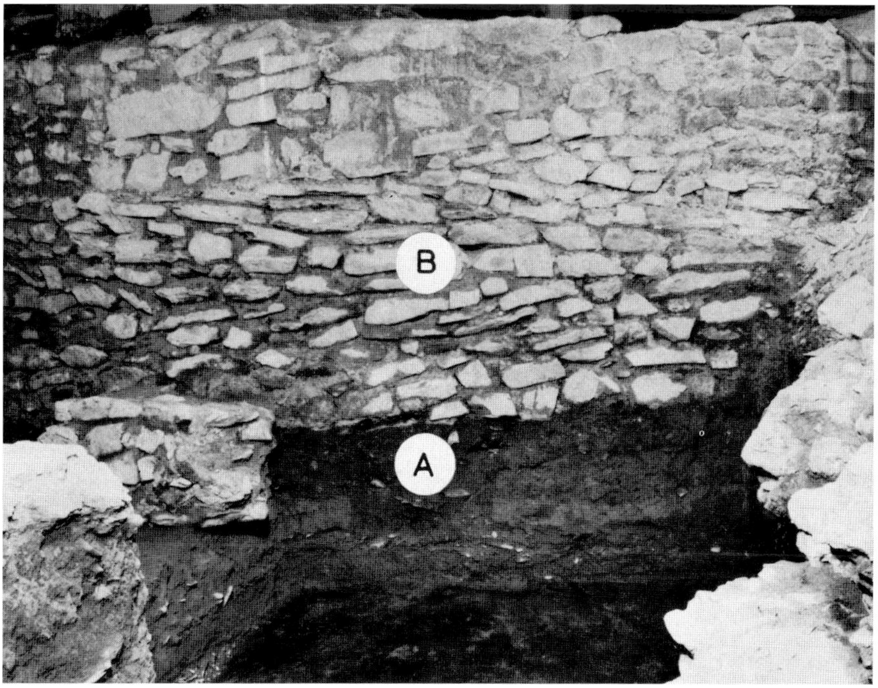

1 Karden. Beigabenloses Skelettgrab (A), angeschnitten unter dem Apsisfundament (B) der vorromanischen Kirche (vgl. Abb. 11).

2 Karden. Gräber mit Steinschutz im Kreuzhof von St. Kastor.

1–2 Karden. Gürtelschnalle mit Tierstilverzierung aus Grab 23. 1 Vorderseite, 2 Rückseite. Breite 5,8 cm.

3 Karden. Grabstein des Mädchens Imina. 7.–8. Jahrhundert.

1 Karden. Inneres der Kastorgruft.

2 Karden, St. Kastorgruft. Oberbau über der Gruft mit *fenestella,* von Süden.

1 Ortsteil Gondorf. Lage der römerzeitlichen Landsiedlung (Bildmitte) im Schloßpark und des römisch-fränkischen Gräberfeldes (Fundstelle 7 Abb. 1).

2 Ortsteil Kobern mit der Niederburg (Bildmitte) in beherrschender Lage über dem Ort.

Bronzestatuette des jugendlichen Herkules aus Gondorf.

Kalksteinplatten aus Gondorf, Kr. Mayen. M. etwa 1:6 (nach Bonner Jahrb. 151, 1951, Taf. 6).

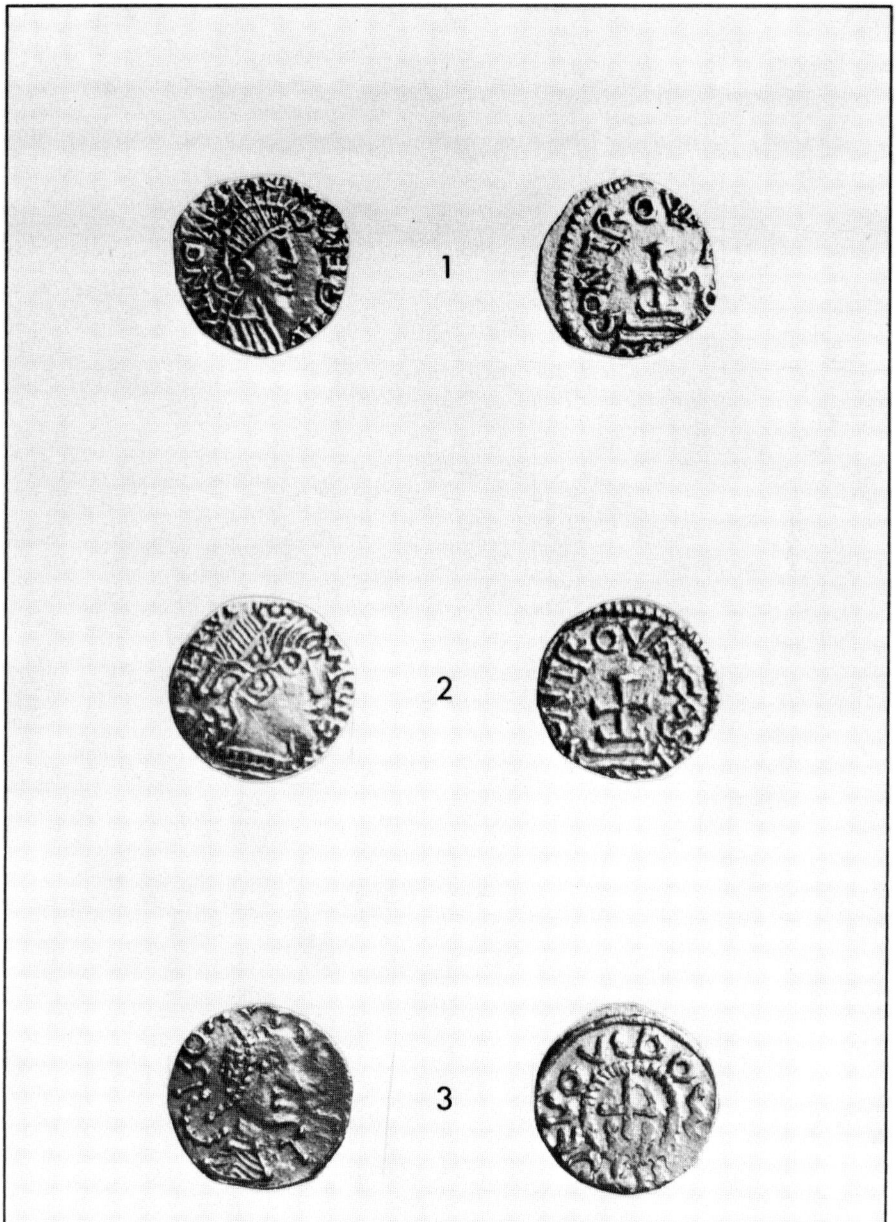

Merowingische Trienten von CONTROVA-Gondorf.
1 = P 2541, 2 = Neuerwerbung der Bibliothèque Nationale in Paris, 3 = P 2542. M. 2:1
(Photos P. Berghaus, Münster).

1 Der Limberg bei Sasbach, von Osten. Im Hintergrund die Vogesen, westliche Begrenzung der Oberrheinebene.

2 Der Münsterberg von Breisach in einer alten Ansicht, von Südwesten. Nach Vorlage Foto Mühlbauer, Breisach.

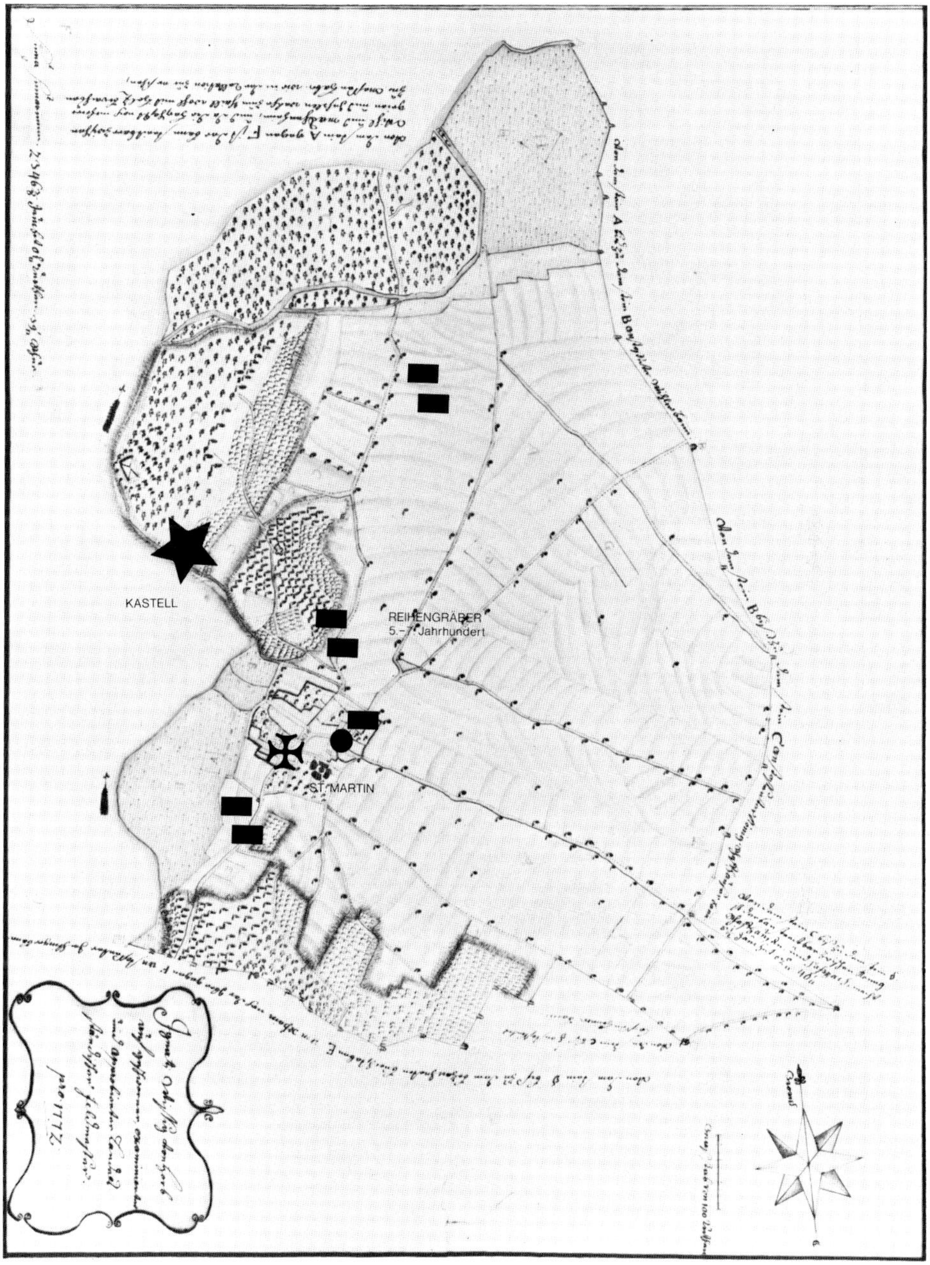

Sasbach im frühen Mittelalter. Stern: Befestigung; Rechteck: Gräberfeld; Punkt: archäologisch nachgewiesene Besiedlung. Kartierung auf Gemarkungskarte von 1772. Kolorierte Federzeichnung des Feldmessers Ignatius Wissig von Horb. Badisches Generallandesarchiv Karlsruhe: H/Gemarkungsplan Sasbach Nr. 3. Nachdruck mit Genehmigung des GLA.

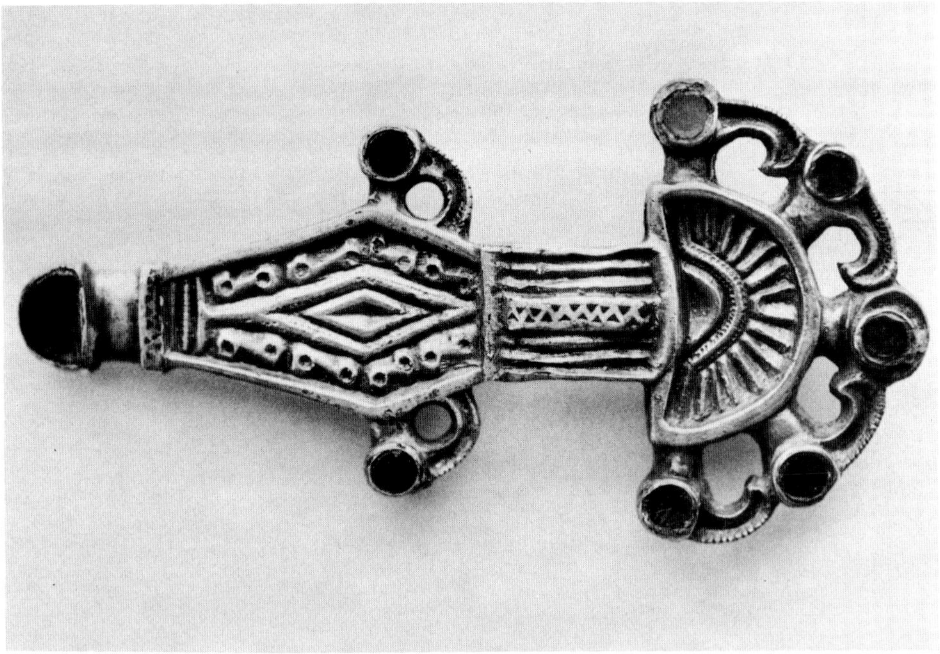

1 Fränkische Bügelfibel aus dem Gräberfeld Sasbach, Gewann »Behans«. L. 7,1 cm.

2 Stempelverzierte Bronzeriemenzunge aus der frühmittelalterlichen Burg am Südende des Limbergs bei Sasbach. L. 5,7 cm.

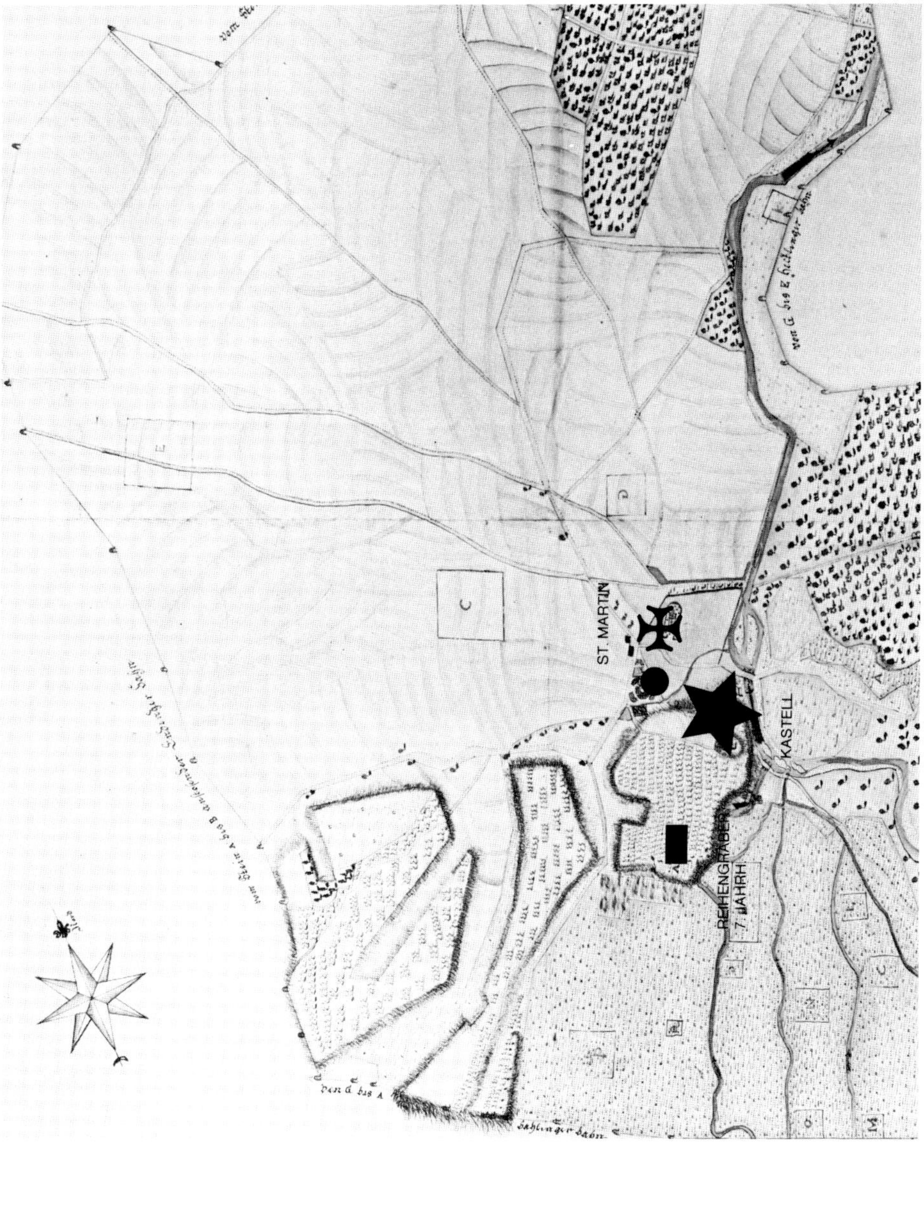

Riegel im frühen Mittelalter. Stern: Befestigung; Rechteck: Gräberfeld; Punkt: archäologisch nachgewiesene Besiedlung. Kartierung auf Gemarkungskarte von 1772. Kolorierte Federzeichnung des Feldmessers Ignatius Wissig von Horb. Badisches Generallandesarchiv Karlsruhe: H/Gemarkungsplan Riegel Nr. 1. Nachdruck mit Genehmigung des GLA.

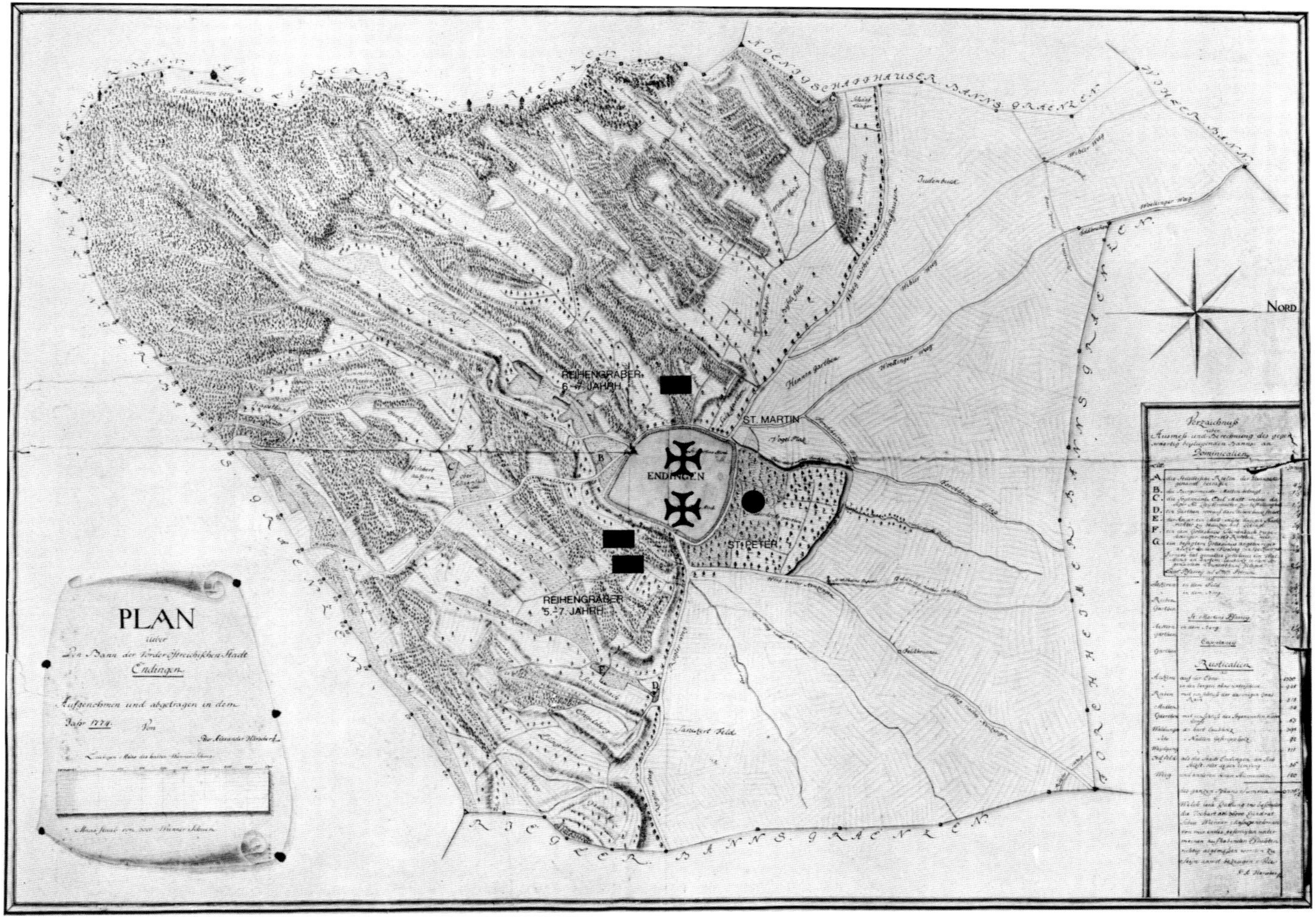

Endingen im frühen Mittelalter. Rechteck: Gräberfeld; Punkt: archäologisch nachgewiesene Besiedlung. Kartierung auf Gemarkungskarte von 1774. Kolorierte Federzeichnung von Peter Alexander Harscher. Badisches Generallandesarchiv Karlsruhe: H/Gemarkungsplan Endingen Nr. 1. Nachdruck mit Genehmigung des GLA.

1 Bronzeschnalle mit »Vasen-Daniel« von Riaz, Kt. Freiburg, Grab 8. 1:1. (Mit Erlaubnis von H. Schwab.)

2 Bronzeschnalle mit Inschrift von La Balme, Hte.-Savoie. 1:1.

3 Bronzeschnalle mit Inschrift von Ladoix-Serrigny, Côte-d'Or. 1:1.

Die Burgen im deutschen Sprachraum

Ihre rechts- und verfassungsgeschichtliche Bedeutung

Herausgegeben von Hans Patze

1976. Band XIX, 1, 2 der Reihe »Vorträge und Forschungen«, hg. vom Konstanzer Arbeitskreis für mittelalterliche Geschichte. 2 Teilbände mit 1082 Seiten, 182 Abbildungen und 2 Faltplänen in Kartentasche. 17 x 24 cm. Leinen.

Inhalt: Teil I. Helmut Beumann: Vorwort. *Problemstellung.* H. Ebner: Die Burg als Forschungsproblem mittelalterlicher Verfassungsgeschichte. *Allgemeines.* F. Schwind: Zur Verfassung und Bedeutung der Reichsburgen, vornehmlich im 12. und 13. Jahrhundert; J. Naendrup-Reimann: Weltliche und kirchliche Rechtsverhältnisse der mittelalterlichen Burgkapellen; U. Lewald: Burg, Kloster, Stift; F. Arens: Die Datierung staufischer Pfalzen und Burgen am Mittelrhein mit Hilfe des Stilvergleichs; F. Arens: Staufische Pfalz- und Burgkapellen; P. Wiesinger: Die Funktion der Burg und der Stadt in der mittelhochdeutschen Epik um 1200. *Nördliche Territorien.* A. Verhulst: Die gräfliche Burgenverfassung in Flandern im Hochmittelalter; W. Janssen: Burg und Territorium am Niederrhein im späten Mittelalter; H. van Lengen: Der mittelalterliche Wehrbau im ostfriesischen Küstenraum; H. Jankuhn: die sächsischen Burgen der karolingischen Zeit; M. Last: Burgen des 11. und frühen 12. Jahrhunderts in Niedersachsen; H. Patze: Rechts- und verfassungsgeschichtliche Bedeutung der Burgen in Niedersachsen; F. Benninghoven: Die Burgen als Grundpfeiler des spätmittelalterlichen Wehrwesens im preußisch-livländischen Deutschordensstaat. – *Teil II. Südliche Territorien.* M. Schaab: Geographische und topographische Elemente der mittelalterlichen Burgenverfassung nach oberrheinischen Beispielen; W. Hübener: Die frühmittelalterlichen Wehranlagen in Südwestdeutschland nach archäologischen Quellen; H.-M. Maurer: Rechtsverhältnisse der hochmittelalterlichen Adelsburg vornehmlich in Südwestdeutschland; H. Maurer: Die Rolle der Burg in der hochmittelalterlichen Verfassungsgeschichte der Landschaften zwischen Bodensee und Schwarzwald; F. Rapp: Zur Geschichte der Burgen im Elsaß mit besonderer Berücksichtigung der Ganerbschaften und der Burgfrieden; K. S. Bader: Burghofstatt und Herrschaftseigen. Ländliche Nutzungsformen im herrschaftlichen Bereich; O. P. Clavadetscher: Die Burgen im mittelalterlichen Rätien; R. Endres: Zur Burgenverfassung in Franken; P. Fried: Hochadelige und landesherrlich-wittelsbachische Burgenpolitik im hoch- und spätmittelalterlichen Bayern; M. Mitterauer: Burg und Adel in den österreichischen Ländern; H. Dopsch: Burgenbau und Burgenpolitik des Erzstiftes Salzburg im Mittelalter. *Zusammenfassung.* H. Patze: Burgen in Verfassung und Recht des deutschen Sprachraumes.